Christian Hauser

Außenwirtschaftsförderung für kleine und mittlere Unternehmen in der Bundesrepublik Deutschland

GABLER EDITION WISSENSCHAFT

Schriften zur Mittelstandsforschung
Nr. 113 NF

Herausgegeben
vom Institut für Mittelstandsforschung Bonn,
vertreten durch den Vorstand

Prof. Dr. Udo Koppelmann,
o. Professor für Allgemeine Betriebswirtschaftslehre,
Beschaffung und Produktpolitik, Universität Köln

Das Institut für Mittelstandsforschung Bonn, eine privatrechtliche Stiftung der Bundesrepublik Deutschland und des Landes Nordrhein-Westfalen an den Universitäten Köln und Bonn, veröffentlicht seine Forschungsergebnisse in der Reihe Schriften zur Mittelstandsforschung NF. Mit Herausgabe des Bandes Nr. 78 NF erscheint diese Reihe in der GABLER EDITION WISSENSCHAFT im Deutschen Universitäts-Verlag. Die Publikationen Nr. 1 NF bis Nr. 77 NF sind weiterhin lieferbar und können direkt beim Institut für Mittelstandsforschung Bonn bezogen werden.

In der Schriftenreihe werden aktuelle Forschungsergebnisse des Instituts der Öffentlichkeit präsentiert. Ziel der Veröffentlichungen ist es, die Stellung und Bedeutung kleiner und mittlerer Unternehmen im Kontext zur wirtschaftlichen, gesellschaftlichen und wirtschaftspolitischen Entwicklung zu analysieren und allen Experten, die mit Fragen des Mittelstands befasst sind, Informationen, Entscheidungshilfen und wissenschaftliche Basisanalysen zu liefern.

Christian Hauser

Außenwirtschaftsförderung für kleine und mittlere Unternehmen in der Bundesrepublik Deutschland

Eine empirische Analyse auf der Basis der ökonomischen Theorie des Föderalismus

Mit einem Geleitwort von Prof. Dr. Udo Koppelmann und Prof. Dr. Manfred Feldsieper

Deutscher Universitäts-Verlag

Bibliografische Information Der Deutschen Nationalbibliothek
Die Deutsche Nationalbibliothek verzeichnet diese Publikation in der Deutschen Nationalbibliografie; detaillierte bibliografische Daten sind im Internet über <http://dnb.d-nb.de> abrufbar.

Dissertation Universität zu Köln, 2006

1. Auflage November 2006

Lektorat: Ute Wrasmann / Sabine Schöller

Der Deutsche Universitäts-Verlag ist ein Unternehmen von Springer Science+Business Media.
www.duv.de

Umschlaggestaltung: Regine Zimmer, Dipl.-Designerin, Frankfurt/Main
Druck und Buchbinder: Rosch-Buch, Scheßlitz
Gedruckt auf säurefreiem und chlorfrei gebleichtem Papier
Printed in Germany

ISBN-10 3-8350-0634-7
ISBN-13 978-3-8350-0634-8

Geleitwort

Wenn auch Großunternehmen mit ihren Erfolgen und Misserfolgen, insbesondere bei Pleiten und Entlassungen, in der Öffentlichkeit normalerweise ein weitaus größeres Echo finden, so sind es doch zweifellos die kleinen und mittleren Unternehmen, die nach wie vor das Rückgrat für die wirtschaftliche Leistung in Deutschland bilden. Gemessen an der Anzahl der registrierten Unternehmen gehören weit über 90% aller Unternehmen zu den kleinen und mittleren Unternehmen, und das ist ganz unabhängig davon, auf welche Abgrenzung dieses Unternehmenssegments man zurückgreifen will. Auch nach jahrzehntelanger Diskussion um das, was kleine und mittlere Unternehmen ausmacht und charakterisiert, lässt sich eine ganz eindeutige und willkürfreie Abgrenzung dieses Unternehmenssegments nicht vornehmen. Indes kann man sich bei einer Analyse dieses Segments in Deutschland mit zwei Abgrenzungen begnügen, wie es auch Herr Hauser in der vorliegenden Untersuchung tut. Entweder wählt man die Abgrenzung des Instituts für Mittelstandsforschung Bonn, das Unternehmen mit weniger als 500 Beschäftigten und einem Jahresumsatz, der 50 Millionen Euro nicht übersteigt, den kleinen und mittleren Unternehmen zurechnet, oder man wählt die Abgrenzung der Europäischen Kommission, deren Schwellenwerte bei maximal 249 Beschäftigten sowie 50 Millionen Euro Jahresumsatz liegen und die diese Abgrenzung der von ihr betriebenen Förderungspolitik zugrunde legt.

Aber nicht nur bei der Anzahl der Betriebe führen kleine und mittlere Unternehmen, sondern auch ihr Anteil an der Zahl der Beschäftigten (70,8%) und an der Bruttowertschöpfung (46,7%) ist ganz beachtlich hoch. Eine Wirtschaftspolitik, die die Chancen der kleinen und mittleren Unternehmen verbessert, ist daher ohne jeglichen Zweifel auch eine Politik, die dem Wachstum der Wirtschaft insgesamt dienlich ist. Und da zudem in einem in die Weltwirtschaft hoch integrierten Lande die Exportfähigkeit seiner Unternehmen von größter Bedeutung ist, liegt es auf der Hand, dass die Außenwirtschaftsförderung und ihre Effizienz, insbesondere was ihren Nutzen für die kleinen und mittleren Unternehmen angeht, permanent einer kritischen Analyse unterzogen werden sollten.

Herrn Hausers umfassende Untersuchung zu diesem Themenkomplex ist sowohl ein kritischer Beitrag, der einerseits die positiven Aspekte der Außenwirtschaftsförderung im föderalen System der Bundesrepublik Deutschland herausarbeitet, andererseits aber auch die Schwachpunkte aufdeckt und Vorschläge zu einer Steigerung der Effizienz der Außenwirtschaftsförderung präsentiert, von denen auch kleine und mittlere Unternehmen adäquat profitieren würden.

Herzstück der Arbeit von Herrn Hauser ist dabei sein Kapitel zur empirischen Analyse der föderalen Aufgabenverteilung bei der Außenwirtschaftsförderung. Hier verarbeitet Herr Hauser detailliert die durch seine – zwar nicht den Bedingungen repräsentativer Stichproben genügenden – aber immerhin sehr umfangreichen Befragungen bei mittelständischen Unternehmen und bei den mit der Außenwirtschaftsförderung betrauten Institutionen auf Bundes- und Länderebene. Eine Fülle neuer Erkenntnisse und Einsichten zur Außenwirtschaftsförderung und ihrer Wirkungseffizienz auf mittelständische Unternehmen ist die Folge.

Insgesamt gesehen liegt mit dieser großen Untersuchung von Herrn Hauser ein umfassendes und kritisches Werk zur Außenwirtschaftsförderung in der Bundesrepublik Deutschland vor, dessen Überlegungen und Ergebnisse in alle Vorschläge zur Neuordnung des bestehenden Systems der Außenwirtschaftsförderung einfließen sollten.

Professor Dr. Udo Koppelmann | Professor Dr. Manfred Feldsieper

Vorwort

Nachdem der letzte Satz geschrieben und die letzte Seite formatiert ist, bleibt mir am Ende beziehungsweise am Anfang meiner Dissertation nun noch die ehrenvolle Aufgabe, mich für die vielfältige Unterstützung zu bedanken, die ich in den zurückliegenden Jahren erfahren und wahrgenommen habe. Denn ohne die tatkräftige Hilfe von vielen hätte ich diese Arbeit unmöglich erfolgreich beenden können.

Zunächst möchte ich mich herzlich bei meinem Doktorvater, Professor Dr. Manfred Feldsieper, bedanken, der mir durch seine thematische und methodische Aufgeschlossenheit ermöglichte, den von mir gewählten Ansatz konsequent zu verfolgen.

Professor Dr. Federico Foders danke ich für seine Bereitschaft, das Korreferat zu übernehmen, und für die damit verbundenen konstruktiven Anmerkungen und Anregungen.

Sehr verbunden bin ich dem Institut für Mittelstandsforschung (IfM) Bonn und namentlich Professor Dr. Frank Wallau, der mir mit inhaltlichen Impulsen und konstruktivem Feedback zur Seite stand. Darüber hinaus freut es mich, dass die Dissertation in die vom IfM Bonn herausgegebene Reihe „Schriften zur Mittelstandsforschung" aufgenommen wurde, und so einer breiten, an den Belangen der kleinen und mittleren Unternehmen interessierten Leserschaft zugänglich wird.

Entscheidend angeregt und erleichtert wurde mein wissenschaftliches Arbeiten durch die ideelle und materielle Förderung der Konrad-Adenauer-Stiftung, auch hierfür bedanke ich mich ganz herzlich.

An dieser Stelle gilt mein Dank außerdem den Unternehmen, Ministerien, Verbänden und Institutionen, die sich mit großer Bereitwilligkeit an den verschiedenen Umfragen beteiligt haben. Ohne ihre Auskunftsbereitschaft wäre der empirische Teil der Arbeit nicht möglich gewesen.

Wer an einer Dissertation arbeitet verlangt, seinem sozialen Umfeld zuweilen Erhebliches ab und ist daher auf Verständnis angewiesen. Aber auch die tatkräftige Hilfe, wie beispielsweise beim Programmieren und Durchführen der Befragung oder dem Korrekturlesen und Gedankenaustausch, ist unentbehrlich. Von all den Menschen, die in den letzten Jahren auf ganz unterschiedliche Weise zum Gelingen dieser Arbeit beigetragen haben, seien hier insbesondere genannt Anatol Adam, Carolin Deiner, Ingrid Elsinghorst, Regina

Hauser, Martin Heiden, Jens Hogenacker, Anna Jacobi, Julian König, Julia Maksymova, Sabine Reul, Matthias Übelhör und Doris Willenbrock. Allen, sowie besonders den Mitstreitern bei connosco, gilt mein herzlicher Dank für die angenehme und produktive Zusammenarbeit.

Schließlich geht mein Dank an meine Eltern, ohne deren offene, wertorientierte Erziehung und permanente Unterstützung es mir nicht möglich gewesen wäre, diese Dissertation zu erstellen. Denn sie gaben mir jederzeit die Freiheit, meinen Lebens- und Berufsweg nach meinen Vorstellungen zu gestalten. Ihnen ist diese Arbeit gewidmet.

Christian Hauser

Inhaltsverzeichnis

Graphikverzeichnis

Tabellenverzeichnis

Abkürzungsverzeichnis

AHK	Auslandshandelskammer
APG-light	Ausfuhrpauschalgewährleistung-light
Art.	Artikel
Aufl.	Auflage
AUMA	Ausstellungs- und Messe-Ausschuss der Deutschen Wirtschaft e.V.
BAFA	Bundesamt für Wirtschaft und Ausfuhrkontrolle
BDI	Bundesverband der Deutschen Industrie e.V.
bearb.	bearbeitet
bfai	Bundesagentur für Außenwirtschaft (vor August 2001) Bundesstelle für Außenhandelsinformation
BGBl.	Bundesgesetzblatt
BIP	Bruttoinlandsprodukt
BMU	Bundesministerium für Umwelt, Naturschutz und Reaktorsicherheit
BMWA	Bundesministerium für Wirtschaft und Arbeit (2002-2005)
BMWi	Bundesministerium für Wirtschaft (1972-1998), Bundesministerium für Wirtschaft und Technologie (1998-2002 sowie seit 2005)
BMZ	Bundesministerium für wirtschaftliche Zusammenarbeit und Entwicklung
BVerfG	Bundesverfassungsgericht
BW-i	Baden-Württemberg International – Gesellschaft für internationale wirtschaftliche und wissenschaftliche Zusammenarbeit mbH
CMA	Centrale Marketing-Gesellschaft der deutschen Agrarwirtschaft mbH
DEG	Deutsche Investitions- und Entwicklungsgesellschaft mbH
dena	Deutsche Energie-Agentur GmbH
DESTATIS	Statistisches Bundesamt Deutschland
DHKT	Deutscher Handwerkskammertag
DIHK	Deutscher Industrie- und Handelskammertag (vor Juli 2001) Deutscher Industrie- und Handelstag (DIHT)
DIHZ	Deutsches Industrie- und Handelszentrum (= *German Centre*)

CIRR	Commercial Interest Reference Rate
DM	Deutsche Mark
EBO	European Business Organisations
ed.	Edition
EU	Europäische Union
ERP	European Recovery Program
f.	folgende
ff.	fort folgende
Fn.	Fußnote
GATT	General Agreement on Trade and Tariffs Allgemeines Zoll- und Handelsabkommen
GfW	Gesellschaft zur Wirtschaftsförderung Nordrhein-Westfalen mbH
GMBl.	Gemeinsames Ministerialblatt
GTZ	Deutsche Gesellschaft für Technische Zusammenarbeit GmbH
GVBl.	Gesetz- und Verordnungsblatt
GWZ	Gesellschaft für internationale wirtschaftliche Zusammenarbeit Baden-Württemberg mbH
HGB	Handelsgesetzbuch
Hrsg.	Herausgeber
HWK	Handwerkskammer
IfM Bonn	Institut für Mittelstandsforschung Bonn
IFV	Investitionsförderungs- und -schutzverträge
IHK	Industrie- und Handelskammer
IHKG	Gesetz über die Industrie- und Handelskammern
IMF	International Monetary Fund Internationaler Währungsfonds
ITO	Innovations- und Technologieberatungs-Organisationen
KMU	kleine und mittlere Unternehmen
MWMEV	Ministerium für Wirtschaft und Mittelstand, Energie und Verkehr des Landes Nordrhein-Westfalen
n	Anzahl der ausgewerteten Fälle

NAFTA	North American Free Trade Agreement Nordamerikanisches Freihandelsabkommen
Nr.	Nummer
NRW	Nordrhein-Westfalen
NZZ	Neue Züricher Zeitung
o.J.	ohne Jahresangabe
o.O.	ohne Ortsangabe
o.V.	ohne Verfasserangabe
OECD	Organisation for Economic Co-operation and Development Organisation für wirtschaftliche Zusammenarbeit und Entwicklung
p	Signifikanz, Signifikanzniveau
PublG	Publizitätsgesetz
PwC AG	PricewaterhouseCoopers Aktiengesellschaft Wirtschaftsprüfungsgesellschaft
RKW	Rationalisierungs- und Innovationszentrum der Deutschen Wirtschaft
RWI	Rheinisch-Westfälischen Institut für Wirtschaftsforschung, Essen
S.	Seite
SME	Small and Medium Enterprises (= KMU)
u.a.	unter anderem
[u.a.]	und andere
überarb.	überarbeitet
VCF	Venture Capital Fund
VDMA	Verband Deutscher Maschinen- und Anlagenbau e.V.
Vgl.	Vergleiche
Vol.	Volume
WTO	World Trade Organization – Welthandelsorganisation
ZfB	Zeitschrift für Betriebswirtschaft

1. Einführung

1.1 Problemstellung

> Die Bundesrepublik Deutschland verfügt über ein verzweigtes Instrumentarium der Außenhandelsförderung. Bund, Länder, Organisationen und Einrichtungen der Wirtschaft unterstützen zum Teil miteinander, zum Teil aber auch nebeneinander oder in Konkurrenz zueinander die deutschen Unternehmen auf internationalen Märkten. [...] Die zahlreichen deutschen Aktivitäten im Bereich der Außenwirtschaft sind [...] weder in der notwendigen Weise miteinander abgestimmt, noch sind sie ausreichend entwickelt, um zukünftigen Erfordernissen zur Unterstützung deutscher Unternehmen auf den Weltmärkten gerecht zu werden und damit Arbeitsplätze in Deutschland zukünftig zu sichern.[1]

In der zweiten Hälfte der neunziger Jahre[2] war das System der deutschen Außenwirtschaftsförderung für mittelständische Unternehmen wiederholt Anlass öffentlicher Diskussionen und parlamentarischer Initiativen. Insbesondere das seit Mitte der siebziger Jahre gewachsene Gefüge des Fördersystems wurde wegen seiner fehlenden Konsistenz und Transparenz vehement kritisiert. Sowohl von Seiten der wirtschaftspolitischen Entscheidungsträger als auch der Interessenvertreter der Wirtschaft wurde eine umfassende Reform der Struktur der Außenwirtschaftsförderung eingefordert.[3] Im Zuge der Reformdiskussion kam es jedoch zu keiner grundlegenden institutionellen Veränderung des Fördersystems. Im Jahr 2001 wurde lediglich im Rahmen des so genannten Serviceverbunds Außenwirtschaft unter der Federführung des Bundeswirtschaftsministeriums die Internetplattform *iXPOS* initiiert. Dies konnte die grundsätzlichen Unzulänglichkeiten des Fördersystems jedoch bisher nicht beheben.[4] Daher befindet sich die institutionelle Ausgestaltung der deutschen Außenwirtschaftsförderung weiterhin in der Kritik. Noch immer wird vielfach ein unkoordiniertes und intransparentes Nebeneinander der Aktivitäten der verschiedenen Förderträger und staatlichen Ebenen konstatiert. So stellt beispielsweise die umfassende Außenwirtschaftsoffensive *Weltweit aktiv*, die im Juni 2003 von der Bundesregierung ins Leben gerufen wurde, keinen Bezug zu den Fördermaßnahmen der anderen staatlichen Ebene her.[5] In den zurückliegenden zwei Jahr-

---

1 Deutscher Bundestag Drucksache 13/1332 vom 10. Mai 1995, S. 2.
2 Im Rahmen dieser Arbeit beziehen sich alle Angaben von Jahrzehnten auf das 20. Jahrhundert.
3 Vgl. Habuda et al. 1998, S. 2.
4 Vgl. iXPOS 2006.
5 Vgl. Bundesministerium für Wirtschaft und Technologie 2006a.

zehnten ist jedoch insbesondere die Bedeutung der Länder im Bereich der Außenwirtschaftsförderung stark gestiegen. Angesichts des verschärften Standortwettbewerbs, dem sich auch die subnationalen Gebietskörperschaften gegenübersehen, gewannen die Außenwirtschaftsaktivitäten innerhalb der regionalen Wirtschaftspolitik immer mehr an Gewicht. In den vergangenen Jahren zeichnet sich diese Tendenz auch auf kommunaler Ebene ab.

Die wirtschaftspolitischen Entscheidungsträger aller staatlichen Ebenen betonen, dass mittelständische Unternehmen die Hauptzielgruppe der jeweiligen Förderaktivitäten seien. Im Zuge der fortschreitenden Globalisierung wird der Anpassungsdruck auch auf kleine und mittlere Unternehmen (KMU) immer größer. Zwar wird die Internationalisierung unternehmerischer Aktivitäten in der Öffentlichkeit hauptsächlich mit Großunternehmen assoziiert, aber auch der Mittelstand ist von dieser Entwicklung unmittelbar betroffen. Viele mittelständische Unternehmen sind bereits heute auf ausländischen Märkten tätig und die Notwendigkeit, sich international zu engagieren, wird sich in Zukunft noch verstärken. In diesem Szenario haben kleine und mittlere Unternehmen infolge größenbedingter struktureller Nachteile in der Regel eine schlechtere Ausgangsposition als Großunternehmen.[6]
Da von Seiten der wirtschaftspolitischen Entscheidungsträger mittelständischen Unternehmen große Bedeutung für die Beschäftigung und die gesamte Volkswirtschaft zugesprochen wird, wurde seit Mitte der siebziger Jahre die unternehmensgrößenbezogene staatliche Außenwirtschaftsförderung zugunsten des Mittelstandes deutlich ausgeweitet. Erklärtes Ziel der staatlichen Maßnahmen ist hierbei, die größenspezifischen Nachteile der kleinen und mittleren Unternehmen bei der Erschließung ausländischer Märkte konsequent zu verringern.[7]

Abweichend von dieser politischen Zielsetzung kam in den vergangenen Jahren eine Reihe von Untersuchungen zu dem übereinstimmenden Ergebnis, dass das aktuelle Förderangebot für mittelständische Unternehmen kaum zu überblicken ist. Daher nutzen kleine und mittlere Unternehmen die Fördermöglichkeiten signifikant seltener und zeigen sich mit den Förderleistungen signifikant weniger häufig zufrieden als Großunternehmen.[8]

Ausgehend von diesem Befund ist es das Ziel der vorliegenden Arbeit zu untersuchen, welche größenspezifischen Besonderheiten für kleine und mittlere Unternehmen charakteristisch sind, und vor welche Herausforderungen die mittel-

---

6 Vgl. Brenken 2006, S. 5.
7 Vgl. exemplarisch Deutscher Bundestag Drucksache 13/2236 vom 01. September 1995, S. 8; Schleswig-Holsteinischer Landtag Drucksache 15/812 vom 15. März 2001, S. 2.
8 Siehe hierzu die Ausführungen in Abschnitt 5.2.

ständischen Unternehmen durch die weltwirtschaftlichen Veränderungen gestellt werden. Darüber hinaus soll das aktuelle öffentliche und staatliche Förderinstrumentarium dargestellt und analysiert werden, das den deutschen Unternehmen im Bereich Außenwirtschaft zur Verfügung steht.
Auf der Grundlage dieser Erörterungen ist es das zentrale Anliegen der vorliegenden Untersuchung zu klären, ob die föderale Struktur der Außenwirtschaftsförderung dafür verantwortlich ist, dass das Fördersystem in seiner derzeitigen Ausgestaltung seine Hauptzielgruppe, die kleinen und mittleren Unternehmen, nicht adäquat erreicht. Gleichzeitig soll analysiert werden, inwieweit die föderale Aufgabenwahrnehmung dazu beitragen kann, dass die Defizite des bestehenden Systems behoben und die mittelständischen Unternehmen in Zukunft besser unterstützt werden können. Den Schwerpunkt des für die Untersuchung verwendeten theoretischen Analyseinstrumentariums bildet daher die ökonomische Theorie des Föderalismus. Da bisher kein Datenmaterial vorliegt, das eine fundierte theoriegeleitete Erforschung dieser Fragestellung ermöglicht, erwiesen sich umfangreiche empirische Primärdatenerhebungen und systematische Datenanalysen als erforderlich.[9]

1.2 Forschungsstand

Obwohl die Förderaktivitäten auf Länderebene mittlerweile zum Teil als so genannte „vierte Säule“[10] der Außenwirtschaftsförderung bezeichnet werden und einen zentralen Baustein der regionalen Wirtschaftspolitik bilden, konzentriert sich die Diskussion der Außenwirtschaftsförderung auch in der neueren wissenschaftlichen Literatur vorwiegend auf die Maßnahmen der Bundesebene. In der Mehrzahl der Publikationen werden die Aktivitäten der Länder, wenn überhaupt, nur am Rande beleuchtet.[11] So konstatiert beispielsweise Norbert Schultes noch im Jahr 2003: „Insgesamt verfügen die Bundesländer [...] in diesem Feld über einen weitgehend eingeschränkten Aktionsspielraum.“[12] Zwar gibt es auch Veröffentlichungen, die sich ausschließlich mit den Förderaktivitäten der Länder beschäftigen[13] oder die Förderprogramme der unterschiedlichen staatlichen Ebenen darstellen.[14] Eine theoriegeleitete Analyse des föderalen Gesamtsystems der Außenwirtschaftsförderung wurde bisher aber noch nicht vorgenommen. Somit tragen die bisherigen Untersuchungsansätze der Tatsache nicht

---

[9] Siehe hierzu die Ausführungen in Abschnitt 5.1.
[10] Vgl. Cichy 1996; Bremen 1998, S. 37; Siehe zur *Drei Säulen-Konzeption* die Ausführungen in Abschnitt 3.3.2.
[11] Vgl. exemplarisch Munzert 1997; Held 2000; Schultes 2003.
[12] Schultes 2003, S. 55.
[13] Vgl. exemplarisch Hemmersbach 1993; Ehrenfeld 1997; Ehrenfeld 1998.
[14] Vgl. exemplarisch Epp 1992; Ernst 1999; Ehrenfeld 2002; Ehrenfeld 2002b; Ehrenfeld 2003; Müller 2004.

genügend Rechnung, dass in den vergangenen Jahrzehnten zunehmend vier staatliche Ebenen Außenwirtschaftsförderung betreiben: Europäische Union, Bund, Länder und Kommunen. Die vorliegende Arbeit liefert somit eine Ergänzung zur bisherigen wirtschaftswissenschaftlichen Forschung, da Fragestellungen und Probleme detailliert beleuchtet werden, die sich aus der föderalen Ausgestaltung des Fördersystems ergeben.

Seit Beginn der fünfziger Jahre widmet sich die ökonomische Forschung wieder verstärkt der Analyse föderaler Staatssysteme. Während in älteren wissenschaftlichen Beiträgen überwiegend praxisnahe Fragestellungen im Vordergrund standen, lässt sich seit den siebziger Jahren in der ökonomischen Literatur eine Hinwendung zur theoretischen Analyse föderativer Staatswesen feststellen.[15] Bis heute wurden jedoch vor allem finanzwirtschaftliche Fragestellungen im Zusammenhang mit dem Föderalismus erörtert. Andere ökonomische Problemstellungen – wie etwa die Außenwirtschaftsförderung – fanden kaum oder gar keine Beachtung, obwohl man „die Föderalismustheorie für diese Frage nutzbar machen könnte. Die Grundfragen [...] scheinen jedenfalls auch hier anwendbar zu sein“[16]. Nach Ansicht des Fribourger (Schweiz) Ökonomen Guy Kirsch ist somit auf diesem Feld „echte Pionierarbeit“[17] zu leisten.

1.3 Vorgehensweise

Vor dem Hintergrund des in der Problemstellung skizzierten Szenarios und der daraus formulierten Zielsetzung der Arbeit wird zu Beginn des zweiten Kapitels der Begriff *kleine und mittlere Unternehmen* definiert. Hierzu werden verschiedene Konzepte dargestellt und diskutiert. Eine ausführliche Behandlung des Phänomens *Mittelstand* erweist sich als erforderlich, da die charakteristischen Besonderheiten dieser Unternehmensklasse exakt herausgearbeitet werden müssen, um deren spezifischen, größenbedingten Problemen gezielt entgegenwirken zu können. Darüber hinaus wird die volkswirtschaftliche Bedeutung der mittelständischen Unternehmen untersucht.

In den darauf folgenden Abschnitten werden drei theoretische Ansätze näher beleuchtet, die die Internationalisierung von Unternehmen zu erklären suchen. Außerdem wird diskutiert, welche Faktoren Unternehmen bei der Internationalisierung ihrer Geschäftstätigkeiten berücksichtigen müssen. Ziel dieser Erörterungen ist es zu klären, ob die Erklärungsansätze in der Lage sind, für mittelständische Unternehmen und staatliche Förderinstitutionen konkrete Handlungsempfehlungen hinsichtlich des praktischen Vorgehens im Zuge der Internationalisierung zu liefern.

---

[15] Vgl. Thöni 1986, S. 35; Pitlik 1997, S. 22; Lang 1999, S. 92.
[16] Pitlik 2001.
[17] Kirsch 2001.

Ausgehend von dieser Analyse werden die Herausforderungen erörtert, vor die der Mittelstand, aber auch die wirtschaftspolitischen Entscheidungsträger durch die zunehmende weltwirtschaftliche Integration der Märkte gestellt werden. Hierfür werden zunächst die Grundzüge der beiden Phänomene *Globalisierung* und *Regionalisierung* dargestellt. Darauf aufbauend werden die Chancen und Risiken näher beleuchtet, die sich aus den sich ändernden weltwirtschaftlichen Rahmenbedingungen für kleine und mittlere Unternehmen ergeben. Außerdem werden die strukturellen Probleme erörtert, die es dem Mittelstand erschweren, die Chancen einer Internationalisierung der Geschäftstätigkeiten umfassend zu nutzen. Ferner wird die Förderwürdigkeit und –bedürftigkeit dieser Unternehmensgrößenklasse diskutiert.

In Kapitel 3 erfolgt eine Erörterung der aktuellen Praxis der Außenwirtschaftsförderung in der Bundesrepublik Deutschland. Hierzu werden die Zielsetzungen, das Instrumentarium sowie das Budgetvolumen der verschiedenen staatlichen Ebenen detailliert charakterisiert und analysiert. Vorab gilt es jedoch auf der Grundlage ordnungspolitischer Überlegungen der Frage nachzugehen, ob aufgrund der erörterten Probleme der mittelständischen Unternehmen auf diesem Gebiet staatlicher Handlungsbedarf konstatiert werden kann.

Im weiteren Verlauf der Arbeit wird analysiert, ob eine föderale Aufgabenwahrnehmung im Bereich der Außenwirtschaftsförderung aus ökonomischer Sicht geeignet scheint, mittelständischen Unternehmen effektiv und effizient Hilfestellung zu gewähren. Hierfür werden in Kapitel 4 die Anforderungen an eine optimale föderale Aufgabenzuordnung diskutiert, wie sie von der ökonomischen Theorie des Föderalismus herausgearbeitet wurden.

Aufbauend auf diesem Analyseschema werden im fünften Kapitel die theoretisch erarbeiteten Anforderungen an eine optimale föderale Aufgabenwahrnehmung empirisch überprüft. Hierfür wird auf der Basis von drei Umfragen und einer umfangreichen inhaltsanalytischen Datenauswertung ausgelotet, wo aus Sicht verschiedener Akteursgruppen die Möglichkeiten und Grenzen einer föderalen Außenwirtschaftsförderung liegen. Auf der Grundlage dieser fundierten empirischen Datenbasis und der systematischen Analyse des aktuellen Fördersystems, werden im Anschluss daran konkrete Handlungsoptionen für die föderale Aufgabenzuteilung herausgearbeitet und zur Diskussion gestellt, die zu einer Verbesserung der staatlichen Außenwirtschaftsförderung für den Mittelstand beitragen könnten.

Im abschließenden sechsten Kapitel werden die Ergebnisse der Untersuchung zusammenfassend dargestellt und Implikationen für die Politik und die wissenschaftliche Forschung formuliert.

2. Internationalisierung mittelständischer Unternehmen

Das Adjektiv *international* bedeutet „zwischenstaatlich" oder „nicht national begrenzt".[1] Daher kann der Begriff *Internationalisierung* als Prozess definiert werden, in dessen Verlauf ein Unternehmen das Ausmaß und die Reichweite seiner Aktivitäten über die Grenzen seines Stammlandes hinaus ausweitet.[2] In der öffentlichen Wahrnehmung wird die Internationalisierung unternehmerischer Aktivitäten meist mit großen Konzernen assoziiert, aber auch kleine und mittlere Unternehmen sind bereits in hohem Maße international tätig.[3] Gerade in Deutschland existieren zahlreiche mittelständische Unternehmen, die in einem spezifischen Branchensegment Weltmarktführer sind und zum Teil einen Exportanteil von mehr als 50% aufweisen. Hermann Simon hat in diesem Zusammenhang den Begriff *hidden champions* geprägt.[4] Zwar ist der Einfluss, den die zunehmende globale Ausrichtung der Märkte auf den Mittelstand hat, von der Branche und vom Aktionsradius des einzelnen Unternehmens abhängig, dennoch stellen die weltwirtschaftlichen Veränderungen zunehmend auch kleine und mittlere Unternehmen, die bislang von den Entwicklungen auf dem Weltmarkt weniger betroffen waren, vor neue Herausforderungen.[5] Dieser Trend wird sich in Zukunft weiter verstärken.[6] Dieser Tendenz hat auch die wirtschaftswissenschaftliche Mittelstandsforschung in den vergangenen Jahren Rechnung getragen.

So wird in den Standardwerken von Jürgen Bussiek[7] und Hans-Christian Pfohl[8] aus der ersten Hälfte der neunziger Jahre das Thema Internationalisierung kleiner und mittlerer Unternehmen noch nicht erörtert. In der neubearbeiteten Auflage von 1997 widmet Pfohl dieser Thematik dann jedoch ein eigenes, umfangreiches Kapitel, „da für immer mehr Klein- und Mittelbetriebe ihre Existenz nur durch Erfolge auf internationalen Märkten gesichert werden kann"[9]. Auch Josef Mugler konstatiert in Ergänzung seiner früheren Ausfüh-

---

1 Büschgen 1997, S. 3.

2 Ingolf Bamberger und Michael Evers nehmen eine differenzierte Begriffsbestimmung vor. Sie definieren Internationalisierung 1) als „Akt der erstmaligen Aufnahme internationaler Aktivitäten" und 2) als „Prozeß, der ein wachsendes Engagement auf internationalen Märkten beinhaltet". Vgl. Bamberger; Evers 1997, S. 106.

3 Vgl. Krystek; Zur 2002, S. 5 f.; Winterhalder 2002, S. 33; Hirsch-Kreinsen 2003, S. 10; Kay; Kranzusch 2004, S. 16; Schmierl 2004, S. 274.

4 Simon 1996.

5 Vgl. Bassen; Behnam; Gilbert 2001, S. 413; Welge; Holtbrügge 2003, S. 31; Behr 2004, S. 50 ff.; Kutschker; Schmid 2005, S. 159 f.; Brenken 2006, S. 8.

6 Vgl. Organisation for Economic Co-operation and Development 1997, S. 30; Europäische Kommission 2003a, S. 8.

7 Bussiek 1994.

8 Pfohl 1990.

9 Pfohl 1997a, S. VIII.

rungen in der überarbeiteten Ausgabe seines Lehrbuches von 1998:

> Die Internationalisierung von Klein- und Mittelbetrieben erhielt durch diverse Änderungen der Qualität von Landes- und Kulturgrenzen, insbesondere durch die europäische Integration, neue Impulse und motivierte damit auch neue Forschungsprojekte.[10]

Ausgehend von dieser Feststellung wird in den folgenden Abschnitten der Wandel, der das unternehmerische Umfeld der kleinen und mittleren Unternehmen prägt, sowie dessen Auswirkungen näher analysiert. Zunächst gilt es jedoch den Begriff *kleine und mittlere Unternehmen* abzugrenzen.

2.1 Kleine und mittlere Unternehmen: Begriffsbestimmung

Die Begriffe *kleine und mittlere Unternehmen (KMU)* und *mittelständische Unternehmen* entziehen sich sowohl in der politischen als auch in der wissenschaftlichen Diskussion einer einheitlichen Definition. So weist Klaus-Jürgen Gantzel bereits Anfang der sechziger Jahre in seiner Arbeit „Wesen und Begriff der mittelständischen Unternehmung" darauf hin, dass sich „fast 200 bemerkenswerte Definitionen und Umschreibungen zusammenstellen lassen"[11] und legt 102 verschiedene Grundsatzdefinitionen dar, die er kritisch beleuchtet.[12] Hinsichtlich der Begriffsbestimmung kommt erschwerend hinzu, dass sowohl im wirtschaftspolitischen Sprachgebrauch als auch in der wissenschaftlichen Literatur keine durchgängige, dezidierte Trennung der Termini *kleine und mittlere* beziehungsweise *mittelständische* Unternehmen stattfindet; vielmehr werden die Bezeichnungen häufig synonym verwendet.[13] Einige Autoren nehmen jedoch eine Differenzierung vor und erweitern den Begriff *mittelständische* in Abgrenzung zu *kleinen und mittleren* Unternehmen um zusätzliche Bedeutungsdimensionen. Für sie beinhaltet der Begriff *KMU* ausschließlich statistisch-wirtschaftliche Aspekte, während *mittelständisch* auch soziologische, psychologische und gesellschaftliche Dimensionen umfasst.[14] Da diese Aspekte, wie noch gezeigt wird, jedoch implizit auch in der KMU-Definition der Europäischen Kommission berücksichtigt werden, erweist sich eine Differenzierung der Begriffe weder als notwendig noch als sinnvoll. Daher werden die Begriffe im Folgenden synonym verwendet.[15]

---

[10] Mugler 1998, S. 54.
[11] Gantzel 1962, S. 12.
[12] Vgl. Gantzel 1962, S. 123.
[13] Vgl. Merker 1997, S. 26; Schäfer 2004, S. R3.
[14] Vgl. Landtag von Baden-Württemberg Drucksache 12/5800 vom 13. Dezember 2000, S. 39; Merker 1997, S. 27.
[15] Zur gleichen Einschätzung kommen auch Hinderer 1984, S. 6; Hemmersbach 1993, S. 10.

In den folgenden Abschnitten werden die in der wissenschaftlichen Literatur diskutierten Kriterien zur Charakterisierung von mittelständischen Unternehmen dargestellt und kritisch erörtert. Hierbei werden sowohl quantitative als auch qualitative Abgrenzungsmerkmale bezüglich ihrer Bedeutung für die im Rahmen dieser Arbeit diskutierten Fragestellung analysiert.

2.1.1 Quantitative Definitionsansätze

Unter quantitativen Gesichtspunkten umfasst der wirtschaftliche Mittelstand die Gesamtheit aller Unternehmen bis zu einer bestimmten Größe. Eine Begriffsdefinition mittels quantitativer Merkmale erscheint zwingend, da insbesondere der Terminus *kleine und mittlere Unternehmen* eine numerische Bestimmung nahe legt. In der Literatur werden eine Reihe von Kriterien diskutiert, die zur Definition von mittelständischen Unternehmen herangezogen werden können. Zu ihnen gehören zum Beispiel das Anlagevermögen, die Anzahl der Mitarbeiter, die Bilanzsumme, die Marktstellung, der Umsatz oder die Wertschöpfung.[16]

Eine Definition unter Zuhilfenahme des gesamten Merkmalskatalogs erweist sich für die Praxis des wissenschaftlichen Arbeitens als sehr komplex und nicht durchführbar, da die amtlichen Statistiken zu den meisten der genannten Kriterien keine oder nur auf bestimmte Wirtschaftsbereiche oder Größenklassen beschränkte Daten zur Verfügung stellen. Eine zeitliche oder branchenübergreifende Vergleichbarkeit von Untersuchungsergebnissen wäre somit kaum zu gewährleisten. Daher wird in der Regel auf einzelne Merkmale zurückgegriffen, die öffentlich zugänglich, extern überprüfbar und statistisch erfassbar sind. In den gängigen Begriffsbestimmungen wird aus diesem Grunde meist die Anzahl der Mitarbeiter, der Umsatz oder die Bilanzsumme herangezogen, wobei häufig die Anzahl der Mitarbeiter das maßgebliche Abgrenzungsmerkmal darstellt.[17] Von den einzelnen Autoren und Institutionen werden jedoch ganz unterschiedliche Grenzwerte festgelegt.[18]

Im Folgenden werden Inhalt und Entwicklung von zwei für das System der bundesdeutschen Außenwirtschaftsförderung relevanten Ansätzen dargestellt und diskutiert: die Abgrenzungskriterien des Instituts für Mittelstandsforschung Bonn (IfM Bonn) und der Europäischen Kommission.[19]

---

[16] Vgl. exemplarisch Hennings, 1983, S. 49; Bussiek 1994, S. 17; Günterberg; Wolter 2003, S. 1.

[17] Vgl. Mugler 1998, S. 31.

[18] Vgl. Günterberg; Wolter 2003, S. 3 ff.

[19] Hans Jobst Pleitner und Renate Haake bieten einen Überblick über weitere quantitative Definitionen. Siehe Pleitner 1981, S. 24 ff.; Haake 1987, S. 16.

2.1.1.1 Ansatz des Instituts für Mittelstandsforschung Bonn

Laut Arbeitsdefinition des IfM Bonn zählen Unternehmen mit weniger als 50 Millionen Euro Jahresumsatz und weniger als 500 Mitarbeitern zum Mittelstand.[20] Auch wenn es sich hierbei um keine verbindliche Definition handelt, wird die Abgrenzungssystematik des IfM Bonn im deutschsprachigen Raum von vielen Autoren und Institutionen akzeptiert und übernommen.[21]

Tabelle 2-1 Mittelstandsabgrenzung des IfM Bonn seit 2002

Größenklasse	Anzahl der Mitarbeiter	Umsatz in Euro/Jahr
Klein	≤ 9	< 1 Million
Mittel	10 – 499	1 – 50 Millionen
Groß	≥ 500	≥ 50 Millionen

Quelle: Institut für Mittelstandsforschung 2003; eigene Darstellung.

Die Verwirklichung der dritten Stufe der Europäischen Wirtschafts- und Währungsunion und die damit verbundene Einführung des Euro-Bargeldes sowie die daraus folgende Umstellung der amtlichen Umsatzsteuerstatistik zu Beginn des Jahres 2002 hatten das IfM Bonn zu einer Anpassung seiner quantitativen Abgrenzungskriterien veranlasst. Ein Vergleich der neuen Schwellenwerte mit den bis 2002 gültigen zeigt, dass an der Obergrenze von 499 Mitarbeitern festgehalten wurde, wohingegen es bei den Umsatzgrößen zum Teil erhebliche Veränderungen gab. Die Obergrenze von 499 Mitarbeitern wird damit begründet, dass die interne Organisations- und Führungsstruktur eines Unternehmens in der Regel erheblich umstrukturiert werden muss, sobald es diese Mitarbeiterzahl überschreitet.[22]

---

[20] Vgl. Günterberg; Wolter 2003, S. 13.

[21] Vgl. Klemmer et al. 1996, S. 18; Krimphove; Tytko 2002, S. 4; siehe exemplarisch Deutscher Bundestag Drucksache 14/4603 vom 15. November 2000, S. 4; Landtag von Baden-Württemberg Drucksache 12/5800 vom 13. Dezember 2000, S. 39; Steiner; Börstler; Reske 1979, S. 3; Bussiek 1994, S. 17; Pfohl 1997b, S. 17.

[22] Vgl. Ackermann; Blumenstock 1993, S. 10; Stadelmann 1996, S. 25 f.; Abweichend davon konstatiert Dirk Obermann, dass bereits bei 50 Mitarbeitern die interne Organisations- und Führungsstruktur eines Unternehmens gewisse Veränderungen und Ausdifferenzierungen erfährt. So steigt etwa die Wahrscheinlichkeit, dass sich Führungskräfte zunehmend spezialisieren. Für die Abgrenzung zwischen mittleren und großen Unternehmen plädiert er dennoch dafür, „erst nach etwa zwei Drittel der kumulierten Beschäftigung eine Klassifizierungsgrenze zu ziehen“. Dies ist beim Schwellenwert von 499 Mitarbeitern ungefähr gegeben. Obermann 1996, S. 34. Auch die Europäische Kommission geht davon aus, dass bereits Unternehmen mit mehr als 250 Mitarbeitern „über ausgeprägte Managementstrukturen in den Bereichen Produktion, Verkauf, Marketing, Forschung und Personal [verfügen], durch die sie sich deutlich von mittleren Unternehmen mit bis zu 250 Beschäftigten abheben“. Amtsblatt der Europäischen Union L 107 vom 30. April 1996, S. 5; ähnlich Eden 2002, S. 35 f.

Tabelle 2-2 Mittelstandsabgrenzung des IfM Bonn bis 2002

Größenklasse	Anzahl der Mitarbeiter	Umsatz in DM/Jahr
Klein	≤ 9	< 1 Million
Mittel	10 – 499	1 – 100 Millionen
Groß	≥ 500	≥ 100 Millionen

Quelle: Institut für Mittelstandsforschung 2003; eigene Darstellung.

Bei den Umsatzgrößen vollzog das IfM Bonn den Grundsatzbeschluss des Statistischen Bundesamts nach, das beim Übergang auf den Euro die DM-Größenklassen-Einteilung beibehalten und lediglich durch Euro ersetzt hat. Dadurch wurde der Schwellenwert bei der Umsatzgröße, der zur Unterscheidung zwischen Klein- und Mittelunternehmen dient, merklich erhöht. Statt bis zu einer Obergrenze von bisher einer Million Deutschen-Mark werden nach den neuen Kriterien Unternehmen bis zu einem Jahresumsatz von einer Million Euro als klein angesehen. Bei der Umsatzgrenze zu den Großunternehmen kam es hingegen zu einer leichten Anpassung nach unten. So gehören nur noch Unternehmen bis zu einem Jahresumsatz von bis zu 50 Millionen Euro dem Mittelstand an und nicht wie bisher bis zu umgerechnet 51.129.188,00 Euro. Der Schwellenwert von 50 Millionen Euro entspricht der Umsatzgrenze, die auch die Europäische Kommission ihrer neuen KMU-Definition zu Grunde legt, die seit dem 01. Januar 2005 die bisherigen Abgrenzungskriterien von 1996 ersetzt.[23]

In der Literatur wird darauf hingewiesen, dass einheitliche quantitative Kriterien mit einer gewissen Vorsicht anzuwenden seien, da sie branchenspezifischen Unterschieden zu wenig Rechnung trügen.[24] Bis zur Anpassung der Arbeitsdefinition im Jahre 2002 nahm das IfM Bonn daher auch eine quantitative Mittelstandsabgrenzung nach Wirtschaftszweigen vor. Da die empirischen Untersuchungsergebnisse durch eine solche Branchendifferenzierung jedoch nur sehr geringfügig variieren, wurde die wirtschaftsbereichsbezogene Definition aus pragmatischen Gründen ersatzlos gestrichen. So erhöhte sich beispielsweise bei der Bestimmung des Anteils des Mittelstandes an der Gesamtzahl der deutschen Unternehmen der errechnete Wert von 99,5% für das Jahr 1999 auf 99,7% für das Jahr 2000.[25] Diese Abweichung um lediglich 0,2 Prozentpunkte ist als nicht ins Gewicht fallend einzustufen; daher werden bei aktuellen Untersuchungen die – für alle Branchen einheitlichen – angepassten Abgrenzungskriterien angewandt.

---

[23] Vgl. hierzu die Ausführungen in Abschnitt 2.1.1.2.
[24] Vgl. exemplarisch Gantzel 1962, S. 289; ähnlich Bickel 1988, S. 50; Obermann 1996, S. 33; Pfohl 1997b, S. 8 ff.
[25] Vgl. Günterberg; Wolter 2003, S. 13 f.

2.1.1.2 Ansatz der Europäischen Kommission

Laut Empfehlung 2003/361/EG der Europäischen Kommission vom 06. Mai 2003 zählen eigenständige Unternehmen mit weniger als 250 Mitarbeitern sowie maximal 50 Millionen Euro Jahresumsatz oder alternativ einer Bilanzsumme von maximal 43 Millionen Euro zu den kleinen und mittleren Unternehmen.[26]

Tabelle 2-3 KMU-Definition der Europäischen Kommission seit 2005

Größenklasse	Anzahl der Mitarbeiter	Bilanzsumme in Euro	Umsatz in Euro/Jahr
Kleinst	< 10	≤ 2 Millionen	≤ 2 Millionen
Klein	10 – 49	≤ 10 Millionen	≤ 10 Millionen
Mittel	50 – 249	≤ 43 Millionen	≤ 50 Millionen
Groß	≥ 250	> 43 Millionen	> 50 Millionen

Quelle: Amtsblatt der Europäischen Union L 124 vom 20. Mai 2003, S. 39; eigene Darstellung.

Auch wenn es sich hierbei ebenfalls um keine verbindliche Definition handelt, empfiehlt die Kommission allen Mitgliedstaaten der Europäischen Union, diese Kriterien „bei all ihren für KMU, mittlere Unternehmen bzw. Kleinstunternehmen bestimmten Programmen“[27] zu übernehmen. Daher geht von der Empfehlung hinsichtlich der staatlichen Förderpraxis eine stark vereinheitlichende Wirkung aus.[28]

In den letzten Jahrzehnten sind auf regionaler, nationaler und europäischer Ebene umfangreiche Fördermaßnahmen für kleine und mittlere Unternehmen entwickelt worden. Dabei zeigte sich zu Beginn der neunziger Jahre, dass die einzelnen Träger ihren Programmen ganz unterschiedliche KMU-Definitionen zu Grunde legten. Um die Kohärenz und Effizienz der förderpolitischen Programme zu erhöhen und die Gefahr von Wettbewerbsverzerrungen innerhalb des Gemeinsamen Marktes zu verringern, sah es die Europäische Kommission als notwendig an, „für die Behandlung der Unternehmen einen Grundstock gemeinsamer Regeln“[29] zu schaffen. Ausgehend von diesen Grundüberlegun-

---

[26] Vgl. Amtsblatt der Europäischen Union L 124 vom 20. Mai 2003, S. 36. Darüber hinaus umfasst die Definition der Europäischen Kommission das qualitative Kriterium der Eigenständigkeit. Siehe hierzu die Ausführungen in Abschnitt 2.1.2.3.

[27] Amtsblatt der Europäischen Union L 124 vom 20. Mai 2003, S. 38. Zudem richtet sich die Empfehlung an die Europäische Investitionsbank (EIB), den Europäischen Investitionsfonds (EIF) und gilt für alle von der Europäischen Union verwalteten Gemeinschaftsprogramme.

[28] Vgl. Bös; Kayser 1999, S. 10; Sächsisches Staatsministerium für Wirtschaft und Arbeit 2003, S. 10; sowie die Ausführungen auf S. 97.

[29] Amtsblatt der Europäischen Union L 124 vom 20. Mai 2003, S. 36.

gen entwickelte die Kommission eine Empfehlung zur einheitlichen KMU-Definition, die verhindern soll, „dass die Gemeinschaft ihre Maßnahmen auf eine andere Art von KMU ausrichtet als die Mitgliedstaaten"[30].
Auch wenn die Europäische Kommission die Anzahl der Mitarbeiter als das wichtigste und aussagekräftigste Kriterium ansieht, hat sie ihre quantitative Definition kleiner und mittlerer Unternehmen um weitere Merkmale ergänzt: Neben der Beschäftigtenzahl werden daher auch die finanziellen Kennzahlen Jahresumsatz oder alternativ die Bilanzsumme herangezogen. Die definierten Schwellenwerte gelten einheitlich für alle Branchen.[31]
Um in der Vergangenheit aufgetretene Auslegungsprobleme bei der Vergabe von Fördergeldern zukünftig zu vermeiden und eine noch stärkere Vereinheitlichung der Förderungspraxis zu erreichen, hat die Europäische Kommission zur Erhebung der Kennzahlen weitere Vorgaben erarbeitet, die im Anhang der Empfehlung 2003/361/EG präzisiert werden.
Die Ermittlung der Beschäftigten erfolgt auf der Grundlage der Zahl der Jahresarbeitseinheiten, so dass Teilzeitstellen und Saisonarbeiter nur anteilig in die Berechnung einfließen. Darüber hinaus werden „Auszubildende oder in der beruflichen Ausbildung stehende Personen, die einen Lehr- bzw. Berufsausbildungsvertrag haben"[32], bei der Bestimmung der Mitarbeiterzahl nicht mitgerechnet, „um Anreize für die KMU zu schaffen, vermehrt Auszubildende aufzunehmen und sich der beruflichen Ausbildung zu widmen"[33]. Da die Europäische Kommission die Anzahl der Mitarbeiter als Hauptkriterium ansieht, weist sie ausdrücklich darauf hin, dass es den Mitgliedstaaten zur Vereinfachung der Verwaltungsverfahren erlaubt sei, sich auf den Mitarbeiterschwellenwert als einziges Kriterium bei der Konzipierung von Maßnahmen zu beschränken, sofern dem nicht Regeln des europäischen Wettbewerbsrechts entgegenstehen. Die Obergrenze von maximal 249 Mitarbeitern darf aber auch in diesem Fall nicht überschritten werden.[34]
Da die KMU-Definition für Unternehmen aller Branchen Gültigkeit besitzen soll, wurden zwei alternative finanzielle Grenzwerte festgelegt, die entsprechend einem statistisch ermittelten Verhältnis korreliert wurden: der Umsatz und die Bilanzsumme. Dabei kann ein Unternehmen bei einem dieser Kriterien die definierte Obergrenze überschreiten und gilt trotzdem noch als mittelständisch.[35]
Als Bezugsgrößen werden jeweils die Daten des Rechnungsabschlusses des

---

30 Amtsblatt der Europäischen Union L 124 vom 20. Mai 2003, S. 36.
31 Siehe Tabelle 2-3.
32 Amtsblatt der Europäischen Union L 124 vom 20. Mai 2003, S. 40. Ferner werden Mitarbeiter im Mutterschafts- oder Elternurlaub nicht berücksichtigt.
33 Europäische Kommission 2002, S. 4.
34 Vgl. Amtsblatt der Europäischen Union L 124 vom 20. Mai 2003, S. 37.
35 Vgl. Amtsblatt der Europäischen Union L 124 vom 20. Mai 2003, S. 36.

letzten Jahres herangezogen. Kann ein neugegründetes Unternehmen noch keinen Abschluss für einen kompletten Rechnungszeitraum vorlegen, sind die Werte nach Treu und Glauben zu schätzen. Zu einer Änderung des Status kommt es, wenn ein Unternehmen die relevanten Schwellenwerte in zwei aufeinanderfolgenden Geschäftsjahren über- bzw. unterschreitet.[36]

Ein Vergleich der Empfehlung der Kommission aus dem Jahre 1996 mit der geänderten Fassung von 2003 zeigt, dass am Schwellenwert von 250 Mitarbeitern festgehalten wurde. Eine Anhebung des Grenzwertes auf 500 Mitarbeiter, wie sie während der externen Konsultation von einigen Seiten angeregt wurde, hätte nach Auffassung der Kommission zu einer erheblichen Ausdehnung des Kreises der förderberechtigten Unternehmen geführt, so dass dieser Schwellenwert nicht als aussagekräftiges Selektionskriterium herangezogen werden könne.[37] Da jedoch 99,8% der Unternehmen in der Europäischen Union weniger als 250 Mitarbeiter beschäftigen,[38] ist Axel G. Schmidt zuzustimmen, wenn er auf die Schwäche dieser Argumentation hinweist, da auch das von der Europäischen Kommission gewählte Kriterium nicht die von ihr selbst eingeforderte Selektionskraft entfaltet.[39]

Bei den finanziellen Schwellenwerten für kleine und mittlere Unternehmen kam es hingegen zu erheblichen Anpassungen. So wurde sowohl die Obergrenze des Umsatzes erhöht als auch der Faktor angehoben, der zur Berechnung der maximalen Bilanzsumme dient. Dies hatte zur Folge, dass der Schwellenwert der Bilanzsumme von 27 Millionen auf 43 Millionen Euro stärker erhöht wurde als die Umsatzgrenze, die von 40 Millionen auf 50 Millionen Euro stieg. Die Kommission begründet die vorgenommenen Anpassungen mit der steigenden Kapitalintensität der Produktion. Nach Einschätzung der Kommission wird durch diese neuen Schwellenwerte daher auch der Kreis der förderberechtigten Unternehmen nicht erweitert.[40]

Um eine gezielte Förderung zu ermöglichen, hat die Kommission ihre Empfehlung darüber hinaus in verschiedenen Punkten konkretisiert. So wurden die so genannten Kleinstunternehmen als Kategorie innerhalb der KMU genauer definiert, da ihnen von Seiten der Europäischen Union eine besonders hohe Bedeutung „für die Entwicklung der unternehmerischen Initiative und für die Schaffung von Arbeitsplätzen"[41] beigemessen wird. Zu dieser Größenklasse

---

[36] Vgl. Amtsblatt der Europäischen Union L 124 vom 20. Mai 2003, S. 40.

[37] Vgl. Amtsblatt der Europäischen Union L 107 vom 30. April 1996, S. 6; Europäische Kommission 2002, S. 1; ähnlich Behringer 2002, S. 8; Ehrenfeld 2002, S. 33; Landtag von Baden-Württemberg Drucksache 12/5800 vom 13. Dezember 2000, S. 42.

[38] Vgl. Europäische Kommission, Generaldirektion Unternehmen 2004, S. 28.

[39] Vgl. Schmidt 1998, S. 9.

[40] Vgl. Amtsblatt der Europäischen Union L 124 vom 20. Mai 2003, S. 36 f.

[41] Amtsblatt der Europäischen Union L 124 vom 20. Mai 2003, S. 37.

zählen Unternehmen, die maximal neun Mitarbeiter beschäftigen und deren Umsatz oder Bilanzsumme zwei Millionen Euro pro Jahr nicht überschreitet.[42]

2.1.1.3 Kritische Würdigung der quantitativen Ansätze

Wie die vorangegangenen Ausführungen gezeigt haben, konnte sich bisher weder in der wissenschaftlichen Literatur noch in der wirtschaftspolitischen Praxis eine einheitliche numerisch-quantitative Definition kleiner und mittlerer Unternehmen durchsetzen.[43] Zwar kam die Empfehlung der Europäischen Kommission 96/280/EG in den Mitgliedstaaten weitgehend zur Anwendung und entfaltete somit im förderpolitischen Bereich eine starke Tendenz zur Vereinheitlichung.[44] In Deutschland beziehen sich Publikationen jedoch vielfach weiterhin auf die Definition des IfM Bonn. Dies führt dazu, dass die Daten der europäischen KMU-Statistiken mit den deutschen nicht vollständig vergleichbar sind.[45]

Ferner wurde deutlich, dass angesichts der Vielfalt quantitativer Kriterien, die prinzipiell zur Abgrenzung mittelständischer Unternehmen herangezogen werden können, es einer Entscheidung sowohl über die konkrete Auswahl als auch über die optimale Anzahl der Merkmale bedarf. In der Literatur schwankt die Zahl der herangezogenen Kriterien erheblich. Teilweise werden einzelne Merkmale isoliert zur Abgrenzung verwendet, in der Regel jedoch mehrere Größen miteinander kombiniert. Eindimensionale Ansätze zeichnen sich durch ihre einfache Handhabbarkeit aus. Hinsichtlich ihrer Aussagekraft sind sie jedoch kritisch zu bewerten, da sie häufig keinen Einblick in die Eigenschaften und Bedürfnisse der zu untersuchenden Gruppe von Unternehmen ermöglichen. Hierfür ist ein mehrdimensionaler Ansatz besser geeignet, der diverse Kriterien zur Abgrenzung heranzieht. Dieser erweist sich in der Praxis jedoch als nur schwer operationalisierbar und erhöht ferner die Gefahr, dass Unternehmen, die eines der Kriterien überschreiten, nicht mehr in die Kategorie mittelständischer Unternehmen fallen, obwohl sie in der Gesamtbewertung als solche zu klassifizieren wären.[46]

---

[42] Vgl. Amtsblatt der Europäischen Union L 124 vom 20. Mai 2003, S. 39. Ferner wurde das qualitative Kriterium der Eigenständigkeit in einigen Punkten präzisiert. Für eine detaillierte Darstellung siehe die Ausführungen in Abschnitt 2.1.2.3.

[43] Auch die in § 267 HGB festgelegten Größenklassen für kleine und mittelgroße Kapitalgesellschaften haben außerhalb ihres Geltungsbereichs keinen verbindlichen Charakter entwickelt.

[44] Vgl. Amtsblatt der Europäischen Union L 124 vom 20. Mai 2003, S. 36; Sächsisches Staatsministerium für Wirtschaft und Arbeit 2003, S. 10.

[45] Siehe exemplarisch Hamburgerische Landesbank 2002, S. 8; Sächsisches Staatsministerium für Wirtschaft und Arbeit 2003, S. 11; Kayser; Wallau; Adenäuer 2005, S. 54; Ministerium für Wirtschaft, Mittelstand und Energie des Landes Nordrhein-Westfalen 2006, S. 31.

[46] Vgl. Mugler 1998, S. 19.

Hinsichtlich der Auswahl der Merkmale zur Bestimmung der Unternehmensgröße wird in der Literatur darauf verwiesen, dass „die Klassifikationsmerkmale dem jeweiligen Untersuchungszweck entsprechend und unter Praktikabilitätsaspekten [...] zu selektieren“[47] seien. Hans-Christian Pfohl präzisiert diese Forderung, indem er zwischen aussagebezogenen und erhebungsbezogenen Auswahlkriterien zur Bestimmung der geeigneten Merkmale unterscheidet.[48] Mit Hilfe der aussagebezogenen Auswahlkriterien gilt es zu prüfen, in wieweit die verwendeten Merkmale und definierten Schwellenwerte dem jeweiligen Zweck, dem die KMU-Definition dienen soll, adäquate Erklärungen liefern. Demgegenüber dienen die erhebungsbezogene Auswahlkriterien dazu, die Operationalisierbarkeit des gewählten Ansatzes zu untersuchen.[49]

Auf der Grundlage dieses Rasters zeigt sich, dass die Definitionsansätze des IfM Bonn und der Europäischen Kommission unterschiedliche Ziele verfolgen. Während das IfM Bonn für seine empirischen Mittelstandsstudien einen pragmatischen Ansatz wählt, der methodischen und ressourcenbedingten Restriktionen Rechnung trägt, ist die Europäische Kommission bestrebt, mit ihrer Definition den Kreis der nach ihrer Auffassung förderwürdigen und -bedürftigen Unternehmen möglichst exakt zu umschreiben und einzugrenzen.
Da Informationen über die Beschäftigtenzahl mit vergleichsweise geringem Aufwand öffentlich zugänglich sind, ist das Kriterium *Anzahl der Mitarbeiter* in Bezug auf seine Operationalisierbarkeit für beide Institutionen positiv zu beurteilen.[50] Auch die Erhebungsgenauigkeit und intertemporale Vergleichbarkeit erweist sich als relativ hoch, da die Mitarbeiterzahlen im Gegensatz zu finanziellen Größen geringere Schwankungen unterliegen. So definierte das IfM Bonn bereits 1975 Industrieunternehmen mit weniger als 500 Mitarbeitern als mittelständisch, während die maximale Umsatzhöhe bei nominal 25 Millionen DM pro Jahr lag, was in etwa einem Viertel des aktuellen nominalen Schwellenwertes entspricht.[51]

---

[47] Hennings 1983, S. 50; ähnlich auch Gantzel 1962, S. 287; für eine ausführliche Darstellung der Problematik der Auswahl aussagebezogener Kriterien vgl. Pfohl 1997b, S. 7 ff.
[48] Vgl. Pfohl 1997b, S. 6.
[49] Vgl. Pfohl 1997b, S. 7 ff.
[50] Als Problem erweist sich, dass wichtige deutsche Primärstatistiken, die Beschäftigtenstatistik der Bundesagentur für Arbeit sowie die Statistik des Produzierenden Gewerbes des Statistischen Bundesamtes, nicht auf der Erhebungseinheit Unternehmen, als wirtschaftlich-rechtlichem Aggregat, sondern auf der Untersuchungseinheit Betrieb, als örtliche Produktionsstätte, basieren. Da Betriebe in diesem Sinne jedoch nicht identisch sind mit selbständigen Unternehmen, müssen die Primärdaten mit einem Korrekturfaktor multipliziert werden. Vgl. Engel et al. 2004, S. 16.
[51] Vgl. Thürbach; Menzenwerth 1975, S. 7.

Demgegenüber erweist sich die Erhebung finanzieller Unternehmensdaten als erheblich schwieriger, da diese häufig nicht veröffentlicht werden.[52] Während das IfM Bonn bei seinen Untersuchungen in der Regel ausschließlich auf extern zugängliche Daten zurückgreifen kann, hat die Europäische Kommission die Möglichkeit, den Unternehmen, die Fördermittel in Anspruch nehmen wollen, vorzuschreiben, dass diese den staatlichen Bewilligungsstellen Auskunft über Unternehmensinterna erteilen müssen.

Im Hinblick auf die aussagebezogene Auswahl der Merkmale gilt es zu prüfen, ob die ausgewählten quantitativen Kriterien in einem objektiv begründbaren Zusammenhang mit der jeweils behandelten Fragestellung stehen.[53] Eine Reihe von Autoren bezweifelt, dass es mit Hilfe quantitativer Kriterien überhaupt möglich ist, die Wesensunterschiede zwischen mittelständischen Unternehmen und Großunternehmen zu erfassen.[54] Erschwerend kommt hinzu, dass für die einzelnen Größenkriterien trennscharfe Schwellenwerte identifiziert werden müssen. Rüdiger Hennigs bemerkt in diesem Zusammenhang, dass „die Bestimmung derartiger Schwellenwerte als stark von subjektiven Einflüssen abhängig und als kaum hinreichend begründbar angesehen werden“[55] muss. Letztendlich erweisen sich quantitative Abgrenzungen somit immer als willkürlich, obwohl sie den Anschein einer objektiven Trennschärfe vermitteln.[56]

Nachdem die numerisch-quantitative Begriffsbestimmung in den letzten Jahren verstärkt in die Kritik geraten ist,[57] weist das IfM Bonn in seinen jüngsten Publikationen wieder mit stärkerem Nachdruck darauf hin, dass „numerische Ableitungen und quantitative Raster nur eine Vorstufe zum wirklichen Verständnis“[58] der wirtschaftlichen und gesamtgesellschaftlichen Funktion kleiner und mittlerer Unternehmen liefern können. So konstatiert Frank Wallau:

> Die üblichen Größenkriterien, wie Umsatz und Beschäftigte, waren ursprünglich reine Hilfskriterien, zu denen man griff, weil die nachher erwähnten quantitativen Merkmale des Mittelstandes naturgemäß statistisch nicht erfassbar sind. Im Laufe der Zeit stellte sich ein Gewöhnungseffekt ein, der dazu führte, dass diese ursprünglichen Hilfskrite-

---

[52] Vgl. Obermann 1996, S. 33; ähnlich Mugler 1998, S. 31. Ein Großteil der kleinen und mittleren Unternehmen unterliegt aufgrund ihrer Rechtsform oder ihrer Unternehmensgröße keiner gesetzlichen Publizitätspflicht. Vgl. §§ 264 ff., 325 ff. HGB; §§ 1, 9 PublG.

[53] Vgl. Pfohl 1997b, S. 7.

[54] Vgl. Gantzel 1962, S. 289; ähnlich Hennigs 1983, S. 53; Schmidt 1998, S. 5.

[55] Hennings 1983, S. 50.

[56] Vgl. Hemmersbach 1993, S. 10; Ackermann; Blumenstock 1993, S. 8; Pfohl 1997b, S. 17.

[57] Vgl. Schwiering; Fischer 1999, S. 182-199; Schmidt 1998, S. 5.

[58] Kayser; Wallau 2003, S. 56; ähnlich auch Günterberg; Wolter 2003, S. 1.

rien als konstitutiv für ein mittelständisches Unternehmen angesehen wurden.[59]

Im folgenden Abschnitt werden daher qualitative Kriterien zur Charakterisierung mittelständischer Unternehmen dargestellt und hinsichtlich ihrer Bedeutung für die im Rahmen dieser Arbeit diskutierte Fragestellung kritisch analysiert werden.

2.1.2 Qualitative Definitionsansätze

2.1.2.1 Grundlegende Überlegungen

Wie die bisherigen Ausführungen gezeigt haben, ist für das Verständnis der typischen Strukturmerkmale und größenspezifischen Besonderheiten mittelständischer Unternehmen eine rein quantitative Charakterisierung nicht ausreichend.[60]
Autoren wie Klaus-Jürgen Gantzel oder Hans-Christian Pfohl haben umfangreiche Kataloge qualitativer Merkmale zusammengetragen, die sich aufgrund empirischer Untersuchungen oder subjektiver plausibler Schlüsse als charakteristisch für mittelständische Unternehmen gezeigt haben.[61] Eine derartige Fülle an Kriterien erweist sich für die Anwendung im Rahmen wissenschaftlicher Untersuchungen oder der förderpolitischen Praxis als kaum operationalisierbar. Dies führt dazu, dass die Ansätze in der Literatur nur vereinzelt übernommen werden, was eine einheitliche qualitative Begriffsbestimmung bis heute verhindert hat.[62] Die wissenschaftliche Diskussion um eine qualitative Definition mittelständischer Unternehmen ist daher noch nicht abgeschlossen. Dieser Umstand beeinträchtigt sowohl die Vergleichbarkeit von Untersuchungsergebnissen als auch die Beurteilung der Förderwürdigkeit oder –bedürftigkeit kleiner und mittlerer Unternehmen.

Um dennoch Aussagen über größenspezifische Vorteile und strukturelle Probleme treffen zu können, die mittelständische Unternehmen bei der Erschließung internationaler Märkte kennzeichnen, werden im Folgenden die qualitativen Besonderheiten genauer dargestellt, die in der betriebswirtschaftlichen Forschung als charakteristisch herausgearbeitet wurden. Aufgrund der Heterogenität innerhalb der Gruppe der kleinen und mittleren Unternehmen kann zwar nicht von einem durchgängig einheitlichen Erscheinungsbild ausgegangen werden. Die aufgeführten Kriterien sind jedoch insofern als charakteris-

---

[59] Wallau 2002, S. 18, Fn. 2.
[60] Vgl. Bickel 1988, S. 51; Ackermann; Blumenstock 1993, S. 8; Krimphove; Tytko 2002, S. 6.
[61] Vgl. Gantzel 1962, S. 280 ff.; Pfohl 1997b, S. 19 ff.
[62] Vgl. Gruhler 1994, S. 22; Mugler 1998, S. 19 ff.

tisch anzusehen, als dass sie bei mittelständischen Unternehmen häufiger zutreffen sind als bei Großunternehmen.

Graphik 2-1 Unternehmensleitung in deutschen Industrieunternehmen nach Größenklassen

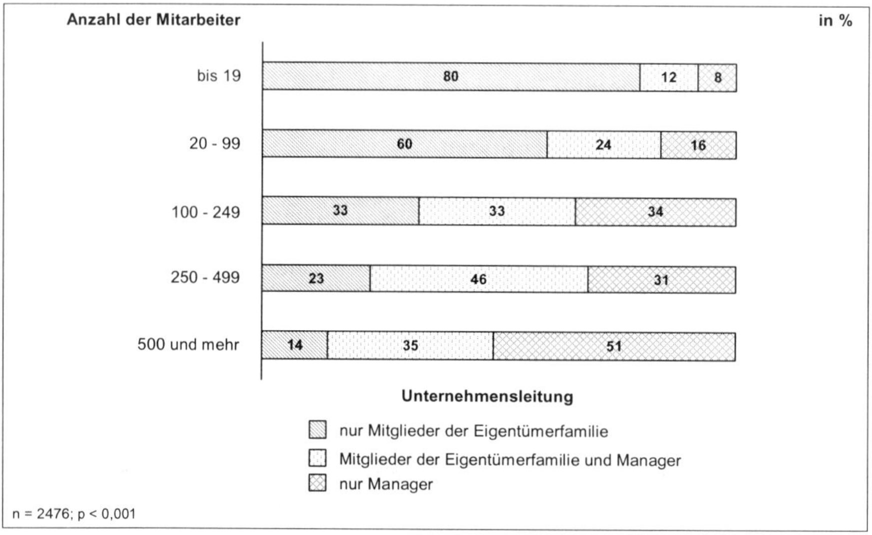

Quelle: Kayser; Wallau; Adenäuer 2005, S. 58; eigene Darstellung.

Mittelständische Unternehmen werden typischerweise von ihren Eigentümern oder deren Familienangehörigen geführt. Graphik 2-1 macht den klarer Zusammenhang zwischen der Unternehmensgröße und der Art der Unternehmensleitung deutlich. Während bei knapp 80% der Industrieunternehmen mit weniger als 20 Mitarbeitern ausschließlich die Eigentümer die Geschäftsleitung innehaben, ist dies bei den Unternehmen mit 500 und mehr Mitarbeitern lediglich bei knapp 14% der Fall. Hierin wird in der Literatur ein entscheidender Unterschied zu Unternehmen gesehen, bei denen die Leitungsfunktion – losgelöst von der Gesellschafterfunktion – von angestellten Managern wahrgenommen wird.[63] Die Identität von Eigentümer und Unternehmensleiter hat zur Folge, dass Führungsstil und Erfolg kleiner und mittlerer Unternehmen stark von Persönlichkeit, Kompetenz und Selbstverständnis des Eigentümers bestimmt werden.[64] Die dominierende Stellung des Eigentümers gründet in der Tatsa-

---

[63] Vgl. Pichler; Pleitner; Schmidt 2000, S. 12 sowie S. 27 f.; Gruner + Jahr; Dresdner Bank 2001a, S. 10. Behringer 2002, S. 9 ff.; Mähr 2003, S. 72.

[64] Vgl. Wank 1994, S. 167; Mugler 1997, S. 227; Brinkmann 2002, S. 13; Jutzi; Delbrouck; Müller 2000, S. 19 f.; Altmann 2003, S. 184 ff. Marc Gruber konnte herausarbeiten, dass seit Beginn des 20. Jahrhunderts in mittelständischen Unternehmen in Bezug auf einen er-

che, dass dieser als Kapitaleigner sowohl die Gewinnchancen als auch das persönliche Verlustrisiko trägt.[65] Dies führt dazu, dass die Organisation der Zuständigkeiten in der Regel auf die Unternehmensleitung ausgerichtet ist.[66] Als Folge dieser Zentralisierung aller unternehmerischen Entscheidungen kommt es vielfach zur Überlastung der Geschäftsleitung, die dadurch daran gehindert wird, sich stärker der strategischen Unternehmensplanung zu widmen.[67] Albert Martin weist darauf hin, dass Unternehmer im Vergleich zu Arbeitnehmern insgesamt einer sehr hohen zeitlichen Arbeitsbelastung ausgesetzt sind. So geben 36% der Unternehmer an, mehr als 50 Stunden pro Woche zu arbeiten, während der entsprechende Wert für die Gruppe der abhängig Beschäftigten bei lediglich 4% liegt.[68]

Die geringe Bereitschaft, unternehmerische Aufgaben und Entscheidungen an angestellte Führungskräfte zu delegieren, spiegelt sich auch in der Unternehmensorganisation wider. Vergleichsweise wenige mittelständische Unternehmen verfügen über eine mittlere Managementebene, die zwischen der Geschäftsführung und der operativen Ebene angesiedelt ist, oder über spezialisierte Stabsstellen zur Unterstützung der Unternehmensleitung.[69] Vielmehr arbeiten Führungskräfte oft auch auf der ausführenden Ebene mit.[70] Der flache Organisationsaufbau führt zu einer weniger ausgeprägten Arbeitsteilung und einer geringeren Spezialisierung.[71] Die Abläufe innerhalb des Unternehmens bleiben dadurch für die Geschäftsleitung und oft auch für die Mitarbeiter überschaubar. Das Anforderungsprofil des einzelnen Arbeitsplatzes wird jedoch komplexer, da von den Mitarbeitern ein größeres Generalistenwissen verlangt wird.[72] Die Internationalisierung der Geschäftstätigkeiten erhöht die Anforderungen an das Personal zusätzlich, da häufig auch auf der Ebene der Fach-

---

folgsversprechenden Führungsstil ein Wandel weg von einem „patriarchalischen Führungsverständnis" hin zu einem „partizipativen Führungsverständnis" stattgefunden hat. Vgl. Gruber 2000, S. 319.

[65] Vgl. Gruhler 1994, S. 21; Mugler 1997, S. 227; Pichler; Pleitner; Schmidt 2000, S. 30; Gruber 2000, S. 24.

[66] Vgl. Bamberger; Evers 1997, S. 109; Pfohl 1997b, S. 19; Schmidt 1998, S. 5; Stadelmann 1996, S. 43; Wank 1994, S. 103 ff.; Portisch 2003, S. 322; Steiner 2003, S. 105.

[67] Vgl. Mugler 1997, S. 230; Hach 2000, S. 13; Zander 1994, S. 23; Zeh 2001, S. 29; Kayser; Wallau 2003, S. 78.

[68] Vgl. Martin 2003, S. 160.

[69] Vgl. Schmidt; Freund 1989, S. 93; Bussiek 1992, S. 103. Zander 1994, S. 15; Nienaber 2003, S. 2; Müller 2004, S. 17.

[70] Vgl. Mugler 1997, S. 228; Gruber 2000, S. 25; Krimphove; Tytko 2002, S. 6.

[71] Vgl. Behrends 2003, S. 39; Mähr 2003, S. 71; Semlinger; Behr 2004, S. 20.

[72] Vgl. Blumenstock 1994, S. 18; Weber 1989, S. 170; Pichler; Pleitner; Schmidt 2000, S. 21 f.; Jutzi; Delbrouck; Müller 2000, S. 17 f.; Heim 2003, S. 154 f. Dirk Obermann macht jedoch darauf aufmerksam, dass die Überschaubarkeit häufig bereits ab einer Unternehmensgröße von etwa 50 Mitarbeitern nicht mehr völlig gegeben ist. Vgl. Obermann 1996, S. 34.

kräfte zu hervorragenden Fachkenntnissen zusätzliche Qualifikationsanforderungen in den Bereichen Fremdsprachen und interkulturelle Kompetenz hinzutreten.[73] Neuere Untersuchungen weisen jedoch darauf hin, dass sich im zurückliegenden Jahrzehnt besonders in der Industrie ein deutlicher Trend hin zu einer höheren Bereitschaft abzeichnet, Entscheidungskompetenzen an leitende Angestellte zu übertragen.[74]

Insgesamt führt die starke Fokussierung auf die Unternehmensleitung dazu, dass moderne Managementinstrumente in kleinen und mittleren Unternehmen seltener zum Einsatz kommen. Verstärkt wird dieser Umstand dadurch, dass Eigentümer und Führungskräfte in mittelständischen Unternehmen häufig eine fachlich oder technisch orientierte Berufsausbildung absolviert haben, und der Anteil an Akademikern mit betriebswirtschaftlichem, juristischem oder länderspezifischem Hintergrund vergleichsweise niedrig ist.[75] Dies hat zur Konsequenz, dass in kleinen und mittleren Unternehmen vielfach eine langfristig ausgerichtete Planung oder strategische Unternehmensentwicklung fehlt.[76] Auch betreiben mittelständische Unternehmen selten eine systematische Beobachtung und Erkundung neuer, insbesondere internationaler Märkte. Vielmehr werden Entscheidungen oft auf der Grundlage von Einzelerfahrungen – meist des Eigentümers – getroffen.[77] Dieses Verhaltensmuster erklärt unter anderem, warum es vielen kleinen und mittleren Unternehmen nur schwer möglich ist, die Chancen und Risiken internationaler Märkte realistisch einzuschätzen. Dies führt dazu, dass die Risiken zum Teil überbewertet und internationale Vorhaben bereits in der Planungsphase abgebrochen werden.[78] Ferner werden Entscheidungsprozesse und deren Ergebnisse in mittelständischen Unternehmen nur selten schriftlich festgehalten, was eine systematische und aussagekräftige Erfolgskontrolle nahezu unmöglich macht.[79]

Die mangelnde langfristige strategische Planung hat vor allem in Zeiten, in denen es zu Absatzschwierigkeiten auf den traditionellen Märkten kommt, schwerwiegende negative Auswirkungen, da viele mittelständische Unternehmen nicht ausreichend vorbereitet sind. Anstatt bereits in „guten Jahren“ sys-

---

[73] Vgl. Wordelmann 2004, S. 230, 239; Behr 2004, S. 88 f.; Kranzusch; Kay 2004, S. 249.

[74] Vgl. Gruner + Jahr; Dresdner Bank 2001a, S. 180; Backes-Gellner; Wallau; Kayser 2001, S. 68.

[75] Vgl. Sachverständigenkommission 1982, S. 11; Wank 1994, S. 116 f.; Bamberger; Evers 1997, S. 109; Kayser; Wallau 2003, S. 93 f.; Mähr 2003, S. 73; Vgl. Semlinger; Behr 2004, S. 20; ähnlich Großmann 1998, S. 110; Altmann 2003, S. 128.

[76] Vgl. Gruner + Jahr; Dresdner Bank 2001a, S. 11 f; Krimphove; Tytko 2002, S. 6; Welter 2003, S. 44.

[77] Vgl. Eckardstein 1988, S. 63; Dülfer 2001, S. 131; Welter 2003, S. 40; Nienaber 2003, S. 202; Müller 2004, S. 13; ähnlich Mähr 2003, S. 73; Johanson; Vahlne 2003, S. 4 f.

[78] Vgl. Schott 2001, S. 146; Semlinger; Behr 2004, S. 20 f.

[79] Bussiek 1996, S. 19; Stadelmann 1996, S. 39; Pichler; Pleitner; Schmidt 2000, S. 57 f.; Zeh 2001, S. 29.

tematisch nach neuen Wachstumsmärkten Ausschau zu halten, geschieht dies häufig erst in Perioden der Konjunkturschwäche. Die daraus resultierenden Friktionen können erhebliche, zum Teil existenzbedrohende Ausmaße für die betroffenen Unternehmen annehmen.[80] Ernst Zander kommt daher zu dem Ergebnis, dass „weniger der Mangel an Eigenkapital als vielmehr unzureichende Betriebsführung und fehlende unternehmerische Planung in fast 60% aller Insolvenzfälle die Ursache für das Ausscheiden der Betriebe aus dem Markt sind“[81].

Neben der Eigentümerführung wird in der Literatur vielfach der allgemeine Mangel an Ressourcen als bestimmendes Merkmal mittelständischer Unternehmen angesehen. Dieser tritt insbesondere durch Engpässe hinsichtlich der Ausstattung mit Mitarbeitern, Kapital und Informationen zu Tage.[82] In der Regel sind sämtliche Mitarbeiter so stark in das laufende Tagesgeschäft eingebunden, dass sie nur selten für besondere Projekte wie etwa den Aufbau eines Auslandsengagements freigestellt werden können, ohne dass gleichzeitig die Aktivitäten am deutschen Standort vernachlässigt werden.[83]
Die finanziellen Ressourcen der Unternehmen erweisen sich ebenfalls als limitiert. Dies ist unter anderem auf die fehlende Möglichkeit zurückzuführen „aufgrund der Rechtsform und der quantitativ geringen Unternehmensgröße [...] den Kapitalbedarf durch die Emission von Eigen- und Fremdkapitaltiteln, speziell Aktien und Industrieobligationen, decken zu können“[84]. Im Vergleich zu Großunternehmen sehen sich kleine und mittlere Unternehmen aber auch mit einem höheren finanziellen Risiko konfrontiert, da sie zeitweilige Verluste in einem Unternehmensbereich häufig nicht mit Überschüssen anderer Unternehmensteile ausgleichen können. Die Insolvenzgefahr wird somit für mittelständische Unternehmen schneller akut, wenn sich etwa ein kostenintensives Auslandsengagement nicht in kürzester Zeit selbst trägt.[85]

---

80 Vgl. Zander 1994, S. 16; Przyklenk 2000, S. 5; ähnlich Mähr 2003, S. 173 f.; Behr 2004, S. 47.

81 Zander 1994, S. 15 f.; ähnlich Wank 1994, S. 180, Fn. 2; Marco Perschel weist auf den offensichtlichen Widerspruch hin, der zwischen dieser Feststellung und den Zahlen der Deutschen Bundesbank besteht, löst diesen jedoch auf, indem er einen Großteil der krisenhaften Entwicklungen auf das Handeln der Unternehmensleitung zurückführt; Vgl. Perschel 2003, S. 5 ff.

82 Vgl. Clasen 1992, S. 87; Bamberger; Evers 1997, S. 109; Setzer 2001, S. 14; Zeh 2001, S. 29; Nienaber 2003, S. 2; Semlinger; Behr 2004, S. 19; Behr 2004, S. 50.

83 Vgl. Othegraven 1997, S. 218; Stahn; Lilie 2002, S. 96 f.; Mähr 2003, S. 91; Kranzusch; Kay 2004, S. 263; Müller 2004, S. 12; ähnlich Lorenzen; Meyer; Boyd 2001, S. 17; Nienaber 2003, S. 19.

84 Hennings 1983, S. 56.

85 Vgl. Sachverständigenkommission 1982, S. 26; Albach 1996, S. 15; Schott 2001, S. 88; Setzer 2001, S. 14; Rudolph; Hartleib; Neef; Dudek 2002, S. 114; Nienaber 2003, S. 20 f.; Mähr 2003, S. 185; Behr 2004, S. 50.

Die beschränkte Ausstattung mit Personal und Kapital zieht nach Ansicht vieler Autoren unvermeidlich einen Mangel an Informationen nach sich, da die Ressourcen fehlen, die zur Recherche und Aufbereitung der relevanten Daten notwendig wären.[86] Dies erhöht die Gefahr von Fehleinschätzungen und -entscheidungen, die wiederum aufgrund der begrenzten personellen, zeitlichen und finanziellen Kapazitäten im Nachhinein nur schwer zu kompensieren sind.[87] Als Folge der vielfach fehlenden systematischen Informationsgewinnung und -auswertung sind kleine und mittlere Unternehmen daher häufig nicht in der Lage, ihre Flexibilitätsvorteile auszuschöpfen.[88]

Die hohe Flexibilität und schnelle Reaktionsfähigkeit mittelständischer Unternehmen resultiert aus ihren in der Regel kurzen, persönlichen und informellen internen Kommunikationswegen, die eine Entscheidungsfindung sowie –durchsetzung innerhalb von kurzer Zeit ermöglichen.[89] Durch den Einsatz moderner Steuerungsmethoden wie beispielsweise Outsourcing oder Lean-Management haben in den letzten Jahren auch Großunternehmen verstärkt versucht, diese Vorteile für sich zu nutzen.[90] In der Literatur finden sich aber auch Stimmen, die in Frage stellen, dass sich kleine und mittlere Unternehmen durch einen hohen Flexibilitätsgrad auszeichnen. Diese verweisen darauf, dass sich mittelständische Unternehmen beispielsweise aus familiären Gründen zum Teil nur sehr schwer von traditionellen Standorten oder Produkten lösen können. Darüber hinaus erschwere die vielfach fehlende systematische Produktpolitik eine fortlaufende Anpassung an sich verändernde Marktbedingungen.[91]

Dass dieser Mangel in vielen Fällen nicht stärker zum Tragen kommt, kann durch die in der Regel hohe Kundennähe mittelständischer Unternehmen erklärt werden. Häufig verfügt der Unternehmer über enge persönliche Kontakte zu seinen Kunden und Lieferanten.[92] Verstärkt wird der hohe Stellenwert der engen Kundenbeziehung für den Unternehmenserfolg dadurch, dass mittelständische Unternehmen vielfach spezialisierte und individualisierte Leistungen erbringen, die sich sehr eng an den Bedürfnissen und Wünschen des jeweiligen Kunden orientieren.[93] Daher scheint es wenig verwunderlich, dass

---

[86] Vgl. Clasen 1992, S. 85; Nienaber 2003, S. 20.
[87] Vgl. Howaldt 1994, S. 43; Jutzi; Delbrouck; Müller 2000, S. 19; Semlinger; Behr 2004, S. 21.
[88] Vgl. Bussiek 1992, S. 105; Wank 1994, S. 146; Stadelmann 1996, S. 64 ff.
[89] Vgl. Blumenstock 1994, S. 18; Obermann 1996, S. 63 ff.; Bamberger; Evers 1997, S. 109; Szyzka 2003, S. 173; Mähr 2003, S. 72; Semlinger; Behr 2004, S. 20.
[90] Vgl. Bussiek 1994, S. 21; Gruber 2000, S. 21 f.; Mähr 2003, S. 67; Schmierl 2004, S. 273.
[91] Vgl. Clasen 1992, S. 297 ff.; Perschel 2003, S. 8 f.; Steiner 2003, S. 58; ähnlich Gruner + Jahr; Dresdner Bank 2001a, S. 12; Tscheulin; Römer 2003, S. 74 f.; Bauer; Hardock 2003, S. 270 f.
[92] Vgl. Hennings 1983, S. 53 f.; Clasen 1992, S. 54; Großmann 1998, S. 11 f.; Jutzi; Delbrouck; Müller 2000, S. 18; Mähr 2003, S. 72.
[93] Vgl. Clasen 1992, S. 54; Pichler; Pleitner; Schmidt 2000, S. 24 f.; Rößl 2000, S. 13 ff.; Semlinger; Behr 2004, S. 20.

zwei Drittel der Industrieunternehmen davon ausgehen, dass die zunehme Heterogenität der Kundenwünsche sich positiv oder sogar sehr positiv auf ihre Geschäftsaktivitäten auswirken werde.[94]
Der hohe Stellenwert, den persönliche Kontakte für den Geschäftserfolg einnehmen, wird teilweise als Stärke, zum Teil aber auch als Schwäche kleiner und mittlerer Unternehmen angesehen.[95] So entschließen sich viele mittelständische Unternehmen erst dann zum Aufbau oder zur Intensivierung ihres Auslandsengagements, wenn sie durch ihr Umfeld dazu gezwungen werden, weil etwa ein großer Kunde seine Aktivitäten im Ausland verstärkt.[96]

Wie sich gezeigt hat, kommen die besonderen Wesensmerkmale mittelständischer Unternehmen bei einer qualitativen Charakterisierung deutlicher zum Ausdruck als bei einer rein numerisch-quantitativen Definition einzelner Größenkriterien. Um dem spezifischen Charakter mittelständischer Unternehmen Rechnung tragen zu können, haben sowohl das IfM Bonn als auch die Europäische Kommission versucht, ihre quantitativen Definitionen mit Hilfe qualitativer Merkmale zu präzisieren. Diese müssen einerseits die charakteristischen Besonderheiten kleiner und mittlerer Unternehmen deutlich abbilden, andererseits aber auch die erhebungsbezogenen Beschränkungen berücksichtigen.[97] In diesem Zusammenhang soll nochmals unterstrichen werden, dass mittelständische Unternehmen weder alle in diesem Abschnitt beschriebenen Strukturmerkmale zwingend aufweisen müssen, noch dass diese ausschließlich bei kleinen und mittleren Unternehmen anzutreffen sind.

2.1.2.2 Ansatz des Instituts für Mittelstandsforschung Bonn

Das IfM Bonn macht zur qualitativen Bestimmung mittelständischer Unternehmen in seinen Publikationen auf die zentrale Bedeutung der Verflechtung des Unternehmens mit seinem Eigentümer aufmerksam. Diese ist idealtypisch vor allem gekennzeichnet durch

- Einheit von Eigentum, Leitung, Risiko und Haftung, die in der engen Verbindung der Existenz des Unternehmens und der wirtschaftlichen Existenzbasis des Eigentümers zum Ausdruck kommt,
- verantwortliche Mitarbeit der Unternehmensführung an allen wichtigen Un-

---

[94] Vgl. Kayser; Wallau; Adenäuer 2005, S. 25.
[95] Vgl. Mank 1991, S. 57.
[96] Vgl. Lemcke 1998, S. 52; Koller; Raithel; Wagner 1998, S. 190; Backes-Gellner; Wallau; Kayser 2001, S. 116; Winterhalder 2002, S. 35; Rothberger 2003; Gerlach; Brussig 2004, S. 133 f.; Lange 2005. In der wissenschaftlichen Literatur wird dieses Phänomen vielfach mit den Begriffen *following customer*, *Kielwasserinvestition* oder auch *Huckepack-Strategie* charakterisiert. Vgl. Gerlach; Brussig 2004, S. 99.
[97] Vgl. Wolter; Hauser 2001, S. 27 f.

ternehmensentscheidungen und -abläufen.[98]

Das IfM Bonn sieht diese Bedingungen als erfüllt an, wenn

- mindestens 50% der Unternehmensanteile sich im Besitz von maximal zwei natürlichen Personen oder deren Familienangehörigen befinden,
- die natürlichen Personen an der Leitung des Unternehmens beteiligt sind.[99]

2.1.2.3 Ansatz der Europäischen Kommission

Für die Europäische Kommission stellt die Eigenständigkeit des kleinen und mittleren Unternehmens das entscheidende qualitative Kriterium dar. Sie operationalisiert dieses Merkmal, indem sie in ihrer Empfehlung 96/280/EG festlegt, dass Partnerunternehmen oder verbundene Unternehmen, welche nicht selbst die KMU-Kriterien erfüllen, nicht mit mehr als insgesamt 25% des Kapitals oder der Stimmanteile an dem Unternehmen beteiligt sein dürfen.[100]
Um aufgetretene Anwendungsprobleme zu beseitigen, präzisiert die Empfehlung 2003/361/EG die Eigenständigkeitsklausel in einigen Punkten. Demnach gilt ein Unternehmen als verbundenes Unternehmen, wenn

- die Mehrheit seiner Aktionärs- oder Gesellschafteranteile bei einem anderen Unternehmen liegt,
- ein anderes Unternehmen ermächtigt ist, die Mehrheit der Mitglieder seines Verwaltungs-, Führungs- oder Aufsichtsgremiums zu benennen oder abzuberufen,
- ein anderes Unternehmen vertraglich oder satzungsgemäß über einen dominierenden Einfluss auf das Unternehmen verfügt,
- Aktionäre oder Gesellschafter eines dritten Unternehmens aufgrund einer Vereinbarung berechtigt sind, die alleinige Kontrolle über die Mehrheit seiner Aktionärs- oder Gesellschafteranteile auszuüben.[101]

Als Partnerunternehmen gelten Unternehmen, wenn ein vorgeschaltetes Unternehmen alleine oder gemeinsam mit verbundenen Unternehmen über mehr als 25% des Kapitals oder der Stimmenanteile an einem nachgeschalteten Unternehmen verfügt.[102] Ferner wird ein Unternehmen nicht als KMU eingestuft, „wenn 25% oder mehr seines Kapitals oder seiner Stimmrechte direkt oder indirekt von einem oder mehreren öffentlichen Stellen oder Körperschaften des öffentlichen Rechts einzeln oder gemeinsam kontrolliert werden“[103].

---

[98] Vgl. Günterberg; Wolter 2003, S. 2; Wolter; Hauser 2001, S. 30.
[99] Vgl. Wolter; Hauser 2001, S. 33; Wallau 2002, S. 21.
[100] Vgl. Amtsblatt der Europäischen Union L 107 vom 30. April 1996, S. 8.
[101] Vgl. Amtsblatt der Europäischen Union L 124 vom 20. Mai 2003, S. 39.
[102] Vgl. Amtsblatt der Europäischen Union L 124 vom 20. Mai 2003, S. 39.
[103] Amtsblatt der Europäischen Union L 124 vom 20. Mai 2003, S. 40.

Abweichend von diesen Regelungen gelten Unternehmen in Ausnahmefällen auch dann noch als selbständige Unternehmen, wenn diese Beteiligungsgrenzen erreicht oder überschritten werden. Dies ist dann der Fall, wenn es sich um Investoren der folgenden Kategorien handelt:

- staatliche Beteiligungsgesellschaften, Risikokapitalgesellschaften oder so genannte *Business Angels*[104],
- Hochschulen oder Forschungseinrichtungen ohne Gewinnabsichten,
- institutionelle Anleger inklusive regionaler Entwicklungsfonds,
- autonome Gebietskörperschaften mit bis zu 5.000 Einwohnern und einem Jahreshaushalt von bis zu zehn Millionen Euro.[105]

2.1.2.4 Kritische Würdigung der qualitativen Ansätze

Wie die bisherige Darstellung gezeigt hat, konnte sich in der Literatur noch keine einheitliche qualitative Definition kleiner und mittlerer Unternehmen durchsetzen. Vielmehr wird in Abhängigkeit des jeweiligen Untersuchungsziels auf unterschiedliche Charakterisierungsmerkmale zurückgegriffen. Außerdem wurde bisher kein Konsens darüber erzielt, ob innerhalb der qualitativen Merkmale eine bestimmte Rangfolge besteht.[106] Dies hat zur Folge, dass die einzelnen Untersuchungsergebnisse häufig nur eingeschränkt miteinander vergleichbar sind. Prinzipiell kann jedoch festgehalten werden, dass qualitative Ansätze ein tieferes Verständnis der spezifischen Eigenschaften und Besonderheiten mittelständischer Unternehmen ermöglichen als rein quantitative. Die Tendenz, dass Großunternehmen in den vergangenen Jahren zunehmend einzelne Unternehmensteile als formal eigenständige Unternehmen ausgegründet haben, die rein quantitativ unter die Schwellenwerte für kleine und mittlere Unternehmen fallen, verstärkt diesen Umstand.[107] Wissenschaftlichen Untersuchungen, die typische Verhaltensmuster kleiner und mittlerer Unternehmen analysieren, muss daher eine vorwiegend qualitative Definition zu Grunde liegen. Denn nur die Beachtung größenspezifischer Charaktereigenschaften erlaubt es, fundierte Aussagen zu konzeptionellen Aspekten, wie etwa der Internationalisierungsstrategie mittelständischer Unternehmen, treffen

---

[104] Als *Business Angels* bezeichnet man Privatpersonen, die zwar nicht hauptberuflich oder gewerblich Wagnis- bzw. Beteiligungskapital zur Verfügung stellt, jedoch durch Kapitalbeteiligungen und häufig auch Managementwissen und Kontakte junge, wachstumsträchtige Unternehmen unterstützen, die sich nicht aus ihrem Eigenkapital finanzieren können bzw. von der Kreditwirtschaft keine ausreichende Fremdfinanzierung erhalten.

[105] Vgl. Amtsblatt der Europäischen Union L 124 vom 20. Mai 2003, S. 39.

[106] Vgl. Weber 1997, S. 11.

[107] Vgl. Wolter; Hauser 2001, S. 27. Zur Entstehung eines „neuen Mittelstandes" als Folge der Auflösung klassischer Organisationsstrukturen von Großunternehmen durch *Outsourcing*, *Subcontracting*, *Franchising*, *Freelancing*, *Spin-offs* o.ä. vgl. exemplarisch Reiss 1999, S. 103-114; ähnlich Müller 2000, S. 20.

zu können. Da sich die meisten qualitativen Kriterien einer empirisch-statistischen Analyse entziehen, erweist sich ihre Anwendung bezüglich der Erhebungsmöglichkeit und des -aufwands als problematisch. Die Klassifizierung mittelständischer Unternehmen aufgrund qualitativer Eigenschaften ist mit einem deutlich höheren Forschungsaufwand verbunden als eine quantitative Kategorisierung. Problemgerechte Kriterien, die dazu dienen, die konstitutiven Merkmale kleiner und mittlerer Unternehmen zu operationalisieren, fehlen bisher weitestgehend. Auch für eine qualitative Definition erweist sich die Erhebungsgenauigkeit bei der Verwendung einzelner Kriterien als nicht ausreichend, da diese bei einer isolierten Betrachtung auch auf Großunternehmen zutreffen können. Die Klassifizierung eines Unternehmens muss daher über ein Raster erfolgen, das qualitative und quantitative Merkmale kombiniert.[108]
Das IfM Bonn und die Europäische Kommission haben zwei unterschiedliche qualitative Raster erarbeitet und wenden diese im Rahmen ihrer Arbeit an. Während das IfM Bonn für seine Analysen entweder die quantitativen oder die qualitativen Abgrenzungsmerkmale heranzieht, kombiniert die Europäische Kommission in ihrer KMU-Definition beide Arten. Nur wenn ein Unternehmen sowohl die qualitativen als auch die quantitativen Kriterien erfüllt, wird es als förderungsbedürftiges mittelständisches Unternehmen eingestuft. Dieses Vorgehen erweist sich als sinnvoll, da sich die in Abschnitt 2.1.2 beschriebenen besonderen Hemmnisse vor allem für Unternehmen als charakteristisch erweisen, die sowohl die qualitativen als auch die quantitativen Kriterien erfüllen.

Wie in Abschnitt 5.1.3 näher ausgeführt wird, wurde im Rahmen der empirischen Datenerhebung dieser Arbeit aus pragmatischen Gründen eine quantitative Abgrenzung der kleinen und mittleren Unternehmen anhand der Zahl der Mitarbeiter vorgenommen. In die Analyse und Bewertung der Untersuchungsergebnisse fließen aber dennoch die hier erörterten größenspezifischen qualitativen Besonderheiten und die sich daraus ergebenden Erfordernisse in starkem Maße ein.

2.2 Volkswirtschaftliche Bedeutung mittelständischer Unternehmen

2.2.1 Bedeutung mittelständischer Unternehmen für die Gesamtwirtschaft

Im Jahr 2003 gab es nach der quantitativen Definition des IfM Bonn in Deutschland etwa 3,38 Millionen kleine und mittlere Unternehmen.[109] Somit

[108] Vgl. Frank 1994, S. 24 f.; Weber 1997, S. 11 f.; ähnlich Mugler, 1998, S. 19.
[109] Vgl. Günterberg; Kayser 2004, S. 5; Zur Problematik, die genaue Anzahl der Unternehmen in Deutschland zu ermitteln, siehe Wolter; Hauser 2001, S. 45 ff.; Mühlenkamp 2003, S. 243 ff.

zählten 99,7% aller umsatzsteuerpflichtigen Unternehmen zum wirtschaftlichen Mittelstand. Diese erwirtschafteten rund die Hälfte der gesamten volkswirtschaftlichen Bruttowertschöpfung und tätigten knapp die Hälfte aller Bruttoinvestitionen. 70,2% aller Arbeitnehmer waren bei mittelständischen Unternehmen beschäftigt und über vier Fünftel aller Ausbildungsplätze wurden vom Mittelstand bereitgestellt.[110] Ein Vergleich dieser Werte mit denen, die anhand der Schwellenwerte der Europäischen Kommission erhoben wurden, zeigt nur marginale Abweichungen. Im Jahre 1997 beschäftigten demnach 99,6% aller Unternehmen in Deutschland weniger als 250 Mitarbeiter und fielen damit in die Kategorie kleiner und mittlerer Unternehmen.[111] Diese Zahlen verdeutlichen die hohe Bedeutung der Unternehmen dieser Größenklasse. Nach Einschätzung des Sachverständigenrats zur Begutachtung der gesamtwirtschaftlichen Entwicklung bildet damit „der Mittelstand das Rückgrat der deutschen Wirtschaft“[112].

Kritisiert werden die angewandten quantitativen Schwellenwerte in diesem Zusammenhang vor allem deshalb, weil sie lediglich einen marginalen Teil aus der Gesamtheit aller Unternehmen ausgrenzen und somit nur eine sehr begrenzte Selektionskraft entfalten.[113] Einige Autoren machen darüber hinaus darauf aufmerksam, dass die auf rein numerisch-quantitativen Abgrenzungsmerkmalen basierenden statistischen Werte den Anteil mittelständischer Unternehmen überhöht darstellen.[114]

Als Reaktion darauf berechnete das IfM Bonn den Anteil der Unternehmen in Deutschland, die nach der qualitativen Definition als mittelständisch einzustufen sind. Dieser liegt mit 94,8% aller Unternehmen rund fünf Prozentpunkte unter dem Wert der quantitativen Abgrenzung.[115] Somit bestätigt auch diese Erhebung, dass die überwiegende Mehrheit der Unternehmen als mittelständisch zu charakterisieren ist. Horst Albach konstatiert daher pointiert:

> Das Thema ‚Die Bedeutung mittelständischer Unternehmen für die Marktwirtschaft' ist dazu angetan, uns [...] auf

---

[110] Vgl. Günterberg; Kayser 2004, S. 5.

[111] Europäische Kommission 2001, S. 70. Das Kriterium der Eigenständigkeit, das laut KMU-Definition der Europäischen Kommission ebenfalls erfüllt sein muss, wird im Rahmen der Statistik nicht erfasst, so dass auch Konzern-Unternehmen mit weniger als 250 Mitarbeitern einbezogen werden. Vgl. Schmidt 1998, S. 9.

[112] Sachverständigenrat 2002, S. 219. Vergleiche der deutschen Werte mit denen anderer Industrie- oder Schwellenländer machen deutlich, dass mittelständische Unternehmen auch dort einen sehr hohen Anteil aller Unternehmen ausmachen. Vgl. Stadelmann 1996, S. 21 f.; Mugler 1998, S. 32 ff.

[113] Vgl. Schmidt 1998, S. 8; Amtsblatt der Europäischen Union L 107 vom 30. April 1996, S. 6.

[114] Vgl. Schwiering; Fischer 1999, S. 183 f.; Wolter; Hauser 2001, S. 27.

[115] Vgl. Wolter; Hauser 2001, S. 71 f. Auch andere Studien kommen zu ähnlichen Ergebnissen. Vgl. Engel et al. 2004, S. 15.

> eine falsche Fährte zu locken: Die mittelständischen Unternehmen sind die Marktwirtschaft.[116]

Eine Reihe von Autoren beschränkt ihre Darstellung der Bedeutung mittelständischer Unternehmen für die Gesamtwirtschaft ausschließlich auf deren hohen quantitativen Anteil.[117] Die rein quantitative Anzahl mittelständischer Unternehmen kann jedoch grundsätzlich keine wie auch immer geartete besondere staatliche Förderung dieser Unternehmensgruppe rechtfertigen. Vielmehr müssen – wenn überhaupt – auch hier maßgeblich qualitative Aspekte zum Tragen kommen, die die Förderwürdigkeit und -bedürftigkeit kleiner und mittlerer Unternehmen begründen.
In der Verordnung (EG) Nr. 70/2001 rechtfertigt die Europäische Kommission staatliche Beihilfen für mittelständische Unternehmen, indem sie feststellt:

> KMU spielen eine entscheidende Rolle bei der Schaffung von Arbeitsplätzen und sind eine der Säulen für soziale Stabilität und wirtschaftliche Dynamik. Durch die Defizite des Marktes werden sie jedoch in ihrer Entwicklung aufgehalten.[118]

Die Europäische Kommission hebt somit nicht auf den hohen quantitativen Anteil der kleinen und mittleren Unternehmen ab, sondern legt ihrer Begründung das Argument zugrunde, dass die mittelständischen Unternehmen einen bedeutenden Beitrag zur stabilen wirtschaftlichen und gesellschaftlichen Entwicklung allgemein und zur Entstehung neuer Arbeitsplätze im Besonderen leisten. Andererseits konstatiert sie, dass es aufgrund der größenspezifischen Eigenschaften der Unternehmen zu einem so genannten Marktversagen kommt. Staatliche Fördermaßnahmen werden somit als Nachteilsausgleich begründet. Andere Autoren weisen darauf hin, dass kleine und mittlere Unternehmen darüber hinaus für die Aufrechterhaltung eines intensiven Wettbewerbs notwendig sind und die damit verbundenen positiven externen Effekte staatliche Beihilfen rechtfertigen.[119]

2.2.2 Mittelstandshypothese

Bis in die siebziger Jahre wurde von einer Vielzahl von Wissenschaftlern prognostiziert, dass kleine und mittlere Unternehmen auf Dauer nicht überlebensfähig seien, sondern vielmehr von Großunternehmen verdrängt würden. Diese

---

[116] Albach 1983, S. 870.
[117] Vgl. exemplarisch Wallau 2002, S. 17 ff.; Nienaber 2003, S. 23 f.; Günterberg; Kayser 2004, S. 14; ähnlich Küsters 2003, S. 97; Mühlenkamp 2003, S. 243 ff.
[118] Amtsblatt der Europäischen Gemeinschaften L 10 vom 13. Januar 2001, S. 33.
[119] Vgl. Neuberger 2000; abweichend Boss; Rosenschon 2002, S. 14.

Hypothese hat sich nicht bestätigt.[120] Vielmehr ist seit dem Ende der siebziger Jahre verstärkt zu beobachten, dass sowohl von Seiten der Politik als auch teilweise von Seiten der wissenschaftlichen Forschung mittelständischen Unternehmen eine höhere Bedeutung für die Wirtschafts- und Beschäftigungsdynamik beigemessen wird. Zurückgehend auf die Untersuchungen von David L. Birch aus dem Jahre 1979 wird seitdem vielfach postuliert, dass mittelständische Unternehmen überproportional zur Entstehung neuer Arbeitsplätze beitragen.[121] Während demnach Großunternehmen Arbeitsstellen langfristig tendenziell abbauen, schaffen vorwiegend kleine und mittlere Unternehmen neue Beschäftigungsmöglichkeiten.[122] Diese Auffassung ist in die Literatur als so genannte Mittelstandshypothese eingegangen und wird seit nunmehr fast drei Jahrzehnten kontrovers diskutiert. Während eine Reihe empirischer Untersuchungen auch für die Bundesrepublik Deutschland die Ergebnisse von David L. Birch bestätigt,[123] deuten andere Forschungsarbeiten darauf hin, dass bezüglich der Bruttostellenzuwächse lediglich eine marginale Differenz zwischen mittelständischen Unternehmen und Großunternehmen besteht.[124] So lässt sich bei kleinen und mittleren Unternehmen zwar eine höhere Beschäftigungsdynamik nachweisen, es entstehen jedoch nicht mehr langfristig sichere Arbeitsplätze, da ein Großteil durch Existenzgründer und junge Unternehmen geschaffen wird. Diese sind mit einem relativ hohen Insolvenzrisiko behaftet, was die Wahrscheinlichkeit des Wegfalls der entstandenen Beschäftigungsverhältnisse erhöht, so dass sich die realisierten Arbeitsplatzzuwächse nicht als nachhaltig erweisen müssen.[125] Der Sachverständigenrat zur Begutachtung der gesamtwirtschaftlichen Entwicklung kommt in seinem Jahresgutachten 2002/03 vor dem Hintergrund der andauernden Diskussion zu der Feststellung:

---

[120] Vgl. Albach; Dahremöller 1986, S. 1; Pichler; Pleitner; Schmidt 2000, S. 11; Schmierl 2004, S. 272; ähnlich Gutersohn 1986, S. 38.

[121] Vgl. Birch 1979. Eine 1987 publizierte Folgeuntersuchung kam hinsichtlich des Beschäftigungsverhaltens zu einem noch eindeutigeren Ergebnis zu Gunsten der kleinen und mittleren Unternehmen. Vgl. Birch 1987.

[122] Vgl. Schrumpf o.J., S. 3; Engel et al. 2004, S. 34.

[123] Vgl. Sanders 2003, S. 104; sowie exemplarisch Bock 1985; Albach; Dahremöller 1986; Gruhler 1994, S. 98 ff.; Leicht; Strohmeyer 1995, S. 15 ff.; Reize 2004, S. 38 ff. Festzustellen ist, dass die Untersuchungen für Deutschland hinsichtlich ihres Umfangs oder ihrer Anlage in der Regel nicht mit den von David L. Birch für die USA vorgelegten Studien vergleichbar sind. Vielmehr beziehen sich die deutschen Untersuchungen häufig auf einzelne Branchen, bestimmte Bundesländer oder wenig repräsentative Stichproben. Vgl. Schmidt 1996, S. 539; Sanders 2003, S. 96.

[124] Vgl. Turk 2001, S. 384. Zu ähnlich kritischen Einschätzungen bezüglich der Gültigkeit der Mittelstandshypothese in Deutschland gelangen auch Wagner 1995; Schmidt 1996.

[125] Vgl. Turk 2001, S. 374 ff.; Kay 2003, S. 35 f.; Sachverständigenrat 2002, S. 220.

> Hat sich aber ein mittelständisches Unternehmen erst einmal am Markt etabliert, ist das Bemühen, die Beschäftigten auch in schwierigen Zeiten zu halten, ausgeprägter als bei Großbetrieben.[126]

Eine mögliche Ursache für diesen Befund kann unter anderem darin gesehen werden, dass neben rein wirtschaftlich-monetären Zielen weitere Motive das Handeln kleiner und mittlerer Unternehmen bestimmen. So bejahten beispielsweise 1999 70,3% der mittelständischen Unternehmer, dass ihnen eine höhere gesellschaftspolitische Verantwortung zukomme als anderen gesellschaftlichen Gruppen.[127] Auch wenn diese Meinung 2003 nur noch von 67,3% geteilt wurde, macht dieser noch immer hohe Wert deutlich, dass sich eine Mehrheit der mittelständischen Entscheidungsträger in einer besonderen Pflicht gegenüber der Gesellschaft fühlt.[128] Die besondere Verpflichtung gegenüber der Gesellschaft wird vor allem in der Schaffung und Sicherung von Arbeitsplätzen (73,1%) und im Engagement im sozialen Bereich (48,6%) gesehen.[129] Auch hinsichtlich des persönlichen bürgerschaftlichen Engagements stellen Frank Maaß und Reinhard Clemens fest: „Ehrenamtliche Betätigungen [...] sind unter Unternehmer/innen häufiger als unter eingesetzten Manager/innen zu beobachten."[130]

Darüber hinaus belegen empirische Studien, dass zum Teil signifikante Unterschiede im Bezug auf die Unternehmenszielsetzungen festzustellen sind, je nachdem, ob es sich um eigentümer- bzw. familiengeführte oder managementgeführte Unternehmen handelt.[131] So messen Eigentümerunternehmen dem wirtschaftlich selbständigen Erhalt des Unternehmens die mit Abstand höchste Priorität bei, während angestellte Manager ihre Entscheidungen primär am Ziel der langfristigen Steigerung des Unternehmenswertes ausrichten.[132] Das Hauptziel der Unternehmenssicherung ist in vielen Fällen mit einer Reihe weiterer persönlicher, ethischer und gesellschaftlicher Zielsetzungen eng verbunden, denen selbständige Unternehmer eine nahezu ebenso hohe Bedeutung einräumen wie ökonomischen Zielen. So kommen Gunter Kayser und Frank Wallau für den industriellen Mittelstand zu dem Ergebnis:

---

[126] Sachverständigenrat 2002, S. 220.
[127] Vgl. Gruner + Jahr; Dresdner Bank 2001, S. 54 f.
[128] Vgl. Gruner + Jahr 2004, S. 52 f. Im Jahr 2001 war die Zustimmung zwischenzeitlich sogar auf 57,7% gesunken. Vgl. Gruner + Jahr; Dresdner Bank 2001, S. 54 f.
[129] Vgl. Gruner + Jahr 2004, S. 52 f.; 2001 lagen beide Werte mit 76,7% bzw. 51,3% jeweils noch etwas höher. Vgl. Gruner + Jahr; Dresdner Bank 2001, S. 54 f.
[130] Maaß; Clemens 2002, S. 130; ähnlich Fueglistaller; Frey 2003, S. 26.
[131] Vgl. Schmidt 1998, S. 8; Kayser; Wallau 2003, S. 84 ff.
[132] Vgl. Bussiek 1996, S. 18 f.; Kayser; Wallau 2003, S. 84 f.

> [D]ie Intensivierung des gesellschaftlichen Engagements, die Beachtung moralischer Grundsätze in der Unternehmensführung und vor allem im Umgang mit Mitarbeiterinnen und Mitarbeitern, werden [...] ebenso häufig angeführt wie wirtschaftliche Zielsetzungen, z.B. der Erhalt der Technologieführerschaft oder die langfristige Sicherung der Qualität. Insgesamt [...] steht für die Unternehmerinnen und Unternehmer der Erhalt des Unternehmens vor allen anderen strategischen Zielen. Hierin wird auch eine Verpflichtung gesehen, und zwar gegenüber der Familie aber auch gegenüber dem Unternehmen und vor allem seinen Mitarbeiterinnen und Mitarbeitern sowie letztendlich der Gesellschaft.[133]

Die Untersuchungsergebnisse lassen neben der quantitativen Bedeutung mittelständischer Unternehmen, die in Abschnitt 2.2.1 aufgezeigt wurde, den hohen gesellschaftlichen Stellenwert deutlich werden, der eigentümer- und familiengeführten kleinen und mittleren Unternehmen für die Gesamtwirtschaft zukommt.

In der deutschen Mittelstandsdiskussion wird immer wieder darauf verwiesen, dass sich zum Teil auch Unternehmen mit weit mehr als 500 Mitarbeitern aufgrund ihrer Eigentümer- und Leitungsstruktur sowie ihres Selbstverständnisses dem Mittelstand zugehörig fühlen.[134] Einige Autoren vertreten in diesem Zusammenhang die Auffassung, dass es nicht geboten sei, diese aufgrund quantitativ-numerischer Kriterien einfach aus dem Mittelstand „herauszudefinieren".[135] Dieser Umstand kommt auch in der Wissenschaft zum Ausdruck. So ist seit einigen Jahren eine verstärkte Diskussion um den Begriff des Familienunternehmens zu beobachten.[136] Für die im Rahmen dieser Arbeit zu erörternde Frage nach der Förderbedürftigkeit kleiner und mittlerer Unternehmen bleibt jedoch festzuhalten, dass es nicht darum geht, den Unternehmen oberhalb einer bestimmten numerischen Grenze den für mittelständische Unternehmen konstatierten positiven gesamtgesellschaftlichen Nutzen abzusprechen, sondern vielmehr darum, den Kreis der Unternehmen, die tatsächlich zwingend der staatlichen Förderung – sprich Subventionen – bedürfen, mög-

---

[133] Kayser; Wallau 2003, S. 84.

[134] Vgl. Frank 1994, S. 24 f.; Schmidt 1998, S. 5; Ehrenfeld 2002, S. 29; Kirchhoff 2006, S. 15; ähnlich Kayser; Wallau 2003, S. 57. So spielen beispielsweise beim Mittelstandsbegriff der Arbeitsgemeinschaft selbständiger Unternehmen quantitative Merkmale kaum eine Rolle. Vielmehr wird dem qualitativen Kriterium, nachdem Eigentum und Unternehmensleitung in einer Hand liegen müssen, eine übergeordnete Bedeutung beigemessen. Vgl. Habermann 1999, S. 18.

[135] Vgl. Schmidt 1998, S. 8; Bös; Kayser 1999, S. 8 ff.; Sächsisches Staatsministerium für Wirtschaft und Arbeit 2003, S. 10.

[136] Vgl. exemplarisch Klein 2000a; Backes-Gellner; Wallau; Kayser 2001; May; Rieder 2002.

lichst exakt und eng abzugrenzen.[137] Denn ohne den gesellschaftspolitischen Stellenwert eigentümergeführter Unternehmen in Frage zu stellen, muss eine rationale Außenwirtschaftsförderung für mittelständische Unternehmen einer ordnungspolitisch orientierten Wirtschaftspolitik Rechnung tragen, wie sie in einer Marktwirtschaft geboten ist.[138]

In einer Marktwirtschaft vollziehen sich Anpassungen an sich ändernde wirtschaftliche und gesellschaftliche Rahmenbedingungen prinzipiell in individueller Verantwortung jedes einzelnen Unternehmens durch den Mechanismus des Wettbewerbs. Auch wenn die wirtschaftspolitische Debatte zum Teil den Anschein erweckt, handelt es sich bei staatlichen Beihilfen nicht um Boni, die einem Unternehmen zustehen, wenn es sich in irgendeiner Weise gesellschaftspolitisch besonders vorteilhaft verhält. In einer Markwirtschaft ist ein staatliches Engagement vielmehr nur dann zu rechtfertigen, wenn Marktversagen vorliegt, das heißt wettbewerbliche Marktprozesse nicht in ausreichendem Umfang möglich sind oder daraus gesamtwirtschaftliche Ineffizienzen resultieren. Hierfür müssen sowohl die statischen als auch die dynamischen Effizienzkriterien verletzt sein.[139] Ob und in welchem Umfang sich dies für den Prozess der Internationalisierung mittelständischer Unternehmen nachweisen lässt, muss Gegenstand der weiteren Untersuchungen sein.[140]

2.3 Theoretische Ansätze der Internationalisierung

In der wirtschaftswissenschaftlichen Literatur finden sich zahlreiche Konzepte und Theorien, die die Internationalisierung von Volkswirtschaften, einzelnen Wirtschaftszweigen oder Unternehmen zu erklären suchen.

In Graphik 2-2 wird eine Einordnung der wichtigsten und bekanntesten Ansätze in eine dreiteilige Gliederung vorgenommen, die zwischen Außenhandelstheorien, Theorien der Direktinvestition und übergreifenden Theorien der Internationalisierung differenziert.[141] Ein Großteil der genannten Theorien nimmt eine überwiegend volkswirtschaftliche Perspektive ein und erweist sich daher

---

[137] Ähnlich argumentiert auch die Europäische Kommission in ihrer Empfehlung von 1996, wenn sie darauf hinweist, dass die „Gestaltung und Festsetzung einer solchen Bezugsnorm nicht bedeutet, daß Unternehmen, die diese Schwellenwerte überschreiten, nicht die Aufmerksamkeit der Kommission oder der öffentlichen Verwaltung in den Mitgliedstaaten verdienen". Amtsblatt der Europäischen Union L 107 vom 30. April 1996, S. 5.

[138] Siehe zur marktwirtschaftlichen Ordnungspolitik grundlegend Eucken 1990.

[139] Vgl. Donges; Freytag 2001, S. 128 f.

[140] Siehe hierzu die Ausführungen in Abschnitt 3.2.

[141] Manfred Perlitz nimmt eine zum Teil abweichende Einteilung vor, indem er die Theorien fünf Kategorien zuordnet: Theorien des internationalen Handels, Theorien der Direktinvestitionen im Ausland, Theorien für den Abschluss von internationalen Technologieverträgen, Electronic Commerce und die Auswirkung auf die Unternehmensführung im internationalen Unternehmen, Theorien der Internationalisierung bei gleichzeitiger Berücksichtigung verschiedener Markteintrittsstrategien; Vgl. Perlitz 2000, S. 72-136.

als wenig geeignet, die Internationalisierung einzelner Unternehmen adäquat zu erklären.[142]

Graphik 2-2 Systematisierung wichtiger Theorien der Internationalisierung

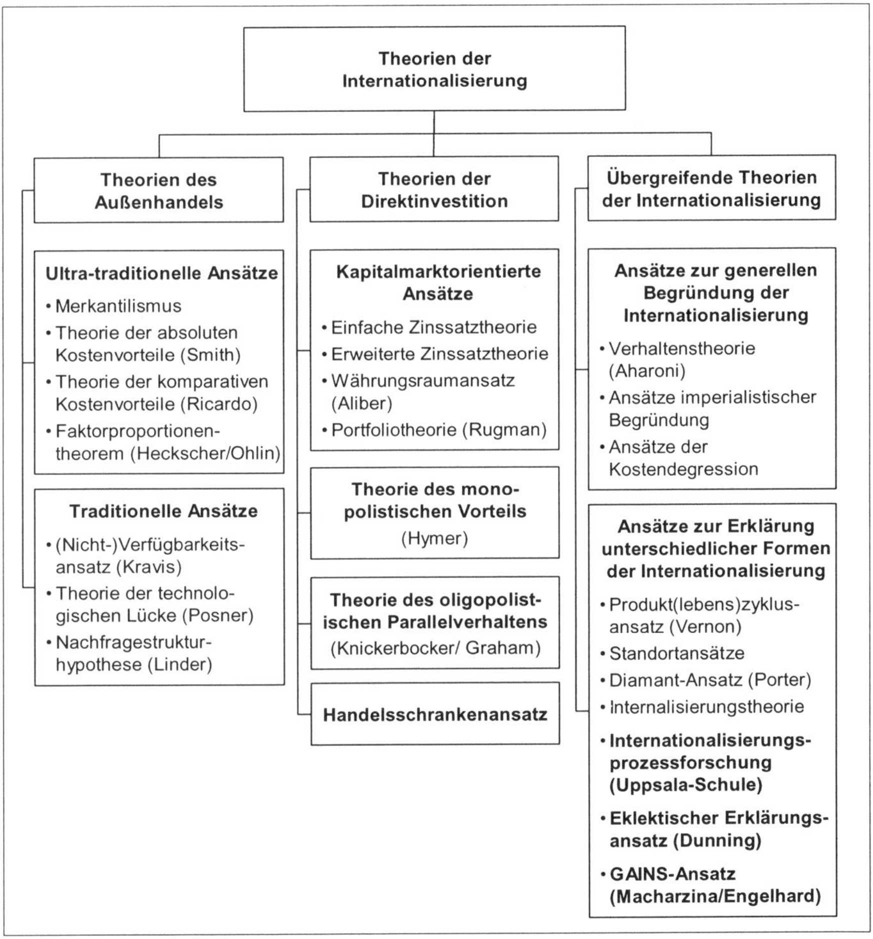

Quelle: Kutschker; Schmid 2005, S. 375; leicht geänderte und erweiterte Darstellung.

Seit den siebziger Jahren werden daher in der betriebswirtschaftlichen Literatur Modelle entwickelt, die die Internationalisierung von Unternehmensaktivitäten in den Mittelpunkt stellen. Die unterschiedlichen Analyseansätze lassen

[142] Vgl. Büschgen 1997, S. 1; Perlitz 2000, S. 95; Welge; Holtbrügge 2003, S. 54. Auf eine Darstellung der volkswirtschaftlichen Ansätze aus dem Bereich der Außenhandelstheorie wird aus diesem Grund an dieser Stelle auch verzichtet. Vgl. hierzu exemplarisch Rose; Sauernheimer 1999.

sich grob drei Kategorien zuordnen:[143]

- Ansätze, die empirisch die Internationalisierungsmotive der Unternehmen herausarbeiten und analysieren
- Profilanalysen, die Faktoren zu identifizieren versuchen, die die internationale Unternehmenstätigkeit beeinflussen, und darauf basierend Internationalisierungspotenziale abschätzen; hierfür werden beispielsweise international tätige Unternehmen mit nicht international tätigen verglichen
- Analytisch ermittelte theoretische Erklärungsansätze der Internationalisierung

Keiner der bisherigen theoretischen Erklärungsansätze konzentriert sich auf die Internationalisierung mittelständischer Unternehmen. Diese sind bislang überwiegend Gegenstand empirischer Untersuchungen, die sich mit der Aufnahme, Aufrechterhaltung und dem Ausbau von grenzüberschreitenden Geschäftsaktivitäten beschäftigen und daher der ersten und zweiten Kategorie zugeordnet werden können.[144] Bevor die Ergebnisse dieser Untersuchungen in Abschnitt 2.6 näher dargestellt werden, sollen zunächst ausgewählte Ansätze der dritten Kategorie eingehend erörtert werden.
Ziel der Darstellung ist es, die einzelnen Erklärungsmodelle in das Gesamtgefüge der Internationalisierungstheorien einzuordnen und ihre Leistungsfähigkeit hinsichtlich praktischer Fragen der Internationalisierung kritisch zu würdigen. Dabei soll geklärt werden, inwieweit die einzelnen Ansätze Erklärungen hinsichtlich der Kausalität (Warum?), Modalität (Wie?), Temporalität (Wann und wie schnell?) und Lokalität (Wo?) der Internationalisierung von Unternehmensaktivitäten liefern und inwiefern sie in der Lage sind, für mittelständische Unternehmen und staatliche Förderinstitutionen konkrete Handlungsempfehlungen hinsichtlich des praktischen Vorgehens im Zuge der Internationalisierung zu geben.[145]

2.3.1 Der Erklärungsansatz der Uppsala-Schule

2.3.1.1 Darstellung des Ansatzes

Der von einer Forschergruppe um den schwedischen Wirtschaftswissenschaftler Jan Johanson von der Universität Uppsala entwickelte Ansatz gehört zu den Modellen, die die Internationalisierung als einen langsamen Entwicklungs-

---

[143] Vgl. Bamberger; Evers 1997, S. 110; Schott 2001, S. 8 ff.; Welter 2002, S. 57 ff.; ähnlich Müller; Kornmeier 1995, S. 9 ff.
[144] Vgl. Haar; Ortiz-Buonafina 1995, S. 175; Welter 2002, S. 39; Nienaber 2003, S. 65.
[145] Vgl. Kutschker; Schmid 2005, S. 371.

prozess auffassen.[146] Gestützt auf empirische Untersuchungen haben die Vertreter der Uppsala-Schule ein prinzipiell zielmarktunabhängiges zeitliches Internationalisierungsmuster herausgearbeitet. Demzufolge erfolgt die Internationalisierung der Unternehmenstätigkeit durch graduelle bzw. schrittweise Planungen und Entscheidungen und läuft in klar abgrenzbaren, aufeinanderfolgenden Stufen ab.[147]
Ursprünglich identifizierten Jan Johanson und Finn Wiedersheim-Paul vier idealtypische Stufen der Internationalisierung der Unternehmenstätigkeiten:[148]

1. Stufe: keine grenzüberschreitenden Geschäftsaktivitäten
2. Stufe: regelmäßige Exporte meist über eigenständige Dritte
3. Stufe: eigene Vertriebsniederlassung im Ausland
4. Stufe: eigene Produktionsstätten im Ausland

Dieses vierstufige Muster wurde in einer späteren Publikation um drei weitere idealtypische Stufen ergänzt, die den Entwicklungsprozess vor der Aufnahme grenzüberschreitender Geschäftsaktivitäten detaillierter beleuchten:[149]

1.1. Stufe: Bearbeitung des Heimatmarktes ohne Exportbereitschaft
1.2. Stufe: passive Exportbereitschaft
1.3. Stufe: aktive Exportbereitschaft

Auch hinsichtlich der Frage, auf welche Länder die Unternehmen ihre Tätigkeiten ausdehnen, identifizieren Jan Johanson und Jan Erik Vahlne ein idealtypisches zeitliches Verhaltensmuster. Demnach beginnen Unternehmen ihre grenzüberschreitenden Geschäftsaktivitäten in nahe gelegenen Märkten, die bezüglich Landessprache, Kultur, Bildungsniveau, Geschäftsgepflogenheiten und wirtschaftlichem Entwicklungsstand eine geringe so genannte psychische Distanz (*psychic distance*) aufweisen. Mit wachsender Erfahrung und zunehmendem Wissen über Auslandsaktivitäten und -märkte, werden die Geschäftstätigkeiten auch auf psychisch und geographisch entferntere Märkte ausgeweitet.[150]

---

[146] Eine ausführliche Darstellung und Diskussion weiterer so genannter Phasenmodelle der Internationalisierung findet sich bei Leonidou; Katsikeas 1996; Eine Übersicht bietet auch Welter 2002, S. 39 ff. sowie Bamberger; Evers 1997, S. 397 ff. Bei ihrer Darstellung macht Friederike Welter darauf aufmerksam, dass abgesehen von den Faktoren, die den Internationalisierungsprozess auslösen, vorwiegend semantische Feinheiten den Unterschied zwischen den einzelnen Ansätzen ausmachen. Vgl. Welter 2002, S. 41. Auf eine Erörterung weiterer Phasenmodelle wird verzichtet, da der Erklärungsansatz der Uppsala-Schule in der wissenschaftlichen Literatur besonders häufig übernommen und zitiert wird. Christopher A. Bartlett et al. bezeichnen den Ansatz auch als "the most well-known model for internationalization". Bartlett; Ghoshal; Birkinshaw 2004, S. 8; ähnlich Schmid 2002, S. 389.

[147] Vgl. Perlitz 2000, S. 130; Welter 2002, S. 41.

[148] Vgl. Johanson; Wiedersheim-Paul 1975, S. 307.

[149] Wiedersheim-Paul; Olson; Welch 1978, S. 53 f.

[150] Vgl. Johanson; Wiedersheim-Paul 1975, S. 307 f.; Schmid 2002, S. 387 f.; Welge; Holtbrügge 2003, S. 62 f.; Johanson; Vahlne 2002, S. 5. Während die geographische Dis-

Graphik 2-3 Zusammenspiel von Zustandsgrößen und Veränderungsgrößen im Internationalisierungsmodell der Uppsala-Schule

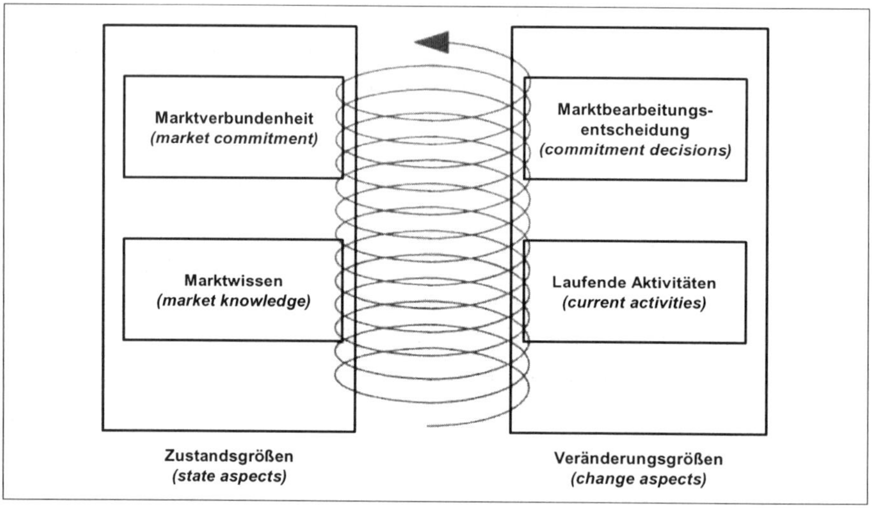

Quelle: Kutschker; Schmid 2005, S. 460, leicht geänderte und erweiterte Darstellung.

Auf der Grundlage der empirisch gewonnenen Erkenntnisse und des identifizierten Internationalisierungsmusters entwickelte die Uppsala-Schule ein Internationalisierungsmodell, das zwei Zustandsgrößen (*state aspects*) und zwei Veränderungsgrößen (*change aspects*) umfasst.

Die Zustandsgröße der Marktverbundenheit (*market commitment*) beschreibt die Intensität der Beziehung des Unternehmens zu ausländischen Märkten. Je höher die erreichte Internationalisierungsstufe ist desto größer sind die im Ausland gebundenen Ressourcen und die umsatzbezogene Abhängigkeit des Unternehmens von seinen Auslandsaktivitäten. Dadurch ist es beispielsweise schwieriger und meist mit höheren Kosten verbunden, das Auslandsengagement zu verändern oder gar zu revidieren.[151]

Die zweite Zustandsgröße, das Marktwissen (*market knowledge*), setzt sich aus den beiden Komponenten Erfahrungswissen (*experiential knowledge*) und objektivem Wissen (*objective knowledge*) zusammen. Mit zunehmender Auslandsaktivität akkumuliert ein Unternehmen demnach mehr Wissen über ausländische Märkte und ist damit zu einem schnelleren und umfangreicheren Engagement auch in Ländern mit größerer sozio-psychischer Distanz fähig.[152]

---

tanz eine relativ gut kalkulierbare Größe darstellt, die Herausforderungen vor allem in den Bereichen Logistik und Reiseaktivitäten umfasst, können die soziokulturellen Distanzaspekte und deren Folgen im Vorfeld nur schwer ermittelt werden. Vgl. Behr 2004, S. 77.

[151] Vgl. Scherm; Süß 2001, S. 133 f.

[152] Vgl. Schmid 2002, S. 388.

Die beiden Veränderungsgrößen des Modells umfassen die direkten Einflussvariablen der Unternehmensleitung: die laufenden Aktivitäten des Unternehmens (*current activities*) und die Marktbearbeitungsentscheidungen (*commitment decisions*).[153]

Kernaussage des Modells ist, dass sich die Veränderungs- und Zustandsgrößen wechselseitig beeinflussen und ihr Zusammenwirken erklärt, wie, wo und wann Unternehmen grenzüberschreitende Aktivitäten aufnehmen bzw. ausbauen.[154]
Jede geschäftliche Aktivität erweitert die Wissensbasis und erhöht die Marktbindung eines Unternehmens, was wiederum maßgeblichen Einfluss auf zukünftige Entscheidungen und Aktivitäten hat. Somit stehen die Schlüsselvariablen organisationales Lernen, Wissen und Erfahrung im Fokus des Erklärungsansatzes der Uppsala-Schule.[155] Die Internationalisierung von Unternehmensaktivitäten wird als ein dynamischer Prozess aufgefasst, der eine gewisse Eigendynamik in Gang setzt. Diese führt zu einer voranschreitenden Internationalisierung, wobei stufenweise andere Marktbearbeitungsformen für die Auslandsaktivitäten gewählt werden.[156] Für die jeweils nächst höhere Internationalisierungsstufe sind ein besseres marktspezifisches Wissen und eine höhere Ressourcenbindung im Ausland charakteristisch. Die grenzüberschreitenden Aktivitäten sind somit das Ergebnis schrittweiser Planungen und Entscheidungen, deren größte Barrieren fehlendes Wissen und mangelnde Ressourcen sind. Lernprozesse helfen, diese Schwierigkeiten sukzessiv abzubauen, die wahrgenommenen Risiken zu reduzieren und die für weitere Internationalisierungsschritte relevanten Entscheidungen zu erleichtern.[157]
In späteren Publikationen betonen die Vertreter der Uppsala-Schule den Einfluss von Netzwerken auf das Internationalisierungsverhalten von Unternehmen.[158] Demzufolge bilden die Netzwerkbeziehungen eines Unternehmens zu seinem externen Umfeld ebenso wie zu seinen ausländischen Tochterunternehmen wichtige Determinanten für den Ablauf des Internationalisierungsprozesses.[159]

---

[153] Vgl. Welter 2002, S. 42.
[154] Vgl. Welge; Holtbrügge 2003, S. 63; Perlitz 2000, S. 130 f.; Schmid 2002, S. 389.
[155] Vgl. Pedersen; Petersen; Sharma 2001, S. 3 ff.; Behr 2004, S. 82 f. Martin K. Welge und Dirk Holtbrügge bezeichnen den Ansatz daher auch als „Lerntheorie der Internationalisierung". Welge; Holtbrügge 2003, S. 62.
[156] Vgl. Perlitz 2000, S. 131; Scherm; Süß 2001, S. 63 f.; Johanson; Vahlne 2002, S. 13.
[157] Vgl. Welter 2002, S. 42 f.
[158] Vgl. exemplarisch Johanson; Mattsson 1985, S. 187.
[159] Vgl. Scherm; Süß 2001, S. 65 f.; Schmid 2002, S. 389; Swoboda 2002, S. 91 ff.

2.3.1.2 Kritische Würdigung des Ansatzes

Im Gegensatz zu den meisten anderen Internationalisierungstheorien steht der Prozess der Internationalisierung im Fokus des Ansatzes der Uppsala-Schule. Ziel des Modells ist es zu erklären, auf welche Art und Weise Unternehmen ihre Aktivitäten internationalisieren und nicht warum sie dies tun. Aufbauend auf der von Yair Aharoni entwickelten behavioristischen Theorie der Internationalisierung, vertritt das Modell hinsichtlich der Entscheidungsfindung innerhalb des Unternehmens eine durchaus realistische Auffassung. Demnach ist das zu beobachtende Internationalisierungsmuster in vielen Fällen nicht nur das Resultat eines systematischen, streng rationalen Entscheidungsprozesses. Vielmehr werden beim Entschluss, die Unternehmensaktivitäten zu internationalisieren, weder sämtliche möglichen Marktbearbeitungsformen noch alle potenziellen Zielmärkte in Erwägung gezogen. Ferner setzen die Unternehmen die berücksichtigten Alternativen in vielen Fällen nicht streng strategisch durchdacht sondern auch intuitiv um. Um das dabei bestehende Risiko eines Misserfolges und die wirtschaftliche Unsicherheit zu minimieren, wählen die Unternehmen ein stufenweises Vorgehen.[160]

Kritisch anzumerken ist, dass das Fundament der Uppsala-Schule lediglich aus zwei empirischen Untersuchungen besteht: einer Analyse des Internationalisierungsprozesses von vier schwedischen Unternehmen[161] und einer Studie über 75 australische Unternehmen[162]. Zwar haben spätere Untersuchungen die empirischen Befunde zum Teil bestätigt, insgesamt sind die Ergebnisse jedoch keinesfalls eindeutig.[163] Insofern ist Stefan Schmid zuzustimmen, wenn er kritisch darauf hinweist, dass das Modell beispielsweise in Veröffentlichungen zum Internationalen Management immer wieder übernommen wird, ohne dass geprüft wurde, „ob die empirischen Studien, aus denen die Muster abgeleitet wurden, valide, reliabel und zeitlich stabil sind“[164].

Ein weiterer Kritikpunkt richtet sich gegen die deterministische Annahme, die dem Modell zugrunde liegt. Demnach verläuft die Internationalisierung der Unternehmensaktivitäten vom zunächst sporadischen Export auf psychisch nahegelegene Märkte bis zur Gründung von Produktionsstätten auch in entfernten Ländern stufenweise in einer festen Reihenfolge und immer in eine Richtung. Empirische Untersuchungen belegen jedoch, dass der Internationalisie-

---

[160] Vgl. Lemcke 1998, S. 55 f.; Schmid 2002, S. 389; Welge; Holtbrügge 2003, S. 61 f.; Johanson; Vahlne 2002, S. 8; ähnlich auch Baršauskas; Schafir 2003, S. 175 f.; Bartlett; Ghoshal; Birkinshaw 2004, S. 8.

[161] Johanson; Wiedersheim-Paul 1975.

[162] Wiedersheim-Paul; Olson; Welch 1978.

[163] Vgl. Scherm; Süß 2001, S. 65; Welter 2002, S. 43 f.; Welge; Holtbrügge 2003, S. 63 f.; Johanson; Vahlne 2002, S. 13 f.

[164] Schmid 2002, S. 390.

rungsprozess auch deutlich voluntaristische Charakterzüge aufweist. So wählen beispielsweise einige Unternehmen eine Internationalisierungsstrategie, mit deren Hilfe sie einige Stufen des graduellen Modells überspringen oder sofort in geographisch weit entfernten Ländern tätig werden.[165] Andererseits sind in der Realität auch statische oder stagnative Phasen sowie Schrumpfungsprozesse oder die Beendigung von Auslandsaktivitäten zu beobachten.[166] Insgesamt legen die empirischen Ergebnisse nahe, dass die jeweils gewählte Internationalisierungsstrategie stark davon abhängt, wie systematisch das jeweilige Unternehmen seinen Heimatmarkt bearbeitet. Agiert ein Unternehmen auf seinem Inlandsmarkt ohne eindeutige, systematische Marktbearbeitungsstrategie, so wird es auch seine Internationalisierung kaum zielgerichtet angehen.[167] Dies erhöht die Wahrscheinlichkeit, dass es den im Ansatz der Uppsala-Schule beschriebenen Entwicklungspfad durchlaufen wird. Somit scheint das Modell nach Ansicht vieler Autoren besonders zur Beschreibung des Vorgehens von mittelständischen Unternehmen geeignet, die am Anfang ihres Internationalisierungsprozesses stehen. In Bezug auf Großunternehmen, die bereits über internationale Erfahrung verfügen, entfaltet das Modell in der Regel nur eingeschränkte Aussagekraft.[168]

Ähnliche Einschränkungen sind hinsichtlich der Erklärungsvariablen Zeit, Erfahrung, Lernen und Wissen zu machen. So erweist sich das Modell nicht in der Lage, bei der Bestimmung des exakten Zeitpunktes des Beginns der Internationalisierung oder des genauen Zeitraums bis zur Realisierung der nächsten Internationalisierungsstufe konkrete Antworten zu liefern. Auch den Umfang des dafür erforderlichen Wissenszuwachses kann es nicht aufzeigen sowie ein sprunghaftes oder gar revolutionäres Voranschreiten erklären.[169] Darüber hinaus schenkt das Erklärungsmodell externen Einflussfaktoren, wie beispielsweise dem Branchenumfeld, nicht hinreichend Beachtung.[170] Ferner berücksichtigt die Uppsala-Schule in ihren Überlegungen nicht das gesamte Spektrum der möglichen Internationalisierungsformen, wie beispielsweise Franchising oder Joint Ventures. Bei späteren Modifikationen wurden diese allerdings teilweise aufgenommen und eingeordnet.

Ein weiterer Kritikpunkt bezieht sich auf die monokausale Ursachenerklärung

---

165 Vgl. Millington; Bayliss 1997, S. 200; Perlitz 2000, S. 131; Welter 2002, S. 42 f.; Schmid 2002, S. 390.

166 Vgl. Bamberger; Evers 1997, S. 106; Welter 2002, S. 44 f.; Macharzina 2003a, S. 30; sowie exemplarisch Jaschensky 2004, S. 9.

167 Vgl. Bamberger; Evers 1997, S. 107.

168 Vgl. Perlitz 2000, S. 131; Scherm; Süß 2001, S. 67; Schmid 2002, S. 390; Welter 2002, S. 44.

169 Vgl. Bamberger; Evers 1997, S. 125; Schmid 2002, S. 390; Welge; Holtbrügge 2003, S. 64; Kutschker; Schmid 2005, S. 463 f.

170 Vgl. Scherm; Süß 2001, S. 65.

für die Internationalisierung von Unternehmen. Denn nach Auffassung der Uppsala-Schule werden die grenzüberschreitenden Tätigkeiten entweder von so genannten Pull-Faktoren, beispielsweise einer zufälligen Anfragen ausländischer Abnehmer, oder Push-Faktoren, wie etwa einem prinzipiellen unternehmensinternem Interesse an internationalen Aktivitäten, ausgelöst. Diesem Einwand versuchen die in den folgenden Abschnitten dargestellten Erklärungsansätze zu begegnen, indem sie mehrere Erklärungsvariable in ihre Modelle einbeziehen.

2.3.2 Der eklektische Erklärungsansatz von Dunning

2.3.2.1 Darstellung des Ansatzes

Als Reaktion auf die bis zu diesem Zeitpunkt dominierenden monokausalen Erklärungsansätze entwickelte der britische Ökonom John H. Dunning seit den späten siebziger Jahren das eklektische Paradigma der internationalen Produktion.[171] Dieser Ansatz wurde stark von der Theorie der Internalisierung von Peter Buckley und Mark Casson[172] beeinflusst, die ihrerseits auf Überlegungen zum Transaktionskostenansatz von Ronald H. Coase[173] beruht. Der eklektische Ansatz von Dunning greift darüber hinaus weitere partialanalytische und monokausale Erklärungsmodelle auf und erhebt den Anspruch, die Internationalisierung von Unternehmen in einer integrativen, umfassenden Theorie zu erklären:[174]

> The intention was to offer a holistic framework by which it was possible to identify and evaluate the significance of the factors influencing both the initial act of foreign production by enterprises and the growth of such production. The choice of the word eclectic was an ambitious yet deliberate one.[175]

Dem eklektischen Paradigma zufolge werden Art und Umfang der Auslandsmarktbearbeitung eines Unternehmens durch das Zusammenspiel von drei zentralen Faktoren bestimmt:[176]

- Eigentümervorteile (*Ownership-advantages*) O-Vorteile:
  International tätige Unternehmen müssen im Vergleich zu den im Zielland beheimateten Unternehmen über spezifische Vorteile verfügen, um die Anfangsbarrieren eines Auslandsengagements, wie etwa die fehlende Markt-

---

171 Dunning 2001, S 173-190.
172 Buckley; Casson 1976.
173 Coase 1937, S. 386-405; Coase 1998, S. 72-74.
174 Vgl. Perlitz 2000, S. 125 ff.; Welter 2002, S. 48; Hill 2004, S. 220.
175 Dunning 1988, S. 1.
176 Vgl. Dunning 1980, S. 9; Dunning 2001, S. 176.

erfahrung oder die noch begrenzte Vertrautheit mit dem sozio-kulturellen Umfeld kompensieren zu können. Hierzu zählen neben Innovations- oder Technologievorsprüngen unter anderem auch Größen- oder Spezialisierungsvorteile, Verbund- oder Synergieeffekte, ein besserer Ressourcenzugang, qualifizierteres Personal, aber auch staatliche Beihilfen.[177]

- Standortvorteile (*Location-specific-advantages*) L-Vorteile:
  Die Entwicklung einer effektiven Internationalisierungsstrategie wird auch maßgeblich von den standortspezifischen Gegebenheiten auf den jeweiligen Zielmärkten beeinflusst. Neben ökonomischen Faktoren, wie beispielsweise den Kosten und der Verfügbarkeit von Produktionsfaktoren, dem Marktvolumen, dem Wachstumspotenzial oder den Infrastrukturvoraussetzungen, müssen auch die wirtschaftspolitischen, gesetzlichen, regulierenden und sozio-kulturellen Rahmenbedingungen in die Analyse einfließen. Hierzu zählen unter anderem die Gefahr der Verstaatlichung oder das Risiko von Kapitalverkehrskontrollen, aber auch staatliche Investitionsförderprogramme. Somit erweist sich die Gruppe der relevanten Standortfaktoren als äußerst heterogen und deren vollständige Berücksichtigung bei der Entscheidungsfindung als fast unmöglich. Daher können in der Regel nur solche Einflussgrößen einbezogen werden, die in der Situation des jeweiligen Unternehmens am relevantesten erscheinen.[178]
- Internalisierungsvorteile (*Internalization-advantages*) I-Vorteile:
  Diese Kategorie untersucht die Wirtschaftlichkeit alternativer Transaktionsformen. Hierfür werden die Kosten für über den Markt abgewickelte internationale Geschäftsbeziehungen mit denen für unternehmensinterne Transaktionen verglichen. Demnach internalisieren Unternehmen ihre grenzüberschreitenden Aktivitäten, wenn durch die unternehmensinterne Abwicklung im Vergleich zur Realisierung über den Markt Transaktionskosten eingespart oder Synergieeffekte realisiert werden können. Vor allem in neueren Publikationen ergänzt John H. Dunning in diesem Zusammenhang seinen Bezugsrahmen um kognitive Komponenten, indem er auch den Willen zur Internationalisierung und die Fähigkeit zur Bewertung der Vorteile von Seiten der Unternehmen in seine Überlegungen mit einbezieht und einen erheblichen Einfluss zuweist.[179]

Graphik 2-4 zeigt, welche Internationalisierungsstrategie bei den verschiedenen Kombinationsmöglichkeiten der drei OLI-Vorteilstypen realisiert wird.

---

[177] Vgl. Macharzina 2003, S. 843; Scherm; Süß 2001, S. 56; Welter 2002, S. 49; Welge; Holtbrügge 2003, S. 72; Bartlett; Ghoshal; Birkinshaw 2004, S. 7; Kutschker; Schmid 2005, S. 453.

[178] Vgl. Macharzina 2003, S. 844; Welter 2002, S. 49; Hill 2004, S. 224 f.

[179] Vgl. Dunning 2000, S. 164; Welter 2002, S. 49 f.; ähnlich Scherm; Süß 2001, S. 51 f., S. 57; Welge; Holtbrügge 2003, S. 69 f.

Graphik 2-4 Entscheidungsbaum der Auslandsmarktbearbeitung nach der eklektischen Theorie von Dunnig

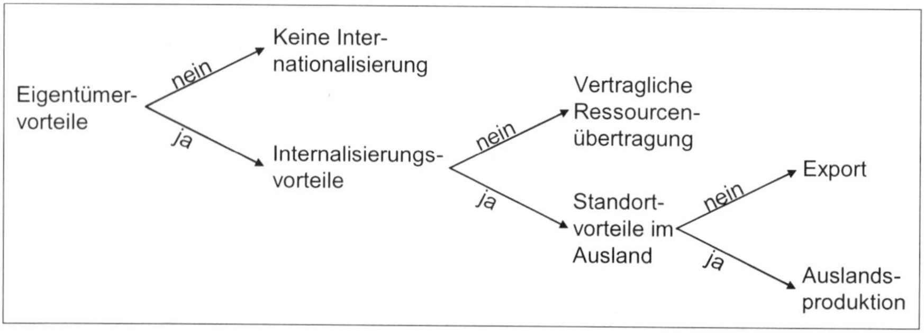

Quelle: Welge; Holtbrügge 2003, S. 73; leicht geänderte Darstellung.

Demnach wählen Unternehmen als Markteintrittsstrategie beispielsweise internationale vertragliche Vereinbarungen etwa in Form von Lizenzvergaben, wenn sie zwar über Eigentümervorteile verfügen, jedoch keine Internalisierungsvorteile realisieren können und auch der Zielmarkt gegenüber dem Heimatmarkt keine standortspezifischen Vorteile aufweist. Sind hingegen alle drei OLI-Vorteilstypen vorhanden, internationalisiert ein Unternehmen seine Geschäftsaktivitäten, indem es auf dem Zielmarkt Direktinvestitionen tätigt.

Die Darstellung lässt erkennen, dass die drei Variablen nicht gleichwertig nebeneinander stehen, sondern den Eigentümervorteilen eine ausschlaggebende Bedeutung zukommt. Sie bilden die Grundvoraussetzung für jede Internationalisierung, über deren geographische Ausrichtung die Standortvorteile entscheiden, während die Internalisierungsvorteile die jeweils zu wählende Marktbearbeitungsform festlegen.[180]

2.3.2.2 Kritische Würdigung des Ansatzes

Das eklektische Paradigma von John H. Dunning macht deutlich, dass das jeweils gewählte Internationalisierungsmuster keinesfalls zufällig verfolgt wird und auch nicht auf nur eine einzige Ursache zurückgeführt werden kann. Diese Feststellung ist eine der wichtigsten Erkenntnisse des eklektischen Ansatzes, der die monokausalen Ansätze um Elemente der Internalisierungs-, Standort-, Wettbewerbs- und Außenhandelstheorien ergänzt, und auf die Unternehmensebene überträgt.[181]

Zwar konnten mehrere empirische Studien zentrale Aussagen des eklektischen Paradigmas untermauern, dennoch findet sich in der Literatur eine Viel-

[180] Vgl. Kutschker; Schmid 2005, S. 454.

[181] Vgl. Müller 1995, S. 147; Scherm; Süß 2001, S. 55; Welter 2002, S. 48; Welge; Holtbrügge 2003, S. 71 f.; Kutschker; Schmid 2005, S. 454.

zahl von Kritikpunkten.[182] Eine Reihe von Autoren weist darauf hin, dass die begriffliche Abgrenzung der verschiedenen Bestimmungsvariablen nur unscharf erfolgt, und die einzelnen Faktoren nicht auf ihre empirische Bedeutung geprüft werden, so dass der ihnen zugeschriebene Einfluss letztlich auf Mutmaßungen basiert. Darüber hinaus werden die einzelnen Größen aus verschiedenen Erklärungsebenen, wie etwa makroökonomische Daten und Entscheidungsdaten der Unternehmensleitung, zusammengeführt, ohne dass die dafür erforderlichen Vermittlungsmechanismen definiert werden.[183]

Ferner wird kritisch angemerkt, dass das Modell eine zu geringe Differenzierung der möglichen Markteintritts- und Marktbearbeitungsformen vornimmt und dass Unternehmen in der Praxis bei der Bearbeitung eines einzelnen Marktes verschiedene Marktbearbeitungsformen gleichzeitig realisieren.[184] Insbesondere werden kooperative Formen der Marktbearbeitung zu wenig beachtet und lassen sich aus dem Modell heraus nicht erklären. Außerdem nimmt der Ansatz eine überwiegend statische Perspektive ein, so dass lediglich komparativ-statische und keine dynamischen Analysen der Internationalisierung möglich sind.[185]

Auch das dem Ansatz zugrundeliegende Menschenbild des *homo oeconomicus* wird in der Literatur zum Teil scharf kritisiert. So schreiben Ewald Scherm und Stefan Süß in diesem Zusammenhang: „Die Annahmen des homo oeconomicus gehen so weit an der realen Situation internationaler Unternehmen vorbei, dass darauf aufbauend kaum nutzbringende Aussagen möglich sind."[186] Ferner unterstellt das eklektische Paradigma in der Tradition der Neoklassik, dass ein Unternehmen quasi als monolithische Einheit rational handelnd das Ziel der Gewinnmaximierung verfolgt. Diese Sichtweise verkennt, dass etwa in Unternehmen, in denen die Leitungsfunktion – losgelöst von der Gesellschafterfunktion – von angestellten Managern wahrgenommen wird, eine Prinzipal-Agent-Beziehung besteht, aufgrund derer die Eigentümer die angestellten Manager, die die Internationalisierungsentscheidungen treffen, nur unvollständig kontrollieren können. Aber auch bei eigentümergeführten Unternehmen spielen in der Praxis persönliche Beweggründe der jeweiligen Unternehmensleitung eine wichtige Rolle.[187]

---

[182] Vgl. Perlitz 2000, S. 128.
[183] Vgl. Perlitz 2000, S. 129.
[184] Vgl. Kutschker; Schmid 2005, S. 456.
[185] Vgl. Welter 2002, S. 53; Kutschker; Schmid 2005, S. 457.
[186] Scherm; Süß 2001, S. 92; ähnlich Perlitz 2000, S. 129.
[187] Vgl. Scherm; Süß 2001, S. 59; Dülfer 2001, S. 106 f.; Kutschker; Schmid 2005, S. 455. Für eine ausführliche Darstellung der Prinzipal-Agent-Problematik im Zuge der Internationalisierung siehe Glaum 1996, S. 76-94.

Aufgrund des hohen Integrationspotenzials seines Ansatzes war es John H. Dunning in neueren Publikationen möglich, die Kritikpunkte zum Teil aufzugreifen und das Modell zu erweitern, auszudifferenzieren und an aktuelle wissenschaftliche Strömungen anzupassen. Dadurch gelang es ihm zwar, eine Reihe zusätzlicher Größen in den Ansatz einzubeziehen, es unterblieb jedoch vielfach, die kausalen Beziehungen zwischen den einzelnen Variablen herauszuarbeiten. So besteht der Ansatz nach Einschätzung von Manfred Perlitz „aus einem Sammelsurium unterschiedlicher Variablen, die in keinen Zusammenhang zueinander gebracht werden“[188]. In jüngster Zeit betont John H. Dunning selbst den hohen Kontextbezug seines Modells. Damit relativiert er jedoch gleichzeitig den eigenen Anspruch, eine allgemeingültige Theorie der Internationalisierung von Unternehmen zu entwickeln, die einen sämtliche Faktoren umfassenden und in sich konsistenten Bezugsrahmen beinhaltet.[189] Prinzipiell stellt sich die Frage, ob sich ein holistischer Erklärungsansatz als tatsächlich notwendig erweist. Klaus Macharzina und Johann Engelhard, deren theoretischer Ansatz im folgenden Abschnitt dargestellt wird, vertreten in diesem Zusammenhang den Standpunkt:

> What we need is not a ‘perfect’, rather than a more sophisticated model which remains manageable, and moreover leads to improvements.[190]

2.3.3 Der GAINS-Ansatz von Macharzina und Engelhard

2.3.3.1 Darstellung des Ansatzes

Seit Mitte der achtziger Jahre entwickeln die deutschen Wirtschaftswissenschaftler Klaus Macharzina und Johann Engelhard eine konzeptionelle Denkrichtung, die sich von der Auffassung einer rein graduellen oder inkrementalen Internationalisierung distanziert und explizit darauf hinweist, dass die Internationalisierung eines Unternehmens auch sprunghaft oder revolutionär intensiviert, aber auch zurückgeführt werden kann.[191] In einem Aufsatz aus dem Jahre 1991 stellten die Autoren die Grundzüge ihres Ansatzes vor, der als *Gestalt Approach of International Business Strategies (GAINS)* in die Literatur Eingang einging, und forderten einen Paradigmenwechsel in der internationalen Managementforschung.[192]

---

[188] Perlitz 2000, S. 129. ähnlich Scherm; Süß 2001, S. 92.
[189] Vgl. Dunning 2000, S. 164; Welter 2002, S. 52.
[190] Macharzina; Engelhard 1991, S. 28.
[191] Vgl. Swoboda 2002, S. 110; Oesterle 1999, S. 231; Scherm; Süß 2001, S. 68 f.
[192] Vgl. Macharzina; Engelhard 1991, S. 23.

Im Gegensatz zu angelsächsischen oder skandinavischen Forschergruppen beschäftigte sich die deutsche Betriebswirtschaftslehre zum damaligen Zeitpunkt noch nicht intensiv mit Fragen der Internationalisierung. Vielmehr hatte die deutsche Wissenschaft das reale Internationalisierungsstreben der deutschen Wirtschaft jahrelang kaum theoretisch begleitet.[193]

Die beiden Autoren entwickelten ihren Ansatz auf der Grundlage einer intensiven Analyse und Kritik der bis zu diesem Zeitpunkt diskutierten Modelle und Konzepte. Hinsichtlich des Erklärungsgehalts dieser Ansätze identifizieren sie insbesondere folgende begrifflichen und theoretischen Schwächen:[194]

- Die einzelnen Einflussfaktoren werden nur unzureichend operationalisiert
- Individuelle und soziale Auswahlkriterien sowie strategische Entscheidungsmöglichkeiten werden vernachlässigt und eine eher deterministische Auffassung der Internationalisierung vertreten
- Durch die Konzentration auf einzelne oder wenige Variablen erlauben die monokausalen Ansätze nur eine sehr ausschnittartige Betrachtungsweise
- Den traditionellen Ansätzen und Studien liegt die Prämisse zugrunde, dass es einen *one-best-way* bei der Abfolge der verschiedenen Formen der internationalen Geschäftsaufnahme und -ausweitung gibt
- Die Dynamik des Internationalisierungsprozesses wird bei den häufig vorzufindenden statischen Querschnittsanalysen vernachlässigt.

Vor dem Hintergrund dieser Kritik unternimmt das GAINS-Paradigma den Versuch „der Entwicklung einer multidimensionalen und entwicklungsorientierten Konzeption, welche der Komplexität und dem historischen Charakter von Internationalisierungsprozessen Rechnung trägt“[195].

Auch wenn Macharzina und Engelhard verschiedene Theorien und Ansätze zitieren, basiert das von ihnen mit dieser Zielsetzung entwickelte Paradigma konzeptionell auf dem allgemeinen Gestaltansatz von Danny Miller und Peter H. Friesen, der das Unternehmen als eine aufeinander bezogene komplexe Ganzheit (Entität) betrachtet. Dabei ist eine Entität mehr als die Summe der sie zusammensetzenden Teile wie beispielsweise Personen, Informationen, kulturelle Normen, Verhaltensweisen, technischen Anlagen etc., da sie erst durch ihre systemische Ganzheit und Ausgewogenheit ihre Besonderheit erreicht. Unter den einzelnen internen Variablen und der externen Umwelt bestehen Abhängigkeiten und Wechselbeziehungen, die zur Folge haben, dass sich alle anderen Unternehmensteile anpassen müssen, wenn sich ein Parameter ändert.[196] Dementsprechend hat die Internationalisierung, die als dyna-

---

[193] Vgl. Müller; Kornmeier 1995, S. 1; Oesterle 1999, S. 231.
[194] Vgl. Macharzina 2003, S. 845; Swoboda 2002, S. 111.
[195] Swoboda 2002, S. 111.
[196] Vgl. Kutschker 1999, S. 283; Wolf 2000, S. 15 f.

mischer Prozess einen Teil der Unternehmensentwicklung darstellt, Auswirkungen auf das gesamte Unternehmen.[197]
Eine Schlüsselrolle spricht das GAINS-Paradigma dem strategischen Entscheidungsprozess und damit der Unternehmensleitung zu, da diese, unter Berücksichtigung der unternehmensinternen und -externen Faktoren, die für die Internationalisierung wichtigen Entscheidungen fällen, wobei sie das Ziel verfolgen, den Erfolg des Unternehmens zu steigern.[198] Dabei gehen die Vertreter des Ansatzes von der begrenzten Rationalität des Entscheidungsverhaltens aus, was beispielsweise zur Folge hat, dass gleiche Anreize nicht zwangsläufig die gleichen Entscheidungen nach sich ziehen. Diese Auffassung, dass die Internationalisierung maßgeblich durch strategische Entscheidungsmöglichkeiten der Unternehmensleitung beeinflusst wird, unterscheidet den Ansatz erheblich von den nahezu „unternehmerlosen" Internationalisierungsansätzen, die in der Tradition der Theorie der Firma (*theory of the firm*) stehen.[199]
Macharzina und Engelhard verstehen die Internationalisierung als komplexen Prozess, der jedoch nicht chaotisch sondern strukturiert vonstatten geht, so dass sich statistisch signifikante Merkmale erfolgreicher Internationalisierungsformen und -entwicklungen identifizieren lassen. Hierzu werden die Unternehmen mit Hilfe von Methoden der Mustererkennung, wie etwa der Cluster- und Q-Faktorenanalyse, auf strukturelle Ähnlichkeiten hin analysiert und zu idealtypischen Organisationskonfigurationen, so genannten „Gestalten" oder „Archetypen", aggregiert. Dabei gehen die Autoren davon aus, dass in der Realität lediglich eine begrenzte Zahl Erfolg versprechender Variablenkombinationen (Gestalten) anzutreffen ist, und diese sich von den erfolglosen auffällig unterscheiden. Ziel der Unternehmensleitung muss es daher sein, ihre Entscheidungen an den als erfolgreich identifizierten Konfigurationen auszurichten.[200] Auf der Grundlage von Befunden behavioristisch ausgerichteter empirischer Untersuchungen zu Exportaktivitäten – insbesondere kleinerer Unternehmen – generierten Macharzina und Engelhard drei exemplarische Gestaltkonfigurationen: den *Nicht Exporteur*, den *Reagierenden Exporteur* und den *Aktiven Exporteur*. Diese unterscheiden sich zum einen deutlich hinsichtlich ihres Bezuges zur Umwelt, ihrer Organisation, ihres Strategieprozesses und ihrer Unternehmensleitung, zum anderen werden die Ausprägungen der jewei-

[197] Vgl. Swoboda 2002, S. 113; ähnlich Wolf 2000, S. 70 f.
[198] Zur allgemeinen Problematik beim Versuch der Operationalisierung des Begriffs *Erfolg* sowie zur Fülle potentieller Maßstäben zur Beurteilung des Unternehmenserfolges siehe exemplarisch Näther 1993.
[199] Vgl. Swoboda 2002, S. 113 f.; Kutschker, 1999, S. 282 f.
[200] Vgl. Wolf 2000, S. 66 ff; Swoboda 2002, S. 114 f.; Macharzina 2003, S. 845; Macharzina 2003a, S. 30.

ligen Entität als recht konsistent beurteilt.[201]
Im Gegensatz zu den inkremental-evolutionären Phasenmodellen wie etwa der Uppsala-Schule postuliert der GAINS-Ansatz, dass sich im Internationalisierungsprozess Phasen relativer Stabilität und Phasen schneller und weit reichender Veränderungen abwechseln, wobei relative Stabilität nicht Stillstand bedeutet, sondern evolutionäre Veränderungen einschließt.[202] Daher erkennen die Vertreter des Ansatzes auch an, dass sich der Internationalisierungsprozess durchaus in der von den Phasenmodellen beschriebenen Abfolge von Länder- und Marktbearbeitungsformen vollziehen kann. Empirische Studien belegen jedoch, dass Unternehmen bei ihrer Internationalisierung aber auch Stufen der graduellen Modelle überspringen. Damit rückt die Internationalisierungsforschung näher an die Realität heran, ohne dass Ansätze wie etwa der der Uppsala-Schule komplett abgelehnt werden. Vielmehr werden diese frühen Internationalisierungsphasen zugeschrieben.[203]
Zur empirischen Analyse des Internationalisierungsprozesses fordert Klaus Macharzina die Anwendung von Längsschnittuntersuchungen, wobei „insbesondere Übergänge zwischen Konfigurationen internationaler Unternehmen herausgearbeitet werden sollen“[204].

2.3.3.2 Kritische Würdigung des Ansatzes

Dem GAINS-Ansatz kommt der Verdienst zu, originär betriebswirtschaftliche Größen, wie beispielsweise den Unternehmenserfolg, in die Untersuchung des Internationalisierungsprozesses mit einzubeziehen, die in anderen Ansätzen vernachlässigt werden.[205] Daneben werden unternehmensinterne und -externe Faktoren sowie die strategische Entscheidungsmöglichkeit der Unternehmensführung als bestimmende Variablen in der Analyse berücksichtigt, womit eine Abkehr von einer eher deterministischen Sichtweise früherer Ansätze vollzogen wird.[206]
Insgesamt erweist sich eine Bewertung des Ansatzes zum jetzigen Zeitpunkt jedoch als schwierig, da bisher lediglich einige Entitäten mit Modellcharakter herausgearbeitet wurden.[207] Kritisch zu hinterfragen ist, ob im Zuge empirischer Studien tatsächlich Erfolg versprechende Gestalten extrahiert werden können, die konkrete Aussagen darüber zulassen, welche Internationalisierungsentscheidungen in der Praxis vorteilhaft sind. Denn die praktische Um-

[201] Vgl. Scherm; Süß 2001, S. 69.
[202] Vgl. Kutschker 1999, S. 283.
[203] Vgl. Oesterle 1999, S. 232.
[204] Macharzina 2003, S. 845.
[205] Vgl. Swoboda 2002, S. 120.
[206] Vgl. Scherm; Süß 2001, S. 70.
[207] Vgl. Scherm; Süß 2001, S. 70.

setzung der angestrebten Darstellung des dynamischen Internationalisierungsprozesses mittels eines situationstheoretischen Ansatzes stellt ein bisher ungelöstes Problem dar.[208] Daher scheint es wenig verwunderlich, dass Klaus Macharzina selbst eingesteht, dass das Konzept, auch nach mehr als 20 Jahren, seitdem die ersten grundlegenden Gedanken dazu veröffentlicht wurden, noch immer auf seine empirischen Bestätigung wartet. Dies liegt unter anderem an seiner Forderung einer Überprüfung mittels zeitintensiver Längsschnittuntersuchungen, ist aber auch auf statistisch-methodischen Schwierigkeiten zurückzuführen, die sich bei den ersten Anwendungsversuchen gezeigt haben.[209] Daher kommt Bernhard Swoboda zu der Einschätzung, dass „vor diesem Hintergrund sich die Ausführungen von Macharzina/Engelhard lediglich als Vorstufe zu einem Grundlagenansatz beschreiben [lassen], die noch weit entfernt von einer über die Grundidee hinausgehenden und vollständig ausformulierten Theorie sind“[210], wobei er aber gleichzeitig darauf verweist, dass dies die beiden Autoren ebenfalls so sehen, wenn sie ihren Ansatz als „middle range approach to a theory of the international firm“[211] charakterisieren. Darüber hinaus werfen Kritiker dem GAINS-Ansatz vor, dass er lediglich in der Lage sei, empirische Beschreibungen des Internationalisierungsprozess zu liefern, jedoch keine Erklärungen genereller Natur generiere.[212] Ewald Scherm und Stefan Süß kommen daher zu dem Urteil:„Insgesamt bietet der Ansatz auf die zentralen Fragen der internationalen Strategieentwicklung nur sehr begrenzt Antworten. Er sensibilisiert jedoch für die Komplexität der Internationalisierung und die Gestaltung dieses Prozesses.“[213]

Trotz der noch ausstehenden empirischen Untermauerung und der genannten Kritikpunkte hat sich das GAINS-Paradigma nach Einschätzung von Michael-Jörg Oesterle inzwischen zu einem akzeptierten Ansatzpunkt eines theoretischen Gegenentwurfs zur Uppsala-Schule entwickelt.[214]

2.3.4 Gesamtbewertung der theoretischen Befunde

Keiner der dargestellten Ansätze stellt ein umfassendes allgemeingültiges Erklärungsmodell der unternehmerischen Internationalisierung dar. Somit liefern alle bisher entwickelten Internationalisierungsansätze kein klares Ergebnis, sondern höchstens Anhaltspunkte dafür, wie Unternehmen bei ihrer Internationalisierung vorgehen oder verfahren sollten. Daher lassen sich aus den theo-

---

[208] Vgl. Müller 1995, S. 155.
[209] Vgl. Macharzina 2003, S. 846; Swoboda 2002, S. 465.
[210] Swoboda 2002, S. 119.
[211] Macharzina; Engelhard 1991, S. 38; ähnlich Macharzina 2003a, S. 27.
[212] Vgl. Swoboda 2002, S. 464; ähnlich Macharzina 2003, S. 83.
[213] Scherm; Süß 2001, S. 70.
[214] Vgl. Oesterle 1999, S. 231.

retischen Ansätzen weder für die jeweilige Unternehmensleitung mittelständischer Unternehmen noch für die wirtschaftspolitischen Entscheidungsträger allgemeingültige konkrete Handlungsempfehlungen hinsichtlich des praktischen Vorgehens im Zuge der Internationalisierung von Unternehmenstätigkeit ableiten.[215] Vielmehr haben die Ausführungen gezeigt, dass die Entwicklung eines multikausalen theoretischen Erklärungsansatzes noch aussteht. Michael Kutschker und Stefan Schmid vertreten in diesem Zusammenhang jedoch die Auffassung, dass es sozialwissenschaftlichen Ansätzen prinzipiell nicht möglich sei, reale Verhaltensweisen wie etwa die Internationalisierung von Unternehmen, durch eine allumfassende Theorie zu erklären:

> Dass wir Ihnen keinen geschlossenen, allumfassenden Totalansatz, keine ‚Supertheorie' zur Erklärung der internationalen Unternehmungstätigkeit präsentieren, ist in unseren Augen Ausdruck einer realistischen Beurteilung der Leistungsfähigkeit wissenschaftlicher Ansätze. Jeder Versuch, Ihnen einen allumfassenden Ansatz vorzustellen, wäre angesichts der Komplexität des Erkenntnisgegenstands und angesichts der permanenten Veränderung in der internationalen Unternehmungstätigkeit zum Scheitern verurteilt.[216]

Zu einer ähnlichen Bewertung kommt auch Bernhard Swoboda, wenn er anmerkt:

> Insgesamt ist gegenwärtig die Frage zu stellen, inwiefern ein einziger Ansatz die Prozesse der Internationalisierung zu erklären in der Lage sein wird oder ob nicht Teilerklärungen vonnöten sind.[217]

In der Literatur wird oft unterstellt, dass trotz des großen Spektrums möglicher Markteintritts- und Marktbearbeitungsformen die Internationalisierung mittelständischer Unternehmen häufig einem charakteristischen Muster folgt: Der Export steht am Anfang des Auslandsengagements, bevor Vertriebs- und Servicestätten oder der Aufbau einer eigenen Produktion im Ausland folgen. Auch wenn empirische Studien dieses als klassisch geltende Verhaltensmuster häufig bestätigen,[218] internationalisierte weder jedes international tätige mittel-

---

[215] Zu dieser Einschätzung gelangt auch Bernhard Swoboda, wenn er darauf verweist, dass auf der Grundlage der bisher gewonnenen Erkenntnisse für die Entwicklung einer konkreten Internationalisierungsstrategie „kaum allgemeine Empfehlungen ausgesprochen werden [können], da diese zwangsläufig einen hohen Abstraktionsgrad aufweisen würden." Swoboda 2002, S. 467; ähnlich auch Perlitz 2000, S. 132; Welge; Holtbrügge 2003, S. 74; Behr 2004, S. 56.

[216] Kutschker; Schmid 2005, S. 372; Hervorhebungen im Original.

[217] Swoboda 2002, S. 467.

[218] Vgl. exemplarisch Kayser; Wallau; Adenäuer 2005, S. 40.

ständische Unternehmen seine Aktivitäten nach diesem Muster noch eignet es sich als normative Vorgabe für sämtliche internationalisierungswillige Unternehmen. Graphik 2-5 verdeutlicht vielmehr, dass die Internationalisierungspfade von mittelständischen Unternehmen in der Realität sehr komplex und vielschichtig sind, da die Unternehmen zum Teil mehrere Marktbearbeitungsformen nebeneinander und überlappend betreiben. Die Hypothese einer chronologischen, quasi deterministischen Abfolge einzelner Internationalisierungsphasen hat sich somit als nicht haltbar erwiesen. Vielmehr handelt es sich bei der Internationalisierung um einen dynamischen Prozess, dessen Verlauf von unternehmensindividuellen Zielsetzungen und Entscheidungen abhängt. Michael Kutschker und Stefan Schmid kommen daher zu dem Schluss, „dass es den Internationalisierungsprozess schlechthin nicht gibt“[219].

Graphik 2-5 Anzahl der im Ausland aktiven deutschen mittelständischen Unternehmen nach Marktbearbeitungsformen

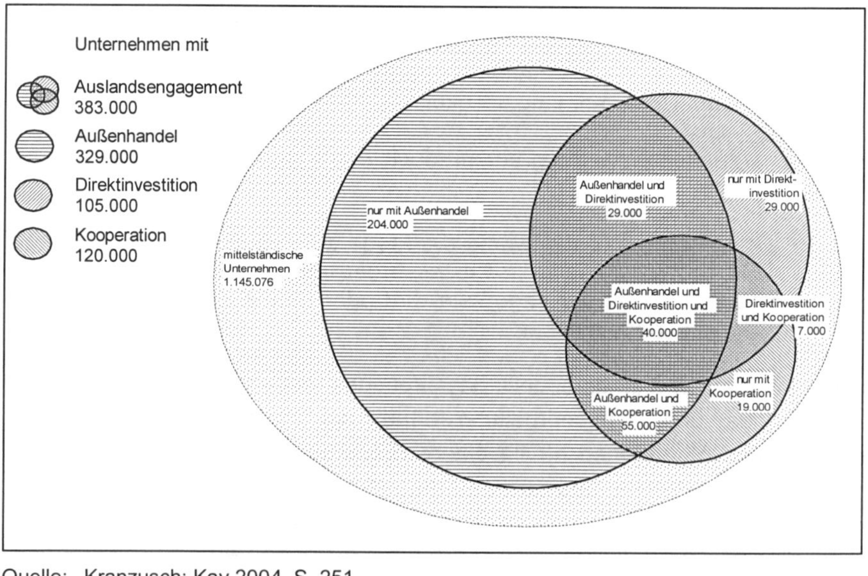

Quelle: Kranzusch; Kay 2004, S. 251.

Vor Beginn der Internationalisierung sowie in ihrem weiteren Verlauf muss ein Unternehmen Entscheidungen auf zahlreichen Gebieten treffen: Wahl der Markteintritts- und Marktbearbeitungsform, Auswahl der Zielländer und -märkte, Bestimmung des Internationalisierungszeitplans und Festlegung der organisatorischen Struktur. Theoretisch lässt sich zwar eine Reihenfolge her-

[219] Kutschker; Schmid 2005, S. 463.

ausarbeiten, nach der diese Entscheidungen getroffen werden sollten, in der Realität zeigt sich jedoch, dass sich die Unternehmen an keine bestimmte Abfolge halten. Vielmehr stellt die Internationalisierung jedes einzelnen Unternehmens eine individuelle Entwicklung dar und verlangt deswegen auch von Seiten der Akteure der öffentlichen Außenwirtschaftsförderung eine differenzierte Betreuung.

2.4 Strategisches Vorgehen bei der Internationalisierung

2.4.1 Unternehmensinterne Voraussetzungen

Innerhalb der Unternehmenspolitik stellt der Beschluss, die Geschäftstätigkeit zu internationalisieren, eine strategische Entscheidung dar, die ein hohes Maß an Aufmerksamkeit erfordert, da sie für die weitere Unternehmensentwicklung mit langfristigen Auswirkungen verbunden ist. Während in Großunternehmen mehrere Personen der Führungsebene in einen solchen Entscheidungsprozess eingebunden werden, trifft in kleinen und mittleren Unternehmen häufig der Unternehmer auch Beschlüsse dieser Tragweite alleine.[220]

Der erfolgreiche Auf- oder Ausbau internationaler Geschäftstätigkeiten erfordert eine detaillierte und systematische unternehmensinterne Vorbereitung und Planung. Hierfür muss eine klare unternehmerischer Zielvorstellung und Strategie definiert werden.[221] Die klassische Begriffsbestimmung der betriebswirtschaftlichen Literatur versteht unter unternehmerischer Strategie ein geplantes Maßnahmenbündel zur Erreichung langfristiger Ziele. Strategien können sich aber auch erst im Laufe der Zeit herausbilden, das heißt emergent entstehen und nicht unbedingt von vornherein geplant sein.[222] Dennoch ist es wichtig, dass mittelständische Unternehmen nicht aufgrund von Ereignissen des Alltagsgeschäfts – wie etwa zufällige Aufträge aus dem Ausland – die Entscheidung zu Internationalisierung eher beiläufig fällen, ohne zuvor die grundlegenden unternehmensinternen Voraussetzungen geschaffen zu haben. Dies ist jedoch bei mittelständischen Unternehmen häufig nicht der Fall.[223] So zeigen empirische Studien, dass beispielsweise gerade vor der Aufnahme von Auslandsaktivitäten die Beschaffung von Informationen eher passiv, reaktiv und begrenzt erfolgt und keineswegs aktiv und umfassend betrieben wird.[224]

---

[220] Vgl. Lemcke 1998, S. 48; Gehrke; Legler 2000, S. 30 f.; Dülfer 2001, S. 131; Müller 2004, S. 13; abweichend hiervon weisen Ingolf Bamberger und Michael Evers darauf hin, dass auch in mittelständischen Unternehmen in der Regel mehrere Personen oder Gruppen an der Entscheidungsfindung beteiligt sind, wobei dem Unternehmer dennoch eine zentrale Stellung zugesprochen wird. Vgl. Bamberger; Evers 1997, S. 107 f.

[221] Vgl. Lemcke 1998, S. 55; Lau; Zywietz; Faix 2005, S. 27 ff.

[222] Vgl. Kutschker 1996, S. 12; Behr 2004, S. 58.

[223] Vgl. Lemcke 1998, S. 48 f.

[224] Vgl. Bamberger; Evers 1997, S. 116; Lemcke 1998, S. 52 ff.

Klaus Müller konstatiert daher:

> In der Theorie über die Internationalisierung von Unternehmen wird davon ausgegangen, dass Unternehmen ihr Auslandsengagement strategisch planen. Dies ist im Handwerk jedoch nur für einen kleineren Teil der Betriebe der Fall.[225]

Die Aufnahme oder Ausweitung von internationalen Geschäftstätigkeiten stellt die Unternehmensführung vor Herausforderungen, die sich deutlich von denen im Inland unterscheiden und sich aus dem Kontakt mit nicht vertrauten Kulturen, Wirtschafts- und Sozialsystemen ergeben. Während Unternehmensentscheidungen und -handlungen im Inland in der Regel unter relativ stabilen sozio-kulturellen und rechtlich-politischen Rahmenbedingungen getroffen und durchgeführt werden können, erweist sich das internationale Umfeld oftmals als dynamischer.[226] Wie eine aktuelle Studie des DIHK und der Steinbeis Hochschule Berlin deutlich zeigt, kommt daher der sorgfältigen Vorbereitung für den unternehmerischen Erfolg auf ausländischen Märkten hohe Bedeutung zu. Demnach verläuft ein Auslandsengagement umso erfolgreicher, je besser und intensiver die Kenntnisse über die betreffenden Zielmärkte sind. Darüber hinaus deutet die empirische Erhebung darauf hin, dass der erfolgreiche Aufbau eines Auslandsgeschäfts eine etwa ein- bis zweijährige gründliche Vorbereitungszeit erfordert.[227]
Beginnt ein Unternehmen seine Aktivitäten zu internationalisieren, verändern sich dadurch die geschäftlichen und leistungsmäßigen Anforderungen grundlegend. Daher müssen zunächst die innerbetrieblichen Voraussetzungen für das Auslandsengagement geschaffen werden. Hierfür gilt es, vorab die unternehmensinternen Ressourcen und Fähigkeiten systematisch zu analysieren. In diesem Zusammenhang muss jedoch festgestellt werden, dass in der wissenschaftlichen Forschung die unternehmensinternen Anforderungen, die die Aufnahme oder Ausweitung von internationalen Geschäftstätigkeiten speziell in mittelständischen Unternehmen hervorrufen, bisher kaum untersucht wurden.

Vor Beginn der Internationalisierung gilt es, im Zuge einer kritischen Unternehmensanalyse die Kernkompetenzen des Unternehmens herauszuarbeiten und die vorhandenen Schwachpunkte aufzuzeigen. Hierfür müssen sowohl interne als auch externe Informationen ausgewertet werden. Wobei zu berücksichtigen gilt, dass ein Auslandsengagement im Vergleich zur Binnenwirtschaft

---

[225] Müller 2004, S. 13.
[226] Vgl. Scherm; Süß 2001, S. 17; Krystek; Zur 2002, S. 13; Macharzina 2003, S. 836; Welge; Holtbrügge 2003, S. 89.
[227] Vgl. Lau; Zywietz; Faix 2005, S. 29 f.; ähnlich Semlinger; Behr 2004, S. 21.

mit erheblich höheren Transaktionskosten verbunden ist. Daher muss geklärt werden, ob das Unternehmen über die notwendigen Ressourcen und Fähigkeiten verfügt, um die mit einem Engagement im Ausland verbundenen Anfangsinvestitionen auch bei möglichen Anlaufschwierigkeiten zu tragen.[228] In Anlehnung an Eberhard Dülfer muss ein Unternehmen vor allem folgende wirtschaftlich-technischen Voraussetzungen erfüllen, um seine geschäftlichen Aktivitäten erfolgreich internationalisieren zu können:[229]

- ausreichend personelle und organisatorische Ressourcen
- profunde Kenntnisse der relevanten Markt- und Rahmenbedingungen im jeweiligen Zielland
- Kenntnisse der jeweiligen Landessprache, Handelsgepflogenheiten, Werte und Normen
- Anpassung der Produktpalette an die Erfordernisse der verschiedenen Länder und Kulturen
- ein landesspezifisch ausgerichtetes Image- und Produktmarketing
- ein modernes technisches Equipment zur reibungslosen Kommunikation mit dem Ausland[230]
- ausreichend finanzielle Ressourcen zur Vorfinanzierung der Auslandsaktivitäten
- Sicherstellung der Bonität oder Lieferfähigkeit des ausländischen Geschäftspartners
- Berücksichtigung des Wechselkursrisikos

Der Auf- oder Ausbau internationaler Geschäftstätigkeiten stellt einen Prozess dar, in dessen Verlauf ein Unternehmen mit einer Reihe von komplexen Problemstellungen konfrontiert wird. In diesem Zusammenhang erweist sich die Analyse ausländischer Märkte als eine mindestens ebenso große Herausforderung wie die Analyse der eigenen Potenziale. So müssen die Unternehmen für die Produktpalette, die im Ausland angeboten werden soll, unter anderem die jeweilige Markteintritts- oder Marktbearbeitungsform bestimmen, einen geeigneten Zielmarkt bzw. Standort identifizieren sowie den Zeitpunkt des Markteintritts festlegen. Hierbei müssen in der Regel zwischen den einzelnen Entscheidungen bestehende Interdependenzen berücksichtigt werden.[231] Im Folgenden werden die angesprochenen Problemfelder idealtypisch näher analysiert.

---

[228] Vgl. Brüser 2005, S. 33. Für eine ausführliche Darstellung der speziell mit dem Außenhandel verbundenen Risiken siehe Häberle 2002, S. 612 ff.

[229] Vgl. Dülfer 2001, S. 14 f.

[230] Vgl. zu diesem Punkt vertiefend Behrendt 2002, S. 683-700.

[231] Vgl. Scherm; Süß 2001, S. 16; Welge; Holtbrügge 2003, S. 89.

2.4.2 Bestimmung der Markteintritts- oder Marktbearbeitungsform

Ein mittelständisches Unternehmen kann seine Internationalisierung außenorientiert oder binnenorientiert betreiben. Einerseits kann es Produkte oder Dienstleistungen exportieren, andererseits kann es Produkte oder Dienstleistungen aus dem Ausland importieren.[232] Prinzipiell stehen mittelständischen Unternehmen eine Vielzahl ganz unterschiedlicher Markteintritts- und Marktbearbeitungsformen zur Auswahl. Während in diesem Zusammenhang unter Markteintritt die Form der erstmaligen Aufnahme geschäftlicher Aktivitäten auf einem spezifischen Markt verstanden wird, beinhaltet der Begriff Marktbearbeitung die Art, den Ausbau oder die Umgestaltung des Engagements auf einem Markt.

Graphik 2-6 Systematisierung wichtiger Markteintritts- und Marktbearbeitungsformen in Abhängigkeit von Kapital- und Managementleistung

Quelle: Meissner; Gerber 1980, S. 224; leicht geänderte und erweiterte Darstellung.

Zahlreiche Publikationen zum Internationalen Management setzten sich intensiv mit den verschiedenen Markteintritts- und Marktbearbeitungsformen sowie

[232] Vgl. Kutschker; Schmid 2005, S. 246. Da Fragen der deutschen Außenwirtschaftsförderung den Mittelpunkt der Analyse dieser Arbeit bilden, konzentrieren sich die weiteren Ausführungen auf die Erfordernisse und Auswirkungen einer außenorientierten Internationalisierung.

ihrer Systematisierung auseinander.[233] So entwickelten Hans Günther Meissner und Stephan Gerber in einem Aufsatz aus dem Jahre 1980 eine Systematisierung wichtiger Markteintritts- und Marktbearbeitungsformen, die in der wissenschaftlichen Diskussion großen Anklang gefunden hat. Die beiden Autoren ziehen hierfür das Kriterium der im Stammland und im Ausland erbrachten Kapital- und Managementleistungen heran.[234]

Das Spektrum der möglichen Markteintritts- und Marktbearbeitungsformen reicht vom indirekten oder direkten Export bis hin zur Errichtung eigener 100%iger Tochtergesellschaften im Ausland. Legt man das Kriterium der Kapitalleistungen im Ausland zugrunde, können die verschiedenen Internationalisierungsformen zwei Gruppen zugeordnet werden: Formen mit und ohne Kapitalbeteiligung im Ausland. Die Komplexität und der notwendige Ressourceneinsatz sowie der Informations- und Kommunikationsaufwand ist bei den Formen ohne Kapitalbeteiligung sehr viel geringer als bei denen mit Kapitalbeteiligung.

a.) Markteintritts- und Marktbearbeitungsformen ohne Kapitalbeteiligung

Außenhandelsgeschäfte sowie verschiedene vertragliche Vereinbarungen ohne Kapitalbeteiligung im Ausland zeichnen sich durch eine relativ geringe Komplexität aus. Hierzu zählt zunächst der indirekte Export, bei dem der Verkauf ins Ausland über im Inland ansässige Außenhandelsunternehmen erfolgt. Weitere Formen sind die Vergabe von Lizenzen, der Abschluss von Management- oder Beraterverträgen sowie neuere Formen des internationalen Engagements wie die Lohnfertigung/-veredelung oder das Franchising.[235]

b.) Markteintritts- und Marktbearbeitungsformen mit Kapitalbeteiligung

Eine bedeutend höhere Komplexität weisen Markteintritts- und Marktbearbeitungsformen auf, die mit einer Kapitalbeteiligung im Ausland verbunden sind. Die unterschiedlichen Arten reichen von Kooperationsformen, etwa in Form von Joint Ventures über die Beteiligung an oder die Übernahme von bestehenden Unternehmen bis hin zur Gründung eigener 100%iger Vertriebs-/Service- oder Produktionsstätten im Ausland.[236] Die zunehmende Komplexität und der größere notwendige Ressourceneinsatz erhöhen die Anforderungen, die an das Unternehmen gestellt werden.[237]

---

[233] Vgl. Müller; Kornmeier 2002, S. 128 ff.; Kutschker; Schmid 2005, S. 820. Für einen Überblick siehe Kutschker; Schmid 2005, S. 825 f.

[234] Vgl. Meissner; Gerber 1980, S. 217-228.

[235] Vgl. Heuermann 2002, S. 14; Kay; Kranzusch 2004, S. 5 ff.

[236] Vgl. Heuermann 2002, S. 15 f.; Kay; Kranzusch 2004, S. 7 f. Für eine ausführliche Darstellung der Vorteile und Motive sowie Nachteile und Probleme der verschiedenen Markteintritts- und Marktbearbeitungsformen siehe Kutschker; Schmid 2005, S. 820 ff.

[237] Vgl. Bamberger; Evers 1997, S. 118; Behr 2004, S. 79.

Die Wahl der jeweiligen Form der Markterschließung oder Marktbearbeitung hängt von verschiedenen Faktoren ab. Neben unternehmensinternen Kriterien spielen auch zahlreiche Faktoren eine Rolle, die sich dem unmittelbaren und ausschließlichen Einflussbereich des Unternehmens entziehen. Hierzu zählen landesspezifische sowie branchen- und marktspezifische Determinanten, wie etwa die politischen, rechtlichen oder kulturellen Rahmenbedingungen, sowie das Angebots- oder Nachfrageverhalten auf den jeweiligen Märkten.[238] Da das dynamische internationale Wettbewerbsumfeld permanente Anpassungen erfordert, stimmt die für den Markteintritt gewählte Form der Geschäftsaktivität im Zeitverlauf häufig nicht mit der weiteren Form der Marktbearbeitung überein. So kann ein Unternehmen beispielsweise über Exporte in einen Markt eintreten und sich dann zur Gewährleistung eines kurzfristig verfügbaren Kundenservices vor Ort sowie zur langfristigen Marktsicherung nach einiger Zeit verschiedener anderer Marktbearbeitungsformen wie etwa die Gründung einer Vertriebs- und Servicestätte oder einer eigenen Produktionsstätte bedienen.[239]

2.4.3 Auswahl von Ländern und Märkten

Neben der Bestimmung der geeigneten Markteintritts- oder Marktbearbeitungsform muss ein Unternehmen auch eine Auswahl hinsichtlich der potenziellen Länder und Märkte treffen. Hierbei geht es darum, anhand geeigneter Kriterien und Verfahren die Länder und Märkte auszuwählen, in denen ein unternehmerisches Engagement die höchsten Erfolgsaussichten bietet. Unter ökonomischen Gesichtspunkten gilt es somit, die ausländischen Märkte zu bestimmen, in denen die begrenzten Ressourcen des Unternehmens den höchsten Grenznutzen erwirtschaften. Aus einer eher kontingenztheoretischen Perspektive sollten diejenigen Märkte identifiziert werden, auf denen das Unternehmen die seiner Internationalisierung zugrunde liegenden strategischen Ziele am besten erreichen kann.[240] Aber auch bei der Länderauswahl zeigt sich, dass es keine idealtypische Vorgehensweise gibt. Vielmehr formulieren Michael Kutschker und Stefan Schmid pointiert:

> Was die Attraktivität eines bestimmten Ländermarktes ausmacht, ist hochgradig subjektiv und unternehmensindividuell.[241]

Neben dem länderspezifischen Risiko und den bestehenden Markteintrittsbarrieren sollte sich die Auswahl des Marktes vor allem am jeweiligen Potenzial

---

[238] Vgl. Kutschker; Schmid 2005, S. 907.
[239] Vgl. Müller; Kornmeier 2002, S. 128 ff; Kutschker; Schmid 2005, S. 820.
[240] Vgl. Welge; Holtbrügge 2003, S. 89.
[241] Kutschker; Schmid 2005, S. 928.

des Marktes orientieren sowie daran, ob das jeweilige Produkt preislich wettbewerbsfähig angeboten werden kann.[242] Hierfür sind umfangreiche Länderinformationen notwendig, die entweder über unternehmensinterne oder -externe Quellen beschafft werden müssen. Auch wenn in der Literatur zum Internationalen Management immer wieder betont wird, dass die Informationsgewinnung und Informationsverarbeitung aktiv und systematisch erfolgen sollte, zeigt sich in der Realität, dass gerade bei mittelständischen Unternehmen die Auswahl von Ländern und Märkten häufig zufällig erfolgt.[243] Ferner ist trotz der einzelwirtschaftlichen Individualität auf der gesamtwirtschaftlichen Ebene ein gewisses Muster der Marktauswahl festzustellen. Da es für mittelständische Unternehmen aufgrund ihrer beschränkten Kapazitäten wichtig ist, die Anzahl der zur Auswahl stehenden potenziellen Märkte zu verringern, erweist sich für sie häufig ein stufenweises Vorgehen ausgehend von geographisch nahen und kulturell vergleichbaren Märkten als geeignet.[244]

2.4.4 Bestimmung des Markteintrittszeitpunkts

Neben der Form des Markteintritts und der Bestimmung des Zielmarktes muss ein Unternehmen entscheiden, zu welchem Zeitpunkt es seine internationalen Geschäftstätigkeiten im jeweiligen Markt aufnimmt oder ausbaut. Plant ein Unternehmen, sich im Zeitverlauf auf mehreren Ländermärkten zu engagieren, hat es einerseits die Möglichkeit, im Rahmen einer langfristig angelegten so genannten Wasserfallstrategie schrittweise die Anzahl der Zielmärkte zu erhöhen. Andererseits kann es im Zuge der so genannten Sprinklerstrategie binnen eines kurzen Zeitraumes auf mehreren oder allen geplanten Märkten aktiv werden.[245] Häufig erweist sich für mittelständische Unternehmen ein sequenzielles Vorgehen als ratsam, da dieses den zeitlich versetzten Einsatz der knappen Personal-, Zeit- und Kapitalressourcen ermöglicht. Ferner können dadurch Unsicherheit und Erfahrungsmangel reduziert werden.[246] In Kombination mit der Wahl von zunächst geographisch nahen und kulturell vergleichbaren Märkten entspricht dieses Vorgehen dem Grundmuster der Uppsala-Schule, wie es in Abschnitt 2.3.1 erörtert wurde.

2.5 Umfeldanalyse mit Hilfe eines *'Outside-In' approach*

Im Rahmen einer Umfeldanalyse, entsprechend eines *'Outside-In' approach*, werden zunächst die Veränderungen der Rahmenbedingungen beleuchtet, mit

---

[242] Vgl. Bamberger; Evers 1997, S. 127.
[243] Vgl. Kutschker; Schmid 2005, S. 917.
[244] Für einen ausführlichen Überblick über die möglichen Marktpräsenz- und Marktselektionsstrategien siehe Kutschker; Schmid 2005, S. 920 ff.
[245] Vgl. Kutschker; Schmid 2005, S. 963 ff.
[246] Vgl. Bamberger; Evers 1997, S. 123.

denen sich mittelständische Unternehmen konfrontiert sehen. Hinsichtlich dieser Vorgehensweise stellt John Grieve Smith fest:

> There are two ways of tackling this. The first may be called the 'Outside-In' approach and the second, the 'Inside-Out'. With the *'Outside-In' approach* you start by considering particular types of environmental change [...] and then go to consider all the various ways in which the organisation may be affected by such a change (markets, personnel, etc.). With the *'Inside-Out' approach* you start with the firm's various functions and products and consider in each case what environmental factors may be significant.[247]

Graphik 2-7 Systematische Umfeldanalyse

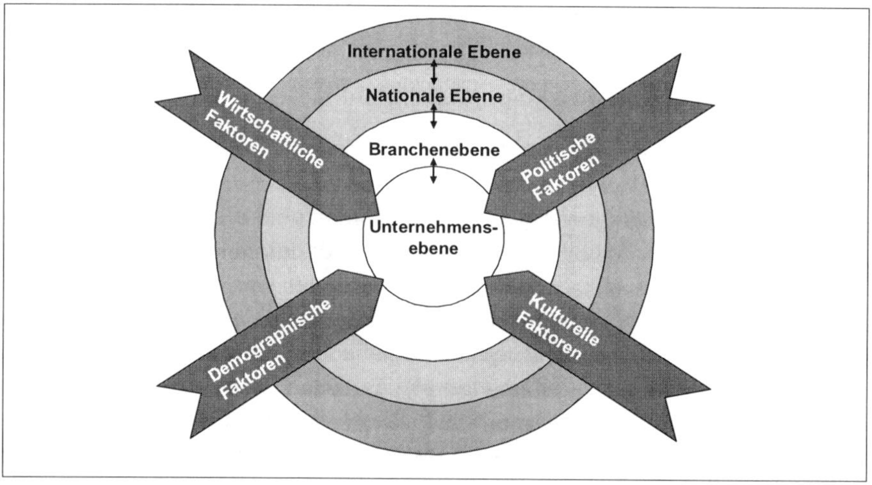

Quelle: Austin 1991, S. 46; eigene Darstellung.

In Anlehnung an James E. Austin können die externen Einflussfaktoren vier Gruppen von Umfeldeinflüssen zugeordnet werden: wirtschaftliche, politische, demographische und kulturelle Faktoren. Diese Einflüsse, zwischen denen komplexe und vielschichtige Interdependenzen bestehen, wirken über vier Umfeldebenen: die internationale Ebene, die durch multilaterale und zwischenstaatliche Regelungen und Institutionen geprägt wird, die nationale Ebene, die durch die Strategien und das Handeln der jeweiligen Regierung beeinflusst wird, die Branchenebene, die durch die Wettbewerbsstruktur und

---

[247] Smith 1990, S. 42. Hinsichtlich der Kapazitäten kleiner und mittlerer Unternehmen, eine solche Analyse durchführen zu können, fährt Smith fort: "This is, however, essentially a task for a central policy or planning staff, which is only likely to be available in a large company." Smith 1990, S. 42. Siehe hierzu auch die Ausführungen in Abschnitt 2.6.3.

-dynamik innerhalb des Wirtschaftszweiges geprägt ist, und die Unternehmensebene, die die Planungen und Handlungsweisen des einzelnen Unternehmens umfasst. Dabei beeinflussen sich die jeweils angrenzenden Ebenen gegenseitig in wechselseitiger Richtung.[248]

In den folgenden Abschnitten werden daher die Grundzüge zweier Phänomene beleuchtet, die in den zurückliegenden Jahren nachhaltig zur Veränderung des internationalen und nationalen wirtschaftlichen und politischen Unternehmensumfeldes beigetragen haben: die Globalisierung und die Regionalisierung. Ausgehend von dieser Analyse der Rahmenbedingungen gilt es im Anschluss zu untersuchen, welche Auswirkungen die konstatierten Veränderungen auf mittelständische Unternehmen und deren Internationalisierung haben.

2.5.1 Grundzüge der Globalisierung

Der Begriff *Globalisierung* wird sowohl in der wissenschaftlichen Literatur als auch in der Alltagssprache sehr unterschiedlich angewandt. Er beschreibt vielfach nicht nur einen Prozess, sondern zugleich die Folgen desselben. Das macht ihn einerseits zwar nahezu universell verwendbar, andererseits aber auch schwer verständlich, da zum Teil ganz unterschiedliche Begriffsauffassungen den jeweiligen Abhandlungen zu Grunde liegen.[249] In den vergangenen Jahren sind unzählige Publikationen zum Thema Globalisierung erschienen. Je nach Standpunkt der Autoren unterscheiden sich die veröffentlichten Analysen und Wertungen erheblich. Sowohl von Seiten der Globalisierungsbefürworter als auch der -kritiker finden sich nüchterne oder auch polemische Darstellungen.[250] Gemäß einer Definition des Instituts für Weltwirtschaft in Kiel bedeutet Globalisierung die „zunehmende weltwirtschaftliche Integration von Gütern und Produktionsstrukturen, die aus der erhöhten internationalen Mobilität resultiert"[251]. In diesem Sinne kann die Globalisierung als besonders weit reichende Ausprägung der Internationalisierung und somit als „Spezialform der Internationalisierung"[252] verstanden werden, in deren Zuge die Wirtschaftssubjekte ihr wirtschaftliches Engagement zunehmend global ausrichten und nicht mehr nur auf einzelne Länder oder Weltregionen.

Nach Auffassung zahlreicher Autoren hat kaum ein Phänomen die weltwirtschaftlichen Rahmenbedingungen in den letzten Jahrzehnten so grundlegend

---

[248] Vgl. Austin 1991, S. 45 ff.; Eine ausführliche Aufstellung wichtiger Umweltfaktoren findet sich exemplarisch bei Buchinger 1983, S. 389-395.
[249] Vgl. Welge; Holtbrügge 2003, S. 25; Kutschker; Schmid 2005, S. 153 ff.
[250] Siehe exemplarisch Donges 1997; Martin; Schumann 1997.
[251] Steeg 1999, S. 145. Eine Reihe weiterer Definitionsversuche findet sich exemplarisch in Nuscheler 2000, S. 1 ff.
[252] Kutschker; Schmid 2005, S. 169.

verändert wie die Globalisierung. Der rasante technische Fortschritt, vor allem in den modernen Kommunikations- und Informationstechnologien, die relative Verringerung von Transportkosten, der kontinuierliche Abbau von Zöllen und anderen Handelshemmnissen durch mehrere GATT/WTO-Runden[253] sowie das Ende des Ost-West-Konflikts haben sowohl diese dynamische Entwicklung im internationalen Handel mit Gütern und Dienstleistungen als auch die grenzüberschreitende Bewegung von Produktionsfaktoren und Finanzkapital möglich gemacht.[254]

Dabei ist die internationale Arbeitsteilung kein neues Phänomen, sondern kann bis weit vor die christliche Zeitenwende zurückverfolgt werden.[255] In der Neuzeit ist etwa die zweite Hälfte des 19. Jahrhunderts von einer starken Internationalisierungswelle gekennzeichnet. Nach Auffassung zahlreicher Autoren war die globale Verflechtung vor dem Ersten Weltkrieg in mancher Hinsicht sogar umfassender als heute.[256] Somit stellt sich die Frage, was die spezifisch neue Qualität der Globalisierung darstellt, die es erlaubt, von ihr als einem Paradigmenwechsel im Bezug auf die bisherige Entwicklung zu sprechen.

Hans-Hagen Härtel und Rolf Jungnickel betonen, dass sich die These einer zunehmenden Globalisierungstendenz nur dann als zutreffend erweist, wenn die internationale wirtschaftliche Verflechtung schneller voranschreitet als das Wachstum der jeweiligen Inlandswirtschaften und sie sowohl regional als auch sektoral an Intensität gewinnt.[257]

Tabelle 2-4 und Graphik 2-8 machen deutlich, dass in den vergangenen Jahren sowohl der Welthandel als auch die Direktinvestitionen im Ausland stärker gewachsen sind als das Welt-Bruttoinlandsprodukt und die jeweiligen Inlandsinvestitionen. So wuchs zwischen 1993 und 2000 das Welthandelsvolumen mit Gütern und Dienstleistungen jährlich durchschnittlich mit 7,6% mehr als doppelt so schnell wie die weltwirtschaftliche Gesamtproduktion, die im gleichen Zeitraum um durchschnittlich 3,6% stieg. Diese Entwicklungen lassen auf eine zunehmende internationale Arbeitsteilung mit weltweiter Unternehmensverflechtung schließen.

---

[253] Das General Agreement on Tariffs and Trade (GATT) trat als internationale Vereinbarung über einen freien Welthandel zum 01. Januar 1948 in Kraft. Ziel des GATT war die Förderung der weltwirtschaftlichen Entwicklung und des Wohlstands durch den Abbau von Handelshemmnissen und die Schlichtung von Handelskonflikten. Im Rahmen des GATT wurden insgesamt acht Zollrunden durchgeführt, deren Resultate wesentlich zur Ausweitung des Welthandelsvolumens beitrugen. Am 01. Januar 1995 löste die World Trade Organization (WTO) mit Sitz in Genf das GATT ab. Vgl. World Trade Organization 2005, S. 10.

[254] Vgl. Härtel; Jungnickel et al. 1996, S. 62 ff.; Jochimsen 1999, S. 28; Welge; Holtbrügge 2003, S. 25 ff; Behr 2004, S. 51.

[255] Vgl. Kutschker; Schmid 2005, S. 7 ff.

[256] Vgl. Dörrenbächer 1999, S. 31 ff. Steger 1999, S. 17; Masson 2001, S. 3f.

[257] Vgl. Härtel; Jungnickel et al. 1998, S. 57.

Tabelle 2-4 Ausgewählte Weltindikatoren

(Jährliche prozentuale Veränderung)	1983-92	1993-2000	1998	1999	2000	2001	2002	2003	2004	2005	2006[1]
Wachstum des Welthandels[2]	5,3	7,6	4,6	5,7	12,1	0,3	3,4	5,4	10,4	7,3	8,0
Wachstum des realen Welt-BIP	3,4	3,6	2,8	3,7	4,8	2,6	3,1	4,1	5,3	4,8	4,9

[1] Schätzungen
[2] Waren und Dienstleistungen, volumenmäßig.

Quellen: IMF 2001, S. 195; 223; IMF 2006, S. 177; 205; eigene Darstellung.

Graphik 2-8 Entwicklung der Direktinvestitionen im Ausland und der lokal getätigten Investitionen seit 1980

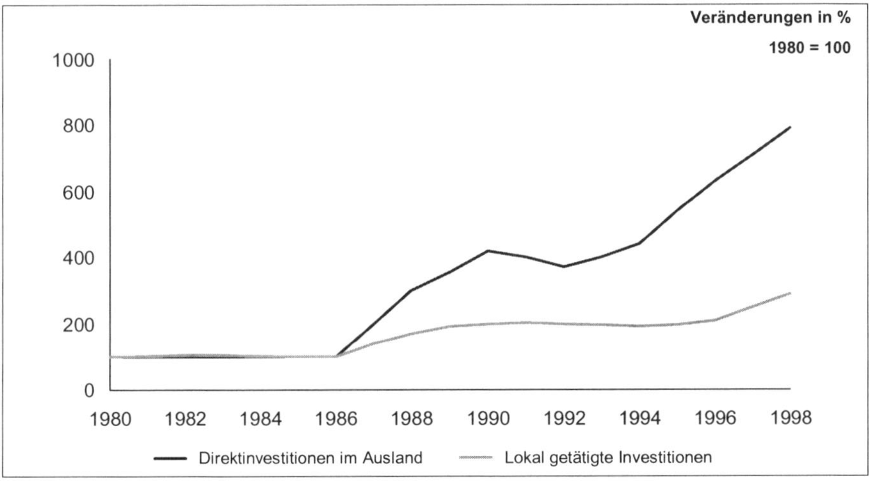

Quelle: Perlitz 2000, S. 17; leicht geänderte Darstellung.

Eine Analyse im Zeitverlauf lässt die Globalisierung jedoch weniger dramatisch erscheinen als die vielfach emotional geführte wirtschaftspolitische Debatte suggeriert. Auch wenn in den neunziger Jahren eine gewisse Beschleunigung der Internationalisierung zu beobachten war, handelt es sich hierbei weder um eine grundlegend neue Entwicklung, noch ist eine sprunghafte oder gar explosionsartige Beschleunigung zu konstatieren. Michael Kutschker und Stefan Schmid vertreten daher die Auffassung, dass zur Beschreibung der gegenwärtigen Entwicklung häufig der „Begriff der Globalisierung fehl am Platz"[258] sei.

[258] Kutschker; Schmid 2005, S. 168 f.

Graphik 2-9 Entwicklung der Weltexporte und des Weltsozialprodukts seit 1950

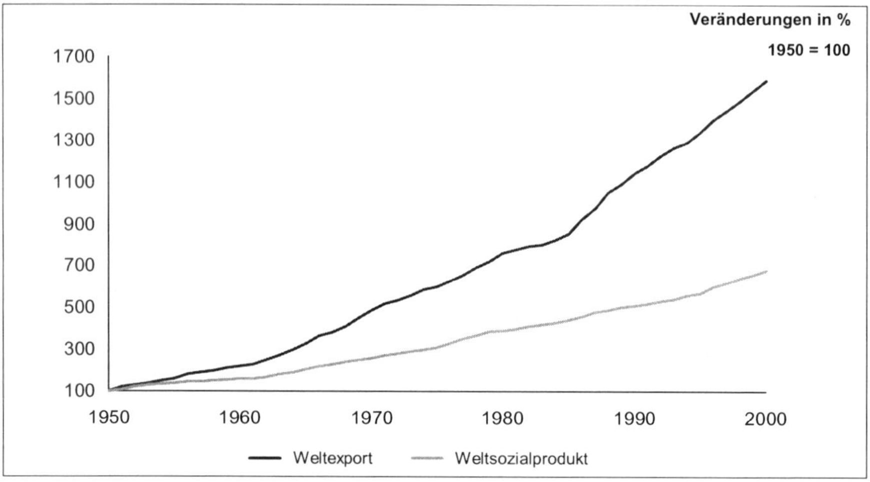

Quelle: Welge; Holtbrügge 2003, S. 5; leicht geänderte Darstellung.

Die Globalisierung darf jedoch nicht nur auf einen ökonomischen Prozess reduziert werden. Auch andere Lebensbereiche wie etwa die Politik, die Gesellschaft, die Kultur oder die Wissenschaft sind einem starken Wandel unterworfen.[259] So verdoppelt sich beispielsweise das insgesamt verfügbare Wissen etwa alle zehn Jahre und wird durch die weltweiten Kommunikationsnetze rasant verbreitet. Das hat dazu geführt, dass die zunehmende internationale Verflechtung unter dem Schlagwort Globalisierung seit Anfang der neunziger Jahre in den Mittelpunkt der öffentlichen Diskussion in Deutschland gerückt ist.[260]

Dabei zeigt sich, dass der Begriff in der Öffentlichkeit, aber auch in weiten Teilen der Wirtschaft, nach wie vor negativ besetzt ist. Der globale Wettbewerb wird von vielen als Bedrohung empfunden. So befürchten beispielsweise 53,2% der mittelständischen Unternehmen, dass sie aufgrund des Globalisierungsprozesses unter Druck geraten. Ferner sind über 60% der Unternehmen der Überzeugung, dass der globale Wettbewerb für sie mehr Risiken als Chancen berge. Ein Vergleich der Zahlen des Jahres 2003 mit denen von 2001 macht darüber hinaus deutlich, dass die Skepsis gegenüber der Globalisierung in den Kreisen des wirtschaftlichen Mittelstands zunimmt.[261] Im Jahr 2005 erwarteten sogar 73% der deutschen Industrieunternehmen, dass der

[259] Vgl. Welge; Holtbrügge 2003, S. 25 ff; Kutschker; Schmid 2005, S. 162 ff.
[260] Vgl. Dörrenbächer 1999, S. 21 ff.; Nuscheler, 2000, S. 1 ff.
[261] Vgl. Gruner + Jahr 2004, S. 24 f.

steigende Wettbewerbsdruck aus dem Ausland ihre zukünftigen Unternehmensaktivitäten belastet. Eine eingehendere Analyse zeigt, dass diese Einschätzung sehr stark mit der Unternehmensgröße korreliert ist. So erwarten industrielle Unternehmen mit weniger als 250 Mitarbeitern signifikant häufiger negative Effekte als Großunternehmen.[262]
Die Dogmatiker der Globalisierungs-Kritik zeichnen sogar Schreckensszenarien. Es wird von Abwärtsspiralen und Ruin durch Standortwettbewerb gesprochen. So werden die Globalisierungstendenzen in Deutschland häufig für die Massenarbeitslosigkeit und den Niedergang des Sozialstaates verantwortlich gemacht.[263]
Von anderer Seite wird immer wieder betont, dass die Chancen der engeren internationalen Verflechtung immens seien und die Liberalisierung des Waren- und Dienstleistungsverkehrs in den zurückliegenden Jahrzehnten bereits beispiellose gesamtwirtschaftliche Wachstumsraten zur Folge gehabt haben. Es wird darauf verwiesen, dass die Globalisierung die natürliche Folge der internationalen Arbeitsteilung sei. Zurückgehend auf David Ricardo (1817) besagt die traditionelle Handelstheorie, dass sich Länder auf die Produktion der Güter spezialisieren, die sie aufgrund komparativer Kostenvorteile günstiger als andere Länder herstellen können. Bei nicht erheblichen Transaktionskosten werden hierdurch in der Summe über alle beteiligten Nationen Wohlfahrtsgewinnen erzielt.[264]
Die Entwicklung in Richtung einer Globalisierung der Wirtschaft geht mit einer Intensivierung des Standortwettbewerbs vor allem zwischen den Industriestaaten einher. In den letzten Jahren nehmen aber auch verstärkt so genannte Schwellen- und Entwicklungsländer an diesem Wettbewerb teil. Dadurch stellt der weltweite Wandel nicht nur die privaten Wirtschaftssubjekte vor neue Herausforderungen; auch der Staat und die wirtschaftspolitischen Entscheidungsträger müssen neue Antworten auf die veränderten Rahmenbedingungen finden. Hierbei ist zu beobachten, dass der diskretionäre Gestaltungsspielraum der nationalen Politik im Zuge der Globalisierung zunehmend eingeschränkt wird.[265] Diese Tatsache steht in engem Zusammenhang mit einer Entwicklung, die neben der Globalisierung eine starke Rolle im weltwirtschaftlichen Geschehen der letzten Jahre und Jahrzehnte gespielt hat, der so genannten Regionalisierung.

---

[262] Vgl. Kayser; Wallau; Adenäuer 2005, S. 26; S. 28; ähnlich mit Bezug auf die EU-Osterweiterung auch S. 31.
[263] Vgl. Kutschker; Schmid 2005, S. 172 ff.
[264] Vgl. Sinn 2005, S. 98 ff. Wie dieser Wohlstandsgewinn über die beteiligten Nationen verteilt wird, hängt von der jeweiligen Machtposition in den entsprechenden Verhandlungen ab.
[265] Vgl. Scharpf 1993, S. 5; Pausenberger 1999, S. 85; Postlep 1999, S. 76; Macharzina 2003b, S. 309 f.; Caspers; Kreis-Hoyer 2004, S. 69.

2.5.2 Grundzüge der Regionalisierung

Neben der Globalisierung kennzeichnet vor allem die Tendenz der Regionalisierung die Entwicklung der Weltwirtschaft der letzten Jahre. Der Begriff *Regionalisierung* findet in der Literatur zur Charakterisierung zweier unterschiedlicher Phänomene Anwendung: Der Bildung supranationaler Wirtschaftsblöcke einerseits und der wachsenden Bedeutung subnationaler Regionen innerhalb der Nationalstaaten andererseits. Besonders verwirrend ist, dass selbst in wissenschaftlichen Arbeiten zum Teil keine scharfe Trennung der beiden Tendenzen vorgenommen wird.[266] H. Peter Gray und John H. Dunning machen jedoch darauf aufmerksam, dass es für Analysen, die staatliche Ebenen zum Gegenstand haben, einer präzisen Nomenklatur bedarf.[267]

2.5.2.1 Bildung supranationaler Wirtschaftsblöcke

Häufig wird in der wissenschaftlichen Literatur der Prozess der Bildung von supranationalen Wirtschaftsblöcken unter den Begriff *Regionalisierung* gefasst. Die Nationalstaaten schließen sich zu supranationalen Einheiten zusammen, um im globalen Wettbewerb an kollektiver Stärke und Einfluss gewinnen zu können und so dem drohenden Bedeutungsverlust sowie der begrenzten Reichweite nationalstaatlicher politischer Maßnahmen entgegenzuwirken.[268] Zu diesem Zweck bilden Staaten einer Weltregion Freihandelszonen oder Wirtschaftsgemeinschaften. Geschieht dies aufgrund von völkerrechtlichen Verträgen, wie es etwa bei der Europäischen Union (EU) oder der nordamerikanischen Freihandelszone (NAFTA) der Fall ist, spricht man von einer so genannten *de jure* Blockbildung. Daneben gibt es überstaatliche Wirtschaftsregionen, die sich aufgrund ökonomischer Prozesse nach und nach durch die Verdichtung des Waren- und Dienstleistungsverkehrs und der Kapitalverflechtung zu *de facto* Blöcken entwickelt haben, wie dies zum Beispiel im südostpazifischen Raum der Fall ist.[269] In der Literatur wird vielfach die regionale Dimension der Globalisierung betont. So kommen beispielsweise Hans-Hagen Härtel und Rolf Jungnickel zu dem Ergebnis: „Die Globalisierung stellt sich in den meisten Branchen noch als ‚Europäisierung' dar."[270]

---

[266] Siehe exemplarisch Nuhn 1997.
[267] Vgl. Gary; Dunning 2000, S. 410.
[268] Vgl. Kutschker; Schmid 2005, S. 162.
[269] Vgl. Nuhn 1997, S. 138.
[270] Härtel; Jungnickel et al. 1998, S. 67; ausführlich dazu Härtel; Jungnickel et al. 1996, S. 152 ff.

2.5.2.2 Bedeutungszuwachs der Regionen innerhalb der Nationalstaaten

Scharf zu trennen von der Regionalisierung – verstanden als supranationale Blockbildung – ist ein Phänomen, das dem Trend einer zunehmenden Globalisierung auf den ersten Blick entgegenläuft und für das ebenfalls der Begriff *Regionalisierung* verwendet wird: obwohl im Zuge der Globalisierung räumliche Distanzen an Gewicht verlieren, lässt sich seit den achtziger Jahren ein Bedeutungszuwachs subnationaler Regionen beobachten.[271] Da es der Politik auf der Ebene der Nationalstaaten tendenziell weniger gelingt, wirtschaftliche Potenziale am nationalen Standort aufzubauen, wird es immer wichtiger, durch eine effiziente regionale Wirtschaftspolitik Unternehmen am lokalen Standort zu halten oder ihnen Anreize zu bieten, sich neu anzusiedeln. Entsprechend verlagert sich der Wettbewerb um international tätige Unternehmen immer stärker auf die Ebene der Regionen.[272]

Bei näherer Betrachtung zeigt sich, dass der Begriff *Region* im deutschen Sprachgebrauch ein semantisches Problem darstellt, da Regionen als subnationale Teilräume nicht allgemeingültig definiert sind. So handelt es sich bei den Ländern der Bundesrepublik Deutschland um föderierte Staaten und nicht um Regionen wie etwa im französischen Sinne des Wortes. Trotz des irreführenden Sprachgebrauchs werden vor allem im europäischen Kontext der Einfachheit halber die territorialen Teileinheiten auf der ersten innerstaatlichen Gliederungsebene unterschiedslos als Regionen bezeichnet.[273] So entsprechen die deutschen Bundesländer nach der offiziellen Gebietssystematik der Europäischen Union NUTS den Regionen auf NUTS-1-Ebene.[274] Ferner wird dies auch in Bezeichnungen wie dem europäischen *Ausschuss der Regionen* deutlich. Zu den 24 deutschen Mitgliedern dieses aus Vertretern regionaler und lokaler Gebietskörperschaften zusammengesetzten Gremiums, zählen allein 21 Angehörige aus Regierungen der Länder.[275]

---

[271] Vgl. Rehfeld 1999, S. 22 ff.; Bovermann 2000, S. 515; Dunning 2000a, S. 7. Einige Autoren und Institutionen verwenden auch den Begriff *Lokalisierung*. Vgl. The World Bank 2000, S. 4 f.; Krystek; Zur 2002, S. 6 f. John H. Dunning nimmt eine begriffliche Unterscheidung zwischen *Macroregion*, verstanden als supranationaler Wirtschaftsblock, und *Microregion*, verstanden als subnationaler politisch-territorialer Einheit vor. Vgl. Dunning 2000a, S. 30.

[272] Vgl. Postlep, 1999, S. 77; Dunning 2000a, S. 23; Scharpf 2003, S. 9 f.; Welge; Holtbrügge 2003, S. 26 f. Unter Berufung auf empirische Studien weisen andere Autoren abweichend davon darauf hin, dass die für die Unternehmen gewichtigen Entscheidungen auch weiterhin von der nationalen oder europäischen Ebene getroffen werden. Vgl. Bruch-Krumbein; Hochmuth 2000, S. 63.

[273] Vgl. Kukawka 2001, S. 62.

[274] Vgl. Europäische Kommission 2003, S. 108.

[275] Vgl. Bovermann 2000, S. 514.

Die Frage, ob es sich bei den Ländern der Bundesrepublik Deutschland um Regionen im Sinne der in der ökonomischen Literatur zum Teil geforderten homogenen Wirtschaftszonen handelt, oder ob ihre Grenzen nicht wie die der Nationalstaaten aus wirtschaftlicher Sicht zufällig verlaufen, soll im Rahmen dieser Arbeit nicht vertiefend erörtert werden.[276] H. Peter Gray und John H. Dunning betonen in diesem Zusammenhang:

> Economic policy can only be formulated by units which have the ability to tax (i.e. to generate revenues) to fund financial incentives, and the legal authority to initiate and implement a variety of measures affecting the creation, utilization, and geographical distribution of resources. [...] It is [...] necessary to identify microregions as having the requisite ability and authority to implement policy – albeit constrained by the actions and institutions of nation states and macroregional government.[277]

Da sich in der Literatur immer wieder Hinweise darauf finden, dass sich die Bundesländer zum Teil selbst als Regionen bezeichnen,[278] und die Länder im politischen System der Bundesrepublik Deutschland im Zuge der konkurrierenden Gesetzgebung über die von H. Peter Gray und John H. Dunning geforderten wirtschaftspolitischen Kompetenzen verfügen, soll im Rahmen dieser Arbeit unter „regionaler Wirtschaftspolitik" die Wirtschaftspolitik der Bundesländer verstanden werden.[279]

Der Trend zur globalen Ausrichtung der geschäftlichen Aktivitäten von Unternehmen ist nicht, wie man vermuten könnte, mit einem parallel laufenden Bedeutungsverlust des Lokalen, des Regionalen verbunden. Im Gegenteil entwickeln sich heute vielfältige Formen der Regionalisierung.[280] Das Vorstandsmitglied der Deutschen Post AG Hans-Dieter Petram umschreibt das Phänomen bildlich, wenn er konstatiert: „Ein riesiger Baum braucht riesige Wurzeln"[281].

---

[276] Vgl. Ohmae 1996. Die Veränderung der politisch-administrativen Strukturen, etwa auf dem Wege einer Länderneugliederung, wurde in den Beratungen der Kommission von Bundestag und Bundesrat zur Modernisierung der bundesstaatlichen Ordnung ausgeklammert und ist auch auf längere Sicht als sehr unwahrscheinlich einzustufen. Siehe Kommissionsprotokoll 1, S. 10, 14, 16 f. Daher wird bei den weiteren Untersuchungen im Rahmen dieser Arbeit davon ausgegangen, dass die unterschiedlichen gebietskörperschaftlichen Ebenen in ihrer bisherigen und zukünftigen Form bereits existieren; ähnlich Stahl 2000, S. 34.

[277] Gray; Dunning 2000, S. 410 f.

[278] Siehe u.a. Ministerium für Wirtschaft, Technologie und Verkehr des Landes Schleswig-Holstein 1998; Stoiber 1998.

[279] Siehe Grundgesetz für die Bundesrepublik Deutschland Artikel 74 Abs. 1 Nr. 11.

[280] Vgl. Krätke 1995, S. 221; siehe zu dieser Thematik auch die Beiträge zum Schwerpunktthema „Regionalisierung und Globalisierung, wo lebt der Mensch?" in: Hanns-Seidel-Stiftung 2001; S. 17-77.

[281] Petram 2005.

Um im Wettbewerb mit anderen Standorten bestehen zu können, muss sich eine Region immer stärker als Produkt beziehungsweise Marke verstehen und einen *policy mix* anbieten, der von anderen subnationalen Gebietskörperschaften nicht leicht nachzuahmen ist und damit der Region einen Wettbewerbsvorteil verschafft.[282] Dies wird in den letzten Jahren von den lokalen und regionalen Akteuren deutlicher wahrgenommen und umgesetzt.[283] Da im interregionalen Wettbewerb um Einwohner und Investoren zunehmend die so genannten weichen Standortfaktoren an Bedeutung gewinnen, vermarkten die Bundesländer verstärkt ihre jeweilige wirtschaftliche und kulturelle Eigenart.[284] So macht etwa das Land Baden-Württemberg seit Oktober 1999 mit einer groß angelegten Standortkampagne in Anzeigen und Internetauftritten bis hin zu Fernsehspots und Events unter dem Motto *Wir können alles. Außer Hochdeutsch.* auf seine Standortvorzüge aufmerksam.[285] Im Mai 2005 startete das Land Rheinland-Pfalz unter dem Slogan *Rheinland-Pfalz. Wir machen's einfach* eine ähnlich angelegte Imagekampagne, deren Ziel es ist, das Land im Bewusstsein von Entscheidern, Multiplikatoren und Bevölkerung als modernen und innovativen Standort zu verankern.[286] Diese Art von Regional-Marketing betont meist das gute soziale, kulturelle und geschäftliche Klima eines Bundeslandes, wodurch es zur Wiederbelebung einer quasi „merkantilen" regionalen Identität kommt. Ein ähnliches Phänomen ist die offensive Werbung für Produkte aus der Region, bei der nicht nur für Agrarprodukte, sondern zunehmend auch für Industrieprodukte im Sinne einer Qualitätsgarantie geworben wird.[287]

Darüber hinaus treten die Länder in wachsendem Maße als eigenständige wirtschaftspolitische Akteure auf, die teilweise ein Gegengewicht zur Wirtschaftspolitik des Bundes schaffen wollen und sich hierzu auch mit anderen

---

[282] Vgl. Dunning 2000a, S. 29; Gray; Dunning 2000, S. 412; ähnlich Steinberg 2003, S. 107.

[283] Vgl. Plate 2005. Siehe exemplarisch die 2003 gegründete Standortmarketing Region Köln/Bonn GmbH, die seit Anfang 2005 unter dem Namen *Cologne Bonn Business* agiert und den Auftrag hat, „den Bekanntheitsgrad der Region Köln Bonn zu steigern und dabei besonders die attraktiven Investitionspotenziale hervorzuheben". (Online; Stand 01. November 2005) http://www.cologne-bonn-business.de.

[284] Vgl. Sturm 1991, S. 114.

[285] Siehe http://www.wir-koennen-alles.de; Vgl. Landtag von Baden-Württemberg Drucksache 13/1852 vom 28. Februar 2003, S. 2 ff.; Landtag von Baden-Württemberg Drucksache 13/4212 vom 05. April 2005, S. 8 f. Im Haushalt 2005 sieht das Land im Bereich Öffentlichkeitsarbeit Ausgaben in Höhe von 5,2 Millionen Euro vor. Vgl. Landtag von Baden-Württemberg Drucksache 13/4002 vom 16. Februar 2005, S. 14.

[286] Siehe http://www.wirmachenseinfach.rlp.de.

[287] Vgl. Krätke 1995, S. 211; ähnlich Sturm 1991, S. 79; Postlep 1999, S. 84 f. sowie exemplarisch Ministerium für Wirtschaft und Mittelstand, Energie und Verkehr des Landes Nordrhein-Westfalen 1999, das für „Zukunftsenergien aus Nordrhein-Westfalen" wirbt; ähnlich Landtag Nordrhein-Westfalen Drucksache 13/6891 vom 12. April 2005.

prosperierenden Regionen aus anderen Staaten zusammenschließen.[288] Der Trend zur Globalisierung und der daraus resultierende Standortwettbewerb mit anderen Regionen stellt die Wirtschaftspolitik auf Länderebene vor neue Herausforderungen. Als Antwort darauf sind „innovative“ Ansätze von den Regierungen der Länder gefragt. Zu den Aufgaben, die den Regionen im Zuge der Globalisierung verstärkt zukommen, gehört die Förderung der Internationalität der heimischen Unternehmen.[289] Aus diesem Grund haben die Bundesländer seit den siebziger Jahren ihre außenwirtschaftsfördernden Aktivitäten kontinuierlich verstärkt, welche in Abschnitt 3.3.3 dieser Arbeit näher beleuchtet werden.

2.6 Globalisierungsbetroffenheit mittelständischer Unternehmen

2.6.1 Chancen und Risiken der Globalisierung

Aufgrund der Intensivierung und räumlichen Ausdehnung des Wettbewerbs führt die Globalisierung für Unternehmen vor allem zu einer starken Zunahme ihrer wirtschaftlichen Chancen und Risiken. In der Öffentlichkeit wird die Internationalisierung unternehmerischer Aktivitäten hauptsächlich mit Großunternehmen in Verbindung gebracht, doch auch der Mittelstand ist von den sich ändernden weltwirtschaftlichen Rahmenbedingungen unmittelbar betroffen. Zwar sind die Auswirkungen, die die zunehmende globale Ausrichtung der Märkte auf kleine und mittlere Unternehmen hat, von der Branche und dem Aktionsradius jedes einzelnen Unternehmens abhängig, dennoch stellen die weltwirtschaftlichen Veränderungen zunehmend auch mittelständische Unternehmen vor neue Herausforderungen, da diese den Wettbewerbsdruck auch auf dem angestammten heimischen Markt erhöhen.[290] Daher sind bereits heute zahlreiche mittelständische Unternehmen auf ausländischen Märkten tätig, und die Notwendigkeit, sich international zu engagieren, wird sich in Zukunft noch verstärken.[291] Vor dem Hintergrund dieser Entwicklung kommen Gunter Kayser, Frank Wallau und Claus Adenäuer zu der Feststellung:

> ‚Veränderung' ist der treffendste Begriff zur Beschreibung der gegenwärtigen Situation in der mittelständischen Industrie. Die Globalisierung, verstärkter Wettbewerbsdruck aus dem In- und Ausland sowie rasche technologische

---

[288] Vgl. Krätke 1995, S. 212; sowie exemplarisch Fischer; Frech 2001.
[289] Vgl. Postlep 1999, S. 83; Caspers; Kreis-Hoyer 2004, S. 67.
[290] Vgl. Bassen; Behnam 2001, S. 413; Eden 2002, S. 38 f.; Welge; Holtbrügge 2003, S. 31; Behr 2004, S. 50 ff.; Kutschker; Schmid 2005, S. 159 f.
[291] Vgl. Organisation for Economic Co-operation and Development 1997, S. 30; Behr 2001, S. 10; Krystek; Zur 2002, S. 6; Winterhalder 2002, S. 33; Hirsch-Kreinsen 2003, S. 10; Schmierl 2004, S. 274; Brenken 2006, S. 5.

Veränderungen stellen die Unternehmen vor große Herausforderungen und zwingen in immer kürzeren Zeitabständen zu strategischen Neuorientierungen.[292]

Graphik 2-10 Marktorientierung mittelständischer Unternehmen

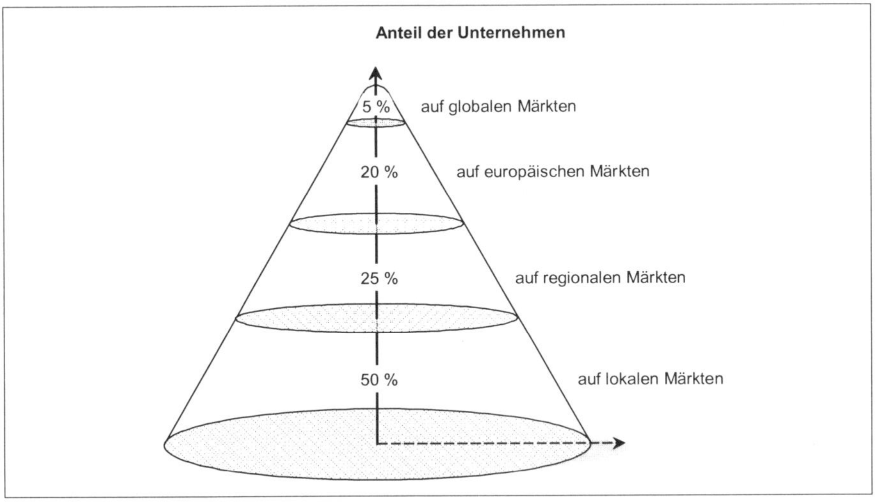

Quelle: Welter 2002, S. 16, eigene Darstellung.

Die Intensität der Globalisierungsbetroffenheit kleiner und mittlerer Unternehmen lässt sich hinsichtlich ihrer Marktorientierung in Form eines Kegels darstellen. Demnach sind etwa 50% der mittelständischen Unternehmen ausschließlich auf lokalen Märkten aktiv und lediglich 5% weltweit präsent.[293]

Durch einen offensiven Umgang mit der zunehmenden internationalen Ausrichtung der Wirtschaft ergeben sich für mittelständische Unternehmen aber auch neue Marktchancen. Traditionellerweise bieten kleine und mittlere Unternehmen Produkte und Leistungen für einen relativ begrenzten Markt an. Dies beinhaltet die Gefahr, dass sich einerseits der betreffende Markt zur Erzielung von Größenvorteilen als zu klein erweist und dass andererseits das abnehmende Wachstumspotenzial der angestammten Zielmärkte die Existenz des Unternehmens gefährdet.[294] Diesen Gefahren können die Unternehmen entgehen, indem sie ihren Markt durch die Erschließung von Auslandsmärkten in geographischer Hinsicht ausdehnen. Dies führt zu einer größeren Risikostreuung bezüglich der Veränderung lokaler und regionaler Märkte und somit zur

[292] Kayser; Wallau; Adenäuer 2005, S. 1.
[293] Vgl. Welter 2002, S. 15.
[294] Vgl. Müller; Kornmeier 2002, S. 132.

Verringerung der Strukturkrisenanfälligkeit des Unternehmens.[295] Darüber hinaus zeigen sich die Ergebnisse einer globalen Unternehmensstrategie häufig nicht nur auf dem internationalen Markt. Untersuchungen zeigen, dass gerade kleine und mittlere Unternehmen durch ihr Engagement im Ausland auch auf dem Heimatmarkt neue Kunden gewinnen, deren Vertrauen in die Leistungsfähigkeit des Unternehmens entweder gestärkt wurde, oder die als international agierendes Unternehmen einen ebenfalls weltweit tätigen Partner bevorzugen.[296]

Empirische Studien ergaben, dass dem unternehmerischen Auslandsengagement sehr vielfältige Motive zugrunde liegen, die aber prinzipiell verschiedenen Gruppen zugeordnet werden können: Markt- und Absatzmotive, Produktions- und Kostenmotive, Beschaffungsmotive sowie weitere standortbedingte Beweggründe.[297]

Die Untersuchungen zeigen, dass der geografischen Diversifikation eine besondere Bedeutung zukommt: Als Hauptgrund für ihr Engagement im Ausland nennen die Unternehmen die Erschließung neuer sowie die Sicherung bestehender Märkte. Für Unternehmen, die über Vertriebs- oder Fertigungsstätten im Ausland verfügen, bildeten darüber hinaus die Erfüllung von Kundenwünschen sowie die Nähe zum Kunden wichtige Beweggründe für ihre Auslandsinvestition. Neben den genannten absatzseitigen Motiven spielen auch Standortfaktoren, wie niedrigere Arbeits- und Sachkosten, geringere Regulierungen und Bürokratie sowie niedrigere Steuern und Abgaben, eine wichtige Rolle. Sie stellen aber nicht das Hauptmotiv dar, wie es in der deutschen Diskussion häufig erscheint.[298] Bei kleinen und mittleren Unternehmen bilden häufig auch zufällige Anfragen ausländischer Abnehmer den Ausgangespunkt für internationale Geschäftstätigkeiten.[299]

Auf der anderen Seite legen empirische Erhebungen unter bisher nicht auslandsaktiven Unternehmen die Gründe offen, die mittelständische Unternehmen davon abhalten, sich international zu engagieren: Von Seiten dieser Unternehmen wird eine möglicherweise bestehende Auslandsnachfrage häufig nicht erkannt oder sie schätzen Kosten und Risiken sowie tarifäre oder nichttarifäre Handelshemmnissen und den bürokratischen Aufwand, der mit dem Auslandsgeschäft verbunden ist, als zu hoch ein.[300] Vor dem Hintergrund dieser Ergebnisse machen einige Autoren darauf aufmerksam, dass mittelständi-

---

295 Vgl. Spur 1999, S. 63.
296 Vgl. Dirschka 1999, S. 122. Rothberger 2003; Gerlach; Brussig 2004, S. 133 f.; Lange 2005.
297 Vgl. Bamberger; Evers 1997, S. 111 f.; Welter 2002, S. 58.
298 Vgl. Welter 2002, S. 58; KfW Bankengruppe 2004, S. 15; Semlinger; Behr 2004, S. 21; Lau; Zywietz; Faix 2005, S. 13 ff., S. 45 ff.; Brenken 2006, S. 27 f.
299 Vgl. Bayern Handwerk International 2004, S. 5.
300 Vgl. Bamberger; Evers 1997, S. 112.

sche Unternehmen, die noch keine Geschäftsbeziehungen mit dem Ausland unterhalten, zunächst ein Internationalisierungsbewusstsein entwickeln müssen. Hierfür gilt es mentale Hürde zu überwinden, bevor Auslandsgeschäfte selbst bei grundsätzlich Erfolg versprechenden Voraussetzungen realisiert werden.[301]
Aufgrund der zentralen Stellung, die dem Unternehmer innerhalb mittelständischer Unternehmen zukommt, erweisen sich personengebundene Einflüsse, wie Erfahrung, berufliche Qualifikation sowie Werte und Einstellungen der Unternehmerpersönlichkeit, für das Internationalisierungsverhalten von kleinen und mittleren Unternehmen als sehr entscheidend. Hierbei spielen vor allem Faktoren wie Risiko- und Leistungsbereitschaft, Selbstbewusstsein sowie kulturelles Wissen und Verständnis eine besondere Rolle. So zeigen psychologisch orientierte Untersuchen, die die Unterschiede zwischen Unternehmen analysieren, die international tätig sind, und denen, die es nicht sind, dass Nicht-Exporteure in der Regel eine risikovermeidende Unternehmensstrategie verfolgen und es ihnen häufig am nötigen Wissen sowie an Managementfähigkeiten mangelt. Demgegenüber erweisen sich Exporteure vielfach als besser qualifiziert, verfügen über längere Erfahrung in der Geschäftsleitung und ein höheres Wissen hinsichtlich fremder Länder und Kulturen. Ferner zeichnet sie eine professionellere Unternehmensführung aus, wobei sie eine wachstumsorientierte Unternehmensstrategie verfolgen, weshalb ihnen ein höheres Internationalisierungsbewusstsein zueigen ist.[302] Insgesamt halten Ingo Bamberger und Michael Evers fest, dass Exporteure von ihrer Persönlichkeitsstruktur als „aggressiver, dynamischer, flexibler, kreativer, innovativer und mit höherem Selbstbewusstsein ausgestattet“[303] einzustufen seinen.
Trotz dieser Befunde lassen sich auf Basis der bisherigen empirischen Forschungsergebnisse keine allgemeingültigen Faktoren identifizieren, die die Internationalisierungskompetenz sämtlicher mittelständischer Unternehmen erhöhen würden. Rosemarie Kay und Peter Kranzusch kommen vielmehr zu dem Ergebnis, dass noch keine umfassenden empirischen Ergebnisse darüber vorliegen, „[w]elcher Einfluss von der Person des Unternehmers auf die internationale Wirtschaftsaktivität des von ihm geführten Unternehmens ausgeht“[304]. Es wurde jedoch deutlich, dass im Zuge des unternehmerischen Entscheidungsprozesses im Vorfeld eines Auslandsengagements neben objektiven Kriterien auch kognitive Faktoren eine entscheidende Rolle spielen.[305]

---

[301] Vgl. Welter 2002, S. 66; sowie speziell für das Handwerk Müller 2004, S. 16.
[302] Vgl. Bamberger; Evers 1997, S. 112 ff.; Welter 2002, S. 58 ff.; Kay; Kranzusch 2004, S. 3.
[303] Bamberger; Evers 1997, S. 113.
[304] Kay; Kranzusch 2004, S. 16.
[305] Vgl. Bamberger; Evers 1997, S. 107; Welter 2002, S. 62.

2.6.2 Empirische Bestandsaufnahme der internationalen Geschäftsaktivitäten mittelständischer Unternehmen

Die einschlägigen amtlichen Statistiken nehmen in der Regel keine Differenzierung nach Unternehmensgrößenklassen vor, sondern liefern lediglich aggregierte Daten, so dass bisher keine gesicherten Informationen über das Ausmaß der internationalen Aktivitäten kleiner und mittlerer Unternehmen vorliegen, obwohl sich bereits eine Reihe von nationalen und internationalen Untersuchungen zu dieser Thematik durchgeführt wurden.[306]

Nach Berechnungen des IfM Bonn waren im Jahr 1999 mindestens 383.000 der rund 1,154 Millionen größeren deutschen mittelständischen Unternehmen[307] international aktiv. Dies entspricht einem Anteil von 33,4%. Laut dieser Hochrechnung bezieht ein Viertel der mittelständischen Unternehmen Waren und Dienstleistungen aus dem Ausland, gut ein Fünftel ist im Exportgeschäft tätig. Knapp 10% der mittelständischen Unternehmen haben bereits Direktinvestitionen im Ausland getätigt.[308]

Diese Ergebnisse machen deutlich, dass mittelständische Unternehmen vor dem Hintergrund unterschiedlicher Strukturen und Ausgangslagen ganz unterschiedliche Internationalisierungsstrategien verfolgen. Diese reichen von klassischen Exportaktivitäten über eine meist kosteninduzierte Auslagerung von Teilprozessen ins Ausland oder den gezielten Auf- und Ausbau von Produktionsstätten in der Nähe von Großkunden im Ausland bis hin zur Strategie weltweit agierender *global player*. Dies macht deutlich, dass die mittelständischen Unternehmen nicht als homogene Masse sondern mit ihren branchen-, größen- und unternehmensspezifischen Besonderheiten wahrgenommen werden müssen.[309]

Bei den mittelständischen Außenwirtschaftsaktivitäten dominiert traditionell das klassische Ausfuhrgeschäft. Exporte bilden häufig den ersten Schritt in Auslandsmärkte und dienen dem Sammeln von Erfahrungen. Damit kommt ihnen innerhalb des Internationalisierungsprozesses kleiner und mittlerer Unternehmen ein hoher Stellenwert zu.[310] Denn sowohl zur langfristigen Marktsi-

---

[306] Im Vergleich zu den Direktinvestitionen werden die Exporte von kleinen und mittleren Unternehmen statistisch noch verhältnismäßig am besten dokumentiert. Vgl. Bamberger; Evers 1997, S. 105; Behr 2001, S. 6; Kokalj; Wolff 2001, S. 27 f.; Welter 2002, S. 21 f.; Kay; Kranzusch 2004, S. 10; Brenken 2006, S. 5, 19.

[307] Einbezogen wurden mittelständische Unternehmen aus drei Wirtschaftszweigen ab einer gewissen Höhe des Jahresumsatzes: Produzierendes Gewerbe und Dienstleistungssektor (jeweils ab 250.000 DM), Einzelhandel (ab 500.000 DM) sowie Großhandel (ab 1 Million DM). Aus dieser Unternehmensgruppe kamen 75% aller Exporteure, die für 99% aller Exportumsätze von mittelständischen Unternehmen verantwortlich waren.

[308] Vgl. Kokalj; Wolff 2001, S. 45; sowie Graphik 2-5 auf S. 50.

[309] Vgl. Bamberger; Evers 1997, S. 120; Behr 2001, S. 13 ff.; Welter 2002, S. 67.

[310] Vgl. Kayser; Wallau; Adenäuer 2005, S. 48.

cherung als auch um den ausländischen Abnehmern einen kurzfristig verfügbaren Kundenservice gewährleisten zu können erweist sich in vielen Fällen der Aufbau einer eigenen Vertriebs-, Kundendienst- oder Produktionsstruktur in Form von Kooperationen, Joint Ventures oder 100%igen Auslandstöchtern als erforderlich.[311] Nach aktuellen Berechnungen des IfM Bonn verlagerten bisher gut 13% der Industrieunternehmen zur Stärkung oder Sicherung ihrer Wettbewerbsfähigkeit geschäftliche Aktivitäten ins Ausland. Weitere 10% planen solche Verlagerungen für die kommenden zwei Jahre. Eine größenspezifische Analyse macht jedoch deutlich, dass industrielle Großunternehmen signifikant häufiger ihre geschäftlichen Tätigkeiten ins Ausland verlagern als mittelständische Unternehmen.[312]

Des Weiteren lassen empirische Untersuchungen erkennen, dass mittelständische Unternehmen ihr Auslandsengagement überwiegend auf die hoch entwickelten, geographisch nahen und kulturell vergleichbaren Märkte der direkten EU-Nachbarländer konzentrieren, da dort ein vergleichsweise kosten- und ressourcenschonendes Engagement möglich ist. Außerdem ist der Auf- oder Ausbau der Geschäftstätigkeiten in diesen Ländern mit relativ geringen Risiken verbunden und setzt in der Regel vergleichsweise wenige spezifische Vorkenntnisse voraus.[313] Spätestens seit der Einführung der gemeinsamen Währung ist der EU-Binnenmarkt für deutsche Anbieter jedoch kein wirklich internationaler Markt mehr. Dennoch scheuen auch kleine und mittlere Unternehmen, die bereits erfolgreich auf dem europäischen Markt tätig sind, oft den Weg auf die stark prosperierenden Märkte in Übersee, obwohl gerade die Wachstumsregionen außerhalb der Europäischen Union wie etwa Osteuropa, Russland, Südostasien oder Lateinamerika Entwicklungspotenziale für mittelständische Unternehmen bieten.[314]

Trotz dieser Erkenntnisse muss insgesamt konstatiert werden, dass zum gegenwärtigen Zeitpunkt noch große Kenntnislücken hinsichtlich der Auslandsaktivitäten kleiner und mittlerer Unternehmen bestehen.

2.6.3 Strukturelle Probleme bei der Internationalisierung

Der Auf- oder Ausbau internationaler Geschäftstätigkeiten erfordert den Einsatz von finanziellen und personellen Ressourcen.[315] Aufgrund typischer, un-

---

[311] Vgl. Weidig; Ruprecht 1996, S. 37-43; Welter 2002, S. 13; Kayser; Wallau; Adenäuer 2005, S. 30 f.; Lau; Zywietz; Faix 2005, S. 13 ff.

[312] Vgl. Kayser; Wallau; Adenäuer 2005, S. 48.

[313] Vgl. Welter 2002, S. 14; Behr 2002, S. 25; Kayser; Wallau; Adenäuer 2005, S. 41; Brenken 2006, S. 15; S. 22 ff.

[314] Vgl. Müller 1999, 161 ff.; Backes-Gellner; Wallau; Kayser 2001, S. 113 ff.; ähnlich bereits Sachverständigenkommission 1982, S. 11.

[315] Vgl. Scherm; Süß 2001, S. 16.

ternehmensgrößenbedingter Besonderheiten unterscheiden sich die Voraussetzungen von kleinen und mittleren Unternehmen, die Chancen der Globalisierung zu nutzen ganz erheblich von denen der Großunternehmen. Zwar gibt es viele eindrucksvolle Beispiele erfolgreicher mittelständischer Unternehmen, die sich weltweit etabliert haben, wissenschaftliche Untersuchungen weisen allerdings darauf hin, dass kleine und mittlere Unternehmen bei der Aufnahme oder Ausweitung von internationalen Geschäftstätigkeiten eine Reihe struktureller Probleme aufweisen, die es ihnen erschweren, die Herausforderungen der Globalisierung erfolgreich zu meistern. In der Literatur werden verschiedene Problemfelder diskutiert, die sich aus der Unternehmensgröße und der für mittelständische Unternehmen typische unternehmensinterne Organisation ergeben: begrenzte Managementkapazitäten, ein beschränktes Organisationspotenzial, ein unzureichendes Finanzierungspotenzial, ein begrenztes Problembewusstsein sowie eine unzureichende Risikofähigkeit und Risikobereitschaft.[316]

Andererseits zeigt das Beispiel vieler mittelständischer Unternehmen, die erfolgreich international tätig sind, dass kein zwingender Zusammenhang zwischen der Unternehmensgröße und dem Anteil des Auslandsumsatzes am Gesamtumsatz des Unternehmens bestehen muss. Vielmehr können sich prinzipiell Unternehmen aller Größenklassen erfolgreich international engagieren. Das bedeutet, dass es keine branchen- und produktübergreifende unternehmerische Mindestgröße für eine erfolgreiche Internationalisierung gibt.[317] Vielmehr deuten neuste Untersuchungsergebnisse darauf hin, dass die Produktivität und die Eigenkapitalquote eines Unternehmens einen entscheidenden Einfluss auf sein Auslandsengagement haben.[318]

Anhand der aufgezeigten Problemfelder gilt es daher im Folgenden zu klären, welche Unterstützung kleine und mittlere Unternehmen aufgrund ihrer strukturellen Besonderheiten im Zuge ihrer Internationalisierung benötigen, um ihr Internationalisierungspotenzial voll ausschöpfen zu können. Hierzu werden die unternehmensgrößenbedingten Besonderheiten mittelständischer Unternehmen, wie sie in Abschnitt 2.1.2 ausführlich dargestellt wurden, mit den Herausforderungen verknüpft, mit denen kleine und mittlere Unternehmen im Zuge

---

[316] Vgl. Cichy 1996; Bamberger; Evers 1997, S. 108 f.; Fieten; Friedrich; Lageman 1997, S. 395 f.; Koller; Raithel; Wagner 1998, S. 194 f.; Kay; Kranzusch 2004, S. 3; Semlinger; Behr 2004, S. 20 f.; Schulz; Welge 2006, S. 18 ff.; ähnlich Schleswig-Holsteinischer Landtag Drucksache 10/691 vom 19. Oktober 1984, S. 49.

[317] Vgl. Behr 2001, S. 6; Schleswig-Holsteinischer Landtag Drucksache 15/812 vom 15. März 2001, Anhang 1, S. 4; Semlinger; Behr 2004, S. 20. Abweichend hiervon konstatiert E. Ulrich Cichy: „Grundsätzlich bedarf Internationalisierung einer bestimmten Mindestgröße des Unternehmens." Cichy 1996.

[318] Vgl. Brenken 2006, S. 12 ff.

ihres Internationalisierungsprozesses konfrontiert werden. Davon ausgehend werden die benötigten externen Hilfestellungen erörtert.
Da zu Beginn des Internationalisierungsprozesses das Auslandsgeschäft normalerweise nur eine untergeordnete Rolle spielt, kommt es in kleinen und mittleren Unternehmen in der Regel zunächst zu keiner organisatorischen Veränderung. Bei eigentümergeführten Unternehmen liegt die Verantwortung für das Auslandsgeschäft häufig direkt bei der Geschäftsleitung. Damit wird zwar einerseits der unmittelbare Einfluss des Eigentümers auf das Auslandsengagement sichergestellt, andererseits ist damit aber auch eine erhebliche Zusatzbelastung verbunden, die eine Vernachlässigung der Aktivitäten auf dem Heimatmarkt zur Folge haben kann.[319] Darüber hinaus sehen einige Autoren in der zentralen Stellung des Unternehmers ein erhebliches Defizit von mittelständischen Unternehmen, da diese vielfach nur in Form von Kooperationen ihre Geschäftstätigkeiten erfolgreich auf ausländische Märkte erweitern können, dies aber häufig an der Eigensinnigkeit des selbständigen Unternehmers scheitert.[320] Auch in mittelständischen Unternehmen mit einer etwas differenzierteren Aufgaben- und Kompetenzverteilung ist diese häufig aufgabenorientiert und ohne starke Ressortgliederung organisiert. Da dem Export innerhalb der Auslandsaktivitäten meist eine tragende Bedeutung zukommt, wird das Auslandsgeschäft häufig der Vertriebsabteilung zugeordnet. Diese Zuständigkeit bleibt teilweise auch dann noch bestehen, wenn das Auslandsengagement über das reine Exportgeschäft hinausgeht. Spätestens jedoch, wenn ein Unternehmen seine geschäftlichen Aktivitäten über geographisch nahe und kulturell vergleichbare Märkte hinaus ausdehnt oder eine eigene Produktionsstätte im Ausland errichtet, hat dies zur Folge, dass die Organisations- und Fertigungsprozesse in unterschiedlichen Unternehmensbereichen nicht nur quantitativ sondern auch qualitativ in den erheblichem Maße angepasst werden müssen. Zur Änderung der unternehmensinternen Organisationsstruktur kommt es häufig jedoch erst, wenn die auslandsspezifischen Anforderungen so komplex werden und eine spezielle Auslandsabteilung unerlässlich wird.[321] Somit stoßen mittelständische Unternehmen im Zuge der Internationalisierung zum Teil an so genannte „kritische Internationalisierungsschwellen“[322]. Um diese zu überwinden, müssen sie ihr bisheriges Selbstverständnis sowie ihre interner Leitungs- und Organisationsstruktur anpassen, was in der Regel nicht ohne erhebliche Anpassungsschwierigkeiten abläuft.[323]

---

[319] Vgl. Kutschker; Schmid 2005, S. 493.
[320] Vgl. Behr 2001, S. 19; Welter 2002, S. 60.
[321] Vgl. Dülfer 2001, S. 151 f.; Behr; Semlinger 2004, S. 8 f.
[322] Dülfer 2001, S. 144.
[323] Vgl. Dülfer 2001, S. 156.

Da qualifizierte Außenwirtschaftsfachkräfte häufig Großunternehmen kleinen und mittleren Unternehmen als Arbeitgeber vorziehen, stellt in diesem Zusammenhang auch die Suche nach spezialisierten Mitarbeitern sowie die Mitarbeiterqualifizierung eine besondere Herausforderung dar.[324] Häufig fehlen daher Mitarbeiter mit betriebswirtschaftlichen, juristischen und länderspezifischen Kenntnissen. Aus diesem Grund verfügen mittelständische Unternehmen oft weder über die personellen Ressourcen noch die erforderliche internationale Erfahrung, um ohne externe Unterstützung ihre Geschäftstätigkeiten erfolgreich internationalisieren zu können.[325]

Aufgrund dieser strukturellen Probleme ergeben sich vor allem Defizite bei der Gewinnung und Verarbeitung von relevanten Informationen über Auslandsmärkte sowie der Herstellung von Geschäftskontakten. Ferner fehlt das notwendige Erfahrungswissen insbesondere bei der Abschätzung der wirtschaftlichen Risiken und Hemmnisse auf den Auslandsmärkten.[326]

Neben den zum Teil erheblichen Problemfeldern im Bereich der Unternehmensorganisation und der Steuerung des unternehmensinternen Wissens kommt es im Zuge des Auf- oder Ausbaus internationaler Geschäftstätigkeiten häufig zu Finanzierungsengpässen, da der mit diesem Prozess einhergehende erhöhte Kapitalbedarf in der Regel nicht über die bisherigen Finanzierungskanäle abgedeckt werden kann.[327] Hierbei zeigt sich, dass die häufig geringe Eigenkapitalquote sowie der unzureichende Zugang zu Fremdkapital den mittelständischen Unternehmen die Finanzierung des Auslandsgeschäfts erschwert.[328] Da sie typischerweise nicht emissionsfähig sind, sind kleine und mittlere Unternehmen weitestgehend auf die Fremdfinanzierung durch die Kreditwirtschaft angewiesen.[329] Hierbei handhaben die Institute ihrer Kreditvergaben an kleine und mittlere Unternehmen oft äußerst restriktiv, da sie ihre Kreditpolitik häufig lediglich an den begrenzt vorhandenen dinglichen Sicherheiten und weniger an den Ertragspotenzialen des Auslandsengagements ausrichten.[330]

Zusätzlich zu den genannten Nachteilen hemmen die im Vergleich zu Großunternehmen überproportional hohen Transaktionskosten die Internationalisierung des Mittelstandes. Unter Transaktionskosten werden die Aufwendungen verstanden, die mit der Nutzung des Marktes verbunden sind. Verantwortlich für diese Kosten ist, dass reale marktbasierte Austauschprozesse unter un-

---

[324] Vgl. Brüser 2005, S. 38.
[325] Vgl. Welter 2002, S. 9.
[326] Vgl. Cichy 1996; Semlinger; Behr 2004, S. 16.
[327] Vgl. Dülfer 2001, S. 156.
[328] Vgl. Cichy 1996; Fieten; Friedrich; Lageman 1997, S. 399; Behr 2004, S. 46.
[329] Vgl. Icks; Kaufmann; Menke 1997, S. 68 ff.; Setzer 2001, S. 14.
[330] Vgl. Cichy 1996; Icks; Kaufmann; Menke 1997, S. 73 f.

vollkommenen Marktbedingungen und bei begrenzter Rationalität durchgeführt werden. Unterschieden wird zwischen so genannten Ex-ante- und Ex-post-Transaktionskosten. Ex-ante-Transaktionskosten fallen in Form von Such-, Anbahnungs- und Aushandlungskosten an, da zunächst mögliche Transaktionspartner im Ausland sondiert und über den Geschäftswunsch informiert werden müssen. Darüber hinaus müssen sich die Geschäftspartner auf konsensfähige Vertragsbedingungen einigen und diese rechtswirksam vereinbaren. Da die vertragsgemäße Abwicklung der Transaktion überprüft und sichergestellt werden muss, fallen darüber hinaus Ex-post-Transaktionskosten in Form von Abwicklungs-, Kontroll- und Steuerungskosten sowie Anpassungskosten an.

Für die Höhe der anfallenden Transaktionskosten erweisen sich so genannte kostenwirksame Transaktionscharakteristika als entscheidend. Demnach sind die Transaktionskosten unter sonst gleichen Bedingungen umso höher, je größer die Unsicherheit bezügliche der Umwelt ist, je spezifischer die Transaktion selbst ist und je seltener die jeweilige Transaktion durchgeführt wird. Insbesondere das Argument der Häufigkeit von Transaktionen verdient Beachtung, da sich umso höhere Skalenerträge realisieren lassen, je häufiger identische Transaktionen durchgeführt werden.[331]

Transaktionskosten fallen nicht nur im Zuge eines Auslandsengagements sondern auch in der Binnenwirtschaft an. Insbesondere aufgrund der kostenwirksamen Transaktionscharakteristika sind besonders hohe Transaktionskosten jedoch ein wesentliches Kennzeichen von Geschäftstätigkeiten im Ausland.[332] Aufgrund der unternehmensgrößenbedingten strukturellen Eigenheiten des Mittelstandes können die außenhandelsspezifischen Transaktionskosten unter Umständen prohibitiv groß werden, so dass ein Auslandsengagement unterbleibt, obwohl es von Seiten der erbrachten Leistungen prinzipiell möglich wäre.

Mittelständische Unternehmen orientieren sich bei ihren Überlegungen häufig an den ihnen vertrauten Transaktionskosten, die bei Geschäften im Inland oder im geographisch nahen Ausland anfallen. Daher empfinden sie die bedeutend höheren Transaktionskosten, die mit einem Engagement auf geographisch und kulturell entfernten Märkten verbunden sind, als nicht akzeptabel. Da kleine und mittlere Unternehmen darüber hinaus häufig nicht in der Lage sind, bei den Transaktionskosten Skalenerträge zu realisieren, müssen die Kosten von vergleichsweise wenigen Transaktionen kompensiert werden, deren Erfolg außerdem relativ unsicher erscheint.[333]

---

[331] Vgl. Welge; Holtbrügge 2003, S. 69 f.
[332] Vgl. Kutschker; Schmid 2005, S. 447.
[333] Vgl. Cichy 1996.

Eine empirische Studie der Universität Nottingham konnte nachweisen, dass die Aufnahme von Auslandsaktivitäten mit erheblichen versunkenen Kosten (*sunk costs*) verbunden ist, die für den Auf- oder Ausbau internationaler Geschäftstätigkeiten einen bedeutenden entscheidungsrelevanten Kostenfaktor darstellen:

> It is widely accepted that the starting point for explaining why some firms export and others do not is sunk costs. Entry costs associated with, for example, market research, product modification, compliance and so on mean that profit maximising firms will only enter export markets if the present value of their profits exceeds the fixed costs of entry.[334]

Auf der Basis der Analyse des Exportverhaltens von rund 9.000 britischen Unternehmen kommen die Autoren der Studie für den Zeitraum von 1988 bis 1999 zu dem Ergebnis, dass die aktuellen Exportaktivitäten auch das zukünftige Exportverhalten maßgeblich beeinflussen. Demnach exportieren Unternehmen, die bereits in der zurückliegenden Periode im Exportgeschäft tätig waren, mehr als dreimal häufiger in der aktuellen Periode als Unternehmen, die bisher nicht exportierten.[335] Darüber hinaus konnte im Rahmen der Untersuchung nachgewiesen werden, dass sich exportierende Unternehmen im Vergleich zu ausschließlich auf dem nationalen Markt tätigen Unternehmen durch ein deutlich höheres Leistungsvermögen auszeichnen und dieses nach der Aufnahme ihrer Auslandsaktivitäten noch ausbauen.[336]

Jedes Auslandsengagement setzt voraus, dass sich ein Unternehmen prinzipiell bereit zeigt, den Auf- oder Ausbau der internationalen Geschäftstätigkeiten in seine strategischen Überlegungen einzubeziehen. Wie bereits eingehend erörtert, kommt in kleinen und mittleren Unternehmen hierbei der Unternehmerpersönlichkeit mit ihren Vorstellungen und Zielen eine zentrale Rolle zu. In diesem Zusammenhang erweist sich die bisherige Auslandserfahrung des Entscheidungsträgers als bedeutender Faktor. Eine Studie des IfM Bonn ergab, dass in der mittelständischen Industrie rund ein Drittel der Geschäftsführer Auslandserfahrung besitzt. In Wirtschaftszweigen, die wie beispielsweise der Maschinenbau sehr stark exportorientiert sind, ist es sogar die Hälfte. Diese Ergebnisse machen deutlich, dass zwar eine Reihe mittelständischer Unternehmen bei ihren Auslandsaktivitäten auf Kenntnisse über ausländische Märkte, Gepflogenheiten und kulturelle Normen aus erster Hand zurückgreifen kann. Aber auch hier zeigt sich erneut, je größer ein Unternehmen ist, desto

---

[334] Girma; Greenaway; Kneller 2002, S. 2.
[335] Vgl. Girma; Greenaway; Kneller 2002, S. 11.
[336] Vgl. Girma; Greenaway; Kneller 2002, S. 15 ff.

häufiger verfügt die Geschäftsleitung über Auslandserfahrung.[337] Da somit in kleinen und mittleren Unternehmen häufig nicht die Kapazitäten, Kenntnisse und Erfahrung vorhanden sind, um Marktpotenziale im Ausland gezielt erkennen und nutzen zu können, werden Internationalisierungsentscheidungen im Mittelstand häufig intuitiv und meinungsorientiert gefällt.[338] Dies führt dazu, dass einige Autoren mittelständischen Unternehmen ein lediglich begrenztes Problembewusstsein zuschreiben, da sie strategische Entscheidungen nicht auf der Grundlage aller relevanten Rahmenbedingungen treffen.[339]
Dieser Umstand erklärt unter anderem auch, warum es vielen kleinen und mittleren Unternehmen nur schwer möglich ist, die Chancen und Risiken internationaler Märkte realistisch einzuschätzen. Darüber hinaus lassen sich die durch die Internationalisierung steigenden Anforderungen an die unternehmensinterne Koordination und Kommunikation mit quantitativen Methoden nur unzureichend abbilden und können im Voraus häufig weder in monetärer noch in zeitlicher oder personeller Hinsicht realistisch abgeschätzt werden.[340] Dies führt dazu, dass mittelständische Unternehmen die Risiken zum Teil überbewerteten und internationale Vorhaben bereits in der Planungsphase abbrechen.[341] Zusätzlich führt die in der Regel enge Verbindung zwischen der wirtschaftlichen Existenzbasis des Eigentümers, dessen Familie und dem Unternehmen zu einer geringen Risikobereitschaft. Denn der Auf- oder Ausbau internationaler Geschäftsbeziehungen stellt für mittelständische Unternehmen einen bedeutenden Schritt dar, der mit erheblichen Risiken verbunden ist und unter Umständen sogar die Existenz des Unternehmens gefährden kann. Daher bedarf er einer gründlichen Vorbereitung und Begleitung. Eine verbesserte Informationsgrundlage führt häufig zu einer Verringerung des vermuteten Risikos, das mit einer Internationalisierung der Geschäftstätigkeit in Verbindung gebracht wird.[342]

Die Möglichkeiten der Informationsbeschaffung über ausländische Märkte können prinzipiell als gut bezeichnet werden. Unternehmen können heute nicht nur durch den persönlichen Kontakt zu ausländischen Geschäftspartnern oder Publikationen, sondern auch über moderne Kommunikationsmedien wie das Internet vielfältige und differenzierte Informationen erhalten. Dennoch äußern zahlreiche Unternehmen, die im Ausland aktiv sind, einen Informationsbedarf, der vor allem auf Seiten der mittelständischen Unternehmen nicht ganz

---

[337] Vgl. Backes-Gellner; Wallau; Kayser 2001, S. 66 f.
[338] Vgl. Schleicher 1991, S. 30; S. 90; Koller; Raithel; Wagner 1998, S. 190; Lemcke 1998, S. 52.
[339] Vgl. Cichy 1996.
[340] Vgl. Behr 2004b, S. 194.
[341] Vgl. Schott 2001, S. 146; Semlinger; Behr 2004, S. 20 f.
[342] Vgl. Bamberger; Evers 1997, S. 116; Behr; Schultz-Wild 1997, S. 3; Weber; Kabst 2000, S. 6.

gedeckt werden kann.[343] Außerdem erweist es sich aufgrund der enormen Vielfalt des verfügbaren Informationsangebotes sowie des spezifischen Informationsbedarfs für mittelständische Unternehmen häufig als schwierig, die einschlägigen Informationen zu identifizieren. Da jedoch die Beschaffung von systematisch aufbereiteten Informationen zeitaufwendig und teuer ist, machen empirische Untersuchungen deutlich, dass die Informationen ihre Zielgruppe nicht immer erreichen, da die Unternehmen versuchen den Zeit- und Kostenaufwand zu reduzieren, wenn vermeintlich kostengünstigere Alternativen bestehen. Daher messen mittelständische Unternehmen persönlichen und größtenteils informellen Beziehungen und Kontakten eine herausragende Rolle bei und beauftragen deutlich seltener externe Berater mit der Informationsbeschaffung als Großunternehmen.[344] Erschwerend kommt hinzu, dass auf Seiten der Unternehmen häufig Unsicherheit hinsichtlich der Qualität kostenpflichtiger Informationen besteht. Dies führt zu einer tendenziell suboptimalen Nutzung des verfügbaren Informations- und Dienstleistungsangebots.[345] Die Neue Politische Ökonomie konnte zeigen, dass es aus Sicht des einzelnen Wirtschaftssubjekts durchaus rational erscheint, sich nicht (ausreichend) zu informieren, wenn die Grenzkosten der Informationsbeschaffung und -verarbeitung höher eingeschätzt werden als der erwartete Grenznutzen, der aus dem Gebrauch der Information erwächst.[346] Mittelständische Unternehmen müssen daher häufig zunächst für das Auslandsgeschäft sensibilisiert werden und benötigen Hilfe bei der Beschaffung und Verarbeitung von verlässlichen und differenzierten Informationen. Dies kann in Form von Beratung, begleitendem *Coaching* sowie dem Erfahrungsaustausch mit anderen Unternehmen erfolgen.[347]

Auf die Frage, welche Faktoren nach Ansicht der Unternehmen für den Erfolg auf ausländischen Märkten ausschlaggebend seien, wird nach der Produktqualität und noch vor der gründlichen Marktkenntnis an zweiter Stelle die Wahl des richtigen Partners als Erfolgsvoraussetzung genannt.[348] Da sich die Partnersuche häufig als eines der größten Probleme bei der Entwicklung geschäftlicher Verbindungen mit dem Ausland erweist, benötigen kleine und mittlere Unternehmen auch bei der gezielten Suche nach geeigneten, vertrauenswürdigen Partnern Unterstützung.[349] Dies gilt im Normalfall auch für die Kontaktaufnahmen zu den staatlichen Stellen des Ziellandes.

---

343 Vgl. Behr; Schultz-Wild 1997, S. 9.
344 Vgl. Behr; Schultz-Wild 1997, S. 6 f.; Bamberger; Evers 1997, S. 117.
345 Vgl. Brüser 2005, S. 35.
346 Vgl. Kirsch 2004, S. 238.
347 Vgl. Welter 2002, S. 66; Müller 2004, S. 16; Brüser 2005, S. 32.
348 Vgl. Lau; Zywietz; Faix 2005, S. 75.
349 Vgl. Lau; Zywietz; Faix 2005, S. 64 f.

3. Außenwirtschaftsförderung in Deutschland

3.1 Außenwirtschaftspolitik und Außenwirtschaftsförderung

Unter den Begriff *Außenwirtschaft* können alle ökonomischen Transaktionen zwischen dem Inland und dem Ausland gefasst werden. Diese Transaktionen können von den wirtschaftspolitischen Entscheidungsträgern nach den von ihnen definierten Zielvorgaben beeinflusst werden. Im weitesten Sinne umfasst die Außenwirtschaftspolitik folglich die Gesamtheit aller staatlichen Aktivitäten, die unmittelbar auf die Steuerung dieser außenwirtschaftlichen Transaktionen zielen.[1]
Die Außenwirtschaftspolitik bildet den wirtschaftspolitischen Rahmen für die Außenwirtschaftsförderung. Diese umfasst alle staatlichen Maßnahmen, die zur Verbesserung der wirtschaftlichen Bedingungen auf einzelbetrieblicher Ebene ergriffen werden und unmittelbar das unternehmerische Engagement mit Bezug zum Ausland unterstützen.[2] Eine Förderung, die dieses Ziel verfolgt, umfasst zwei Dimensionen.[3]

Graphik 3-1 Dimensionen der Außenwirtschaftsförderung

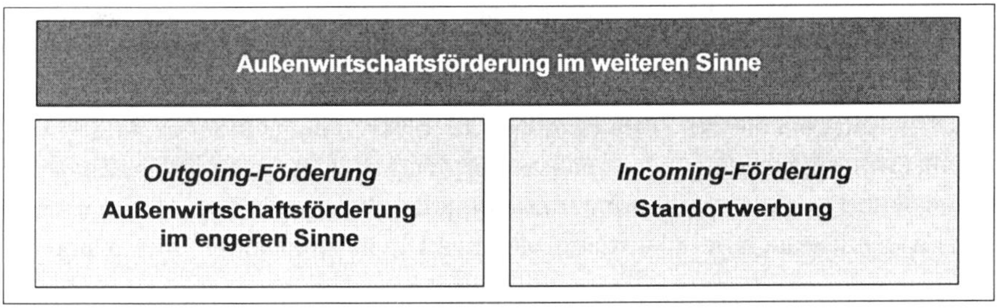

Einerseits unterstützen die wirtschaftspolitischen Entscheidungsträger im Rahmen der so genannten *Outgoing-Förderung* oder Außenwirtschaftsförderung im engeren Sinne inländische Unternehmen bei der Erschließung ausländischer Märkte. Andererseits betreiben sie im Zuge der so genannten *Incoming-Förderung* Standortwerbung, mit deren Hilfe sie ausländische Investitionen für den heimischen Standort gewinnen wollen. So heißt es exemplarisch im Jahreswirtschaftsbericht des Landes Mecklenburg-Vorpommern von 1998:

> Die Außenwirtschaftspolitik richtet sich darauf (1) kleine und mittlere Unternehmen bei der Erschließung neuer

[1] Vgl. Glastetter 1998, S. 13-16.
[2] Vgl. Tuchtfeldt 1984, S. 198-204.
[3] Außenwirtschaftsförderung im weiteren Sinne.

> Märkte zu unterstützen sowie (2) ausländisches Kapital und Know-How nach Mecklenburg-Vorpommern zu holen.[4]

Während die staatlichen Maßnahmen der ersten Dimension darauf gerichtet sind, die internationale Wettbewerbsfähigkeit und die Ertragskraft der in der jeweiligen Gebietskörperschaft bereits ansässigen Unternehmen zu erhöhen, zielen die staatlichen Aktivitäten der zweiten Kategorie darauf ab, ausländische Unternehmen in der Gebietskörperschaft neu anzusiedeln. Obwohl einige Fördermaßnahmen wie z.B. solche, die zur Schaffung eines wirtschaftsfreundlichen Klimas beitragen, dazu dienen, beide Zieldimensionen zu erreichen, besteht zwischen den beiden Zielsetzungen eine gewisse Dualität.[5] Nach Ansicht der Spitzenorganisationen der deutschen Wirtschaft muss jedoch „die klassische Trennung zwischen Außenwirtschaftsförderung und Standortmarketing aufgehoben werden“[6]. Daher bemängelt der DIHK in seiner Stellungnahmen zum Koalitionsvertrag für die 16. Legislaturperiode:

> Es fehlt zudem ein Hinweis auf den Stellenwert der Standortwerbung für Deutschland einschließlich ihrer Verzahnung mit der Außenwirtschaftspolitik.[7]

Bei den staatlichen Aktivitäten im Bereich der *Outgoing-Förderung* ist insbesondere in den vergangenen zwei Jahrzehnten eine Entwicklung von einer nahezu ausschließlich auf die Unterstützung der Unternehmen bei Exportgeschäften ausgerichteten Förderung hin zu einer umfassenderen Außenwirtschaftsförderung festzustellen. Diese zielt nicht nur auf eine Steigerung der inländischen Ausfuhren ab, sondern unterstützt die inländischen Unternehmen darüber hinaus auch bei Aktivitäten wie etwa Direktinvestitionen im Ausland.[8]

> [D]ie Erschließung wichtiger Auslandsmärkte [muss] nicht nur durch den reinen Warenexport, sondern auch in Form von Kooperationen mit ausländischen Firmen und auch mit Investitionen im Ausland, z. B. durch die Errichtung von Produktionsstätten, in wichtigen Märkten vorangetrieben werden [...].
> Vor diesem Hintergrund ist die Außenwirtschaftsförderung des Landes Baden-Württemberg nicht nur auf eine reine Exportförderung beschränkt. Die Ziele der Außenwirt-

[4] Landtag Mecklenburg-Vorpommern Drucksache 02/3922 vom 01. Juli 1998, S. 107; ähnlich Landtag Mecklenburg-Vorpommern Drucksache 01/4692 vom 21. Juli 1994, S. 88.
[5] Vgl. Gray; Dunning 2000, S. 411; ähnlich Brown; Raines 2000, S. 435.
[6] Bundesverband der Deutschen Industrie et al. 2005, S. 5; ähnlich Schleswig-Holsteinischer Landtag Drucksache 15/812 vom 15. März 2001, S. 2; Landtag Brandenburg Drucksache 02/5339 vom 10. Juni 1998, S. 10
[7] Deutscher Industrie- und Handelskammertag 2005a, S. 6.
[8] Siehe für diese Entwicklung exemplarisch die Ausführungen in Fußnote 181 auf S. 120.

> schaftsförderung des Landes sind vielmehr darauf gerichtet, die mittelständischen Unternehmen bei der Internationalisierung zu unterstützen[9].

Im Rahmen dieser Arbeit wird auf der Basis der ökonomischen Theorie des Föderalismus eine empirische Analyse der Instrumente und Maßnahmen der *Outgoing-Förderung* oder Außenwirtschaftsförderung im engeren Sinne durchgeführt. Eine derartige Einschränkung der Untersuchung erweist sich aufgrund der unterschiedlichen Zielgruppen, an die sich die beiden Dimensionen der Außenwirtschaftsförderung im weiteren Sinne wenden, als erforderlich. Im weiteren Verlauf der Ausführungen werden die *Incoming-Aktivitäten* der einzelnen staatlichen Ebenen daher nur am Rande und im Zusammenhang mit den *Outgoing-Maßnahmen* erwähnt. Nicht behandelt werden darüber hinaus makroökonomische und indirekte Maßnahmen wie etwa realwirtschaftliche Instrumente wie Aus- und Einfuhrverbote oder zollpolitische Maßnahmen sowie monetäre Instrumente wie Kapitalverkehrsbeschränkungen, da deren Wirkungsweise nicht einzelbetrieblich ausgerichtet ist.[10] Ebenfalls ausgeklammert bleiben Politikfelder, die teilweise zwar außenwirtschaftsfördernde Eigenschaften aufweisen, deren primäres Ziel jedoch nicht in der Förderung der Außenwirtschaft liegt. Hierzu zählen unter anderem die staatliche Entwicklungspolitik,[11] allgemeine Aktivitäten zur Stärkung des Forschungsstandortes oder die auswärtige Kultur- und Bildungspolitik.[12]

3.2 Ordnungspolitische Überlegungen

In marktwirtschaftlich organisierten Volkswirtschaften kommt den Unternehmen unter anderem die Aufgabe zu, internationale Marktchancen zu erkennen und sich die für ein Auslandsengagement entscheidungsrelevanten Informationen zu beschaffen. Während Großunternehmen zu diesem Zweck in der Regel eigene spezifische Auslandsabteilungen unterhalten, sind kleine und mittlere Unternehmen häufig auf externe Unterstützung angewiesen. Eine Vielzahl

---

[9] Landtag von Baden-Württemberg Drucksache 13/3070 vom 29. März 2004, S. 2 f.

[10] Siehe zu den genannten Maßnahmen exemplarisch Glastetter 1998, S. 149-155; S. 182-205; S. 220-226.

[11] Für die Schnittstellen, die zwischen der Entwicklungszusammenarbeit und der Außenwirtschaftsförderung sowohl auf Bundes- als auch Landesebene bestehen, siehe exemplarisch Deutscher Bundestag Drucksache 13/10965 vom 16. Juni 1998; Deutscher Bundestag Drucksache 15/3265 vom 28. Mai 2004, S. 10; Deutscher Bundestag Drucksache 15/3327 vom 16. Juni 2004; Bayerischer Landtag Drucksache 14/8451 vom 05. April 2001; Landtag Nordrhein-Westfalen Ausschussprotokoll 13/717 vom 18. November 2002. Auch der Koalitionsvertrag für die 16. Legislaturperiode des Deutschen Bundestages kommt zu der Einschätzung, dass „Außenwirtschaft und Entwicklungszusammenarbeit besser verzahnt werden" müssen. CDU; CSU; SPD 2005, S. 11.

[12] Vgl. Deutscher Bundestag Drucksache 13/1332 vom 10. Mai 1995, S. 2; Auswärtiges Amt 2004a, S. 214 ff.

privater Beratungsunternehmen und Marktforschungsinstitute stellen den Unternehmen hierfür ein breites Dienstleistungsspektrum zur Verfügung.[13] Aufgrund der positiven Erwartungen, die von den wirtschaftspolitischen Entscheidungsträgern an das Engagement der einheimischen Unternehmen auf ausländischen Märkten geknüpft werden, ist trotz dieses privatwirtschaftlichen Angebotes die Außenwirtschaftsförderung in vielen Ländern Bestandteil des wirtschaftspolitischen Zielkatalogs. Andrew B. Bernhard und J. Bradford Jensen beschreiben die Einstellung der Politiker, wenn sie zugespitzt formulieren:

> Politicians are convinced that helping exporters is a no-lose issue. The argument in its most elemental form goes as follows: exports are good and exporters are good firms, thus helping domestic firms export is good policy.[14]

Zu einer ähnlichen Einschätzung kommen auch Sourafel Girma, David Greenaway und Richard Kneller, wenn sie konstatieren:

> Exports figure prominently in the minds of policymakers. This is partly evidence based: at an aggregate level exports and economic growth are positively correlated. But it also reflects the fact that the instincts of many policymakers are fundamentally mercantilist: exports are seen as key to wealth creation, imports are not. This preoccupation has resulted in extensive export promotion activity of one form or another, ranging from trade promotion activities, through to export subsidies to state trading monopolies. There is probably not a government worldwide that does not engage in export promotion of one form or another.[15]

Alle Industrienationen sowie eine Reihe von Schwellen- und Entwicklungsländern haben im Rahmen ihrer Wirtschaftspolitik ein staatliches Instrumentarium zur Außenwirtschaftsförderung aufgebaut.[16] Je nach politischem System und wirtschaftspolitischen Traditionen gestalten sich der Aufbau und die Begründung der Förderungspolitik jedoch recht unterschiedlich. So existiert in Deutschland, beispielsweise im Unterschied zu Frankreich, keine Tradition einer zentralstaatlich organisierten Wirtschafts- und Industrieförderung. Daher gibt es auch keine zentrale Planungsbürokratie, die ressortübergreifend Schwerpunkte einer gesamtstaatlichen Außenwirtschaftsförderung koordiniert. Vielmehr ist auf allen staatlichen Ebenen eine Reihe von Akteuren aktiv.[17]

---

[13] Vgl. Bamberger; Evers 1997, S. 117; Behr 2001, S. 10; Krips; Thöne 2001, S. 43.
[14] Bernard; Jensen 2001, S. 2.
[15] Girma; Greenaway; Kneller 2002, S. 1.
[16] Vgl. Greuter 1996, S. 9; Fieten; Friedrich; Lageman 1997, S. 395.
[17] Vgl. Glania 2002, S. 5; Sturm 1991, S. 13.

Gleichzeitig findet sich – abgesehen von den USA – unter den wichtigsten Industrieländern kein Land, in dem die Fördermaßnahmen durch subnationale Gebietskörperschaften einen annähernd vergleichbaren Stellenwert besitzen wie in der Bundesrepublik.[18]

In der wirtschaftspolitischen Tradition der Bundesrepublik Deutschland fügen sich staatliche Maßnahmen in den ordnungspolitischen Rahmen einer marktwirtschaftlichen Ordnung ein. Demzufolge sollte der Staat grundsätzlich nur im Falle eines Marktversagens in das freie Spiel der Märkte und des Wettbewerbs eingreifen. Im Bereich der Außenwirtschaft sollten öffentliche Leistungen daher lediglich in den Fällen zur Verfügung gestellt werden, in denen diese aus der Privatwirtschaft nicht bereitgestellt werden, die Unternehmen aber auf fremde Unterstützung angewiesen sind, um überhaupt auf ausländischen Märkten tätig werden zu können.[19] In diesem Sinne ist Außenwirtschaftsförderung als reaktive bzw. formale und nicht als proaktive Einrichtung anzusehen.[20]

Nach dem traditionellen Verständnis der Theorie öffentlicher Güter sollte der Staat nur solche Güter und Dienstleistungen zur Verfügung stellen, bei denen keine Rivalität im Konsum vorliegt und von deren Konsum niemand ausgeschlossen werden kann bzw. ein Ausschluss unverhältnismäßig hohe Kosten verursachen würde. Auf rein privatwirtschaftlich organisierten Märkten würden diese entweder nur unzureichend oder gar nicht angeboten bzw. nachgefragt. Informationen über internationale Märkte weisen häufig einen hohen Öffentlichkeitsgrad auf. Daher wird konstatiert, dass es in diesem Bereich zu Marktversagen kommt, das die optimale Allokation der Ressourcen verhindert.[21] Daneben gibt es Güter, bei denen zwar eine ausreichend intensive Rivalität in der Nutzung herrscht, bei denen die Anwendung des Ausschlussprinzips jedoch entweder technisch unmöglich, wirtschaftlich nicht sinnvoll oder aus nicht-ökonomischen Gründen unerwünscht ist. Im Bereich der Außenwirtschaft wird es beispielsweise als sinnvoll erachtet, möglichst allen Unternehmen den Zugang zu Informationen über ausländische Märkte zu ermöglichen.[22]

Da bei fast allen ökonomischen Aktivitäten Informationsunvollkommenheiten auftreten, kann deren bloße Existenz nicht zum Kriterium für staatliche Aktivitäten gemacht werden.[23] Wenn Informationen jedoch den Charakter eines öffentlichen Gutes besitzen, ist ihre Bereitstellung durch den Staat berechtigt, da

---

[18] Vgl. Schultz; Volz; Weisen 1991, S. 168; siehe auch Bernard; Jensen 2001, S. 2; Ehrenfeld 2003, S. 13.

[19] Vgl. Greuter 1996, S. 9 f.; Schultes 2003, S. 51 ff.

[20] Vgl. Munzert 1997, S. 9; ähnlich Landtag Nordrhein-Westfalen Vorlage 13/676 vom 25. April 2001, Anlage, S. 4.

[21] Vgl. Apolte 1999, S. 98; ähnlich Held 2000, S. 24 f.

[22] Vgl. Apolte 1999, S. 26; S. 67; Krips; Thöne 2001, S. 46 ff.

[23] Vgl. Apolte 1999, S. 103.

es sich in diesen Fällen für die privaten Wirtschaftssubjekte nicht lohnt, die relevanten Informationen individuell zu erheben. Sollten aber auch die staatlichen Akteure keine Möglichkeit haben, die relevanten Daten ex ante zu ermitteln, so versagen die staatlichen Eingriffe. Dabei gilt es vor allem im internationalen Kontext zu bedenken, dass sich auch die wirtschaftspolitischen Entscheidungsträger mit Informationsproblemen konfrontiert sehen, die umso größer sind, je dynamischer die Märkte sind. Ferner drängt sich die Frage auf, woher die staatlichen Akteure die Informationen beziehen, über die die privaten Wirtschaftssubjekte nicht verfügen. Es zeigt sich jedoch auch, dass private Wirtschaftssubjekte nicht prinzipiell besser informiert sein müssen als staatliche Institutionen.[24]

Aufgrund ihres hohen Öffentlichkeitsgrades stuft Astrid Rosenschon vom Institut für Weltwirtschaft Kiel sowohl die Standortwerbung als auch die Pflege der Wirtschaftsbeziehungen mit dem Ausland als öffentliche Güter ein.[25]

Die Wirtschaft der Bundesrepublik ist in hohem Maße exportorientiert. Ein erheblicher Teil des Sozialprodukts wird durch Exportgeschäfte erbracht. Das heißt, Deutschland und seine Wirtschaftskonjunktur hängen stark von der Entwicklung auf den Weltmärkten ab. Dies zeigte sich erneut deutlich an der konjunkturellen Entwicklung der vergangenen Jahre. Im Jahr 2005 stiegen die bundesdeutschen Exporte gegenüber dem Vorjahr um 7,5%, während das Wachstum des realen Bruttoinlandsproduktes bei 1,3% lag.[26] Aufgrund des Multiplikatoreffekts entspricht die exportinduzierte Produktion, die sich aus den unmittelbaren Exporten und der exportinduzierten Vorleistungsproduktion ergibt, rund dem 1,8-fachen der direkten Waren- und Dienstleistungsexporte. Volkswirtschaftlich betrachtet erweist sich jeder fünfte Arbeitsplatz in Deutschland mit steigender Tendenz als direkt oder indirekt vom Export abhängig.[27] Damit ist der Außenhandel für die Bundesrepublik von hoher gesamtwirtschaftlicher Bedeutung und es liegt nach Auffassung vieler wirtschaftspolitischer Entscheidungsträger im gesamtgesellschaftlichen Interesse, dass die deutsche Wirtschaft ihr Exportpotenzial voll ausschöpft. Dies ist bislang nicht der Fall.[28]

Ein Grund hierfür wird darin gesehen, dass jedes Unternehmen bei der Entscheidung über seine Internationalisierung nur seinen direkten individuellen Nutzen einbezieht, die positiven externen Effekte des Engagements im Aus-

---

[24] Vgl. Apolte 1999, S. 97 f., 111.
[25] Vgl. Rosenschon 2005, S. 7.
[26] Vgl. Statistisches Bundesamt 2006a, S. 4; Statistisches Bundesamt 2006b.
[27] Vgl. Schintke; Stäglin 2003, S. 141; Institut der deutschen Wirtschaft 2006, S. 6 f.; ähnlich Sachverständigenrat 2004, S. 359 ff.
[28] Siehe exemplarisch Deutscher Bundestag Drucksache 15/4715 vom 25. Januar 2005, S. 2; Deutscher Bundestag Plenarprotokoll 15/157 vom 17. Februar 2005, S. 14745.

land in der Regel jedoch nicht berücksichtigt. Das Resultat ist ein volkswirtschaftlich subeffizienter Internationalisierungsgrad, da jedes Unternehmen nur einen bestimmten Teil des Nutzens aus der Internationalisierung zieht, aber die vollen Kosten und das volle Risiko trägt. Das bedeutet, dass ein privatwirtschaftliches Auslandsengagement trotz gesamtwirtschaftlicher Vorteile unterbleiben kann.[29] Daher scheint es wenig verwunderlich, dass von vielen Seiten eine staatliche Unterstützung des Mittelstands zur Steigerung der gesamtgesellschaftlichen Wohlfahrt und im Interesse eines die Erwerbstätigkeit fördernden Arbeitsmarktes eingefordert wird.[30] Wenn der staatliche Eingriff zu einer hinreichend großen Internalisierung der externen Effekte führt, erweist sich dies aus ökonomischer Sicht auch als durchaus sinnvoll. Da aber nahezu sämtliche privatwirtschaftlichen Aktivitäten mit externen Effekten verbunden sind, stellt deren bloße Existenz jedoch kein hinreichendes Kriterium für die Rechtfertigung staatlicher Eingriffe dar:

> Das Vorliegen externer Effekte per se ist keinesfalls ein vernünftiges bzw. praktikables Kriterium für finanzpolitische Eingriffe. Es wäre vielmehr ein Einfallstor für Staatsinterventionismus auf breiter Front [...]. Externe Effekte machen daher als Eingriffskriterium nur dann Sinn, wenn man sie nicht absolut fasst, sondern relativ zu den internen Effekten. Entscheidend ist also nicht die Existenz, sondern die Bedeutsamkeit der Außenwirkungen. Freilich ist die Grenze zwischen den Begriffspolen ‚bedeutsam' und ‚unwichtig' fließend.[31]

Im Zuge der Beurteilung staatlicher Aktivitäten kommen Alfred Boss und Astrid Rosenschon vom Institut für Weltwirtschaft Kiel darüber hinaus zu dem Ergebnis:

> In vielen Wirtschaftsministerien wird klassische Subventionierung als Förderung spezifischer Aktivitäten betrieben, ohne dass erhebliche externe Effekte vorliegen. Beispiele sind die Förderung des Mittelstands, des Handwerks, der Dienstleistungsbetriebe und der Unternehmen im technologischen Bereich.[32]

---

[29] Vgl. Hennicke; Pay 1986, S. 9.

[30] Siehe exemplarisch Deutscher Bundestag Drucksache 13/2236 vom 01. September 1995; Deutscher Bundestag Drucksache 15/3269 vom 04. Juni 2004; Deutscher Bundestag Plenarprotokoll 15/130 vom 01. Oktober 2004; Landtag Nordrhein-Westfalen Drucksache 13/6036 vom 28. September 2004; Niedersächsischer Landtag Drucksache 14/4058 vom 14. Januar 2003.

[31] Rosenschon 2002, S. 8, Fn. 7.

[32] Boss; Rosenschon 2002, S. 14.

In diesem Zusammenhang erweist sich prinzipiell als fraglich, ob die wirtschaftspolitischen Entscheidungsträger in der Lage sind, exakt bestimmen zu können, wie hoch die staatlichen Ausgleichsmaßnahmen sein müssen, um die Auswirkungen der externen Effekte auf das individuelle Rentabilitätskalkül auszugleichen.[33]

Für die Begründung von staatlichen Fördermaßnahmen zugunsten des Mittelstands sind auch die positiven Beschäftigungswirkungen bedeutend, die den mittelständischen Unternehmen zugeschrieben werden. Zwar stellt ein Gutachten der Boston Consulting Group im Auftrag der Berliner Senatsverwaltung fest:

> Durch eine gesteigerte Auslandsaktivität der Unternehmen werden weder unmittelbar neue Arbeitsplätze geschaffen, noch steigt das Wachstum zukunftsträchtiger Branchen und Unternehmen in Berlin.[34]

Dennoch bilden in den Augen vieler Autoren die mittelständischen Unternehmen einen besonders wichtigen Beschäftigungsmotor, weshalb das Land mit Blick auf den Arbeitsmarkt viele auch international erfolgreiche kleine und mittlere Unternehmen brauche.[35]

In den zurückliegenden Jahrzehnten sind die deutschen Exporte und der deutsche Handelsbilanzüberschuss fast in jedem Jahr gestiegen. Dies wird von den meisten wirtschaftspolitischen Entscheidungsträgern aller Parteien positiv bewertet und als ein Beweis für die Wettbewerbsfähigkeit der deutschen Wirtschaft angesehen.[36] Zwar stieg seit den achtziger Jahren die Exportintensität auch in den mittelständisch geprägten Branchen, kleine und mittlere Unternehmen mit grundsätzlich exportfähigem Leistungsspektrum sind an den Auslandsaktivitäten jedoch noch immer unterproportional beteiligt, da sie ihre Geschäftstätigkeit vorwiegend auf lokale und regionale Märkte konzentrieren. Aufgrund der schlechten statistischen Datenlage kann das exakte Niveau der Internationalisierung mittelständischer Unternehmen zwar nur hochgerechnet werden, Analysen der statistischen Landesämter machen jedoch deutlich, dass der Umsatzanteil des Exports bei Großunternehmen des Verarbeitenden Gewerbes durchschnittlich knapp 40% beträgt, während die Quote bei mittle-

---

[33] Vgl. Boss; Rosenschon 2002, S. 11.

[34] Boston Consulting Group 2004, S. 47.

[35] Vgl. Fels 1999, S. 23; Held 2000, S. 32; Deutscher Bundestag Drucksache 15/746 vom 01. April 2003, S. 1.

[36] Vgl. Sinn 2005, S. 78 ff. Abweichend davon stellt Hans-Werner Sinn jedoch fest: „Die Sprache der volkswirtschaftlichen Gesamtrechnung [...] verleitet Nichtökonomen leider vielfach zu einer Missinterpretation der Fakten. [...] Die Aggregatzahlen aus der Außenhandelsstatistik bieten insbesondere keinerlei Information bezüglich der Wettbewerbsfähigkeit der deutschen Arbeitnehmer." Sinn 2005, S. 88 f.

ren Unternehmen lediglich bei rund 20% liegt. Kleine Unternehmen weisen sogar nur eine Rate von unter zehn Prozent auf.[37] Neben einem klaren Zusammenhang zwischen der Branche und der Exportquote zeigt sich, je kleiner ein Unternehmen ist, desto weniger exportiert es in der Regel.
Andererseits zeigt das Beispiel der kleinen und mittleren Unternehmen, die erfolgreich international tätig sind, dass kein zwingender Kausalzusammenhang zwischen der Unternehmensgröße und dem Auslandsengagement bestehen muss.[38] Daher bieten die verbesserten Absatzmöglichkeiten im Ausland gerade für kleine und mittlere Unternehmen große Chancen.[39] Doch vor allem mittelständische Unternehmen schöpfen diese zum Teil erheblichen Wachstumschancen nur unzureichend aus. So heißt es beispielsweise in der Begründung eines Antrags zur Exportförderung für mittelständische Unternehmen:

> Viele kleinere und mittlere Unternehmen, deren qualifizierte und spezialisierte Produkte auf den Weltmärkten gute Absatzchancen hätten, haben sich bislang nicht oder nur zögerlich im Exportgeschäft engagiert. Ziel dieses Antrages ist es, die Unternehmen ohne oder mit nur geringer Exporterfahrung zu ermutigen verstärkt ins Auslandsgeschäft zu gehen.[40]

In diesem Zusammenhang wird sowohl in der wissenschaftlichen als auch in der politischen Debatte auf die unternehmensgrößenspezifischen Nachteile der mittelständischen Unternehmen hingewiesen. Durch flankierende wirtschaftspolitische Maßnahmen sollen dem Mittelstand die aus der Globalisierung erwachsenden Chancen erschlossen, und der Anpassungsprozess an das sich wandelnde weltwirtschaftliche Umfeld politisch unterstützt werden.[41] Dabei wird immer wieder betont, dass es gerade für die Erfolgsaussichten kleiner und mittlerer Unternehmen auf das allgemeine Umfeld – die Infrastruktur, die Wirtschaftsverfassung und die Rechtsordnung – in den Zielländern ankomme. Es sei daher der politische Einfluss gefordert, um für positive Rahmenbedingungen zu sorgen.[42] Eine Reihe von Befürwortern schlägt vor, dass die Förderung lediglich „Anreiz- und Ausgleichsfunktion und nicht Subventi-

---

[37] Vgl. Sachverständigenkommission 1982, S. 11; Cichy 1996; Kokalj; Wolff 2001, S. 6; ähnlich Behr 2001, S. 6; Welter 2002, S. 22 ff.; Kay; Kranzusch 2004, S. 12; sowie für die Industrie Kayser; Wallau; Adenäuer 2005, S. 38.
[38] Vgl. Behr 2001, S. 5 ff.; Semlinger; Behr 2004, S. 20; abweichend Cichy 1996.
[39] Vgl. Sachverständigenkommission 1982, S. 11; Kokalj; Wolff 2001, S. 6; ähnlich Welter 2002, S. 22 ff; sowie für die Industrie Kayser; Wallau; Adenäuer 2005, S. 38.
[40] Landtag von Baden-Württemberg Drucksache 08/2482 vom 16. März 1982, S. 3; ähnlich Sachverständigenkommission 1982, S. 28.
[41] Vgl. Jochimsen 1999, S. 31.
[42] Vgl. Jochimsen 1999, S. 32.

onscharakter haben soll"[43]. Dadurch würde gewährleistet, dass die Unternehmen „weder in Risiken geführt werden, die für sie von ihrer Substanz her nicht tragbar sind, noch [...] die Unternehmensentscheidung durch Freistellung vom Unternehmerrisiko dem privaten Bereich entzogen werden"[44]. Die Förderaktivitäten zu Gunsten des Mittelstands werden somit als pauschaler Nachteilsausgleich aufgefasst, der für kleine und mittlere Unternehmen die gleichen Wettbewerbsbedingungen herstellen soll wie für Großunternehmen.[45]

Diese Rechtfertigung der Fördermaßnahmen aus eher wirtschaftspraktischer Sicht wird ergänzt durch eine Argumentation auf wirtschaftstheoretischer Grundlage. Nach der klassischen Feststellung des Liberalismus, die auf Adam Smith (1776) und David Ricardo (1817) zurückgeht, führen der internationale Freihandel und die internationale Arbeitsteilung bei absoluten oder komparativen Kostenvorteilen und nicht erheblichen Transaktionskosten in der Summe über alle beteiligten Nationen zu Wohlfahrtsgewinnen.[46] Dieses theoretisch optimale Ergebnis kann jedoch in der Realität verfehlt werden, da grenzüberschreitende Wirtschaftsaktivitäten im Vergleich zu Geschäften im Inland mit zusätzlichen Problemen und erhöhten Risiken verbunden sind. Da aus diesem Grund einzelne, insbesondere mittelständische Unternehmen teilweise oder ganz auf Außenwirtschaftsaktivitäten verzichten, kommt der staatlichen Außenwirtschaftsförderung bei idealisierender Betrachtung in diesen Fällen die Aufgabe zu, den Kreis der Unternehmen, die in die internationale Arbeitsteilung eingebunden sind, zu erhöhen. Dieser Argumentation folgend, ermöglichen die staatlichen Maßnahmen Leistungen, die durchaus konkurrenzfähig wären, aber aufgrund von leistungsfremden Ursachen nicht international gehandelt werden, den Zutritt auf internationale Märkte. Hierdurch werden die entsprechenden Wohlfahrtssteigerungen realisiert.[47]

In Anlehnung an das so genannte *Infant-Industry-Argument* erscheint eine staatliche Außenwirtschaftsförderung gerechtfertigt, wenn bestimmte Produkte oder Dienstleistungen grundsätzlich international konkurrenzfähig sind, dies aber aufgrund von nicht leistungsspezifischen Eigenschaften vorübergehend nicht zur Geltung kommt, bei einer temporären staatlichen Förderung jedoch zum Tragen käme.[48] Dies scheint auch heute noch gültig: Obwohl beispiels-

---

[43] Sachverständigenkommission 1982, S. 17; ähnlich Steeg 1999, S. 149; Landtag von Baden-Württemberg Drucksache 11/7011 vom 12. Januar 1996, S. 16; Landtag Mecklenburg-Vorpommern Drucksache 02/3922 vom 01. Juli 1998, S. 107.

[44] Sachverständigenkommission 1982, S. 17 f. Die Bundesregierung spricht von „Risikominimierung, nicht aber völlige Risikovermeidung". Kreienkamp-Rabe 2003, S. 85.

[45] Vgl. Deutscher Bundestag Drucksache 13/10996 vom 17. Juni 1998, S. 6; Deutscher Bundestag Drucksache 14/3174 vom 11. April 2000, S. 2; o.V. 1995f; o.V. 2002a.

[46] Vgl. Borchert 2001, S. 341 f.; Krips; Thöne 2001, S. 54.

[47] Vgl. Munzert 1997, S. 9.

[48] Für eine ausführliche Darstellung des *Infant-Industry-Arguments* siehe Weiler 1996.

weise eine Studie der Deutschen Energie-Agentur (dena) für die deutsche Technologie für erneuerbare Energien „enorme Exportchancen" identifiziert, da „Deutschland in vielen Bereichen über eine technologische Spitzenposition" verfüge,[49] schöpfen die deutschen Unternehmen dieses Exportpotenzial nicht aus. Als Grund wird angeführt:

> Der überwiegend mittelständischen und teilweise jungen Industrie mangelt es insbesondere an Auslandserfahrung, an spezifischen Kenntnissen der jeweiligen Marktbedingungen und an geeigneten Möglichkeiten, sich mit ihren Produkten vor Ort zu präsentieren.[50]

Eine aktive Rolle des Staates bei der Vermarktung deutscher Produkte im Ausland fordert exemplarisch der stellvertretende energiepolitische Sprecher der SPD-Bundestagsfraktion Axel Berg in einer Rede vor dem Deutschen Bundestag:

> Wir wollen, dass in Deutschland mit Hightech Geld verdient wird. Wir haben Spitzentechnologien und jetzt müssen wir dafür sorgen, dass diese auch verkauft werden.[51]

Und auch die damalige CSU-Bundestagsabgeordnete Doris Meyer fordert ein aktiveres staatliches Handeln, wenn sie konstatiert:

> Die deutschen Anbieter bleiben in Sachen Export bisher leider hinter ihren Möglichkeiten zurück. [...] Im Bericht ist ganz deutlich ausgeführt: Wir müssen etwas unternehmen. Deutsches Know-how muss ins Ausland, es muss auf die Weltmärkte.[52]

Daher wurde von der Bundesregierung 2003 eine Exportinitiative für erneuerbare Energien gestartet, die der damalige Parlamentarische Staatssekretär im Bundesministerium für Wirtschaft und Arbeit, Ditmar Staffelt, damit begründete, dass sich das Auslandsengagement der international zwar wettbewerbsfähigen aber noch unerfahrenen Unternehmen nur mit Hilfe von staatlicher Unterstützung entwickeln könne:

> Ohne diese Hilfestellung – das sagen durchweg alle Unternehmer – hätten viele, vor allem die Mittelständischen, den Markteintritt nicht oder nicht so schnell schaffen können.[53]

---

[49] Deutscher Bundestag Drucksache 15/1862 vom 31. Oktober 2003, S. 19.
[50] Deutscher Bundestag Drucksache 15/4715 vom 25. Januar 2005, S. 2.
[51] Deutscher Bundestag Plenarprotokoll 15/157 vom 17. Februar 2005, S. 14745.
[52] Deutscher Bundestag Plenarprotokoll 15/157 vom 17. Februar 2005, S. 14746.
[53] Deutscher Bundestag Plenarprotokoll 15/157 vom 17. Februar 2005, S. 14740.

Bei dieser Argumentation erweist sich jedoch als fraglich, ob der Staat tatsächlich in der Lage ist, besser als der Kapitalmarkt zu erkennen, welche Branchen oder Unternehmen internationales Entwicklungspotenzial aufweisen und daher förderungswürdig sind („Anmaßung von Wissen“[54]). Denn wenn ein Sektor über das Potenzial verfügt, international wettbewerbsfähig zu sein, ist nicht klar, warum sich keine privaten Geldgeber für das Projekt finden.
In der wirtschaftspolitischen Diskussion finden sich darüber hinaus eine Reihe weiterer Argumente, die eine aktive politische Unterstützung im Bereich der Außenwirtschaft zu legitimieren versuchen. So beklagen sich deutsche Unternehmen hin und wieder über Wettbewerbsverzerrungen auf Auslandsmärkten, da ausländische Unternehmen massive politische Hilfestellung von ihren jeweiligen Regierungen auf Drittmärkten erhalten. Dieses Problem stellt sich in besonderer Weise in Ländern mit staatlicher oder staatsnaher Industrie:[55]

> Die Globalisierung stellt unsere Unternehmen aber auch überall da vor Probleme, wo Konkurrenten ihre Regierungen zu politischer Intervention oder sonstiger Unterstützung zu ihren Gunsten bewegen können und damit das marktwirtschaftliche Kräftespiel auszuhebeln drohen. Dies geschieht immer häufiger. Hier ist die Bundesregierung gefordert.[56]

Aus dieser Perspektive sollen die staatlichen Förderaktivitäten überall dort Chancengleichheit gewährleisten, wo deutsche Unternehmen dadurch benachteiligt werden, dass andere Staaten ihrer Wirtschaft umfangreiche Exporthilfen zur Verfügung stellen.
Rolf Krips und Michael Thöne vom Finanzwissenschaftlichen Forschungsinstitut an der Universität zu Köln kommen im Rahmen ihrer ordnungspolitischen Analyse abschließend zu der Einschätzung:

> Unter den mittelständischen Exportunternehmen gibt es zweifelsohne auch solche, die über ihre potentiellen Exportmärkte hinreichend informiert sind und für die [...] Finanzmarktrestriktionen kein effektives Hindernis in der Messefinanzierung nach sich ziehen. Diese Feststellung reicht allerdings u. E. nicht aus, um das Instrument einer mittelstandsorientierten Auslandsmessepolitik als ordnungspolitisch inakzeptabel erscheinen zu lassen.[57]

---

[54] Hayek 1996.
[55] Vgl. Deutscher Bundestag Drucksache 08/3847 vom 24. März 1980, S. 6; Schleswig-Holsteinischer Landtag Drucksache 10/691 vom 19. Oktober 1984, S. 36.
[56] Kinkel 1998, S. 6.
[57] Krips; Thöne 2001, S. 56 f.

Um gezielt die Vor- und Nachteile analysieren zu können, die sich aus der föderalen Struktur des Fördersystems ergeben, wird die grundlegende Fragestellung nach der ordnungspolitischen Legitimation der Außenwirtschaftsförderung im weiteren Verlauf der Arbeit bewusst weitgehend ausgeklammert. Die wirtschaftstheoretische Plausibilität der Begründungen für eine Außenwirtschaftsförderung für mittelständische Unternehmen wird somit nicht abschließend überprüft.

Trotz der ohne Zweifel erheblichen Einwände gegen ein staatliches Eingreifen in die Wirtschaft, wird im weiteren Verlauf der Arbeit die Aufgabenabgrenzung zwischen Staat und privaten Wirtschaftssubjekten nicht weiter thematisiert. Vielmehr wird von der heutigen Kompetenzverteilung ausgegangen. Ein solches Vorgehen scheint gerechtfertigt, da trotz aller Bedenken die staatliche Außenwirtschaftsförderung von den wirtschaftspolitischen Entscheidungsträgern auch weiterhin als politisch unverzichtbar erachtet wird:

> Die Forderung nach aktiver außenwirtschaftlicher Unterstützung ist deshalb rundweg berechtigt. Unser Land kann sich angesichts seiner besonderen Wirtschaftsstruktur und der ungewöhnlich dynamischen Veränderungen um uns herum keine Passivität leisten. Das ist die Auffassung der gesamten Bundesregierung.[58]

Darüber hinaus dürften auch die ordnungspolitischen Kritiker befürworten, dass – wenn gefördert wird – die verwendeten Steuermittel möglichst effizient eingesetzt werden. Vor diesem Hintergrund ist es das Ziel dieser Arbeit, auf der Grundlage der ökonomischen Theorie des Föderalismus zu analysieren, welche Auswirkungen die föderale Aufgabenwahrnehmung im Bereich der Außenwirtschaftsförderung aus Sicht einzelner Akteursgruppen hat. In der wissenschaftlichen Literatur finden sich kaum unabhängige Studien, die derartige Fragestellungen beleuchten. Somit scheint auch für die Außenwirtschaftsförderung die Feststellung von Franz Hubert und Horst Tomann zuzutreffen, dass in der Regel das wirtschaftswissenschaftliche Interesse erlischt, sobald der „ordnungspolitische Sündenfall der objektgebundenen Subvention“[59] begangen wurde.

---

[58] Kinkel 1998, S. 6.

[59] Hubert; Tomann 1990, S. 241.

3.3 Träger der staatlichen Außenwirtschaftsförderung

Graphik 3-2 Akteure im Bereich der Außenwirtschaftsförderung

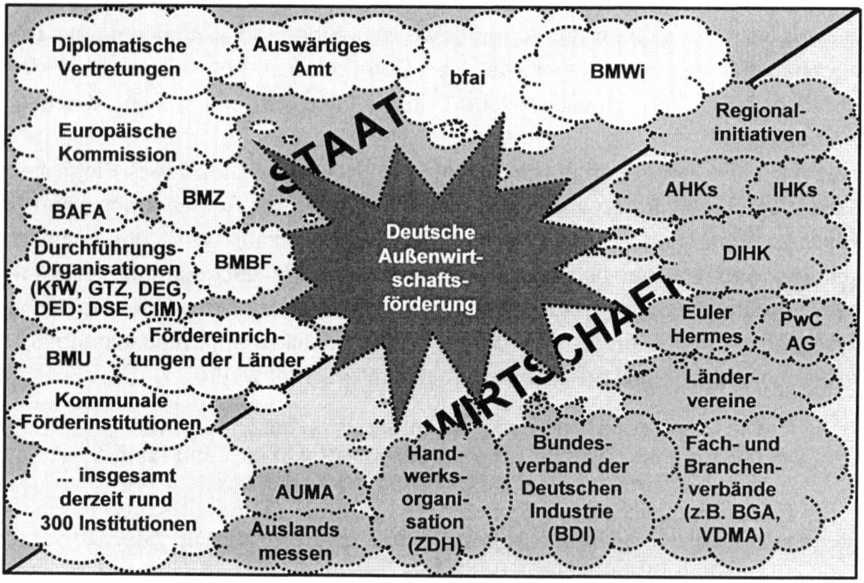

Quelle: Bundesagentur für Außenwirtschaft 2004, S. 5; geänderte und erweiterte Darstellung.

Wie Graphik 3-2 deutlich macht, kann bei der Förderung der Auslandsaktivitäten von deutschen Unternehmen von einem regelrechten Förderpluralismus gesprochen werden. Rund 300 Institutionen sind im Bereich der Außenwirtschaftsförderung tätig. Neben staatlichen Einrichtungen und nachgelagerten Institutionen der öffentlichen Hand bieten auch Selbstverwaltungsorgane der Wirtschaft und private Verbände eine Vielzahl von Maßnahmen an. Zusätzlich zu den deutschen Institutionen sind auch supranationale Akteure wie die Europäische Kommission im Bereich der Außenwirtschaftsförderung aktiv.[60] Aus der Sicht einiger Autoren garantiert gerade diese für die deutsche Förderlandschaft typische intensive und vielschichtige Zusammenarbeit zwischen Staat und Wirtschaft eine wirkungsvolle Unterstützung der mittelständischen Unternehmen,[61] andere sehen darin hingegen eine „Zersplitterung der Außenwirtschaftsförderung“[62] oder sprechen vom „Dschungel Außenwirtschaftsförderung“[63].

---

[60] Vgl. Ernst 1999, S. 148; Gehrke; Legler 2000, S. 2.

[61] Vgl. Deutscher Industrie- und Handelskammertag 2003a, S. 2.

[62] Möllering 1998, S. 215; ähnlich Landtag Nordrhein-Westfalen Ausschussprotokoll 13/608 vom 13. Juni 2002, S. 8; Molitor 1987/88, S. 89.

[63] Glania 2002, S. 6.

Holger Held identifizierte in der Förderdatenbank des Bundeswirtschaftsministeriums allein 80 Förderprogramme für die Bereiche Export- und Messeförderung, die deutschen Unternehmen auf Europa-, Bundes- und Länderebene zur Verfügung stehen.[64] Die Untersuchungen von Hildebert Ehrenfeld ergaben bei einer Recherche in der Förderdatenbank des Bundesministeriums für Wirtschaft und Arbeit sowie auf den Internet-Seiten und in den Publikationen der Förderinstitutionen sogar über 140 unterschiedliche Förderprogramme, Initiativen und Instrumente nur von Bund und Ländern im Bereich der Außenwirtschaft.[65]

Bei den Förderprogrammen der verschiedenen staatlichen Ebenen unterscheiden sich nicht nur die Ansprechpartner und die konkreten Förderkonditionen, sondern auch die grundlegende konzeptionelle Ausrichtung. In den folgenden Abschnitten wird dargestellt, welche Zielvorstellungen der öffentlichen Außenwirtschaftsförderung für mittelständische Unternehmen zugrunde liegen und mit Hilfe welcher Maßnahmen und Instrumente diese konkret umgesetzt werden. Angesichts der zahlreichen Förderebenen und -programme kann im Rahmen dieser Untersuchung keine dezidierte und umfassende Beschreibung aller Programme erfolgen. Auch erhebt die Darstellung der einzelnen Förderprogramme keinen Anspruch auf Vollständigkeit. Vielmehr werden die Zielsetzungen und Grundstrukturen einzelner Fördermaßnahmen herausgearbeitet. Auf eine Auflistung der einzelnen, teilweise ähnlichen Programme jedes einzelnen Förderträgers wird in der Betrachtung verzichtet.[66]

3.3.1 Europäische Union

3.3.1.1 Zielsetzungen

Seit dem Ende der achtziger Jahre ist die Europäische Union als Akteur auf supranationaler Ebene auf dem Gebiet der Außenwirtschaftsförderung verstärkt aktiv. Zu ihrem Zielkatalog in diesem Bereich zählen der Abbau von Handelshemmnissen, der Aufbau und die wirtschaftliche Entwicklung unterentwickelter Länder sowie die Förderung von Kooperation und Handel zwischen der Europäischen Union und Drittländern.[67]

Aufgrund der erheblichen wirtschaftlichen Bedeutung, die die Europäische

---

[64] Vgl. Held 2000, S. 49.

[65] Vgl. Ehrenfeld 2003, S. 23.

[66] Eine ausführliche Darstellung der außenwirtschaftsfördernden Infrastruktur der einzelnen Länder findet sich bei Ehrenfeld 1997; Ehrenfeld 2002; Ehrenfeld 2003. Es gilt jedoch zu beachten, dass die jeweilige Förderpraxis und die einzelnen Fördertatbestände fortlaufenden Veränderungen unterworfen sind. Daher ist es notwendig, die jeweils aktuell gültigen Förderbedingungen bei den einzelnen Förderträgern anzufragen.

[67] Vgl. Epp 1992, S. 195 f.

Kommission mittelständischen Unternehmen zuschreibt, zielen die Bemühungen der Europäischen Union darüber hinaus darauf ab, das unternehmerische Umfeld und die internationale Wettbewerbsfähigkeit der kleinen und mittleren Unternehmen zu verbessern. Hierfür bietet die Europäische Kommission in beschränktem Maße Fördermaßnahmen an, die in erster Linie darauf ausgerichtet sind, das Engagement europäischer Unternehmen in ausgewählten Weltregionen zu stärken.

Eine weitere Zielsetzung der Europäischen Kommission besteht darin, sämtlichen Wirtschaftssubjekten zu ermöglichen, von den Vorzügen des europäischen Binnenmarktes zu profitieren. Im Rahmen ihrer Wettbewerbsaufsicht begrenzt sie daher durch Beihilfenkontrollen die Möglichkeit der Mitgliedsstaaten und Regionen, Förderprogramme im Bereich der Außenwirtschaft aufzulegen, die zu Wettbewerbsverzerrungen auf dem gemeinsamen Markt führen.[68]

3.3.1.2 Instrumentarium

a.) Förderprogramme

Auf der europäischen Ebene existieren zahlreiche Förderprogramme, die mittelständische Unternehmen entweder direkt oder indirekt in Anspruch nehmen können, wobei nur wenige davon ausdrücklich darauf ausgerichtet sind, das außenwirtschaftliche Engagement der Unternehmen zu fördern. So erweisen sich hinsichtlich des Finanzvolumens die Strukturfondsmittel[69] sowie die Heranführungshilfen für die EU-Beitrittskandidaten[70], die von den jeweiligen Nationalstaaten oder Regionen direkt verwaltet werden, auch für den Bereich der Außenwirtschaft am umfangreichsten, obwohl sie nicht speziell hierfür entwickelt wurden.[71]

Insgesamt unterscheiden sich die europäischen Förderprogramme konzeptionell erheblich von denen auf Bundes- und Landesebene. Während Unternehmen die Fördermaßnahmen des Bundes und der Länder direkt beantragen können, richtet sich eine Vielzahl der Instrumente und Programme der europäischen Ebene an intermediäre Organisationen zur Unternehmensförderung, wie Kammern und Verbände. So heißt es exemplarisch in der Beschreibung des *Mehrjahresprogramms des Europäischen Rates für Unternehmen und un-*

---

[68] Vgl. Europäisches Beratungs-Zentrum der Deutschen Wirtschaft 2003, S. 5.

[69] Die vier EU-Strukturfonds: Europäischer Fonds für regionale Entwicklung (EFRE), Europäischer Sozialfonds (ESF), Europäischer Ausrichtungs- und Garantiefonds für die Landwirtschaft (EAGFL), Finanzinstrument für die Ausrichtung der Fischerei (FIAF).

[70] Die drei EU-Heranführungshilfen: Poland and Hungary: Aid for Restructuring of the Economies (Phare), Instrument for Structural Policies for Pre-Accession (ISPA), Special Accession Programme for Agriculture and Rural Development (SAPARD). Siehe hierzu Kommission der Europäischen Gemeinschaften 2005, S. 49 f.

[71] Vgl. Kommission der Europäischen Gemeinschaften 2005, S. 10.

ternehmerische Initiative, insbesondere für die kleinen und mittleren Unternehmen[72]: „The Multiannual Programme [...] does not provide direct support to enterprises."[73] Da die Unternehmen nicht selbst antragsberechtigt sind, können sie von den Fördergeldern nur profitieren, wenn sie entweder im Rahmen von geförderten Projekten Leistungen erbringen oder an Veranstaltungen teilnehmen, die von der Europäischen Union bezuschusst werden.[74]
Speziell für den Bereich der Außenwirtschaft hat die Europäische Kommission die Programme *AL-Invest* und *Asia-Invest* aufgelegt, die auf die Länder Lateinamerikas bzw. Asiens ausgerichtet sind. Im Mittelpunkt beider konzeptionell gleicher Programme stehen Branchentreffen und die Unterstützung von kleinen und mittleren Unternehmen bei ihrer Geschäftspartnersuche. Gleichzeitig dienen beide Programme dazu, die Entwicklung des privaten Sektors in Lateinamerika und Asien zu fördern. Aber auch bei diesen Programmen können die Unternehmen nicht direkt Fördergelder beantragen, sondern lediglich an Unternehmertreffen und -reisen sowie anderen Projekten teilnehmen, die aus den Programmmitteln mitfinanziert werden.[75]
Ein weiteres Förderinstrument der Europäischen Union im Bereich der Außenwirtschaft ist das Programm *Gateway to Japan*, das mittelständische Unternehmen aus acht ausgewählten Branchen, wie etwa Biotechnologien oder Nahrungsmittel und Getränke, bei der Erschließung des japanischen Marktes unterstützt. Das Programm bietet ein intensives Betreuungsangebot, das auch kleinen und mittleren Unternehmen die erfolgreiche Bearbeitung dieses schwierigen Auslandsmarktes ermöglichen soll. Es ist jedoch an hohe Anforderungen geknüpft. So muss ein antragstellendes Unternehmen schon vor Förderbeginn das Erfolgspotenzial seiner Leistungen auf dem japanischen Markt überzeugend darstellen können und bereits über eine erfolgversprechende Marktbearbeitungsstrategie verfügen. Darüber hinaus sind die Antragsmodalitäten so gestaltet, dass der Antragsteller über Englischkenntnisse verfügen muss.[76]
Abschließend kann festgehalten werden, dass die Förderprogramme der europäischen Ebene nicht für eine breite außenwirtschaftliche Förderung geschaffen sind und eine vergleichsweise hohe Spezialisierung aufweisen.

b.) Beihilfenkontrolle

Damit sämtliche Wirtschaftssubjekte gleichermaßen von den Vorzügen des Europäischen Binnenmarktes profitieren können, trägt die Europäische Kom-

[72] Siehe Amtsblatt der Europäischen Union Nr. L 333 vom 29. Dezember 2000, S. 84-91.
[73] European Commission 2006a.
[74] Vgl. Europäisches Beratungs-Zentrum der Deutschen Wirtschaft 2003, S. 5.
[75] Vgl. Europäisches Beratungs-Zentrum der Deutschen Wirtschaft 2003, S. 15; S. 23.
[76] Vgl. Förderdatenbank des Bundesministeriums für Wirtschaft und Technologie 2006.

mission als so genannte Hüterin der Verträge dafür Sorge, dass die Mitgliedstaaten ihren vertraglichen Verpflichtungen ordnungsgemäß nachkommen. In diesem Zusammenhang kontrolliert die Kommission auch die Vergabe von Subventionen der Mitgliedstaaten und Regionen. Als Subvention oder Beihilfe[77] wird eine staatlich gewährte Vergünstigung bezeichnet, die dem begünstigten Wirtschaftssubjekt einen finanziell messbaren, wirtschaftlichen Vorteil verschafft. Diese Vergünstigung kann etwa in Form eines nicht rückzahlbaren Zuschusses oder eines gegenüber den üblichen Marktkonditionen zinsverbilligten Darlehens gewährt werden.[78] Typischerweise führen Beihilfen zu einer Verfälschung des Wettbewerbs und damit zu einer ineffizienten Allokation der Ressourcen. Sie widersprechen daher den ordnungspolitischen Grundsätzen einer marktwirtschaftlichen Ordnung.[79] Folgerichtig sieht Artikel 87 Absatz 1 EG-Vertrag ein grundsätzliches Beihilfe-Verbot vor. Dennoch habe die Mitgliedstaaten die Möglichkeit, Beihilfeprogramme aufzulegen. Die Europäische Kommission überprüft jedoch im Rahmen eines so genannten Notifizierungsverfahrens jede geplante Beihilfe hinsichtlich der Frage, ob es durch sie zu einer spürbaren Verzerrung des Wettbewerbs und des Handels innerhalb des Europäischen Binnenmarktes kommt.[80]

Einige Beihilfen werden von der Europäischen Kommission als so geringfügig eingestuft, dass von ihnen keine merklichen negativen Auswirkungen auf den Gemeinsamen Markt erwartet werden. Diese Fördermaßnahmen fallen daher unter die so genannte De-minimis-Regelung und unterliegen nicht der Anmeldepflicht gemäß Artikel 88 Absatz 3 EG-Vertrag. Die Europäische Kommission behält sich jedoch das Recht vor, die Umsetzung der De-minimis-Beihilfen in den einzelnen Mitgliedstaaten zu überprüfen. Um zu verhindern, dass De-minimis-Beihilfen dadurch, dass mehrere Subventionen dieser Art akkumuliert werden, doch wettbewerbsverzerrende Wirkung entfalten, legte die Europäische Kommission in Artikel 2 der Verordnung (EG) Nr. 69/2001 fest, dass der Subventionswert der einem Unternehmen gewährten Beihilfen innerhalb eines gleitenden Zeitraums von drei Jahren einen Höchstbetrag von 100.000 Euro nicht übersteigen darf.[81]

Nach dem Subventionskodex der Welthandelsorganisation (WTO) sind sämtli-

---

[77] Die Bundesländer sprechen auch von Finanzhilfen, Zuwendungen oder Förderung. Vgl. Rosenschon 2005, S. 9.

[78] Vgl. Amtsblatt der Europäischen Union Nr. L 336 vom 23. Dezember 1994, S. 156.

[79] Vgl. Amtsblatt der Europäischen Union Nr. L 202 vom 09. August 2003, S. 19; Rosenschon 2005, S. 3.

[80] Vgl. Amtsblatt der Europäischen Union Nr. C 325 vom 24. Dezember 2002, S. 67 f.

[81] Vgl. Amtsblatt der Europäischen Union Nr. L 010 vom 13. Januar 2001, S. 30. Nach aktuellen Plänen der Europäischen Kommission soll ab dem 01. Januar 2007 der Höchstbetrag 150.000 Euro betragen. Vgl. Kommission der Europäischen Gemeinschaften 2006, S. 3 f.

che Beihilfen untersagt, die gesetzlich oder tatsächlich in irgendeiner Weise von gegenwärtigen oder erwarteten Exporten oder Exporterlösen abhängig sind, oder einheimische Produkte gegenüber importierten Waren begünstigen.[82] Daher schließen sowohl die Verordnung (EG) Nr. 69/2001 als auch die Verordnung (EG) Nr. 70/2001 ausdrücklich die Genehmigung von Beihilfen für exportbezogene Aktivitäten aus, d.h. Subventionen, die „unmittelbar mit den ausgeführten Mengen, der Errichtung und dem Betrieb eines Vertriebsnetzes oder den laufenden Ausgaben einer Exporttätigkeit in Zusammenhang stehen“[83]. Nach Ansicht der Europäischen Kommission stellen jedoch staatliche Zuschüsse an mittelständische Unternehmen für die Beteiligung an Messen und Seminaren im Ausland, die Erarbeitung von Studien oder die Nutzung externer Beratungsdienste in Bezug auf ausländische Märkte keine Exportsubventionen dar.[84] In zwei beihilferechtlichen Prüfverfahren nach Artikel 88 Absatz 2 EG-Vertrag, die Förderrichtlinien der Länder Sachsen und Mecklenburg-Vorpommern zum Gegenstand hatten,[85] machte die Kommission jedoch deutlich, dass sie die Voraussetzung für die Vereinbarkeit solcher Maßnahmen mit dem Gemeinsamen Markt bewusst eng auslegt:

> Die Kommission äußerte Zweifel an der Vereinbarkeit von Beihilfen, die u.a. gewährt werden zur Erarbeitung von Marketingkonzepten, Präsentation und Vorführung von Prototypen, Errichtung und Betrieb von Gemeinschaftsbüros im Ausland, Organisation von Warenbörsen, Veranstaltungen zur Verbesserung der [sic!] Exports, zur Erschließung neuer Absatz- und Kooperationsmöglichkeiten im Ausland sowie für die Beschäftigung von Außenwirtschaftsassistenten, welche die Außenwirtschaftstätigkeit des Beihilfeempfängers unterstützen sollen, eine für das Zielland geeignete Fremdsprache beherrschen und über eine Ausbildung bzw. Erfahrung im Bereich Außenhandel verfügen müssen.[86]

Somit spielt die Europäische Kommission bei der Gestaltung der Form und des Umfangs der nationalen und regionalen Förderinstrumente eine bedeutende Rolle. Dies hat dazu beigetragen, dass die Instrumente in den vergangenen Jahren zunehmend vereinheitlicht wurden. Nach Ansicht der Bundesländer hat die Europäische Kommission auf diese Weise jedoch ein Politikfeld

---

[82] Vgl. Amtsblatt der Europäischen Union Nr. L 336 vom 23. Dezember 1994, S. 156.
[83] Amtsblatt der Europäischen Union Nr. L 010 vom 13. Januar 2001, S. 31
[84] Vgl. Amtsblatt der Europäischen Union Nr. L 010 vom 13. Januar 2001, S. 30; S. 34.
[85] Siehe Amtsblatt der Europäischen Union Nr. L 091 vom 08. April 2003 sowie Amtsblatt der Europäischen Union L 202 vom 09. August 2003.
[86] Amtsblatt der Europäischen Union Nr. L 202 vom 09. August 2003, S. 17.

an sich gezogen, das nicht in ihren Zuständigkeitsbereich fällt. Darüber hinaus behindere der dadurch notwendig gewordene Abstimmungsprozess die Einführung neuer, innovativer Förderinstrumente.[87]

3.3.1.3 Budgetvolumen

Die genaue Ermittlung des gesamten Budgets der europäischen Ebene für die Außenwirtschaftsförderung für mittelständische Unternehmen erweist sich als kaum realisierbar. Zum einen müssen Gelder verschiedener Unterstützungsmechanismen einbezogen werden, zum andern veröffentlicht die Europäische Union selbst nur geschätzte Zahlen, die sich darüber hinaus über verschiedene Zeiträume erstrecken.[88] Daher werden an dieser Stelle lediglich die Budgetansätze der wichtigsten Instrumente und Programme kurz dargestellt.
Im Rahmen der Strukturfonds stehen in den Jahren 2000 bis 2006 Fördergelder in Höhe von insgesamt 199 Milliarden Euro zur Verfügung. Hiervon sind rund 21 Milliarden Euro für direkte Maßnahmen zugunsten von mittelständischen Unternehmen vorgesehen, die jedoch nicht unmittelbar und ausschließlich auf die Außenwirtschaft ausgerichtet sind.[89] Da kleine und mittlere Unternehmen bei der Internationalisierung ihrer Aktivitäten jedoch im Rahmen anderer Maßnahmen mit Hilfe der Strukturfondsmittel unterstützt werden können, lässt sich die Höhe der für diesen Bereich von den Strukturfonds ausgegebenen Gelder nicht näher bestimmen.[90]
Für die speziellen Programme im Bereich der internationalen Zusammenarbeit und der Exportförderung sind im Zeitraum von 2002 bis 2006 für das Programm *AL-Invest* 46 Millionen Euro und von 2002 bis 2007 für *Asia-Invest* 35 Millionen Euro veranschlagt. Für das Programm *Gateway to Japan* stellt die Europäische Kommission jährlich 3,5 Millionen Euro zur Verfügung.[91]

3.3.2 Bund

3.3.2.1 Zielsetzungen

Die Anfänge der Außenwirtschaftsförderung gehen in der Bundesrepublik Deutschland auf das Jahr 1949 zurück.[92] Auch wenn seither unabhängig von der parteipolitischen Zugehörigkeit die Unterstützung deutscher Unternehmen

---

[87] Vgl. Sächsischer Landtag Drucksache 02/10455 vom 21. Dezember 1998, S. 11; Sächsisches Staatsministerium für Wirtschaft und Arbeit 2002, S. 8.
[88] Vgl. Kommission der Europäischen Gemeinschaften 2005, S. 55.
[89] Vgl. Kommission der Europäischen Gemeinschaften 2005, S. 45 f.
[90] Siehe hierzu Kommission der Europäischen Gemeinschaften 2005, S. 49 f.
[91] Vgl. Kommission der Europäischen Gemeinschaften 2005, S. 55.
[92] Vgl. Krips; Thöne 2001, S. 23; Kreienkamp-Rabe 2003, S. 84.

im Ausland ein „zentrales Ziel“[93] der Bundesregierung darstellt, kommt nach Auffassung von Beobachtern die Bedeutung der Außenwirtschaftspolitik innerhalb der Wirtschaftspolitik nicht deutlich genug zum Ausdruck:

> Die positiven Auswirkungen der Globalisierung auf Wachstum und Beschäftigung schlagen sich nicht beim Stellenwert nieder, den die Außenwirtschaftspolitik in Deutschland bislang einnimmt.[94]

Damit die Bundesrepublik Deutschland von den Wohlfahrtsgewinnen der internationalen Arbeitsteilung und des Außenhandels profitieren kann, sieht die Bundesregierung die Sicherung der günstigen weltwirtschaftlichen Rahmenbedingungen sowie die nachhaltige Förderung der internationalen wirtschaftlichen Kooperation als eine Hauptaufgabe ihres Engagements im Bereich der Außenwirtschaft. Nach diesem Selbstverständnis besteht die Funktion des Staates darin, durch bilaterale und multilaterale Vereinbarungen, zum Beispiel im Rahmen der Europäischen Union, der OECD oder der WTO, die allgemeinen Grundlagen zu schaffen, auf denen sich Wettbewerb und Handel möglichst frei entfalten können. Darüber hinaus soll die Außenwirtschaftspolitik die Transparenz der Auslandsmärkte erhöhen und deutschen Anbietern den Zugang zu Auslandsmärkten erleichtern, die bisher durch hohe Zutrittsschranken gekennzeichnet sind.[95]

Nach Auffassung vieler Akteure reicht eine Beschränkung der staatlichen Aktivitäten auf eine derartige Marktöffnungspolitik jedoch nicht, um ein stetiges, anhaltendes Wachstum und einen hohen Beschäftigungsgrad zu fördern. So heißt es exemplarisch in einem Antrag der SPD-Bundestagsfraktion:

> Die Bemühungen der Bundesregierung, z.B. im Rahmen der WTO für freie Märkte zu sorgen und gegen staatliche Wettbewerbsverzerrungen anzukämpfen, sind für sich zwar sinnvoll, führen aber nicht zu der gebotenen, unmittelbaren Hilfe für den Mittelstand.[96]

Und die Interessenvertreter der deutschen Wirtschaft betonen:

> Deutsche Unternehmen können Marktchancen nur optimal nutzen, wenn Ihnen ein effizientes Instrumentarium der Außenwirtschaftsförderung zur Seite steht.[97]

---

[93] Deutscher Bundestag Drucksache 13/10300 vom 01. April 1998, S. 8; ähnlich Schultes 2003, S. 72 ff.; Schulz; Welge 2006, S. 23.

[94] Bundesverband der Deutschen Industrie et al. 2005, S. 4; ähnlich Deutscher Industrie- und Handelskammertag 2003a, S. 2.

[95] Vgl. Auswärtiges Amt; Bundesministerium für Wirtschaft und Technologie 2000, S. 2 f.

[96] Deutscher Bundestag Drucksache 13/5754 vom 10. Oktober 1996, S. 1.

[97] Bundesverband der Deutschen Industrie et al. 2005, S. 4.

Da mittelständischen Unternehmen, wie in Abschnitt 2.6.3 erläutert, zahlreiche Nachteile im internationalen Wettbewerb gegenüber Großunternehmen bescheinigt werden, verfolgt die Bundesregierung mit ihrer Außenwirtschaftsförderung auch das Ziel, diese auszugleichen und damit für mittelständische Unternehmen gleiche Chancen herzustellen:

> Die Bundesregierung sieht für kleine und mittlere Unternehmen beim Zugang und der Erschließung von Auslandsmärkten eine Reihe von Wettbewerbsnachteilen, die sich aus der Unternehmensgröße und der Unternehmensorganisation ergeben. [...] Diese besonderen Wettbewerbsnachteile der kleinen und mittleren Unternehmen stellen eine wesentliche Begründung für die Außenwirtschaftsförderung der Bundesregierung und die hierfür entwickelten Instrumente dar[98].

In einer Stellungnahme der Bundesregierung heißt es daher auch: „Hauptzielgruppe der Außenwirtschaftsförderung sind mittelständische Unternehmen."[99] Wie die beiden folgenden Zitate verdeutlichen, fühlt sich die Bundesregierung jedoch auch bei ihren Aktivitäten im Bereich der Außenwirtschaft den ordnungspolitischen Grundsätzen einer marktwirtschaftlichen Ordnung verpflichtet:

> Es ist die erklärte und wiederholt bekräftigte Absicht der Bundesregierung, die Ausfuhrgewährleistungen und die staatliche Unterstützung der Exportwirtschaft auf diejenigen Bereiche zu begrenzen, für die weder der Exporteur allein noch die Privatwirtschaft in ihrer Gesamtheit Vorsorge treffen können.[100]

Und auf der Internetseite des Auswärtigen Amts heißt es zur Rolle des Staates im Bereich der Außenwirtschaftsförderung:

> In unserer freien Marktwirtschaft steht die Eigeninitiative der Unternehmen im Mittelpunkt. Die staatliche Außenwirtschaftsförderung kann die Aktivitäten der Wirtschaft nicht ersetzen. Sie hilft aber den Unternehmen, Auslandsmärkte zu erschließen, und wirkt darauf hin, die Rahmenbedingungen für unternehmerisches Handeln zu verbessern.[101]

---

[98] Deutscher Bundestag Drucksache 13/2236 vom 01. September 1995, S. 8; ähnlich Deutscher Bundestag Drucksache 14/3174 vom 11. April 2000, S. 2.

[99] Deutscher Bundestag Drucksache 13/10300 vom 01. April 1998, S. 8.

[100] Deutscher Bundestag Drucksache 08/3847 vom 24. März 1980, S. 6; ähnlich „Die Bundesregierung steht einer direkten staatlicher Förderung privater Exportgeschäfte generell zurückhaltend gegenüber." Deutscher Bundestag Drucksache 09/1133 vom 03. Dezember 1981, S. 20.

[101] Auswärtiges Amt 2004.

3.3.2.2 Instrumentarium

Die Außenwirtschaftsförderung auf Bundesebene umfasst zahlreiche Instrumente und Maßnahmen. In einer im Juli 2003 beschlossenen Außenwirtschaftsoffensive hat die Bundesregierung zentrale Bereiche der Außenwirtschaftspolitik in einem zehn Punkte umfassenden Programm gebündelt.[102] Vor dem Deutschen Bundestag erklärte hierzu der damalige Bundesminister für Wirtschaft und Arbeit, Wolfgang Clement:

> Eine Außenwirtschaftsoffensive ist an sich nicht neu. Die ‚Weltweit aktiv'-Außenwirtschaftsoffensive ist eine Weiterentwicklung dessen, was wir bisher in der Außenwirtschaft getan haben. Wir wollen uns insbesondere um kleine und mittlere Unternehmen kümmern.[103]

Im Gegensatz zur staatlich organisierten Außenwirtschaftsförderung anderer Staaten wird im deutschen System idealtypisch eine Aufgabenteilung zwischen Staat und Wirtschaft angestrebt:

> Sicher ist, daß eine erfolgreiche Außenwirtschaftsförderung den engen und anhaltenden Schulterschluss zwischen Staat und Wirtschaft voraussetzt.[104]

Als Förderinstitutionen auf Bundesebenen wird immer wieder auf die so genannten drei Säulen der Außenwirtschaftsförderung verwiesen, deren Aufgabenbereiche 1971 von der Kommission für die Reform des Auswärtigen Dienstes neu herausgearbeitet wurden: Die Wirtschaftsabteilungen der deutschen Botschaften und Konsulate, die deutschen Auslandshandelskammern (AHK) sowie die Bundesagentur für Außenwirtschaft (bfai).[105] Während die Auslandsvertretungen und die Bundesagentur für Außenwirtschaft den Staat repräsentieren, vertreten die Auslandshandelskammern die Wirtschaft. In den für den deutschen Außenhandel bedeutendsten Ländern sind alle drei Institutionen vertreten, während auf den übrigen Auslandsmärkten die diplomatischen Vertretungen im Rahmen ihrer Möglichkeiten einen Teil der Aufgaben übernehmen, die ansonsten von einer Kammer oder dem bfai-Korrespondenten wahrgenommen werden.[106] Neben den so genannten drei Säulen der Außenwirtschaftsförderung sind jedoch noch eine Vielzahl weiterer Institutionen auf Bundesebene im Bereich der Außenwirtschaftsförderung tätig, wie etwa die Euler Hermes Kreditversicherungs-AG, die PricewaterhouseCoopers Aktien-

---

[102] Vgl. Deutscher Bundestag Drucksache 15/2405 vom 28. Januar 2004, S. 64.
[103] Deutscher Bundestag Plenarprotokoll 15/47 vom 04. Juni 2003, S. 3913.
[104] Kinkel 1998, S. 8.
[105] Kommission für die Reform des Auswärtigen Dienstes 1971, S. 33 f.
[106] Vgl. Weinland 1996, S. 138; Stuewe 1995, S. 11.

gesellschaft Wirtschaftsprüfungsgesellschaft (PwC AG), das Bundesamt für Wirtschaft und Ausfuhrkontrolle (BAFA) oder die KfW Bankengruppe. Ferner sind auch zahlreiche Wirtschaftsverbände, Ländervereine und Regionalinitiativen der Deutschen Wirtschaft aktiv.
Diese bieten neben den Institutionen der drei Säulen eine Reihe von Förderinstrumenten und -maßnahmen an und werden ihrerseits zum Teil ebenfalls als „bewährte und wichtige Säule[n] der deutschen Außenwirtschaftsförderung“[107] bezeichnet. Hierzu zählen das Auslandsmesseprogramm des Bundesministeriums für Wirtschaft und Technologie, bilaterale Investitionsförderungs- und -schutzabkommen sowie staatliche Garantien für das politische Risiko von Investitionen im Ausland (Investitionsgarantien) und die Übernahme staatlicher Ausfuhrgewährleistungen (Hermes-Deckung) oder Finanzierungsprogramme.[108]

Im Folgenden werden die Institutionen sowie die Instrumente und Maßnahmen auf Bundesebene etwas näher dargestellt.

a.) Diplomatischer Dienst im Ausland

Der Aufgaben- und Tätigkeitsbereich der deutschen Auslandsvertretungen hat sich seit Anfang der neunziger Jahre dahingehend verändert, dass neben dem hoheitlichen Verwaltungshandeln stärker Aufgaben mit Dienstleistungs- und Servicecharakter im Interesse der Wirtschaft in den Vordergrund treten:

> [D]er Stellenwert der Außenwirtschaftsförderung und der Außenwirtschaftspolitik wird innerhalb des Gesamtbereichs der auswärtigen Politik immer höher.[109]

Gemäß der Richtlinie über die *Förderung der außenwirtschaftlichen Interessen deutscher Unternehmen durch die Auslandsvertretungen*, die mit Erlass vom 07. Dezember 1993 neu gefasst wurde, ist „die Förderung der deutschen Wirtschaftsinteressen im Ausland ein zentrales Anliegen für den gesamten Auswärtigen Dienst“[110].
Die wichtigste Aufgabe des Netzes der weltweit rund 220 Botschaften und Generalkonsulate ist die Vertretung deutscher Interessen insbesondere gegenüber den staatlichen Stellen des jeweiligen Gastlandes. Die Auslandsvertretungen setzen sich dabei für die Verbesserung der Marktzugangsbedingungen ein, beraten deutsche Unternehmen und unterstützen sie bei der Durchsetzung ihrer Wirtschaftsinteressen gegenüber ausländischen Regierungsstel-

---

[107] SPD Bundestagsfraktion 2003, S. 3.
[108] Vgl. Auswärtiges Amt; Bundesministerium für Wirtschaft und Technologie 2000, S. 8 f.
[109] Deutscher Bundestag Plenarprotokoll 13/156 vom 19. Februar 1997, S. 14038.
[110] Deutscher Bundestag Plenarprotokoll 13/127 vom 09. Oktober 1996, S. 11411. Siehe auch o.V. 1993.

len.[111] Darüber hinaus werben die diplomatischen Vertretungen aber auch direkt für deutsche Produkte:

> Die deutschen Auslandsvertretungen sind durch das Auswärtige Amt angewiesen, bei offiziellen Anlässen nach Möglichkeit deutsche Biere anzubieten und auf diese Weise für die Qualität deutschen Bieres zu werben. [...] Darüber hinaus wird bei Gegenveranstaltungen des Bundespräsidenten im Rahmen von Staatsbesuchen und bei vergleichbaren Veranstaltungen des Bundeskanzlers und des Bundesministers des Auswärtigen deutsches Bier ausgeschenkt.[112]

Von Seiten der Unternehmen wird jedoch bemängelt, dass die deutschen Botschaften und Konsulate – im Vergleich zu den Auslandsvertretungen anderer Länder – kleine und mittlere Unternehmen zu wenig bei ihrem operativen Auslandsgeschäft unterstützen. Darüber hinaus wird gefordert, dass die diplomatischen Vertretungen ihr Dienstleistungsangebot ausdehnen, da die Auslandshandelskammern Leistungen häufig nur gegen Entgelt anbieten.

b.) Auslandshandelskammern (AHKs)

Im Zuge des politischen Wandels in Mittel- und Osteuropa wurde das Netz der AHKs, der Delegiertenbüros und Repräsentanzen Deutschen Wirtschaft seit Beginn der neunziger Jahre stark ausgebaut.[113] Derzeit gehören dem Netzwerk an den weltweit etwa 120 Standorten in über 80 Ländern rund 40.000 Mitgliedsunternehmen aus Deutschland und den jeweiligen Partnerländern an. Als freiwillige Zusammenschlüsse von Unternehmen sind die AHKs in der Regel als privatrechtliche Vereine nach den Bestimmungen des jeweiligen Gastlandes organisiert, vom Deutschen Industrie- und Handelskammertag (DIHK) anerkannt und werden vom Bundesministerium für Wirtschaft und Technologie finanziell unterstützt. Auf den Gesamtetat des Netzwerks bezogen decken die Bundeszuwendungen nach Angaben des DIHK bei den AHKs rund 22% und bei den Delegiertenbüros und Repräsentanzen etwa 35% des Budgets. Die restlichen Mittel werden aus Mitgliedsbeiträgen und kostenpflichtigen Dienstleistungen finanziert.[114] Indem sie deutschen Unternehmen ein breites Servicespektrum im Bereich der Geschäftsanbahnung und -durchführung anbieten, übernehmen die Kammern eine wichtige Aufgabe im Bereich der Außenwirtschaftsförderung.[115] Einige Autoren gehen sogar soweit und betonen: „Die

[111] Vgl. Auswärtiges Amt; Bundesministerium für Wirtschaft und Technologie 2000, S. 5.
[112] Deutscher Bundestag Drucksache 15/1040 vom 23. Mai 2003, S. 3.
[113] Vgl. o.V. 1995h, S. 17.
[114] Vgl. Deutscher Industrie- und Handelskammertag 2003, S. 4; Möllering 1998, S. 218.
[115] Vgl. Auswärtiges Amt; Bundesministerium für Wirtschaft und Technologie 2000, S. 6.

deutschen Auslandshandelskammern [...] sind die wichtigste Säule der deutschen Außenwirtschaftsförderung."[116] Auch die Bundesregierung sieht in ihnen das „Kernstück der Außenwirtschaftsförderung"[117].

Die Arbeit und das Dienstleistungsangebot der AHKs sind indes nicht unumstritten. So heißt es in einem Beschluss des Niedersächsischen Landtags: „Die Auslandshandelskammern müssen qualitativ verbessert werden und sich verstärkt auf den Mittelsand ausrichten."[118] Für Verwirrung und Unmut auf Seiten der deutschen mittelständischen Unternehmen sorgt auch immer wieder die Tatsache, dass die AHKs nicht nur als offizielle Repräsentanzen fungieren und im Rahmen der öffentlichen Außenwirtschaftsförderung kostenfreie Dienstleistungen erbringen, sondern sie gleichzeitig auch Mitgliedervereine und kommerzielle Dienstleister sind, die entgeltlich Serviceleistungen anbieten. Eine deutlichere operative Trennung der drei Aufgabenbereiche soll in Zukunft auf diesem Gebiet für mehr Transparenz sorgen. Nachdem das konkrete Angebot der jeweiligen AHK bisher durch deren Gremien weitgehend autonom festgelegt wurde, werden die kommerziellen Dienstleistungen – auf einem Franchise-Konzept basierend – seit dem 01. Januar 2006 unter der Marke DEinternational schrittweise standardisiert. Dadurch soll zum einen der Wiedererkennungswert gesteigert und zum anderen sichergestellt werden, dass die Leistungen weltweit den gleichen Qualitätsanforderungen genügen und die Preise vergleichbar sind.[119]

c.) Bundesagentur für Außenwirtschaft (bfai)

Die Bundesagentur für Außenwirtschaft[120] mit Sitz in Köln stellt deutschen Unternehmen und Institutionen Informationen über Auslandsmärkte zur Verfügung und unterstützt sie damit bei ihren internationalen Geschäftstätigkeiten. Ihr zum Teil kostenpflichtiges Angebot reicht von der Recherche von Kontaktanschriften, Wirtschaftsdaten, Projekt-, Ausschreibungs-, Rechts- und Zollinformationen bis hin zu geschäftspraktischen Tipps und Marktanalysen, die vom Auftraggeber bedarfsgerecht und exklusiv abgerufen werden können. Auf der Basis von Weiterverbreitungsvereinbarungen werden die Markt- und Produktinformationen der bfai häufig ohne Quellenangabe in das Beratungsangebot von Kammern und Verbänden übernommen. Dies führt dazu, dass vielen Unternehmen nicht bewusst ist, dass sie für ihr Auslandsgeschäft auf Informa-

---

[116] Möllering 1998, S. 223.
[117] Deutscher Bundestag Drucksache 14/3174 vom 11. April 2000, S. 2.
[118] Niedersächsischer Landtag Drucksache 14/4058 vom 14. Januar 2003, S. 3.
[119] Vgl. Deutscher Bundestag Drucksache 15/3265 vom 28. Mai 2004, S. 9; Blank 2005, S. 2.
[120] Im August 2001 wurde die bfai von Bundesstelle für Außenhandelsinformation in Bundesagentur für Außenwirtschaft umbenannt, „um die Dynamik der Entwicklung der Außenwirtschaft und damit auch unser Selbstverständnis als moderne Serviceorganisation [...] zu dokumentieren". Herx 2001, S. 2.

tionen der bfai zurückgreifen.[121] Darüber hinaus veröffentlicht die bfai, die über ein weltweites Netz von 42 hauptamtlichen und sieben freiberuflichen Korrespondenten sowie zahlreichen Ortskräften verfügt, jährlich mehr als 1.000 neue Publikationen zu den oben genannten Themen.[122]
Obwohl die Bundesregierung im Zuge einer verstärkten Außenwirtschaftsförderung daran interessiert ist, die Informationsgewinnung auszubauen, wurde das Budget der bfai zu Beginn des Jahrzehnts gekürzt. Dies hatte zur Folge, dass zeitweilig einige Auslandsbüros geschlossen werden mussten. Darüber hinaus erhielt die bfai die Vorgabe, 20% ihres Etats durch eigene Einnahmen zu erwirtschaften. Nachdem sich dies als unrealistisch erwiesen hatte, wurde diese Vorgabe auf 14% gesenkt.[123] Zwar wird einerseits von den Spitzenorganisationen der deutschen Wirtschaft gefordert, dass die Eigenfinanzierungsquote der bfai aufgehoben werden sollte. Andererseits müsse das Produktspektrum der bfai nach Meinung der Interessenvertreter stärker an den Bedürfnissen der Unternehmen ausgerichtet werden, das heißt, die bfai solle verstärkt individuelle, auf spezielle Unternehmen ausgerichtete Informationen zur Verfügung stellen. Für derartige, höherwertige Informationsprodukte solle sie dann auch entsprechend marktübliche Preise verlangen dürfen.[124] Der damalige Bundesminister für Wirtschaft und Arbeit, Wolfgang Clement, verdeutlichte in diesem Zusammenhang die Position der Bundesregierung:

> Was die Gebühren im Zusammenhang mit der bfai angeht, so können wir diese nicht reduzieren. Ich müsste eher fragen, ob die Wirtschaft etwas mehr dazu beitragen kann. Die bfai leistet immer speziellere und bessere Arbeit und liefert immer mehr Informationen.[125]

d.) Auslandsmesseförderung

Die Teilnahme an Messen und Ausstellungen im Ausland dient den Unternehmen dazu, ihr eigenes Leistungsangebot vorzustellen, Marktinformationen über ausländische Märkte zu beschaffen, Auslandskontakte aufzubauen und durch persönliche Kontakte Vertrauen zu den Geschäftspartnern zu entwickeln. Die Auslandsmesseförderung des Bundes erfolgt in Form von offiziellen Beteiligungen. Das heißt, die Fördermittel werden nicht an die einzelnen Un-

---

[121] Vgl. Ohr 1988, S. 135; Deutscher Bundestag Drucksache 14/9842 vom 02. August 2002, S. 3 f.
[122] Vgl. Bundesagentur für Außenwirtschaft 2001; Bundesagentur für Außenwirtschaft 2005a.
[123] Vgl. o.V. 2000m, S. 52; Deutscher Bundestag Drucksache 14/9842 vom 02. August 2002, S. 4. 2005 lag die tatsächlich vorgesehene Eigenfinanzierungsquote unter Einbeziehung der flexibilisierten Ausgaben nach § 5 HG bei lediglich 8,2%. Vgl. Bundesministerium für Finanzen 2005.
[124] Vgl. Bundesverband der Deutschen Industrie et al. 2005, S. 5.
[125] Deutscher Bundestag Plenarprotokoll 15/47 vom 04. Juni 2003, S. 3916.

ternehmen ausbezahlt, sondern für die Organisation und Durchführung eines Firmengemeinschaftsstandes eingesetzt. Das Gemeinschaftsstandkonzept hilft messeunerfahrenen Unternehmen, die bestehende Hemmschwelle zur Messeteilnahme zu überwinden. Zudem ermöglicht die räumliche Zusammenfassung sowie die optische Kennzeichnung der Stände die Präsentation von Unternehmen und Erzeugnissen unter dem Logo *Made in Germany*.[126] Das Konzept der offiziellen Beteiligungen hat jedoch den Nachteil, dass die Unternehmen nur auf solchen Messen und Ausstellungen gefördert werden, die Bestandteil des jährlich festgelegten offiziellen Programms sind. Ferner haben die Unternehmen kaum Einfluss auf die Lage des Stands und die Standgestaltung.

Eine Teilnahme an den vom Bund geförderten Gemeinschaftsständen steht prinzipiell allen deutschen Unternehmen offen, die in Deutschland hergestellte Produkte präsentieren.[127] Auch wenn das Förderprogramm somit nicht ausdrücklich auf mittelständische Unternehmen zugeschnitten ist, stehen diese laut Bundesregierung im Mittelpunkt der Förderung. Zukünftig wird eine noch deutlichere Ausrichtung auf ihre Belange angestrebt. Vor dem Deutschen Bundestag erklärte hierzu der damalige Bundeswirtschaftsminister Wolfgang Clement:

> Bei der Auslandsmesseförderung werden wir weitere Schritte gehen. Wir werden immer kleinere, kostengünstigere Messestände fördern. Dadurch können wir auf mehr Messen vertreten sein und mehr kleine und mittlere Unternehmen dazu einladen.[128]

Und im Koalitionsvertrag für die 16. Legislaturperiode des Deutschen Bundestages heißt es:

> Das Außenwirtschaftsinstrumentarium wird stärker auf mittelständische Unternehmen ausgerichtet, zum Beispiel durch spezielle Messeförderung von kleinen und mittleren Unternehmen im europäischen Ausland.[129]

Unter Einbeziehung der Wirtschaftsverbände werden die Messen festgelegt, an denen sich der Bund offiziell beteiligt. Für das Jahr 2006 umfasst das Messeprogramm Beteiligungen an 271 internationalen Messen und Ausstellungen.[130] Wie in den vergangenen Jahren liegt auch in diesem Jahr der eindeuti-

---

[126] Vgl. Ausstellungs- und Messe-Ausschuss der Deutschen Wirtschaft 2005a, S. 3 f.
[127] Vgl. Ausstellungs- und Messe-Ausschuss der Deutschen Wirtschaft 2005a, S. 4.
[128] Deutscher Bundestag Plenarprotokoll 15/47 vom 04. Juni 2003, S. 3913 f.
[129] CDU; CSU; SPD 2005, S. 11.
[130] Vgl. Ausstellungs- und Messe-Ausschuss der Deutschen Wirtschaft 2005a, S. 5.

ge Schwerpunkt auf Asien, wo 116 Gemeinschaftsstände geplant sind. 58 sind in Europa außerhalb der Europäischen Union vorgesehen. Es folgten der Nahe und Mittlere Osten (39), Nordamerika (26), Lateinamerika (15), Afrika (7) sowie Australien und die Europäische Union mit jeweils fünf offiziellen Messebeteiligungen.[131]

Laut einer Erhebung unter den über 5.000 Ausstellern, die 2004 im Rahmen des Auslandsmesseprogramms des Bundeswirtschaftsministeriums an offiziellen Messebeteiligungen teilgenommen haben, hatten 55% der geförderten Unternehmen maximal 100 Mitarbeiter, 73% bis zu 250 Mitarbeiter und 85% beschäftigten weniger als 500 Mitarbeiter.[132] Diese Zahlen zeigen, dass die Mehrheit der geförderten Unternehmen dem Mittelstand zuzurechnen ist. Sie machen aber auch deutlich, dass Großunternehmen mit über 499 Mitarbeitern im Verhältnis zu ihrer Anzahl an der Gesamtheit der Unternehmen und der Exporteure überproportional vertreten sind.

Als Hauptgründe für ihre Beteiligung nennen die befragten Aussteller an erster Stelle die finanzielle Unterstützung (67%), gefolgt von der technisch-organisatorischen Unterstützung durch die Durchführungsgesellschaft (62%). Eine nähere Betrachtung macht deutlich, dass gerade kleinere Unternehmen den reduzierten Planungs- und Organisationsaufwand sowie den Vorteil eines deutschen Ansprechpartners positiv bewerten. Die positive Imagewirkung der offiziellen deutschen Beteiligung geben 61% der Unternehmen als Grund an.[133]

e.) Bilaterale Investitionsförderungs- und -schutzabkommen

Um deutschen Unternehmen für Investitionen im Ausland möglichst stabile Rahmenbedingungen und einen umfassenden, völkerrechtlich abgesicherten Rechtsschutz zu gewährleisten, hat die Bundesrepublik Deutschland mit 115 Staaten bilaterale Investitionsförderungs- und -schutzverträge (IFV) abgeschlossen. Verträge mit weiteren 23 Ländern sind unterzeichnet, aber noch nicht in Kraft getreten.[134] In den Verträgen werden Begriffe wie *Kapitalanlagen*, *Erträge* und *Investoren* definiert. Sie gewährleisten Inländerbehandlung und Meistbegünstigung im Zusammenhang mit Investitionen und garantieren den freien Transfer von Kapital und Erträgen sowie den Eigentumsschutz, eine wertgerechte Entschädigung für den Fall einer Enteignung und die Rechts-

---

[131] Vgl. Ausstellungs- und Messe-Ausschuss der Deutschen Wirtschaft 2005a, S. 5; Kreienkamp-Rabe 2003, S. 86.

[132] Ausstellungs- und Messe-Ausschuss der Deutschen Wirtschaft 2005b, S. 4. Ein Vergleich dieser Zahlen mit den Ergebnissen von 2000 zeigt, dass diese Werte als konstant angesehen werden können.

[133] Ausstellungs- und Messe-Ausschuss der Deutschen Wirtschaft 2005b, S. 1.

[134] Vgl. Bundesministerium für Wirtschaft und Arbeit 2005; sowie exemplarisch Müller 2002.

weggarantie. Die Verträge erleichtern insbesondere kleinen und mittleren Unternehmen, auf ausländischen Märkten zu investieren und sind grundsätzlich Voraussetzung für die Übernahme von Investitionsgarantien durch die Bundesrepublik Deutschland.[135]

f.) Investitionsgarantien der Bundesrepublik Deutschland

Das Haushaltsgesetz ermächtigt den Bund, für Direktinvestitionen deutscher Unternehmen im Ausland Garantien zur Absicherung politischer Risiken, wie Verstaatlichung, Enteignung, Krieg, Revolution, Aufruhr, Moratorien oder Zahlungsverbote, zu übernehmen. Wirtschaftliche Risiken werden nicht gedeckt.
Garantiefähige Kapitalanlagen sind Beteiligungen an ausländischen Unternehmen und Kapitalausstattungen von Niederlassungen oder Betriebsstätten, wobei prinzipiell keine betragsmäßige Begrenzung besteht. Auf Antrag können auch Garantien für die Erträge aus Beteiligungen übernommen werden. Garantiefähig sind nur zukünftige förderwürdige Investitionen, das heißt, der Bund muss informiert werden, bevor Leistungen erbracht werden. Für die individuelle Beurteilung der Förderwürdigkeit eines Investitionsvorhabens werden zum einen entwicklungs- und umweltpolitische Kriterien herangezogen. Zum anderen muss die Direktinvestition zur positiven Entwicklung des jeweiligen Ziellandes nachhaltig beitragen und, etwa durch die Sicherung oder Schaffung von Arbeitsplätzen, positive Rückwirkungen auf den Standort Deutschland entfalten. Die Geschäftsführung für die Investitionsgarantien wurde von der Bundesregierung einem Konsortium übertragen, das aus der PricewaterhouseCoopers Aktiengesellschaft Wirtschaftsprüfungsgesellschaft (PwC AG) als Federführer und der Euler Hermes Kreditversicherungs-AG besteht.[136]
2005 entfielen lediglich 44% der genehmigten Deckungsanträge an Unternehmen mit weniger als 2.000 Mitarbeitern. Auch die Höhe des Deckungsvolumens ist insgesamt auf einige Großprojekte zurückzuführen.[137]

g.) Ausfuhrgewährleistungen der Bundesrepublik Deutschland

Der Bund deckt durch Ausfuhrgewährleistungen politische und wirtschaftliche Risiken des Exports, wobei zwischen Ausfuhrgarantien und Ausfuhrbürgschaften unterschieden wird: Garantien werden für Ausfuhren an private ausländische Vertragspartner übernommen. Bürgschaften werden gewährt, wenn der ausländische Besteller oder der für das Forderungsrisiko voll haftende Bürge ein Staat, eine Gebietskörperschaft oder eine entsprechende öffentliche Einrichtung ist.[138]

---

[135] Vgl. PricewaterhouseCoopers 2006, S. 9.
[136] Vgl. PricewaterhouseCoopers 2006, S. 8 f.
[137] Vgl. PricewaterhouseCoopers 2006, S. 44 f.
[138] Vgl. Euler Hermes 2006, S. 98.

Neben politischen Risiken können auch wirtschaftliche abgesichert werden. Antragsberechtigt sind deutsche Exporteure und Kreditinstitute, die deutsche Exporte finanzieren. Neben dem allgemeinen Exportinteresse werden bei der Prüfung der Förderungswürdigkeit eines Antrags auch strukturpolitische Erwägungen sowie außenpolitische, ökologische und soziale Gesichtspunkte berücksichtigt. Außerdem muss die vernünftige Aussicht auf einen schadenfreien Verlauf bestehen.

Technisch abgewickelt wird das System der staatlichen Ausfuhrgewährleistungen im Auftrag und für Rechnung der Bundesrepublik Deutschland von der PricewaterhouseCoopers Aktiengesellschaft Wirtschaftsprüfungsgesellschaft (PwC AG) und der Euler Hermes Kreditversicherungs-AG als Federführer. Hieraus hat sich der in der Öffentlichkeit geläufige Begriff *Hermes-Deckung* entwickelt.

Die Ausfuhrgewährleistungen des Bundes sind in den neunziger Jahren in vielerlei Hinsicht in die öffentliche Kritik geraten. Zum einen wurde die stärkere Beachtung von sozialen, ökologischen und entwicklungspolitischen Kriterien eingefordert. Zum anderen hatten jahrlange Defizite der staatlichen Exportversicherung den Bundeshaushalt erheblich belastet.[139] Nach dem Subventionskodex der WTO zählen permanente Defizite der staatlichen Ausfuhrgewährleistungssysteme zu den verbotenen Exportsubventionen. Dessen ungeachtet summierten sich die aus dem Bundeshaushalt geleisteter Entschädigungszahlungen in den Jahren 1983 bis 1998 auf insgesamt 13,5 Milliarden Euro.[140] Trotz dieser jahrelangen Defizite übte die WTO jedoch nie Kritik an der Bundesrepublik Deutschland. Um zu einer günstigeren Mischung der übernommenen Risiken zu gelangen, wurde 1994 das bis dahin geltende Einheitsentgeltsystem durch ein gestaffeltes Prämiensystem ersetzt, welches die wirtschaftlichen, finanziellen und politischen Risiken des jeweiligen Abnehmerlandes widerspiegelt.[141] Diese Umstellung führte gemeinsam mit Rückflüssen aus Umschuldungsabkommen dazu, dass seit 1999 wieder jährlich Überschüsse erzielt werden.[142] Vor diesem Hintergrund wurden Forderungen laut, durch eine strukturelle Veränderung des Prämiensystems die mittelständischen Unternehmen finanziell zu entlasten. Da der überwiegende Teil der Überschüsse auf Rückflüssen aus Umschuldungsabkommen beruhen, sieht die Bundesre-

[139] Vgl. Deutscher Bundestag Drucksache 13/5508 vom 10. September 1996, S. 1; Hoffmann 1999, S. 32; Kröter 2000; Neukirch 2001.

[140] Vgl. Deutscher Bundestag Drucksache 15/2728 vom 19. März 2004, S. 44; Euler Hermes 2006, S. 2.

[141] Vgl. Deutscher Bundestag Drucksache 13/5508 vom 10. September 1996, S. 4 f.

[142] Vgl. Euler Hermes 2006, S. 91. Ferner nahm der Bund aufgrund der schlechten russischen Zahlungsmoral ab Ende 1998 zeitweilig keine weiteren Exportgeschäfte nach Russland neu in Deckung. Vgl. Rinke 2000b.

gierung jedoch keinen Spielraum für eine Reduzierung des erhobenen Entgelts.[143]

Auch das Förderinstrument der Ausfuhrgewährleistungen richtet sich nach Angaben der Bundesregierung in erster Linie an kleine und mittlere Unternehmen. In den Jahren 2003 bis 2005 entfielen jeweils rund drei Viertel der Deckungsanträge auf mittelständische Unternehmen mit weniger als 500 Mitarbeitern.[144] Dies zeigt zwar, dass der überwiegende Teil der geförderten Unternehmen dem Mittelstand angehört, macht aber auch deutlich, dass die Hermes-Deckungen von Großunternehmen mit 500 und mehr Mitarbeitern im Verhältnis zu ihrer Anzahl an der Gesamtheit der Unternehmen und der Exporteure überproportional häufig genutzt wird.

Auch die Bundesregierung erkannte, dass das Instrumentarium spezifischer auf mittelständische Unternehmen ausgerichtet werden muss. Daher initiierte sie 2003 im Rahmen der Außenwirtschaftsoffensive *Weltweit aktiv* die so genannte Ausfuhrpauschalgewährleistung-light (APG-light), die sich speziell an Unternehmen wendet, deren deckungsfähiger Ausfuhrumsatz eine Million Euro nicht übersteigt.[145]

h.) Delegationsreisen

Delegationsreisen, die der Erkundung von Marktchancen sowie der Kontaktherstellung dienen, werden unter der Leitung hoher Vertreter der Bundesregierung durchgeführt. Die Teilnahme an solchen Reisen steht in der Regel allen Unternehmen mit Sitz in Deutschland offen und ist normalerweise mit keiner finanziellen Förderung verbunden. Vielmehr müssen die Unternehmen einen Teil der Kosten, die bei der Reise anfallen, selbst tragen.[146] Die Hilfestellung besteht zum einen in der organisatorischen Entlastung der Unternehmen. Zum andern wird ein Rahmen geschaffen, in dem die Kontaktanbahnung zu politischen Entscheidungsträgern, staatlichen Stellen und potenziellen Geschäftspartnern im Ausland erleichtert wird (so genannte „Türöffnerfunktion“[147]). Darüber hinaus erhalten die Teilnehmer gezielte Informationen über die wirtschaftspolitische Lage, den politischen Hintergrund und die Branchenstruktur des jeweiligen Ziellandes. Außerdem werden im Rahmen mancher Delegationsreisen Workshops oder so genannte Matching-Veranstaltungen durchgeführt.

---

[143] Vgl. Deutscher Bundestag Drucksache 15/2923 vom 16. April 2004, S. 43.

[144] Vgl. Euler Hermes 2006, S. 2.

[145] Vgl. Deutscher Bundestag Drucksache 15/417 vom 11. Februar 2003, S. 2; Deutscher Bundestag Drucksache 15/3900 vom 14. Oktober 2004, S. 22 f.; Deutscher Bundestag Drucksache 15/4021 vom 05. November 2004, S. 7.

[146] Vgl. o.V. 1995d, S. 31.

[147] Bundesverband der Deutschen Industrie et al. 2005, S. 4; ähnlich Gärtner; Goffart 2003, S. 7.

Das außenwirtschaftliche Engagement der bundesdeutschen Spitzenpolitiker erweist sich als sehr personenabhängig. So nutzte etwa der damalige Bundesaußenminister Klaus Kinkel eine Reihe seiner Auslandsreisen für die aktive Unterstützung deutscher Unternehmen: „Unmissverständlich machte der Außenminister [...] klar, dass er seine Reise in den Dienst der deutschen Außenwirtschaftsförderung stelle."[148] Im Gegensatz dazu wurde der Reisekalender unter Außenminister Joschka Fischer in den zurückliegenden Jahren wieder stärker politisch bestimmt. Auch die offiziellen Auslandsreisen des Bundespräsidenten stehen zum Teil im Zeichen der Erkundung von Marktchancen und der wirtschaftlichen Kontaktanbahnung.[149] Aufgrund seines ausgeprägten Einsatzes für die Interessen der deutschen Wirtschaft im Ausland bezeichnete die Tageszeitung „Die Welt" Gerhard Schröder als „Deutschlands oberste[n] Handlungsreisende[n]"[150], und die „Süddeutsche Zeitung" sprach etwas abfällig von „[d]er Kanzler als Krämer"[151].

i.) Politische Flankierung

Sowohl das Bundesministerium für Wirtschaft und Technologie als auch das Auswärtige Amt bieten deutschen Unternehmen projektbezogene politische Flankierung im Ausland. Beide Ministerien haben hierfür eine spezielle Anlauf- und Kontaktstelle bzw. einen Arbeitsstab eingerichtet. Bei ihrer Arbeit machen beide Ministerien nach eigenen Angaben keinen Unterschied zwischen mittelständischen Unternehmen und Großunternehmen. Zur Unterstützung ihrer Interessen im Ausland wenden sich insbesondere Großunternehmen häufig auch an das Bundeskanzleramt. Da die Anfragen an die verschiedenen Ressorts der Bundesregierung nicht bei einer Stelle zusammenlaufen und dementsprechend auch nicht zentral bearbeitet werden, bemängeln Kritiker, dass die Aktivitäten im Bereich der politischen Flankierung zu Ineffizienz und unnötiger Doppelarbeit neigen.[152]

j.) Finanzierungsinstrumente der KfW Bankengruppe

Das von der KfW Mittelstandsbank[153] bereitgestellte Förderprogramm *Unternehmerkredit Ausland* dient zur langfristigen und zinsgünstigen Finanzierung von Investitionen mittelständischer Unternehmen im Ausland. Nach dem so

---

148 o.V. 1996c, S. 15.

149 Vgl. Schmiese 2004. In der Überschrift des Artikels wird der „Bundespräsident als Zahlungseintreiber und Türöffner in Afrika" tituliert.

150 Haselberger 2003.

151 Strittmatter 2004, S. 4. Zur Reisetätigkeit von Gerhard Schröder siehe exemplarisch Goffart 2004, S. 7; Heilmann 2003, S. 6; Thiede 2004b; Rinke 2004c, S. 6; Berschens 2004, S. 10.

152 Vgl. Deutscher Bundestag Drucksache 15/746 vom 01. April 2003, S. 3; Ehrenfeld 2003, S. 66; Bundesministerium für Wirtschaft und Technologie 2006.

153 Am Grundkapital der KfW Bankengruppe sind der Bund mit 80% und die Länder mit 20% beteiligt. Vgl. KfW Bankengruppe 2004a, S. 6.

genannten Hausbankprinzip beantragen die Unternehmen den öffentlich rechtlichen Förderkredit nicht direkt bei der KfW Mittelstandsbank, sondern bei ihrer jeweiligen Hausbank, die diesen auch ausbezahlt.[154] Mit Hilfe des Programms, das prinzipiell für alle Zielländer und Wirtschaftszweige offen steht, können unter anderem die Gründung oder Akquisition von Unternehmen oder Unternehmensbeteiligungen, aber auch Markterschließungskosten wie Aufwendungen für Messen oder vorbereitende Marktanalysen finanziert werden. Seit dem 31. August 2005 kann der Anteil des KfW-Kredits an der Finanzierung der förderfähigen Kosten prinzipiell 100% betragen. Die gewährten Darlehen müssen durch banküblichen Sicherheiten gedeckt sein und es werden risikogerechte kundenindividuelle Zinssätze erhoben, die sich an der Entwicklung des Kapitalmarktes orientieren. Da Umschuldung oder Nachfinanzierung bereits begonnener Vorhaben ausgeschlossen sind, muss der Antrag vor Beginn des jeweiligen Vorhabens eingereicht werden.[155]

Da insbesondere Exporte von Investitionsgütern in der Regel einer langfristigen Finanzierung bedürfen, welche mit erheblichen Risiken verbunden ist, begrenzt in diesem Bereich häufig nicht die ausländische Nachfrage das Ausfuhrvolumen, sondern das für mittelständische Unternehmen verfügbare Kreditvolumen. Zur Finanzierung von Exporten in Entwicklungsländer stehen den Unternehmen Mittel aus dem KfW/ERP Exportfonds zur Verfügung. Die KfW IPEX-Bank gewährt die Darlehen an den ausländischen Besteller oder eine Bank im Zielland aus den Mitteln des ERP-Sondervermögens jedoch nur im Zusammenhang mit einer staatlichen Finanzkreditbürgschaft/-garantie (Hermes-Deckung).[156] Damit die öffentliche Exportunterstützung möglichst subventionsfrei erfolgt und kein internationaler Förderwettlauf entsteht, unterliegt die Zinsbildung des ERP-Exportfinanzierungsprogramms der Mindestzinsregel des OECD-Konsensus, demzufolge der monatlich fixierte Referenzzinssatz (CIRR – Commercial Interest Reference Rate) nicht unterschritten werden darf.[157]

Im Gegensatz zu einer Vielzahl von OECD-Mitgliedsstaaten stehen in Deutschland nur vergleichsweise wenige Exportkredite zur Verfügung, die mit öffentlichen Mitteln unterstützte werden. 2004 machten die mit staatlichen Mit-

---

[154] Die Mittelstandsdefinition der KfW weicht erheblich von den Abgrenzungsansätzen der Europäischen Kommission und des IfM Bonn ab. Laut KfW-Definition gelten Unternehmen als mittelständisch, wenn sie „sich mehrheitlich in Privatbesitz befinden" und ihr Jahresumsatz unter 500 Millionen Euro liegt, wobei der Umsatz sämtlicher verbundener Unternehmen berücksichtigt wird. Vgl. KfW Mittelstandsbank 2005, S. 1.

[155] Vgl. KfW Mittelstandsbank 2005, S. 1 f.

[156] Vgl. KfW IPEX-Bank 2004, S. 1 f.

[157] Vgl. Organisation for Economic Co-operation and Development 2005, S. 5.

teln unterstützten Ausfuhrdarlehen lediglich 5% der gesamten Exportfinanzierung der KfW Bankengruppe aus.[158]

3.3.2.3 Budgetvolumen

Im Haushalt 2004 des Bundeswirtschaftsministeriums wurden die Mittel der Titelgruppe *08 Maßnahmen im Bereich der Außenwirtschaft*, aus dem ein Großteil der Maßnahmen der Außenwirtschaftsförderung finanziert werden, von rund 121 auf knapp 170 Millionen Euro aufgestockt. Diese Erhöhung mag auf den ersten Blick so erscheinen, als hätte die Bundesregierung trotz ihrer Konsolidierungsbestrebungen eine Priorisierung der Außenwirtschaftsförderung innerhalb des Etats vorgenommen.[159] Eine genauere Betrachtung macht jedoch deutlich, dass die Mehrausgaben zwar zu einem Teil auf die Gründung der Standortmarketinggesellschaft *Invest in Germany* GmbH zurückzuführen sind, den größten Teil der zusätzlichen Mittel machte jedoch der deutsche Beitrag für die G 8-Partnerschaft zur Unterstützung Russlands bei der Abrüstung und Beseitigung nuklearer Abfälle aus.[160] Die Mittel für das Auslandsmesseprogramm und die Zuwendungen an die AHKs wurden verstetigt. Dies war auch im Bundeshauhalt 2006 der Fall, der in der Titelgruppe insgesamt Ausgaben von rund 169 Millionen Euro vorsieht. Für Auslandsmessebeteiligungen, die bfai und die Förderung der AHKs sowie weitere Maßnahmen zur Außenwirtschaftsförderung wurden 2006 im Haushalt des Bundeswirtschaftsministeriums insgesamt rund 114,5 Millionen Euro bereitgestellt.[161]

Eine Studie des Finanzwissenschaftlichen Forschungsinstituts der Universität zu Köln aus dem Jahre 2001 deutet darauf hin, dass die Auslandsmesseförderung des Bundes für die öffentliche Hand ein gutes Geschäft darstellt: Demnach hingen von den 70,5 Millionen DM, die der Bund 1999 für die Auslandsmesseförderung aufgewendet hat, bei vorsichtiger Schätzung direkte Exportumsätze in Höhe von 6,9 Milliarden DM ab, aus denen allein dem Bund 151 Millionen DM Steuereinnahmen zuflossen. Die Autoren der Studie kommen daher zu der Feststellung, dass sich das Auslandsmesseprogramm „als ‚revolvierender Fonds' in dem Sinne herausgestellt hat, dass deutlich mehr Steuereinnahmen gesichert als Haushaltsmittel aufgewendet werden“[162].

Zu den genannten Haushaltsmitteln müssen die Personalkosten hinzugerechnet werden. In der Abteilung V *Außenwirtschaftspolitik* des Bundeswirt-

[158] Vgl. KfW Bankengruppe 2005, S. 62.
[159] Vgl. o.V. 2003s, S. 13.
[160] Bundesministerium für Finanzen 2004. Die Titelgruppe umfasst außerdem auch die deutschen Beiträge an internationale Organisationen mit Sitz im Ausland die nicht zur Außenwirtschaftsförderung gezählt werden können.
[161] Vgl. Bundesministerium für Finanzen 2006.
[162] Krips; Thöne 2001, S. VI.

schaftsministeriums, die vier Unterabteilungen und 22 Referate umfasst, sind nach Angaben des Ministeriums rund 60 Mitarbeiter tätig, die sich direkt mit Außenwirtschaftsförderung beschäftigen.

Im Haushaltsgesetz des Bundes wird jährlich ein Ermächtigungsrahmen festgesetzt, der den Maximalbetrag für insgesamt zu übernehmende Garantien und Bürgschaften für Ausfuhrgeschäfte sowie gebundene Finanzkredite an ausländische Schuldner bildet. Im Haushaltsjahr 2006 beläuft sich der Ermächtigungsrahmen auf 117 Milliarden Euro. Nachdem 2005 Exportgeschäfte mit einem Auftragswert in Höhe von 19,8 Milliarden Euro neu in Deckung genommen worden waren, lag die bei der Bundeswertpapierverwaltung angeschriebene Höchsthaftung des Bundes (Obligo) zum Jahresende 2005 ohne Berücksichtigung der Zinsen bei 104,9 Milliarden Euro. Mit der Deckung für Zinsen in Höhe von 39 Milliarden Euro, die nicht auf den Rahmen angeschrieben werden, summierte sich die Höchsthaftung des Bundes einschließlich Zinsen auf 143,8 Milliarden Euro.[163]
Die neu übernommenen Deckungen für Exporte in Höhe von 19,8 Milliarden Euro stellten eines der höchsten Deckungsvolumen seit Einführung der Ausfuhrgewährleistung 1949 dar, entsprachen jedoch nur 2,5% der deutschen Gesamtexporte.[164] Eine Differenzierung des Anteils der gedeckten Exporte an den deutschen Gesamtausfuhren nach Ländergruppen zeigt, dass 0,3% in Industrieländer, 3,8% nach Mittel- und Osteuropa und 10,9% in Entwicklungsländer durch staatliche Ausfuhrgewährleistung gedeckt wurden.[165]
2005 beliefen sich die Entschädigungsleistungen des Bundes auf 695,1 Millionen Euro und lagen damit über denen des Jahres 2004 mit 558,5 Millionen Euro.[166] Trotz dieser Entschädigungsleistungen erzielte die Ausfuhrgewährleistung aufgrund von erheblichen Rückflüssen aus Umschuldungsabkommen 2005 einen Rekordüberschuss von 4,6 Milliarden Euro. Dadurch verringerte sich das in der Vergangenheit aufgelaufene Defizit des Bundeshaushalts auf 6,4 Milliarden Euro.[167]

Der im Bundeshaushalt festgesetzte Ermächtigungsrahmen, der den Maximalbetrag für insgesamt zu übernehmende Investitionsgarantien bildet, belief sich in den Haushaltsjahren 2004 und 2005 auf jeweils 40 Milliarden Euro. 2005

---

[163] Das tatsächliche Entschädigungsrisiko des Bundes, das sich aus den künftigen Fälligkeiten der gedeckten Beträge abzüglich der Selbstbeteiligung der Exporteure errechnet, belief sich Ende 2005 auf 56,7 Milliarden Euro. Vgl. Euler Hermes 2006, S. 88 ff.
[164] Vgl. Euler Hermes 2006, S. 92.
[165] Vgl. Euler Hermes 2006, S. 72.
[166] Vgl. Euler Hermes 2006, S. 87.
[167] Vgl. Euler Hermes 2006, S. 9; S. 87. Siehe hierzu auch die Ausführungen zu den Ausfuhrgewährleistungen der Bundesrepublik Deutschland auf S. 110.

übernahm der Bund für 127 Investitionsprojekte deutscher Unternehmen in Entwicklungs- und Schwellenländern neue Garantien mit einem Deckungsvolumen von insgesamt 3,6 Milliarden Euro. Damit lag am Jahresende 2005 die Höchsthaftung des Bundes (Obligo) bei 16,5 Milliarden Euro. 2005 musste der Bund keine Entschädigungszahlungen leisten. Insgesamt wurden im Rahmen des Garantieinstrumentariums bislang Entschädigungsleistungen in Höhe von 95,1 Millionen Euro erbracht.[168]

Im Rahmen ihres Förderprogramms *Unternehmerkredit Ausland* sagte die KfW Mittelstandsbank 2003 Förderkredite in Höhe von 35,3 Millionen Euro zu. 2004 wurden Auslandsinvestitionen mittelständischer Unternehmen in Höhe von 41,3 Millionen Euro finanziert.[169]

3.3.3 Länder

3.3.3.1 Historische Entwicklung

> [I]n einem globalisierten Weltmarkt konkurrieren nicht nur Staaten, sondern auch Regionen miteinander. Bayern steht im Wettbewerb mit Schleswig-Holstein und Sachsen, Katalonien mit Galizien und dem Baskenland. Aber unsere Regionen stehen auch im Wettbewerb mit den britischen Midlands, Kalifornien oder Singapur. Um uns fit für diese Situation zu machen, brauchen wir mehr Gestaltungsspielraum [...].[170]

Dieser Ausschnitt aus der Rede des bayerischen Ministerpräsidenten Edmund Stoiber anlässlich der Verleihung des Franz Josef Strauß-Preises 1998 an den damaligen spanischen Ministerpräsidenten José Maria Aznar verdeutlicht exemplarisch, dass sich die Länder der Bundesrepublik Deutschland der großen Herausforderungen bewusst sind, vor die sie durch die so genannte Globalisierung gestellt werden. Darüber hinaus lässt er erkennen, dass die Landesregierungen nicht gewillt sind, dem „direkteren und damit härteren Wettbewerb", der die politischen Handlungsmöglichkeiten zunehmend einschränkt, da sich „globalisierte Märkte und international tätige Unternehmen nicht mehr in das klassische Schema einer nationalen Volkswirtschaft pressen lassen",[171] tatenlos zuzusehen. Vielmehr beanspruchen die Bundesländer einen größeren Gestaltungsspielraum, um dem Handlungsdruck gerecht werden zu können. So fordert exemplarisch die Landesregierung von Schleswig-Holstein, „die rea-

---

[168] Vgl. PricewaterhouseCoopers 2006, S. 53; S. 60 ff.
[169] Vgl. KfW Bankengruppe 2005, S. 40.
[170] Stoiber 1998.
[171] Stoiber 1998.

le Handlungs- und Gestaltungsmacht aller Länder zu stärken"[172].
Die Forderung nach einer weitergehenden Beteiligung der Länder – ausdrücklich auch auf internationaler Ebene – scheint verständlich, da die Handlungsmöglichkeiten der Gliedstaaten immer stärker von externen Entwicklungen tangiert werden. So sind es gerade Politikfelder wie Wirtschaft, Umwelt, Soziales und Bildung, die in den Kompetenzbereich der Bundesländer fallen, in denen sich in den letzten Jahrzehnten eine zunehmende Tendenz zur Entgrenzung abgezeichnet hat. Durch ein verstärktes Engagement auch über nationale Grenzen hinweg versuchen die Länder daher, adäquat auf die erheblichen Veränderungen zu reagieren, die der globale Wettbewerb mit sich bringt.[173]

> Es bestätigt sich die Feststellung, dass in allen Bundesländern die außenwirtschaftliche Verflechtung für die regionale wirtschaftliche Entwicklung und für die Schaffung und Sicherung von Einkommen und Beschäftigung an Bedeutung gewonnen hat.[174]

Aufgrund der wachsenden Bedeutung der Außenwirtschaft für das Wirtschaftswachstum und die Beschäftigungssituation, haben alle Bundesländer in den vergangenen drei Jahrzehnten neben dem Bund ein eigenständiges Angebot an außenwirtschaftsfördernden Instrumenten und Maßnahmen aufgebaut, das zunehmend das System der Außenwirtschaftsförderung der Bundesrepublik Deutschland prägt. Auch wenn die Außenwirtschaftspolitik und die -förderung prinzipiell in das Aufgabengebiet des Bundes fallen, haben die Länder den Spielraum genutzt, den ihnen das föderale System für eine eigenständige Außenwirtschaftspolitik bietet. Dies hat dazu geführt, dass die öffentliche Außenwirtschaftsförderung in den letzten drei Jahrzehnten sowohl durch eine Zunahme der Aktivitäten als auch durch eine Ausdifferenzierung der Maßnahmen gekennzeichnet ist.[175]

Unter den Ländern nahm Baden-Württemberg, dessen Wirtschaft traditionell eine hohe außenwirtschaftliche Verflechtung aufweist, eine gewisse Vorreiterrolle ein. So heißt es in einer Stellungnahme des baden-württembergischen Ministeriums für Wirtschaft, Mittelstand und Verkehr zur Exportförderung für mittelständische Unternehmen:

---

[172] Schleswig-Holsteinischer Landtag Drucksache 15/231 vom 04. Juli 2000, S. 25.
[173] Vgl. Knodt 1998, S. 155; ähnlich Schultheis 2003, S. 85.
[174] Schleswig-Holsteinischer Landtag Drucksache 15/812 vom 15. März 2001, Anhang 1, S. 2; ähnlich Landtag Brandenburg Drucksache 02/5339 vom 10. Juni 1998, S. 1.
[175] Vgl. Ehrenfeld 1997, S. 17; Klesmann 2002, S. 1; ähnlich für den Bereich der Industriepolitik der Länder Bruch-Krumbein; Hochmuth 2000, S. 62.

> Die baden-württembergische Wirtschaft ist in hohem Maße exportorientiert. Dies ist auch ein Zeichen der internationalen Wettbewerbsfähigkeit unserer Wirtschaft, die es zu erhalten gilt. Das Land fördert daher im Rahmen der Mittelstandspolitik seit 1975 Maßnahmen mittelständischer Unternehmen zur Erschließung von Auslandsmärkten.[176]

Ferner kam eine Anhörung der baden-württembergischen CDU-Landtagsfraktion vom 10. Februar 1982 zu dem Ergebnis, dass das „Land Baden-Württemberg [...] eine bundesweit beispielhafte Exportförderpolitik"[177] betreibt.
Bis Anfang der achtziger Jahre entwickelten alle elf Länder der damaligen Bundesrepublik erste Instrumente und Maßnahmen zur Außenwirtschaftsförderung.[178]
Zwar avancierte die Bundesrepublik Deutschland auch bereits in den achtziger Jahren zum „Exportweltmeister"[179], dennoch hatten mehrere wissenschaftliche Studien deutlich gemacht, dass mittelständische Unternehmen mit grundsätzlich exportfähigem Leistungsspektrum im Außenhandel deutlich unterrepräsentiert waren und daher noch zusätzliche Exportpotenziale ausgeschöpft werden könnten, wenn diese durch flankierende wirtschaftspolitische Maßnahmen unterstützt würden.[180]
Auf der Grundlage dieser Erkenntnisse verstärkten in den achtziger Jahren sämtliche Bundesländer ihre Aktivitäten zur Außenwirtschaftsförderung. So gründete das Land Baden-Württemberg am 14. Dezember 1983 gemeinsam mit der Arbeitsgemeinschaft der Industrie- und Handelskammern in Baden-Württemberg sowie dem Landesverband der Baden-Württembergischen Industrie e.V. die als gemeinnützig anerkannte *Stiftung Exportförderung Baden-*

---

[176] Landtag von Baden-Württemberg Drucksache 08/2482 vom 16. März 1982, S. 3. Bereits seit 1973 förderte das Land den Export von land- und ernährungswirtschaftlichen Produkten. Vgl. Landtag von Baden-Württemberg Drucksache 08/2837 vom 05. Juli 1982, S. 4. Regionale Außenwirtschaftsförderung ist indessen kein neues Phänomen. Bereits Mitte des 19. Jahrhunderts wurde die einheimische Wirtschaft durch Maßnahmen wie Auslandsstipendien für heimische Handwerker, Exporthilfen sowie die Förderung der Teilnahme inländischer Firmen an Auslandsmessen bzw. der Organisation internationaler Messen im Inland unterstützt. Vgl. Epp 1992, S. 61 ff.; Knodt 1998, S. 162.

[177] Landtag von Baden-Württemberg Drucksache 08/2482 vom 16. März 1982, S. 3.

[178] Für eine detaillierte tabellarische Auflistung der Aktivitäten der einzelnen Bundesländer im Bereich Außenwirtschaft Anfang der achtziger Jahre siehe Schleswig-Holsteinischer Landtag Drucksache 10/691 vom 19. Oktober 1984, S. 133-143. Dort findet sich auch eine Übersicht über die Rechtsgrundlagen und die Zeitpunkte der Einführung. Ein Überblick über die Budgetmittel, die die Bundesländer für die Förderung der Teilnahme mittelständischer Unternehmen an ausländischen Messen in den Jahren 1979 und 1980 zur Verfügung stellen, findet sich in Deutscher Bundestag Drucksache 08/3525 vom 20. Dezember 1979, S. 7.

[179] Vgl. Welge; Holtbrügge 2003, S. 20; Sinn 2005; S. 79.

[180] Vgl. exemplarisch Thürbach; Geiser 1981; Schwarting; Wittstock 1981.

Württemberg.[181] Darüber hinaus versuchte das Land mit der Neukonzeption und dem Ausbau des Exportförderungsprogramms dem Wachstumspotenzial Rechnung zu tragen, das nach Auffassung der Landesregierung mit einer umfassenden Exportoffensive zusätzlich erschlossen werden könnte.[182]
Auch wenn die schleswig-holsteinische Landesregierung die Auffassung vertrat, dass die „Außenwirtschaftsförderung primär eine Aufgabe der Selbstverwaltungsinstitutionen der Wirtschaft ist“[183], vervierfachte das Land 1984 seinen Haushaltsansatz für die Messeförderung,[184] worin einige den eigentlichen Beginn der schleswig-holsteinischen Politik zur Außenwirtschaftsförderung sehen.[185]
Wie die Landesregierung von Nordrhein-Westfalen, die in der Regierungserklärung des damaligen Ministerpräsidenten Johannes Rau vom 10. Juni 1985 die „Stärkung der Außenwirtschaft“[186] zu einem Schwerpunkt ihrer Regierungsarbeit erklärte, intensivierten sämtliche Länder die Förderung außenwirtschaftlicher Aktivitäten und entwickelten eigene Förderinstrumentarien.
Seit ihrem Beitritt zur Bundesrepublik Deutschland am 03. Oktober 1990 betreiben auch die fünf ostdeutschen Bundesländer in eigener Kompetenz und Verantwortung aktiv Außenwirtschaftsförderung. Am Beginn der Aktivitäten standen Forderungen wie etwa nach einem „Sofortprogramm zur Stabilisierung der Ostmärkte und Exportaufträge sächsischer Industrie“ vom 15. No-

[181] Ab dem 1. Januar 1987 übernahm die Stiftung unter dem Namen *Stiftung Außenwirtschaft Baden-Württemberg* auch die Aufgabe, ausländische Unternehmen in Baden-Württemberg anzusiedeln. Da das neue Betätigungsfeld nicht mehr unter den Tatbestand der Gemeinnützigkeit fiel, wurde die Stiftung Ende der achtziger Jahre aufgelöst und ihre Aufgaben an die dafür neu gegründete *Gesellschaft für internationale und wirtschaftliche Zusammenarbeit Baden-Württemberg mbH* (GWZ) übertragen. Im Jahr 2004 wurde die Gesellschaft erneut umbenannt. Nachdem das Aufgabenspektrum des Unternehmens um die operative Durchführung von Marketingmaßnahmen für den Hochschul- und Forschungsstandort Baden-Württemberg erweitert wurde, firmiert die Gesellschaft nunmehr unter dem Namen *Baden-Württemberg International – Gesellschaft für internationale wirtschaftliche und wissenschaftliche Zusammenarbeit mbH* (BW-i). Gleichzeitig wurde der Kreis der Gesellschafter erweitert, wobei das Land Baden-Württemberg mit einem Anteil von 51% am Gesellschaftskapital weiterhin Mehrheitseigner ist und mit dem Landeswirtschaftsminister auch den Vorsitzenden des Aufsichtsrates stellt. Vgl. Landtag von Baden-Württemberg Drucksache 10/2525 vom 21. November 1989, S. 2; Landtag von Baden-Württemberg Drucksache 10/2930 vom 26. Januar 1990, S. 29 f.; Landtag von Baden-Württemberg Drucksache 13/3070 vom 29. März 2004, S. 7 f.; Landtag von Baden-Württemberg Drucksache 13/3652 vom 05. November 2004, S. 13; Landtag von Baden-Württemberg Drucksache 13/4320 vom 11. Mai 2005, S. 2.
[182] Vgl. Landtag von Baden-Württemberg Drucksache 9/2912 vom 03. April 1986, S. 2; S. 7.
[183] Schleswig-Holsteinischer Landtag Drucksache 10/691 vom 19. Oktober 1984, S. 50.
[184] Vgl. Schleswig-Holsteinischer Landtag Drucksache 10/691 vom 19. Oktober 1984, S. 53.
[185] Vgl. Schleswig-Holsteinischer Landtag Plenarprotokoll 15/17 vom 17. November 2000, S. 1244.
[186] Vgl. Landtag Nordrhein-Westfalen Plenarprotokoll 10/3 vom 10. Juni 1985, S. 30; S. 33; Landtag Nordrhein-Westfalen Plenarprotokoll 10/9 vom 13. November 1985, S. 494.

vember 1990[187] oder nach der Förderung des Handels mit in Mecklenburg-Vorpommern produzierten bzw. aus einheimischen Rohstoffen produzierten Erzeugnissen vom 07. Dezember 1990[188]. Als Begründung für ein verstärktes Engagement des Landes in diesem Bereich, führte etwa der damalige SPD-Abgeordnete Rainer Beckmann aus:

> Die Situation in unseren Exportbetrieben ist gegenwärtig so, dass der Auftragsbestand sehr weit zurückgegangen ist und hier dringend landespolitische Unterstützung gefordert ist, um unsere Position auf den Ostmärkten zu behaupten.[189]

Darüber hinaus stellte der Übergang von der zentral gelenkten Planwirtschaft der ehemaligen DDR zum marktwirtschaftlichen System die neugegründeten oder privatisierten Unternehmen in den neuen Bundesländern vor große Herausforderungen. Denn auch das Auslandsgeschäft wurde nun nicht mehr über spezielle Außenhandelsbetriebe, die dem Ministerium für Außenhandel unterstanden, abgewickelt wurde, sondern musste von den einzelnen Unternehmen selbst betrieben werden.[190] So konstatiert eine Beschlussempfehlung des Wirtschaftsausschusses von Mecklenburg-Vorpommern bezüglich des Auslandsengagements der heimischen Unternehmen:

> Aufgrund mangelnder Erfahrungen, aber auch wegen der großen Anstrengungen zur Behauptung am Inlandsmarkt sind viele Unternehmen personell, zeitlich und finanziell nicht in der Lage, die notwendigen Aktivitäten zu unternehmen.[191]

Zwar machten die Forderungen nach einem aktiven Engagement des Staates im Bereich der Außenwirtschaftsförderung in den Augen einiger Beobachter deutlich, „wie sehr doch manche von uns noch den alten DDR-Verhältnissen nachtrauern: Es möge doch die Finanzministerin in ihrer hohen Funktion veranlassen, daß einheimische Erzeugnisse gekauft werden müssen [...]. Das ist doch wohl Zentralismus reinster Kultur. Dabei wollten wir uns gerade davon verabschieden“[192]. Dennoch ergriffen alle neuen Bundesländer Maßnahmen,

---

[187] Sächsischer Landtag Drucksache 01/34 vom 15. November 1990; Sächsischer Landtag Drucksache 01/89 vom 04. Januar 1991; ähnlich Sächsischer Landtag Plenarprotokoll 01/6 vom 13. Dezember 1990, S. 207 f.

[188] Landtag Mecklenburg-Vorpommern Drucksache 01/74 vom 07. Dezember 1990; Landtag Mecklenburg-Vorpommern Plenarprotokoll 01/7 vom 13. Dezember 1990, S. 195 ff.

[189] Landtag Mecklenburg-Vorpommern Plenarprotokoll 01/10 vom 30. Januar 1991, S. 324.

[190] Vgl. BVerfG, 2 BvR 890/00 vom 10. Dezember 2004, Absatz-Nr. 4.

[191] Landtag Mecklenburg-Vorpommern Drucksache 01/3265 vom 15. Juni 1993, S. 1.

[192] Landtag Mecklenburg-Vorpommern Plenarprotokoll 01/7 vom 13. Dezember 1990, S. 196.

um die in ihnen ansässigen Unternehmen auf ausländischen Märkten zu unterstützen.[193] So machte der damalige Ministerpräsident von Sachsen-Anhalt, Reinhard Höppner, in seiner Regierungserklärung deutlich:

> Die Unternehmen [...] müssen in ihren Exportbemühungen wirkungsvoll unterstützt werden. Als wichtigen Beitrag dazu bieten wir Förderung, Beratung und Betreuung der Unternehmen durch externe Berater und die Bezuschussung von Markterschließungsmaßnahmen an.[194]

Trotz der vielfältigen Instrumente und Maßnahmen, die von staatlicher Seite in den vergangenen Jahrzehnten zur Erhöhung der Außenwirtschaftsorientierung kleiner und mittlerer Unternehmen entwickelt und durchgeführt wurden, besteht nach Einschätzung der wirtschaftspolitischen Entscheidungsträger auch weiterhin ein erheblicher Bedarf an einer aktiven staatlichen Außenwirtschaftsförderung.[195] So haben laut einer Untersuchung des IfM Bonn beispielsweise allein in Nordrhein-Westfalen rund 25.000 mittelständische Unternehmen Produkte, die international marktfähig wären, aber nur etwa 600 dieser Unternehmen nutzten bis dato die Fördermaßnahmen des Landes.[196] Daher heißt es in einem Antrag des nordrhein-westfälischen Landtags zur Außenwirtschaftsförderung:

> Der Landtag fordert die Landesregierung auf, diesen Instrumentenmix dynamisch fortzuschreiben und bei künftigen Haushaltsansätzen die enorme Bedeutung der Außenwirtschaft für die Entwicklung der gesamten nordrhein-westfälischen Wirtschaft zu berücksichtigen.[197]

2003 verfügten lediglich sieben Bundesländer (44%) über ein von der Landesregierung und/oder dem Landtag beschlossenes Konzept zur Außenwirtschaftsförderung.[198] Dennoch wird die Förderung der Außenwirtschaft in keinem Bundesland als ad hoc Aktivität angesehen. Vielmehr räumen die Bundesländer der Außenwirtschaftsförderung einen so hohen Stellenwert ein, dass speziell für diesen Bereich eine Vielzahl von spezifischen Institutionen und Maßnahmen geschaffen wurde. Wie auf Bundesebene sind auch in den

---

[193] Siehe exemplarisch Sächsischer Landtag Drucksache 02/1913 vom 03. November 1995, S. 3; Landtag Mecklenburg-Vorpommern Drucksache 01/4692 vom 21. Juli 1994, S. 88.
[194] Landtag von Sachsen-Anhalt Drucksache 02/100 vom 08. September 1994, S. 7.
[195] Vgl. Steiner 2003, S. 26.
[196] Vgl. Landtag Nordrhein-Westfalen Drucksache 13/6036 vom 28. September 2004, S. 3; Massmann 2001.
[197] Landtag Nordrhein-Westfalen Drucksache 13/6036 vom 28. September 2004, S. 3.
[198] Vgl. Eigene Erhebung 2003.

Ländern verschiedene Ressorts mit dem Thema befasst.[199] Darüber hinaus haben sämtliche Länder Wirtschaftsfördergesellschaften[200] gegründet oder mitinitiiert, die in Zusammenarbeit mit den Wirtschaftsministerien und anderen Landesbehörden eigenverantwortlich Außenwirtschaftsförderung betreiben.[201] So gehört beispielsweise seit Ende der achtziger Jahre die Unterstützung nordrhein-westfälischer Unternehmen bei der Erschließung internationaler Märkte zum Aufgabenbereich der 1960 gegründeten Gesellschaft zur Wirtschaftsförderung Nordrhein-Westfalen mbH (GfW).[202] In einem Bericht der schleswig-holsteinischen Landesregierung zur Situation der Außenhandelswirtschaft heißt es:

> Die Außenwirtschaftspolitik bedient sich seit dem Jahre 1994 vor allem der Wirtschaftsförderung Schleswig-Holstein GmbH (WSH). Sie ist eine Gemeinschaftsgründung des Landes (51 Prozent) und der drei Industrie- und Handelskammern (49 Prozent) und hat neben der Ansiedlung neuer Unternehmen in Schleswig-Holstein insbesondere die Förderung von Auslandsaktivitäten der Wirtschaft zur Aufgabe.[203]

In einer Drucksache des Senats der Freien und Hansestadt Hamburg wird zur selben Thematik ausgeführt:

> Die Freie und Hansestadt Hamburg selbst unterhält keine Vertretungen in den osteuropäischen Nachbarländern. Die

---

[199] Vgl. Landtag von Baden-Württemberg Drucksache 13/3672 vom 20. Oktober 2004, S. 4.

[200] Hierzu zählen beispielsweise Bayern International – Bayerische Gesellschaft für Internationale Wirtschaftsbeziehungen mbH, Baden-Württemberg International – Gesellschaft für internationale wirtschaftliche und wissenschaftliche Zusammenarbeit mbH (BW-i), die Gesellschaft zur Wirtschaftsförderung Nordrhein-Westfalen mbH (GfW) oder die Thüringer Außenwirtschaftsfördergesellschaft mbH (TAF). Eine vollständige Liste aller Gesellschaften findet sich bei Ehrenfeld 2003, S. 113 f.

[201] Vgl. exemplarisch Thüringer Landtag Drucksache 02/1532 vom 02. Dezember 1996, S. 1; Schleswig-Holsteinischer Landtag Drucksache 15/1847 vom 30. April 2002, S. 38; Bremische Bürgerschaft Drucksache 15/1143 vom 07. Mai 2002, S. 2.

[202] Vgl. Landtag Nordrhein-Westfalen Ausschussprotokoll 13/608 vom 13. Juni 2002, Anlage 1, S. 3. Zur aktuellen Diskussion in Nordrhein-Westfalen, die Außenwirtschaftsförderung institutionell neu zu ordnen, siehe o.V. 2005a, S. A4; Ministerium für Wirtschaft, Mittelstand und Energie des Landes Nordrhein-Westfalen 2006, S. 9 f.

[203] Schleswig-Holsteinischer Landtag Drucksache 15/812 vom 15. März 2001, S. 9. Siehe auch Schleswig-Holsteinischer Landtag Drucksache 15/1827 vom 30. April 2002, S. 4. Dort heißt es: „Wichtigstes Instrument des Landes ist die Wirtschaftsförderung Schleswig-Holstein GmbH (WSH), [...].“ Die WSH beschäftigt 18 Angestellte, die zwischen 50 und 60% ihrer Arbeitskraft für den Bereich Außenwirtschaftsförderung aufwenden. Im Rahmen einer institutionellen Förderung trägt das Land 95% des jährlichen Etats, während die drei Industrie- und Handelskammern 5% beisteuern. Darüber hinaus erhält die Gesellschaft im Rahmen der Projektförderung weitere Mittel aus dem Landeshaushalt. Vgl. Schleswig-Holsteinischer Landtag Drucksache 15/812 vom 15. März 2001, Anhang 2, S. 3.

> Ansiedlung ausländischer [...] Unternehmen in Hamburg einschließlich entsprechender Präsenz vor Ort ist Aufgabe der Hamburger Gesellschaft für Wirtschaftsförderung (HWF), die der Behörde für Wirtschaft und Arbeit zugeordnet ist.[204]

In einer schematischen Darstellung kann die Außenwirtschaftsförderung der Länder für mittelständische Unternehmen als dreistufiges System charakterisiert werden: Während die jeweiligen wirtschaftspolitischen Entscheidungsinstanzen die allgemeinen Zielvorgaben der Außenwirtschaftsförderung definieren und die strategische Planung übernehmen, liegt die Zuständigkeit der konkreten Ausgestaltung und die praktische Abwicklung der Förderprogramme bei speziellen Fördereinrichtungen wie den Wirtschaftsfördergesellschaften.

Graphik 3-3 Idealtypische Darstellung der institutionellen Ausgestaltung der Außenwirtschaftsförderung

Befürworter einer solchen klaren Aufgabentrennung wie z.B. der baden-württembergische Rechnungshof betonen, dass auf diese Weise Spezialisierungsvorteile der Förderinstitutionen genutzt werden könnten, da die privaten und/oder öffentlichen Institutionen aufgrund ihrer Organisationsstruktur und Erfahrung in der Lage seien, die Fördermaßnahmen effizienter abzuwickeln als die wirtschaftspolitischen Entscheidungsinstanzen. Darüber hinaus steigert eine klare Aufgabentrennung die Kostentransparenz.[205] Da jedoch sämtliche Akteure immer auch Einzelinteressen verfolgen, erhöht die Einbeziehung mehrerer Instanzen in die Fördervergabe andererseits die Anreizprobleme, wie sie von Norbert Schultes analysiert wurden.[206]

---

204 Bürgerschaft der Freien und Hansestadt Hamburg Drucksache 17/926 vom 07. Juni 2002, S. 2.
205 Vgl. Landtag von Baden-Württemberg Drucksache 13/3672 vom 20. Oktober 2004, S. 4; S. 6; Rosenschon 2005, S. 7; ähnlich Ministerium für Wirtschaft, Mittelstand und Energie des Landes Nordrhein-Westfalen 2006, S. 9 f.
206 Vgl. Schultes 2003.

Trotz einiger kritischer Stimmen wie beispielsweise des CDU-Abgeordneten Andreas Petters, der vor dem Landtag von Mecklenburg-Vorpommern konstatierte, dass „Themen der Absatzförderhilfen zurzeit nicht im Mittelpunkt der Wirtschaftspolitik des Landes“[207] stünden, ist bei den wirtschaftspolitischen Entscheidungsträgern sämtlicher Bundesländer eine positive Einstellung hinsichtlich der Außenwirtschaftsförderung festzustellen. Dessen ungeachtet bestehen bei den Fördermechanismen und den zur Verfügung stehenden Ressourcen erhebliche Unterschiede zwischen den einzelnen Bundesländern. Insbesondere die süddeutschen Länder und Nordrhein-Westfalen verfügen im Vergleich zum Norden und Osten Deutschlands über eine umfangreiche und ausdifferenzierte Förderlandschaft.[208]

3.3.3.2 Zielsetzungen

a.) Allgemeine Zielvorstellungen

Der Formulierung wirtschaftspolitischer Zielsetzungen liegen grundsätzlich normative Werturteile zugrunde.[209] Daher ist es wenig verwunderlich, dass in den verschiedenen Bundesländern im Bereich der Außenwirtschaftsförderung eine Reihe von unterschiedlichen Zielvorstellungen vorzufinden ist. Grundsätzlich können als Hauptziele der regionalen Wirtschaftspolitik jedoch vor allem die Förderung der heimischen Beschäftigung und die Steigerung des regionalen Pro-Kopf-Einkommens angesehen werden.[210] So beginnt beispielsweise das Außenwirtschaftskonzept des Landes Baden-Württemberg mit den Worten:

> Die Sicherung und Schaffung von Arbeitsplätzen in Baden-Württemberg wird von der Landesregierung als erstes und wichtigstes wirtschaftspolitisches Ziel verfolgt. Diesem Ziel dienen auch die Maßnahmen im Ausland.[211]

Demnach sollen die Maßnahmen des Landes im Rahmen der Außenwirtschaftsförderung dazu dienen, „die Wettbewerbsfähigkeit der Unternehmen zu verbessern bzw. auf Weltniveau zu halten und ihnen den Zugang zum Weltmarkt zu erleichtern“[212]. In Bundesländern, die bisher eine relativ niedrige Exportquote aufweisen, zielen die außenwirtschaftlichen Aktivitäten der Landesregierungen darauf ab, die Auslandsorientierung der Unternehmen zu erhöhen: „Das Ziel der schleswig-holsteinischen Wirtschaftspolitik ist es, mit der

---

[207] Landtag Mecklenburg-Vorpommern Plenarprotokoll 04/11 vom 13. März 2002, S. 451.
[208] Vgl. Held 2000, S. 37 f.; Müller 2004, S. 111.
[209] Vgl. Held 2000, S. 39 Fn. 25.
[210] Vgl. Gray; Dunning 2000, S. 411; Brown; Raines 2000, S. 435.
[211] Staatsministerium Baden-Württemberg o. J., S. 1.
[212] Staatsministerium Baden-Württemberg o. J., S. 1.

Exportquote zum Bundesdurchschnitt aufzuschließen."[213] Und die brandenburgische Landesregierung schreibt:

> Trotz der Erfolge der letzten Jahre besitzt die Exportwirtschaft in Brandenburg noch bei weitem nicht den Stellenwert wie in den Altbundesländern. [...] Im Export liegt für Brandenburg (und Ostdeutschland) eine der wichtigsten Wachstumschancen überhaupt. Würde die ‚Exportlücke' geschlossen, könnten in Brandenburg etwa 30.000-40.000 zusätzliche Arbeitsplätze entstehen[214].

In strukturschwachen beziehungsweise von „Altindustrien" geprägten Ländern, wie etwa der Freien Hansestadt Bremen, soll die Außenwirtschaftsförderung darüber hinaus einen „wesentlichen Beitrag zum Sanierungsprogramm"[215] leisten.

Von Seiten der Länder wird in diesem Zusammenhang immer wieder betont, dass die öffentliche Förderung zwar unterstützend wirken könne, dass jedoch die Eigeninitiative der privaten Unternehmen von zentraler Bedeutung sei. Diese Position unterstreicht die Sächsische Staatsregierung und macht gleichzeitig darauf aufmerksam, dass von Seiten der Wirtschaft zum Teil weitergehende staatliche Aktivitäten eingefordert werden:

> Grundsätzlich gehört der Absatz von Produkten und Dienstleistungen zu den unternehmerischen Kernaufgaben. Staatliche Förderung in diesem Bereich sollte daher subsidiären Charakter haben und keinesfalls dazu führen, dass die Verantwortung für unternehmerische Absatzerfolge beim Staat gesucht wird (Hilfe zur Selbsthilfe).
> Insoweit sind vormals zum Teil überhöhte Erwartungen der Unternehmen an staatliche Maßnahmen zurückgegangen und einer realistischen Betrachtungsweise gewichen.[216]

Noch deutlicher formuliert der CDU-Abgeordnete Adolf Spotka in einer Rede vor dem Landtag von Sachsen-Anhalt die ordnungspolitischen Grenzen einer regionalen Außenwirtschaftsförderung:

> [D]ie Exportschwäche [...] der sachsen-anhaltinischen Wirtschaft [kann] nicht das Land lösen. Die staatliche Hilfe ist nicht subsidiär, sie kann lediglich eine ‚Geländerfunktion'

[213] Schleswig-Holsteinischer Landtag Drucksache 15/812 vom 15. März 2001, S. 2; ähnlich Schleswig-Holsteinischer Landtag Drucksache 15/1827 vom 30. April 2002, S. 19.
[214] Landtag Brandenburg Drucksache 03/3715 vom 17. Dezember 2001, S. 6.
[215] Bremen 1998, S. 33.
[216] Sächsischer Landtag Drucksache 02/5316 vom 12. März 1997, S. 2; ähnlich Niedersächsischer Landtag Drucksache 10/3996 vom 25. Februar 1985, S. 8; Landtag Brandenburg Drucksache 02/5339 vom 10. Juni 1998, S. 3.

> beim Aufbau einer Exportbasis wahrnehmen [...]. Diese Geländerfunktion aber [...] läuft ins Leere, wenn es den Unternehmen nicht gelingt, sich selbst zu internationaler Wettbewerbsfähigkeit zu ertüchtigen.[217]

b.) Förderung mittelständischer Unternehmen

Wie die Bundesregierung sehen auch die Länder kleine und mittlere Unternehmen als Hauptzielgruppe ihrer Förderaktivitäten. Im Mittelpunkt ihrer Förderprogramme stehen daher die im jeweiligen Bundesland ansässigen mittelständischen Unternehmen. Hauptziel ist dabei der Ausgleich von strukturellen Nachteilen und Hemmnissen, die dem Mittelstand im Vergleich zu Großunternehmen zugeschrieben werden, um somit für den Internationalisierungsprozess identische Ausgangsbedingungen zu schaffen.

> Bevor mittelständische Unternehmen den Schritt über die Grenze wagen, haben sie in der Regel eine Reihe von Exporthemmnissen zu überwinden. Die Landesregierung leistet einen Beitrag zum Ausgleich der Nachteile, die mittelständischen Unternehmen dabei allein aus ihrer Betriebsgröße erwachsen.[218]

Darüber hinaus sollen kleine und mittlere Unternehmen prinzipiell zu einer stärkeren außenwirtschaftlichen Ausrichtung und Verflechtung angeregt werden. Hierzu sollen ihnen von Seiten des Staates entsprechende Anknüpfungspunkte aufgezeigt werden. Zu diesem Ansatz führte der CDU-Abgeordnete Andreas Petters vor dem mecklenburg-vorpommerischen Landtag exemplarisch aus:

> Der Bereich Außenwirtschaft – auch Export genannt –, der ist in Mecklenburg-Vorpommern leider nur ein kleiner Bereich, weil auch ein sehr schwieriger für ein neues Bundesland, muss unter dem Motto gesehen werden: ‚Schwächen schwächen'. Hier muss unseren Unternehmern Mut gemacht werden, trotzdem dieses sehr, sehr schwierige Feld zu beackern.[219]

Hinsichtlich der konzeptionellen Ausrichtung der Landesprogramme konstatieren Beobachter im Vergleich zu den Fördermaßnahmen des Bundes eine deutlichere Akzentuierung der Mittelstandsförderung.[220] So ergab eine Analyse des Berliner Außenwirtschaftsförderprogramms *Neue Märkte erschließen*, dass 97% der zwischen 2001 und 2003 im Rahmen des Programms bewillig-

---

[217] Landtag von Sachsen-Anhalt Plenarprotokoll 02/21 vom 18. Mai 1995, S. 1437.
[218] Niedersächsischer Landtag Drucksache 14/3550 vom 03. Juli 2002, S. 66.
[219] Landtag Mecklenburg-Vorpommern Plenarprotokoll 04/11 vom 13. März 2003, S. 451.
[220] Vgl. Schrage 1996, S. 173; Ernst 1999, S. 149; Glania 2002, S. 44.

ten Fördermittel Klein- und Kleinstunternehmen zur Verfügung gestellt wurden.[221] Und die Landesregierung Schleswig-Holstein bekräftigt:

> Die Außenwirtschaftspolitik der Landesregierung hat in der Vergangenheit der Tatsache Rechnung getragen, dass die großen Unternehmen ihren Weg auf die Auslandsmärkte selbst finden, die im Lande vorherrschenden kleinen und mittleren Unternehmen ihre Potenziale jedoch oftmals nur mit öffentlicher Unterstützung erschließen können.[222]

Dies schließt allerdings auch auf Länderebene die Teilnahme von Großunternehmen an einzelnen Fördermaßnahmen nicht kategorisch aus. In der Richtlinie des Außenwirtschaftsförderungsprogramms für kleine und mittlere Unternehmen (AWF) des Saarlandes, die die Grundlage für die Abwicklung der Fördermaßnahmen bildet, heißt es:

> Für die Teilnahme an Markterkundungsreisen, Firmengemeinschaftsständen der ZPT [Zentrale für Produktivität und Technologie Saar] und Firmenpools können Ausnahmen zugelassen werden, wenn die Teilnahme einzelner Firmen für den Erfolg des Projektes erheblich erscheint.[223]

Neben der Förderung mittelständischer Unternehmen zählt die hessische Landesregierung auch „die Unterstützung von Großunternehmen, insbesondere in den Ländern, in denen die wichtigen wirtschaftlichen Entscheidungen von Regierungsstellen gefällt werden“[224], zu den Schwerpunkten ihrer Außenwirtschaftpolitik.
Entgegen der generellen Einschätzung einer starken Mittelstandsorientierung der Länderprogramme übt die Fraktion der Grünen im Bayerischen Landtag scharfe Kritik an der Außenwirtschaftsförderung des Freistaates:

> Die Außenwirtschaftsförderung der Staatsregierung zeichnet sich durch Intransparenz und Bevorzugung von Großunternehmen aus, die für ihr Engagement im Ausland keine zusätzliche staatliche Subventionierung benötigen.[225]

c.) Definition von Zielmärkten

Thematisch können die Ziele der Außenwirtschaftsförderung auf Länderebene nach regionalen und sektoralen Kriterien kategorisiert werden. Im Mittelpunkt

---

[221] Vgl. Boston Consulting Group 2004, S. 81.
[222] Schleswig-Holsteinischer Landtag Drucksache 15/812 vom 15. März 2001, S. 2.
[223] Amtsblatt des Saarlandes vom 29. Dezember 2000, S. 2186.
[224] Hessischer Landtag Plenarprotokoll 14/51 vom 07. November 1996, S. 3000 f.
[225] Bayerischer Landtag Drucksache 13/6311 vom 14. November 1996, S. 1; ähnlich Bayerischer Landtag Drucksache 14/359 vom 11. Februar 1999, S. 1.

der regional orientierten Zielsetzungen steht das Bestreben, die wirtschaftlichen Beziehungen der kleinen und mittleren Unternehmen zu den Wachstumsregionen in Asien, Lateinamerika sowie Mittel- und Osteuropa zu verstärken. Dabei zeigt sich, dass aufgrund der knappen öffentlichen Haushaltslage die Ressourcen, die der Außenwirtschaftsförderung zur Verfügung stehen, stark limitiert sind, was einen weltweit gleich intensiven Einsatz unmöglich macht.[226] So betont der damalige Minister für Wirtschaft und Technologie des Landes Sachsen-Anhalt, Klaus Schucht:

> Wir müssen uns konzentrieren, auf bestimmte Regionen, auf bestimmte Branchen. Wir können nicht alles. Wir können nicht von Abu Dhabi bis Tokio präsent sein.[227]

2003 fokussierten 14 Bundesländer ihrer Förderaktivitäten auf Staaten, Märkte und Regionen, die nach ihrer Einschätzung die größten Wachstumspotenziale bieten. Ein weiteres Land plante seine Aktivitäten zukünftig dahingehend auszurichten.[228] Diese Bestrebungen konkretisiert der damalige Minister für Wirtschaft, Technologie und Verkehr des Landes Schleswig-Holstein, Bernd Rohwer:

> Eine sorgfältige Analyse der Exportbeziehungen zeigt, dass in nächster Zeit eine regionale Konzentration [...] auf den Ostseeraum, Osteuropa, Westeuropa, Ostasien und Amerika sinnvoll ist. Das ist eine Beschränkung, die nicht zu groß, aber auch nicht zu klein ist.[229]

Ein Gutachten der Boston Consulting Group für die Berliner Senatsverwaltung fordert: „Zudem sollten künftig verstärkt [...] wachstumsstarke Zielländer für Berlin definiert und ausgewählt werden.“[230] Eine zurückhaltendere Meinung vertritt die Landesregierung von Sachsen-Anhalt:

---

[226] Während die meisten Länder die Förderung der Außenwirtschaft aus dem laufenden Haushalt finanzieren, hat der Freistaat Bayern zusätzlich im Zuge der *Offensive Zukunft Bayern* aus den Privatisierungserlösen der neunziger Jahre hierfür eine Stiftung gegründet. Vgl. Bayerischer Landtag Drucksache 13/5697 vom 01. Oktober 1996, S. 2; Landtag Nordrhein-Westfalen Ausschussprotokoll 13/608 vom 13. Juni 2002, S. 6; Bayern International o.J., S. 5.

[227] Landtag von Sachsen-Anhalt Plenarprotokoll 02/21 vom 18. Mai 1995, S. 1441; ähnlich Bremische Bürgerschaft Drucksache 13/970 vom 15. August 1994, S. 5 f.; Schleswig-Holsteinischer Landtag Drucksache 15/1827 vom 30. April 2002, S. 20.

[228] Vgl. Eigene Erhebung 2003; sowie exemplarisch Landtag von Baden-Württemberg Drucksache 12/1405 vom 23. April 1997, S. 8; Bremen 1998, S. 17; Landtag Nordrhein-Westfalen Drucksache 13/1602 vom 24. September 2001, S. 3; Landtag Rheinland-Pfalz Plenarprotokoll 13/78 vom 21. Januar 1999, S. 6023; ähnlich Landtag Brandenburg Drucksache 02/5339 vom 10. Juni 1998, S. 2.

[229] Schleswig-Holsteinischer Landtag Plenarprotokoll 15/30 vom 10. Mai 2001, S. 2218; ähnlich Schleswig-Holsteinischer Landtag Drucksache 15/812 vom 15. März 2001, S. 2.

[230] Boston Consulting Group 2004, S. 82.

> Bei allen diesbezüglichen Überlegungen darf [...] nicht übersehen werden, dass es zunächst und an erster Stelle Aufgabe der Unternehmen ist, ihre Schwerpunktmärkte zu definieren[231].

Eine gezielte regionale Schwerpunktsetzung fordern auch die Spitzenorganisationen der deutschen Wirtschaft. In ihrem Forderungspapier zur 16. Legislaturperiode heißt es im Bezug auf Delegationsreisen: „Diese Reisen sollten entsprechend der Wachstums- und Entwicklungspotenziale auf Schwerpunktländer konzentriert werden.“[232]

d.) Definition von Schwerpunktbranchen

Die schwierige öffentliche Finanzlage macht sich auch in sektoraler Hinsicht bemerkbar. Unter dem Motto „Stärken stärken“ setzen die Förderaktivitäten der Länder insbesondere bei Wirtschaftszweigen an, in denen ein hohes Maß an regionaler Kompetenz und Zukunftsfähigkeit diagnostiziert wird.
2003 nahmen 12 Bundesländer bei ihren Förderaktivitäten eine Fokussierung auf bestimmte Wirtschaftszweige oder Branchen vor, in denen ein hohes Maß an regionaler Kompetenz und/oder Zukunftsfähigkeit diagnostiziert wurde.[233] Ein Beispiel hierfür ist die Außenwirtschaftskonzeption des Landes Nordrhein-Westfalen, die 2002 im Auftrag des Ministeriums für Wirtschaft und Mittelstand, Energie und Verkehr (MWMEV) durch ein externes privates Beratungsunternehmen erarbeitet wurde.[234] Im Zuge der Analyse wurden 14 Branchen ermittelt, in denen für die nordrhein-westfälische Wirtschaft besondere Kompetenzen und daher auch außerordentliche außenwirtschaftliche Chancen diagnostiziert wurden. Ausgehend von diesen Schwerpunktbranchen konzentriert Nordrhein-Westfalen seine Aktivitäten im Bereich der Außenwirtschaftsförderung seither auf 14 Zielmärkte:

> Diese Schwerpunktländer wurden bestimmt, weil ganz besonders dort die ökonomischen Größen, wie z.B. die Nachfrage und die Größe des Marktes, und darüber hinaus die bereits zwischen Unternehmen und Politik bestehenden

---

[231] Landtag von Sachsen-Anhalt Drucksache 04/837 vom 16. Juni 2003, S. 33 f.
[232] Bundesverband der Deutschen Industrie et al. 2005, S. 4.
[233] Vgl. Eigene Erhebung 2003.
[234] Vgl. Ministerium für Wirtschaft und Mittelstand, Energie und Verkehr der Landes Nordrhein-Westfalen 2002, S. 2; zur Diskussion in Nordrhein-Westfalen im Zuge der Erarbeitung des Außenwirtschaftskonzepts siehe auch Landtag Nordrhein-Westfalen Plenarprotokoll 13/38 vom 04. Oktober 2001, S. 3723-3731. Für den Freistaat Sachsen siehe Sächsischer Landtag Drucksache 02/11241 vom 16. März 1999, S. 5; sowie für das Land Baden-Württemberg: Landtag von Baden-Württemberg Drucksache 12/1405 vom 23. April 1997, S. 4 und für Schleswig-Holstein: Schleswig-Holsteinischer Landtag Drucksache 15/3451 vom 18. Mai 2004, S. 21.

> Verbindungen der NRW-Wirtschaft herausgehobene Chancen bieten.[235]

Zahlreiche Beobachter befürworten die These, dass eine effektive Außenwirtschaftsförderung Schwerpunkte setzen und nach selektiven Kriterien erfolgen muss.[236] So kommt ein Gutachten der Boston Consulting Group im Auftrag der Berliner Senatsverwaltung zu der Einschätzung:

> [D]ie Berliner Exportwirtschaft könnte [...] durch die aktive Fokussierung auf bestimmte Kompetenzfelder und Branchen [...] [effektiver] gefördert werden.[237]

Abweichend davon machte die Sächsische Staatsregierung noch Mitte der neunziger Jahre deutlich:

> Bei dem Bemühen, auswärtige Märkte zu gewinnen unterstützt die Sächsische Staatsregierung alle Bereiche der sächsischen Wirtschaft, deren Leistungen potentiell überregional abgesetzt werden können. [...] Eine zusätzliche Differenzierung nach Branchen wird dabei nicht vorgenommen.[238]

Auch wenn somit nicht alle Länder eine derart dezidierte Branchen- oder Sektorenförderung betreiben, soll durch eine Schwerpunktsetzung sichergestellt werden, dass die finanziellen Ressourcen ihre größte Wirkung entfalten.[239]

Im Gegensatz zu den Ländern lehnt die Bundesregierung eine dezidierte Beschränkung ihrer Förderaktivitäten auf einzelne Länder oder Wirtschaftszweige ab. So heißt es auf der Internetseite des Bundeswirtschaftsministeriums über

---

235 Ministerium für Wirtschaft und Arbeit des Landes Nordrhein-Westfalen 2004b, S. 3. Die identifizierten Schwerpunktbranchen sind: Medien- und Internetwirtschaft, Chemie, Elektrotechnik, Umwelt- und Entsorgungstechnik, Maschinen- und Anlagenbau, Fahrzeugbau und -zulieferer, Life Sciences, Zukunftsenergien, Engineering, Bergbautechnik, Textilwirtschaft, Möbel, Logistik, Verkehrstechnik (einschließlich Luft- und Raumfahrt), Neue Werkstoffe und Materialien, Mikro- und Nanotechnologien, Produktionstechnologien. Die Zielländer sind im Einzelnen: in Nordwesteuropa: die Niederlande, Frankreich, Großbritannien und Belgien; unter den mittel- und osteuropäischen Ländern: Polen, Ungarn, die Tschechische Republik sowie Russland; auf dem amerikanischen Kontinent: die USA, Kanada und Brasilien; und in Asien: Japan, China sowie Singapur. Vgl. Ministerium für Wirtschaft und Arbeit des Landes Nordrhein-Westfalen 2004b, S. 2 f.

236 Vgl. Landtag Nordrhein-Westfalen Ausschussprotokoll 13/1148 vom 03. April 2004, S. 2.

237 Boston Consulting Group 2004, S. 81; ähnlich auch S. 53.

238 Sächsischer Landtag Drucksache 02/1644 vom 01. September 1995, S. 3.

239 Siehe exemplarisch für den Freistaat Sachsen: Sächsischer Landtag Drucksache 02/11241 vom 16. März 1999, S. 5; für das Land Baden-Württemberg: Landtag von Baden-Württemberg Drucksache 12/1405 vom 23. April 1997, S. 4; sowie für das Land Schleswig-Holstein: Schleswig-Holsteinischer Landtag Drucksache 15/3451 vom 18. Mai 2004, S. 21; Schleswig-Holsteinischer Landtag Plenarprotokoll 15/65 vom 21. Juni 2002, S. 4823.

die Außenwirtschaftsförderaktivitäten der Bundesregierung: „Dabei setzt sie Schwerpunkte, lehnt aber eine gezielte Ausrichtung auf einzelne Märkte oder Branchen ab."[240] Wo der Unterschied zwischen Schwerpunktsetzung und Branchenförderung liegt, wird jedoch nicht deutlich. Trotz der Absage an eine dezidierte Förderung einzelner Branchen erklärte der damalige Bundesminister für Wirtschaft und Arbeit, Wolfgang Clement: „Im Export wollen wir insbesondere ökologische Produkte wie erneuerbare Energien fördern."[241] Und in einem Antrag forderten die damaligen Koalitionsfraktionen die Bundesregierung auf, „ein Konzept zur Förderung des Exports von Leistungen der deutschen Bauwirtschaft und deutscher Dienstleistungen aus Planung, Architektur und Ingenieurbau innerhalb der EU und weltweit zu erarbeiten und in Zusammenarbeit mit den Fachverbänden systematisch umzusetzen"[242].

Im Gegensatz zu ihrer Haltung hinsichtlich der gezielten Fokussierung auf Schwerpunktländer lehnen die Spitzenorganisationen der deutschen Wirtschaft eine dezidierte Förderung spezieller Branchen klar ab.[243]

Insgesamt ist die politische Definition von vermeintlich interessanten Zielmärkten und Branchen kritisch zu hinterfragen. Grundsätzliche ordnungspolitische Bedenken äußert exemplarisch der damalige Parlamentarische Staatssekretär beim Bundesminister für Wirtschaft, Norbert Lammert:

> Eine ausdrücklich branchenorientierte Exportförderung wäre mit einer marktwirtschaftlich orientierten Wirtschaftspolitik [...] nur schwer vereinbar.[244]

Darüber hinaus erweist es sich zum einen als schwierig, einzelne Wirtschaftszweige eindeutige voneinander abzugrenzen. Zum anderen wird bezweifelt, dass die wirtschaftspolitischen Entscheidungsträger aufgrund der Dynamik der Märkte tatsächlich erkennen können, welche bestimmten Länder und Branchen internationales Entwicklungspotenzial besitzen und sich daher als besonders förderwürdig erweisen.[245]

---

240 Bundesministerium für Wirtschaft und Arbeit 2005a; ähnlich Deutscher Bundestag Drucksache 13/10300 vom 01. April 1998, S. 8.

241 Deutscher Bundestag Plenarprotokoll 15/47 vom 04. Juni 2003, S. 3914.

242 Deutscher Bundestag Drucksache 15/1092 vom 03. Juni 2003, S. 3.

243 Bundesverband der Deutschen Industrie et al. 2005, S. 4.

244 Deutscher Bundestag Plenarprotokoll 13/37 vom 17. Mai 1995, S. 2884.

245 Vgl. Klemmer; Friedrich; Lageman 1996, S. 226; Fieten; Friedrich; Lageman 1997, S. 389; Ehrenfeld 2002, S. 36; Landtag Nordrhein-Westfalen Ausschussprotokoll 13/1148 vom 03. April 2003, S. 2; Landtag von Baden-Württemberg Drucksache 13/3672 vom 20. Oktober 2004, S. 6.

3.3.3.3 Instrumentarium

Im Bereich der Außenwirtschaftsförderung auf Länderebene kommen zahl- und facettenreiche Maßnahmen und Instrumente zum Einsatz. Während einige Autoren diese Vielfalt massiv kritisieren, sehen andere darin ein flexibles Fördersystem, das die Programmträger in die Lage versetzt, den heterogenen Bedürfnissen einer sich dynamisch entwickelnden Wirtschaft gerecht zu werden.[246] Um die Förderaktivitäten möglichst eng an den Anforderungen der Unternehmen ausrichten zu können, sehen die wirtschaftspolitischen Entscheidungsträger bei der Erarbeitung der Fördermaßnahmen und -instrumente die enge Abstimmung zwischen den öffentlichen Trägern und der privaten Wirtschaft als erforderlich an.[247] Diese Praxisorientierung sowie der Informations- und Gedankenaustausch zwischen den Förderträgern haben dazu geführt, dass sich bundesweit über nahezu alle Länder hinweg große Gemeinsamkeiten und sogar ähnliche oder identische Instrumentarien in der Außenwirtschaftsförderung feststellen lassen. Dennoch treten bei der regionalen Ausformung, Anwendung und Finanzkraft teilweise erhebliche Unterschiede auf.[248]

Grundvoraussetzung für die Inanspruchnahme des Förderinstrumentariums ist in der Regel, dass das geförderte Unternehmen im jeweiligen Bundesland ansässig ist beziehungsweise eine Betriebsstätte besitzt und das jeweilige Land von der Außenwirtschaftsförderung selbst profitiert.[249] Das bedeutet, Fördermaßnahmen haben aus regionaler Sicht nur dann ihre Zielsetzung erreicht, wenn die geförderten Projekte im jeweiligen Bundesland zurechenbar zu Beschäftigung, Wertschöpfung und Steuereinnahmen führen.[250]

Darüber hinaus ist die Vergabe der Mittel an Größen- und Umsatzkriterien gekoppelt, wobei diese bis vor wenigen Jahren zwischen den einzelnen Bundesländern zum Teil stark voneinander abwichen.[251] Aber nicht nur zwischen den Bundesländern unterschied sich der Kreis der förderberechtigten Unternehmen. Zum Teil wurden auch bei den verschiedenen Instrumenten und Maßnahmen eines Landes unterschiedliche Mittelstandsdefinitionen zugrunde ge-

---

[246] Vgl. Sachverständigenkommission 1982, S. 12; Ehrenfeld 1997, S. 20.

[247] Vgl. Bremen 1998, S. 10; Thüringer Landtag Drucksache 02/1532 vom 02. Dezember 1996, S. 2.

[248] Vgl. Vgl. Held 2000, S. 39; ähnlich Bremen 1998, S. 49.

[249] Vgl. exemplarisch Sächsisches Staatsministerium für Wirtschaft und Arbeit 2004, S. 25.

[250] Vgl. Bremen 1998, S. 14.

[251] Im Rahmen des Auslandsmesseprogramms galten beispielsweise in Baden-Württemberg Unternehmen bis zu einem Jahresumsatz von 200 Millionen DM als förderungswürdig, während Unternehmen in Bremen nur bis zu einem Höchstumsatz von 10 Millionen ECU gefördert wurden. Sehr stark variierten auch die Schwellenwerte, die bei der Anzahl der Mitarbeiter angelegt wurden. Konnten in Baden-Württemberg Unternehmen bis zu 500 Mitarbeiter in den Genuss der Förderung gelangen, erlaubte Bremen als Obergrenze nur 100 Mitarbeiter. Vgl. Ehrenfeld 1997, S. 55.

legt.[252] Aufgrund der Gruppenfreistellungsverordnung der Europäischen Union, die staatliche Beihilfen für kleine und mittlere Unternehmen mit weniger als 250 Mitarbeitern und einem Jahresumsatz bis zu 50 Millionen Euro von der Anmeldepflicht gemäß Artikel 88 Absatz 3 EG-Vertrag befreit, greifen mittlerweile fast alle Länder bei ihren Förderaktivitäten auf die Mittelstandsdefinitionen der Europäischen Kommission zurück.
In Anlehnung an Hildebert Ehrenfeld können 15 verschiedene Instrumenten- und Maßnahmengruppen unterschieden werden, die auf Länderebene zur Umsetzung der außenwirtschaftlichen Zielsetzungen entwickelt wurden:[253]

- Auslandsmesseförderung
- Außenwirtschaftsberatung
- Delegationsreisen
- Firmenpools
- Förderung von Aus- und Weiterbildungsmaßnahmen
- Förderung von Direktinvestitionen, Kooperationen, Joint Ventures im Ausland
- *German Centres*
- Kredite für die Finanzierung von Exporten
- Partnerschaftsländer und -regionen
- Personalkostenzuschüsse für Außenwirtschaftsassistenten
- Politische Flankierung
- Publikationen und Informationsangebote
- Repräsentanzen der Länder im Ausland
- Rückgarantien für Liefergeschäfte inländischer Unternehmen ins Ausland
- Symposien sowie Kooperationsbörsen im Ausland

Aufgrund ihrer Bedeutung und besonderen Relevanz für die Analyse im Rahmen dieser Arbeit werden im Folgenden einige der genannten Instrumente näher erläutert.

a.) Auslandsmesseförderung

Ein zentrales Instrument der Außenwirtschaftsaktivitäten auf Länderebene ist die Förderung der Teilnahme mittelständischer Unternehmen an Messen, Ausstellungen oder vergleichbaren Veranstaltungen im Ausland. Hierfür betreiben ausnahmslos alle 16 Bundesländer auf der Basis formal festgelegter Förderrichtlinien eine eigene Auslandsmesseförderung, wobei sich bei der konkreten Ausgestaltung der Förderung erhebliche Unterschiede zwischen

[252] Vgl. exemplarisch Landtag von Baden-Württemberg Drucksache 12/1405 vom 23. April 1997, S. 12.
[253] Vgl. Ehrenfeld 1997, S. 20-23 sowie Ehrenfeld 2003, S. 63-65. Die Aufzählung erfolgt in alphabetischer Reihenfolge und spiegelt insofern weder die reale Bedeutung noch die Häufigkeit des Einsatzes des jeweiligen Instrumentes wider.

den einzelnen Ländern zeigen.[254] Im Gegensatz zur Auslandsmesseförderung des Bundes, die prinzipiell nur in Form von offiziellen Beteiligungen erfolgt, können auf Länderebene vier förderfähige Formen der Messeteilnahme unterschieden werden: a) Katalogbeteiligungen, b) Einzelbeteiligungen, c) Kleingruppenbeteiligungen, d) Firmengemeinschaftsbeteiligungen.
Im Rahmen einer Katalogbeteiligung ist das Unternehmen nicht mit einem Stand oder eigenem Personal auf der ausländischen Messe vertreten, sondern präsentiert seine Leistungen durch Kataloge, Broschüren etc. Die Förderung von Einzelbeteiligungen erfolgt wie die von Kleingruppenbeteiligungen in Form eines nicht rückzahlbaren Zuschusses. Bei der Kleingruppenförderung ist jedoch nicht ein einzelnes Unternehmen antragsberechtigt, sondern nur eine Gruppe von in der Regel mindestens drei Unternehmen, die einen gemeinsamen Messestand errichten.
Wie der Bund beteiligen sich auch zahlreiche Länder in Form von Firmengemeinschaftsständen an ausgewählten Messen und Ausstellungen im Ausland. Durch die räumliche Zusammenfassung und optische Kennzeichnung der Unternehmen eines Landes soll das gesamte Leistungsspektrum des jeweiligen Bundeslandes dargestellt werden. Neun Länder hatten hierfür 2003 ein spezielles *Corporate-Identity-Konzept* entwickelt. In sechs weiteren Bundesländern war ein solches Konzept in Planung oder Arbeit.[255] Wie auf Bundesebene werden bei Firmengemeinschaftsbeteiligungen der Länder die Fördermittel nicht an die teilnehmenden Unternehmen ausbezahlt, sondern dienen der Subventionierung des Beteiligungsbeitrags. Darüber hinaus werden die Unternehmen nicht nur finanziell, sondern auch administrativ und logistisch entlastet.
Aufgrund dieser differenzierteren Fördermöglichkeiten kann die Messeförderung auf Ländereben im Vergleich zur Bundesebene als stärker mittelstandsorientiert eingestuft werden.[256] Dies gilt insbesondere dann, wenn die Länderrichtlinie die Förderung von Einzelbeteiligungen vorsieht. Denn um die Kleingruppenförderung beantragen zu können, muss ein Unternehmen weitere interessierte Unternehmen ausfindig machen. Dies erfordert von den mittelständischen Unternehmen den Einsatz von Ressourcen, über die diese typischerweise nicht verfügen. Bei der Förderung von Firmengemeinschaftsständen erweist es sich als kritikwürdig, dass die Unternehmen nur auf solchen Messen gefördert werden,

[254] Vgl. Hemmersbach 1993, S. 93; Ehrenfeld 2002, S. 41 f.; sowie exemplarisch Sächsisches Staatsministerium für Wirtschaft und Arbeit 2004, S. 30 ff.
[255] Vgl. Eigene Erhebung 2003. So bündelt Nordrhein-Westfalen seit Mai 1999 alle bis zu diesem Zeitpunkt einzeln betriebenen Außenwirtschaftsaktivitäten unter dem Logo *NRW International*; siehe hierzu exemplarisch Ministerium für Wirtschaft und Mittelstand, Energie und Verkehr des Landes Nordrhein-Westfalen 2000, S. 10-15; ähnlich Bayern International 2001, S. 6-9.
[256] Vgl. Sachverständigenkommission 1982, S. 12; Ehrenfeld 2002, S. 69-271.

die in den vom Land festgelegten Messekalender aufgenommen wurden. Im Gegensatz dazu werden den Unternehmen bei der Förderung von Einzelbeteiligungen von Seiten des Staates keine Zielmärkte vorgeschrieben.[257]

Tabelle 3-1 Förderkonditionen der Auslandsmesseförderung

Bundesland	Zuschuss	Maximaler Förderbetrag
Baden-Württemberg[1]	bis 50%	5.000 Euro (EU, Island, Norwegen, Schweiz); 8.000 Euro (in anderen Ländern)
Bayern	bis 25%	10.000 Euro pro Jahr
Berlin[2]	bis 50%	5.100 Euro (innerhalb Europas); 7.650 Euro (außerhalb Europas)
Brandenburg	bis 50%	15.000 Euro
Bremen	bis 50%	6.000 Euro (innerhalb Europas); 10.000 Euro (außerhalb Europas)
Hamburg	bis 50%	5.000 Euro
Hessen[3]	bis 50%	5.000 Euro
Mecklenburg-Vorpommern	bis 50%	15.000 Euro
Niedersachsen	bis 50%	3.000 Euro (innerhalb Europas); 6.000 Euro (außerhalb Europas); 1 Messe pro Jahr
Nordrhein-Westfalen[4]	bis 50%	5.000 Euro
Rheinland-Pfalz	bis 50%	7.500 Euro; 3 Messen pro Jahr
Saarland	bis 80%	7.500 Euro; 3 Messen pro Jahr
Sachsen	bis 50%	10.000 Euro
Sachsen-Anhalt	bis 50%	7.700 Euro; 3 Messen pro Jahr
Schleswig-Holstein	bis 40%	4.000 Euro
Thüringen	bis 50%	12.000 Euro; 5 Messen pro Jahr

Die Inanspruchnahme der Auslandsmesseförderung ist auf Unternehmen beschränkt, die die geltende Definition für kleine und mittlere Unternehmen der Europäischen Kommission erfüllen.
[1] < 250 Mitarbeiter und Umsatz bis 5 Millionen Euro (EU- und EFTA-Länder); sonst Umsatz bis 30 Millionen Euro oder Bilanzsumme 27 Millionen Euro
[2] < 500 Mitarbeiter und Umsatz bis 80 Millionen Euro oder Bilanzsumme bis 54 Millionen Euro
[3] < 10 Mitarbeiter und Umsatz bis 75 Millionen Euro
[4] Umsatz bis 10 Millionen Euro (EU- und EFTA-Länder) sonst 50 Millionen Euro

Nach Auffassung der Industrie- und Handelskammern sollte daher ein höherer Anteil der Mittel statt für das offizielle Messeprogramm des Landes für den von den Unternehmern frei wählbaren Teil der Messeförderung zur Verfügung gestellt werden.[258]

---

[257] Vgl. Landtag von Baden-Württemberg Drucksache 08/3090 vom 28. Oktober 1982, S. 57; Ehrenfeld 2002, S. 34 f.

[258] Vgl. Landtag Nordrhein-Westfalen Ausschussprotokoll 13/1148 vom 03. April 2004, S. 6.

Nach Meinung des Bundes und der Länder reicht zur Erschließung eines Auslandsmarktes die einmalige Präsenz auf einer bestimmten Messe nicht aus. Um eine nachhaltige Wirkung zu erzielen, sei es vielmehr notwendig, dass mittelständischen Unternehmen mit Hilfe der staatlichen Förderung eine wiederholte Teilnahme ermöglicht werde. Diese Auffassung wird von der Europäischen Union nicht geteilt. Daher beschränkt sie die Fördermöglichkeiten der Mitgliedsstaaten und Regionen je Messe auf eine einmalige Teilnahme.[259]

b.) Außenwirtschaftsberatung

Tabelle 3-2 Förderkonditionen der Außenwirtschaftsberatung

Bundesland	Zuschuss	Maximaler Förderbetrag
Baden-Württemberg	-	350 Euro pro Beratungstag; 6 Tage pro Jahr
Bayern	bis 25%	400 Euro pro Beratungstag; 10.000 Euro pro Jahr
Berlin[1]	bis 50%	5 Beratungstage; 1.525 Euro pro Jahr
Brandenburg	bis 50%	50.000 Euro in 3 Jahren
Bremen	bis 50%	10.000 Euro
Hamburg	-	-
Hessen	-	400 Euro pro Beratungstag; 6.000 Euro in 3 Jahren
Mecklenburg-Vorpommern	bis 50%	500 Euro pro Beratungstag; Höchstgrenze orientiert sich an Mitarbeiterzahl
Niedersachsen	bis 50%	400 Euro pro Beratungstag; 10 Tage pro Jahr
Nordrhein-Westfalen	-	-
Rheinland-Pfalz[2]	-	275 Euro pro Beratungstag (< 7 Mio. Euro Umsatz) 200 Euro pro Beratungstag (> 7 Mio. Euro Umsatz) 40 Beratungstage in 5 Jahren
Saarland	bis 75%	250 Euro pro Beratungstag
Sachsen	bis 50%	5.000 Euro pro Jahr
Sachsen-Anhalt	bis 50%	325 Euro pro Beratungstag
Schleswig-Holstein	bis 40%	8 Beratungstage; 12.000 Euro pro Jahr
Thüringen	bis 50%	500 Euro pro Beratungstag, 10 Tage pro Jahr

Die Inanspruchnahme der Außenwirtschaftsberatung ist auf Unternehmen beschränkt, die die geltende Definition für kleine und mittlere Unternehmen der Europäischen Kommission erfüllen.
[1] < 500 Mitarbeiter und Umsatz bis 80 Millionen Euro oder Bilanzsumme bis 54 Millionen Euro
[2] < 250 Mitarbeiter und Umsatz bis 20 Millionen Euro
In der Regel umfasst ein Beratungstag (Tagewerk) 8 Stunden. Bei weniger als 8 Stunden Tätigkeit wird der Zuschuss anteilig gewährt.

---

[259] Vgl. Amtsblatt der Europäischen Union Nr. L 091 vom 08. April 2003, S. 17.

Vor allem für kleine und mittlere Unternehmen, die bisher noch nicht im Ausland tätig sind oder ihre Aktivitäten auf neue, schwierige Märkte ausdehnen wollen, stellt die Gewährung von Zuschüssen für qualifizierte, individuelle und betriebsspezifische außenwirtschaftliche Beratungen ein wichtiges Instrument dar. Zur Bedeutung der Beratungsförderung führt die Landesregierung von Schleswig Holstein aus:

> Seit das Land Außenwirtschaftspolitik betreibt, fördert es die Beratung exportwilliger Unternehmen und die Beteiligung an Messen und Ausstellungen. Das sind die entscheidenden Maßnahmen zur Erschließung und Sicherung von Auslandsmärkten.[260]

Die Programme, die zum Teil auch Exportberatungsprogramme genannt werden, dienen insbesondere der Unterstützung von Exportanbahnung und -durchführung.[261] 14 Bundesländer fördern solche Beratungen in Form von nicht rückzahlbaren Zuschüssen, die durch Mitarbeiter von Kammern oder Verbänden, aber insbesondere auch von erfahrenen freiberuflichen Beratern durchgeführt werden können. Auch wenn in den zurückliegenden Jahren hinsichtlich des Kreises der förderberechtigten Unternehmen eine starke Tendenz zur Vereinheitlichung festzustellen ist, variieren die Programme bezüglich der gewährten Zuschusshöhe sowie der Anzahl der zuwendungsfähigen Beratungstage zwischen den einzelnen Bundesländern noch immer erheblich.[262]

c.) Delegationsreisen

Ein weiteres außenwirtschaftliches Instrumentarium, das von allen Bundesländern eingesetzt wird, ist die Veranstaltung von Wirtschaftsdelegationsreisen. Diese werden in der Regel unter der Leitung eines hohen Vertreters der Landesregierung durchgeführt.[263] Zwar werden diese Reisen hin und wieder von Landespolitikern mit bundespolitischen Ambitionen als Wahlkampfauftritte genutzt und meist nur in diesem Zusammenhang von einer breiteren Öffentlichkeit wahrgenommen oder sie erfolgen in Verbindung mit kulturellen und gesellschaftspolitischen Veranstaltungen, sie dienen aber primär ökonomischen

---

[260] Schleswig-Holsteinischer Landtag Drucksache 15/812 vom 15. März 2001, S. 9.

[261] Vgl. exemplarisch Baden-Württemberg International 2006, S. 8; Thüringer Landtag Drucksache 2/1532 vom 02. Dezember 1996, S. 1.

[262] Vgl. zu den 1997 geltenden Förderkonditionen Ehrenfeld 1997, S. 24-32.

[263] Siehe hierzu exemplarisch Landtag Nordrhein-Westfalen Ausschussprotokoll 13/907 vom 18. Juni 2003, S. 1-8; Landesinitiative Zukunftsenergien NRW o. O. o. J.; Niedersächsisches Ministerium für Wirtschaft, Technologie und Verkehr o. O. o. J. Für eine detaillierte Auflistung aller Auslandsreisen der Mitglieder der rheinland-pfälzischen Landesregierung in den Jahren 1996-2004 inklusive Reisezweck siehe Landtag Rheinland-Pfalz Drucksache 14/172 vom 14. August 2001 sowie Landtag Rheinland-Pfalz Drucksache 14/4006 vom 01. April 2005.

Interessen wie der Erkundung von Marktchancen und der Kontaktanbahnung. So heißt es in einer Stellungnahme der sächsischen Staatsregierung:

> Die offiziellen Reisen der Mitglieder der Staatsregierung dienten vorrangig der Pflege, Verbesserung, Erweiterung und Vertiefung der internationalen und regionalen Beziehungen[264].

Durch die Pflege bilateraler Beziehungen durch Politik und Wirtschaft sollen zum einen die Rahmenbedingungen der Unternehmen des eigenen Landes im jeweiligen Gastland verbessert werden, zum anderen sollen aber auch konkrete Geschäfte oder Projekte vorangetrieben werden.

> Delegationsreisen ins Ausland unter offizieller Leitung waren seit 1988 ein intensiv genutztes Instrument zur Flankierung der Bemühungen mittelständischer Unternehmen zur Erschließung unbekannter Märkte.[265]

Insbesondere für die neunziger Jahre konstatieren Beobachter „geradezu inflationäre Tendenzen"[266]. So fanden 1997 insgesamt 584 offizielle Auslandsreisen von Ministerpräsidenten, Landesministern und Landtagsabgeordneten statt.[267] 2004 lag die Zahl der offiziellen Auslandsaufenthalte nach Angaben des Parlaments- und Kabinettsreferat 011 des Auswärtigen Amtes bei rund 400. Die Delegationsreisen wenden sich an Unternehmen aller Größenklassen und sind mit keinen direkten Finanzhilfen verbunden. Vielmehr ermöglichen sie den Unternehmen den Zugang zu hochrangigen Regierungsmitgliedern des Ziellandes.

> Gerade die Reisen des Ministerpräsidenten öffnen den Unternehmen Türen und erlauben den Zugang zu Entscheidungsträgern, die ihnen sonst verschlossen blieben.[268]

Nach Einschätzung von Beobachtern erweist sich der Kontakt zu hochrangigen politischen Entscheidungsträgern jedoch häufig vor allem für Großunternehmen als interessant, wohingegen für mittelständische Unternehmen die Suche nach vertrauenswürdigen Partnern sowie die Beschaffung von verlässlichen Informationen über den Zielmarkt im Mittelpunkt des Interesses stehen.[269] Diese Problematik wird dadurch noch verschärft, dass die Auswahl der

---

[264] Sächsischer Landtag Drucksache 3/9852 vom 19. Januar 2004, S. 2.
[265] Schleswig-Holsteinischer Landtag Drucksache 15/812 vom 15. März 2001, Anhang 2, S. 4.
[266] Gehrke; Legler 2000, S. 30.
[267] Vgl. Fischer 1999, S. 133; Schönfelder 2000, S. 79.
[268] Landtag Brandenburg Drucksache 02/5339 vom 10. Juni 1998, S. 8.
[269] Vgl. Brüser 2005, S. 27.

Zielländer häufig nicht unter primär außenwirtschaftlichen sondern unter übergeordneten politischen Gesichtspunkten erfolgt.[270] Die Teilnahme an Auslandsreisen unter politischer Führung erweist sich daher für kleine und mittlere Unternehmen häufig als wenig attraktiv. So macht exemplarisch eine Untersuchung der Delegationsreisen des Landes Niedersachsen deutlich, dass lediglich knapp die Hälfte der 170 Unternehmen, die im Zeitraum von 1994 bis 1999 an den Reisen des niedersächsischen Wirtschaftsministeriums teilgenommen haben, weniger als 500 Mitarbeiter beschäftigte.[271] Auch die Teilnehmeranalyse des Landes Nordrhein-Westfalen kommt zu dem Ergebnis, „dass sich nahezu mit gleichen Anteilen KMU's und große Unternehmen beteiligen"[272]. Hinsichtlich des Sinns und der Effizienz von Delegationsreisen finden sich auf Seiten der Unternehmen durchaus kritische Stimmen. Insbesondere Unternehmen, die noch nicht an derartigen Reise teilgenommen haben, verbinden damit häufig Begriffe wie „Lustreisen, Betriebsausflug, Pauschal-Touristik-Reisen o.ä."[273]. Gegen diesen häufig erhobenen Vorwurf führt die Landesregierung von Baden-Württemberg aus:

> Auch aus der Tatsache, daß bei Delegationsreisen von Mitgliedern der Landesregierung die Unternehmen nicht nur die individuell verursachten Kosten für Unterbringung, Verpflegung und Transport, sondern auch anteilige Kosten der Gesamtdelegation, zum Beispiel für Informationsmaterial, Übersetzungsdienst usw. selbst tragen und damit bereit sind, je nach Reisedauer, Flug und Hotel zwischen 8.000 und 20.000 DM zu bezahlen, läßt sich ermessen, daß die Firmen eine Mitreise in diesen Delegationen für lohnend erachten.[274]

Begleitend zu den Delegationsreisen organisieren die Länder regelmäßig Symposien und Kooperationsbörsen im Ausland. Diese Veranstaltungen bieten den heimischen Unternehmen die Möglichkeit, ihre Produkte und Leistungen zu präsentieren und mit ausgewählten potenziellen Geschäftspartnern direkt ins Gespräch zu kommen.[275] Nach einer Studie der Boston Consulting Group sehen mittelständische Unternehmen insbesondere die konkrete Kontakt- und Kooperationspartnervermittlung im Rahmen der Außenwirtschaftsför-

---

[270] Vgl. Ministerium für Wirtschaft und Mittelstand, Energie und Verkehr des Landes Nordrhein-Westfalen 2002, S. 64.

[271] Vgl. Gehrke; Legler 2000, S. 12.

[272] Vgl. Ministerium für Wirtschaft und Arbeit des Landes Nordrhein-Westfalen 2004a, S. 27.

[273] Gehrke; Legler 2000, S. 4. ähnlich Landtag Nordrhein-Westfalen Drucksache 13/5024 vom 04. Februar 2004; Bayerischer Landtag Drucksache 14/10069 vom 26. Juli 2002.

[274] Landtag von Baden-Württemberg Drucksache 12/1824 vom 28. Juli 1997, S. 6.

[275] Vgl. Ministerium für Wirtschaft und Arbeit des Landes Nordrhein-Westfalen 2004, S. 83 f.

derung als sehr hilfreich für ihr Auslandsengagement an.[276] Die Berater sprechen daher die Empfehlung aus „die Förderung auf die Kontaktvermittlung mit anschließender regelmäßiger Kontaktpflege [zu] konzentrieren“[277].

d.) Firmenpools

Der Aufbau von Auslandsbüros, Joint Ventures oder Kooperationskontakten ist für kleine und mittlere Unternehmer mit hohen Kosten und Risiken verbunden. Um diese auf ein kalkulierbares Maß zu begrenzen und damit die unternehmensgrößenbedingten Nachteile mittelständischer Unternehmen zu reduzieren, wurde das so genannte Firmenpool-Konzept entwickelt, das von zahlreichen Bundesländern unterstützt und gefördert wird.[278] Als Firmenpool bezeichnet man den Zusammenschluss einer begrenzten Anzahl mittelständischer Unternehmen ausgewählter Branchen, die sich im Cost-Sharing-Verfahren gemeinschaftlich an einer Auslandsvertretung beteiligen, welche von einer deutschen Industrie- und Handelskammer betreut und koordiniert wird. Vor Ort ist die Durchführung des Projektes einem so genannten Pool-Manager übertragen. Mit ihrer personellen und sachlichen Infrastruktur unterstützt das Gemeinschaftsbüro die Mitgliedsunternehmen bei der Markterschließung und bietet ihnen die Leistungen einer ständigen Unternehmens- und Interessenvertretung im Ausland. Ende 2004 gab es weltweit 40 Firmenpools,[279] die sich nach Einschätzung der Länder in den vergangenen Jahren „zu einem der wichtigsten Instrumente der Außenwirtschaftsförderung entwickelt“[280] haben. Auch die Bundesregierung stuft das Instrument als durchweg positiv ein:

> Die Bundesregierung begrüßt, wenn sich mittelständische Unternehmen zu Interessengemeinschaften zusammenschließen, die das Ziel haben, über ein gemeinsames Auslandsbüro den Markteinstieg in einzelnen Ländern zu erleichtern. Das Firmenpool-Konzept ergänzt das von der Bundesregierung bereitgestellte Instrumentarium der Außenwirtschaftsförderung in effizienter Weise. [...] Sie be-

[276] Vgl. Boston Consulting Group 2004, S. 82; ähnlich Schleswig-Holsteinischer Landtag Plenarprotokoll 15/30 vom 10. Mai 2001, S. 2218.
[277] Vgl. Boston Consulting Group 2004, S. 82.
[278] Vgl. Sächsisches Staatsministerium für Wirtschaft und Arbeit 2002, S. 8; S. 25 f.; Sächsischer Landtag Drucksache 02/3935 vom 16. September 1996, S. 2. In einigen Bundesländern finden sich auch die Bezeichnungen *Firmengemeinschaftsbüro* oder *Exportgemeinschaft*.
[279] Vgl. Deutscher Industrie- und Handelskammertag 2004; sowie exemplarisch o.V. 2004s, S. 35.
[280] Schleswig-Holsteinischer Landtag Drucksache 15/1827 vom 30. April 2002, S. 14; ähnlich Sächsisches Staatsministerium für Wirtschaft und Arbeit 2002, S. 25.

> grüßt auch, daß sich verschiedene Bundesländer an der Finanzierung der Firmenpools beteiligen.[281]

Nachdem die Firmenpoolförderung von der Europäischen Kommission im Rahmen eines beihilferechtlichen Prüfverfahrens nach Artikel 88 Absatz 2 EG-Vertrag beanstandet wurde, musste die Förderung in ihrer bis dato in einigen Bundesländern üblichen Form ausgesetzt werden. Um das Instrument dennoch erhalten zu können, wurde es zu einer Leistung im Sinne der von der Europäischen Kommission als beihilferechtlich unbedenklich eingestuften Außenwirtschaftsberatung umgestaltet.[282]

e.) Förderung von Direktinvestitionen, Kooperationen, Joint Ventures

Wie der Bund haben auch die Länder neben den traditionellen Instrumenten zur Exportförderung Förderinstrumente entwickelt, die Unternehmen auch in anderen Bereichen der internationalen Aktivitäten Hilfestellung leisten. So fördern einzelne Bundesländer auch Direktinvestitionen im Ausland sowie Kooperationen oder Joint Ventures zwischen heimischen und ausländischen Unternehmen.[283] Diese Entwicklung ist unter anderem darauf zurückzuführen, dass empirische Studien deutlich gemacht haben, dass Unternehmen, die in diversifizierter Weise auf ausländischen Märkten tätig sind, stärker zur Stabilisierung und zum Aufbau von Beschäftigung in Deutschland beigetragen haben, als Unternehmen, die ausschließlich exportieren.[284] So stellt beispielsweise der Freistaat Bayern über die LfA Förderbank Bayern mittelständischen Unternehmen, die im Ausland investieren und dadurch zum Erhalt oder Ausbau der Wettbewerbsfähigkeit des bayerischen Standorts beitragen, langfristige und zinsgünstige Finanzierungsmittel sowie Ausfallbürgschaften zur Verfügung.[285] Kritiker bemängeln jedoch, dass die Programme der Länder hohen Einschränkungen unterliegen und unterstellen daher, dass dem Förderinstrumentarium „keine praktische Relevanz bei der Finanzierung der Direktinvestitionen im Ausland“[286] zukommt. Daher wird angeregt, dieses Fördergebiet vollständig dem Bund zu überlassen.[287]

---

[281] Deutscher Bundestag Plenarprotokoll 13/168 vom 16. April 1997, S. 15212.
[282] Vgl. Sächsisches Staatsministerium für Wirtschaft und Arbeit 2002, S. 26; Amtsblatt der Europäischen Union Nr. L 091 vom 08. April 2003, S. 10.
[283] Vgl. Ehrenfeld 1997, S. 17 f.; S. 85.
[284] Vgl. Lau; Zywietz; Faix 2005, S. 58.
[285] Vgl. Bayerischer Landtag Drucksache 14/8451 vom 05. April 2001, S. 20; LfA Förderbank Bayern 2005, S. 2 f.
[286] Ehrenfeld 2003, S. 103.
[287] Vgl. Ehrenfeld 2003, S. 15.

f.) German Centres

Bei den *German Centres*, die auch Deutsche Industrie- und Handelszentren (DIHZ) oder Haus der deutschen Wirtschaft genannt werden, handelt es sich um ein vergleichsweise neues Instrument der Außenwirtschaftsförderung.[288] Ausgangspunkt für ihre Einrichtung war die Feststellung, dass kleine und mittlere Unternehmen häufig nicht über das Kapital und die Management-Kapazitäten verfügen, um im Ausland umgehend eigene Stützpunkte aufbauen zu können. Daher halten die *German Centres* für Unternehmen Büro- und Ausstellungsräume sowie Montage- und Lagerflächen zu vergleichsweise günstigen Mietkonditionen bereit. Darüber hinaus erleichtern sie den Markteinstieg durch ihr Angebot an Gemeinschaftseinrichtungen für Büroarbeiten, Veranstaltungs- und Konferenzräume sowie nicht zuletzt durch die Möglichkeit zum Erfahrungsaustausch.[289] Ferner sind zum Teil die unterschiedlichen Institutionen der deutschen Außenwirtschaftsförderung, wie die örtliche AHK oder der bfai-Korrespondent, in den *German Centres* unter einem Dach zusammengefasst.

Die *German Centres* sind zwar privatwirtschaftlich organisiert, als Instrumente der öffentlichen Außenwirtschaftsförderung sollen sie den Unternehmen jedoch Räumlichkeiten zu kostengünstigen und langfristig kalkulierbaren Konditionen anbieten. Daher ist es ihr Ziel, zwar kostendeckend, aber nicht gewinnorientiert zu arbeiten. Auch wenn die Länder Baden-Württemberg und Bayern, vertreten durch die jeweilige Landesbank, eine Vorreiterrolle bei der Errichtung der *German Centres* eingenommen haben, stehen die derzeit weltweit sieben Einrichtungen Unternehmen aus ganz Deutschland offen.[290]

Im Zuge der Einrichtung der Deutschen Industrie- und Handelszentren kam es zu Unstimmigkeiten zwischen den verschiedenen Akteuren der Außenwirtschaftsförderung. Während in der Auseinandersetzung zwischen Bund und Ländern die Frage im Mittelpunkt stand, welche staatliche Ebene die für die Finanzierung des neuen Instrumentariums notwendigen Haushaltsmittel zur Verfügung stellt, entzündete sich der Konflikt zwischen den Spitzenorganisationen der deutschen Wirtschaft an inhaltlichen Fragen. Die Industrieorganisationen, angeführt vom Verband Deutscher Maschinen- und Anlagenbau (VDMA), sprachen sich dafür aus, dass die *German Centres* ein möglichst

---

[288] Vgl. Bayerischer Landtag Drucksache 14/2455 vom 30. September 1999, S. 1; Bayerischer Landtag Drucksache 13/1497 vom 03. Mai 1995; Bayerischer Landtag Drucksache 13/2480 vom 19. Juli 1995; Bayerischer Landtag Drucksache 13/6944 vom 17. Dezember 1996.

[289] Vgl. o.V. 1995g, S. 13.

[290] Vgl. Landtag von Baden-Württemberg Drucksache 13/3070 vom 29. März 2004, S. 6 f.; Sächsischer Landtag Drucksache 02/3934 vom 16. September 1996, S. 2.

breites Dienstleistungsspektrum anbieten. Hingegen war es der Dachorganisation der Industrie- und Handelskammern, die die Bundeszuwendungen für die AHKs und Delegiertenbüros administriert, wichtig sicherzustellen, dass die *German Centres* lediglich Räumlichkeiten zu günstigen Mietkonditionen zur Verfügung stellen, während die Beratung der deutschen Unternehmen vor Ort weiterhin durch die Auslandshandelskammern geleistet wird.[291]

g.) Partnerschaftsländer und -regionen

> Die Vertiefung der interregionalen Zusammenarbeit des Landes Sachsen-Anhalt nimmt gerade im Hinblick auf die zunehmende Globalisierung der Wirtschaft einen wichtigen Stellenwert ein.[292]

Besonders deutlich wird das starke internationale Engagement der Länder durch den Abschluss von offiziellen Kooperationsabkommen mit Partnerregionen und -staaten.[293] Zum Aufbau und zur Festigung ihrer internationalen Kontakte haben verschiedene Bundesländer mit ausländischen Regionen und Staaten so genannte „Gemeinsame Erklärungen über Zusammenarbeit“ unterzeichnet. Bei ihnen handelt es sich nicht um völkerrechtliche Verträge, sondern um politische Absichtserklärungen über Kooperationen. Damit wird dem Umstand Rechnung getragen, dass die Außenpolitik Angelegenheit des Bundes ist. Das Instrument der Gemeinsamen Erklärungen wurde im Laufe der neunziger Jahre im Einvernehmen zwischen Bund und Ländern entwickelt, nachdem von Seiten des Bundes erkannt worden war, dass viele Aufgaben im Bereich der internationalen Zusammenarbeit, wie etwa die Unterstützung beim Aufbau von Verwaltungsstrukturen, gar nicht von ihm alleine geleistet werden können. Gerade das für die Lösung spezifischer Probleme notwendige Wissen und die zur Umsetzung dessen notwendigen Kontakte sind vor allem auf Länderebene vorhanden. So waren beispielsweise die Erfahrungen, die Nordrhein-Westfalen beim Umbau der traditionellen Industriestandorte im Ruhrgebiet gesammelt hatte, in den Transformationsländern Mittel- und Osteuropas sehr gefragt.[294]

Im Mittelpunkt der Auslandsbeziehungen der Bundesländer zu Partnerschaftsländern und -regionen stehen in erster Linie die Stärkung und Förderung der heimischen Wirtschaft:

---

[291] Vgl. o.V. 1995g, S. 13; o.V. 1995h, S. 17. Für eine Analyse der prinzipiell unterschiedlichen Handlungsanreize des BDI und des DIHK siehe Schultes 2003, S. 141 ff.

[292] Landtag von Sachsen-Anhalt Drucksache 04/837 vom 16. Juni 2003, S. 35.

[293] Vgl. Fischer 1999, S. 138. sowie exemplarisch Thüringer Landtag Drucksache 02/1532 vom 02. Dezember 1996, S. 2.

[294] Vgl. Backhausen 2001.

> Die bereits existierenden interregionalen Kontakte und Kooperationsbeziehungen zu ausländischen Staaten und Regionen sind insbesondere auf eine Förderung wirtschaftlicher Aktivitäten ausgerichtet und stellen ein erhebliches Potenzial sowie günstige Rahmenbedingungen für die Markterschließung und weitergehende Marktbearbeitung sachsen-anhaltischer Unternehmen dar. [...] Daher strebt die Landesregierung eine Konzentration und Vernetzung der Aktivitäten in den Ländern und Regionen an, in denen sich die sachsen-anhaltische Wirtschaft bereits verstärkt engagiert bzw. diese perspektivische Absatzmärkte für hiesige Unternehmen darstellen [sic!].[295]

Vor diesem Hintergrund ist festzustellen, dass die Länder in der Regel bestrebt sind, mit wirtschaftsstarken bzw. zukunftsträchtigen ausländischen Regionen und Staaten mit ähnlicher Wirtschaftsstruktur zu kooperieren. Ein Beispiel hierfür ist das seit 1998 bestehende Partnerschaftsabkommen zwischen dem Freistaat Bayern und dem US-Bundesstaat Kalifornien, in dessen Mittelpunkt die Förderung internationaler Kooperationen in der Informations- und Kommunikationstechnologie, der Bio- und Gentechnologie sowie der Medien und Filmwirtschaft steht.[296] Die Zusammenarbeit zwischen wirtschaftlich starken und schwachen Gebietskörperschaften stellt hingegen noch eine Seltenheit dar.[297]

h.) Personalkostenzuschüsse für Außenwirtschaftsassistenten

Um mittelständische Unternehmen zu ermutigen, für die Internationalisierung ihrer Geschäftstätigkeiten neue Mitarbeiter einzustellen, gewährten einige Bundesländer Zuschüsse für das Bruttogehalt eines Außenwirtschaftsassistenten in den Bereichen Vertrieb, Einkauf oder Marketing. Mit Hilfe der Assistenten, die über eine Ausbildung oder Erfahrung auf dem Gebiet des internationalen Handels sowie über einschlägige Sprachkenntnisse und verfügen müssen, sollen die Unternehmen in die Lage versetzt werden, allgemeine außenwirtschaftsbezogene Unternehmensstrukturen aufzubauen. Im Dezember 2001 eröffnete die Europäische Kommission ein beihilferechtliches Prüfverfahren nach Artikel 88 Absatz 2 EG-Vertrag, in dem sie die Gewährung von Personalkostenzuschüssen für die Schaffung eines neuen Arbeitsplatzes für einen Außenwirtschaftsassistenten als nicht mit dem Gemeinsamen Markt zu vereinbarende Beihilfen für exportbezogene Tätigkeiten beanstandete.[298] Die Förderung musste daraufhin in ihrer bis dato üblichen Form ausgesetzt werden. Die

---

[295] Landtag von Sachsen-Anhalt Drucksache 04/837 vom 16. Juni 2003, S. 35 f.
[296] Vgl. Bayerische Staatskanzlei 1998.
[297] Vgl. Knodt 1998, S. 166; Fischer 1999, S. 138.
[298] Vgl. Amtsblatt der Europäischen Union Nr. L 202 vom 09. August 2003, S. 22.

Förderträger bemühten sich jedoch darum, die wesentlichen Fördertatbestände in von der Europäischen Kommission als beihilferechtlich unbedenklich eingestufte Maßnahmen umzugestalten.

i.) Publikationen und Informationsangebote

Aufgrund der Vielzahl der verschiedenen Förderprogramme und -träger erweist es sich als wichtig, die mittelständischen Unternehmen über die Instrumente der Außenwirtschaftsförderung der unterschiedlichen Institutionen und die Möglichkeiten ihrer Inanspruchnahme zu informieren. Hierfür veröffentlichen fast alle Länder Informationsbroschüren oder umfangreiche Publikationen.[299] In den letzten zehn Jahren ist in diesem Zusammenhang der Einsatz neuer Kommunikationsmedien wie des Internets immer bedeutender geworden. Einzelne Bundesländer haben daher eigene webbasierte Außenwirtschaftsportale aufgebaut, die nicht nur auf weiterführende Informationsmöglichkeiten verweisen, sondern ein eigenes, kontinuierlich aktualisiertes Informationsangebot bereithalten. Neben der Darstellung von Fördermöglichkeiten bieten die Internetauftritte den Unternehmen dabei teilweise auch praktische Anleitungen für die Internationalisierung ihrer Geschäftstätigkeiten, wie beispielsweise Hinweise zum Schutz vor Wirtschaftskriminalität und -spionage oder zum Thema interkulturelle Kommunikation.[300]
Darüber hinaus veranstalten oder fördern nahezu alle Bundesländer Informationsveranstaltungen im Inland zum Thema Außenwirtschaft. So initiierte beispielsweise das Land Nordrhein-Westfalen 2001 eine Außenwirtschaftskampagne mit Informations- und Beratungsveranstaltungen, die dezentral im ganzen Land durchgeführt werden. Im Rahmen dieser Regionalveranstaltungen informieren Experten Unternehmen mit und ohne Auslandserfahrung über die Möglichkeiten eines außenwirtschaftlichen Engagements.[301] Da nach Ansicht von Beobachtern auf Seiten der mittelständischen Unternehmen auch „weiterhin ein erhöhtes Informationsbedürfnis zu Marktinformationen in einzelnen Ländern und Regionen [...] sowie Informationen zu Kooperationsbörsen und zu Förderprogrammen“[302] besteht, wird gefordert, derartige Veranstaltungsreihen zukünftig systematisch durchzuführen.

---

[299] Siehe exemplarisch Bayern International 1998.

[300] Vgl. Ministerium für Wirtschaft, Mittelstand und Energie des Landes Nordrhein-Westfalen 2005, S. 8.

[301] Vgl. Landtag Nordrhein-Westfalen Drucksache 13/6036 vom 28. September 2004, S. 2; Ministerium für Wirtschaft, Mittelstand und Energie des Landes Nordrhein-Westfalen 2005, S. 51.

[302] Landtag Nordrhein-Westfalen Drucksache 14/692 vom 18. November 2005, S. 1.

j.) Repräsentanzen der Länder im Ausland

Im Zuge ihrer außenwirtschaftlichen Aktivitäten sind die Bundesländer in den letzten Jahren verstärkt dazu übergegangen, mit erheblichem finanziellem und personellem Aufwand, eigene Büros im Ausland aufzubauen. So verfügt zum Beispiel der Freistaat Bayern weltweit über 17 ständige Repräsentanzen in Brasilien, Bulgarien, China, Indien, Japan, Kanada, Mexiko, Rumänien, Russland, Singapur, Taiwan, Tschechien, der Ukraine, Ungarn und den USA.[303] Insgesamt unterhalten die Länder auf der ganzen Welt – die Vertretungen bei der Europäischen Union in Brüssel nicht inbegriffen – rund 115 Auslandsrepräsentanzen.[304]

Aufgabe der Büros ist es, die Unternehmen des jeweiligen Bundeslandes bei der Geschäftsanbahnung und Markterschließung zu unterstützen. Hierfür bieten sie eine Reihe kostenloser Dienstleistungen an. So vermitteln sie beispielsweise Kontakte zu staatlichen Stellen und Unternehmen, liefern Markinformationen oder beraten Unternehmen beim Markteintritt. Da die Büros aus dem Haushalt des jeweiligen Landes finanziert werden, stehen diese Leistungen jedoch prinzipiell nur Unternehmen mit Sitz im jeweiligen Bundesland zur Verfügung. Darüber hinaus kommt den Repräsentanzen die Aufgabe zu, im Rahmen der Standortwerbung ausländische Investoren für das jeweilige Bundesland zu gewinnen.[305] Zum Teil stehen die Auslandsbüros in engem Zusammenhang mit offiziellen Partnerschaften, die zwischen dem jeweiligen Bundesland und ausländischen Staaten oder Regionen bestehen.

> Die politischen Begleitmaßnahmen des Landes sollten verstärkt werden. Neben der Weiterführung bisheriger Maßnahmen sehen wir insbesondere durch die stärkere Nutzung von Regionalpartnerschaften und im Aufbau von Auslandsrepräsentanzen auf schwierigen Märkten wichtige Instrumente[306].

Kritiker bemängeln, dass sich die Tätigkeitsfelder der Auslandsrepräsentanzen der Länder mit denen der vom Bund finanziell unterstützten Auslandshandelskammern überschneiden, wobei die AHKs in der Lage seien, ein deutlich breiteres Dienstleistungsspektrum zu einem besseren Kosten-Nutzen-Verhältnis

---

303 Vgl. Bayerisches Staatsministerium für Wirtschaft, Infrastruktur, Verkehr und Technologie 2005, S. 16 ff.

304 Vgl. Ehrenfeld 1997, S. 75; ähnlich Fischer 1999, S. 133; Schönfelder 2000, S. 79.

305 Vgl. Landtag Brandenburg Drucksache 03/3715 vom 17. Dezember 2001, S. 6; Landtag Nordrhein-Westfalen Ausschussprotokoll 13/356 vom 19. September 2001, S. 12.

306 Landtag von Sachsen-Anhalt Plenarprotokoll 02/21 vom 18. Mai 1995, S. 1436.

anzubieten.[307] Die Regierungen der Länder vertreten jedoch den Standpunkt, dass es zu keiner tatsächlichen Leistungsüberschneidung komme, da das Dienstleistungsangebot der Repräsentanzen speziell auf die Bedürfnisse des jeweiligen Landes und der in ihm ansässigen Unternehmen zugeschnitten und daher von grundsätzlich anderer Qualität sei:

> Die AHK-Büros vertreten [...] Unternehmen aus allen 16 Bundesländern, mit denen sich brandenburgische Unternehmen teilweise in direktem Wettbewerb befinden. Die Kapazitäten der AHK[s], insbesondere für eine – darüber hinaus sehr kostenintensive – individuelle Betreuung, sind naturgemäß begrenzt. [...] Insbesondere fehlt den AHK ein tiefergehendes, spezifisches Know-how und Verständnis für das Land Brandenburg sowie für die Problemstellungen, mit denen sich die brandenburgischen KMU konfrontiert sehen. [...] Die Auslandsplattformen haben also eine von den AHK grundsätzlich verschiedene Herangehensweise.[308]

Um den heimischen Unternehmen an ausgewählten Standorten ein spezifiziertes Angebot bieten zu können und gleichzeitig Doppelstrukturen und -arbeiten weitestgehend zu vermeiden, sind eine Reihe von Repräsentanzen bei der jeweiligen Auslandshandelskammer angesiedelt und arbeiten mit dieser zusammen.[309]

k.) Rückgarantien für Liefergeschäfte ins Ausland

Um mittelständischen Unternehmen den Marktzugang im Ausland zu erleichtern und ihre Wettbewerbsfähigkeit zu erhöhen, übernehmen die Förderbanken einzelner Bundesländer Rückgarantien für Außenhandelsgarantien, die von der Hausbank oder dem Versicherungsunternehmen des antragstellenden Unternehmens im Zusammenhang von Auslandsaufträgen gestellt werden. Hierzu zählen unter anderem Bietungs-, Anzahlungs-, Vertragserfüllungs- sowie Gewährleistungsgarantien.[310] Im Unterschied zur Exportkreditversicherung des Bundes (Hermes-Deckung) sichern die Exportgarantien der Länder somit nicht die Zahlungsforderung des inländischen Unternehmens gegenüber dem ausländischen Besteller ab, sondern übernehmen die vom inländischen Auftragnehmer im Rahmen eines Liefergeschäfts abzugebenden Sicherheiten. Ist es dem inländischen Unternehmen nicht möglich, die vereinbarte Lieferung

---

[307] Vgl. Möllering 1998, S. 216; Landtag Brandenburg Plenarprotokoll 03/65 vom 13. November 2002, S. 4383; Ehrenfeld 2003, S. 112.
[308] Landtag Brandenburg Drucksache 03/4289 vom 13. Mai 2002, S. 6.
[309] Vgl. Ehrenfeld 2003, S. 112; exemplarisch Bayern International 2006.
[310] Vgl. LfA Förderbank Bayern 2005, S. 4.

oder Leistung vollständig und ordnungsgemäß zu erbringen, kann der ausländische Geschäftspartner die Garantie in Anspruch nehmen.[311]

I.) Entwicklung neuer Instrumente

Neben den Formen der Außenwirtschaftsförderung, die im bisherigen Verlauf der Arbeit erörtert wurden, verfügen einige Länder über eine Reihe weiterer, zum Teil neuer Programme und Instrumente. Hierzu zählt etwa das so genannte Scouting, das Nordrhein-Westfalen im Rahmen seiner Nordamerika Offensive einsetzt und das nach einer Erprobungsphase gegebenenfalls auch auf anderen Auslandsmärkten zum Einsatz kommen soll.[312]

Darüber hinaus startete das Land Nordrhein-Westfalen 2001 eine neue Außenwirtschaftsoffensive, deren Hauptziel es ist, die heimische Wirtschaft bei der Akquisition von Infrastrukturprojekten in mittel- und osteuropäischen Ländern zu unterstützen. Hierzu wählte das Land mit Hilfe einer Public-Private-Partnership-Struktur erstmals einen neuen Finanzierungsweg, der die Abhängigkeit der Finanzierung des Instrumentariums vom Landeshaushalt verringern und auf eine langfristig solide Grundlage stellen soll. Herzstück der Offensive ist die privatwirtschaftlich organisierte WIR.NRW GmbH, die den Unternehmen ein breites, zum Teil kostenpflichtiges Dienstleistungsspektrum anbietet, und an der das Land mit einer Sperrminorität beteiligt ist. Ferner sind die Maßnahmen der auf Dauer angelegten Außenwirtschaftsoffensive Mittel- und Osteuropa laut einer Stellungnahme der Landesregierung erstmals nicht mehr als reaktiv bzw. formal sondern explizit als aktiv und inhaltlich anzusehen.[313]

In die gleiche Richtung zielen auch die Empfehlungen der Boston Consulting Group, die das Land Berlin zu einem Strategiewechsel im Bereich der Wirtschaftsförderung auffordert und anregt, dass das Land seinen bisherigen nachfrageorientierten, vornehmlich passiven Ansatz aufgeben und in Zukunft stärker angebotsorientiert und aktiv tätig werden soll.[314]

Auch das Land Brandenburg hebt hervor, dass es Unternehmen mit Hilfe eines innovativen Programms unterstützt, ihre strukturellen Hemmnisse im Bereich der Außenwirtschaft zu überwinden:

---

[311] Vgl. Bayerischer Landtag Drucksache 14/8451 vom 05. April 2001, S. 20 f.

[312] Durch Knüpfen von Kontakten und Netzwerken sollen die *Scouts* einerseits die Bemühungen des Landes im Rahmen des Standortmarketing unterstützen und andererseits Firmen aus NRW vor Ort konkrete Hilfestellung (u. A. Strategieplanung, Kapitalbeschaffung oder Aufstellung eines ersten Managementteams) beim Markteintritt geben. Vgl. Gesellschaft für Wirtschaftsförderung Nordrhein-Westfalen 2001, S. 12 f.; Lamprecht 2002.

[313] Vgl. Landtag Nordrhein-Westfalen Vorlage 13/676 vom 25. April 2001, S. 3 ff.; Schumacher 2001. Zu Mängeln und Missständen in den privatwirtschaftlich organisierten Gesellschaften des Landes siehe exemplarisch Lamprecht 2003; Landtag Nordrhein-Westfalen Drucksache 13/4035 vom 18. Juni 2003, Anlage, S. 104 ff.; Landtag Nordrhein-Westfalen Drucksache 13/4062 vom 24. Juni 2003.

[314] Vgl. Boston Consulting Group 2004, S. 5.

> Die Landesregierung hat [...] ein in der deutschen Außenwirtschaftsförderlandschaft besonderes Programm zur Unterstützung der heimischen KMU bei der Markterschließung [...] aufgelegt [...]. Kern dieses Programms ist die Unterstützung der Unternehmen durch ‚coaching' und Beratung bei der Markterschließung und durch die Mitfinanzierung von Maßnahmen zur Markterschließung.[315]

3.3.3.4 Budgetvolumen

Während einige Instrumente – wie die Messeförderung und die Delegationsreisen – in allen Ländern zum Einsatz kommen, werden andere Maßnahmen, wie etwa Rückgarantien für Liefergeschäfte, nur von einigen Ländern zur Verfügung gestellt. Dies ist nicht zuletzt auf die unterschiedlichen finanziellen Ressourcen zurückzuführen, auf die die einzelnen Länder im Rahmen ihrer Außenwirtschaftsförderung zurückgreifen können.

Eine Analyse der Haushaltspläne oder -rechnungen der Länder zeigt, dass die Budgetansätze für die Außenwirtschaftsförderung häufig nicht detailliert und zusammenhängend ausgewiesen werden. Daher ist nicht abschließend zu klären, welche Haushaltstitel welcher Ministerien und Institutionen für Aufgaben in diesem Bereich herangezogen werden. Aufgrund der unterschiedlichen Förderpraxis der einzelnen Ländern erweist es sich darüber hinaus als unmöglich, für alle Länder vergleichbare Daten zu ermitteln, da beispielsweise „bei Outsourcing von Werbeaufgaben Zuschüsse erfassbar sind, die bei verwaltungsinterner Erledigung oft nicht identifizierbar sind"[316]. Diese Tatsache hat unter anderem dazu geführt, dass der Subventionsbericht des Instituts für Weltwirtschaft Kiel (IfW) vom August 2005 die Aufwendungen der Länder und Kommunen für die Standortwerbung und die Pflege der Wirtschaftsbeziehungen mit dem Ausland explizit ausklammert.[317]

Um dennoch einen Überblick über das von den Ländern bereitgestellte Gesamtbudget zu erhalten, erweist sich eine direkte Datenerhebung bei den Ländern als notwendig. Diese Befragung wurde im Frühjahr/Sommer 2003 durchgeführt. Unabhängig davon erhob auch das Bundeswirtschaftsministerium nahezu zeitgleich die gleichen Daten. Bei einem Vergleich der Ergebnisse der beiden Umfragen fällt auf, dass die von den einzelnen Ländern gemachten Angaben zum Teil erheblich voneinander abweichen.[318] In Tabelle 3-3 werden

---

[315] Landtag Brandenburg Drucksache 03/513 vom 01. Dezember 1999, S. 1 f.; ähnlich Landtag Brandenburg Drucksache 02/5339 vom 10. Juni 1998, S. 1.

[316] Rosenschon 2005, S. 7, 13 f.

[317] Vgl. Rosenschon 2005, S. 7.

[318] Dabei ist festzustellen, dass einige Länder bei der Befragung des BMWA höhere Angaben machten, wohingegen andere im Rahmen der eigenen Erhebung höhere Budgetansätze nannten.

die Ergebnisse der beiden Erhebungen im Überblick dargestellt, wobei jeweils der tiefere Wert der beiden Befragungen der höheren Angabe gegenübergestellt wird.

Tabelle 3-3 Ausgaben der Länder für die Außenwirtschaftsförderung 2002/2003 in Millionen Euro

	2002		2003	
Bundesland	**Tiefste Angabe[1]**	**Höchste Angabe[2]**	**Tiefste Angabe[1]**	**Höchste Angabe[2]**
Baden-Württemberg[3]	8,4	8,5	8,2	8,2
Bayern	9,8	9,8	9,9	9,9
Berlin	1,1	2,5	1,1	2,0
Brandenburg	k.A.	k.A.	3,7	3,7
Bremen	3,8	4,6	3,8	4,6
Hamburg	0,3	6,6	0,2	5,5
Hessen	1,3	1,4	1,6	1,6
Mecklenburg-Vorpommern	1,4	1,9	1,2	1,7
Niedersachsen	1,2	3,1	1,2	2,9
Nordrhein-Westfalen	2,1	5,5	1,8	5,0
Rheinland-Pfalz	1,0	1,0	1,1	1,2
Saarland	2,3	2,8	2,3	2,6
Sachsen	6,3	6,6	4,6	5,1
Sachsen-Anhalt	2,3	2,3	2,1	2,1
Schleswig-Holstein	2,4	2,4	2,4	2,4
Thüringen	1,9	4,7	1,9	4,7
Gesamt	**45,6**	**63,7**	**47,1**	**63,2**
Differenz	**18,1**		**16,1**	
Höhe der Abweichung[4]	**39,7%**		**34,2%**	

1 Grundlage: Jeweils tiefste Angabe der Länder im Rahmen der eigenen Erhebung 2003 sowie der Erhebung des Bundesministeriums für Wirtschaft und Arbeit vom 13. Mai 2003

2 Grundlage: Jeweils höchste Angabe der Länder im Rahmen der eigenen Erhebung 2003 sowie der Erhebung des Bundesministeriums für Wirtschaft und Arbeit vom 13. Mai 2003 Angaben unter 100 wurden aufgerundet auf 0,1 Mio.

3 Angaben der neuen Bundesländer und Berlin ohne EFRE-Mittel und Kofinanzierung abzüglich von Haushaltssperren und globalen Minderausgaben in Höhe von 0,5 und 1 Mio. Euro (2002/2003)

4 Grundwert = Gesamt der tiefsten Angaben; Prozentwert = Differenz

In eine umfassende Budgetermittlung müssen neben den reinen Fördermitteln die Personalkosten einfließen. Dies ist jedoch häufig nicht möglich:

> Die Außenwirtschafts- und Messeförderung wird im Rahmen der allgemeinen Wirtschaftsförderung abgewickelt. Das mit der Außenwirtschafts- und Messeförderung befasste Personal wird daher nicht gesondert ausgewiesen.[319]

Ferner ist zu berücksichtigen, dass zahlreiche Dienstleistungen im Bereich der Außenwirtschaftsförderung von scheinbar selbständigen Institutionen wie etwa den Landesbanken oder den landeseigenen Wirtschaftsfördergesellschaften erbracht werden.[320] Hinsichtlich der Möglichkeit, die dort anfallenden Kosten zu ermitteln, heißt es in einer Stellungnahme der sächsischen Staatsregierung:

> Der in der SAB [Sächsischen Aufbaubank] mit der Außenwirtschafts- und Messeförderung verbundene Sach- und Personalaufwand kann nicht genau beziffert werden.[321]

Nach Berechnungen der Boston Consulting Group beliefen sich im Jahr 2003 die gesamten Verwaltungskosten des Berliner Außenwirtschaftsförderprogramms auf 378.566 Euro. Für den Bewilligungszeitraum 2000 bis 2003 bedeutete dies einen Betrag von 914 Euro pro Förderfall oder 0,23 Euro pro bewilligtem Förder-Euro.[322]

Im Rahmen der eigenen Erhebung machten elf Bundesländer Angaben zur Zahl der Mitarbeiter im Bereich der Außenwirtschaftsförderung. Danach waren in diesen Ländern 2003 insgesamt rund 225 Vollzeit- und 22 Teilzeitkräfte in diesem Tätigkeitsfeld beschäftigt. Fünf Länder machten keine Angaben.[323]

Eine Analyse im Zeitverlauf zeigt, dass die prekären finanzpolitischen Rahmenbedingungen der zurückliegenden Jahre zum Teil massive Auswirkungen auf die Außenwirtschaftspolitik und -förderung der Länder hatten, da „im Zuge der notwendigen Konsolidierung des Landeshaushalts [...] auch dieser Bereich auf Einsparungen bzw. eine effizientere Verwendung der Mittel überprüft werden“[324] musste. So zeigt beispielsweise eine Analyse der Entwicklung der Budgetansätze von 1990 bis 2002 in Schleswig-Holstein, dass die Mittel seit ihrem Höchststand 1992 bis zum Beginn des neuen Jahrtausends mehr als halbiert wurden.[325]

---

[319] Sächsischer Landtag Drucksache 03/8573 vom 24. Juni 2003, S. 4.
[320] Vgl. exemplarisch Bayerischer Landtag Drucksache 14/2455 vom 30. September 1999, S. 1.
[321] Sächsischer Landtag Drucksache 03/8573 vom 24. Juni 2003, S. 3.
[322] Vgl. Boston Consulting Group 2004, S. 47.
[323] Vgl. Eigene Erhebung 2003.
[324] Schleswig-Holsteinischer Landtag Drucksache 15/1827 vom 30. April 2002, S. 14; ähnlich Krause 2001, S. 33; Bayerischer Landtag Drucksache 15/470 vom 25. Februar 2004, S. 1.
[325] Vgl. Schleswig-Holsteinischer Landtag Drucksache 15/1827 vom 30. April 2002, S. 13.

3.3.4 Kommunen

3.3.4.1 Zielsetzungen

Als dritte Verwaltungsebene im zweigliedrigen Bundesstaat sind die Kommunen auf widersprüchliche Weise in die staatliche Wirtschaftsförderung einbezogen. Einerseits räumt die in Artikel 28, Absatz 2 des Grundgesetzes festgeschriebene kommunale Selbstverwaltung den kommunalen Gebietskörperschaften das Recht ein, „alle Angelegenheiten der örtlichen Gemeinschaft im Rahmen der Gesetze in eigener Verantwortung zu regeln". Hierzu gehören auch die Gestaltung des kommunalen Wirtschaftsraums und die Wirtschaftsförderung. Andererseits unterliegen die Aktivitäten der Kommunen der staatlichen Rechtsaufsicht und werden durch Rahmensetzungen sowie aus pragmatischen Gründen eingeschränkt. Dies wird exemplarisch in der Empfehlung des Bund-Länder-Planungsausschusses für regionale Wirtschaftsstruktur deutlich, dem neben dem Bundeswirtschaftsminister und dem -finanzminister die 16 Wirtschaftsminister der Länder angehören:

> Die Kommunen sollen sich bei der Wirtschaftsförderung auf die unbedenklichen Maßnahmen der indirekten Förderung im Rahmen der allgemeinen kommunalen Aufgabenerfüllung konzentrieren. [...] Bei direkten Wirtschaftsförderungsmaßnahmen ist aus rechtlichen und wirtschaftspolitischen Gründen Zurückhaltung geboten. Direkte Wirtschaftsförderung ist nur ausnahmsweise zulässig[326].

Hauptziel der wirtschaftsfördernden Aktivitäten auf kommunaler Ebene ist es, die lokale Wirtschaftskraft zu stärken und Arbeitsplätze zu schaffen.[327] Vor dem Hintergrund der Globalisierung und Regionalisierung sind trotz des prinzipiell begrenzten Einflussbereiches auch die Erwartungen gegenüber der kommunalen Ebene gestiegen, auf dem Gebiet der Wirtschaftsförderung neue Wege zu gehen und neben den traditionellen Instrumenten kommunaler Wirtschaftsförderung auch neue Instrumente – etwa im Bereich der Außenwirtschaft – zu entwickeln.

Im außenwirtschaftlichen Bereich ist der Schwerpunkt der kommunalen Aktivitäten eindeutig darauf gerichtet, neue insbesondere auch ausländische Unternehmen für den lokalen Standort zu gewinnen.[328] Der Stellenwert, der diesem Thema von Seiten der kommunalen Entscheidungsträger beigemessen wird, wird dadurch deutlich, dass sich 2002 der 1. Jahreskongress der kommunalen

---

[326] Deutscher Bundestag Drucksache 15/5141 vom 14. März 2005, S. 15.

[327] Vgl. Gray; Dunning 2000, S. 411; Brown; Raines 2000, S. 435.

[328] Netzwerk von Wirtschaftsförderungsgesellschaften in der Bundesrepublik Deutschland 2006.

und regionalen Wirtschaftsförderer unter dem Motto „Global anwerben – lokal ansiedeln“ dem internationalen Standortmarketing und der Akquisition ausländischer Investoren widmete.[329]

Die aktive Unterstützung der am lokalen Standort ansässigen Unternehmen bei der Internationalisierung ihrer Geschäftsaktivitäten bildet hingegen in der Regel nur einen Randbereich der kommunalen Wirtschaftsförderung. Dennoch haben in den zurückliegenden Jahren zahlreiche Kommunen auch auf diesem Gebiet Instrumente und Maßnahmen entwickelt.[330] Diese wurden jedoch bisher noch nicht in einer für die ökonomische Analyse geeigneten Weise aufbereitet und zugänglich gemacht. Darüber hinaus ist das Engagement auf kommunaler Ebene sehr heterogen, so dass es sich als schwierig erweist, überhaupt von *den* Aktivitäten der Kommunen zu sprechen. Daher ist es im Rahmen dieser Arbeit lediglich möglich, das facettenreiche Engagement der kommunalen Gebietskörperschaften auf der Grundlage einzelner Fallbeispiele in Grundzügen zu skizzieren.

Selbst Kommunen, die ihre Aktivitäten im Bereich der Außenwirtschaft vergleichsweise zielstrebig und systematisch betreiben, verfügen in der Regel nicht über ein Konzept zur Außenwirtschaftsförderung, das vom jeweiligen Stadtrat beschlossen wurde. Vielmehr besteht zwischen den politischen Entscheidungsträgern und der Verwaltung der Grundkonsens, dass die internationalen Aktivitäten wichtig seien und fallen daher in das laufende Geschäft der Verwaltung.[331]

3.3.4.2 Instrumentarium

a.) Städte- und Projektpartnerschaften

Deutsche Städte und Gemeinden pflegen seit vielen Jahrzehnten zum Teil sehr intensive Kontakte mit dem Ausland, wobei Städtepartnerschaften und Projektpartnerschaften die bevorzugten Instrumente zum Aufbau und zur Pflege des kommunalen Auslandsengagements darstellen. Zum Jahresende 2005 existierten knapp 6.500 registrierte internationale Partnerschaften, die ihren offiziellen Charakter durch bilaterale Rahmenvereinbarungen erhalten.[332]

Als bereits kurz nach dem Zweiten Weltkrieg die ersten Städtepartnerschaften geschlossen wurden, standen diese zunächst ganz im Zeichen der Aussöhnung mit den ehemaligen Kriegsgegnern und dienten primär der Völkerverständigung sowie dem kulturellen und gesellschaftlichen Austausch. Später gewannen Bereiche wie die kommunale Verwaltungs- und Entwicklungszu-

---

[329] Vgl. Ronzheimer 2002.
[330] Vgl. Schulz; Welge 2006, S. 25.
[331] Vgl. Plate 2005; Daminger 2005; Mager 2006.
[332] Vgl. Rat der Gemeinden und Regionen Europas, Deutsche Sektion 2006.

sammenarbeit stärker an Bedeutung.[333] Vor dem Hintergrund der Globalisierung und Regionalisierung ist zu konstatieren, dass in den vergangenen Jahren die Außenwirtschaftsbeziehungen verstärkt auch in den Blickpunkt der kommunalen Entscheidungsträger rückten. Dies prägt auch die Ausrichtung der Städtepartnerschaften.[334] So haben beispielsweise die Städte Dortmund und Leeds im Rahmen ihrer bestehenden Partnerschaft 2004 eine Kooperationsbörse für Unternehmen des produzierenden Gewerbes gegründet, die den lokal ansässigen Unternehmen unter anderem die Suche nach geeigneten Kooperationspartnern in der Partnerregion erleichtern soll.[335] In den zurückliegenden Jahren erhielten aber nicht nur bereits existierende Partnerschaften eine neue Ausrichtung, sondern es wurden auch „rein wirtschaftlich motivierte Städtepartnerschaft[en]“[336] neu geschlossen. Zu dieser neuen Form der Kontakte zählt beispielsweise auch die Kooperationsvereinbarung zwischen den Städten Dortmund und Pittsburgh, die im April 2002 offiziell unterschrieben wurde und unter anderem mittelständischen Unternehmen als Sprungbrett zur Erschließung neuer Märkte dienen soll.[337] Auch die Städtefreundschaft, die Frankfurt am Main seit Juni 2005 mit der Stadt Dubai verbindet, steht insbesondere im Zeichen einer intensiven Kooperation der beiden Handels- und Finanzmetropolen in den Bereichen Wirtschaft, Handel und Zukunftstechnologien.[338]

Insgesamt erweist sich die Förderung der wirtschaftlichen Entwicklung im Rahmen der traditionellen Städtepartnerschaften jedoch häufig als nur begrenzt möglich und ist vom wirtschaftlichen Profil der jeweiligen Partnerstadt abhängig. Daher bilden die kommunalen Wirtschaftsförderer seit einigen Jahren für bestimmte Branchen und Sektoren europa- und weltweit eigene neue Netzwerke, denen neben den Kommunen auch andere Akteure aus Wissenschaft und Wirtschaft angehören.[339]

b.) Fördermaßnahmen

Zur Unterstützung der am lokalen Standort ansässigen Unternehmen bei der Internationalisierung ihrer Geschäftsaktivitäten haben in den zurückliegenden Jahren einzelne Kommunen unterschiedliche Instrumente und Maßnahmen entwickelt, die jedoch meist nicht mit einer finanziellen Förderung verbunden sind. Vielmehr zielen die Maßnahmen darauf ab, die Fähigkeiten der mittel-

[333] Vgl. Colucci 2002, S. 33; Laux 2005.
[334] Vgl. Stadt Frankfurt am Main 2005, S. 23.
[335] Vgl. Wirtschaftsförderung Dortmund 2006a.
[336] Senatskanzlei der Freien Hansestadt Bremen 2003, S. 11.
[337] Siehe Stadt Dortmund 2002, S. 3; Economic and Employment Promotion Dortmund; Pittsburgh Regional Alliance 2004, S. 2.
[338] Vgl. Presse- und Informationsamt der Stadt Frankfurt 2005.
[339] Vgl. Plate 2005; Mager 2006.

ständischen Unternehmen zur Selbsthilfe zu fördern. Hierfür werden Instrumente wie regelmäßige Exporteursstammtische, Betriebsbesuche oder Vortragsveranstaltungen angeboten, die dem Erfahrungsaustausch dienen und die Netzwerkbildung zwischen den Unternehmen fördern.[340] So bietet beispielsweise die Stadt Regensburg einen *English Speaking Circle* in Form eines monatlichen Treffens in lockerem Rahmen an.
Zur internationalen Vermarktung und Profilierung des lokalen Standortes haben zahlreiche Kommunen Wirtschaftsfördergesellschaften gegründet oder mitinitiiert, die sich in den vergangenen Jahren zunehmend im Bereich der Außenwirtschaftsförderung engagieren. Im Rahmen ihrer Tätigkeit stellen die Wirtschaftsfördergesellschaften unter anderem Marktinformationen zur Verfügung, vermitteln individuelle Geschäftskontakte und coachen Unternehmen beim Aufbau von Exportgeschäften. Hierbei arbeiten sie häufig mit unterschiedlichen Partnern wie den Sparkassen und Industrie- und Handelskammern zusammen.[341]
Im Rahmen ihrer internationalen Aktivitäten präsentieren sich zahlreiche Kommunen auf ausländischen Messen mit einem eigenen Stand, an dem sich lokal ansässige Unternehmen in unterschiedlicher Form beteiligen können. In der Regel wird Informationsmaterial kostenlos ausgelegt. Soll jedoch das Logo eines Unternehmens auf dem Stand erscheinen, so muss es sich an den Kosten des Messeauftritts beteiligen.[342]
Eine ihrer Hauptaufgaben sehen die Kommunen in der Schaffung und Vermittlung internationaler Kontakte. So können sie beispielsweise Kontakte zu potenziellen ausländischen Partnerunternehmen oder Venture Capital Funds (VCF) herstellen, die die Finanzierung kapitalintensiver Projekte ermöglichen.[343]
Zu den Förderaktivitäten der Kommunen gehören auch regelmäßige Auslandsreisen und Besuche auf politischer Ebene. So reiste beispielsweise die Oberbürgermeisterin von Frankfurt am Main jeweils in Begleitung von Wirtschaftsdelegationen 2005 nach China und in die Vereinigten Arabischen Emirate, um sich vor Ort über die konkreten Rahmenbedingungen für Unternehmen zu informieren. Auf Auslandsreisen agieren die Vertreter der Kommunen gelegentlich aber auch als Beauftragte für einzelne Unternehmen und betreiben im direkten Auftrag für die Unternehmen auch aktiv Akquisition oder sind bei der Suche nach qualifizierten Mitarbeitern behilflich.[344]

---

[340] Vgl. Wirtschaftsförderung Dortmund 2006b.
[341] Vgl. Rhein-Kreis Neuss 2006; Wirtschaftsförderungsgesellschaft Rhein-Kreis Neuss 2006.
[342] Vgl. Plate 2005.
[343] Vgl. Plate 2005.
[344] Vgl. Plate 2005.

Ferner gibt es Überlegungen, beispielsweise über die kommunalen Technologieparks auch ständige Repräsentanzen im Ausland aufzubauen.

3.3.4.3 Budgetvolumen

Das Budgetvolumen der kommunalen Ebene im Bereich der Außenwirtschaftsförderung zu bestimmen, erweist sich als nahezu unmöglich, da es in den einzelnen kommunalen Haushalten in der Regel keinen definierten Haushaltstitel für diesen Bereich gibt und die Intensität der Aktivitäten in den einzelnen Kommunen sehr unterschiedlich ausfällt. Ferner greifen die zuständigen Stellen zur Erfüllung ihrer Aufgaben auf das Personal und die Räumlichkeiten von anderen städtischen Einrichtungen zurück. Erschwerend kommt hinzu, dass zahlreiche Aktivitäten über vermeintlich selbständig operierende Institutionen, wie kommunale Wirtschaftsfördergesellschaften, abgewickelt werden. Daher erweist sich auch für eine eingeschränkte und grobe Kostenberechnung eine umfangreiche Datenerhebung direkt bei den einzelnen Kommunen als unumgänglich. Dies war im Rahmen der vorliegenden Arbeit jedoch nicht möglich. Wie die Erfahrungen bei der Budgetabfrage auf Länderebene gezeigt haben, würden auch derartige Daten voraussichtlich nur ein eingeschränktes Bild des tatsächlichen Budgetvolumens liefern.

3.3.5 Stellenwert der Außenwirtschaftsförderung

Im Jahr 2005 exportierte Deutschland Waren und Dienstleitungen im Wert von über 900 Milliarden Euro.[345] 2004 beliefen sich die unmittelbaren und mittelbaren deutschen Direktinvestitionen im Ausland auf 676,7 Milliarden Euro.[346] Die im Verhältnis zur weltwirtschaftlichen Verflechtung der deutschen Wirtschaft relativ gering wirkenden Budgetansätze zur Außenwirtschaftsförderung machen deutlich, dass nur ein Bruchteil der Auslandsaktivitäten deutscher Unternehmen durch die staatliche Förderung initiiert wird. Dies legt die Vermutung nahe, dass auf ein staatliches Engagement in diesem Bereich gänzlich verzichtet werden könnte, da die Unternehmen aus eigener Kraft in der Lage sind, erfolgreich auf internationalen Märkten zu agieren. Dem kann entgegengehalten werden, dass in Befragungen deutlich wurde, „dass für eine Vielzahl von kleinen und mittleren Unternehmen (KMU) selbst relativ geringe Förderbeträge eine wichtige Initialzündung für das erste Auslandsengagement leisten“[347]. Björn Schaeper, Thomas Rünker und Anja Schulz vertreten daher die Auffassung, dass „[d]er Ruf der Bundesrepublik Deutschland als ‚Exportweltmeister‘ [...] zumindest zu einem Teil auf die seit Jahrzehnten von wechselnden Bun-

[345] Vgl. Deutsche Bundesbank 2006a, S. 60.
[346] Vgl. Deutsche Bundesbank 2006b, S. 6.
[347] Schleswig-Holsteinischer Landtag Drucksache 15/1827 vom 30. April 2002, S. 5.

desregierungen initiierten und fortgeführten Programme zur Außenwirtschaftsförderung zurückzuführen"[348] ist.
Abweichend davon kommt eine empirische Studie des DIHK und der Steinbeis-Hochschule Berlin, an der sich knapp 4.400 im Ausland aktive deutsche Unternehmen beteiligt haben, zu dem Ergebnis: „Fördermittel der Öffentlichen Hand sind für den Erfolg im Auslandsgeschäft kaum relevant."[349] Dieser Befund ist bei den bereits genannten Relationen von deutschen Exporten und Direktinvestitionen auf der einen Seite und den vom Staat zur Verfügung gestellten Mittel wenig verwunderlich. Beschränkt man die öffentliche Außenwirtschaftsförderung jedoch nicht nur auf die finanzielle Förderung, so wird deren Bedeutung deutlich. Denn 57,3% der im Ausland aktiven Unternehmen greifen für den Aufbau ihrer internationalen Geschäftsbeziehungen auf die Hilfe von Industrie- und Handelskammern und 42,2% von Auslandshandelskammern zurück. Auch die Unterstützung der regionalen und lokalen Wirtschaftsfördergesellschaften (18,6%), der deutschen Auslandsvertretungen (17,2%), der Wirtschaftsministerien der Länder (16,5%), der Bundesagentur für Außenwirtschaft (16,4%) sowie des Bundeswirtschaftsministeriums (15,5%) wird von den Unternehmen im Zuge ihrer Internationalisierung häufiger in Anspruch genommen als das Dienstleistungsangebot privater Unternehmensberatungen (15,2%).[350]

---

[348] Schaeper; Rünker; Schulz 2004, S. 8.
[349] Lau; Zywietz; Faix 2005, S. 40.
[350] Vgl. Lau; Zywietz; Faix 2005, S. 42.

4. Die ökonomische Theorie des Föderalismus

Wie im bisherigen Verlauf der Arbeit deutlich wurde, stellt die Globalisierung immer stärker auch mittelständische Unternehmen vor neue Herausforderungen. Gleichzeitig weist der Mittelstand bei seinen Internationalisierungsbemühungen größenbedingte strukturelle Probleme auf, die von Seiten der Politik dahingehend interpretiert werden, dass auf diesem Gebiet staatlicher Handlungsbedarf besteht. Da eine staatliche Außenwirtschaftsförderung trotz aller Kritik auch in Zukunft politisch gewünscht wird, wird im weiteren Verlauf der Arbeit trotz der erheblichen Einwände bezüglich eines staatlichen Eingreifens in die Wirtschaft, die Aufgabenabgrenzung zwischen dem Staat und den privaten Wirtschaftssubjekten nicht weiter thematisiert. Es wird vielmehr vom Status Quo der Kompetenzverteilung ausgegangen.
Um die Unternehmen bei ihrer Internationalisierung zu unterstützen, wurden in den letzten Jahrzehnten von allen staatlichen Ebenen und Institutionen zahlreiche Maßnahmen und Instrumente im Bereich der Außenwirtschaftsförderung entwickelt. Das so in Deutschland entstandene föderale Fördersystem wurde in den vergangenen Jahren insbesondere wegen seiner Intransparenz und fehlenden Konsistenz wiederholt kritisiert. Es finden sich aber auch Stimmen, die für eine föderale Aufgabenwahrnehmung eintreten.[1] Trotz dieser Kontroverse und der erheblichen Defizite, die im Bereich der Außenwirtschaftsförderung zum Teil selbst von Befürwortern konstatiert werden, liegt bisher keine umfangreiche, systematische wissenschaftliche Analyse der föderalen Außenwirtschaftsförderung vor. Ziel der vorliegenden Arbeit ist es daher, die Erkenntnisse der ökonomischen Theorie des Föderalismus für den spezifischen Fall der Aufgabenverteilung im Bereich der Außenwirtschaftsförderung in der Bundesrepublik Deutschland nutzbar zu machen. Hierfür werden die aus dem theoretischen Modell entwickelten Anforderungen an den Staatsaufbau anhand empirischer Untersuchungen überprüft und die gewonnenen Ergebnisse der aktuellen Aufgabenverteilung gegenübergestellt.

Der Mehrzahl der ökonomischen Modelle ist ein Einheitsstaat zugrunde gelegt.[2] Diese vereinfachende Annahme bietet die Möglichkeit, eine Vielzahl von ökonomischen Phänomenen zu analysieren. Die Prämisse eines zentralistischen Staatsaufbaus bedeutet jedoch eine Simplifizierung, die eine Untersuchung der Realität erheblich limitiert. Wie viele andere Staaten auch, ist die

---

[1] Vgl. Weidig 1996, S. 118; Ehrenfeld 2003, S. 13 f.
[2] Vgl. Thöni 1986, S. 13; ähnlich Postlep 1993, 53.

Bundesrepublik Deutschland als Bundesstaat[3] in eine Hierarchie von föderativen Gebietskörperschaften gegliedert.[4]

Daher widmen sich alle drei Disziplinen der klassischen Staatswissenschaften, die Rechts-, Politik- und Wirtschaftswissenschaft, der Erforschung des Organisationsproblems eines föderalistischen Staates.[5] Obwohl sich vor allem in den letzten Jahrzehnten in allen drei Fachrichtungen die Stimmen mehren, die einen föderal organisierten Staatsaufbau grundsätzlich positiv bewerten, unterscheiden sich die konkreten inhaltlichen Zielvorstellungen, die mit einem föderativen System verbunden werden, teilweise erheblich voneinander. Daher divergieren auch die Auffassungen darüber, was in den einzelnen Wissenschaftsdisziplinen traditionell unter Föderalismus verstanden wird, teilweise erheblich.[6]
Die Analysen im Rahmen dieser Arbeit konzentrieren sich schwerpunktmäßig auf zwei Ebenen von Gebietskörperschaften, Bund und Länder. Dies entspricht einerseits der herrschenden Lehre im Staatsrecht, wonach es sich bei der Bundesrepublik Deutschland um einen „zweigliedrigen Bundesstaat“[7] handelt. Zwar garantiert Artikel 28, Absatz 2 des Grundgesetztes ausdrücklich die kommunale Selbstverwaltung; verfassungsrechtlich sind die kommunalen Gebietskörperschaften jedoch Teil der Länder, bei denen es sich um eine dritte Verwaltungsebene nicht um eine dritte Ebene der Staatlichkeit handelt. Hinsichtlich der Bedeutung der europäischen Ebene für den föderalen Aufbau stellen Ekkehart Stein und Götz Frank fest:

> Die europäische Integration greift nicht direkt in das Bundesstaatsprinzip ein, beeinträchtigt aber erheblich die den Bundesländern verbliebenen Kompetenzen vor allem auf dem Gebiet der Gesetzgebung.[8]

Andererseits zeigt sich, dass die aktuellen Aktivitäten im Bereich der Außenwirtschaftsförderung vor allem von Bund und Ländern betrieben werden.[9] Da sich aber außenwirtschaftsfördernde Ansätze auch auf der europäischen und kommunalen Ebene zeigen, werden auch diese überblicksartig in die Untersuchung einbezogen, um eine umfassende föderalismustheoretische Analyse

---

[3] Siehe Grundgesetz für die Bundesrepublik Deutschland Artikel 20 Absatz 1: „Die Bundesrepublik Deutschland ist ein demokratischer und sozialer Bundesstaat.“
[4] Vgl. Zimmermann; Henke 2001, S. 175; Blankart 2003, S. 561.
[5] Vgl. Postlep 1993, S. 61; Zimmermann; Henke 2001, S. 178.
[6] Vgl. Hansmeyer 1985, S. 107; Postlep 1993, S. 15 f.; Pitlik 1997, S. 21.
[7] Thüringer VerfGH, 28/03, Entscheidung vom 21. Juni 2005, S. 35. Für ein ähnliches Vorgehen siehe auch Stahl 2000, S. 26.
[8] Stein; Frank 2000, S. 111; ähnlich Lang 1999, S. 108.
[9] Vgl. Ehrenfeld 2003, S. 13.

aller staatlichen Aktivitäten im Bereich der Außenwirtschaftsförderung gewährleisten zu können.

Als Grundlage für die Analyse der föderal organisierten Außenwirtschaftsförderung in der Bundesrepublik Deutschland wird zunächst die ökonomische Theorie des Föderalismus dargestellt. Hierfür wird in allgemeiner Form – das heißt losgelöst vom spezifischen Fall der Außenwirtschaftsförderung – untersucht, auf welche Kriterien sich aus ökonomisch-theoretischer Sicht eine optimale föderale Aufgabenzuordnung stützen sollte. Hierbei sind für jede öffentlich bereit gestellte Leistung die Wohlfahrtsverluste und die Wohlfahrtsgewinne, die durch Zentralisierung oder Dezentralisierung hervorgerufen werden, gegeneinander abzuwägen.[10] Aufbauend auf dem Analyseschema der ökonomischen Theorie des Föderalismus werden anschließend in Kapitel 5 die Vor- und Nachteile der föderalen Aufgabenteilung auf dem Gebiet der Außenwirtschaftsförderung aus Sicht verschiedener Akteure untersucht.

Zuvor soll jedoch in einem kurzen Exkurs ein Blick auf die Ansatzpunkte der Föderalismusforschung in den beiden anderen Disziplinen der Staatswissenschaften geworfen werden. In diesem Zusammenhang werden auch die jeweiligen Forschungsansätze und herrschenden Meinungen hinsichtlich der internationalen Aktivitäten der gliedstaatlichen Ebene schlaglichtartig beleuchtet.

4.1 Exkurs: Analyseansätze anderer Wissenschaftsdisziplinen

4.1.1 Analyseansätze der Staatsrechtslehre

In der deutschen Staatsrechtslehre hat die Beschäftigung mit dem föderativen Staatsaufbau eine Tradition, die bis ins 19. Jahrhundert zurückreicht.[11] Im Zentrum der rechtswissenschaftlichen Diskussion steht der Bundesstaat (Föderation), der begrifflich zwischen den Polen Staatenbund (Konföderation) und Einheitsstaat verortet wird. Demzufolge wird der Bundesstaat definiert als eine „[...] staatsrechtliche Verbindung von Staaten, bei der die Mitglieder Staaten bleiben oder werden (Gliedstaaten) [...] und die Verbindung selbst auch ein Staat wird oder bleibt (Gesamtstaat)“[12]. Demnach ist der Bundesstaat, in Abgrenzung zum Staatenbund, durch einheitliches staatliches Verfassungsrecht verbunden. Im Unterschied zum Einheitsstaat, dessen Glieder nur unselbständige Verwaltungsregionen sind, verfügen die Gliedstaaten einer Föderation jedoch über eine vom Gesamtstaat unabhängige Eigenstaatlichkeit.[13] Der Beg-

---

[10] Vgl. Frey 1977, S. 21 f.
[11] Vgl. Benz 1985, S. 8; Kisker 1985, S. 23 f.
[12] Münch 2000, S. 200f.
[13] Vgl. Stein; Frank 2000, S. 107; sowie Münch 2000, S. 201.

riff des Föderalismus bezeichnet im Staatsrecht demnach eine Organisationsform des Bundesstaates, bei der nur gewisse staatliche Aufgabenbereiche vom Gesamtstaat wahrgenommen werden und die übrigen Aufgaben von den Gliedstaaten eigenständig erfüllt werden.[14]
Nach Auffassung der Staatsrechtslehre unterliegen die bundesstaatlichen Funktionen einem historischen Wandel. Demnach bestand die Hauptfunktion des Föderalismus historisch gesehen im „Schutz einer gewissen Eigensphäre"[15] der zuvor meist unabhängigen Staaten, die sich zu einem Bundesstaat zusammengeschlossen hatten. Als moderne Begründungen für einen föderalen Staatsaufbau wird die Verbesserung der politischen Mitgestaltungsmöglichkeiten der Bürger im Staat, die verstärkte Kontrolle politischer Macht durch vertikale Gewaltenteilung, die höhere Sachnähe von Entscheidungen auf dezentraler Ebene und die Schaffung von Wettbewerb zwischen den gliedstaatlichen Einheiten angesehen.[16]

Im Hinblick auf eine Außenwirtschaftspolitik oder gar dezidierte Außenpolitik der Länder ist festzustellen, dass dieser Politik die klassische Sichtweise der Staatsrechtslehre, durch die das deutsche Föderalismusverständnis stark geprägt ist, diametral entgegensteht.[17]
Artikel 30 des Grundgesetzes der Bundesrepublik Deutschland spricht den Bundesländern zwar eine generelle Zuständigkeitsvermutung zu:

> Die Ausübung der staatlichen Befugnisse und die Erfüllung der staatlichen Aufgaben ist Sache der Länder, soweit dieses Grundgesetz keine andere Regelung trifft oder zuläßt.

In der Außenpolitik geht die herrschende Verfassungslehre jedoch von einer alleinigen Zuständigkeit des Gesamtstaates aus.

> Artikel 32 – Beziehungen zu auswärtigen Staaten
>
> (1) Die Pflege der Beziehungen zu auswärtigen Staaten ist Sache des Bundes.

Dabei neigt sie dazu, auch den relativierenden Charakter von Artikel 32 Abs. 3 Grundgesetz zu negieren,[18] und dem Bund das Vertragsabschlussrecht selbst in Bereichen zuzusprechen, in denen er selbst keine legislativen Rechte be-

---

[14] Vgl. Thöni 1981, S. 69.
[15] Münch 2000, S. 211.
[16] Vgl. Münch 2000, S. 212.
[17] Vgl. Rudolf 1985, S. 227; Fischer 1999, S. 134.
[18] „Soweit die Länder für die Gesetzgebung zuständig sind, können sie mit Zustimmung der Bundesregierung mit auswärtigen Staaten Verträge abschließen."

sitzt und die eigentlich in den alleinigen Kompetenzbereich der Länder fallen.[19]

Nach dieser klassischen Interpretation, die Außenpolitik – und somit auch die Außenwirtschaftspolitik – als Politik zwischen Nationalstaaten, das heißt zwischen den für sie handelnden Regierungen, auffasst, sind die Gliedstaaten folglich von sämtlichen außen- und außenwirtschaftspolitischen Aktivitäten ausgeschlossen.[20]
Spätestens seit den siebziger Jahren wird diese Sichtweise einer monopolartigen Bundeszuständigkeit hinsichtlich der Außenbeziehungen der politischen Realität jedoch nicht mehr gerecht.[21] Zwar wird die außenpolitische Kompetenz des Bundes von den Ländern nicht in Frage gestellt. Dennoch unterhalten die Länder eine ganze Reihe von Kontakten und Kooperationen im transnationalen Bereich. Die schwierige Gemengelage, die die aktuelle Verfassungsrealität und -wirklichkeit kennzeichnet, wird auch in einem Schreiben des Staatsministeriums Baden-Württemberg deutlich. Dort heißt es:

> Die Pflege Internationaler Beziehungen [ist] nach eindeutigem deutschen Verfassungsrecht ausschließlich – wirklich ausschließlich – Sache des Bundes. Ein Bundesland hat demnach keine – keine – außenpolitische Kompetenz. Deshalb hat das Land Baden-Württemberg auch keine außenpolitischen Aktivitäten mit Ausnahme der Funktionen als Bundesland, das über den Bundesrat und dessen Ausschüsse als Bundesorgan wirkt, vorzuweisen.
> Dies schließt nicht aus, daß Gemischte Kommissionen zur Pflege bilateraler Beziehungen mit unterschiedlichen Schwerpunkten von Baden-Württemberg unterhalten wurden und werden, u.a. mit den chinesischen Provinzen Jiangsu und Liaoniga, mit Ungarn, Tschechien und Rumänien, sowie Arbeitsgruppen im Rahmen der Vier Motoren für Europa sowie Wales und der japanischen Provinz Kanagawa.[22]

Aus den genannten verfassungsrechtlichen Gründen wird für die umfangreichen grenzüberschreitenden und internationalen Aktivitäten auf Länderebene der Begriff *Außenpolitik* vermieden, weshalb man in der Regel entweder von *Auslandsbeziehungen* oder von *Internationalen Beziehungen* spricht.[23]
Nach Einschätzung der Bundesländer gibt es auf diesem Gebiet keinen wirkli-

[19] Vgl. Blumenwitz 1985, S. 179 f.; Fischer 2001, S. 19.
[20] Vgl. Knodt 1998, S. 155.
[21] Vgl. Blumenwitz 1985, S. 188; Herzog 1999, S. 11.
[22] Staatsministerium Baden-Württemberg 2001.
[23] Vgl. Backhausen 2001.

chen Dissens zwischen der Bundesregierung und den Landesregierungen.[24] Von Seiten des Auswärtigen Amtes wird die Entwicklung jedoch kritisch betrachtet und unter Berufung auf die Geschäftsordnung der Bundesregierung betont, dass die internationale Interessenwahrnehmung eindeutig dem Auswärtigen Amt zugewiesen sei.[25]

4.1.2 Analyseansätze der Politologie

In der Politikwissenschaft hat die Beschäftigung mit dem föderativen Staatsaufbau eine lange Tradition, die bis in die frühe Neuzeit zurückreicht.[26] Als zentrale Funktion des föderativen Staatsaufbaus wird die „Ergänzung und Verstärkung der demokratischen und rechtsstaatlichen Ordnung“[27] hervorgehoben. Demnach werden in einem föderalen System die individuellen Freiheitsrechte der Bürger vor staatlichen Übergriffen dadurch zusätzlich geschützt, dass zur klassischen horizontalen Gewaltenteilung in Legislative, Exekutive und Judikative eine strikte vertikale Gewaltentrennung hinzutritt, wodurch eine doppelte Sicherung vor staatlichem Machtmissbrauch erreicht wird.[28]

Wie die Staatsrechtslehre betont auch die politische Wissenschaft die Notwendigkeit der verfassungsmäßigen Verankerung der vertikalen Gewaltentrennung.[29] Die konstitutionelle Absicherung der Hoheitsrechte unterschiedlicher staatlicher Ebenen markiert im politologischen Föderalismusverständnis den Unterschied zum Staatenbund und zum Einheitsstaat. Konföderationen beruhen danach auf der einseitigen Zuweisung von Aufgaben durch die Mitgliedstaaten an die übergeordnete Ebene, die sie ihr jedoch jederzeit wieder entziehen können. Ferner ist der Staatenbund dadurch gekennzeichnet, dass die Einzelstaaten ihre Souveränität behalten und die Zentralautorität als solche kein Staat ist.[30] Den Gegenpol bildet der Einheitsstaat, bei dem staatliche Funktionen prinzipiell ausschließlich durch die Zentralebene wahrgenommen werden. Seine nachgeordneten Organe sind entweder reine Verwaltungsstellen oder Selbstverwaltungskörperschaften, die beim Vollzug über einen erheblich eingeschränkten Gestaltungsspielraum verfügen.[31]

---

[24] Vgl. Backhausen 2001.
[25] Vgl. Geschäftsordnung der Bundesregierung vom 11. Mai 1951 (GMBl. S. 137). In der Fassung der Bekanntmachung vom 21. November 2002 (GMBl. S. 848) § 11; sowie exemplarisch das Hintergrundgespräch im Auswärtiges Amt; am 18. März 2002 in Berlin.
[26] Vgl. Reichardt 1995, S. 102 f.
[27] Reuter 1985, S. 117.
[28] Vgl. Benz 2001, S. 14.
[29] Vgl. Beer 1977, S. 22.
[30] Vgl. Reuter 1985, S. 14.
[31] Vgl. Reuter 1985, S. 14.

Seit Beginn der achtziger Jahre und verstärkt in den neunziger Jahren thematisiert die Politologie die wachsende Bedeutung föderaler Gliedstaaten als Akteure im internationalen Kontext sowie die damit einhergehenden binnenstaatlichen Veränderungen in den Beziehungen zwischen zentralstaatlicher und gliedstaatlicher Ebene. Basierend auf den Arbeiten von Ivo Duchacek und Panayotis Soldatos etablierte sich seit den achtziger Jahren der Begriff *Paradiplomatie*, mit dessen Hilfe das verstärkte transnationale Engagement der gliedstaatlichen Ebene analysiert wurde.[32] Grenzüberschreitende regionale Beziehungen, transregionale Beziehungen und globale Auslandskontakte der gliedstaatlichen Regierungen wurden dabei als Formen der Paradiplomatie identifiziert.[33] Dabei können die Auslandsbeziehungen der Länder die Außenpolitik des Bundes sowohl unterstützen und duplizieren als auch mit ihr konkurrieren.[34]

In der deutschen Forschung lässt sich bei der Analyse der auswärtigen Aktivitäten auf Länderebene bisher eine starke Fixierung auf den europäischen Integrationsprozess konstatieren. Erst in den letzten Jahren scheint sich der Untersuchungsansatz zu öffnen. In Anknüpfung an das Konzept der Paradiplomatie werden die Außenbeziehungen der Länder in ihrer Gesamtheit analysiert, wobei in ihnen ein Ausdruck „perforierter nationalstaatlicher Souveränität" gesehen wird, die zu einem Phänomen der „vielen Stimmen" in der Außenpolitik führt.[35]

Der Trend zur „Mehrstimmigkeit" wird dadurch noch verstärkt, dass neben den verschiedenen Regierungsebenen in zunehmendem Maße auch andere gesellschaftliche Akteure wie Wirtschaftsverbände, Unternehmen, Nicht-Regierungsorganisationen und private Institutionen aller Art über internationale Beziehungen verfügen und dadurch den zentralstaatlichen Alleinvertretungsanspruch unterlaufen.[36] In diesem Zusammenhang prägte der Frankfurter Politologe Ernst-Otto Czempiel den Begriff *Gesellschaftswelt*, der zum Ausdruck bringen soll, dass die Welt keine „Staatenwelt" im herkömmlichen Sinne, aber auch noch keine „Weltgesellschaft" sei. Für das Verständnis von Außenpolitik hat diese Annahme entscheidende Konsequenzen: „Den zwischenstaatlichen Beziehungen, die von den politischen Systemen unterhalten werden, müssen die zwischengesellschaftlichen Beziehungen hinzugefügt werden, die die Gesellschaften selbst tragen."[37]

---

[32] Vgl. Kaiser 2000, S. 7.
[33] Soldatos 1990, S. 34 ff.
[34] Duchacek 1990, S. 15 f.
[35] Vgl. Knodt 1998, S. 155.
[36] Vgl. Knodt 1998, S.155.
[37] Czempiel 1991, S. 103.

4.2 Föderalismus in den Wirtschaftswissenschaften

Seit Beginn der fünfziger Jahre widmet sich auch die ökonomische Theorie wieder verstärkt der Analyse föderaler Staatssysteme. Während in älteren wissenschaftlichen Beiträgen überwiegend praxisnahe Fragestellungen im Vordergrund standen, lässt sich seit den siebziger Jahren in der ökonomischen Literatur eine Hinwendung zur theoretischen Analyse föderativer Staatswesen feststellen.[38]
Bis heute wurden jedoch vor allem finanzwirtschaftliche Fragestellungen im Zusammenhang mit dem Föderalismus erörtert. Andere ökonomische Problemstellungen – wie etwa die Außenwirtschaftsförderung[39] – fanden hingegen wenig Beachtung.
Das klassische Begriffsverständnis des Föderalismus in der ökonomischen Theorie geht auf den US-amerikanischen Wirtschaftswissenschaftler Wallace E. Oates zurück. Er definiert ein föderatives System als:

> A public sector with both centralized and decentralized levels of decision-making in which choices are made at each level concerning the provision of public services are determined largely by the demands for these services of the residents of (and perhaps others who carry on activities in) the respective jurisdiction.[40]

Das Föderalismusproblem stellt sich somit für Ökonomen anders als für Staatsrechtler oder Politologen. Das zentrale Interesse der Wirtschaftswissenschaften gilt der effizienten Allokation der Ressourcen innerhalb eines ökonomischen Systems. Das für Rechts- und Politikwissenschaft zentrale Problem der Machtbegrenzung und Freiheitssicherung innerhalb des Staates spielt bei rein ökonomischen Betrachtungen des Föderalismus keine Rolle. Der Föderalismus besitzt folglich keinen Eigenwert. Er ist als Organisationsform des Staates vielmehr ein Instrument, mit dessen Hilfe öffentliche Leistungen effizienter bereitgestellt werden können. Die Aufgaben des Staates werden somit zum Ausgangspunkt für die Begründung des Föderalismus.[41] Ein föderativer Staatsaufbau ist damit Ergebnis eines Optimierungskalküls, das für unterschiedliche staatliche Leistungen verschieden große effiziente Gebietskörper-

---

38 Vgl. Thöni 1986, S. 35; Pitlik 1997, S. 22; Lang 1999, S. 92.

39 Bisher sind vor allem die Außenwirtschaftstheorie sowie der Transaktionskostenansatz für die Ableitung von Maßnahmen zur Außenwirtschaftsförderung in Anspruch genommen worden. Vgl. Habuda et al. 1998, S. 4 ff. Diese bezieht sich jedoch regelmäßig auf „Punktökonomien", die für den Themenansatz dieser Arbeit irrelevant sind, da bundesstaatliche Aspekte keine Berücksichtigung finden.

40 Oates 1972, S. 17.

41 Vgl. Frey 1977, S. 25; Benz 1985, S. 16; Benz 2001, S. 15; ähnlich Oates 1977, S. 24.

schaftsgrößen nahe legt.[42]

Auch an weiteren Punkten weicht der ökonomische Ansatz in erheblichem Maße vom rechts- und politikwissenschaftlichen Föderalismusverständnis ab. So macht es im Gegensatz zum politologischen Föderalismuskonzept aus ökonomischer Sicht keinen Unterschied, ob die Entscheidungskompetenz einer Gebietskörperschaft verfassungsrechtlich verankert oder lediglich an sie delegiert ist. Wichtig ist nur, dass Entscheidungen über das Angebotsniveau bestimmter öffentlicher Leistungen in entscheidendem Maße auf der dezentralen Ebene getroffen werden und somit den Präferenzen der Wirtschaftssubjekte der jeweiligen Gebietskörperschaft in stärkerem Maße entsprechen.[43] Daher finden bei einer ökonomischen Betrachtung auch Staaten Berücksichtigung, die aus staatsrechtlicher Sicht nicht als föderalistisch bezeichnet werden. Der ökonomische Begriff des Föderalismus umfasst somit auch Merkmale, die mit *Dezentralisation* und *Dekonzentration* umschrieben werden. Das ist ein weit umfassenderes Begriffsverständnis als es in der Staatsrechtslehre und zum Teil in der Politikwissenschaft vertreten wird.[44] Für den Politologen Samuel H. Beer steht daher fest: "Oates is talking not about federalism but about the larger subject of multilevel government."[45]

Die ökonomische Theorie des Föderalismus teilt sich in zwei Richtungen: Die *normative Richtung*, die auf die wohlfahrtsmaximierende Aufgabenzuteilung innerhalb eines Staates abhebt und herausarbeitet, wie der Föderalismus am effizientesten zu organisieren sei. Hierbei bleibt jedoch offen, wie die optimale Aufgabenverteilung politisch durchgesetzt werden kann.[46] Die *positive Richtung* hingegen analysiert die faktische Organisationsstruktur eines föderalen Systems sowie dessen Bestimmungsfaktoren und Selbststeuerungskräfte.[47]

Da es bei der Analyse im Rahmen dieser Arbeit darum geht, die optimale Zuteilung der Außenwirtschaftsförderung zu den verschiedenen föderalen Ebenen aus Sicht einzelner Akteure zu untersuchen, konzentrieren sich die weiteren Ausführungen auf die Darstellung der normativen Richtung der ökonomischen Theorie des Föderalismus. Von einer weiteren Diskussion der positiven Richtung wird daher abgesehen.[48]

---

[42] Vgl. Pitlik 1997, S. 23; Benz 1985, S. 17; Blankart 2003, S. 570 f.

[43] Vgl. Oates 1977, S. 24; Zimmermann; Henke 2001, S. 175 f.

[44] Vgl. Thöni 1981, S. 69; Benz 1985, S. 16; Thöni 2005, S. 22; ähnlich Oates 1977, S. 25; Postlep 1993, S. 19 f.

[45] Beer 1977, S. 22.

[46] Vgl. Blankart 2003, S. 580 f.; ähnlich Apolte 1999, S. 10.

[47] Vgl. Thöni 1981, S. 69; Blankart 2003, S. 614.

[48] Für eine institutionenökonomische Analyse des institutionellen Arrangements sowie der Handlungs- und Anreizstrukturen der einzelnen Akteure im Bereich der Außenwirtschaftsförderung siehe Schultes 2003, S. 44 ff.

Die zentrale Aufgabe der normativen Richtung der ökonomischen Theorie des Föderalismus besteht darin zu bestimmen, welche staatliche Ebene eine bestimmte öffentliche Leistung bereitstellen soll.[49] Eine eingehende Auseinandersetzung mit dieser Frage zeigt, dass die Wahl der geeigneten Entscheidungsebene für das Angebot einer konkreten öffentlichen Leistung keine leichte Aufgabe darstellt. Bei der Entscheidungsfindung müssen eine ganze Reihe von Variablen berücksichtigt werden. Ferner muss eine volkswirtschaftliche Optimalüberlegung neben dem Kosten-/Nutzen-Verhältnis auf der Ebene der jeweiligen Gebietskörperschaft auch den Wohlfahrtsgewinnen und -verlusten Rechnung tragen, die auf den anderen Ebenen sowie bei den privaten Wirtschaftssubjekten auftreten. Das bedeutet, es muss sowohl produktionsseitige als auch nachfrageseitige Effizienz gewährleistet werden. Das heißt, sowohl die gesamten Kosten als auch der gesamte Nutzen müssen beachtet werden.[50] In den meisten Fällen kommt es hierbei zu einem *trade-off* zwischen Wohlfahrtsgewinnen und Wohlfahrtsverlusten.[51]
Bevor die Bestimmungsgründe näher untersucht werden, die aus ökonomischer Sicht für eine föderale Bereitstellung von staatlichen Leistungen sprechen, werden zunächst die Eigenschaften öffentlicher Leistungen genauer analysiert, die eine Zentralisierung nahe legen.

4.3 Wohlfahrtsverluste durch den Föderalismus

In der Literatur wird die Meinung vertreten, dass aus der vollständigen Bereitstellung sämtlicher staatlichen Leistungen durch dezentrale Gebietskörperschaften Wohlfahrtsverluste resultieren. Vor allem drei Argumente werden gegen eine rein föderale Aufgabenwahrnehmung vorgebracht: Spillover-Effekte, Unteilbarkeiten, Skalen- und Verbundvorteile sowie höhere Koordinations- und Verhandlungskosten. Diese werden im Folgenden näher analysiert.

4.3.1 Spillover-Effekte

Empirisch zeigt sich, dass öffentlich bereitgestellte Leistungen unterschiedliche Nutzenstreuungen aufweisen. Das heißt, während der Nutzen bestimmter öffentlicher Dienstleistungen über das gesamte nationale Territorium streut, bleibt der Nutzen anderer Leistungen räumlich begrenzt.[52] In diesem Zusam-

---

[49] Vgl. Oates 1977, S. 25; ähnlich Blankart 2003, S. 562; S. 581.
[50] Vgl. Thöni 1981, S. 75; Lang 1999, S. 93.
[51] Vgl. Oates 1977, S. 26; Blankart 2003, S. 567.
[52] So steigern beispielsweise Maßnahmen zur Landesverteidigung die Sicherheit aller Wirtschaftssubjekte einer Nation, wohingegen die Einrichtung eines öffentlichen Schwimmbades in der Regel nur der Bevölkerung des näheren Umfeldes zugute kommt.
Vgl. Olson 1977, S. 70; Lang 1999, S. 97; Stahl 2000, S. 54.

menhang spricht man von so genannten Spillover-Effekten[53], wenn die in einer Gebietskörperschaft bereitgestellten öffentlichen Leistungen nicht nur die Wohlfahrt der eigenen Wirtschaftssubjekte beeinflussen, sondern auch Auswirkungen auf die Wirtschaftssubjekte anderer Gebietskörperschaften haben, die darüber weder abgestimmt haben noch an ihrer Finanzierung beteiligt sind. Es kommt zu einer Diskrepanz zwischen dem Kreis der Nutznießer und dem Kreis der Kostenträger.

Diese externen Effekte können eine Fehlallokation der Ressourcen nach sich ziehen. Stiftet eine öffentliche Leistung auch Wirtschaftssubjekten anderer Gebietskörperschaften Nutzen (positiver räumlicher externer Effekt), wird zu wenig angeboten, was zu einer Unterversorgung führt. Das liegt daran, dass einerseits Gebietskörperschaften, die von öffentlichen Leistungen Dritter profitieren, wenig Anreize haben, diese Leistungen in ausreichendem Maße selbst zu erbringen, und andererseits Gebietskörperschaften, die die öffentliche Leistung bereitstellen, die Nachfrage der Wirtschaftssubjekte aus anderen Gebietskörperschaften nicht befriedigend berücksichtigen, solange sich diese nicht an den Kosten beteiligen.[54]

Graphik 4-1 Prinzip der fiskalischen Äquivalenz

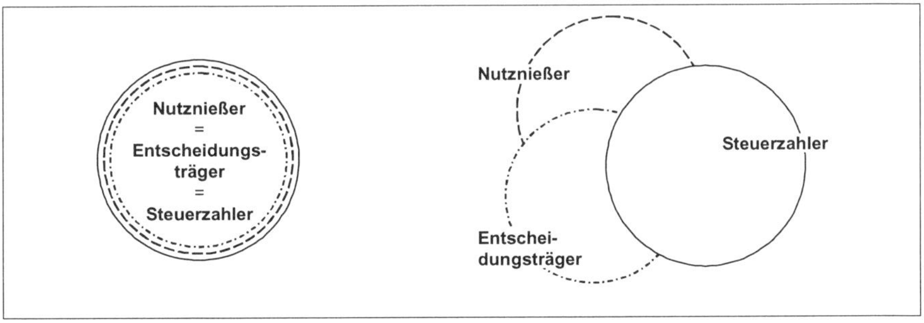

Quelle: Blankart 2004, S. 3.

Bei negativen räumlichen externen Effekten, wenn also die Bereitstellung einer öffentlichen Leistung zu einer Belastung der Wirtschaftssubjekte anderer Gebietskörperschaften führt, kommt es hingegen zu einem Überangebot, da die Kosten, die in fremden Gebietskörperschaften anfallen, in der Regel nicht ausreichend berücksichtigt werden. Unter wohlfahrtsökonomischen Gesichtspunkten lässt sich, bezogen auf die optimale Größe einer Gebietskörperschaft, daraus ableiten, dass jede Gebietskörperschaft so groß sein sollte, dass keine

[53] Sie werden auch als (räumliche) externe Effekte bezeichnet. Vgl. Postlep 1993, S. 38 f.;

[54] Vgl. Postlep 1993, S. 72; Laufer; Münch 1998, S. 33 f.; Schwager 1999, S. 305; Lange 1999, S. 94; Sachverständigenrat 2004, S. 539; Kirsch 2004, S. 29.

Konsequenzen der in ihr getroffenen Entscheidungen über ihre Grenzen hinaus wirken.[55] Für diesen Zustand hat der Ökonom Mancur Olson den Begriff *fiskalische Äquivalenz*[56] geprägt.
Auf der Grundlage der Überlegungen der ökonomischen Theorie des Föderalismus sollten die Gebietskörperschaften so zugeschnitten werden, dass für jede öffentlich bereitgestellte Leistung der Kreis der jeweiligen Nutznießer und der Kreis der jeweiligen Kostenträger (Steuerzahler) weitgehend deckungsgleich sind.
In der Realität zeigt sich jedoch, dass eine vollständige Internalisierung externer Effekte fast nur dann gelänge, wenn die Grenzen der Gebietskörperschaften dem Verlauf natürlicher, geradezu unüberwindbarer Barrieren folgten.[57] Darüber hinaus müsste eine völlige Neuordnung des Staatsgebiets möglich sein.[58] Nach Auffassung von Albert Breton erweist sich ein solches "perfect mapping" wie es etwa auch von Bruno S. Frey und Reiner Eichenberger mit ihrer Idee der so genannten *Functional Overlapping Competing Jurisdiction* (FOCJ) seit Mitte der neunziger Jahre entwickelt wurde, sowohl aus politischen als auch aus ökonomischen Motiven als nicht realisierbar.[59] Diese Einschätzung bestätigte erneut auch die Arbeit im Rahmen der Kommission von Bundestag und Bundesrat zur Modernisierung der bundesstaatlichen Ordnung: Um die Reformdiskussion nicht von vornherein zu belasten, wurde das Thema der Länderneugliederung explizit vom Kommissionsauftrag ausgenommen.[60]
Aus diesem Grund sehen andere traditionelle Ansätze der ökonomischen Theorie des Föderalismus die einzelnen Gebietskörperschaften als gegeben an und analysieren vielmehr, welche Aufgabe welcher staatlichen Ebene zugeordnet werden sollte. Dabei wird unterstellt, dass ein ex ante definierbarer, optimaler Zentralisierungsgrad existiert.[61]
Die erste Anforderung, die die ökonomische Theorie des Föderalismus an die Aufgabenzuordnung zu den einzelnen staatlichen Ebenen stellt, besagt, dass diese so vorgenommen werden muss, dass möglichst wenige Spillover-Effekte auftreten.

---

[55] Tullock 1977, S. 27; Apolte 1999, S. 170; Lang 1999, S. 94; Stahl 2000, S. 37; Zimmermann; Henke 2001, S. 179; Kirsch 2004, S. 32 f.; Blankart 2004, S. 4.
[56] Olson 1969. Als deutsche Übersetzung des englischen Originals *Fiscal Equivalence* findet sich in der Literatur auch der Begriff *fiskalische Gleichheit*. Siehe Olson 1977. Einen ähnlichen Ansatz verfolgt auch Albert Breton. Siehe Breton 1965.
[57] Vgl. Tullock 1977, S. 27; Apolte 1999, S. 27.
[58] Vgl. Lang 1999, S. 95.
[59] Vgl. Breton 1965, S. 180 f.
[60] Vgl. Kommission von Bundestag und Bundesrat zur Modernisierung der bundesstaatlichen Ordnung Kommissionsprotokoll 1 vom 07. November 2003, S. 10; S. 14; S. 16 f.
[61] Vgl. Weingast 1993, S. 292.

4.3.2 Unteilbarkeiten, Skalen- und Verbundvorteile

Von Unteilbarkeiten spricht man, wenn eine Gebietskörperschaft bei der Bereitstellung einer öffentlichen Leistung entscheiden muss, entweder die gesamten hierfür notwendigen Investitionen zu tätigen oder das Engagement insgesamt zu unterlassen. Eine schrittweise Anpassung an eine im Zeitverlauf steigende Nachfrage ist nicht möglich. Eine Reihe solcher Investitionen, wie zum Beispiel die Einrichtung von Repräsentanzen im Ausland, sind nicht beliebig teilbar bzw. reduzierbar und erfordern ein finanzielles Engagement, das die Möglichkeiten kleinerer Gebietskörperschaften schnell überschreitet. Sie sind aufgrund ihrer zu geringen absoluten Größe und zu knapper Ressourcen nicht in der Lage, derartige Leistungen anzubieten. Werden jedoch Leistungen dieser Art nachgefragt, da auch Wirtschaftssubjekte aus kleineren Gebietskörperschaften daran Interesse haben, kommt es in einem rein föderativen System aufgrund von Unteilbarkeiten zu Wohlfahrtsverlusten.[62]

Ist die Bereitstellung einer öffentlichen Leistung mit Skalenvorteilen (*Economies of Scale*) verbunden, sinken durch die Ausdehnung der angebotenen Menge die Gesamtkosten pro erzeugter Einheit. Das heißt, dass mit jeder zusätzlichen Einheit einer Leistung die Durchschnittskosten der Produktion abnehmen.[63] Damit ist insbesondere zu rechnen, wenn eine zu erbringende Leistung mit hohen Fixkosten verbunden ist. Daher gilt, dass kapitalintensiv zu produzierende öffentliche Leistungen eher zentral und arbeitsintensiv zu produzierende öffentliche Leistungen eher dezentral bereitgestellt werden sollten.[64]

Wenn bei der Bereitstellung verschiedener Leistungen auf gemeinsame Ressourcen zurückgegriffen werden kann, hat dies zur Folge, dass die Gesamtkosten einer gemeinschaftlichen Erbringung niedriger sind als die Summe der Kosten bei getrennter Bereitstellung. In diesem Fall spricht man von Verbundvorteilen (*Economies of Scope*).[65]

Steigende Skalenerträge oder Verbundvorteile sind jedoch kein Argument, kleine Gebietskörperschaften prinzipiell abzulehnen, da diese eine öffentliche Leistung nicht unbedingt selbst erbringen müssen. Sie können mit anderen Gebietskörperschaften oder privaten Wirtschaftssubjekten kooperieren oder Verträge abschließen, um die Dienstleistung in optimalem Umfang bereitstellen zu können. Dadurch können *Economies of Scale* und *Economies of Scope* sowohl in der Produktion als auch in der Nutzung ausgeschöpft werden. Dar-

---

[62] Vgl. Frey 1977, 32 f.; Postlep 1993, S. 38; Stahl 2000, S. 65 ff.; ähnlich Tullock 1977, S. 28.
[63] Vgl. Benz 1985, S. 17; Thöni 1986, S. 42 f.; Postlep 1993, S. 73; Zimmermann; Henke 2001, S. 181 f.
[64] Vgl. Stahl 2000, S. 67.
[65] Vgl. Kutschker; Schmid 2005, S. 974.

über hinaus ist das Argument steigender Skalenerträge oder Verbundvorteile mit der Gefahr verbunden, dass dynamische Aspekte einer dezentralen Aufgabenwahrnehmung wie wettbewerbliche und innovative Prozesse und Problemlösungen unterschätzt werden.[66]

Die zweite Anforderung, die die ökonomische Theorie des Föderalismus an die Aufgabenzuordnung zu den einzelnen staatlichen Ebenen stellt, besagt, dass diese so vorgenommen werden muss, dass die betriebswirtschaftlichen Kosteneinsparungen vollständig realisiert werden können.

4.3.3 Koordinations- und Verhandlungskosten

In einem föderal organisierten System treten Koordinationsprobleme in starkem Maße immer dann auf, wenn System- oder Netzinterdependenzen zwischen öffentlichen Leistungen in verschiedenen Gebietskörperschaften bestehen. Um unnötige Kosten, Reibungsverluste und Doppelarbeiten sowie Nachteile für die Wirtschaftssubjekte zu vermeiden, müssen die Gebietskörperschaften ihre Aktivitäten bei der Bereitstellung derartiger öffentlicher Leistungen aufeinander abstimmen.[67] Daraus folgt, dass mit zunehmender Dezentralisierung höhere Koordinationskosten auftreten.[68] Ferner steigen mit der Zahl der betroffenen Gebietskörperschaften, die eine gemeinsame Entscheidung treffen müssen, auch die Einigungs- oder Verhandlungskosten. Der Zeit- und Energieaufwand, der für die Umsetzung eines Projektes benötig wird, nimmt zu und zieht erhebliche gesamtwirtschaftliche Wohlfahrtsverluste nach sich.[69] Prinzipiell ermöglicht die Konzentration der Aktivitäten auf einen Standort darüber hinaus eine bessere Nutzung der Wissensbasis und erleichtert den Wissenstransfer innerhalb einer staatlichen Institution, da das Wissen nur an einem Ort zirkuliert.[70]

Die dritte Anforderung, die die ökonomische Theorie des Föderalismus an die Aufgabenzuordnung zu den einzelnen staatlichen Ebenen stellt, besagt, dass diese so vorgenommen werden muss, dass die Koordinations- und Verhandlungskosten minimiert werden.

4.4 Wohlfahrtsgewinne durch den Föderalismus

Aus der Tatsache, dass bei einer rein föderativen Strukturierung des Staates Wohlfahrtsverluste auftreten, darf jedoch nicht der Schluss gezogen werden,

---

[66] Vgl. Postlep 1993, S. 38 Fn. 74; S. 63; Lang 1999, S. 101; Stahl 2000, S. 70 ff.; Zimmermann; Henke 2001, S. 180; Blankart 2003, S. 568; ähnlich Tullock 1977, S. 28; Apolte 1999, S. 14; sowie die Ausführungen in den Abschnitten 4.4.3 und 4.4.4.

[67] Vgl. Frey 1977, S. 34; Postlep 1993, S. 38; ähnlich Kutschker; Schmid 2005, S. 980.

[68] Vgl. Pitlik 1997, S. 150.

[69] Vgl. Frey 1977, S. 38; ähnlich Pitlik 1997, S. 92.

[70] Vgl. Kutschker; Schmid 2005, S. 975.

dass das entgegengesetzte Extrem – ein rein zentralistisches System – überlegen sei. In der wissenschaftlichen Diskussion der ökonomischen Theorie des Föderalismus werden insbesondere drei Vorzüge einer föderativen Aufgabenwahrnehmung herausgearbeitet, die im Folgenden genauer beleuchtet werden sollen: die bessere Befriedigung der Präferenzen der Wirtschaftssubjekte, die geringeren Kosten für den Staat und die privaten Wirtschaftssubjekte sowie die höhere Innovationsfähigkeit.

4.4.1 Regionale Präferenzunterschiede der Wirtschaftssubjekte

Die ökonomische Theorie des Föderalismus baut – wie die gesamte moderne Wirtschaftswissenschaft – auf dem methodologischen Individualismus auf. Ziel des Wirtschaftens ist es demzufolge, die Präferenzen jedes einzelnen Wirtschaftssubjektes bestmöglich zu erfüllen.[71] Während auf dem Markt bei vollständiger Konkurrenz der Wettbewerb dafür sorgt, dass die knappen Ressourcen effizient eingesetzt und die Präferenzen der Wirtschaftssubjekte beachtet werden, existiert ein solcher Mechanismus für vom Staat bereitgestellte Leistungen nicht.[72] In allen Gesellschaften weisen die einzelnen Wirtschaftssubjekte jedoch eine unterschiedliche Nachfrage nach vom Staat bereitgestellten Leistungen auf. Neben historischen, religiösen, sprachlichen oder sonstigen soziologischen Motiven sind insbesondere ungleiche wirtschaftliche Grundvoraussetzungen für uneinheitliche Präferenzen verantwortlich. Ein differenziertes staatliches Leistungsangebot muss der heterogenen Nachfrage Rechnung tragen, um den Präferenzen der Wirtschaftssubjekte gerecht werden zu können.[73] Gleichzeitig zeigt sich, dass die Präferenzen der Wirtschaftssubjekte nicht auf allen staatlichen Ebenen gleich stark in die Entscheidungen der wirtschaftspolitischen Entscheidungsträger einfließen.[74]

Werden die Präferenzen der Wirtschaftssubjekte nur mangelhaft berücksichtigt oder gar verletzt, kommt es zu Wohlfahrtsverlusten. Diese stellen ökonomisch betrachtet Kosten dar. Der US-amerikanische Politikwissenschaftler J. Roland Pennock prägte in diesem Zusammenhang den Begriff der so genannten „Frustrationskosten"[75]. Diese sind jedoch äußerst schwierig zu messen und kaum in monetären Größen zu quantifizieren. Die Wohlfahrtsverluste, die durch die schlechte Befriedigung individueller Präferenzen hervorgerufen werden, beruhen vor allem auf Informationsdefiziten. Diese Unvollkommenheiten sind nicht zwangsläufig mit einem zentralistischen System verbunden. Auf-

---

[71] Vgl. Postlep 1993, S. 28; Lang 1999, S. 92 f.; Frey 1997, S. 29; Stahl 2000, S. 46 f.; Blankart 2003, S. 563; Kirsch 2004, S. 19.

[72] Vgl. Postlep 1993, S. 82; Lang 1999, S. 100 f.

[73] Vgl. Zimmermann; Henke 2001, S. 179; Frey 2001, S. 102.

[74] Vgl. Lang 1999, S. 105.

[75] Vgl. Pennock 1959.

grund der im Vergleich zu einem föderativen System größeren Distanz zwischen den Wirtschaftssubjekten und den staatlichen Behörden sind sie jedoch als wahrscheinlicher einzustufen. Der Finanzwissenschaftler Robert Schwager konstatiert daher: "[T]he basic deficiency of centralized decision making is asymmetric information."[76] Eine besondere Gefahr geht hierbei insbesondere von der „normativen Kraft des Landesdurchschnitts"[77] aus, die dazu führt, dass sich nationale Entscheidungsträger häufig an Durchschnittswerten orientieren und Differenzierungen aufgrund von regionalen Präferenzunterschieden nur unzureichend vornehmen. Diese nachteiligen Effekte lassen sich durch eine föderale Gliederung des Staates teilweise überwinden, die daher eine erhöhte ökonomische Effizienz verspricht.[78]

Die vierte Anforderung, die die ökonomische Theorie des Föderalismus an die Aufgabenzuordnung zu den einzelnen staatlichen Ebenen stellt, besagt, dass diese so vorgenommen werden muss, dass die privaten Wirtschaftssubjekte ihre heterogenen Präferenzen so weit wie möglich realisieren können.

4.4.2 Kosteneinsparungen bei Bereitstellung und Nutzung öffentlicher Leistungen

Graphik 4-2 Kosten bei privaten Wirtschaftssubjekten und Staat

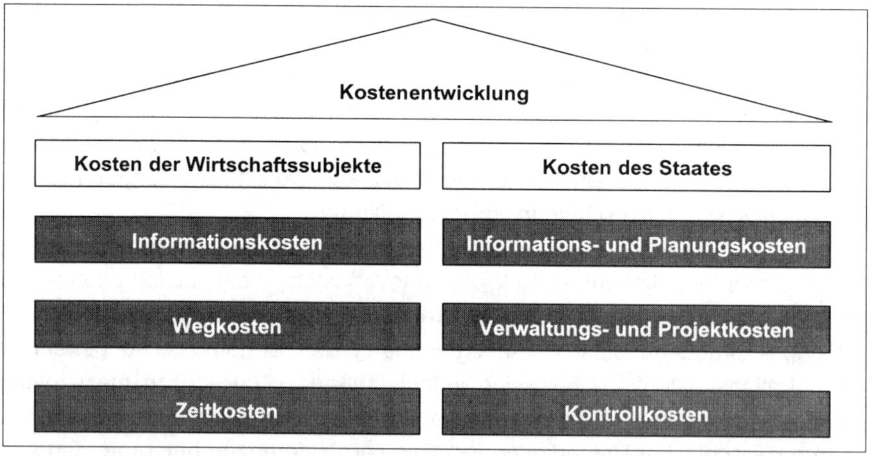

Bei der Analyse der Kostenwirkung der föderalen Aufgabenwahrnehmung sind neben den Kosten, die beim Staat anfallen, die Aufwendungen zu berücksichtigen, die die einzelnen Wirtschaftssubjekte zu tragen haben, und solche, unter denen – zum Beispiel aufgrund einer geringeren Innovationsfähigkeit – vor al-

---

76 Schwager 1999, S. 285.
77 Frey 1977, S. 37.
78 Vgl. Oates 1977, S. 20 f.; Stahl 2000, S. 47; Zimmermann; Henke 2001, S. 179.

lem spätere Generationen zu leiden haben.[79]

In der Modellwelt der neoklassischen Theorie, die von Transaktionskosten abstrahiert, würde sich eine Analyse der Kostenentwicklung der föderalen Ausgestaltung staatlicher Fördersysteme als trivial erweisen: Die wirtschaftspolitischen Entscheidungsträger verfügen zu jedem Zeitpunkt kostenlos über sämtliche relevanten Informationen, um exakt bestimmen zu können, welche Unternehmen, Branchen und Zielländer je Fördermitteleinheit den höchsten gesamtwirtschaftlichen Nutzen bewirken. Die Beihilfen könnten problemlos so eingesetzt werden, dass ihr Grenznutzen maximiert wird. Von den geförderten Unternehmen würden die Fördermittel ohne Reibungsverlust für den Auf- oder Ausbau der Auslandsaktivitäten verwendet, was für die heimische Gesamtwirtschaft den zu Beginn definierten Nutzen stiftet. Ferner könnte der staatliche Förderträger ebenfalls ohne Kosten dafür sorgen, dass die Fördermittel nur für den vorgesehenen Zweck eingesetzt werden. Demgegenüber ermöglicht es der Analyseansatz der Neuen Institutionenökonomie, der Transaktionskosten zu seinem zentralen Gegenstand macht, auch die Auswirkungen einer föderalen Aufgabenwahrnehmung auf die Kostenentwicklung sowohl beim Staat als auch den privaten Wirtschaftsubjekten systematisch zu untersuchen.[80]
Die bei der Bereitstellung öffentlicher Leistungen beim Staat anfallenden Aufwendungen können in verschiedene Kategorien eingeteilt werden. Zu ihnen zählen neben den eigentlichen Projekt- und Verwaltungskosten die Planungs- oder Informationskosten sowie die Kontrollkosten. Da es für eine Volkswirtschaft von eminenter Bedeutung ist, dass der öffentliche Sektor seine Leistungen effizient und möglichst kostengünstig erbringt, muss untersucht werden, wie sich die föderale Aufgabenwahrnehmung auf die Entwicklung dieser einzelnen Kostenkategorien auswirkt.[81]
Unter Informations- oder Planungskosten versteht man die staatlichen Aufwendungen, die notwendig sind, um eine effiziente, an den Präferenzen der Wirtschaftssubjekte ausgerichtete Bereitstellung öffentlicher Leistungen zu gewährleisten. Mit zunehmend föderaler Aufgabenwahrnehmung sinken in der Regel die Informationskosten, da regionale wirtschaftspolitische Entscheidungsträger die Präferenzen der Wirtschaftssubjekte in einer bestimmten Gebietskörperschaft besser kennen als überregionale.[82] Als Gründe hierfür nennt Robert Schwager:

---

[79] Siehe zum letzten Punkt die Ausführungen im Abschnitt 4.4.4.
[80] Vgl. Gläser 2002, S. 30 ff.
[81] Vgl. Frey 1977, S. 38; Postlep 1993, S. 29; Lang 1999, S. 93.
[82] Vgl. Frey 1977, S. 38; Postlep 1993, S. 68; Apolte 1999, S. 15. Schwager 1999, S. 283.

> It should be noted that the superior knowledge of lower level authorities is not primarily due to the physical closeness of local officials. A central government could send its employees on location and have the relevant information collected. However, collecting information often requires the cooperation of local citizens, who are more likely to trust someone who belongs to a local authority than someone from a bureaucracy located far away. Moreover, officials of a central government may not have the incentive to work very hard to find out local conditions, since they do not stay in the region for a long time. Finally, local officials most often have grown up in the region. This provides them with much background knowledge about the local community that an envoy of the central authority could not accumulate in a short time.[83]

In Bezug auf die Projekt-, Verwaltungs- und Betriebskosten kann kein generelles Urteil gefällt werden. Vielmehr ist für jede spezifische Leistung der Kostenverlauf einzeln empirisch zu prüfen.[84] Werden langfristig abnehmende Durchschnittskosten postuliert, sinken mit zunehmender Zentralisierung die Aufwendungen für öffentliche Gebäude und Personal sowie die sonstigen Betriebskosten. Folgt man den Annahmen des Parkinson'schen Gesetzes[85], können jedoch auch steigende Verwaltungs- und Bürokratiekosten als Folge nicht ausgeschlossen werden, da im Zuge einer zunehmenden Zentralisierung häufig überdimensionale, kostenintensive Verwaltungsapparate aufgebaut werden, bei denen eine gewisse Eigendynamik hinsichtlich der Kostenverursachung festzustellen ist. Ferner ist zu beobachten, dass in großen Verwaltungen betriebswirtschaftliche Einsparpotenziale häufig absichtlich verschwiegen werden. Neben der hohen Kostenstruktur zeigen sich bei großen Verwaltungsapparaten auch negative Auswirkungen auf Flexibilität und Schnelligkeit der Verwaltungsabläufe.[86] Aufgrund dieser Erfahrungen kommt Friedhelm Hufen zu der Einschätzung, dass „die Gleichsetzung von Zentralisierung und Effizienz eine typische bürokratische Denkfigur ist"[87]. Im Rahmen der Modernisierung der staatlichen Verwaltung kommen daher der Dezentralisierung und Entflechtung der Verwaltungsstruktur besondere Bedeutung zu.[88] Nach Einschät-

---

[83] Schwager 1999, S. 283.

[84] Vgl. Stahl 2000, S. 69. Siehe hierzu auch die Überlegungen in Abschnitt 4.3.2.

[85] Das so genannte erste Parkinson'sche Gesetz geht auf den englischen Historiker und Soziologen C. Northcote Parkinson zurück, der in ironischer Absicht die Erfahrung formulierte, dass die bürokratische Verwaltung in Behörden und Unternehmen im Zeitverlauf mit einer mathematisch errechenbaren Zuwachsrate wächst und zwar unabhängig davon, ob die Arbeit zunimmt, abnimmt oder ganz verschwindet.

[86] Vgl. Frey 1977, S. 39; Postlep 1993, S. 38 f.; ähnlich Thöni 1986, S. 47; Apolte 1999, S. 15.

[87] Hufen 1985, S. 215.

[88] Vgl. Bogumil 1997, S. 6.

zung von Gunter Kisker liefern die bisherigen Ansätze jedoch noch keine umfassende Organisationstheorie des Bundesstaates:

> Von einer umfassenden Organisationstheorie des Bundesstaates, vergleichbar etwa dem, was die betriebswirtschaftliche Organisationslehre für das Unternehmen insoweit leistet, kann noch nicht die Rede sein.[89]

Neben den Kosten auf Seiten des Staates sind bei der Untersuchung der Kostenwirkung der föderalen Aufgabenwahrnehmung die Kosten der privaten Wirtschaftssubjekte zu berücksichtigen. Für einen hohen Föderalisierungsgrad sprechen insbesondere die niedrigeren Zeit- und Wegkosten, die den einzelnen Wirtschaftssubjekten bei der Nutzung öffentlicher Leistungen entstehen sowie die geringeren Informationskosten.[90] Zu letzteren ist allerdings zu bemerken, dass moderne Kommunikationsmedien wie das Internet den Zugang zu überregional oder zentral bereitgestellten Informationen und Dienstleistungen erheblich erleichtert haben.[91]

Die fünfte Anforderung, die die ökonomische Theorie des Föderalismus an die Aufgabenzuordnung zu den einzelnen staatlichen Ebenen stellt, besagt, dass diese so vorgenommen werden muss, dass die Kosten sowohl auf Seiten des Staates als auch auf Seiten der privaten Wirtschaftsubjekte minimiert werden.

4.4.3 Institutioneller Wettbewerb

Wie von der Neuen Politischen Ökonomie herausgearbeitet werden konnte, ist der Wettbewerb um Wählerstimmen alleine nicht in der Lage, eine effektive und effiziente staatliche Leistungsbereitstellung sicherzustellen und alle politischen Renten abzuschmelzen. Vom institutionellen Wettbewerb wird erwartet, dass er die Kontroll- und Einflussmöglichkeiten der privaten Wirtschaftssubjekte erhöht, da sie neben der periodischen Wahlmöglichkeit, zusätzlich eine Option zur Wanderung (*entry* und *exit*) erhalten.[92] Im Modell des „reinen Föderalismus", das in Analogie zu Denkmustern aus der Markttheorie entwickelt wurde, veranlasst der Mechanismus von Ein- und Austritt die Gliedstaaten dazu, öffentliche Leistungen effizient zu erbringen, da die Wirtschaftssubjekte, denen das Verhältnis zwischen Angebot und Kosten (Steuerniveau) nicht zusagt, die Möglichkeit haben, in andere Gebietskörperschaften abzuwandern.[93] Das bedeutet, die privaten Wirtschaftssubjekte machen durch Wanderung ihre Präfe-

---

[89] Kisker 1985, S. 27.
[90] Vgl. Frey 1977, S. 37.
[91] Vgl. Stahl 2000, S. 79.
[92] Vgl. Apolte 1999, S. 4 f.; S. 80.
[93] Vgl. Thöni 1981, S. 71; Postlep 1993, S. 64; Stahl 2000, S. 101; Müller 2004, S. 73 f.

renzunterschiede deutlich.[94] Dieses *voting on foot* führt zu einer dem Ergebnis des Marktes verwandten Lösung, indem es einen institutionellen Wettbewerb zwischen den Gebietskörperschaften entstehen lässt, der die Anbieter öffentlicher Leistungen zu effizientem Handeln und zum Verzicht auf politische Renten zwingt.[95] Ganz im Sinne der ökonomischen Theorie des Föderalismus argumentiert beispielsweise auch der DIHK, wenn er darauf hinweist, dass die Unternehmen, die mit den wirtschaftspolitischen Rahmenbedingungen in Deutschland nicht zufrieden sind, ihre *Exit-Option* realisieren können, indem sie ihre Produktion ins Ausland verlagern.[96] Auf der Grundlage dieser Überlegungen konstatiert die *Organisation for Economic Co-operation and Development* (OECD), dass bereits kleine Dezentralisierungsschritte bei der Entscheidungsfindung und Implementierung positive Auswirkungen haben: "the more [...] policy decision-making and implementation is decentralised, the greater the effectiveness"[97].
In der neueren Föderalismusdiskussion kommt dem Gedanken des institutionellen Wettbewerbs eine bedeutende Stellung zu. Insbesondere in den letzten Jahrzehnten wurde die ökonomische Föderalismusdiskussion von zahlreichen Autoren stark auf das Wettbewerbsargument verkürzt, wobei die anderen Argumentationslinien der ökonomischen Theorie des Föderalismus, die für eine Dezentralisierung sprechen, häufig ausgeblendet wurden.[98] Die Untersuchungen Thomas Apoltes machen jedoch deutlich, dass sich der institutionelle Wettbewerb als nur begrenzt funktionsfähig erweist. Damit er sich entfalten kann, müssen einige Grundvoraussetzungen erfüllt sein:

> Institutionellen Wettbewerb um nicht-rivale öffentliche Güter kann es streng genommen gar nicht geben, weil mobile Faktoren zur Finanzierung dieser Güter *ökonomisch* nicht besteuerbar sind, immobilen Faktoren aber die *Exit*-Option fehlt. [...] Die Dinge ändern sich allerdings, wenn mit den Steuern keine reinen öffentlichen Güter im Sinne *Samuelsons* finanziert werden, sondern Clubgüter oder Güter mit vollständiger Rivalität im Konsum. Für diese Güter ist institutioneller Wettbewerb grundsätzlich möglich.[99]

Der Wettbewerb im Föderalismus setzt geographische Mobilität voraus, die jedoch nicht kostenlos ist.[100] Darüber hinaus ist festzustellen, dass die Mobili-

---

[94] Vgl. Apolte 1999, S. 15.
[95] Vgl. Oates 1977, S. 21; Apolte 1999, S. 5; Lang 1999, S. 104.
[96] Vgl. Deutscher Industrie- und Handelskammertag 2005b, S. 3.
[97] Organisation for Economic Co-operation and Development 1987, S. 242.
[98] Vgl. Apolte 1999, S. 167 f.
[99] Apolte 1999, S. 90; ähnlich Thöni 2005, 27.
[100] Vgl. Frey 1997, S. 33.

tätskosten, die die Produktionsfaktoren Arbeit und Kapital jeweils zu tragen haben, sehr unterschiedlich sind. Insbesondere beim Faktor Arbeit entstehen bei der Realisierung der Abwanderungsoption schnell prohibitiv hohe Mobilitätskosten. Der Grund hierfür liegt darin, dass bei einem Wohnortswechsel neben hohen monetären Aufwendungen in der Regel auch physische beziehungsweise psychische Kosten auftreten, die aufgrund von sozialen Beziehungen, persönlichen Qualifikationen oder besonderen Vorlieben für eine bestimmte Region entstehen.[101] Auch bei den Unternehmen lässt sich eine Differenzierung hinsichtlich ihrer Mobilität feststellen. So sind große Kapitalgesellschaften in der Regel mobiler als mittelständische Unternehmen, bei denen eine enge Verbindung zwischen Eigentum und Unternehmensleitung besteht, weshalb für sie häufig ähnliche Mobilitätsrestriktionen bestehen wie für den Faktor Arbeit. Dass nicht alle Wirtschaftssubjekte gleich mobil sind, hat gravierende Auswirkungen. Der institutionelle Wettbewerb bringt einem mobilen Faktor Vorteile, da er sich durch die *Exit-Option* der staatlichen Eigenmächtigkeit entziehen kann. Ein immobiler Faktor ist dazu nicht in der Lage. Daher profitiert ein solcher Faktor nicht vom institutionellen Wettbewerb.[102] Je dezentraler ein föderales System jedoch gegliedert ist, desto weniger wirkt die Mobilitätsrestriktion insbesondere für den Faktor Arbeit.[103]

Die Entwicklung der modernen Kommunikationstechnik hat in den zurückliegenden Jahren erheblich zur Senkung der Mobilitätskosten beigetragen. Daher ist für die Aufhebung der materiellen Beschränkungen heute ein hohes Maß an Dezentralisierung jedoch nicht mehr unbedingt notwendig.[104] Darüber hinaus setzt die skizzierte *Exit-Option* auch keine vollständige Mobilität der Wirtschaftssubjekte voraus. Es genügt, wenn nur eine geringe Wanderung induziert wird, denn auch dadurch werden die Gebietskörperschaften gezwungen, öffentliche Leistungen möglichst kostengünstig bereitzustellen. Hierbei handelt es sich um den „gleichen Mechanismus, der auf normalen Gütermärkten und am deutlichsten an der Börse bewirkt, dass marginale Händler den Preis zum Gleichgewicht treiben"[105]. Der institutionelle Wettbewerb zwischen föderalen Gebietskörperschaften beim Angebot öffentlicher Leistungen stellt somit eine Annäherung an den Wettbewerb auf den Gütermärkten dar.[106]

Damit der Wettbewerbsföderalismus funktioniert und sich nicht zu einem unfruchtbaren Förderwettlauf (*rent seeking)* entwickelt, ist entscheidend, dass die

---

[101] Vgl. Thöni 1981, S. 72; Apolte 1999, S. 135 f.
[102] Vgl. Apolte 1999, S. 88.
[103] Vgl. Pitlik 1997, S. 244; Stahl 2000, S. 81.
[104] Siehe hierzu bereits Kirsch 1977, S. 13. Dieser Trend hat sich in den letzten knapp 30 Jahren noch erheblich verstärkt.
[105] Frey 1997, S. 31.
[106] Vgl. Oates 1977, S. 21.

föderativen Gebietskörperschaften ihre Leistungen durch die Erhebung eigener Steuern in vollem Umfang selbständig finanzieren.[107] Darüber hinaus bedarf auch der institutionelle Wettbewerb zwischen Gebietskörperschaften analog zur Sicherung des Wettbewerbs zwischen Unternehmen einer ordnungspolitischen Kontrollinstanz, die einer Kartellbehörde gleicht. Diese muss politisch unabhängig sein. Aus institutionenökonomischer Sicht erweist sich jedoch in diesem Zusammenhang als Problem, dass auch diese Institution eigene Interessen verfolgt.[108]

Die sechste Anforderung, die die ökonomische Theorie des Föderalismus an die Aufgabenzuordnung zu den einzelnen staatlichen Ebenen stellt, besagt, dass diese so vorgenommen werden muss, dass die Mobilitätsrestriktionen für alle Produktionsfaktoren möglichst gering sind.

4.4.4 Innovation

Als weiterer Vorzug eines föderal organisierten Systems wird in der Literatur dessen höhere Innovationsfähigkeit betont. Diesem dynamischen Aspekt der ökonomischen Theorie des Föderalismus wurde aufgrund der in der wissenschaftlichen Diskussion vorherrschenden statischen Modelle lange Zeit nur relativ wenig Beachtung geschenkt.[109] Insbesondere von Vertretern des evolutionstheoretischen Ansatzes wird der institutionelle Wettbewerb als Entdeckungsverfahren angesehen. Da kein ex ante definierbares und erreichbares Wohlfahrtsoptimum existiert, strebt das staatliche Leistungsangebot auch keinem im Voraus bestimmbaren Optimum zu. Vielmehr reagiert es permanent auf Umweltveränderungen und ruft gleichzeitig auch selbst immer neue Datenänderungen hervor.[110]

Versteht man die von den jeweiligen Gebietskörperschaften getroffenen Entscheidungen als Experimente, so können die daraus gewonnenen Erkenntnisse für eine schrittweise Optimierung des Leistungsangebots genutzt werden. Der Föderalismus bietet so gesehen Experimentiermöglichkeiten für institutionelle Erneuerungen und Fortschritte.[111] Wohlfahrtsgewinne durch Innovationen können leichter realisiert werden, da in einem dezentralisierten System die Innovationsanreize aufgrund des institutionellen Wettbewerbs zwischen den Gliedstaaten höher sind. Darüber hinaus birgt die Einführung innovativer Ideen in kleineren Gebietskörperschaften ein geringeres Risiko, da die Auswirkungen nicht nur räumlich begrenzt sind, sondern auch besser beobachtet und beein-

---

[107] Vgl. Postlep 1993, S. 144 f.; Apolte 1999, S. 97; Scharpf 1993; Stahl 2000, S. 101; Frey 2001, S. 103 f.; Zimmermann; Henke 2001, S. 179.

[108] Vgl. Apolte 1999, S. 95.

[109] Vgl. Postlep 1993, S. 120, Fn. 14.

[110] Vgl. Apolte 1999, S. 98.

[111] Vgl. Postlep 1993, S. 39; Zimmermann; Henke 2001, S. 181; Blankart 2003, S. 564.

flusst werden können.[112] Ferner erzwingt der institutionelle Wettbewerb tendenziell die Anwendung innovativer und effizienter Leistungsangebote.[113]
Erweist sich eine Innovation als erfolgreich, wird sie von anderen Gebietskörperschaften oder anderen staatlichen Ebenen übernommen und weiterentwickelt. Damit ein solcher Innovationsprozess ausgelöst wird, muss sich für dessen Initiator ein deutlicher Vorteil ergeben. Dieser besteht im öffentlichen Sektor vor allem darin, dass sich die Wiederwahlwahrscheinlichkeit der verantwortlichen politischen Entscheidungsträger erhöht. In klar definierten und größenmäßig begrenzten Gebietskörperschaften ist diese Voraussetzung besser erfüllt, da sich Erfolge leichter den verantwortlichen wirtschaftspolitischen Entscheidungsträgern zuschreiben lassen.[114]
Die siebte Anforderung, die die ökonomische Theorie des Föderalismus an die Aufgabenzuordnung zu den einzelnen staatlichen Ebenen stellt, besagt, dass diese so vorgenommen werden muss, dass Innovationsprozesse entfesselt und gefördert werden.

4.5 Die optimale Aufgabenzuteilung

Zusammenfassend kann als Ergebnis der bisherigen Ausführungen festgehalten werden, dass die erörterten Argumente den Ausgangspunkt für eine sehr differenzierte Analyse des Föderalismus bilden, da sowohl eine rein dezentrale Aufgabenwahrnehmung als auch eine ausschließlich zentrale Bereitstellung sämtlicher öffentlicher Leistungen Wohlfahrtsverluste zur Folge hätte. Der Finanzwissenschaftler Robert Schwager konstatiert daher: “The tension between the arguments in favour of centralization and decentralization of public functions calls for a compromise”[115]. Und der Schweizer Ökonom Bruno S. Frey formuliert: „ein ideales System gibt es nicht“[116].
Vielmehr leitet sich aus den obigen Überlegungen die Notwendigkeit einer mehrstufigen Erfüllung der Staatsaufgaben ab, wobei einige Sachgebiete der zentralen und einige der dezentralen Ebene zugeordnet werden sollten. Ein Standpunkt, wonach pauschal jede Dezentralisierung prinzipiell zu begrüßen oder abzulehnen ist, verkürzt die Diskussion in unzulässiger Weise und wird der Vielschichtigkeit und Komplexität der zu regelnden Politikfelder nicht gerecht.[117]

---

112 Vgl. Frey 1977, S. 39; Stahl 2000, S. 103 f.
113 Vgl. Oates 1977, S. 21.
114 Vgl. Postlep 1993, S. 122; S. 125 f.; Frey 1997, S. 31; Stahl 2000, S. 103; Apolte 1999, S. 23; siehe exemplarisch Boston Consulting Group 2004, S. 30 ff.
115 Schwager 1999, S. 283; ähnlich Bühner 2004, S. 124.
116 Frey 1997, S. 31; ähnlich Apolte 1999, S. 186.
117 Vgl. Hansmeyer 1985, S. 108; Apolte 1999, S. 186; Zimmermann; Henke 2001, S. 181.

Nicht für jedes staatliche Aufgabengebiet erweisen sich die gleichen Zentralisierungs- und Dezentralisierungsargumente als relevant. Vielmehr muss für jede einzelne staatliche Maßnahme geklärt werden, ob eine zentrale oder dezentrale Aufgabenwahrnehmung sinnvoll ist. In die jeweiligen Überlegungen müssen jedoch immer auch alle anderen staatlichen Leistungen einbezogen werden und insbesondere die wechselseitigen Abhängigkeiten zwischen den einzelnen Aktivitäten Berücksichtigung finden, da eventuell auftretende Interdependenzen einen erhöhten Koordinationsbedarf nach sich ziehen oder die Realisierung von Verbundvorteilen ermöglichen. Darüber hinaus gilt es zu berücksichtigen, dass es sich bei der Aufgabenzuteilung in einem föderalen System um dynamische Entscheidungen handelt, die fortlaufenden Veränderungen und Anpassungen unterliegen.[118]

> Insgesamt zeigt die historische Erfahrung, daß es eine ein für allemal richtige Aufgabenverteilung nur für wenige Aufgabenbereiche gibt[119].

Die konkrete Zuteilung öffentlicher Leistungen an die unterschiedlichen staatlichen Ebenen stellt somit ein komplexes Optimierungsproblem dar, bei dem regionale Präferenzunterschiede, Spillover-Effekte, Skalen- und Verbundvorteile sowie Koordinations- und Verhandlungskosten etc. gegeneinander abgewogen werden müssen.[120] Zwar erweist sich dies in der Praxis als kaum realisierbar, theoretisch lässt sich jedoch ein Punkt ermitteln, an dem die Wohlfahrtsgewinne infolge der Zentralisierung durch die Wohlfahrtsverluste infolge der Zentralisierung kompensiert werden. Mit Hilfe abstrakter Überlegungen soll das extrem vielschichtige Optimierungsproblem zur Bestimmung der effizientesten Aufgabenverteilung in groben Zügen anschaulich dargestellt werden:
In Graphik 4-3 wird die optimale Aufgabenwahrnehmung graphisch abgeleitet.[121] Ausgehend vom Einheitsstaat wird auf der Abszisse von links nach rechts die steigende Zahl der staatlichen Gebietskörperschaften aufgetragen. Die Kosten beziehungsweise Wohlfahrtsverluste sind auf der Ordinate abzulesen. Kurve a bildet die Kosten ab, die sich aus der Erhöhung des Dezentralisierungsgrades ergeben. Die mit der stärkeren Dezentralisierung fallende Kurve b bezeichnet entsprechend die „Kosteneinsparungen“, die eine Gesellschaft durch Beseitigung von Zentralismusmängeln realisieren kann. Die optimale bundesstaatliche Aufgabenverteilung ist dann erreicht, wenn der zusätzliche Gewinn aus der Beseitigung von Föderalismusmängeln genau dem zusätzli-

---

[118] Vgl. Benz 1984, S. 69; Rudolf 1985, S. 227.
[119] Hansmeyer 1985, S. 111.
[120] Vgl. Hansmeyer; Kops 1984, S. 127; Apolte 1999, S. 16; Blankart 2003, S. 571.
[121] Vgl. hierzu auch Tullock 1969, S. 19-29.

chen Verlust aus der Zentralisierung entspricht. In der Abbildung ist dies in Punkt D der Fall, in dem die Summe der beiden Kurven das Minimum aufweist.[122]

Graphik 4-3 Optimale Aufgabenzuteilung

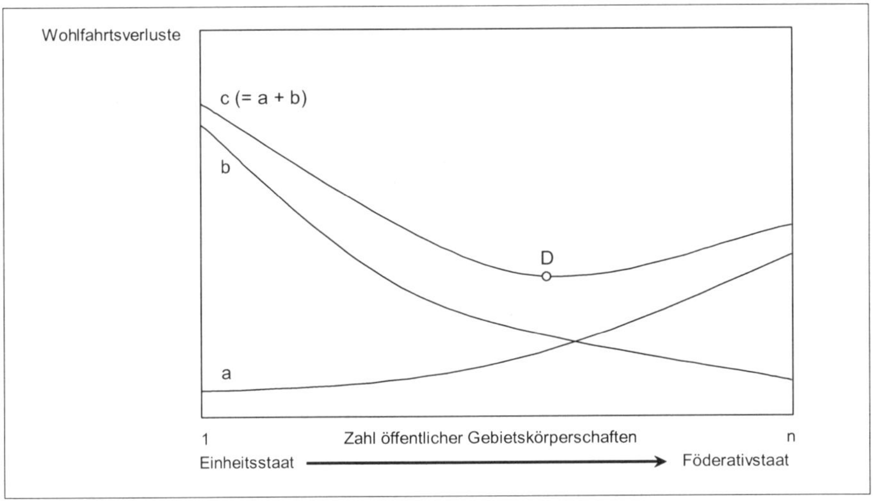

Quelle: Frey 1977 S. 41; eigene Darstellung.

Der praktische Nutzen solcher theoretischer Überlegungen tendiert jedoch solange gegen Null, wie die Kurven empirisch nicht ermittelbar sind. Ferner geht das Modell nur von *einer* öffentlich bereitgestellten Leistung aus. Die oben angeführten Kriterien zur Ermittlung der optimalen Aufgabenzuteilung führen jedoch für *jede* öffentliche Leistung zu einem anderen Ergebnis, so dass auch deren Kurven unterschiedlich verlaufen. Es muss folglich eine Vielzahl von Kurven gegeneinander aufgetragen werden. Hierbei zeigt sich, dass die optimale Aufgabenwahrnehmung für jede Leistung auf einem anderen Niveau liegt.[123]

Um dennoch eine Zuordnung der Aufgaben zu den verschiedenen vertikalen Ebenen zu ermöglichen, erarbeitete der Schweizer Ökonom René L. Frey für einen Bundesstaat mit zweistufigem Aufbau vier Typen von öffentlichen Leistungen. Er unterschied „regionale Leistungen", „interregionale Leistungen" sowie „nationale Leistungen" und „internationale Leistungen"[124].

Davon ausgehend ordnete er jedem dieser Typen eine Zentralisierungsform zu, die sich im Prinzip am besten für ihn eignet. Demnach sollen regionale

---

[122] Vgl. Frey 1977, S. 40.

[123] Vgl. Blankart 2003, S. 570 f.

[124] Vgl. Frey 1977, S. 42 f.; ähnlich Zimmermann; Henke 2001, S. 180 f.

Leistungen, die dadurch gekennzeichnet sind, dass kaum Spillover-Effekte auftreten und eine kostengünstige Bereitstellung auch durch kleine Gebietskörperschaften möglich ist, rein dezentral zur Verfügung gestellt werden. Für interregionale Leistungen, die positive Skalenerträge aufweisen und Spillover-Effekte verursachen, ist die Kooperation zwischen den föderativen Gebietskörperschaften zu bevorzugen. Dahingegen ist bei öffentlichen Leistungen, die allen Wirtschaftssubjekten einer Nation oder sogar darüber hinaus Nutzen stiften, eindeutig die zentralisierte, nationale oder internationale Lösung überlegen.[125]

4.6 Bereitstellung öffentlicher Leistungen

In Anlehnung an René L. Frey können öffentliche Leistungen in einem föderalen System durch fünf idealtypische Organisationsmodelle bereitgestellt werden.[126]

1. Im Falle einer *rein zentralistischen Aufgabenwahrnehmung* wird ein Sachgebiet ausschließlich der zentralen Ebene zugeordnet. Die föderalen Gebietskörperschaften sind höchstens indirekt durch ihre Mitwirkung bei der Willensbildung auf der zentralen Ebene (zum Beispiel über den Bundesrat) beteiligt.
2. Im Falle einer *rein föderativen Aufgabenwahrnehmung* ist ein Sachgebiet ausschließlich den föderalen Gebietskörperschaften zugeordnet. Es bestehen keine dauerhaften und formalisierten Kooperationen zwischen den Gebietskörperschaften beziehungsweise zwischen ihnen und der zentralen Ebene.
3. Im Falle einer *zentralen Rahmensetzung* beschränkt sich die zentrale Ebene auf den Erlass allgemeiner Grundsätze, Richtlinien beziehungsweise Rahmenvorschriften. Bei der konkreten Ausgestaltung des Sachgebiets bleiben den föderalen Gebietskörperschaften erhebliche Freiheiten erhalten.
4. Bei einer *horizontalen Kooperation zwischen den föderalen Gebietskörperschaften* stellen mehrere Gebietskörperschaften die Leistungen eines Sachgebiets gemeinsam zur Verfügung oder übertragen deren Bereitstellung gemeinsam an eine dritte Institution. Die Entscheidungen werden durch die ordentlichen Gremien der Gebietskörperschaften getroffen.
5. Bei einer *vertikalen Kooperation* regeln die staatlichen Ebenen ein Sachgebiet gemeinsam, wobei die Maßnahmen meist von allen beteiligten Ebenen gemeinsam finanziert werden.

---

[125] Vgl. Frey 1977, 46 ff.
[126] Vgl. zu den folgenden Punkten Frey 1977, S. 43-46; ähnlich Breton 1965, S. 180.

Die vorangegangen Erörterungen haben gezeigt, dass sowohl eine ausschließlich zentralistische als auch eine rein dezentralisierte Aufgabenwahrnehmung spezifische Vorzüge und ernsthafte Nachteile aufweisen. Die besondere Attraktivität des Föderalismus liegt aus ökonomischer Sicht somit in der Kombination der Vorteile der beiden Regierungsformen. Anstatt jeweils alle Funktionen des öffentlichen Sektors wahrzunehmen, widmet sich jede Ebene den Sachgebieten, die sie am besten erfüllen können.

Da die theoretischen Überlegungen auf der Grundlage der ökonomischen Theorie des Föderalismus nicht zu einem eindeutigen Ergebnis führen, erweist sich eine empirische Überprüfung der aus den theoretischen Überlegungen gewonnenen Anforderungen an die Aufgabenzuteilung als notwendig. In den folgenden Abschnitten wird daher analysiert, mit welchen Vor- und Nachteilen die soeben beschriebenen Organisationsmodelle aus Sicht verschiedener Akteursgruppen im Sachgebiet Außenwirtschaftsförderung verbunden sind.

5. Empirische Analyse der föderalen Aufgabenverteilung

In Kapitel 4 dieser Arbeit wurde der ökonomische Analyseansatz des Föderalismus auf hohem theoretischem Abstraktionsniveau und weitgehend losgelöst von der Bundesrepublik Deutschland sowie der Außenwirtschaftsförderung entwickelt. In den folgenden Abschnitten wird auf der Grundlage der Anforderungen an den Staatsaufbau, die von der ökonomischen Theorie des Föderalismus formuliert wurden, die Aufgabenverteilung im Bereich der Außenwirtschaftsförderung aus Sicht einzelner Akteursgruppen analysiert.

Da die ökonomischen Bestimmungsfaktoren nicht eindeutig für eine bestimmte Lösung sprechen, wurde die real existierende Aufgabenwahrnehmung der verschiedenen staatlichen Ebenen, wie sie in Kapitel 3 skizziert wurde, in den letzten Jahren kontrovers diskutiert. So stellt eine Prognos-Studie fest: „Als besonders heikel müssen die Vielzahl von Aktivitäten und Akteuren auf den einzelnen föderalen Ebenen angesehen werden"[1]. Darüber hinaus geben die Verfasser des Gutachtens zu erkennen, dass sie die „pluralistische Vielfalt" im Bereich der Außenwirtschaftsförderung als lediglich „politisch [...] gewollt"[2] ansehen. Dass eine föderale Aufgabenwahrnehmung aus ökonomischen Gesichtspunkten zu einem effizienteren Ergebnis führen könnte als eine zentralistische, wird demzufolge nicht gesehen.

Auch für die Programmträger scheinen bei der Bereitstellung der unterschiedlichen Fördermaßnahmen nicht unbedingt stichhaltige ökonomische Begründungen hinter der Entscheidung zu stehen, eine Maßnahme anzubieten. Dies wird exemplarisch deutlich an den unterschiedlichen Auffassungen der einzelnen Landesregierungen über die Frage, auf welcher Ebene verschiedene Instrumente bereitgestellt werden sollen. So ist zum Beispiel das Land Bremen der Meinung, dass die landeseigenen Förderbemühungen Exportfinanzierungsinstrumente, Kapitalanlagegarantien, Venture Capital, Ausfuhrbürgschafen und ähnliche monetäre Absicherungen nicht umfassen sollen, sondern vielmehr „als in [der] Zuständigkeit des Bundes oder von Selbsthilfeeinrichtungen der Wirtschaft liegend angesehen"[3] werden. Andere Bundesländer wie etwa Bayern stellen hingegen ein solches Förderinstrumentarium für dort ansässige Unternehmen zur Verfügung.[4] Eine explizit ökonomische Begründung für die jeweilige Auffassung wird in beiden Fällen nicht gegeben. Abweichend davon wird in einer Studie des IfM Bonn, die im Auftrag des Landes Sachsen erstellt worden ist, die Empfehlung ausgesprochen, auf die Bereitstellung der-

---

1 Weidig; Ruprecht 1996, S. 118.
2 Weidig; Ruprecht 1996, S. 118.
3 Bremen 1998, S. 50.
4 Vgl. Ehrenfeld 2003, S. 15.

artiger Förderinstrumente zu verzichten. Dies wird damit begründet, dass die Struktur des Auslandsengagements der sächsischen Unternehmen den Einsatz nicht erforderlich mache, da die privaten Wirtschaftssubjekte andere Außenwirtschaftsfördermittel stärker präferieren.[5]
Dessen ungeachtet nimmt die große Mehrheit der Wirtschaftsministerien der 16 Bundesländer für sich in Anspruch, dass hinter der Entscheidung, eine Fördermaßnahme durch das jeweilige Land anzubieten, stichhaltige ökonomische Begründungen stehen. Auch die befragten Verbände teilen überwiegend diese Auffassung.

Graphik 5-1 Hinter der Entscheidung, eine Fördermaßnahme durch das Land anzubieten, stehen stichhaltige ökonomische Begründungen

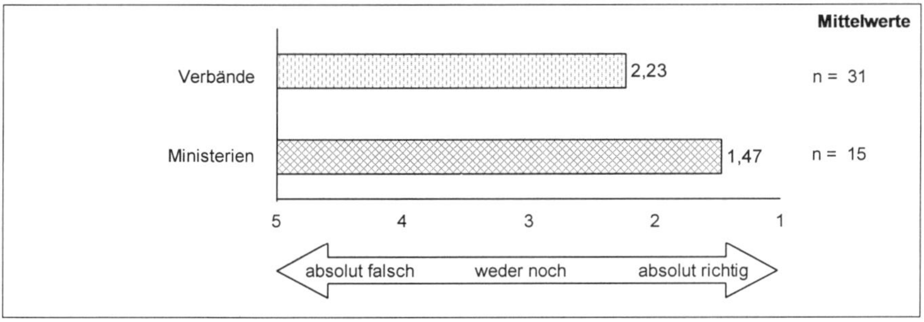

Trotz der erheblichen Defizite, die im Bereich der Außenwirtschaftsförderung konstatiert werden, zeigt sich, dass auch in der wissenschaftlichen Diskussion eine Analyse auf der Grundlage der ökonomischen Theorien des Föderalismus noch nicht stattgefunden hat. Da in der modernen Literatur zur ökonomischen Theorie des Föderalismus rationale Maßstäbe herausgearbeitet wurden, an denen sich die Aufgabenverteilung orientieren kann, werden im Folgenden diese Erkenntnisse auf den spezifischen Fall der Außenwirtschaftsförderung in der Bundesrepublik Deutschland übertragen.
Eine tiefere wissenschaftliche Diskussion auf der Grundlage der normativen ökonomischen Theorie des Föderalismus ist darüber hinaus dringend erforderlich, da eine föderale Aufgabenwahrnehmung im Bereich der Außenwirtschaftsförderung trotz aller Kritik auch in Zukunft politisch gewünscht wird. So heißt es in einem Schreiben der Bundesregierung: „Die Bundesregierung sieht in den Außenwirtschaftsaktivitäten der Länder eine wichtige Ergänzung der

[5] Vgl. Sächsischer Landtag Drucksache 3/3843 vom 02. April 2001, S. 1 f.; Kranzusch; Wallau 2001, S. XVIII; sowie für die aus dem Gutachten gezogenen Schlussfolgerungen Sächsischer Landtag Drucksache 3/5306 vom 05. Dezember 2001, S. 3; sowie Sächsisches Staatsministerium für Wirtschaft und Arbeit 2002, S. 23 f. Zu einem ähnlichen Ergebnis kommt auch KfW Bankengruppe 2000, S. 13.

Außenwirtschaftsförderung des Bundes."[6] Diese positive Einschätzung des föderal strukturierten Systems der Außenwirtschaftsförderung teilt auch der damalige Bundesaußenminister Klaus Kinkel: „Dabei hat sich grundsätzlich bewährt, dass es dezentral angelegt ist und Unterstützungsmöglichkeiten des Bundes von solchen der Länder ergänzt werden."[7]

Folgt man den Überlegungen der positiven ökonomischen Theorie des Föderalismus, gibt es in der Praxis bei der Aufstellung der Förderprogramme keine systemimmanenten Koordinationsanreize, die quasi automatisch zu einer optimalen Aufgabenverteilung zwischen den verschiedenen föderalen Ebenen führen. Unterstellt man vielmehr die Verhaltensannahmen der Nicht-Markt-Ökonomik, wonach auch öffentliche Verwaltungen das Ziel der individuellen Nutzenmaximierung, das heißt die Ausweitung ihres Budgets, verfolgen, dann dominieren in einem föderalen Fördersystem mit konkurrierenden Programmträgern vielmehr die Anreize, eigene Förderprogramme aufzustellen und damit das eigene Budget zu sichern. Die Initiative zur gegenseitigen Abstimmung einzelner Programme lässt demzufolge in dem Maße nach, in dem die Koordination eine Reduzierung eigener Programmaktivitäten und damit auch einen Verzicht auf Einflussnahme bedeutet.[8]

Das politisch-administrative System muss demzufolge so gestaltet werden, dass die Vorteile einer föderalen Aufgabenwahrnehmung zum Tragen kommen, gleichzeitig aber auch eine „politisch wie ökonomisch kurzsichtige ‚Kirchturmpolitik' von Regionen"[9] verhindert wird.

Aber nicht nur die mangelnde Kooperation und Koordination zwischen den unterschiedlichen staatlichen Ebenen führt zu unproduktiven Parallelaktivitäten. Auch „Kompetenzgerangel und Eifersüchteleien zwischen den Verbänden der Industrie und der Kammerorganisation"[10] haben zur Folge, dass sich mit Steuergeldern geförderte Programme und Maßnahmen nicht optimal ergänzen.[11]

> In dieser Lage nach einem umfassenden Außenwirtschaftskonzept zu rufen ist wenig originell; vor allem nicht, wenn diese Forderung [...] vom Deutschen Industrie- und Handelstag (DIHT) und vom Bundesverband der Deutschen Industrie (BDI) kommt, die selbst Teil des Problems sind. [...] [E]s geht vor allem darum, Verbands- und Ressortegoismen im Denken zu überwinden.

---

[6] Deutscher Bundestag Drucksache 13/2236 vom 01. September 1995, S. 9.
[7] Kinkel 1998, S. 7.
[8] Vgl. Hennicke; Pay 1986, S. 12; Schultes 2003, S. 260 f.
[9] Sturm 1991, S. 147; ähnlich Schultes 2003, S. 261 f.
[10] Stuewe 1995, S. 11.
[11] Vgl. o.V. 1995g, S. 13.

> Dafür muss man nicht das gewachsene System der Außenwirtschaftsförderung umkrempeln.[12]

Die ökonomische Analyse der Aufgabenverteilung in einem föderalen Fördersystem dient daher dazu, den wirtschaftspolitischen Akteuren eine Entscheidungsgrundlage zu liefern, die zu einer „Rationalisierung der Politik“[13] beiträgt, wobei in der wissenschaftlichen Diskussion umstritten ist, inwieweit eine solche Rationalisierung gelingen kann. Denn, wie Rolf-Dieter Postlep feststellt, erfolgt „die Etablierung einer konkreten föderativen Staatsstruktur in der Praxis keineswegs durch die Übernahmen einer auf dem ‚wissenschaftlichen Reißbrett' entworfenen optimalen Aufgliederung des Staatswesens [...], sondern durch politische Entscheidungen“[14]. Da die Überlegungen der ökonomischen Theorie des Föderalismus häufig „nur grobe Anhaltspunkte liefern, geben vielfach rational nicht exakt begründbare Kalküle den Ausschlag bei der Aufgabenzuweisung“[15].
In den folgenden Abschnitten werden die Methoden und die empirische Datenbasis detailliert dargestellt, mit deren Hilfe Analyse des aktuellen Systems der Außenwirtschaftsförderung erfolgt.

5.1 Methodik und empirische Datenbasis

Um die empirischen Materialien differenziert verarbeiten und eine breite Perspektive entwickeln zu können, wurden bei der empirischen Analyse verschiedene Methoden (Methodenmix) angewandt, die sich gegenseitig ergänzen. Die Analyse des aktuellen Systems der Außenwirtschaftsförderung erfolgt auf der Grundlage von drei empirischen Datenerhebungen, die 1.) bei den Wirtschaftsministerien der 16 Länder, 2.) Verbänden, Kammern und staatlichen Institutionen, sowie 3.) Unternehmen mit Hilfe von standardisierten schriftlichen Fragebögen durchgeführt wurden. Darüber hinaus wurde eine inhaltsanalytische Datenauswertung vorgenommen.

5.1.1 Umfrage unter den Wirtschaftsministerien der Länder

Um ein aktuelles Bild der Außenwirtschaftsförderung auf Länderebene herausarbeiten zu können, Daten zu erhalten, die auf anderem Wege nicht zugänglich sind und neue Entwicklungen und Veränderungen messbar zu machen, wurde in den Monaten März bis September 2003 eine standardisierte, schriftliche Befragung unter den Wirtschaftsministerien der 16 Länder durchgeführt. Ende März/Anfang April 2003 wurden alle für den Bereich Außenwirtschaft zuständi-

---

[12] Stuewe 1995, S. 11.
[13] Thöni 1981, S. 89.
[14] Postlep 1993, S. 66.
[15] Hansmeyer 1985, S. 110.

gen Referate der Landeswirtschaftsministerien telefonisch kontaktiert und auf die Befragung vorbereitet. Alle ausgewählten Stellen erklärten sich bereit, an der Umfrage teilzunehmen. Daraufhin wurden die Fragebögen mit personalisierten Anschreiben per E-Mail verschickt. Als Rücklauffrist wurde der 30. April 2003 festgelegt. Bis zum Ablauf der Frist gingen fünf beantwortete Fragebögen ein. Daher wurden die noch ausstehenden Fragebögen zum Teil mehrfach telefonisch angefordert, bis Ende September 2003 von allen 16 Ländern eine Antwort vorlag.
Im ersten Teil wurden die Auslandsmarktorientierung der Länder und allgemeine Aspekte der außenwirtschaftsfördernden Maßnahmen und Instrumente sowie deren Bedeutung und Stellenwert ermittelt. Im Rahmen des zweiten Teils wurden die Einschätzungen und Meinungen der Akteure auf der Ebene der Ministerien zum Thema Außenwirtschaftsförderung im föderalen System der Bundesrepublik Deutschland beleuchtet.
Den Teilnehmern der Befragung wurde zugesichert, dass alle Angaben auf Wunsch vertraulich behandelt und in zusammengefasster, anonymisierter Form veröffentlicht werden. Die Ergebnisse des zweiten Teils wurden prinzipiell nur anonymisiert ausgewertet.

5.1.2 Umfrage unter Verbänden, Kammern und staatlichen Institutionen

In den Monaten Juni und Juli 2005 fand mit Hilfe eines standardisierten Fragebogens eine Datenerhebung unter den Außenwirtschaftsexperten von Kammern und Verbänden statt, um weitere Experteneinschätzungen und -meinungen zum Thema Außenwirtschaftsförderung im föderalen System der Bundesrepublik Deutschland einzuholen. Diese wurde über den Deutschen Industrie- und Handelskammertag (DIHK) und den Serviceverbund Außenwirtschaft publik gemacht. Ziel war es, Einschätzungen und Meinungen der Wirtschaftsvertreter hinsichtlich des aktuellen Systems der Außenwirtschaftsförderung in der Bundesrepublik Deutschland zu gewinnen. Um sicherzustellen, dass die Teilnehmer der Befragung bereit sein würden, ihre eigenen Einschätzungen abzugeben, wurde zugesichert alle Angaben vertraulich zu behandeln und in zusammengefasster, anonymisierter Form zu veröffentlichen. Insgesamt gingen 33 Antworten von Außenwirtschaftsexperten von Kammern, Verbänden und staatlichen Förderinstitutionen ein.

5.1.3 Umfrage unter Unternehmen

5.1.3.1 Vorgehensweise

Die empirische Analyse soll klären, ob der föderale Aufbau des Fördersystems den Bedürfnissen und Wünschen der mittelständischen Unternehmen entspricht bzw. wie dies besser erreicht werden kann. Die Umfrage unter den Unternehmen erfolgte auf der Grundlage einer empirischen Datenerhebung mit Hilfe 1.) einer standardisierten Unternehmensbefragung auf der Messe *export21* am 07. und 08. Dezember 2004 in Frankfurt am Main sowie 2.) einer Online-Befragung in den Monaten Februar und März 2005.

Zielgruppe der Umfrage waren deutsche Unternehmen, die international tätig sind, oder potenziell international tätig werden könnten. Insbesondere Unternehmen, die Instrumente und Maßnahmen der deutschen Außenwirtschaftsförderung bereits genutzt haben, sollten befragt werden.

Eine Studie des DIHK und der Steinbeis-Hochschule Berlin, an der sich knapp 4.400 im Ausland aktive deutsche Unternehmen beteiligt haben, kam hinsichtlich der Nutzung von Maßnahmen zur Außenwirtschaftsförderung zum Ergebnis, dass lediglich 12,6% der Unternehmen Fördermittel beantragt oder erhalten haben.[16] Folglich handelt es sich bei den Unternehmen, die gezielt über ihre Erfahrungen mit der Außenwirtschaftsförderung befragt werden können, um eine vergleichsweise kleine Gruppe, von der es darüber hinaus kein aktuelles und vollständiges Adressenverzeichnis gibt.

Zur Vorbereitung der Datenerhebung wurde in den Monaten Oktober und November 2004 ein standardisierter Fragebogen erarbeitet, der mit Hilfe mehrerer *Pretests* überprüft wurde.

Die erste Datenerhebungsphase fand am 07. und 08. Dezember 2004 auf der Messe *export21* in Frankfurt am Main statt. Die *export21* erwies sich für die Umfrage als gut geeignet, da sie explizit auf Unternehmen zielte, die bereits international tätig sind oder planen, ihre Geschäftstätigkeit auf das Ausland auszudehnen. Die primär angesprochene Besucherzielgruppe waren mittelständische Unternehmer, Geschäftsführer, Exportleiter sowie sonstige Verantwortliche im Bereich Internationalisierung. Die im Auftrag der Veranstalter durchgeführte Besucherbefragung ergab, dass 73% der 1.108 Messe- und Kongressbesucher selbständige Unternehmer, Geschäftsführer, Prokuristen oder Abteilungsleiter waren.[17] 63% gaben an, in Einkaufs- oder Beschaffungsfragen über ausschlaggebende oder mitgestaltende Entscheidungskompetenz zu verfügen. Weitere 15% werden in solchen Fragen beratend hinzugezogen. Darüber hinaus zeigten sich 55% der Befragten am Angebotsbereich Wirtschaftsförderung auf der *export21* interessiert.[18] Somit ergab sich eine beson-

---

[16] Vgl. Lau; Zywietz; Faix 2005, S. 40; Bei einer vergleichbaren Studie aus dem Jahr 2003, an der 667 Unternehmen aus der Region Stuttgart teilgenommen haben, lag der Anteil der befragten Unternehmen, die Mittel der Außenwirtschaftsförderung beantragt oder genutzt zu haben, mit 7,3% noch niedriger. Vgl. Faix; Zywietz; Schulten 2003, S. 53.

[17] Vgl. factx Gesellschaft für Marktforschung und Sozialforschung mbh 2004, S. 9; Reiniger 2005.

[18] Vgl. factx Gesellschaft für Marktforschung und Sozialforschung mbh 2004, S. 16; S. 53.

dere Konzentration des Personenkreises, der die Zielgruppe der Umfrage dieser Arbeit bildet.

Die Befragung auf der *export21* wurde in Interviews mittels Fragebögen durchgeführt. Bei den nach dem Zufallsprinzip angesprochenen Personen wurde zu Beginn erfragt, ob sie der Grundgesamtheit angehören. War dies nicht der Fall, wurde das Interview abgebrochen. Insgesamt konnten an den beiden Messetagen 101 Unternehmen befragt werden. Dabei zeigte sich, dass – wie aufgrund des persönlichen Kontakts und des so genannten „Zwangs zur Interaktion" zu erwarten – die Verweigerungsquote sehr gering war.[19] Dies konnte unter anderem auch dadurch erreicht werden, dass Personen, die im Moment der Ansprache keine Zeit hatten, die Möglichkeit hatten, den Fragebogen mitzunehmen und später in eine dafür vorgesehene Urne einzuwerfen. Diese Möglichkeit der freien Wahl des Beantwortungszeitpunktes erhöhte die Bereitschaft auch bei viel beschäftigten Personen.

Um eine höhere Stichprobengröße zu erreichen und damit dem Gesetz der großen Zahl besser Rechnung zu tragen, wurde die Befragung auf der *export21* um eine Online-Umfrage ergänzt, die in den Monaten Februar und März 2005 durchgeführt wurde.

Dabei muss jedoch ausdrücklich betont werden, dass – entgegen einer weit verbreiteten Meinung – eine große Stichprobenzahl nur eine Voraussetzung für Repräsentativität darstellt. Darüber hinaus müssen die zu Befragenden mit Hilfe eines Zufallsauswahlverfahrens ermittelt werden. Eine höhere Zahl von Interviews erhöht somit nicht zwangsläufig die Repräsentativität, vielmehr ist für die Qualität einer Umfrage der Auswahlprozess der Teilnehmer wichtiger als die Größe der Stichprobe.[20] Für die Zufallsauswahl ist entscheidend, dass von der Grundgesamtheit eine aktualisierte und vollständige Adressdatenbank vorliegt, in der jede Einheit der Grundgesamtheit einmal vertreten ist. Da jedoch kein umfassendes E-Mail-Adressenverzeichnis der Grundgesamtheit existiert, aus dem eine zufallsgeleitete Stichprobe gezogen werden konnte, wurde auf die E-Mail-Adressen aus verschiedenen im Internet frei zugänglichen deutschen Export- und Unternehmensdatenbanken zurückgegriffen und die dort verzeichneten Unternehmen per E-Mail auf die Umfrage aufmerksam gemacht. Zwar ist das Versenden von unerbetenen E-Mails in der Regel nicht zulässig, es ist jedoch grundsätzlich erlaubt, Befragungsteilnehmer ohne deren vorherige Einwilligung per E-Mail zu rekrutieren, wenn die E-Mails ausschließ-

---

[19] Insgesamt verweigerten lediglich drei angesprochene Personen, die der Grundgesamtheit angehörten, die Beantwortung des Fragebogens, wobei zwei von vornherein die Beantwortung verweigerten und eine Person nach etwa einem Drittel die Befragung abbrach.

[20] Vgl. Noelle-Neumann; Petersen 2005, S. 259.

lich Forschungszwecken dienen.[21] Darüber hinaus wurde auf einschlägigen Internetportalen wie beispielsweise *iXPOS*[22] oder dem Außenwirtschaftsportal Nordrhein-Westfalen[23] sowie dem Außenwirtschaftsportal Bayern[24] auf die Umfrage aufmerksam gemacht. Zwar bringt die Selbstselektion bei einer solchen passiven Rekrutierung wissenschaftlich-methodische Probleme mit sich, welche die Aussagekraft der erhobenen Daten zum Teil erheblich verringern können,[25] durch dieses Vorgehen konnte jedoch gezielt der Teil der Unternehmen angesprochen werden, der sich intensiv mit Außenwirtschaftsförderung auseinandersetzt und großes Interesse an der Thematik hat.[26] Somit erwies sich dieses Vorgehen im vorliegenden Fall nicht nur unter praktisch-pragmatischen Aspekten als einzig möglicher Weg, sondern führte auch zu aussagekräftigen Ergebnissen, auch wenn aufgrund der Stichprobenauswahl unter theoretisch-statistischen Aspekten keine Repräsentativität für alle Unternehmen gewährleistet werden kann.

Zur Vorbereitung der Online-Datenerhebung wurde in den Monaten Dezember 2004 und Januar 2005 eine Online-Version des Fragebogens erarbeitet. Um Verzerrungen der Stichprobe zu vermeiden, wurde sichergestellt, dass der Online-Fragebogen unabhängig vom jeweiligen Internetzugang und benutzten Computer bearbeitet werden kann. Daher wurde der Online-Fragebogen so gestaltet und programmiert, dass er auch für weniger erfahrene Internet-Nutzer einfach zu handhaben ist und sowohl mit verschiedenen Betriebssystemen als auch unterschiedlichen Browsern sowie Browserversionen bearbeitet werden kann.[27] Vor dem Start der Online-Befragung wurde eine Prüfung des Fragebogens anhand der gängigen Browser MS Internet Explorer, Firefox, Opera und Netscape vorgenommen.[28] Außerdem galt es sicherzustellen, dass zu keinem Zeitpunkt der Befragung Bandbreitenprobleme auftreten, damit die ausgefüllten Online-Fragebögen jederzeit in die Datenbank eingetragen werden können und es nicht aus technischen Gründen zu Verzerrungen kommt. Um dies zu gewährleisten, wurde der Fragebogen auf einem Server an der Universität zu Köln gehostet.[29] Darüber hinaus erhielten die Umfrageteilnehmer die Möglichkeit, den Fragebogen als PDF-Datei herunterzuladen und in Papierform per Fax zurückzuschicken.

---

[21] Vgl. ADM Arbeitskreis Deutscher Markt- und Sozialforschungsinstitute et al. 2000, S. 3.
[22] iXPOS 2005.
[23] Außenwirtschaftsportal Nordrhein-Westfalen 2005.
[24] Außenwirtschaftsportal Bayern 2005.
[25] Vgl. Scholl 2003, S. 47; Wiegand 2003, S. 68 f.; Heckel 2003, S. 94.
[26] Zu einer ähnlichen Einschätzung kommt auch Göritz 2001, S. 74.
[27] Vgl. Wiegand 2003, S. 69.
[28] Siehe hierzu Patalong 2005.
[29] http://www.rwl.uni-koeln.de/umfrage (Online; Stand 24. März 2005).

In der Feldphase, die am 24. März 2005 endete, gingen insgesamt 469 Datensätze auf dem Server ein. Um eine effektive Kontrolle der erhobenen Daten sicherzustellen, wurden eine Reihe von technischen Vorkehrungen getroffen, die gewährleisten sollten, dass unbeabsichtigte oder bewusste Mehrfachteilnahmen ausgeschlossen sowie abgebrochene und wieder aufgenommene Interviews nicht zweimal gezählt werden.[30] Bei der Qualitätskontrolle der erhobenen Daten zeigte sich darüber hinaus, dass einige interessierte öffentliche Institutionen den Fragebogen ausgefüllt hatten, obwohl sie nicht zur Zielgruppe der Befragung gehörten. Um keine Verzerrung der Stichprobe zu erhalten, mussten diese Antworten aussortiert werden. Insgesamt erwiesen sich 71 Datensätze im Zuge der intensiven Feldkontrolle als fehlerhaft und mussten daher entfernt werden.

Darüber hinaus gingen weitere 85 auswertbare Fragebögen in Papierform ein. Somit haben sich an der zweiten Phase der Befragung 554 Unternehmen und an der gesamten Befragung 655 Unternehmen beteiligt.

5.1.3.2 Strukturdaten der befragten Unternehmen

Graphik 5-2 Anteil der Länder an Befragung, Import, Export, Exporteuren und Bruttoinlandsprodukt

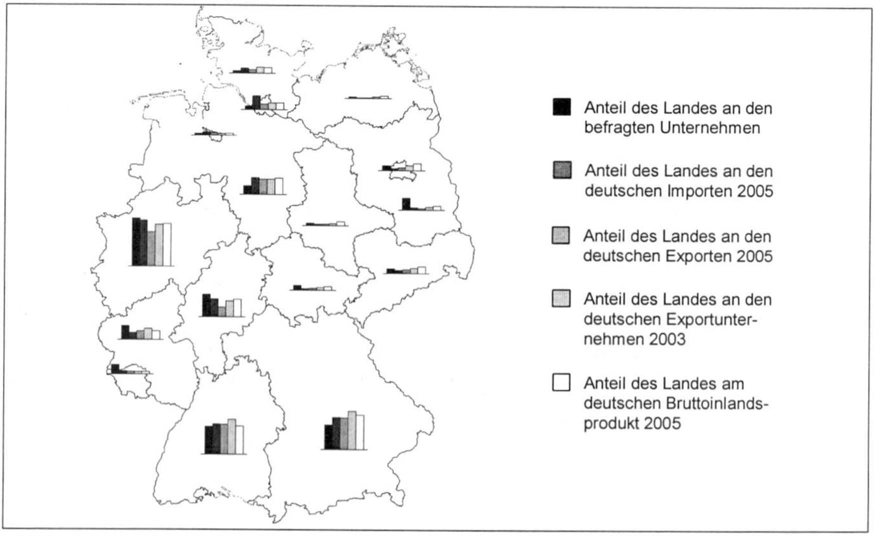

Quelle: Arbeitskreis Volkswirtschaftliche Gesamtrechnungen der Länder 2005; Statistisches Bundesamt Deutschland 2005; eigene Berechnungen.

[30] Siehe zu Methoden zur Gewährleistung der Datenqualität Reips 2003, S. 23 f.

Die Unternehmen, die an der Umfrage teilgenommen haben, kommen aus allen Ländern der Bundesrepublik Deutschland. Mit einem Anteil von einem Viertel stammt die größte Gruppe aus Nordrhein-Westfalen (24,9%), gefolgt von Baden-Württemberg (14,5%), Bayern (12,7%) und Hessen (11,5%). 15,9% der Unternehmen haben ihren Hauptsitz in den fünf neuen Bundesländern oder Berlin (Region Ostdeutschland). Unternehmen mit Sitz in Rheinland-Pfalz oder dem Saarland bilden 11,8% der Unternehmen des Samples. Aus den norddeutschen Ländern Niedersachsen, Schleswig-Holstein, Hamburg und Bremen stammen 8,9% der befragten Unternehmen.

Ein Vergleich der regionalen Verteilung der antwortenden Unternehmen mit dem Anteil der einzelnen Bundesländer an den Importen und Exporten sowie an den Exportunternehmen und am Bruttoinlandsprodukt zeigt nur zu vernachlässigende Abweichungen. Gemessen an diesen Indikatoren erweisen sich Brandenburg, Hessen, Nordrhein-Westfalen, Rheinland-Pfalz und das Saarland als etwas überrepräsentiert wohingegen Unternehmen aus Bayern, Hamburg und Niedersachsen etwas zu selten vertreten sind.

Wie in Abschnitt 2.1 eingehend erörtert, finden sich sowohl in der Literatur als auch in der empirischen Mittelstandsforschung eine große Anzahl von Mittelstandsdefinitionen. Im Rahmen der empirischen Datenerhebung dieser Arbeit wurde aus pragmatischen Gründen lediglich die Anzahl der Mitarbeiter als Definitionskriterium herangezogen. Einerseits sehen sowohl die Europäische Union als auch das IfM Bonn das Mitarbeiterkriterium als das aussagekräftigste quantitative Kriterium an, andererseits sind die Unternehmen auch am ehesten bereit, diese Größe zu nennen.[31] Finanzielle Kennzahlen wie beispielsweise Jahresumsatz oder Bilanzsumme, aber auch die Eigentümerstruktur werden gerade von vielen mittelständischen Unternehmen als sensibel eingestuft und daher häufig nicht veröffentlicht. Unter Beachtung der methodischen und ressourcenbedingten Restriktionen erwies sich daher die Auswahl des Selektionskriteriums Mitarbeiterzahl als einzig praktikable Lösung.

Im Zuge der empirischen Datenerhebung wurden fünf Größenklassen von Unternehmen unterschieden, die sich grundsätzlich an den Kategorien der europäischen KMU-Statistik orientieren. Um die Vergleichbarkeit der erhobenen Daten auch mit Untersuchungsergebnissen des IfM Bonn zu gewährleisten, wurde eine weitere Kategorie eingefügt, die die maximale Mitarbeiterzahl auf 499 begrenzt.

Graphik 5-3 zeigt die Zusammensetzung der erhobenen Stichprobe nach Unternehmensgrößenklassen. Daraus ergibt sich, dass – das quantitative Mitarbeiterkriterium des IfM Bonn zugrunde gelegt – 90% der befragten Unterneh-

---

[31] Vgl. hierzu die Ausführungen in Abschnitt 2.1.1.

men dem Mittelstand angehören. Laut der enger gefassten Definition der Europäischen Union sind es 83% der Sample-Unternehmen.

Graphik 5-3 Zusammensetzung der Nettostichprobe nach Größenklassen

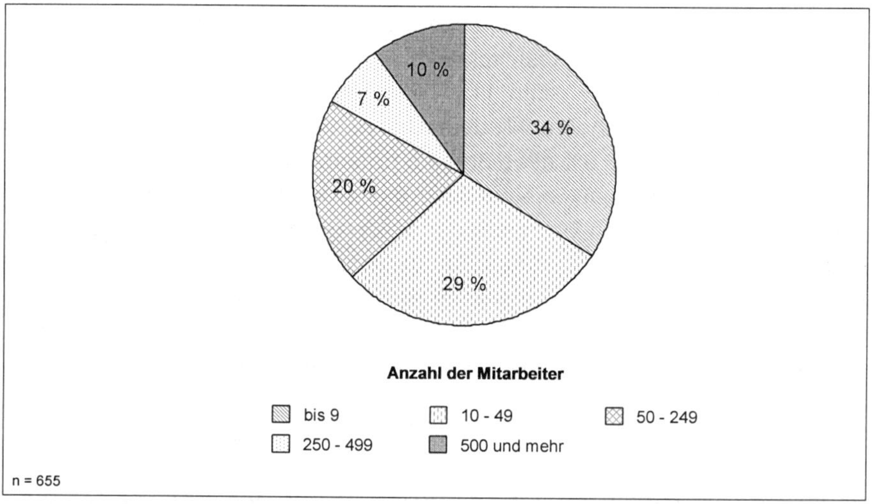

Diese Zahlen machen deutlich, dass die Struktur der Nettostichprobe nicht den exakten Aufbau der Gesamtwirtschaft nach Unternehmensgrößenklassen abbildet. Grundgesamtheit der Untersuchung war aber auch nicht die Gesamtwirtschaft, sondern vielmehr deutsche Unternehmen, die international tätig sind oder potenziell international tätig werden könnten. Insbesondere sollten Unternehmen befragt werden, die die deutsche Außenwirtschaftsförderung bereits genutzt haben. Wie die bereits zitierten Daten der Förderträger zeigen, liegt der Anteil der kleinen und mittleren Unternehmen in dieser Zielgruppe niedriger als in der Gesamtwirtschaft, so dass die Nettostichprobe die Struktur der Grundgesamtheit recht gut widerspiegelt. Ferner erweist sich im Zuge einer empirischen Untersuchung die Gesamtverteilung als weniger wichtig. Es gilt vielmehr sicherzustellen, dass alle Größenklassen ausreichend stark besetzt sind, um beispielsweise mögliche Größeneffekte analysieren zu können. In der vorliegenden Untersuchung ist aufgrund der prozentualen Übergewichtung die zahlenmäßig am wenigsten stark vertretene Unternehmensgrößenklasse (250-499 Mitarbeiter) mit 47 Unternehmen besetzt.

Hinsichtlich der Beschäftigungsentwicklung ist festzustellen, dass 34% der befragten Unternehmen in den untersuchten Jahren 2002 bis 2004 die Anzahl ihrer Mitarbeiter erhöhten. Im gleichen Zeitraum haben 31% der Unternehmen Beschäftigung abgebaut. 35% hielten den Beschäftigungsstand 2004 auf dem

Niveau der beiden Vorjahre. Eine Differenzierung nach Unternehmensgrößenklassen zeigt, dass Großunternehmen mit 500 und mehr Mitarbeitern dabei signifikant häufiger Stellen abgebaut haben (49%) als kleine und mittlere Unternehmen mit weniger als 500 Mitarbeitern (durchschnittlich 29%). Diese Ergebnisse bestätigen zumindest für die Unternehmen des Samples die so genannte Mittelstandshypothese wie sie in Abschnitt 2.2.2 thematisiert wurde, wonach Großunternehmen Arbeitsstellen langfristig tendenziell abbauen, kleine und mittlere Unternehmen hingegen neue Beschäftigungsmöglichkeiten schaffen beziehungsweise stabilisierend auf den Arbeitsmarkt wirken.[32]

Graphik 5-4 Veränderung des Personalbestands nach Größenklassen

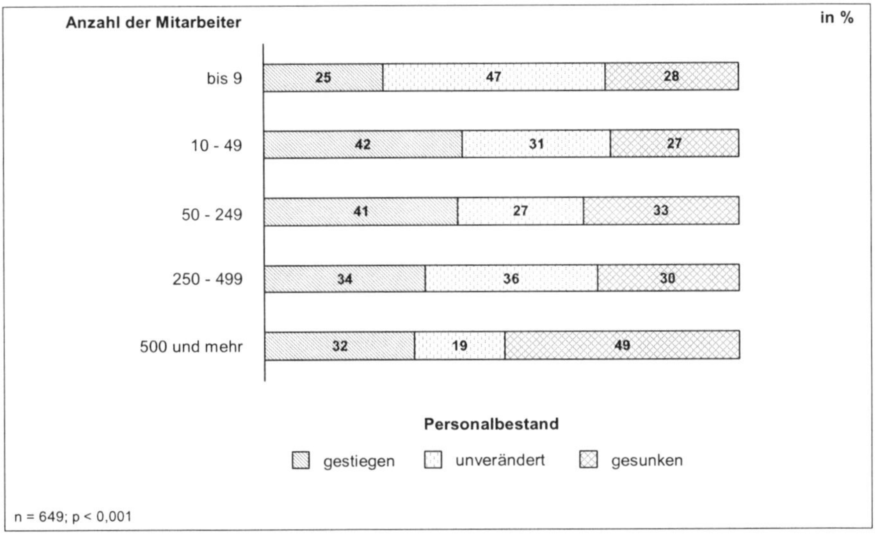

44% der befragten Unternehmen gehören dem Verarbeitenden Gewerbe an, weitere 29% dem privaten Dienstleistungssektor. 11% der Befragten sind Handelsunternehmen, weitere 6% Handwerksbetriebe. Unternehmen aus sonstigen Branchen machen 10% der Nettostichprobe aus. Da sich diese Branchenklassen für eine differenzierte Analyse als nicht ausreichend besetzt erweisen, werden sie in der weiteren Betrachtung nicht weiter berücksichtigt.

88% der befragten Unternehmen unterhalten aktuell geschäftliche Beziehungen mit dem Ausland. 7% planen, in den kommenden zwei Jahren im Auslandsgeschäft aktiv zu werden. Eine Differenzierung nach unterschiedlichen möglichen Internationalisierungsformen zeigt, dass drei Viertel der auslands-

---

[32] Das Signifikanzniveau p kann drei Werte annehmen: $p \leq 0{,}05$ (signifikant); $p \leq 0{,}01$ (sehr signifikant); $p \leq 0{,}001$ (höchst signifikant). Zur allgemeinen Beschäftigungsentwicklung im Mittelstand siehe KfW Bankengruppe 2005a, S. 17 ff.

aktiven Sample-Unternehmen exportieren (74%), knapp die Hälfte importiert Waren oder Dienstleistungen. Mit 23% verfügt rund ein Viertel der befragten Unternehmen über eigene 100%ige Vertriebs- oder Servicestätten, 14% besitzen eigene 100%ige Produktionsstätten im Ausland.

Graphik 5-5 Geschäftliche Beziehungen mit dem Ausland

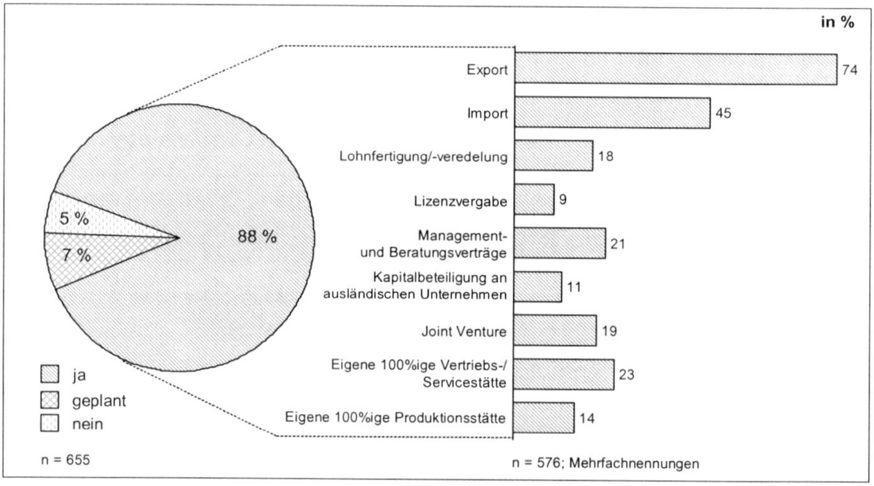

Der durchschnittliche Auslandsumsatz am Gesamtumsatz der befragten auslandsaktiven Unternehmen ist von 34% im Jahr 2002 über 36% im Jahr 2003 auf 38% im Jahr 2004 kontinuierlich gestiegen. Eine Differenzierung nach Unternehmensgröße zeigt, dass große Unternehmen mit 500 und mehr Mitarbeitern mit 43% im Jahr 2002 sowie je 44% in den Jahren 2003 und 2004 jeweils deutlich über dem Durchschnitt liegen, aber im Vergleich zu den anderen Größenklassen eine unterdurchschnittliche Steigerungsrate aufweisen. Ein Vergleich dieser Ergebnisse mit den Referenzwerten, die vom IfM Bonn auf der Grundlage einer Sonderauswertung der statistischen Landesämter sowohl für die Gesamtwirtschaft als auch das Verarbeitende Gewerbe berechnet wurden, zeigt, dass die Durchschnittswerte der Stichproben-Unternehmen für alle Unternehmensgrößenklassen deutlich über den Vergleichszahlen liegen.[33] Dagegen ist der Wert für 2004 exakt deckungsgleich mit den Ergebnissen der bundesweiten Umfrage des DIHK und der Steinbeis-Hochschule Berlin, an der sich knapp 4.400 im Ausland aktive deutsche Unternehmen beteiligt haben.[34]
Diese Feststellung nimmt bereits die nächsten Untersuchungsergebnisse vorweg: Rund die Hälfte der befragten Unternehmen gibt an, dass nach ihrer Auf-

[33] Vgl. Kokalj; Wolff 2001, S. 6; Kay; Kranzusch 2004, S. 9 f.
[34] Vgl. Lau; Zywietz; Faix 2005, S. 61.

fassung ihr Internationalisierungsgrad über dem Branchendurchschnitt liegt (46%). 30% sehen ihr eigenes Unternehmen im Branchendurchschnitt angesiedelt, wohingegen ein Viertel sich unter dem Branchendurchschnitt einordnet (24%). Eine differenzierte Analyse lässt erkennen, dass ein signifikanter Zusammenhang zwischen der Unternehmensgröße und der Einschätzung des eigenen Internationalisierungsgrades besteht, wobei Großunternehmen mit 500 und mehr Mitarbeitern nach eigenem Ermessen häufiger über dem Branchendurchschnitt liegen als kleine und mittlere Unternehmen.

Graphik 5-6 Einschätzung des eigenen Internationalisierungsgrads nach Größenklassen

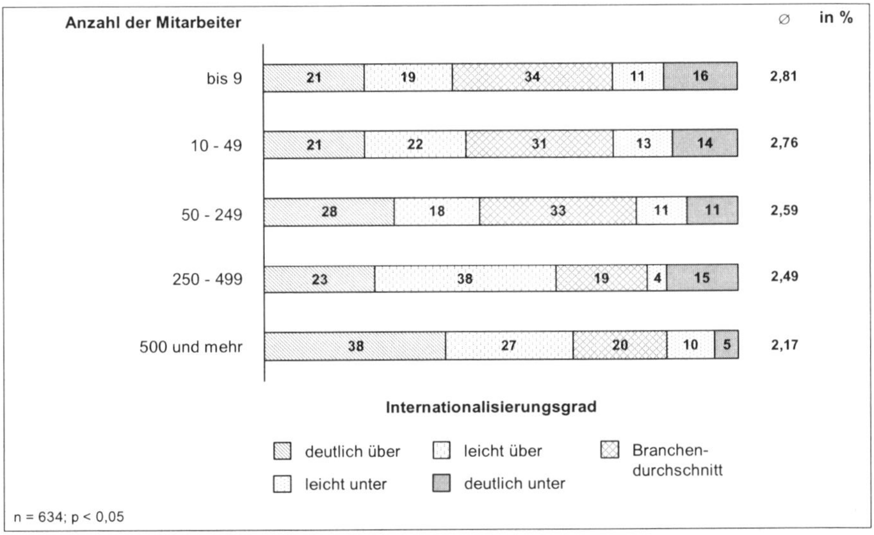

Die Untersuchungsergebnisse machen deutlich, dass ein höchst signifikanter Zusammenhang zwischen der Unternehmensgröße und der Existenz einer Abteilung oder Stabsstelle im Unternehmen besteht, die sich speziell mit Fragen der Außenwirtschaft befasst.[35] Eine sehr signifikante Korrelation zeigt sich auch zwischen dem Anteil des Auslandsumsatzes am Gesamtumsatz und dem Bestehen einer solchen Auslandsabteilung.

Insgesamt verfügen 36% der befragten Unternehmen über eine spezielle Abteilung oder Stabsstelle für ihr Auslandsgeschäft. Weitere 5% der befragten Unternehmen planen, in den kommenden zwei Jahren eine solche spezielle Auslandsabteilung zu gründen. In der Gruppe der befragten Unternehmen mit weniger als 10% Auslandsumsatz hat lediglich ein Viertel der Unternehmen

[35] Siehe hierzu Graphik 5-14 auf S. 208.

eine spezielle Auslandsabteilung eingerichtet (26%), wohingegen es bei den befragten Unternehmen mit 75% und mehr Auslandsumsatz mehr als die Hälfte sind (55%).

Graphik 5-7 Anteil des Auslandsumsatzes am Gesamtumsatz 2004 in Abhängigkeit der Existenz einer Auslandsabteilung

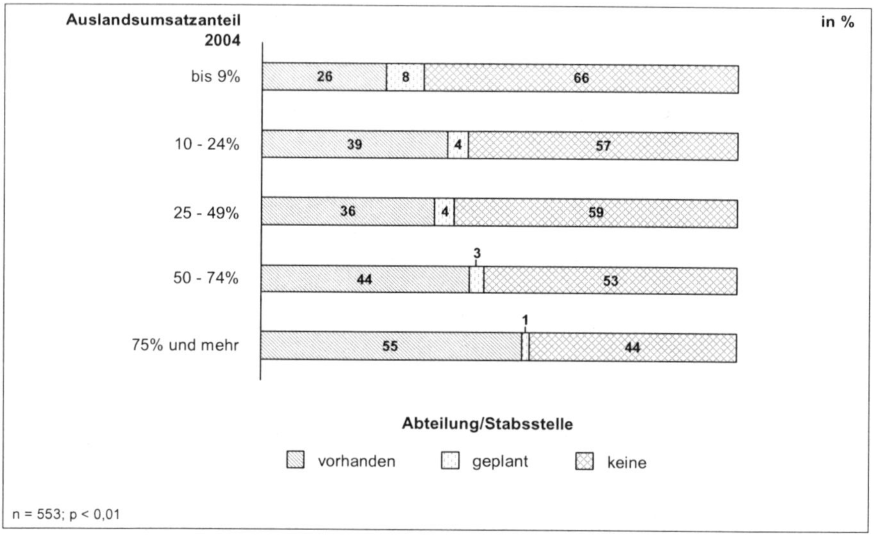

5.1.4 Inhaltsanalytische Datenauswertung und Interviews

In die inhaltsanalytische Datenauswertung wurden 327 allgemein zugängliche Parlamentaria (Drucksachen, Plenarprotokolle, Ausschussprotokolle und Vorlagen) des Deutschen Bundestages, des Deutschen Bundesrates sowie aller deutschen Landesparlamente seit Mitte der siebziger Jahre bis 2005 einbezogen, die im weitesten Sinne Themen behandeln, die im Zusammenhang mit der Außenwirtschaftsförderung stehen. Ferner wurden im Zuge der inhaltsanalytischen Dokumentenanalyse 316 themenrelevante Zeitungs- und Zeitschriftenartikel ausgewertet.

Ergänzend dazu wurden mit beteiligten Akteuren Interviews geführt, um die empirischen Ergebnisse in einen größeren Rahmen einordnen zu können und interessante Einzelaspekte zu erfahren. Nicht zuletzt dienten die Interviews auch der Überprüfung.

Im Zuge der inhaltsanalytischen Auswertung und der Hintergrundgespräche wurde deutlich, dass sich die Streitpunkte sowie die grundsätzlichen Positionen der einzelnen Akteure in den letzten Jahrzehnten kaum geändert haben.[36] Zur Darstellung und Illustration der einzelnen Standpunkte erweisen sich daher Zitate aus den in die inhaltsanalytische Datenauswertung einbezogenen Quellen aus den vergangenen drei Jahrzehnten als sehr gut geeignet.

5.2 Nutzung und Beurteilung der Außenwirtschaftsförderung

5.2.1 Bestandsaufnahme

Fast die Hälfte der befragten Unternehmen (46%) hat bereits Maßnahmen der Außenwirtschaftsförderung in Anspruch genommen.

Graphik 5-8 Nutzung der Außenwirtschaftsförderung nach Größenklassen

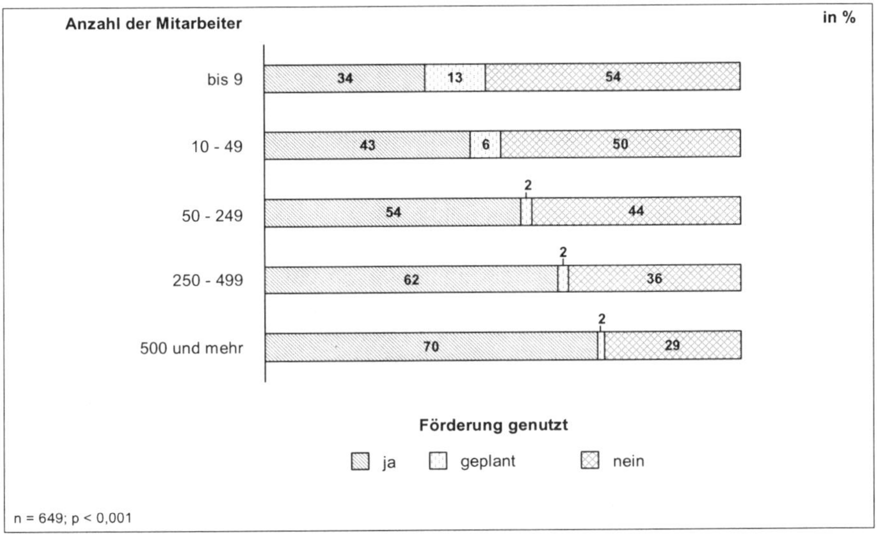

Graphik 5-8 zeigt, dass ein höchst signifikanter Zusammenhang zwischen der Unternehmensgröße und der Nutzung von Maßnahmen der Außenwirtschaftsförderung besteht. Während lediglich ein Drittel der befragten Unternehmen mit weniger als zehn Mitarbeitern bereits eine Maßnahme der Außenwirtschaftsförderung in Anspruch genommen hat (34%), wurde die Außenwirtschaftsförderung von mehr als zwei Dritteln der befragten Großunternehmen genutzt (70%).

Dieses Ergebnis entspricht auch dem Befund mehrerer anderer Untersuchungen wie beispielsweise der Studie des DIHK und der Steinbeis-Hochschule Berlin, an der knapp 4.400 im Ausland aktive Unternehmen teilgenommen ha-

[36] Siehe hierzu auch Schultes 2003, S. 50 f.

ben. Auch im Rahmen dieser Untersuchung, in deren Mittelpunkt nicht die Außenwirtschaftsförderung stand, zeigte sich unter den insgesamt 12,6% der befragten Unternehmen, die Fördermittel beantragt oder genutzt haben, ein erheblicher Unterschied zwischen den einzelnen Größenklassen. Während ein Viertel der Großunternehmen bereits Fördermittel beantragt oder in Anspruch genommen hat, ist es in der Gruppe der kleinen und mittelständischen Unternehmen lediglich rund ein Achtel.[37] Ebenso kommen Werner G. Faix, Tassilo Zywietz und Annette Schulten bei ihrer empirischen Untersuchung zu dem Schluss: „je größer das Unternehmen also ist, desto eher beantragt es Fördermittel", und „die Fördermittel werden hauptsächlich von großen Unternehmen/Konzernen abgeschöpft"[38].
Diese Ergebnisse sind zum einen sehr bemerkenswert, da viele Programme laut ihrer Richtlinien ausdrücklich nur für kleine und mittlere Unternehmen zugänglich sind. Zum anderen widersprechen sie auch der Einschätzung der wirtschaftspolitischen Entscheidungsträger. So räumt die Bundesregierung zwar ein, über keine genauen Daten zu verfügen, geht aber dennoch davon aus, dass die Maßnahmen die Zielgruppe erreichen.

> Hierbei ist statistisch nicht eindeutig erfassbar, in welchem Umfang Großunternehmen einerseits und kleine und mittlere Unternehmen andererseits hiervon [finanzielle staatliche Mittel] profitieren. Angesichts der Tatsache, dass die deutsche Exportwirtschaft ganz überwiegend mittelständig strukturiert ist, geht die Bundesregierung allerdings davon aus, dass kleine und mittlere Unternehmen die Hauptnutznießer dieser Förderung sind.[39]

Dies hat sich vor dem Hintergrund der empirischen Ergebnisse nur bedingt bewahrheitet. Vielmehr kann festgehalten werden, dass das derzeitige Fördersystem zu einer nicht beabsichtigten Selektion führt, indem es systematisch dieses politisch unerwünschte Ergebnis produziert.

Eine Betrachtung des Verhältnisses zwischen dem Anteil des Auslandsumsatzes am Gesamtumsatz des jeweiligen Unternehmens und der Nutzung der Maßnahmen der Außenwirtschaftsförderung zeigt, dass dieser sich in allen Jahren des Untersuchungszeitraums als sehr signifikant erweist. Während le-

---

[37] Vgl. Lau; Zywietz; Faix 2005, S. 40. Die Autoren definieren kleine und mittelständische Unternehmen bis zu einem Jahresumsatz von 10 Millionen Euro und Großunternehmen ab 50 Millionen Euro. Vgl. Lau; Zywietz; Faix 2005, S. 10. Zu grundsätzlich gleichen Ergebnissen kommen auch Fieten; Friedrich; Lageman 1997, S. 391; Faix; Zywietz; Schulten 2003, S. 53.

[38] Faix; Zywietz; Schulten 2003, S. 53.

[39] Deutscher Bundestag Drucksache 14/3174 vom 11. April 2000, S. 4.

diglich ein Drittel der befragten Unternehmen, die 2004 weniger als 10% ihres Umsatzes im Ausland erwirtschaftet haben, bereits Fördermaßnahmen im Bereich der Außenwirtschaft genutzt hat (33%), sind es in der Gruppe der Unternehmen, die 75% und mehr ihres Umsatzes im Ausland erzielen, rund zwei Drittel (63%).
Als sehr signifikant erweist sich auch die Wechselbeziehung zwischen der Einschätzung des eigenen Internationalisierungsgrades und der bisherigen Nutzung von Maßnahmen der Außenwirtschaftsförderung. Nahezu zwei Drittel der Unternehmen, deren internationales Engagement nach eigenem Bekunden deutlich über dem Branchendurchschnitt liegt, haben Außenwirtschaftsfördermaßnahmen bereits genutzt (61%), aber lediglich ein Drittel, deren Internationalisierungsgrad nach eigener Einschätzung unter dem Durchschnitt liegt (33% bzw. 38%).

Ferner werden im Zuge einer genaueren Analyse signifikante regionale Unterschiede hinsichtlich der Nutzung von Maßnahmen der Außenwirtschaftsförderung deutlich.

Graphik 5-9 Nutzung der Außenwirtschaftsförderung nach Firmensitz

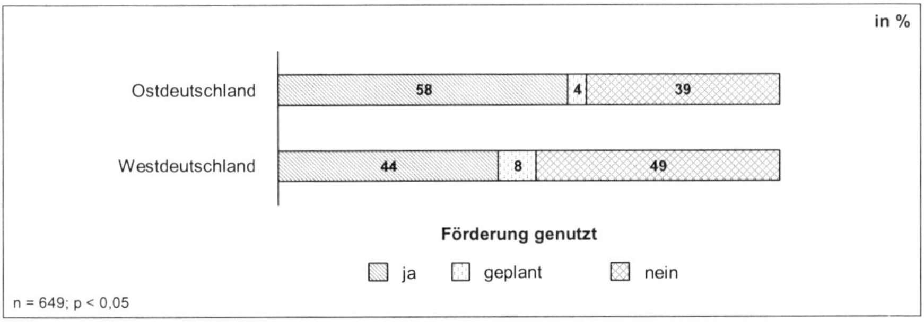

Während durchschnittlich 44% der befragten Unternehmen, die ihren Hauptsitz in den alten Bundesländern haben, bisher Außenwirtschaftsfördermaßnahmen in Anspruch genommen haben, liegt der Anteil bei den Unternehmen aus den neuen Ländern einschließlich Berlins bei 58%. Dieser Zusammenhang bestätigt sich für alle Unternehmensgrößenklassen und entspricht auch dem Ergebnis der Studie des DIHK und der Steinbeis-Hochschule Berlin.[40]

[40] Während in den neuen Ländern 25% der Unternehmen bereits Fördermittel beantragt oder in Anspruch genommen haben, sind es lediglich rund 10% aus den alten Ländern. Vgl. Lau; Zywietz; Faix 2005, S. 40. Der Befund steht auch im Einklang mit dem aktuellen Subventionsbericht des Instituts für Weltwirtschaft Kiel (IfW) vom August 2005. Demnach gewährten die westdeutschen Flächenländer 2004 Subventionen in Höhe von 2,4% des BIP, während die Subventionsquote in den ostdeutschen Flächenländern bei 6,1% lag. Vgl. Rosenschon 2005, S. 15.

Explorative Interviews, die in Ergänzung zur standardisierten Erhebung geführt wurden, lieferten einen Hinweis darauf, dass ein Teil der Befragten Maßnahmen und Instrumente, die nicht mit einer monetären Förderung verbunden sind, eventuell nicht als Teil der staatlichen Außenwirtschaftsförderung betrachten, so dass die Zahl der Unternehmen, die staatliche Außenwirtschaftsförderung in Anspruch genommen haben, unterschätzt werden dürfte.[41]

Graphik 5-10 Bewertung der Außenwirtschaftsförderung nach Größenklassen

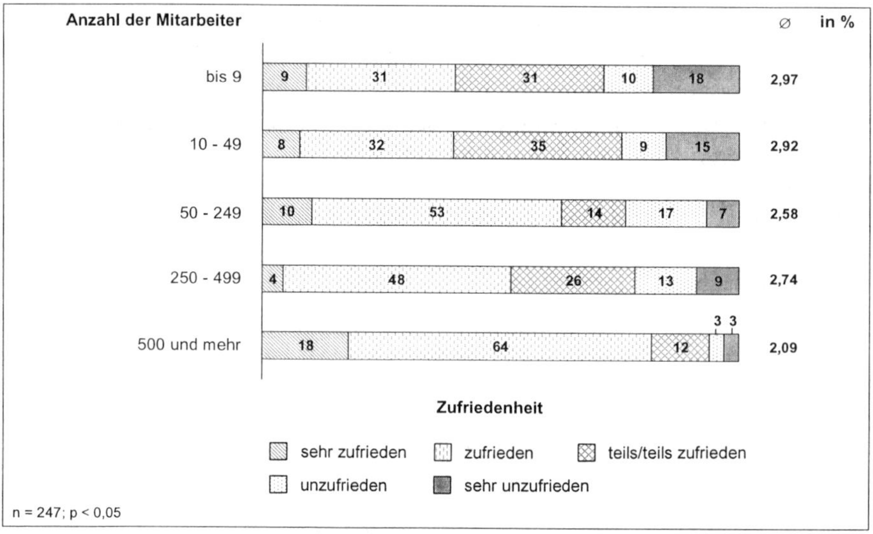

Die befragten Unternehmen, die bereits im Bereich der Außenwirtschaft gefördert wurden, bewerten die Dienstleistungen der Außenwirtschaftsförderung auf einer Skala von 1 (sehr zufrieden) bis 5 (unzufrieden) insgesamt mit 2,72. Im Zuge einer eingehenderen Analyse wird deutlich, dass ein sehr signifikanter Zusammenhang zwischen der Unternehmensgröße und der Zufriedenheit des jeweiligen Unternehmens mit den Dienstleistungen der Außenwirtschaftsförderung besteht. Danach zeigen sich Großunternehmen bedeutend häufiger mit der Außenwirtschaftsförderung zufrieden oder sehr zufrieden als kleine und mittlere Unternehmen: Während Unternehmen mit weniger als 50 Mitarbeitern die Dienstleistungen lediglich mit 2,97 bewerten, vergeben die Unternehmen mit mehr als 499 Mitarbeitern mit durchschnittlich 2,09 eine deutlich bessere Note. Dieses auf die Zufriedenheit mit dem gesamten Fördersystem bezogene Ergebnis bestätigt für die Industrie eine Studie des IfM Bonn auch im Hinblick

---

[41] Vgl. zu ähnlichen Phänomenen in anderen Bereichen Noelle-Neumann; Petersen 2005, S. 583.

auf die Beurteilung der Beratungsleistung einzelner Institutionen im Bereich der Außenwirtschaft. Wie Graphik 5-11 zeigt, bewerten große Unternehmen die Dienstleistungen sämtlicher Förderträger durchgängig besser als kleine und mittlere Unternehmen. Darüber hinaus schätzen laut einer weiteren Untersuchung des IfM Bonn Großunternehmen mit 500 und mehr Mitarbeitern den Nutzen der Außenwirtschaftsoffensive der Bundesregierung im Rahmen der Mittelstandsoffensive *pro mittelstand* höchst signifikant häufiger hoch ein als kleine und mittlere Industrieunternehmen mit weniger als 500 Mitarbeitern.[42]

Graphik 5-11 Bewertung der Förderträger nach Größenklassen

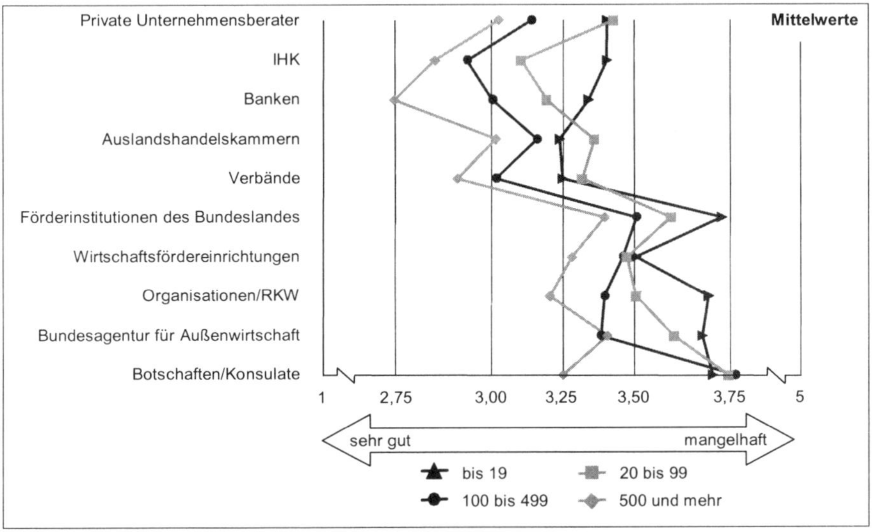

Quelle: Sonderauswertung Kayser; Wallau 2003; leicht geänderte Darstellung.

Diese Ergebnisse erweisen sich als besonders bedenklich, da alle staatlichen Ebenen betonen, kleine und mittlere Unternehmen seien die Hauptzielgruppe der Fördermaßnahmen im Bereich der Außenwirtschaft.

Befragt danach, ob durch die Inanspruchnahme der Außenwirtschaftsförderung ein messbarer wirtschaftlicher Erfolg eingetreten sei, geben 29% der geförderten Unternehmen an, dass die staatliche Förderung keine Wirkung gezeigt habe. Für ein weiteres Fünftel der befragten Unternehmen hat die Außenwirtschaftsförderung lediglich dazu geführt, dass die Auslandsaktivitäten günstiger finanziert werden konnten (19%). Ungefähr gleich viele Unternehmen (21%) verweisen darauf, dass es aufgrund der Förderung möglich war,

[42] Vgl. Kayser; Wallau; Adenäuer 2005, S. 15.

das geplante Auslandsengagement schneller zu realisieren. Aber nur in 16% der Fälle hat die Förderung dazu geführt, dass ein Unternehmen auf ausländischen Märkten tätig wurde, das dies ohne die staatliche Unterstützung nicht getan hätte, beziehungsweise wurde dieses Auslandsengagement in größerem Umfang ermöglicht (14%). Dabei zeigt eine nähere Betrachtung bei keiner der zur Auswahl stehenden Erfolgskriterien einen signifikanten Zusammenhang zwischen der Erfolgsbeurteilung der Außenwirtschaftsförderung und der Unternehmensgröße. Auch wenn auf der Basis dieser Untersuchungsmethode die im Rahmen der Förderung auftretende absolute Höhe der Mitnahmeeffekte nicht exakt bestimmt werden kann, so deuten diese Befunde jedoch dennoch auf eine relativ hohe Anfälligkeit der Außenwirtschaftsförderung für Mitnahmeeffekte hin.[43]

Graphik 5-12 Wirtschaftlicher Erfolg der Außenwirtschaftsförderung

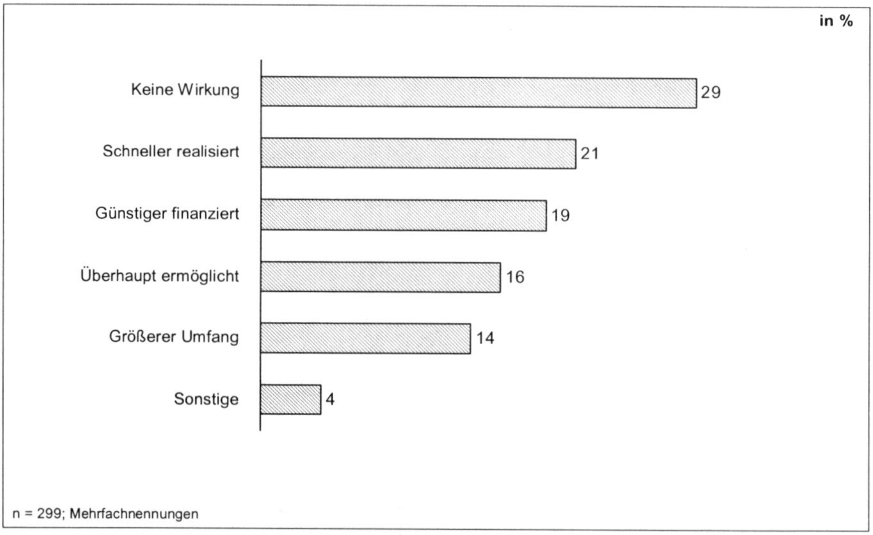

Zu einer ähnlichen Einschätzung kommt auch das Gutachten der Bosten Consulting Group im Auftrag der Berliner Senatsverwaltung. Dort heißt es im Zuge der Beurteilung des Programms *Neue Märkte erschließen*: „Der Indikator für Mitnahmeeffekte liegt hier mit über 50% sehr hoch.“[44]

Für Mitnahmeneffekte besonders anfällig sind nach Einschätzung der Gutachter vor allem die Instrumente und Maßnahmen, die mit nicht rückzahlbaren Zu-

[43] Zu so genannten Mitnahmeeffekten kommt es, wenn Unternehmen Beihilfen oder andere finanzielle Anreize für Aktivitäten in Anspruch nehmen, die sie auch ohne den zusätzlichen staatlichen Anreiz unternommen hätten.

[44] Boston Consulting Group 2004, S. 47.

schüssen arbeiten. Daher wird den Förderträgern empfohlen, in Zukunft verstärkt Darlehen oder Beteiligungen als Förderinstrumente einzusetzen. Dadurch würde nicht nur die Gefahr verringert, dass es zu Mitnahmeeffekten kommt, sondern es käme aufgrund der Rückzahlungspflicht auch zu finanziellen Zuflüssen, die in einen revolvierenden Fonds fließen könnten.[45] Dabei könnte die Förderung etwa in Anlehnung an das Bundesausbildungsförderungsgesetz in Form von verzinslichen oder unverzinslichen Staatsdarlehen gewährt werden.

5.2.2 Auswirkungen des aktuellen Fördersystems

Über alle Branchen hinweg vertritt eine große Mehrheit der befragten Unternehmen die Auffassung, dass das derzeitige Fördersystem Großunternehmen im Vergleich zum Mittelstand bevorzugt.

Graphik 5-13 Benachteiligung mittelständischer Unternehmen durch das Fördersystem

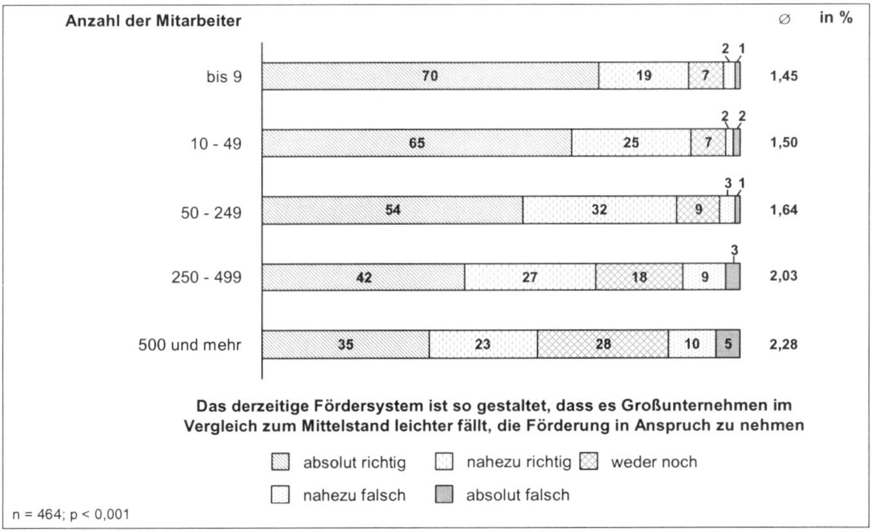

Zwei Drittel aller befragten Unternehmen (65%) teilen diese Meinung (Mittelwert: 1,62[46]). Eine differenzierte Analyse nach Unternehmensgrößenklassen zeigt, dass kleine und mittlere Unternehmen mit weniger als 250 Mitarbeitern dieser Einschätzung höchst signifikant häufiger zustimmen (69%; Mittelwert: 1,51), aber auch in der Gruppe der Großunternehmen mit über 499 Mitarbeitern vertreten 40% der Befragten diese Ansicht (Mittelwert: 2,28).

[45] Vgl. Boston Consulting Group 2004, S. 5.

[46] Die Mittelwerte beziehen sich auf eine Skala von 1 (Absolut richtig) bis 5 (Absolut falsch).

Ferner wird deutlich, dass Unternehmen, die die Förderung bisher nicht in Anspruch genommen haben, die Benachteiligung signifikant höher einschätzen (Mittelwert: 1,48) als Unternehmen, die die Förderung bereits genutzt haben (Mittelwert: 1,73).

Dass es Großunternehmen im Vergleich zum Mittelstand leichter fällt, die Förderung in Anspruch zu nehmen, wird auf die derzeitige Ausgestaltung des Fördersystems zurückgeführt. So konstatiert etwa ein kleines Unternehmen aus der IT-Branche, das sich an der Umfrage beteiligt hat: „Großunternehmen haben in diesem Bereich einen Vorteil, da sie über Abteilungen verfügen, die sich mit den Programmen eingehend beschäftigen können. Hierzu fehlen uns schlichtweg die Kapazitäten."[47]

Graphik 5-14 Existenz einer Auslandsabteilung nach Größenklasse

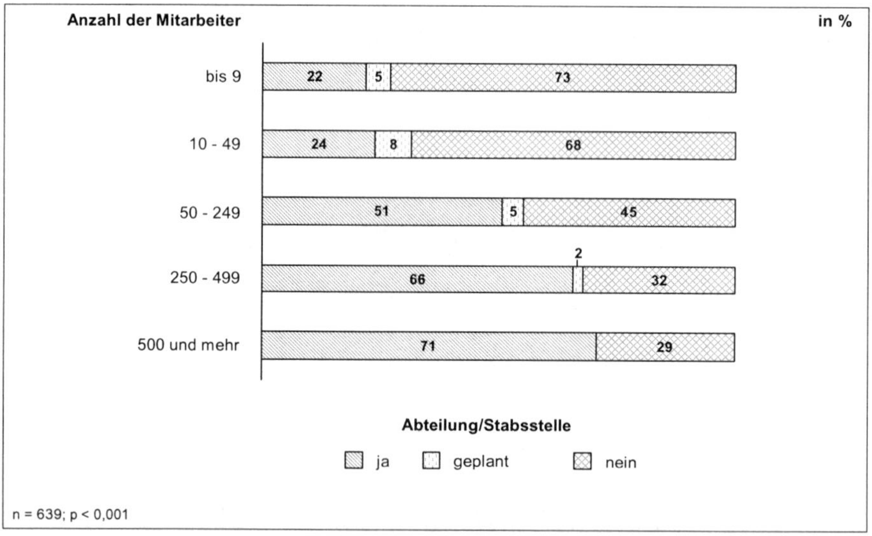

In der Tat scheinen die Ergebnisse der Umfrage die These des Unternehmens zu bestätigen. So macht Graphik 5-14 deutlich, dass es einen höchst signifikanten Zusammenhang zwischen der Unternehmensgröße und der Existenz einer Abteilung oder Stabsstelle im Unternehmen gibt, die sich speziell mit Fragen der Außenwirtschaft befasst. Während weniger als ein Viertel der befragten Unternehmen mit weniger als zehn Mitarbeitern über eine solche Abteilung verfügt (22%), sind es bei den befragten Großunternehmen mit 500 und mehr Mitarbeitern fast drei Viertel (71%). Darüber hinaus suchen die befragten Unternehmen, die über eine spezielle Auslandsabteilung verfügen, höchst sig-

[47] Ähnlich bereits Sachverständigenkommission 1982, S. 29.

nifikant häufiger systematisch nach Möglichkeiten, Maßnahmen der Außenwirtschaftsförderung in Anspruch zu nehmen (57%) als Unternehmen ohne eine solche Abteilung (30%).

Graphik 5-15 Systematische Suche nach Fördermöglichkeiten in Abhängigkeit der Existenz einer Auslandsabteilung

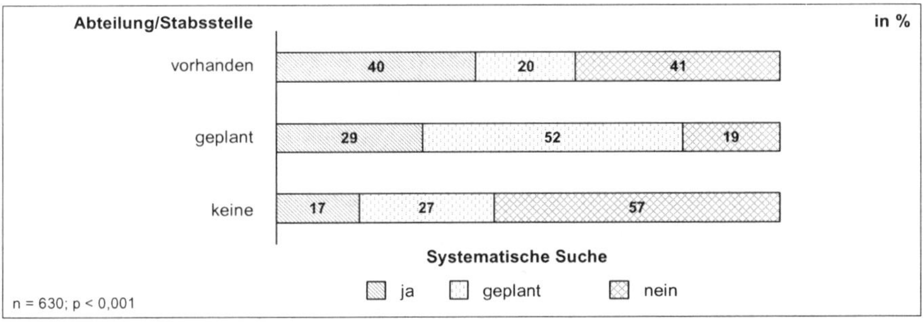

Ferner lässt die Analyse eine höchst signifikante Korrelation zwischen der Existenz einer speziellen Auslandsabteilung und der bisherigen Nutzung der Außenwirtschaftsförderung erkennbar werden: Nur 34% der Unternehmen ohne Auslandsabteilung haben bisher Außenwirtschaftsförderung erhalten. 44% der Unternehmen, die in den nächsten zwei Jahren planen eine spezielle Auslandsabteilung zu schaffen, möchten im selben Zeitraum auch zum ersten Mal eine Fördermaßnahme im Bereich der Außenwirtschaft in Anspruch nehmen. Zwei Drittel der Unternehmen mit Auslandsabteilung wurden bereits gefördert (67%).

Graphik 5-16 Nutzung der Außenwirtschaftsförderung in Abhängigkeit der Existenz einer Auslandsabteilung

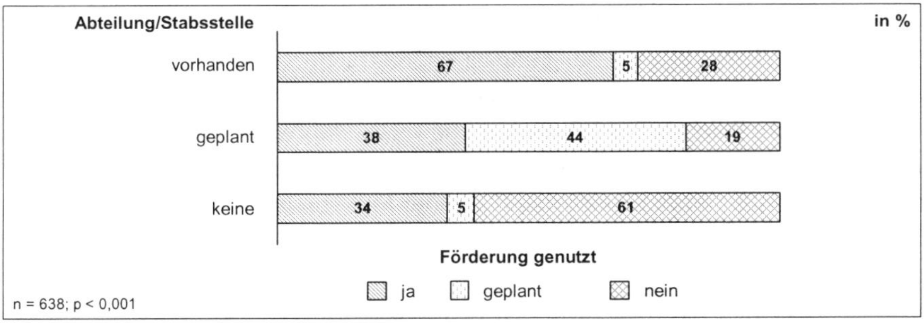

Im Gegensatz zu den bisherigen Ergebnissen ist innerhalb der Gruppe der Unternehmen mit einer speziellen Auslandsabteilung weder ein signifikanter Zusammenhang zwischen der Unternehmensgröße und der systematischen Suche zum Thema Außenwirtschaftsförderung noch der bisherigen Nutzung von Fördermaßnahmen festzustellen.

Das Ergebnis zeigt, dass unabhängig von der Unternehmensgröße die Existenz einer Auslandsabteilung einen sehr großen Einfluss auf die Nutzung der Außenwirtschaftsförderung hat, da sich die Spezialisten innerhalb der Unternehmen eingehend mit der Materie beschäftigen können. Da Großunternehmen jedoch aufgrund ihrer größeren finanziellen und personellen Ressourcen signifikant häufiger über eine Auslandsabteilung verfügen, sind sie entsprechend auch bei der Nutzung der Außenwirtschaftsförderung im Vorteil.
Obwohl es ein erklärtes Ziel der staatlichen Außenwirtschaftsförderung ist, die größenspezifischen Nachteile der mittelständischen Unternehmen bei der Erschließung internationaler Märkte gezielt zu verringern, machen die Ergebnisse der Untersuchung deutlich, dass genau aufgrund dieser strukturellen Probleme, die es eigentlich auszugleichen gilt, das vielfältige Förderangebot für viele kleine und mittlere Unternehmen kaum zu überblicken ist. Vielmehr setzt die derzeitige Ausgestaltung des Fördersystems unternehmensinterne Kapazitäten und Know-how voraus, über die kleine und mittlere Unternehmen typischerweise eben nicht verfügen. Daher empfinden viele mittelständische Unternehmen die Fördermöglichkeiten für sich auch als nur schwer nutzbar. Ein mittelständischer Unternehmer beschreibt das Problem aus seiner Sicht wie folgt: „Die Institutionen kommen nicht auf uns Unternehmer zu, um über ihr Angebot zu informieren, daher muss man sich um alles selbst kümmern."
Um diesen Umstand zu ändern und auch Unternehmen stärker einbeziehen zu können, die nicht über eigene unternehmensinterne Kapazitäten verfügen, müsste die Arbeitsweise der Förderinstitutionen geändert werden. Das heißt, die förderbedürftigen Unternehmen müssten von den Förderträgern aktiv angesprochen und unterstützt werden.[48] Dies ist vor dem Hintergrund der finanzpolitischen Situation der Förderinstitutionen in der Regel jedoch nicht im erforderlichen Umfang zu leisten. Darüber hinaus wäre ein solches Vorgehen ordnungspolitisch sehr kritisch zu hinterfragen, da durch die staatlichen Aktivitäten private Dienstleistungsanbieter in diesem Bereich verdrängt würden (*crowding out*). Somit bestätigt sich auch nach mehr als 20 Jahren der Befund der Sachverständigenkommission Exportförderung Baden-Württemberg: „Viele mittelständische Unternehmen ‚verdursten in einer Flut von Informationen'".[49]

Vor dem Hintergrund dieser Ergebnisse wird in den nächsten Abschnitten der Frage nachgegangen, inwieweit die föderale Ausgestaltung des Fördersystems die Ursache dafür ist, dass die Hauptzielgruppe der Maßnahmen, die kleinen und mittleren Unternehmen, bisher nur unzureichend erreicht wird.

[48] Vgl. hierzu bereits Fieten; Friedrich; Lageman 1997, S. 393 f.
[49] Sachverständigenkommission 1982, S. 29; ähnlich Landtag von Baden-Württemberg Drucksache 9/2033 vom 21. August 1985, S. 2.

Außerdem soll analysiert werden, wie das föderale Fördersystem dazu beitragen kann, dass die Unterstützung der definierten Zielgruppen in der Praxis besser gelingt.

5.3 Analyse einer rein zentralistischen Aufgabenwahrnehmung

5.3.1 Europäisierung der Außenwirtschaftsförderung

Auf der Grundlage der Überlegungen der ökonomischen Theorie des Föderalismus besteht dann die Notwendigkeit zur Zentralisierung von Förderaktivitäten, wenn die Fördermaßnahmen einer Gebietskörperschaft zu externen Effekten in anderen Regionen führen. Da es sich bei den Ländern der Bundesrepublik Deutschland um wirtschaftlich offene Systeme handelt, kommt zum Beispiel ein großer Teil der expansiven Wirkung einer regionalen Fördermaßnahme im Bereich der Außenwirtschaft auch anderen Bundesländern, die an der Finanzierung der Fördermaßnahme nicht beteiligt sind, zugute. Denn nur ein verhältnismäßig geringer Teil des neu geschaffenen verfügbaren Einkommens wird für Güter und Dienstleistungen aus dem gleichen Wirtschaftsraum ausgegeben. Aufgrund dieser Spillover-Effekte sollten Förderaktivitäten auf eine höhere staatliche Ebene verlagert werden, bei der eine möglichst vollständige räumliche Übereinstimmung zwischen dem Kreis der Nutznießer und dem Kreis der Kostenträger möglich ist.[50]
Nicht zuletzt vor diesem Hintergrund konstatiert exemplarisch das bayerische Staatsministerium für Wirtschaft, Verkehr und Technologie: „Die Zuständigkeit für die klassische Exportförderung liegt beim Bund",[51] und in einer Drucksache des Deutschen Bundestages wird darauf hingewiesen: „Nach der Kompetenzverteilung zwischen Bund und Ländern ist der Außenwirtschaftsbereich Aufgabe des Bundes."[52] Auch nach Ansicht der Spitzenverbände der Wirtschaft ist Außenwirtschaftsförderung „in allererster Linie Sache des Bundes". Daher müsse die Bundesregierung „ihre Rolle offensiver wahrnehmen".[53]
Spätestens seit der Verwirklichung des Europäischen Binnenmarktes zum 01. Januar 1993 sowie der Vollendung der Europäischen Wirtschafts- und Währungsunion mit der Einführung des Euro-Bargeldes am 01. Januar 2002 wachsen auch die Regionen und Nationalstaaten innerhalb der Europäischen Union wirtschaftlich immer enger zusammen, und das Gebiet der Europäischen Union entwickelt sich nach dem Vorbild der nationalen Märkte zunehmend zu ei-

---

[50] Vgl. Hennicke; Pay 1986, S. 11; ähnlich Oates 1977, S. 16; Apolte 1999, S. 6; Zimmermann; Henke 2001, S. 183 f.
[51] Bayerischer Landtag Drucksache 14/8451 vom 05. April 2001, S. 20.
[52] Deutscher Bundestag Drucksache 13/5754 vom 10. Oktober 1996, S. 2.
[53] o.V. 1996h, S. 17; ähnlich o.V. 1995g, S. 13.

nem in jeder Hinsicht integrierten Markt.[54] Während im Zuge der europäischen Integration die Handelspolitik auf die europäische Ebene verlagert wurde, liegt der Bereich der Außenwirtschaftsförderung weiterhin in der Kompetenz der Mitgliedstaaten.[55] Was eine stärkere Verlagerung dieses Politikfeldes auf die europäische Ebene betrifft, steht die Bundesregierung einer derartigen Zentralisierung skeptisch gegenüber:

> Die Zusammenlegung einzelner Teilgebiete der Außenwirtschaftsförderung mit den entsprechenden Stellen anderer EU-Mitgliedstaaten stößt schnell an Grenzen, da deutsche Firmen in der Regel in Konkurrenz zu Unternehmen aus anderen EU-Mitgliedstaaten stehen. Aus diesem Grunde kommt für sie nur eine Zusammenarbeit mit deutschen Stellen der Außenwirtschaftsförderung in Frage.[56]

Diese Position untermauert auch die Dachorganisation der deutschen Industrie- und Handelskammern, nach deren Überzeugung die Unternehmensinteressen in Staaten außerhalb der Europäischen Union auch weiterhin sehr stark regional und national geprägt sind. Darüber hinaus wünschten sich die Unternehmen im Ausland Ansprechpartner, die sie in ihrer jeweiligen Landessprache betreuen. Daher tritt der DIHK vehement dafür ein, dass die Außenwirtschaftsförderung in der Kompetenz der einzelnen Mitgliedstaaten verbleibt. Auch die unterschiedliche Ausgestaltung der Maßnahmen und Instrumente der einzelnen Mitgliedstaaten im Bereich der Außenwirtschaftsförderung führt nach Auffassung der Wirtschaftsvertreter nicht zu einem Handlungsbedarf auf europäischer Ebene, da ein Engagement der Europäischen Kommission nur zu Doppelarbeit und Doppelförderung führen würde. So wird beispielsweise befürchtet, dass die durch die Europäische Union geförderten so genannten European Business Organisations (EBO) mit den jeweiligen etablierten bilateralen Auslandshandelskammern in Konkurrenz treten könnten, ohne dass die dadurch entstehende Mehrbelastung für den Steuerzahler zu rechtfertigen wäre.[57]

Im Gegensatz dazu befürworten kleinere EU-Mitgliedstaaten, die nicht wie Deutschland, Großbritannien oder Frankreich ein eigenes weltweites Netz von Auslandshandelskammern unterhalten, den Aufbau eines europäischen Kammersystems.[58]

Nach den Vorstellungen der Europäischen Kommission soll mit den EBOs ein sich aus Mitgliedsbeiträgen und Sponsorengeldern finanzierendes globales

---

[54] Vgl. Scharpf 1999; Europäisches Parlament 2001, Abschnitt 3.1.0.
[55] Vgl. Lammers 1999, S. 12; Hoffmann 2005, S. 12.
[56] Deutscher Bundestag Drucksache 13/10300 vom 01. April 1998, S. 9.
[57] Vgl. hierzu bereits o.V. 1996g, S. 13; o.V. 1996h, S. 17.
[58] Vgl. Hoffmann 2005, S. 12.

Netzwerk entstehen, das sich gegenüber den Regierungen des jeweiligen Gastlandes für die Belange der europäischen Unternehmen einsetzt. Von den zunächst 25 geplanten europäischen Wirtschaftsvertretungen bestehen momentan 20.[59] Es wird jedoch kritisiert, dass die Europäischen Kammern nicht die Interessen aller Unternehmen gleichermaßen vertreten würden, sondern vor allem die Belange weniger Großunternehmen.[60] Daher setzt sich der DIHK dafür ein, dass die europäischen Einrichtungen nach dem Subsidiaritätsprizip nur ergänzend zu den bereits bestehenden bilateralen Kammern tätig werden dürfen.[61] Diese Statements machen deutlich, dass in Deutschland sowohl Politik als auch Wirtschaftsvertreter durch eine Zentralisierung der Außenwirtschaftsförderung auf der europäischen Ebene keine Erhöhung der ökonomischen Effizienz der Förderung oder eine damit verbundene mögliche Ausschöpfung von Rationalisierungspotenzialen erwarten. Aus wissenschaftlicher Perspektive untermauert der Politologe und Verwaltungswissenschaftler Arthur Benz diese Einschätzung, wenn er zusammenfassend feststellt:

> Es gibt inzwischen hinreichende Belege dafür, daß [...] politische Systeme [...] die durch die funktionale Differenzierung erzeugten Koordinationsprobleme nicht durch Zentralisierung bewältigen können, weil dies zur Überlastung der Leitungsebene führen würde.[62]

Exemplarisch zeigte sich dies im Bereich der Technologiepolitik. Dort hat die Europäische Union auf die Überforderung der Zentralinstanz mit einer Re-Dezentralisierung reagiert.[63] Für den Bereich der Außenwirtschaftsförderung bekräftigen auch einige der befragten Unternehmen diese Einschätzung. So merkte ein Unternehmen an: „Eine einzige zentrale Stelle hätte zu viele Anfragen, was lange Wartezeiten zur Folge hätte". Darüber hinaus erweisen sich die Bürokratie sowie das Antragsprozedere der bisherigen Förderprogramme der europäischen Ebene vor allem für mittelständische Unternehmen häufig als zu aufwendig. Außerdem dauert es oft lange, bis die Auszahlung der bewilligten Gelder erfolgt, so dass die Unternehmen vorfinanzieren müssen, was kleinen und mittleren Unternehmen in der Regel schwerer fällt als Großunternehmen.[64]

---

[59] Vgl. Hoffmann 2005, S. 1.
[60] Vgl. Hoffmann 2005, S. 12.
[61] Vgl. Deutscher Industrie- und Handelskammertag 2005c; o.V. 1996h, S. 17.
[62] Benz 1995, S. 186; ähnlich Scharpf 1993, S. 17.
[63] Vgl. Sturm 1991, S. 146; ähnlich Bühner 2004, S. 124.
[64] Vgl. Cichy 1996; Lang 1999, S. 108 f.; European Commission 2003; Schaeper; Rünker; Schulz 2004, S. 18. Die Europäische Kommission hat angekündigt, das Prozedere für die Vergabe EU-finanzierter Projekte 2006 grundlegend überarbeiten und vereinfachen zu wollen. So soll es unter anderem auch zu einer Vereinheitlichung der Antragsmodalitäten kommen. Aktuelle Informationen finden sich bei European Commission 2006b.

Hinsichtlich der Präferenzen der Wirtschaftssubjekte auf europäischer Ebene konstatiert Fritz W. Scharpf „sowohl in politisch-kultureller als auch in sozio-ökonomischer Hinsicht“[65] ein bedeutendes Maß an Heterogenität, weshalb die Aktivitäten der Europäischen Union „sparsam eingesetzt und auf die Entscheidungen beschränkt werden [sollten], die allein auf der europäischen Ebene getroffen werden können“[66]. Darüber hinaus ist festzustellen, dass durch die Finanzierung des EU-Haushaltes mittels des Systems der Eigenmittel auf der Einnahmeseite das Prinzip der fiskalischen Äquivalenz nicht realisiert wird. Verbunden mit den vielschichtigen und komplexen Entscheidungsstrukturen ist daher auf europäischer Ebene eine eher schwache Ausrichtung an den Präferenzen der einzelnen Wirtschaftssubjekte, insbesondere auch kleiner und mittlerer Unternehmen, sowie an regionale Besonderheiten zu erwarten.[67] Daher scheint es wenig verwunderlich, dass Werner G. Faix, Tassilo Zywietz und Annette Schulten auf der Grundlage ihrer empirischen Untersuchung zu dem Ergebnis kommen, dass sich die EU-Programme für den Bereich der Außenwirtschaftsförderung als ungeeignet erwiesen hätten.[68]

Vor dem Hintergrund dieser Überlegungen erscheint eine unmittelbare Förderung der mitteständischen Unternehmen durch die europäische Ebene als wenig praktikabel. Die Europäische Kommission kann jedoch bei der Vernetzung und der Kontaktvermittlung auf europäischer Ebene wichtige Unterstützung bieten und bei strategischen Fragen sachdienliche Impulse liefern.

5.3.2 Einheitlicher Auftritt Deutschlands im Ausland

Nach Ansicht von Hans Peter Stihl in seiner Funktion als damaliger Präsident des Deutschen Industrie- und Handelstages erweist es sich als „unwirtschaftlich und unsinnig, wenn sich in China Delegationen aus Bundesländern, deren Namen dort niemand kennt, geschweige denn aussprechen kann, die Klinke in die Hand drücken“[69]. Zu einer ähnlichen Einschätzung kommt auch der damalige Vorsitzende des Ausschusses für Wirtschaft, Arbeit und Verkehr im sächsischen Landtag Andreas Lämmel wenn er kritisch anmerkt:

> Wer ist Sachsen in der Welt? Ich bin nicht davon überzeugt, dass die Handelshäuser in Korea oder Singapur unbedingt wissen, wo unser kleines Land Sachsen liegt; die wissen vielleicht gerade noch, wo Deutschland liegt.[70]

---

[65] Scharpf 1993, S. 7.
[66] Scharpf 1993, S. 8.
[67] Vgl. Lang 1999, S. 109; Sell 2006, S. 29 f.
[68] Vgl. Faix; Zywietz; Schulten 2003, S. 53.
[69] o.V. 1996h, S. 17.
[70] Sächsischer Landtag Plenarprotokoll 02/26 vom 15. Dezember 1995, S. 1880.

Im Hinblick auf eine „Zersplitterung des Gütesiegels Made in Germany"[71] wurden die Ansätze einer eigenständigen Außenwirtschaftspolitik der Länder bereits in den achtziger Jahren heftig kritisiert. Denn nach Ansicht der Kritiker führen die vielen unterschiedlichen Akteure und Programme im Bereich der Außenwirtschaft bei den ausländischen Geschäftspartnern zu einem diffusen Bild der deutschen Wirtschaft.[72] Dies wird exemplarisch auch in einer Bundestagsrede des ehemaligen Wirtschaftsministers des Landes Rheinland-Pfalz Rainer Brüderle deutlich:

> Ich hatte früher schon in anderer Funktion den Eindruck, dass wir uns draußen manchmal schlecht präsentieren; denn ein Investor in Amerika oder ein potenzieller Partner kann nicht zwischen den verschiedenen Ebenen – 16 präsente Bundesländer und drei aktive Ebenen des Bundes – unterscheiden.[73]

Im Gegensatz dazu betont der damalige Bundesminister für Wirtschaft und Arbeit, Wolfgang Clement, die prinzipiellen Vorzüge der föderalen Aufgabenwahrnehmung und hält die damit einhergehenden Mängel für überwindbar:

> Das Schöne des deutschen Auftritts ist die Vielfalt, aber sie besitzt [...] wegen ihrer Buntheit einen Mangel an Klarheit. Darüber sind wir mit den Ländern im Gespräch.[74]

Dass Veranstaltungen einzelner Bundesländer im Ausland sich zum Teil eines größeren Zuspruchs erfreuen können als solche des Bundes, zeigt exemplarisch der Empfang im Rahmen des NRW-Wirtschafts- und Wissenschaftsforums in Tokio im November 2005, an dem rund 800 japanische Gäste teilnahmen, während ein Jahr zuvor bei einem Empfang des damaligen Bundeskanzlers, Gerhard Schröder, lediglich 200 Gäste der Einladung gefolgt waren.[75]
Die Ergebnisse der Unternehmensbefragung machen deutlich, dass die Mehrheit der befragten Unternehmen die Meinung vertritt, eine zentrale staatliche Außenwirtschaftsförderung könnte die Unternehmen im Ausland besser unterstützen (Mittelwert: 2,04). Bei einer differenzierten Analyse dieses Befunds fällt auf, dass die Unternehmen, die das aktuelle Fördersystem aus eigener Erfahrung kennen, da sie bereits Fördermaßnahmen in Anspruch genommen haben, signifikant weniger häufig diese Einschätzung teilen (Mittelwert: 2,21) als

---

[71] Molitor 1987/88, S. 89.
[72] Vgl. Fieten; Friedrich; Lageman 1997, S. 398.
[73] Deutscher Bundestag Plenarprotokoll 15/47 vom 04. Juni 2003, S. 3914; ähnlich o.V. 1995h, S. 17.
[74] Deutscher Bundestag Plenarprotokoll 15/47 vom 04. Juni 2003, S. 3915.
[75] Vgl. Steinkühler 2005, S. A; Zu den Aktivitäten des Landes Nordrhein-Westfalen in Japan im Zuge einer so genannten Informationsoffensive siehe Lamprecht 2004.

Unternehmen, die die Förderung bisher nicht genutzt haben (Mittelwert: 1,91). Auf die mit Abstand höchste Zustimmung stößt die Aussage bei den Unternehmen, die planen, in den nächsten zwei Jahren Fördermaßnahmen im Bereich der Außenwirtschaft zu nutzen (Mittelwert: 1,68).

Dieses Ergebnis deutet darauf hin, dass über alle potenziellen Nutzergruppen hinweg die Unterstützung der Unternehmen im Ausland als verbesserungswürdig angesehen wird. Allerdings wird die föderale Aufgabenwahrnehmung im Ausland aber von den Unternehmen als besonders kritisch eingestuft, die die Förderung nicht aus eigener Erfahrung kennen und in noch größerem Maße von denen, die gerade damit beginnen, sich über Fördermöglichkeiten zu informieren. Etwas weniger kritisch stufen Unternehmen das aktuelle Fördersystem ein, die bereits konkrete Erfahrung mit ihm gesammelt haben. Daraus lässt sich folgern, dass Unternehmen, die die Förderlandschaft kennen, durchaus auch gewisse Vorzüge einer föderalen Aufgabenwahrnehmung im Ausland erkennen können. Um jedoch das Ziel, mit Hilfe der Förderung neue Unternehmen für das Auslandsgeschäft anzusprechen, erreichen zu können, muss das Fördersystem im Ausland möglichst transparent und einheitlich gestaltet werden. Dies könnte beispielsweise bei Auslandsvertretungen oder auf Auslandsmessen durch eine gezielte räumliche Bündelung der Förderaktivitäten der verschiedenen Ebenen geschehen.

5.3.3 Transparenz und Bekanntheitsgrad des Angebots

Graphik 5-17 Die föderale Struktur in der Außenwirtschaftsförderung erhöht die Gefahr von Zieldivergenzen, Überschneidungen, Doppel- und Parallelförderungen

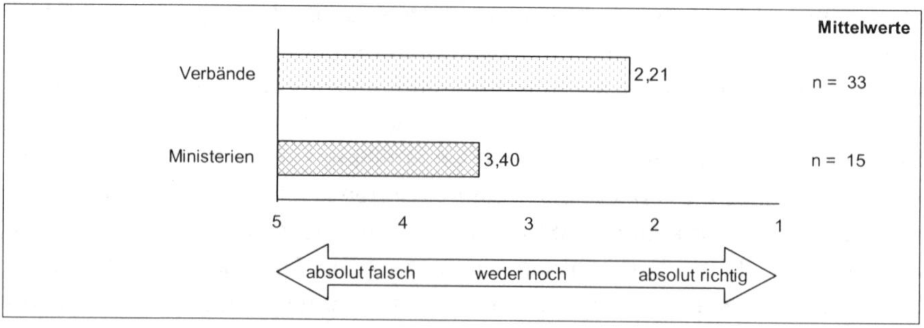

Ein häufig vorgebrachtes Argument für eine zentrale Aufgabenwahrnehmung im Bereich der Außenwirtschaftsförderung stellt heraus, dass ein Fördersystem, das sich auf verschiedene Maßnahmenträger stützt, zu Unübersichtlichkeit und Intransparenz des Förderinstrumentariums führt und sich die Gefahr von Zieldivergenzen, Überschneidungen, Doppel- und Parallelförderungen erhöht.[76] Graphik 5-17 und Graphik 5-18 zeigen, dass die befragten Unternehmen und Verbände diese Meinung überwiegend teilen, wohingegen die Wirtschaftsministerien der Länder die Auffassung vertreten, dass ein föderales Fördersystem nicht zwangsläufig mit diesen negativen Erscheinungen verbunden sein muss.

Graphik 5-18 Die föderale Struktur in der Außenwirtschaftsförderung führt zu Unübersichtlichkeit und Intransparenz

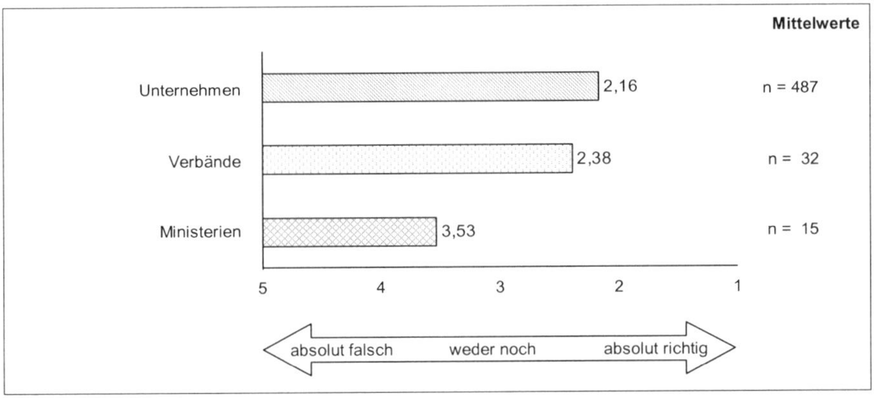

Angesichts der vielen Akteure und Maßnahmen im Bereich der Außenwirtschaftsförderung sowie der in Abschnitt 5.2.2 dargestellten Ergebnisse scheinen Zweifel durchaus berechtigt, ob das derzeitige Fördersystem so transparent ist, dass ein mittelständisches Unternehmen auch die ihm zugedachte Förderung erhält. Denn auch bei der Außenwirtschaftsförderung muss das Unternehmen die für es bereitstehenden Fördermittel beantragen. Insbesondere bei Programmen, die sich an den Mittelstand wenden, gilt jedoch zu beachten: Je kleiner ein Unternehmen, desto geringer in der Regel auch sein Kenntnisstand über staatliche Fördermaßnahmen.[77]

Auch die Auswertung der Unternehmensumfrage zeigt einen tendenziellen Zusammenhang zwischen der Unternehmensgröße und dem Kenntnisstand über das Außenwirtschaftsförderangebot: 59% der Unternehmen mit weniger als 250 Mitarbeitern, die bisher keine Fördermaßnahmen genutzt haben, geben als Ursache hierfür an, dass ihnen die Angebote nicht bekannt seien. In der Gruppe zwischen 250 und 499 Mitarbeitern nennen 50% und in der mit mehr als 499 Mitarbeitern nur noch 42% der Unternehmen dies als Grund.[78]

---

[76] Vgl. Habuda et al. 1998, S. 34.

[77] Vgl. Hennicke; Pay 1986, S. 124; S. 127.

[78] Zu einem ähnlichen Ergebnis kommen auch Fieten; Friedrich; Lageman 1997, S. 391; Gehrke; Legler 2000, S. 31.

Graphik 5-19 Kenntnisstand über das Förderangebot nach Größenklassen

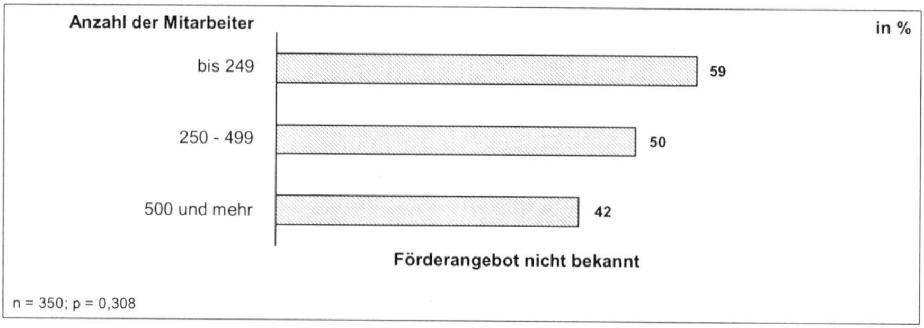

Auch bei der Anzahl der Institutionen, die den jeweiligen Unternehmen im Bereich der Außenwirtschaftsförderung bekannt sind und die sie als wichtig erachten, zeigt sich im Bezug auf die Unternehmensgröße eine tendenzielle Korrelation. Über alle Unternehmensgrößenklassen hinweg gibt durchschnittlich ein Viertel der befragten Unternehmen keine Institution an (26%). Lediglich 19% nennen fünf für sie wichtige Institutionen. In der Gruppe der Unternehmen mit 500 und mehr Mitarbeitern sind es mit 27% dabei deutlich mehr als in der mit weniger als 500 Mitarbeitern, in der lediglich 18% fünf Institutionen aufzählen.[79] Da sich die sonst deckungsgleiche Online-Version bei dieser Frage von der Papierversion unterschied, hatte die Art der Befragung auf die Beantwortung dieser Frage einen höchst signifikanten Einfluss. Während bei der Papierversion die ungestützte Kenntnis der befragten Unternehmen ermittelt wurde, konnten die Unternehmen im Internet unter 42 vorgegebenen Institutionen auswählen.

Graphik 5-20 Anzahl der bekannten Institutionen nach Art der Befragung

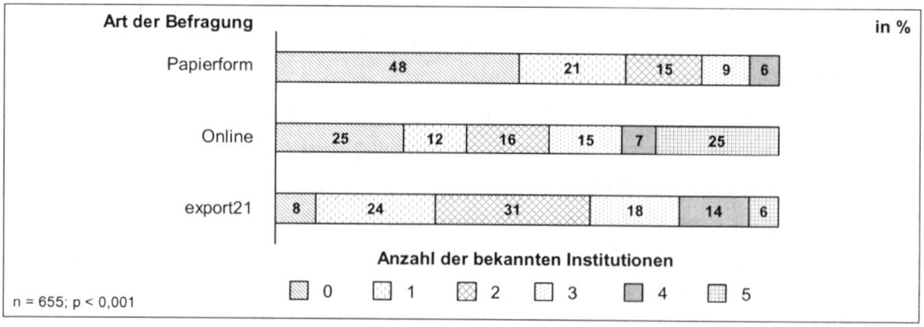

Graphik 5-20 zeigt, dass ein Viertel der Unternehmen, die den Fragebogen online beantwortet haben, fünf Institutionen nannte (25%), aber kein Unter-

[79] Ähnlich Weidig; Ruprecht 1996, S. 70 f.

nehmen, das die Papierversion ausgefüllt hat. Dieses Ergebnis legt nahe, dass den Unternehmen die einzelnen Institutionen zwar durchaus ein Begriff sind, wenn sie diese aus einer vorgegebenen Liste auswählen können. Wenn sie aber ungestützt Institutionen nennen sollen, die sie im Bereich der Außenwirtschaftsförderung als besonders wichtig erachten, sind ihnen bei weitem nicht so viele präsent.[80]

Tabelle 5-1 Die aus Sicht der Unternehmen wichtigsten Institutionen im Bereich Außenwirtschaftsförderung

Rang	Institution	Wert	Rang	Institution	Wert
1.	Industrie- und Handelskammern	812	22.	ITO	60
2.	Auslandshandelskammern	811	23.	GTZ	59
3.	Branchenverbände	418	24.	BDI	57
4.	bfai	355	25.	iXPOS	57
5.	Bundeswirtschaftsministerium	233	26.	Auswärtiges Amt	56
6.	Euler Hermes AG	205	27.	Ländervereine	54
7.	AUMA	192	28.	DIHK	42
8.	Hausbank	191	29.	*German Centre*	31
9.	Handwerkkammern	171	30.	Fördergesellschaft (Kommune)	31
10.	KfW Bankengruppe	167	31.	RKW	29
11.	Sonstige	151	32.	BMZ	22
12.	Botschaften	126	33.	CMA	22
13.	Europäische Kommission	121	34.	DEG	22
14.	Fördergesellschaft (Land)	118	35.	PwC AG	20
15.	Ziellandinstitutionen	114	36.	Landesbank	17
16.	Wirtschaftsministerium (Land)	104	37.	dena	16
17.	BAFA	97	38.	Staatskanzlei des Landes	11
18.	Steuer-/Unternehmensberater	79	39.	BMU	9
19.	Bundesforschungsministerium	72	40.	*Invest in Germany*	6
20.	Wirtschaftsvereinigung/Vereine	72	41.	DESTATIS	4
21.	Hochschulen	64	42.	Regionalinitiativen	4
Gewichtete Auswertung. Eingeflossen sind insgesamt 1449 Antworten aus fünf Antwortkategorien.					

Im Rahmen der in Tabelle 5-1 dargestellten Gesamtauswertung wird deutlich, dass die Industrie- und Handelskammern sowie die Auslandshandelskammern mit weitem Abstand als die wichtigsten Institutionen im Bereich der öffentli-

[80] Eine detaillierte Auswertung ergab, dass sich innerhalb der einzelnen Befragungsarten prinzipiell das gleiche Ergebnis zeigt wie in der Gesamtbefragung.

chen/staatlichen Außenwirtschaftsförderung angesehen werden. Wie Graphik 5-21 zeigt, greifen die Unternehmen mit 57% bzw. 42% im Zuge ihrer Internationalisierung auch mit Abstand am häufigsten auf die Unterstützung dieser beiden Einrichtungen zurück. In Deutschland nehmen öffentlich-rechtliche Selbstverwaltungskörperschaften mit Pflichtmitgliedschaft wichtige Aufgaben der Wirtschaftsverwaltung und -förderung im Auftrag des Staates wahr. Als charakteristische Eigenschaft der IHKs und HWKs wird daher ihre „Zugehörigkeit zur Gesamtorganisation des Staates und gleichzeitig ihre ‚Staatsferne'"[81] angesehen. Die Selbstverwaltung der Wirtschaft ist zwar bundeseinheitlich verankert, die staatliche Aufsicht über die dezentral organisierten IHKs und HWKs liegt jedoch bei den jeweiligen Wirtschaftsministerien der Länder.[82]

Graphik 5-21 Institutionelle Unterstützung bei der Internationalisierung

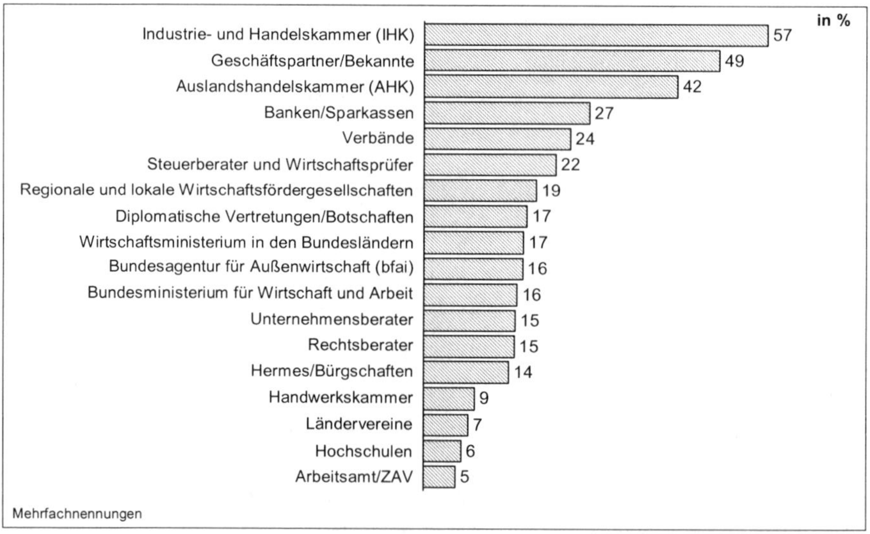

Quelle: Lau; Zywietz; Faix 2005, S. 42; eigene Darstellung.

Die starke regionale Verankerung der Kammern kommt auch dadurch zum Ausdruck, dass diese nach eigenem Bekunden die Interessen ihrer Mitgliedsunternehmen „gegenüber Kommunen, Landesregierungen und regionalen staatlichen Stellen" vertreten, während der Deutsche Industrie- und Handels-

[81] DIHK; DHKT 2004, S. 4.

[82] Vgl. § 12 des Gesetzes zur vorläufigen Regelung des Rechts der Industrie- und Handelskammern vom 18. Dezember 1956 (BGBl. I S. 920), zuletzt geändert durch das Dritte Gesetz zur Änderung der Handwerksordnung und anderer handwerksrechtlicher Vorschriften vom 24. Dezember 2003 (BGBl. I S. 2934); sowie exemplarisch Gesetz über die Industrie- und Handelskammer zu Berlin (IHKG) vom 17. Oktober 1957 (GVBl. S. 1636) in der Fassung vom 21. März 1967 (GVBl. S. 511).

kammertag als Dachorganisation „die Interessenvertretung der deutschen Wirtschaft gegenüber den Entscheidern der Bundespolitik und den europäischen Institutionen“[83] übernimmt. Wie Graphik 5-21 deutlich macht, greifen die Unternehmen im Inland insgesamt häufig auf die Unterstützung von regional ansässigen Institutionen zurück.

5.3.4 Konsistenzprobleme auf Bundesebene

In der Literatur erweist sich als unstrittig, dass es zu erheblichen Problemen hinsichtlich der Konsistenz der Förderaktivitäten kommen kann, wenn mehrere staatliche Ebenen Außenwirtschaftsförderung betreiben. Im Bezug auf eine zentralisierte Förderung stellt Hildebert Ehrenfeld im Zuge seiner Untersuchungen fest:

> Keine Konsistenzprobleme entstehen, wenn nur von einer Instanz außenwirtschaftsfördernde Maßnahmen angeboten bzw. durchgeführt werden[84].

Die Vermutung liegt zwar nahe, dass in einem Staat mit föderaler Entscheidungsstruktur und Aufgabenteilung die Probleme hinsichtlich der Konsistenz der Förderaktivitäten größer sind als bei einer zentralen Aufgabenwahrnehmung. Aber auch wenn nur eine zentrale staatliche Institution mit der Förderung betraut wäre, könnte es zu Konsistenzproblemen kommen, da stets verschiedene Abteilungen oder Referate mit der Thematik betraut sind. Exemplarisch lässt sich dies an zwei branchenübergreifenden Unternehmertreffen Deutschland-Belarus zeigen, die beide parallel jeweils vom 06. bis 10. Oktober 2003 in Minsk in der Republik Belarus stattfanden und durch unterschiedliche Referate des Bundesministeriums für Wirtschaft und Arbeit gefördert wurden.[85] Dies ist ein Beispiel dafür, dass selbst bei nur einer einzigen zentralen Fördereinrichtung Doppelungen und Konsistenzprobleme auftreten können, wenn zwischen den unterschiedlichen Abteilungen oder Referaten keine ausreichende hausinterne Koordination stattfindet.

Erschwerend kommt hinzu, dass auf Bundesebene mehrere Ministerien sowie eine Vielzahl von unterschiedlichen nachgeordneten Behörden und Institutionen an der Durchführung der Außenwirtschaftsförderung beteiligt sind. Daher ist es wenig verwunderlich, dass aus den Reihen der Wirtschaft immer wieder Stimmen laut werden, die eine bessere Zusammenarbeit zwischen den einzel-

---

[83] Deutscher Industrie- und Handelskammertag 2006, ähnlich für den Bereich Außenhandel Vereinigung der Industrie- und Handelskammern in Nordrhein-Westfalen 2003, S. 6 f.

[84] Ehrenfeld 2003, S. 18.

[85] Vgl. Abfrage des iXPOS-Kalenders vom 22. Juli 2003.

nen Ressorts der Bundesregierung einfordern.[86] Auch von Seiten der wirtschaftspolitischen Entscheidungsträger wird anerkannt, dass auf Bundesebene im Bereich der Außenwirtschaftsförderung noch erheblicher Handlungsbedarf besteht:

> Es herrscht immer noch eine unbefriedigende Koordination der staatlichen Stellen. So existieren mittlerweile vier Internetportale zum Thema erneuerbare Energien und Export. Daneben sind die Kompetenzen zum Thema erneuerbare Energien allgemein und mit Blick auf den Export auf vier Ressorts verteilt. Hier sollten Ressourcen zusammengefasst und die Abstimmung verbessert werden, um strukturelle Konkurrenzen zu vermeiden.[87]

Auch die Bundesländer fordern Verbesserungen auf Bundesebene. So konstatiert exemplarisch die baden-württembergische Landesregierung: „Wünschenswert ist auf Bundesebene zudem eine bessere Abstimmung zwischen den mit der Außenwirtschaftsförderung befassten Bundesressorts."[88] Im Koalitionsvertrag für die 16. Legislaturperiode des Deutschen Bundestages heißt es daher:

> Ziel ist eine weitere Beschleunigung der Zusammenarbeit von Auswärtigem Amt, BMWi und BMZ.[89]

Prinzipiell organisiert und koordiniert auf Bundesebene jedes Ressort seine Aktivitäten selbst. Wie vehement die einzelnen Fachressorts auf ihren jeweiligen Zuständigkeiten beharren, zeigten die Unstimmigkeiten, zu denen es aufgrund der Einrichtung einer Koordinierungsstelle für Außenwirtschaftsförderung im Auswärtigen Amt gekommen war. Der Wirtschaftsminister sah sich daraufhin genötigt, sowohl im Kabinett als auch in der Öffentlichkeit zu betonen, dass die Federführung für den Bereich der Außenwirtschaftspolitik und -förderung beim Bundeswirtschaftsministerium liege. Daraufhin titelte die Presse: „Heftiger Zusammenstoß zwischen Rexrodt und Kinkel"[90].
Als formalisierter und geregelter Abstimmungs- und Koordinierungsmechanismus zwischen den einzelnen Fachressorts über Themen mit außenwirtschaftspolitischer Relevanz wurde 1995 der Interministerielle Ausschuss *Au-*

---

86 Vgl. Deutscher Industrie- und Handelskammertag 2003a, S. 3.
87 Deutscher Bundestag Drucksache 15/4715 vom 25. Januar 2005, S. 3; ähnlich Deutscher Bundestag Drucksache 15/746 vom 01. April 2003, S. 3.
88 Landtag von Baden-Württemberg Drucksache 12/1405 vom 23. April 1997, S. 11.
89 CDU; CSU; SPD 2005, S. 11.
90 o.V. 1995l; ähnlich o.V. 1995i, S. 11. Günter Rexrodt (FDP) war vom 21. Januar 1993 bis 26. Oktober 1998 Bundesminister für Wirtschaft. Klaus Kinkel (FDP) war vom 18. Mai 1992 bis 26. Oktober 1998 Bundesminister des Auswärtigen.

ßenwirtschaft geschaffen, der unter Federführung des Bundesministeriums für Wirtschaft und Technologie auf Referats- oder Abteilungsleiterebene tagt. Ihm gehören darüber hinaus neben dem Auswärtigen Amt das Bundesministerium für Wirtschaftliche Zusammenarbeit sowie das Bundesministerium für Bildung und Forschung an.[91] Auch von Seiten der Organisationen der privaten Wirtschaft wurde die Einrichtung dieses Gremiums als notwendiger Schritt in die richtige Richtung begrüßt und als Fortschritt gewertet.[92] Im Zuge seiner Überprüfung der Maßnahmen im Bereich der Außenwirtschaftsförderung stellte der Bundesrechnungshof jedoch fest, dass es dem Interministeriellen Ausschuss nicht gelungen sei, die außenwirtschaftlichen Aktivitäten der verschiedenen Bundesressorts zu bündeln und zu koordinieren.[93]

Um Koordinationsprobleme zu beheben und auf Bundesebene eine zentrale Anlaufstelle zum Thema Außenwirtschaftsförderung für mittelständische Unternehmen zu schaffen, wurde Ende der neunziger Jahre der Aufbau einer zentralen Außenwirtschaftsagentur ins Gespräch gebracht.[94] Diese wurde jedoch nicht eingerichtet. In einer Rede vor dem Deutschen Bundestag äußerte der damalige Vorsitzende des Parlamentskreises Mittelstand der CDU/CSU-Fraktion, Hansjürgen Doss, erhebliche Bedenken gegen eine solche zentrale Einrichtung:

> Eine einzige zentrale Institution hätte nur einen Sinn, wenn sie schneller, unbürokratischer und effektiver arbeiten würde als die dezentralen Organisationen [...]. Wir haben erhebliche Zweifel, ob eine Zentralisierung zu einer Verbesserung führen würde. Wir sind vielmehr der Auffassung, daß Ihre Mittelstandsagentur ein neuer Moloch würde und eine neue Mittelstandsbetreuungsbürokratie, eventuell sogar mit paritätischer Mitbestimmung – wie ich mir vorstelle –, hervorriefe. Der arme Mittelständler, der da durchdringen will! Er verhungert sozusagen auf dem Weg. Wir machen das nicht mit.[95]

Wie bereits dargestellt, sehen sowohl die wirtschaftspolitischen Entscheidungsträger als auch die Wirtschaft Außenwirtschaftsförderung primäre als eine Aufgabe des Bundes an. So heißt es in einem Antrag der SPD-Bundestagsfraktion: „Die Bundesregierung muß endlich ihrer Verpflichtung in der Außenwirtschaftspolitik gerecht werden und darf nicht länger diese Aufga-

---

[91] Vgl. Bundesrechnungshof 2002, S. 35 f.; Deutscher Bundestag Plenarprotokoll 13/174 vom 14. Mai 1997, S. 15666.
[92] o.V. 1996h, S. 17.
[93] Vgl. Bundesrechnungshof 2002, S. 36.
[94] Vgl. Deutscher Bundestag Drucksache 13/5754 vom 10. Oktober 1996, S. 1 f.
[95] Deutscher Bundestag Plenarprotokoll 13/178 vom 05. Juni 1997, S. 15987.

be den Ländern auflasten."[96] Da aber aufgrund der aktuellen Haushaltslage der Bund nicht die nötigen Budgetmittel zur Verfügung stellen kann, um sein eigenes Engagement auszuweiten, begrüßt die Bundesregierung weiterhin das Engagement der Länder:

> Ich würde nicht darauf drängen, dass die Länder ihre Aktivitäten reduzieren. In der heutigen Zeit, in der wir nicht allzu viele zusätzliche Mittel einsetzen können, ist diese Beteiligung wichtig. [...] Ich kann nicht anbieten, dass der Bund mehr Geld ausgibt. Das wäre die natürliche Folge, wenn ich den Ländern nahe legen würde, sich etwas zurückzuziehen. Das würde der Finanzminister nicht mitmachen.[97]

Diese Ausführungen zeigen, dass *für* die föderale Aufgabenwahrnehmung im Bereich der Außenwirtschaftsförderung lediglich das finanzpolitische Argument angeführt wird. Da sich der Bund nicht in der Lage sieht, die Aktivitäten der Länder durch höhere eigene Anstrengungen zu kompensieren. Welche weiteren Argumente darüber hinaus für eine dezentrale Aufgabenteilung sprechen, soll in den folgenden Abschnitten eingehend erörtert werden.

5.4 Analyse einer rein föderativen Aufgabenwahrnehmung

5.4.1 Regionale Präferenzen und Fokussierung der Förderung auf Branchen und Zielmärkte

Ein Blick auf die historische Entwicklung des Föderalismus in der Bundesrepublik Deutschland macht deutlich, dass von den heutigen Bundesländern nur wenige über eine eigene historische Identität verfügen und insbesondere nach dem Zweiten Weltkrieg große Bevölkerungswanderungen stattfanden, die dazu geführt haben, dass die landsmannschaftlichen Charakteristika verwischt wurden. Diese Entwicklung hat dazu beigetragen, dass das Interesse an einer starken regionalen Ausdifferenzierung der Politik in Deutschland relativ schwach ausgeprägt ist.[98]
Für den Bereich der Wirtschaftsförderung zeigt sich, dass in Staaten mit einer vergleichsweise homogenen Wirtschaftsstruktur die Zentralregierungen adäquate Fördermaßnahmen anbieten können. Demgegenüber lassen sich in einem großen und wirtschaftlich diversifizierten Land die regionalen und sektoralen Unterschiede mit zentralistischen Arbeitsweisen nicht erfassen. Vielmehr ermöglicht nur eine föderale Aufgabenwahrnehmung eine adäquate Berück-

---

[96] Deutscher Bundestag Drucksache 13/10696 vom 11. Mai 1998, S. 4.
[97] Deutscher Bundestag Plenarprotokoll 15/47 vom 04. Juni 2003, S. 3915 f.
[98] Vgl. Scharpf 1999; Weber 2006, S. 2.

sichtigung der regionalen Wirtschaftsschwerpunkte.[99]
Für die Analyse in dieser Arbeit ergibt sich aus diesen Überlegungen die Frage, ob die Unternehmen in den verschiedenen Regionen ein differenziertes staatliches Förderangebot im Bereich der Außenwirtschaft nachfragen. Wäre dies der Fall, würde sich eine Außenwirtschaftsförderung auf Länderebene als notwendig erweisen, da die ökonomische Effizienz durch das Förderangebot erhöht wird, das am besten den Präferenzen der privaten Wirtschaftssubjekte entspricht.
Einen Hinweis darauf können unterschiedliche regionale Branchenkonzentrationen liefern. Eine Region mit einer relativ konzentrierten Branchenstruktur zeichnet sich dadurch aus, dass ein signifikant hoher Anteil der in der Region ansässigen Unternehmen oder Beschäftigten einem bestimmten Wirtschaftszweig angehört. Die Zuordnung erfolgt auf der Basis statistischer Klassifikationen von Branchen, wie sie etwa vom Statistischen Bundesamt vorgenommen werden.[100]
In der Bundesrepublik Deutschland können eine Vielzahl von Branchenkonzentrationen identifiziert werden.[101] Exemplarisch lässt sich eine regionale Konzentration am Beispiel der Möbelindustrie zeigen. Mit einem Anteil von 9% ist Deutschland hinter den USA und Italien der weltweit drittgrößte Produzent von Möbeln.[102] Wie Graphik 5-22 zeigt, sind besonders viele Unternehmer in Oberfranken und Ostwestfalen-Lippe angesiedelt. Insgesamt hat etwa ein Drittel der deutschen Unternehmen dieses Wirtschaftszweigs ihren Sitz in Nordrhein-Westfalen.[103]
Im Rahmen der Unternehmensbefragung gaben zwei Drittel der befragten Unternehmen an (67%), dass nach ihrer Auffassung in ihrer Region keine nennenswerte regionale Branchenkonzentration ihres Wirtschaftszweiges vorliegt. Andererseits ist ein Fünftel der Unternehmen in einer Region angesiedelt, in der ihre Branche eine bedeutende Rolle spielt (21%).

---

99 Vgl. analog Schrage; Asemissen 1996, S. 174; Scharpf 1999; Scharpf 2003, S. 8 f.
100 Vgl. Bruch-Krumbein; Hochmuth 2000, S. 40; Brenner 2004, S. 14 ff.
101 Vgl. Klein 2004, S. 42 ff.; Brenner 2004, S. 111 ff.
102 Vgl. Hauptverband der Deutschen Holz und Kunststoffe verarbeitenden Industrie und verwandter Industriezweige; Verband der Deutschen Möbelindustrie 2005, S. 39.
103 Vgl. Mrosek; Kies; Schulte 2005, S. 4.

Graphik 5-22 Konzentrationsräume der Möbelindustrie 1999

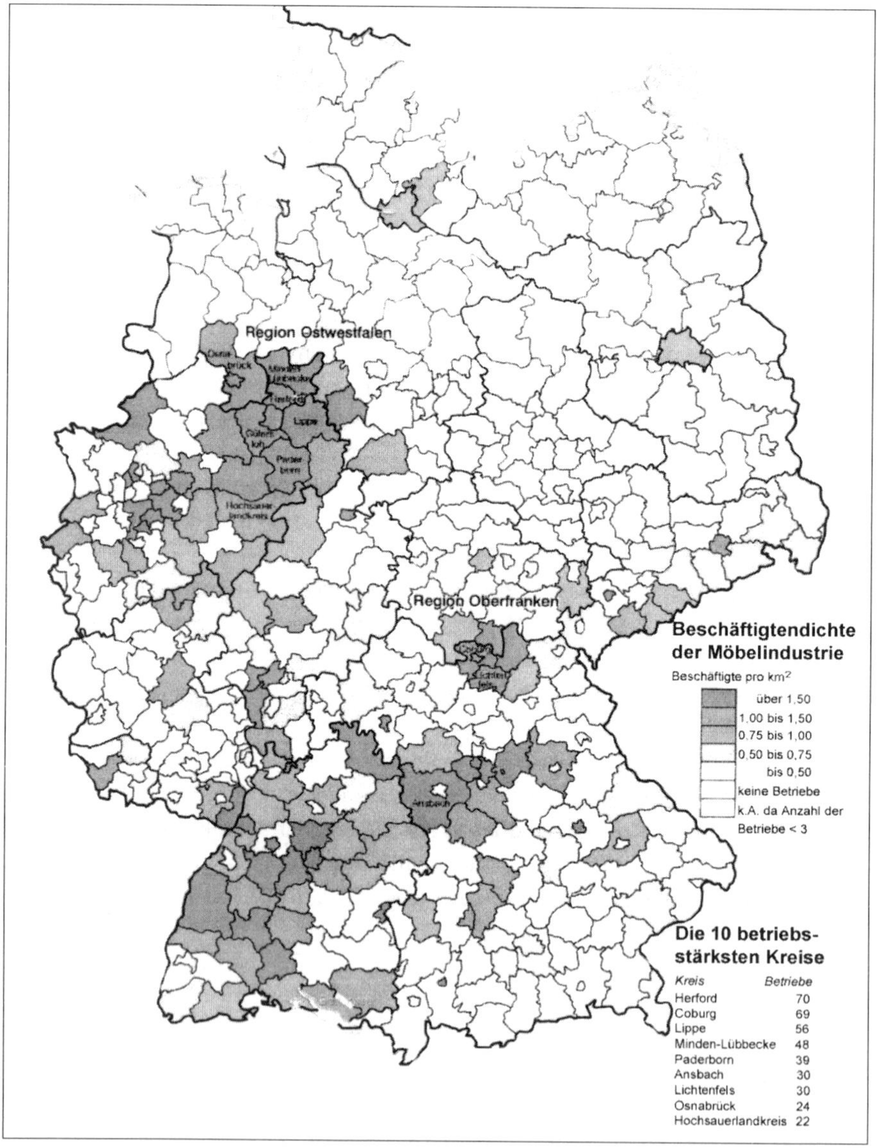

Quelle: Klein 2000, S. 137; leicht geänderte Darstellung.

In den letzten Jahren ist im Bereich der Außenwirtschaftsförderung von Seiten der staatlichen Programmträger eine verstärkte Tendenz weg von einer reaktiven hin zu einer proaktiven, stärker gestaltenden Förderpolitik zu beobachten.

In diesem Zusammenhang gehen die Förderträger – zum Teil gestützt auf Gutachten[104], zum Teil aufgrund der prekären Situation der öffentlichen Haushalte – dazu über, ihre Außenwirtschaftsprogramme auf Schwerpunktbranchen und -märkte zu fokussieren:

> Für die strategische Ebene der Landesregierung [...] manifestiert sich eine langfristige, nachhaltige Schwerpunktsetzung vor allem durch die Notwendigkeit zu einer Ressourcenkonzentration – finanziell wie personell.[105]

Und der nordrhein-westfälische Landtag fordert die Landesregierung auf, „den eingeschlagenen Weg weiterzugehen. Dabei sollte die Außenwirtschaftskampagne in Zukunft – wo dies möglich ist – branchenspezifischer zugeschnitten sein und die regionalen Kompetenzfelder stärker berücksichtigen.“[106] Dieses Vorgehen lehnt die Bundesregierung für ihre Förderprogramme zwar offiziell ab, legt aber selbst auch spezielle Programme für einzelne Branchen auf, die sie als besonders förderwürdig betrachtet.[107]
Da die Konzentration der Förderaktivitäten auf so genannte Wachstumsmärkte Unternehmen diskriminiert, die ihr Auslandsengagement auf andere Zielmärkte ausgerichtet haben, wird diese Entwicklung von Seiten zahlreicher Unternehmen durchaus kritisch gesehen. So betont exemplarisch ein befragter mittelständischer Unternehmer:

> Die aktuellen Instrumente sind auf die Märkte in China oder Osteuropa ausgerichtet. Afrika, Lateinamerika und die Karibik, wo wir tätig sind, spielen kaum eine Rolle. Deshalb sind wir mit diesen Instrumenten unzufrieden, die angeboten werden. Diese entsprechen nicht unseren Bedürfnissen.

Andere Unternehmen beanstanden, dass durch die staatliche Festlegung von Schwerpunktbranchen Unternehmen, die durchaus Exportpotenzial aufweisen, keinen Anspruch auf Fördermaßnahmen haben. So schreibt ein befragtes mittelständisches Unternehmen aus dem Bausektor: „Wie kann es sein, dass ein exportorientiertes Unternehmen von der IBB [Investitionsbank Berlin] aus der Baubranche als nicht förderungswürdig betrachtet wird?“
Abweichend hiervon fordern andere Unternehmen, dass das Förderangebot in

---

[104] Siehe exemplarisch Ministerium für Wirtschaft und Mittelstand, Energie und Verkehr des Landes Nordrhein-Westfalen 2002; Gehrke; Krawczyk; Legler 2003; Boston Consulting Group 2004.
[105] Schleswig-Holsteinischer Landtag Drucksache 15/1827 vom 30. April 2002, S. 22.
[106] Landtag Nordrhein-Westfalen Drucksache 13/6036 vom 28. September 2003, S. 2.
[107] Vgl. Deutscher Bundestag Drucksache 14/8278 vom 20. Februar 2002; Deutscher Bundestag Drucksache 15/4845 vom 16. Februar 2005; Deutscher Bundestag Drucksache 15/4868 vom 16. Februar 2005; Deutscher Bundestag Drucksache 15/5938 vom 22. Juli 2005.

Zukunft noch stärker branchenspezifisch ausgerichtet sein müsste. Um den Unternehmen nicht nur Grundinformationen sondern detailliertes Wissen zur Verfügung stellen zu können, haben sich auch die Industrie- und Handelskammern in den vergangenen Jahren auf bestimmte Märkte spezialisiert. Hierfür wurden so genannte Schwerpunktkammern gebildet.[108]
Voraussichtlich wird sich der Trend hin zu einer stärker auf bestimmte Zielmärkte und Branchen ausgerichteten Förderung auch in den kommenden Jahren weiter fortsetzen und gegebenenfalls sogar noch verstärken.

> Die außenwirtschaftlichen Flankierung [sic!] durch die Landesregierung wird künftig noch stärker auf Schwerpunkte ausgerichtet.[109]

Um den regional unterschiedlichen Wirtschaftsstrukturen innerhalb Deutschlands und den daraus resultierenden verschiedenen Bedürfnissen der Unternehmen Rechnung tragen zu können, wäre in diesem Fall eine möglichst dezentrale Definition der Schwerpunktmärkte und -branchen notwendig. Ein solches Vorgehen erweist sich aber nur dann als erforderlich, wenn tatsächlich unterschiedliche regionale Präferenzen vorliegen.[110]
Dass durch eine föderale Aufgabenwahrnehmung die staatlichen Leistungen aber auch tatsächlich besser auf die Präferenzen der Unternehmen zugeschnitten und die realisierten Kosteneinsparungen und Effizienzsteigerungen an die privaten Wirtschaftssubjekte in Form von Steuererleichterungen zurückgegeben werden, ist jedoch nicht automatisch gesichert, da die Prinzipal-Agent-Beziehungen auf der regionalen Ebene nicht zwangsläufig sehr viel enger sein müssen als auf der zentralen Ebene.[111]
Für den Bereich der Außenwirtschaftsförderung ist festzustellen, dass sowohl nach Auffassung der Wirtschaftsministerien der Länder als auch der befragten Verbände die heute vorzufindende regionale Ausgestaltung des Förderinstrumentariums der unterschiedlichen Wirtschaftsstruktur der einzelnen Bundesländer entspricht.

---

[108] Vgl. Möllering 1998, S. 214.
[109] Schleswig-Holsteinischer Landtag Drucksache 15/1847 vom 30. April 2002, S. 38.
[110] Vgl. Apolte 1999, S. 170. Die unterschiedlichen Präferenzen der Unternehmen in den verschiedenen Regionen hinsichtlich der staatlichen Außenwirtschaftsförderung konnten im Rahmen dieser Studie nicht herausgearbeitet werden. Vielmehr sind hierfür weitere gezielte empirische Untersuchungen erforderlich. Diese müssen unter anderem so angelegt sein, dass in den verschiedenen Regionen eine ausreichend große Anzahl von Antworten erzielt wird, um die für Kreuzauswertungen erforderliche Besetzung aller Zellen gewährleisten zu können.
[111] Vgl. Postlep 1993, S. 69; Apolte 1999, S. 175; Lang 1999, S. 106 f.

Graphik 5-23 Die regionale Ausgestaltung des Förderinstrumentariums spiegelt die unterschiedliche Wirtschaftsstruktur der einzelnen Bundesländer wider

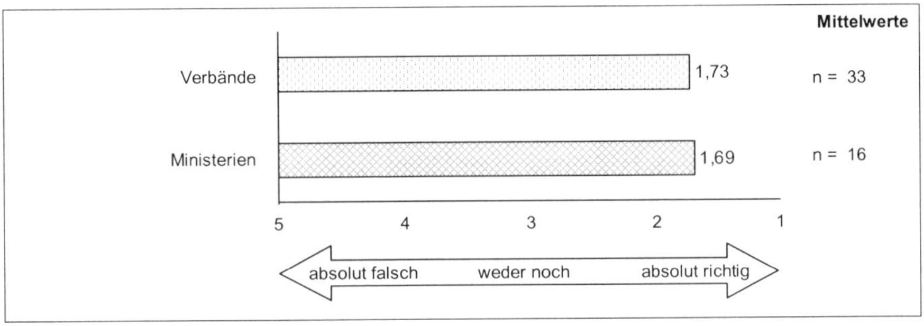

Da beispielsweise die Unternehmen aus den ostdeutschen Ländern Unterstützungsmaßnahmen für Direktinvestitionen im Ausland weniger nachfragen als Unternehmen in Süddeutschland, bietet beispielsweise Sachsen diese nicht an, während Bayern sie bereitstellt. Andererseits unterstützt Nordrhein-Westfalen nachdrücklich Unternehmen, die Bergbaufördertechnologie oder Möbel herstellen.[112] Da solche Unternehmen überwiegend in einem regional sehr begrenzten Gebiet ansässig sind und keinesfalls die Wirtschaftsstruktur der gesamten Bundesrepublik repräsentieren, würde eine zentrale Förderinstanz sehr wahrscheinlich kaum Fördermaßnahmen bereitstellen, die individuell auf die spezifischen Probleme eines solchen Unternehmenskreises eingehen.

5.4.2 Kosteneinsparungspotenziale auf Seiten des Staates

Wie die bisherigen Ausführungen gezeigt haben, ist bei einer föderalen Aufgabenwahrnehmung mit einem differenzierten Förderangebot zu rechnen, das die regionalen Präferenzunterschiede besser reflektiert als es bei einer zentralen Bereitstellung der Fall wäre. Dies wird unter anderem darauf zurückgeführt, dass regionale Förderinstitutionen die Bedürfnisse der ortsansässigen Unternehmen besser kennen als zentrale Stellen. So heißt es in einer Stellungnahme der baden-württembergischen Landesregierung:

> Die Beurteilung der Stärken und Schwächen in den einzelnen Wirtschaftsstandorten im Land erfordert ein hohes Maß an Vor-Ort-Kenntnissen. Eine solche Bewertung kann deshalb am besten von den regionalen Akteuren vor Ort angestellt werden.[113]

---

[112] Vgl. Ministerium für Wirtschaft und Mittelstand, Energie und Verkehr des Landes Nordrhein-Westfalen 2002, S. 5; S. 48; Warscheid 2004, S. C2; o.V. 2005a, S. A4.

[113] Landtag von Baden-Württemberg Drucksache 13/4152 vom 16. März 2005, S. 13.

Diese Informationsvorteile können bei einer föderalen Aufgabenwahrnehmung auf Seiten des Staates zu einer Verringerung der Informationsbeschaffungs-, Verwaltungs- und Kontrollkosten führen.[114] Die Erfahrung der großen Mehrheit der befragten Unternehmen zeigt, dass die regionalen Förderträger die Probleme und Bedürfnisse der Unternehmen tatsächlich besser kennen als zentrale Förderträger (Mittelwert: 2,17). Darüber hinaus macht eine detailliertere Analyse der Antworten deutlich, dass die befragten Unternehmen mit weniger als 250 Mitarbeitern diese Hypothese signifikant häufiger bestätigen (Mittelwert: 2,13) als Großunternehmen mit 500 und mehr Mitarbeitern (Mittelwert: 2,41).

Graphik 5-24 Hypothese Räumliche Nähe nach Größenklassen

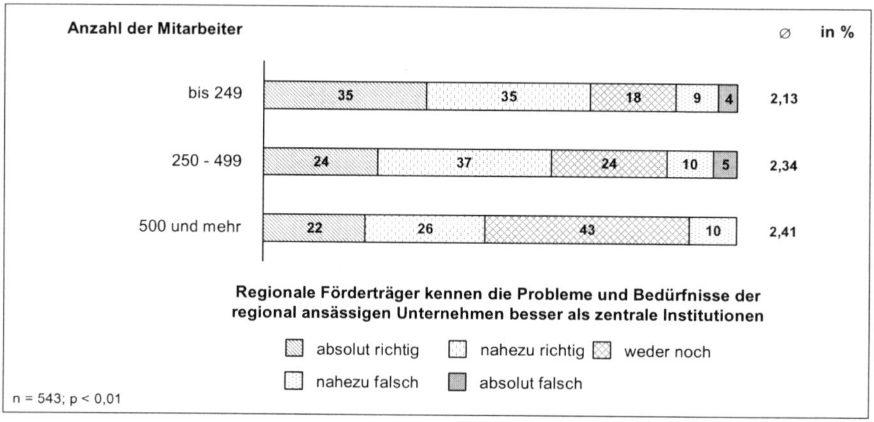

Graphik 5-25 Regionale Förderträger kennen die Probleme und Bedürfnisse der regional ansässigen Unternehmen besser als zentrale Institutionen

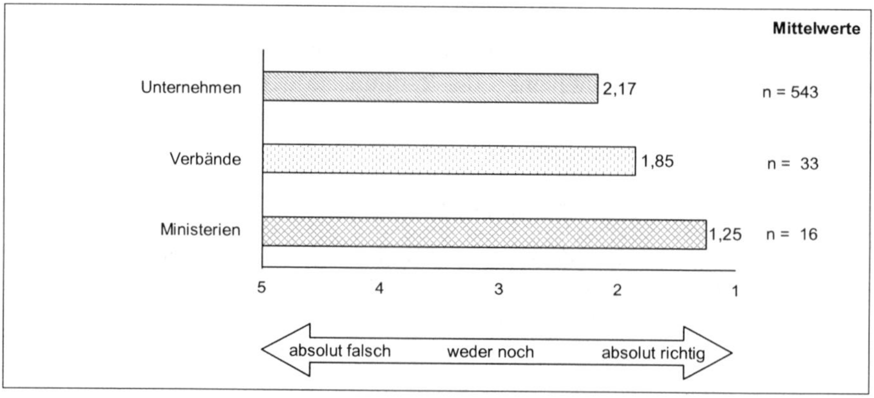

---

[114] Vgl. Hansmeyer 1985, S. 110; Hennicke; Pay 1986, S. 10 f.; Postlep 1993, S. 39.

Graphik 5-25 zeigt, dass auch die befragten Verbandsvertreter sowie die Wirtschaftsministerien der Länder die Meinung teilen, dass regionale Förderträger über bessere Kenntnisse hinsichtlich des Adressatenkreises, des Transferniveaus sowie der konkreten Ausgestaltung von Förderleistungen verfügen als zentrale Institutionen. Dabei wird deutlich, dass die Landesministerien dies nach ihrer Selbsteinschätzung in außergewöhnlich hohem Maße als gegeben sehen.
Hinsichtlich der Frage, ob diese Informationsvorteile zu einer Verringerung der staatlichen Informationsbeschaffungs-, Verwaltungs- und Kontrollkosten führen, zeigt sich, dass ein föderales Fördersystem nach Einschätzung der Wirtschaftsministerien der Länder durchaus mit diesen positiven Effekten verbunden ist, während die befragten Verbände dies eher zurückhaltend beurteilen.

Graphik 5-26 Die Informationsvorteile eines föderalen Systems führen zu einer Verringerung der Informations-, Verwaltungs- und Kontrollkosten

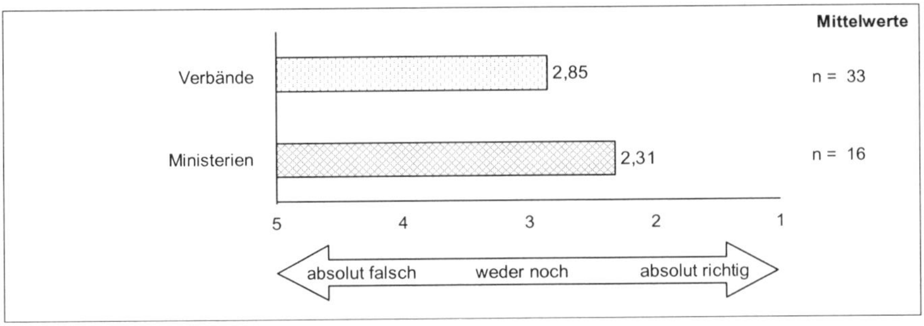

Auf der anderen Seite vergrößert die Vielzahl an Institutionen und Programmen eines föderalen Fördersystems den Kommunikations- und Abstimmungsaufwand zwischen den staatlichen Ebenen sowie den verschiedenen Fördereinrichtungen. Daher wird angenommen, dass eine föderale Aufgabenwahrnehmung u.a. aufgrund der höheren Koordinations- und Verhandlungskosten auf Seiten des Staates höhere Verwaltungskosten nach sich zieht.[115]
Die Ergebnisse der Umfragen machen jedoch deutlich, dass nach Auffassung der Wirtschaftsministerien der Länder die föderale Förderstruktur gegenüber einer zentralen Lösung nicht mit einem erheblichen finanziellen Mehraufwand verbunden ist. Auch die befragten Verbände schätzen den Unterschied zwischen beiden Lösungen als nicht besonders bedeutend ein. Somit kann festgehalten werden, dass sich nach Ansicht der befragten Akteure die Kosten für ein föderales und ein zentralisiertes Fördersystem ungefähr die Waage halten, wobei eindeutige Informationsvorteile auf Seiten der regionalen Förderträger gesehen werden.

[115] Vgl. Hennicke; Pay 1986, S. I; S. 4.

Graphik 5-27 Die föderale Struktur in der Außenwirtschaftsförderung ist mit einem erheblichen finanziellen Mehraufwand gegenüber einer zentralen Lösung verbunden

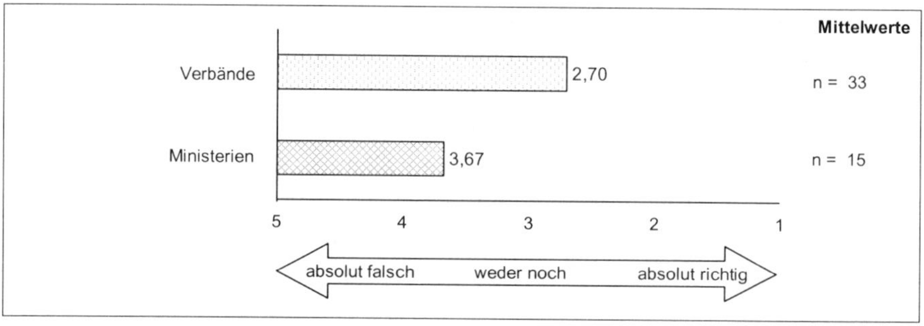

5.4.3 Bedeutung der Nutzendiffusion

Neben den Kosten, die auf Seiten des Staates anfallen, müssen in die Kosten-Nutzen-Analyse eines föderalen Fördersystems die Kosten einbezogen werden, die bei den privaten Wirtschaftssubjekten entstehen. Im Rahmen der Außenwirtschaftsförderung sind vor allem die Zeit- und Wegkosten zu berücksichtigen, die die Unternehmen bei der Nutzung der Förderleistungen zu tragen haben. Nicht zuletzt aufgrund dieser Kosten nimmt der Nutzen vieler öffentlich bereitgestellter Leistungen mit der Entfernung der Wirtschaftssubjekte vom Standort der angebotenen Fördermaßnahme ab. Man spricht von der so genannten Nutzendiffusion.[116] So wird beispielsweise ein mittelständischer Unternehmer aus dem Bayerischen Wald kaum an einer außenwirtschaftlichen Beratungs- oder Informationsveranstaltung teilnehmen, die durch eine zentrale Förderinstanz in Berlin oder an einem anderen weit entfernt liegenden Ort angeboten würde. Die Kosten einschließlich der Opportunitätskosten, die für die Wahrnehmung eines solchen Förderangebots anfielen, stünden in keinem Verhältnis zum erwarteten Nutzen.

Die Ergebnisse der Umfrage bestätigen diese Einschätzung. Es zeigt sich, dass lediglich ein Drittel der befragten Unternehmen (36%) bereit ist, für eine Veranstaltung zum Thema Außenwirtschaftsförderung weiter als 250 Kilometer zu fahren, wenn sie diese für den Geschäftserfolg als besonders wichtig erachten. Nur knapp ein Viertel würde mehr als 400 Kilometer zurücklegen (24%), lediglich 5% der befragten Unternehmen würden mehr als 800 Kilometer in Kauf nehmen.

[116] Vgl. Thöni 1981, S. 73; Apolte 1999, S. 170; Müller 2004, S. 29; Schulz; Welge 2006, S. 41.

Graphik 5-28 Maximale Distanz nach Größenklassen

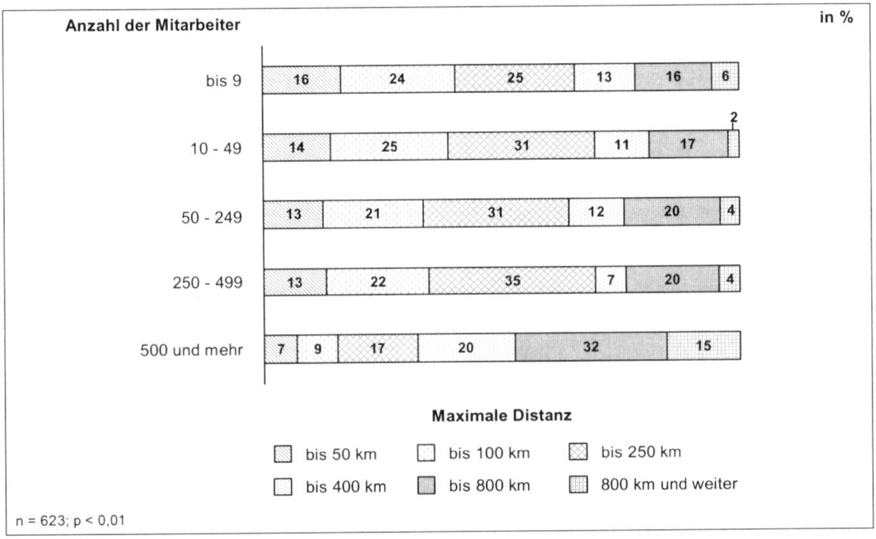

Eine Analyse dieser Befunde nach Unternehmensgrößenklassen macht deutlich, dass ein sehr signifikanter Zusammenhang zwischen der Unternehmensgröße und der maximalen Strecke besteht, die die befragten Unternehmen bereit sind, für eine Veranstaltung zum Thema Außenwirtschaftsförderung zu fahren. Demnach sind Großunternehmen sehr viel häufiger bereit, weite Strecken in Kauf zu nehmen als kleine und mittlere Unternehmen. Der erhöhte Anteil an Unternehmen, die weniger als zehn Mitarbeiter beschäftigen und bereit sind, weiter als 800 Kilometer zu fahren, ist vor allem auf Handelsunternehmen zurückzuführen. Ferner zeigt sich, dass Unternehmen mit einer Auslandsabteilung signifikant häufiger bereit sind, weitere Strecken zu fahren als Unternehmen ohne spezielle Abteilung.

Graphik 5-29 Maximale Distanz in Abhängigkeit der Existenz einer Auslandsabteilung

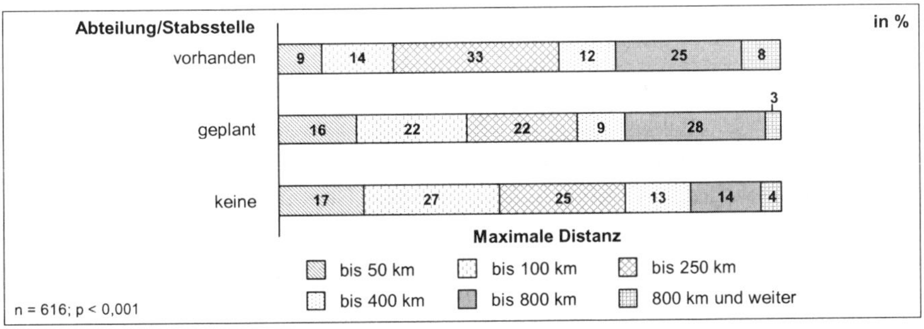

Darüber hinaus ist zu beobachten, dass die befragten Unternehmen, die bereits Maßnahmen der Außenwirtschaftsförderung genutzt haben, signifikant häufiger bereit sind, für eine Veranstaltung eine weitere Strecke zu fahren als Unternehmen, die die Förderung nicht genutzt haben.

Graphik 5-30 Maximale Distanz nach bisheriger Nutzung der Außenwirtschaftsförderung

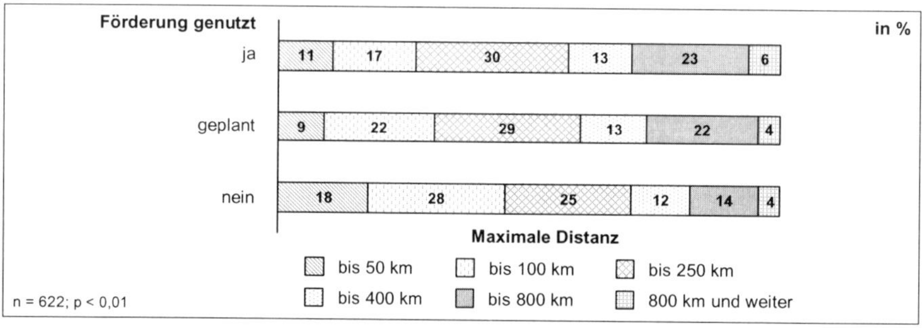

Aus diesen Befunden lässt sich ableiten, dass eine dezentrale Organisation des Förderangebotes geboten ist, wenn dieses sich zum Ziel setzt, insbesondere kleine und mittlere Unternehmen anzusprechen sowie Unternehmen, die die Förderung bisher nicht genutzt haben.

5.4.4 Bedeutung der räumlichen Nähe und des persönlichen Kontakts

Graphik 5-31 Bedeutung der räumlichen Nähe nach Größenklassen

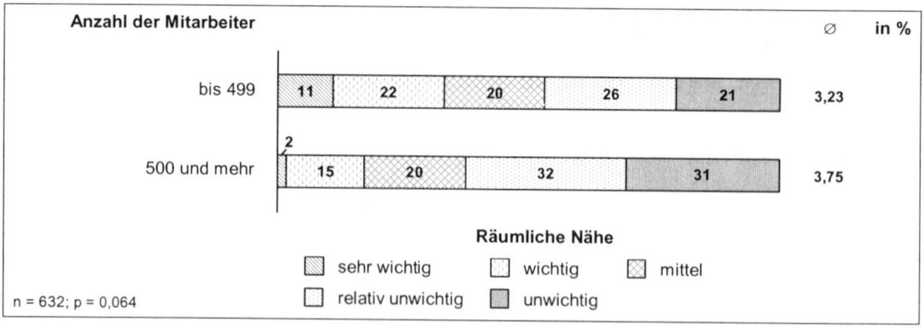

Lediglich ein Drittel der Unternehmen (32%) gibt an, dass ihm die räumliche Nähe der Förderinstitution zum jeweiligen Firmensitz wichtig oder sehr wichtig ist (Mittelwert: 3,28). Auch wenn die befragten Unternehmen der räumlichen Nähe somit insgesamt eine untergeordnete Bedeutung beimessen, lässt Graphik 5-31 erkennen, dass kleine und mittlere Unternehmen mit weniger als 500 Mitarbeitern die räumliche Nähe zur Förderinstitution als relativ wichtiger erachten (Mittelwert: 3,23) als Großunternehmen mit 500 und mehr Mitarbeitern (Mittelwert: 3,75). Auf die Frage, wie wichtig den befragten Unternehmen der persönliche Kontakt zu den Mitarbeitern der Förderinstitution ist, zeigt sich hingegen, dass drei Viertel der Unternehmen (73%) diesen als wichtig oder sehr wichtig einschätzen (Mittelwert: 2,05) und damit für sehr viel bedeutender halten als die räumliche Nähe.

Graphik 5-32 Bedeutung des persönlichen Kontakts nach Größenklassen

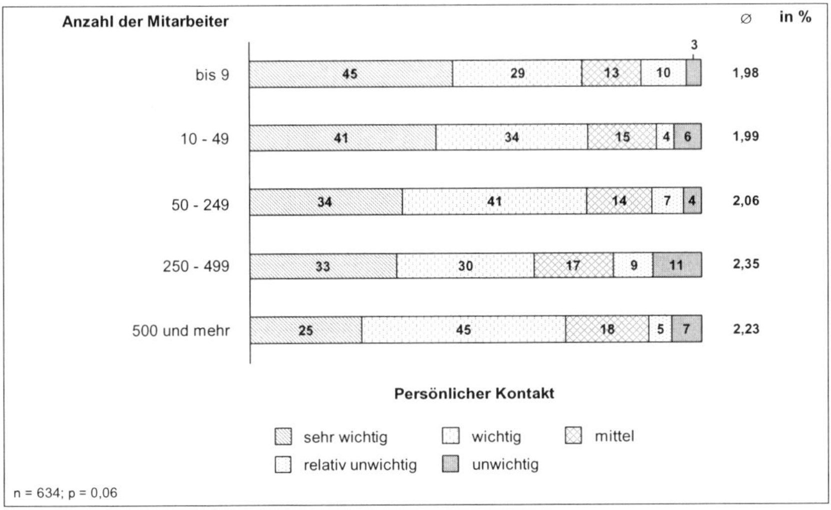

Graphik 5-33 Bedeutung des persönlichen Kontakts nach Branchen

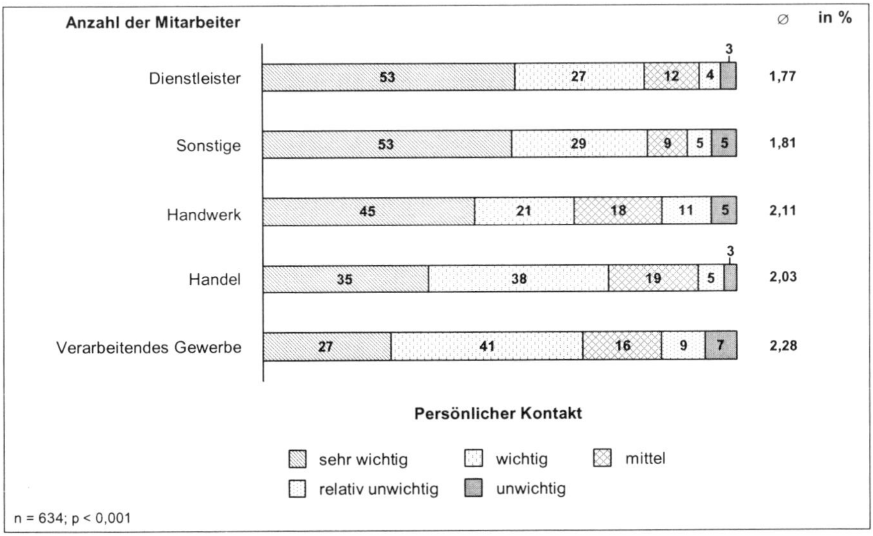

Auch bei der Frage nach der Bedeutung des persönlichen Kontakts wird deutlich, dass die befragten Unternehmen mit weniger als 250 Mitarbeitern den persönlichen Kontakt häufiger als sehr wichtig einstufen (Mittelwert: 2,00) als Unternehmen mit 250 und mehr Mitarbeitern (Mittelwert: 2,28).

Ein höchst signifikanter Zusammenhang existiert zwischen der Branchenzugehörigkeit und der Wichtigkeit des persönlichen Kontakts zu Mitarbeitern der Förderinstitution. Während 27% der befragten Unternehmen des Verarbeitenden Gewerbes den persönlichen Kontakt als sehr wichtig einstufen (Mittelwert: 2,28), sind es bei den privaten Dienstleistern, die in der Regel sehr viel stärker personenorientiert arbeiten, 53% der befragten Unternehmen (Mittelwert: 1,77).

Graphik 5-34 Bedeutung des persönlichen Kontakts nach bisheriger Nutzung der Außenwirtschaftsförderung

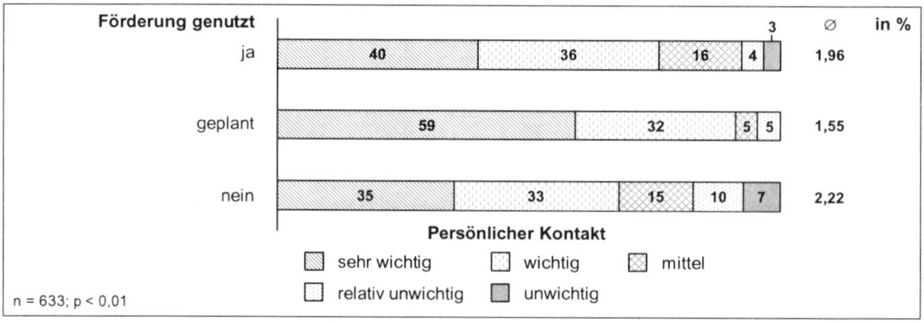

Ferner zeigt sich, dass ein ebenfalls sehr signifikanter Zusammenhang zwischen der bisherigen Nutzung der Außenwirtschaftsförderung und der Bedeutung besteht, die dem persönlichen Kontakt zu Mitarbeitern der Förderinstitution beigemessen wird. 91% der Unternehmen, die in den nächsten zwei Jahren außenwirtschaftsfördernde Maßnahmen nutzen möchten, ist ein persönlicher Kontakt wichtig oder sehr wichtig (Mittelwert: 1,55).

Graphik 5-35 Bedeutung der räumlichen Nähe nach bisheriger Nutzung der Außenwirtschaftsförderung

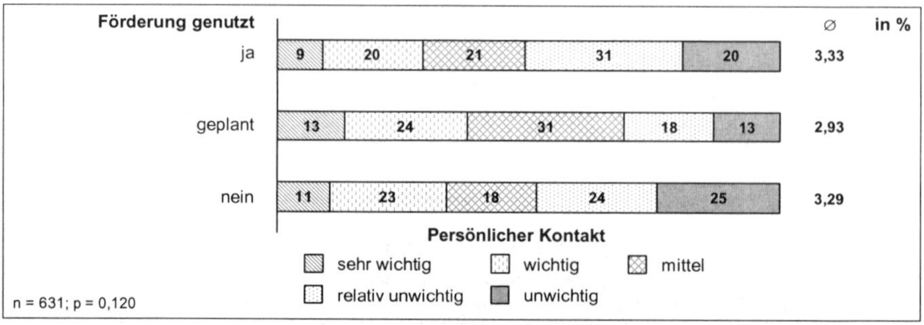

Diese Korrelation zeigt sich auch im Bezug auf die Bedeutung der räumlichen Nähe der Förderinstitution zum Firmensitz. Auch hier geben die Unternehmen, die in den kommenden beiden Jahren die Außenwirtschaftsförderung in Anspruch nehmen wollen, an, dass ihnen die räumliche Nähe im Vergleich zu den beiden anderen Kategorien mit Abstand am wichtigsten ist (Mittelwert: 2,93). Auch Unternehmen, die in den nächsten zwei Jahren für den Bereich Außenwirtschaft eine spezielle Abteilung oder Stabsstelle einrichten wollen, stufen den persönlichen Kontakt zu den Mitarbeitern der Förderinstitution häufig als besonders wichtig ein (Mittelwert: 1,56).

Graphik 5-36 Bedeutung des persönlichen Kontakts in Abhängigkeit der Existenz einer Auslandsabteilung

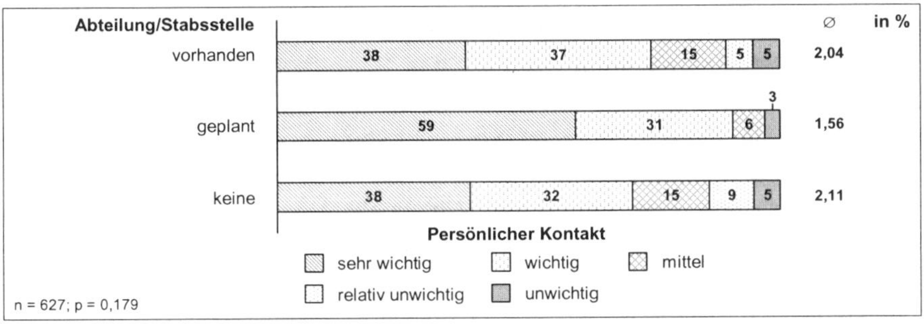

Das heißt, dass Unternehmen, die sich neu mit der Materie Außenwirtschaftsförderung beschäftigen oder aktuell planen, ihre internationalen Geschäftstätigkeiten zu verstärken, in hohem Maße den persönlichen Kontakt zu den Mitarbeitern der Förderinstitutionen suchen und sich auch wünschen, dass diese in der Nähe ihres Firmensitzes angesiedelt sind. Dieses Ergebnis legt nahe, dass das Fördersystem möglichst dezentral organisiert sein sollte, wenn es darum geht, Unternehmen im Bereich der Außenwirtschaft zu fördern, die die Förderung bisher nicht genutzt haben.

Ergänzende Interviews und Anmerkungen der Unternehmen ließen deutlich werden, dass nach Ansicht vieler Unternehmen die räumliche Nähe der Förderinstitution zum eigenen Firmensitz insbesondere aufgrund der modernen Kommunikationswege nicht mehr entscheidend ist. Ein befragtes Unternehmen schränkt diese allgemeine Einschätzung ein, indem es konkretisiert: „Wenn die Institution flexibel ist, spielt die räumliche Nähe keine Rolle, dann kann man fast alles über moderne Kommunikationsmittel regeln. Leider nutzen viele Behörden das Internet etc. jedoch schlecht bis mangelhaft, so dass man die Sachen am Besten persönlich vor Ort regelt."
In der wissenschaftlichen Diskussion wird kaum in Frage gestellt, dass Wissen

Spillover-Effekte aufweist. Einige Autoren gehen sogar davon aus, dass aufgrund der neuen und kostengünstigen Kommunikationsmittel die Spillover-Effekte durch keine geographische Grenze mehr beschränkt werden. Differenziert man jedoch zwischen Wissen und Information, wird deutlich, dass Wissen im Unterschied zur Information individuelle Erfahrung und reflexive Aneignung voraussetzt und somit an Personen gebunden und sowohl räumlich als auch zeitlich zu verorten ist. Im Gegensatz dazu sind Informationen für sich isolierbar und identifizierbar und dank moderner Kommunikationstechnologien wie etwa des Internets nicht mehr an räumlich-territoriale und materielle Kontexte gebunden. Daher weisen viele Autoren darauf hin, dass Wissen auch heutzutage am besten mit Hilfe von mehrfachem persönlichem Kontakt vermittelt werden kann und daher geographische Nähe bei der Wissensvermittlung nach wie vor eine wichtige Rolle spielt. Denn es handelt sich bei Wissen von Natur aus um ein nicht rivalisierendes Gut, das Spillover-Effekte aufweist und in ganz unterschiedlichen Kontexten wirtschaftlichen Nutzen entfalten kann.[117]
Dass selbst die Bundesländer zu groß sein können, um all diese Vorteile zu nutzen, macht eine Untersuchung deutlich, die als einen wesentlichen Erfolgsfaktor der baden-württembergischen Wirtschaftsförderung identifizierte, dass „ein dezentrales, flächendeckendes Netz von Ansprechpartnern für Kleinbetriebe aufgebaut wurde, um die Zugangsbarrieren der Kleinunternehmen zu den staatlichen Hilfsangeboten möglichst klein zu halten“[118].

5.4.5 Inanspruchnahme regionaler Förderangebote

Im Zuge seiner Untersuchungen kommt Roland Sturm zu dem Ergebnis: „Die bisherige Erfahrung hat gezeigt, daß eine effektive Förderung der KMUs immer kleinräumig organisiert war.“[119] Für die Außenwirtschaftsförderung ergab eine Prognos-Studie aus dem Jahre 1996, dass sich die räumliche Nähe und das persönliche Bekanntsein zwischen den Unternehmen und den Förderträgern positiv auf die Inanspruchnahme von Beratungsleitungen auswirken. Das Angebot von Institutionen oder Einrichtungen, die räumlich weiter entfernt ansässig sind und zu denen in Folge dessen auch keine persönliche Beziehung besteht, wird dagegen vergleichsweise seltener in Anspruch genommen und ist insgesamt weniger Unternehmen bekannt.[120] Diesen Befund unterstreicht auch das Gutachten der Boston Consulting Group im Auftrag der Berliner Se-

---

[117] Vgl. Audretsch 2000, S. 68; S. 77.
[118] Maier 1987, S. 41.
[119] Sturm 1991, S. 140.
[120] Vgl. Weidig; Ruprecht 1996, S. 70 f. Die Studie ergab, dass die IHKs, gefolgt von den jeweiligen Hausbanken, mit Abstand am häufigsten um Hilfestellung bei Außenwirtschaftsaktivitäten gebeten werden. Aktuelle Studien unterstreichen die Stabilität dieses Ergebnisses im Zeitverlauf. Vgl. Lau; Zywietz; Faix 2005, S. 42.

natsverwaltung, das aufzeigt, dass die Unternehmen die persönliche Betreuung durch die zuständigen staatlichen Stellen besonders schätzen.[121] Hieraus lässt sich die Vorteilhaftigkeit eines föderal organisierten Fördersystems ableiten.

Dennoch bleibt festzuhalten, dass laut der erwähnten Prognos-Studie die Fördermaßnahmen der Länder zum damaligen Zeitpunkt „extrem schwach in Anspruch genommen"[122] wurden. Dies wurde insbesondere auf Informationsprobleme und die Tatsache zurückgeführt, dass die Programmträger sowie die Förderangebote zum damaligen Zeitpunkt teilweise noch nicht sehr lange existierten. Zu einer ähnlichen Bewertung kommt in Teilbereichen auch ein Bericht der schleswig-holsteinischen Landesregierung über die Situation der Außenhandelswirtschaft vom März 2001. Dort heißt es:

> Gegenüber der Messebeteiligung traten die anderen Möglichkeiten finanziell unterstützter Maßnahmen zur Markterschließung deutlich in den Hintergrund. So ist die mit dem Ziel der Förderung gemeinschaftlicher Aktivitäten angebotene Unterstützung für die Gründung von Firmengemeinschaftsbüros und von Kontakt- und Beratungsstellen im Ausland noch nicht auf ein ausreichendes Interesse der Wirtschaft gestoßen, und auch die Durchführung von Außenwirtschaftsberatungen durch externe Beratungsinstitutionen ist so gut wie nicht angenommen worden. Die geringe Inanspruchnahme von geförderten Wirtschaftssymposien deutet darauf hin, dass dieses Instrument für Markterschließungen eine untergeordnete Rolle spielt.[123]

Abweichend davon weisen andere Studien jedoch darauf hin, dass die Maßnahmen der Länder insgesamt einen höheren Bekanntheits- und Nutzungsgrad aufweisen als das Angebot auf Bundesebene.[124] Im Rahmen der Studie des DIHK und der Steinbeis-Hochschule Berlin gaben 52,5% der geförderten Unternehmen an, dass sie Fördermittel auf Landesebene beantragt haben, 37,1% auf Bundesebene, 25,8% auf europäischer Ebene und 17,3% bei Institutionen des jeweiligen Ziellandes.[125]

Auch die Mehrheit der Wirtschaftsministerien teilt die Problembeschreibung

[121] Vgl. Boston Consulting Group 2004, S. 83.

[122] Weidig; Ruprecht 1996, S. 72. Auch Guido Glania konstatiert, dass „der relativ geringe Bekanntheitsgrad ein Problem der außenwirtschaftlichen Angebote der Bundesländer" sei. Glania 2002, S. 44; ähnlich Habuda et al. 1998, S. 34.

[123] Schleswig-Holsteinischer Landtag Drucksache 15/812 vom 15. März 2001, Anhang 2, S. 3. Dementsprechend werden über 90% der zur Verfügung stehenden Landesmittel im Bereich der Messeförderung ausgegeben. Vgl. Schleswig-Holsteinischer Landtag Drucksache 15/812 vom 15. März 2001, Anhang 2, S. 3.

[124] Vgl. Weinland 1996, S. 145; Kranzusch; Wallau 2001, S. 189 f.

[125] Vgl. Lau; Zywietz; Faix 2005, S. 41.

der Prognos-Studie nicht oder empfindet sie gar als „nicht nachvollziehbar", da „bereits zu diesem Zeitpunkt [...] die bereitstehenden Mittel regelmäßig ausgeschöpft" wurden. Das thüringische Wirtschaftsministerium schreibt sogar: „Falsch – offensichtlich wurden Thüringer Daten nicht einbezogen". Andere Ministerien weisen darauf hin, dass sie die Unternehmen in den letzen Jahren stärker und gezielter über das Förderangebot informieren oder die Programmträgerschaft geändert haben und eine „seitdem stetig steigende Inanspruchnahme" verzeichnen.

Auch das Ergebnis der eigenen Unternehmensbefragung zeigt, dass die drei von den befragten Unternehmen mit Abstand am häufigsten genutzten Fördermaßnahmen vom jeweiligen Bundesland angeboten werden. Insgesamt finden sich unter den zehn Instrumenten und Maßnahmen, die am zahlreichsten in Anspruch genommen wurden, jeweils fünf Förderangebote der Länder und des Bundes. Indessen sind lediglich zwei Fördermaßnahmen der Europäischen Union und eine der kommunalen Ebene unter den zwanzig am häufigsten genutzten. In dieses Bild passt auch das Ergebnis auf die Frage, von welcher staatlichen Ebene die Unternehmen im Bereich der Außenwirtschaftsförderung die beste Hilfestellung erwarten. Demnach glauben die befragten Unternehmen, dass am ehesten das jeweilige Bundesland (Mittelwert: 2,5) sie bei ihren Auslandsaktivitäten unterstützen kann; gefolgt vom Bund (Mittelwert: 2,7) und in weiterem Abstand von der Europäischen Union (Mittelwert: 3,3) und den Kommunen (Mittelwert: 3,9).

Graphik 5-37 Genutzte Instrumente und Maßnahmen

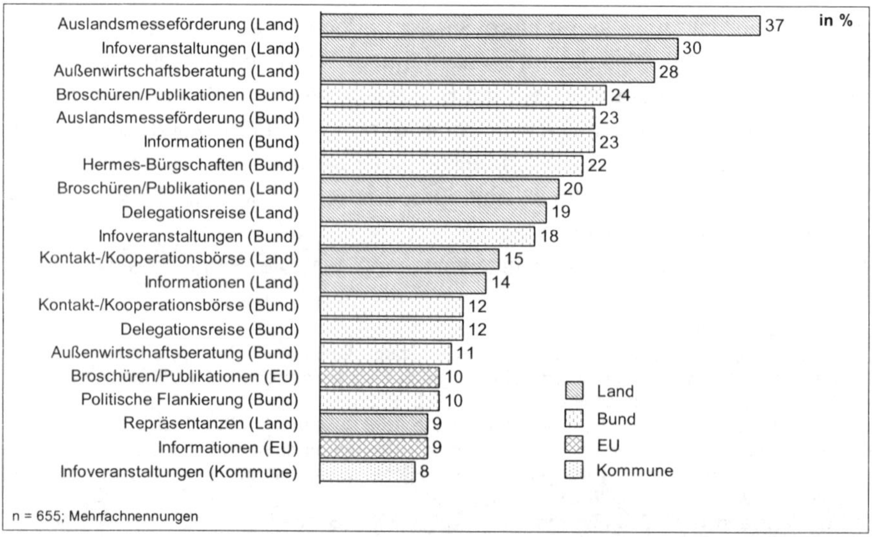

Graphik 5-38 Erwartungen der Unternehmen an die staatlichen Ebenen

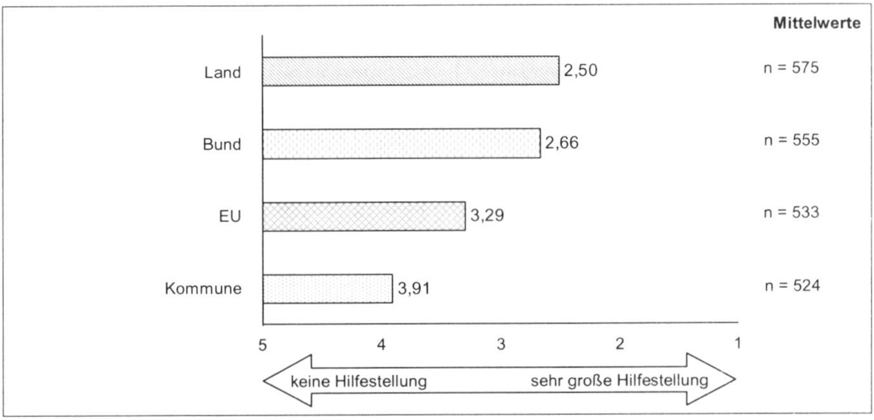

Eine detaillierte Analyse macht deutlich, dass sich bezogen auf die einzelnen staatlichen Ebenen zum Teil signifikante Unterschiede nach Unternehmensgrößenklassen zeigen: Während sich 72% der Großunternehmen mit mehr als 499 Mitarbeitern von der Bundesebene große oder sehr große Hilfestellung erwarten (Mittelwert: 2,11), sind es in der Gruppe der Unternehmen mit weniger als 500 Mitarbeitern lediglich 47% (Mittelwert: 2,72). Bezogen auf die Länder ergibt sich ein umgekehrtes Bild. Von ihnen erwarten sich die kleinen und mittleren Unternehmen signifikant häufiger Unterstützung (Mittelwert: 2,46) als die Großunternehmen (Mittelwert: 2,83). Im Hinblick auf die europäische Ebene zeigen sich nur leichte Abweichungen zwischen den Unternehmen mit weniger als 500 Mitarbeitern (Mittelwert: 3,30) und denen mit 499 und mehr Mitarbeitern (Mittelwert: 3,18). Ein ebenfalls signifikanter Zusammenhang zwischen der Unternehmensgröße und der Einschätzung, welche staatliche Ebene die beste Hilfestellung bieten kann, zeigt sich jedoch wieder hinsichtlich der Kommunen. Obwohl die Unternehmen generell wenig Hilfestellung von der kommunalen Ebene erwarten, zeigt sich, dass 29% der Unternehmen mit weniger als zehn Mitarbeitern glauben, dass diese ihnen große oder sehr große Hilfestellung bieten kann (Mittelwert: 3,55). Dahingegen erhoffen sich zwei Drittel der Großunternehmen (65%) keine Hilfestellung von den Kommunen (Mittelwert: 4,44).

Vor dem Hintergrund seiner Erfahrungen fasst ein mittelständisches Unternehmen seine Einschätzung zusammen: „Die politische Flankierung für den Mittelstand funktioniert meist nur auf Länderebene, wenn überhaupt. Seitens des Bundes sind es Lippenbekenntnisse!“ Und ein anderes Unternehmen schreibt: „Eine zentrale Förderung ist wichtig für die Großindustrie. KMU kommen in der Regel besser auf Landesebene zurecht.“

Diese Einschätzungen werden durch eine im Auftrag des Bundeswirtschaftsministeriums durchgeführte Untersuchung des Rheinisch-Westfälischen Wirtschaftsinstituts (RWI) untermauert. Demnach ist sowohl eine systematische Benachteiligung mittelständischer Unternehmen bei der Strukturförderung durch die Europäische Union als auch ein systembedingter unterrepräsentierter Anteil dieser Unternehmen an den Mitteln des Bundes festzustellen. So entfallen in Deutschland lediglich zwei bis vier Prozent der EU-Fördermittel auf mittelständische Unternehmen, wohingegen sich die Fördermaßnahmen der Länder speziell an den Mittelstand richten.[126]
Dass zentrale Institutionen in der Regel dazu neigen, Großunternehmen gegenüber dem Mittelstand zu bevorzugen, wird exemplarisch auch an einem Konzept zur politischen Flankierung von Auslandsgeschäften durch die Bundesregierung deutlich, welches das Bundeswirtschaftsministerium in den Interministeriellen Ausschuss *Außenwirtschaft* einbrachte. Danach war vorgesehen, dass sich der Bundeskanzler ab einem Auftragsvolumen von einer Milliarde Euro für ein Auslandsgeschäft engagieren würde, ein Minister ab 200 Millionen Euro, ein Staatssekretär ab zehn Millionen Euro und ein Botschafter ab einem Auftragswert von 200.000 Euro.[127] Zwar wurden die Pläne nach heftiger Kritik sowohl aus dem Bundeskanzleramt als auch von Wirtschaftsverbänden wieder zurückgezogen. Die darin zum Ausdruck kommende tendenzielle Fixierung zentraler Ebenen auf Großprojekte fasst ein mittelständischer Unternehmer dennoch treffend zusammen, wenn er kritisch anmerkt: „Bei Großunternehmen kommt der Kanzler, bei Mittelständlern nicht einmal der Bürgermeister mit nach China."

Um die Programme und Instrumente der Außenwirtschaftsförderung bei den potenziellen Nutzern bekannt zu machen, greifen die Länder auf unterschiedliche Kommunikationswege zurück. Das in Graphik 5-39 dargestellte Ergebnis der Erhebung unter den Wirtschaftsministerien der Länder zeigt, welche Priorität die Länder dabei den einzelnen Kommunikationswegen beimessen. Demnach setzen die Förderinstitutionen vor allem auf Internet, Publikationen und Informationsveranstaltungen.

Eine Analyse des Informationsverhaltens der Unternehmen macht deutlich, dass sich die befragten Unternehmen mit Hilfe verschiedener Informationskanäle über das Förderangebot informieren. Auf den ersten drei Plätzen liegen Rundschreiben, Internet, sowie Messen und Veranstaltungen.

---

[126] Vgl. Jochimsen 1999, S. 33; ähnlich Faix; Zywietz; Schulten 2003, S. 53.
[127] Vgl. Rinke 2001b.

Graphik 5-39 Bedeutung der einzelnen Kommunikationswege für die Information über das Förderangebot der Länder

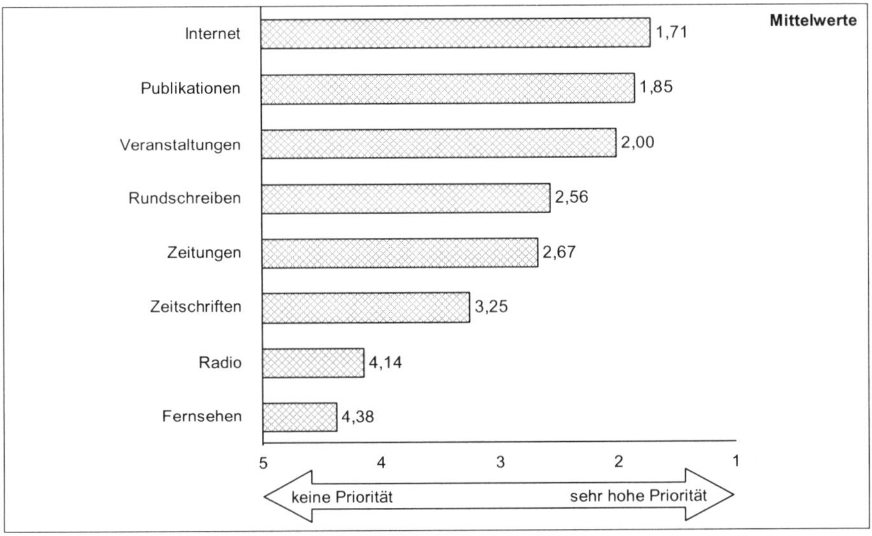

Graphik 5-40 Häufigkeit der Nutzung der Kommunikationswege durch die Unternehmen

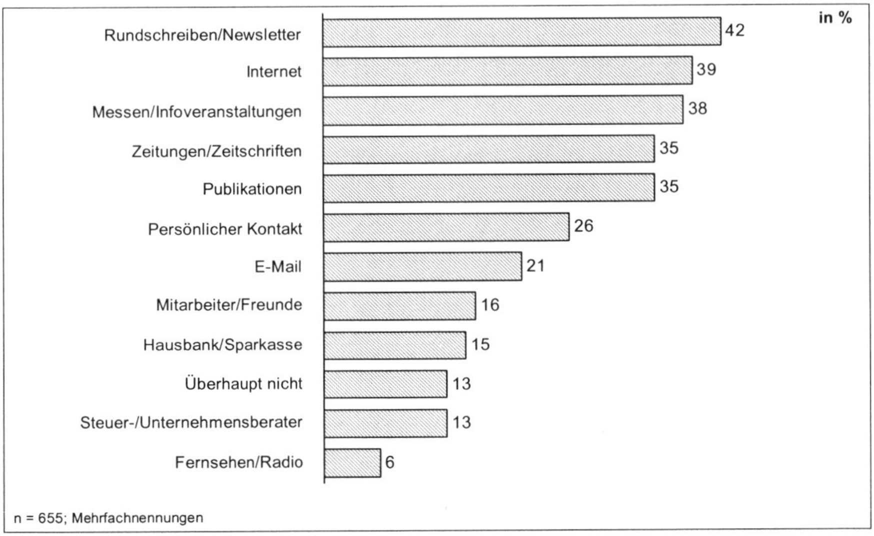

Eine differenzierte Analyse nach Unternehmensgrößenkassen ergibt keine signifikanten Unterschiede hinsichtlich der Informationswege, die von den einzelnen Größengruppen bevorzugt werden. Es zeigt sich jedoch, dass sich Unternehmen, die über eine spezielle Auslandsabteilung verfügen, signifikant häufiger über die Außenwirtschaftsförderung informieren, wobei diese Unternehmen sämtliche Informationskanäle generell stärker nutzen als Unternehmen ohne Auslandsabteilung.

5.4.6 Institutioneller Wettbewerb und Innovation

Ein weiteres Argument, das für eine föderal strukturierte Aufgabenwahrnehmung im Bereich der Außenwirtschaftsförderung spricht, ist der institutionelle Wettbewerb zwischen den Ländern, der sie dazu zwingt, die Effizienz der Instrumente und Maßnahmen zu erhöhen.[128]

Der damalige wirtschaftspolitische Sprecher der CDU-Landtagsfraktion, Uwe Eichelberg, macht in einer Rede vor dem schleswig-holsteinischen Landtag auf die Notwendigkeit sich diesem Wettbewerb zu stellen aufmerksam:

> Es ist wichtig, dass Schleswig-Holstein stärker als in der Vergangenheit erkennt, dass [...] die außenwirtschaftlichen Beziehungen von großer Bedeutung sind [...]. Es war eine bittere Erfahrung, auf den Reisen – gerade in die USA – zu erkennen, dass viele der süddeutschen und südwestdeutschen Bundesländer in der Vergangenheit erhebliche Aktivitäten entfaltet haben. Dagegen müssen wir anhalten.[129]

Graphik 5-41 Der Wettbewerb zwischen Bundesländern in der Außenwirtschaftsförderung ist positiv für den Mittelstand, da er die Effizienz der Instrumente und Maßnahmen erhöht

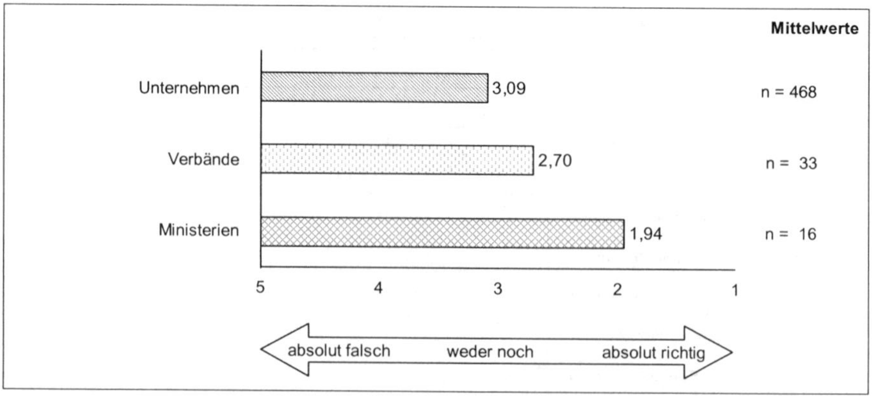

Die in Graphik 5-41 dargestellten Ergebnisse machen deutlich, dass die Wirtschaftsministerien der Länder dem Wettbewerbsargument eine große Bedeu-

[128] Vgl. Ehrenfeld 2002, S. 33.
[129] Schleswig-Holsteinischer Landtag Plenarprotokoll 15/17 vom 17. November 2000, S. 1242.

tung beimessen, die befragten Verbände und Unternehmen es jedoch als nicht besonders wichtig einstufen.
Dieses Ergebnis erweist sich als interessant vor dem Hintergrund, dass in den zurückliegenden Jahren die Föderalismusdebatte vor allem unter dem Aspekt des institutionellen Wettbewerbs geführt wurde.[130] Nun wird deutlich, dass im Bereich der Außenwirtschaftsförderung insbesondere die Programmträger dieses Konzept verinnerlicht haben, wohingegen die Zielgruppe der Fördermaßnahmen ihm keine besondere Bedeutung beimisst. Vielmehr macht ein befragtes Unternehmen auch auf die negativen Auswirkungen des institutionellen Wettbewerbs aufmerksam und liefert einen möglichen Ausweg:

> Die Bundesländer werden gegeneinander ausgespielt. Theoretisch hört sich Wettbewerb gut an. Es bedarf keiner zentralen bürokratischen Institution. Aber ein zentraler Leitliniengeber würde unnötigen ‚Wettbewerb' zwischen den Ländern minimieren.

Die Erfahrungen, die in den sechziger Jahren in der Bundesrepublik Deutschland mit der Subventionskonkurrenz gemacht wurden, zeigen, dass die Gefahr eines ineffizienten Förderwettlaufes (*rent seeking*) zwischen den Bundesländern im Kampf um interregional mobile Unternehmen besteht, der bezogen auf das Bundesgebiet erhebliche gesamtwirtschaftliche Wohlfahrtsverluste nach sich zieht.[131] Abweichend von der heute vielfach vertretenen These, der institutionelle Wettbewerb verhindere, dass die Staatsaktivitäten durch das eigennutzgetriebene Handeln der staatlichen Akteure über die Präferenzen der Wirtschaftssubjekte hinaus anwachsen,[132] führte der Standortwettbewerb in seiner damaligen Ausprägung dazu, dass die Staatstätigkeit ausgeweitet und die Staatsausgaben erhöht wurden. Als Ausweg aus dieser Subventionsspirale verbanden sich die Länder zu einem „defensiven Kartell"[133] und machten sich parallel dazu immer stärker von der Unterstützung des Bundes abhängig.[134]
Daher darf nicht außer Acht gelassen werden, dass grundsätzlich auch die Außenwirtschaftsförderung dem Subventionswettbewerb zwischen den staatlichen Ebenen und den Programmträgern unterliegt. Es ist deshalb zu fragen, ob durch erhebliche Unterschiede in den Förderintensitäten nicht Standortvorteile erreicht werden sollen, die in ihrer Konsequenz zu einer Überförderung führen.[135]

---

[130] Vgl. Apolte 1999, S. 168.
[131] Vgl. Scharpf; Reissert; Schnabel 1976, S. 77 ff.; Hennicke; Pay 1986, S. 14; Scharpf 2003, S. 7; Röller 2005, S. 7.
[132] Vgl. Schnellenbach 2003, S. 106.
[133] Scharpf 1999.
[134] Vgl. Scharpf; Reissert; Schnabel 1976, S. 78.
[135] Vgl. Hennicke; Pay 1986, S. 5.

Darüber hinaus können die von den einzelnen Bundesländern entwickelten außenwirtschaftsfördernden Instrumente und Maßnahmen als Experimente verstanden werden. Erweist sich eine Aktivität als erfolgreich, wird sie von anderen Ländern oder der Bundesebene übernommen und weiterentwickelt. So heißt es in einem Bericht der schleswig-holsteinischen Landesregierung über das Vorgehen bei der strategischen und konzeptionellen Neuausrichtung der Außenwirtschaftspolitik des Landes:

> Dazu hat die Arbeitsgruppe vorliegende Gutachten und Erfahrungen anderer Bundesländer ausgewertet, sich ergänzend Expertenrat geholt sowie die besonderen Bedarfe der schleswig-holsteinischen Unternehmen über eine gesonderte IHK-Umfrage ausgelotet.[136]

Graphik 5-42 zeigt, dass sowohl die Wirtschaftsministerien der Länder als auch die befragten Verbände die Innovationsleistung der Länder im Bereich der Außenwirtschaftsförderung im Vergleich zum Wettbewerbsargument höher einschätzen. Es zeigt sich aber wiederum, dass auch in dieser Frage die Ministerien die eigenen Verdienste bedeutend höher bewerten als die Wirtschaftsvertreter.

Graphik 5-42 Es ist ein Verdienst der Bundesländer, in den letzten Jahren neue Instrumente der Außenwirtschaftspolitik erfolgreich eingeführt zu haben

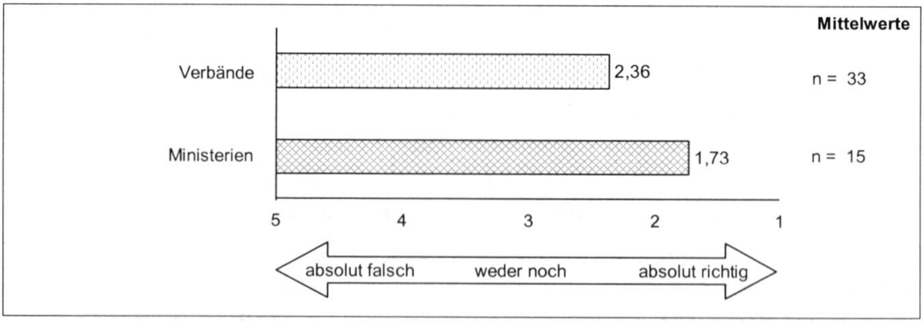

Auf das erhebliche Innovationspotenzial, das durch die föderale Aufgabenwahrnehmung auf dem Gebiet der Außenwirtschaftsförderung freigesetzt wurde, wird auch in einer Drucksache des Bundestages verwiesen. Dort wird konstatiert:

[136] Schleswig-Holsteinischer Landtag Drucksache 15/1827 vom 30. April 2002, S. 19; ähnlich Sächsischer Landtag Plenarprotokoll 02/54 vom 17. April 1997, S. 3915; Brüser 2005.

> Das ‚Drei-Säulen-Konzept' der Bundesregierung [...] wird den stark mittelständisch geprägten Wirtschaftsstrukturen Deutschlands nicht gerecht. [...] Es ist ein Verdienst der Bundesländer, in den letzten Jahren neue Instrumente der Außenwirtschaftspolitik erfolgreich eingeführt zu haben. Dies sind insbesondere umfassende Beratungsmaßnahmen, Deutsche Häuser, Firmenpools und andere Kooperationsformen.[137]

Der Föderalismus bietet somit Experimentiermöglichkeit für institutionelle Erneuerungen und Fortschritte, da die in den Bundesländern gesammelten Erfahrungen und Erkenntnisse für die schrittweise Optimierung des Leistungsangebots im Bereich der Außenwirtschaftsförderung auf allen staatlichen Ebenen genutzt werden können.[138]

Die bisherigen Untersuchungen haben gezeigt, dass bestimmte Faktoren für die Zentralisierung der öffentlichen Außenwirtschaftsförderung sprechen, wohingegen andere eine Dezentralisierung nahe legen. Bei den beiden Optionen handelt es sich jedoch nicht um Alternativen, sondern um Extreme. Daher kommt Robert Schwager zu dem Ergebnis: "[A] constitution that is intermediate between full centralization and full decentralization is preferable to both extremes"[139]. Nachdem die spezifischen Vor- und Nachteile einer zentralistischen sowie einer föderalen Aufgabenwahrnehmung im Bereich der Außenwirtschaftsförderung aus der Sicht der Akteure analysiert wurden, sollen im Folgenden die Vorzüge und Schwachstellen der Zwischenformen näher beleuchtet werden.

5.5 Analyse einer zentralen Rahmensetzung

5.5.1 Rahmengesetzgebung des Bundes

Auf der Grundlage der Ergebnisse der ökonomischen Theorie des Föderalismus konstatiert Robert Schwager:

> It seems sensible that both the central state and lower level authorities should jointly provide public goods. One arrangement in this sense assigns to the central state the right to decide on general rules about how a specific function has to be performed. [...] This central decision is coupled with decentralized decisions about how to apply these general rules in every single case.[140]

[137] Deutscher Bundestag Drucksache 13/5754 vom 10. Oktober 1996, S. 1 f.
[138] Vgl. hierzu auch Ehrenfeld 2003, S. 14.
[139] Schwager 1999, S. 303; ähnlich Bühner 2004, S. 124.
[140] Schwager 1999, S. 283.

In der Diskussion über die Schwachstellen der föderal strukturierten Außenwirtschaftsförderung wird die Auffassung vertreten, dass nur dann, wenn das gesamte Fördersystem möglichst einheitlich und transparent gestaltet sei, von der Programmstruktur und der Ausgestaltung der Einzelmaßnahmen keine wettbewerbsverzerrenden Wirkungen ausgehen. Diese Position unterstreicht eines der befragten Unternehmen, das vor dem Hintergrund seiner eigenen Erfahrungen anmerkt:

> Die Differenz in der Außenwirtschaftsförderung (spez. Messe-) zwischen den Bundesländern schafft eine ungleiche Konkurrenz-Situation.

Die unterschiedlichen Förderkonditionen der Bundesländer führen dazu, dass mittelständische Unternehmen aus Hamburg oder Nordrhein-Westfalen keine Zuschüsse zur Außenwirtschaftsberatung beantragen können, während etwa ein Mitbewerber aus Brandenburg im Rahmen des landeseigenen Förderprogramms bei einer Zuschusshöhe von maximal 50% bis zu 50.000 Euro in drei Jahren erhalten kann.[141] Auch die Bundesregierung hat in den Anfangsjahren der Förderaktivitäten auf Länderebene eine derartige Gefahr gesehen und daher geprüft, „ob ein besonderes Rückbürgschaftsinstrument geschaffen werden soll, das [...] die bereits in einigen Bundesländern ergriffenen Maßnahmen auf diesem Gebiet mit dem Ziel der Vermeidung von Wettbewerbsverzerrungen innerhalb des Bundesgebietes vereinheitlicht“[142]. Einige Länder sehen ebenfalls die Notwendigkeit einer Harmonisierung der Förderaktivitäten. So betont die baden-württembergische Landesregierung:

> Weitere Aktivitäten des Landes beziehen sich auf die Harmonisierung der Förderkonditionen bei Gruppen- und Landesmaßnahmen zwischen Bund und Bundesländern.[143]

Dies könnte durch eine Rahmengesetzgebung des Bundes erreicht werden. Neben der ausschließlichen und der konkurrierenden Gesetzgebungskompetenz kennt das Grundgesetz für die Bundesrepublik Deutschland noch eine dritte selbständige Art der Bundesgesetzgebung: die in Artikel 75 des Grundgesetztes verankerte Rahmengesetzgebung. Im Vergleich zur Kompetenz des Bundes im Bereich der konkurrierenden Gesetzgebung sind die Spielräume der Bundesebene beim Erlass von Rahmengesetzen inhaltlich stark begrenzt. Denn der Bund ist nur befugt, den Rahmen bzw. grobe Eckpunkte vor-

---

[141] Siehe Tabelle 3-2 auf S. 137.

[142] Deutscher Bundestag Drucksache 08/578 vom 15. Juni 1977, S. 2; ähnlich Deutscher Bundestag Drucksache 07/5248 vom 21. Mai 1976, S. 60; Deutscher Bundestag Plenarprotokoll 08/122 vom 06. Dezember 1978, S. 9478.

[143] Landtag von Baden-Württemberg Drucksache 12/1405 vom 23. April 1997, S. 13.

zugeben, während die Bundesländer die Regelungen im Einzelnen selbst ausgestalten und umsetzen.[144]
Zwischen der Bundesebene und den Ländern kommt es immer wieder zu Meinungsverschiedenheiten hinsichtlich der Frage, wie weit die Rahmengesetze Detailregelungen enthalten dürfen. In den Leitsätzen zu seinem Urteil zum Fünften Gesetz zur Änderung des Hochschulrahmengesetzes vom 27. Juli 2004 legt der Zweite Senat des Bundesverfassungsgerichtes seine Position in dieser Auseinandersetzung dar:

> Die Rahmengesetzgebung des Bundes ist auf inhaltliche Konkretisierung und Gestaltung durch die Länder angelegt. Den Ländern muss ein eigener Bereich politischer Gestaltung von substantiellem Gewicht bleiben.[145]

Demnach kann eine Rahmenvorschrift in Ausnahmefällen zwar durchaus zu genau definierten einzelnen Punkten vollständige und unmittelbar geltende Regelungen enthalten, die Bundesländer müssen aber darüber hinaus prinzipiell über eigene, bedeutende Regelungsmöglichkeiten verfügen. Nur für den Fall, dass gewichtige gesamtstaatliche Interessen – wie die Wahrung der Einheit des Rechts- oder Wirtschaftsraumes oder die Gewährleistung des Rechtsguts der gleichwertigen Lebensverhältnisse im gesamten Bundesgebiet – für eine bundeseinheitliche Regelung sprechen, darf eine Rahmenvorschrift auch so ausgestaltet sein, dass der eigenständige Gestaltungsspielraum der Länder eingeschränkt wird.[146]

Graphik 5-43 Sollen von der Programmstruktur und den Einzelmaßnahmen keine wettbewerbsverzerrenden Wirkungen ausgehen, so muss das gesamte Fördersystem möglichst einheitlich gestaltet werden

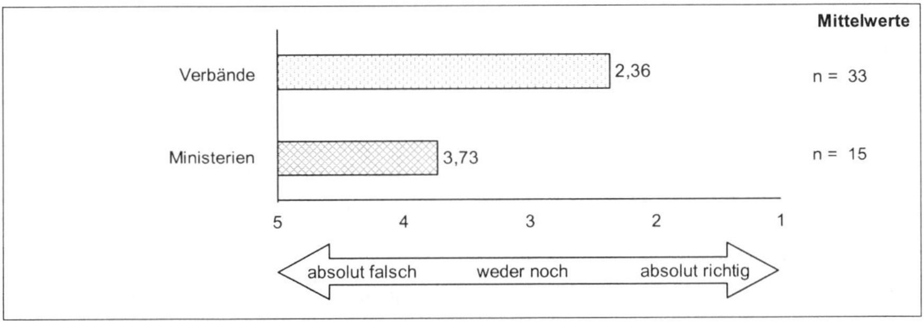

[144] Vgl. BVerfG, 2 BvF 2/02 vom 27. Juli 2004, Absatz-Nr. 80.
[145] BVerfG, 2 BvF 2/02 vom 27. Juli 2004.
[146] Vgl. BVerfG, 2 BvF 1/03 vom 26. Januar 2005, Absatz-Nr. 64 ff.

Graphik 5-44 Die föderale Struktur in der Außenwirtschaftsförderung lässt Wettbewerbsverzerrungen entstehen

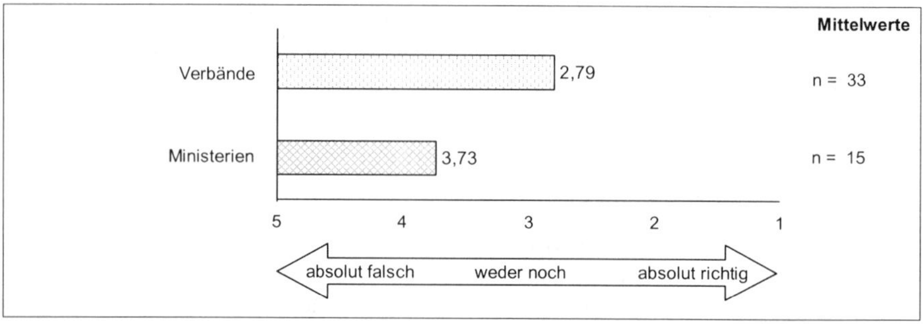

Hinsichtlich der Frage, inwieweit es im Zuge der unterschiedlichen Ausgestaltung der Fördermaßnahmen in den einzelnen Bundesländern zu Wettbewerbsverzerrungen kommt, die die Einheit des Wirtschaftsraumes gefährden könnten, machen die Ergebnisse der Umfragen deutlich, dass die Wirtschaftsministerien der Länder diese Befürchtung nicht teilen, die befragten Verbände der Thematik jedoch zumindest eine gewisse Relevanz beimessen. Bei der Interpretation, ab wann das Rechtsgut der gleichwertigen Lebensverhältnisse im gesamten Bundesgebiet in Gefahr sei, entzündete sich in den letzten Jahren wiederholt Streit zwischen dem Bund und den Ländern.

Hinsichtlich der staatlichen Aktivitäten im Bereich der Außenwirtschaftsförderung erweist sich das Instrument der Rahmengesetzgebung jedoch nicht zuletzt aufgrund der Systematik des Grundgesetzes, die das Recht der Wirtschaft dem Bereich der konkurrierenden Gesetzgebung zuordnet, als wenig geeignet. Ferner mündete die Arbeit der Kommission von Bundestag und Bundesrat zur Modernisierung der bundesstaatlichen Ordnung in einer generellen Abschaffung der Rahmengesetzgebung:

> Die Kategorie der Rahmengesetzgebung mit der Notwendigkeit von zwei nacheinander geschalteten Gesetzgebungsverfahren auf der Ebene des Bundes und in den Ländern hat sich [...] als ineffektiv erwiesen und [...] nicht bewährt. [...] Die Rahmengesetzgebung wird daher insgesamt abgeschafft und die bislang dieser Kompetenzart zugeordneten Materien werden sachgerecht zwischen Bund und Ländern aufgeteilt.[147]

[147] Deutscher Bundestag Drucksache 16/813 vom 07. März 2006, S. 8.

5.5.2 Beihilfenkontrolle der Europäische Kommission

Einige Autoren betonen, dass ein funktionsfähiger institutioneller Wettbewerb zwischen Gebietskörperschaften nur dann zu gewährleisten sei, wenn er – analog zu den Kartellbehörden im Bereich des Wettbewerbs zwischen Unternehmen – durch eine politisch unabhängige ordnungspolitische Instanz geschützt wird. Nur so lassen sich Wettbewerbsverzerrungen und volkswirtschaftliche Fehlentwicklungen, wie Subventionswettbewerb, vermeiden.[148] Spätestens seit der Verwirklichung des Gemeinsamen Binnenmarktes müssen viele Regelungen zur Gewährleistung der Wirtschaftseinheit auf europäischer Ebene getroffen werden.[149] So sieht die Europäische Kommission beispielsweise hinsichtlich der Förderung von kleinen und mittleren Unternehmen die Notwendigkeit einer einheitlichen KMU-Definition innerhalb der Europäischen Union:

> In a single market with no internal frontiers, it is essential that measures in favour of SMEs are based on a common definition to improve their consistency and effectiveness, and to limit distortions of competition. This is all the more necessary given the extensive interaction between national and EU measures to help SMEs in areas such as regional development and research funding.[150]

Daher hat die Europäische Kommission 1996 erstmals eine Empfehlung zur Definition von kleinen und mittleren Unternehmen vorgelegt, die zum 01. Januar 2005 überarbeitet und aktualisiert wurde. Auch wenn es sich hierbei nicht um eine verbindliche Definition handelt, empfiehlt die Kommission allen Mitgliedstaaten der Europäischen Union, bei ihren Förderprogrammen diese Kriterien zu übernehmen.[151] Um die beihilferechtliche Prüfung zu vereinfachen und von routinemäßigen Fällen entlastet zu werden, stuft die Europäische Kommission auf der Grundlage ihrer Verordnung (EG) Nr. 70/2001 vom 12. Januar 2001 prinzipiell alle Fördermaßnahmen für kleine und mittlere Unternehmen als mit dem Gemeinsamen Markt vereinbar ein, wenn diese unter anderem die europäische KMU-Definition anwenden. Aus diesem Grund sind solche Beihilferegelungen auch von der Anmeldepflicht nach Artikel 88 Absatz 3 EG-Vertrag freigestellt.[152] In zwei beihilferechtlichen Prüfverfahren nach Artikel 88 Absatz 2 EG-Vertrag hat die Kommission deutlich gemacht, dass sie

---

[148] Vgl. Apolte 1999, S. 95.
[149] Vgl. Scharpf 2003, S. 9 f.
[150] European Commission 2005, S. 6.
[151] Vgl. European Commission 2005, S. 6.
[152] Vgl. Amtsblatt der Europäischen Union Nr. L 010 vom 13. Januar 2001, S. 33-42; siehe hierzu auch die Ausführungen in Abschnitt 2.1.1.2.

trotz ihres prinzipiell weiten Ermessensspielraums bei der Genehmigung von zusätzlichen Beihilfebeträgen sehr restriktiv verfährt und sich nicht gewillt zeigt, „großzügigere Beihilfemaßnahmen und höhere Beihilfeintensitäten zuzulassen"[153]. Dies hat dazu geführt, dass die meisten Förderträger in ihren Richtlinien die Kriterien der Europäischen Kommission übernommen haben, um in den Genuss der Freistellung zu kommen. Daher zeigt ein Vergleich der Förderkonditionen der einzelnen Bundesländer aus dem Jahr 1997 mit denen des Jahres 2005 hinsichtlich des Kreises der begünstigten Unternehmen einen sehr klaren Trend zur Vereinheitlichung.[154]
Im Zuge der Angleichung haben einige Länder wie Bayern oder Schleswig-Holstein den Kreis der antragsberechtigten Unternehmen zum Teil erheblich eingeschränkt. Andere Bundesländer wie Niedersachsen oder das Saarland haben hingegen die Schwellenwerte angehoben.
Zwar handelt es sich bei den von der Europäischen Kommission definierten Schwellenwerten ausdrücklich um Höchstwerte, die von den einzelnen Förderträgern unterschritten werden können,[155] in der Realität zeigt sich aber, dass die Bundesländer, die ihren Förderaktivitäten bis dato niedrigere Grenzwerte zugrunde gelegt hatten, ihre Förderkriterien auf das Niveau der EU-Definition angehoben haben. Dadurch wird das von der Europäischen Union beabsichtigte Ziel der Beschränkung der staatlichen Beihilfe nur bedingt erreicht.
Insgesamt ist jedoch zu konstatieren, dass die europäische Beihilfenkontrolle der staatlichen Wirtschaftsförderung mit Hilfe von Subventionen schon heute enge Grenzen setzt und die Fördermaßnahmen in den zurückliegenden Jahren merklich eingeschränkt wurden.[156] Kritiker argwöhnen sogar, dass die Außenwirtschaftsförderung des Bundes und der Länder aufgrund der EU-Vorgaben auf Unternehmen beschränkt werden könnte, die zu klein sind, um dauerhaft erfolgreich international tätig zu sein.[157] Derartige Befürchtungen erscheinen zum gegenwärtigen Zeitpunkt jedoch nicht berechtigt. Vielmehr könnte die Europäische Kommission ihre Rolle als ordnungspolitische Kontrollinstanz noch stärker wahrnehmen. Als Problem erweist sich in diesem Zusammenhang jedoch, dass die europäische Ebene bisher eigene Programme anbietet. Als ordnungspolitische Instanz sollte sie sich derartiger Aktivitäten jedoch enthalten.

---

[153] Amtsblatt der Europäischen Union Nr. L 091 vom 08. April 2003, S. 20; sowie ähnlich Amtsblatt der Europäischen Union L 202 vom 09. August 2003, S. 17.
[154] Vgl. zu den 1997 geltenden Förderkonditionen Ehrenfeld 1997, S. 24-32.
[155] Vgl. European Commission 2005, S. 8.
[156] Vgl. Scharpf 2003, S. 8; Röller 2005, S. 7.
[157] Vgl. Cichy 1996.

5.6 Analyse einer horizontalen Kooperation zwischen den föderalen Gebietskörperschaften

5.6.1 Kooperationsnotwendigkeit

Die im Abschnitt 2.5 thematisierten tief greifenden Veränderungen der Weltwirtschaft, die allgemein mit den Begriffen *Globalisierung* und *Regionalisierung* umschrieben werden, stellen die wirtschaftspolitischen Entscheidungsträger auf der Ebene der subnationalen Gebietskörperschaften vor neue Herausforderungen. Durch diese Entwicklung wird die vertikale Struktur föderativer Systeme, die traditionell das Verhältnis zwischen der zentralen Ebene und den Gliedstaaten bestimmt hat, zunehmend durch einen prozesshaften Charakter der Politik abgelöst. Dabei hängt der Erfolg politischen Handelns immer stärker von der Fähigkeit ab, bei der Lösung globaler und regionaler Probleme kooperativ und effizient mitzuarbeiten. Auf regionaler und kommunaler Ebene ist hierfür der Aufbau von Netzwerken zwischen staatlichen und nicht-staatlichen Akteuren auch über Staatsgrenzen hinweg von wachsender Bedeutung.[158] So haben sich beispielsweise vier dänische Inseln um die Hauptstadt Kopenhagen und die schwedische Region Skåne zum gemeinsamen Wirtschaftsraum Øresund zusammengeschlossen.[159]

> In einer Zeit der Globalisierung können diese notwendigen Rahmenbedingungen für eine positive wirtschaftliche Dynamik im weitesten Sinne nur noch durch überregional abgestimmtes Handeln gesichert und entwickelt werden. Die Anforderungen sind heute meist nicht mehr von einzelnen und kleinteiligen Gebietskörperschaften zu erfüllen. Konkurrenz einzelner Standorte macht im Zeitalter der Globalisierung keinen Sinn, sondern es geht um einen Wettbewerb von Standorträumen, d.h. von Regionen.[160]

Vor dem Hintergrund dieser Entwicklungen tritt auch die horizontale Dimension der Beziehung der Bundesländer untereinander stärker in den Vordergrund. Von zentraler Bedeutung ist hierbei die Frage, ob das Verhältnis der Länder untereinander stärker durch Kooperation oder Wettbewerb geprägt ist. Die wachsende Standortkonkurrenz zwischen den Bundesländern und die Überlegenheit einiger Gliedstaaten, ihre Interessen auch international zu vertreten, birgt nach Auffassung von Beobachtern die Gefahr, dass es zu einer Entsolidarisierung unter den Ländern kommt.[161] Während es Bundesländern wie

---

[158] Vgl. Fischer 1999, S. 134.
[159] Siehe Øresund Network AB 2006.
[160] Schleswig-Holsteinischer Landtag Drucksache 15/435 vom 15. September 2000, S. 4.
[161] Vgl. Sturm 1991, S. 115; Fischer 1999, S. 135.

Bayern, Baden-Württemberg oder Nordrhein-Westfalen wesentlich leichter fällt, ein umfassendes Netzwerk an Auslandskontakten aufzubauen, da sie über erheblich größere personelle und finanzielle Ressourcen verfügen, können sich kleinere und finanzschwächere Länder den damit verbundenen administrativen Aufwand häufig nicht leisten, obwohl gerade bei ihnen ein großer Handlungsbedarf besteht. Die Möglichkeit einzelner Länder, Beziehungen zu anderen, in der Regel wirtschaftsstarken bzw. zukunftsträchtigen Regionen in anderen Staaten mit ähnlicher Wirtschaftsstruktur aufzubauen und zu pflegen, ermöglicht es ihnen, ihre Wettbewerbsvorteile weiter auszubauen.[162] Dieser Befürchtung verleiht exemplarisch die schleswig-holsteinische Landesregierung Ausdruck, wenn sie betont, dass derartige Entwicklungen „zu einem asymmetrischen Bundesstaat [führen] und [...] die bundesstaatliche Ordnung"[163] schwächen.

Die Gefahr, dass sich auf Dauer eine Art Zweiklassen-Föderalismus mit der Tendenz zur Entsolidarisierung zwischen den Bundesländer etabliert, wird vor allem dadurch verstärkt, dass die interregionalen Kontakte zwischen nicht benachbarten Regionen in der Regel primär der Vernetzung zum gegenseitigen politischen und ökonomischen Nutzen und als Instrument zur gegenseitigen Verbesserung der internationalen Wettbewerbsposition dienen.[164]

Eine institutionalisierte Koordination oder Abstimmung zwischen den Bundesländern bezüglich ihrer Auslandsaktivitäten gibt es bisher nicht. Zwar findet im Rahmen der Bund-Länder-Ausschüsse ein Informationsaustausch zwischen den Landesregierungen statt, dieser konnte jedoch nicht verhindern, dass es vor allem in wirtschaftlich interessanten Regionen zu konkurrierenden Überschneidungen kam. So konzentrierten sich etwa die Aktivitäten mehrerer Bundesländer bei der Kooperation mit Russland nach 1990 auf die Regionen Moskau und Sankt Petersburg.[165] Ein Bericht der Frankfurter Allgemeinen Zeitung thematisiert die Problematik:

> Als der bayerische Ministerpräsident Edmund Stoiber im April 1995 mit Unternehmern seines Landes Peking besuchte, hielten sich Delegationen von Baden-Württemberg und Nordrhein-Westfalen, der Stuttgarter Oberbürgermeister sowie Vorstände von drei großen deutschen Industrieunternehmen in der chinesischen Hauptstadt auf. Alle Besucher rangelten um dieselben Gesprächspartner – die wirtschaftspolitischen Entscheidungsträger der Volksrepublik.

---

[162] Vgl. Knodt 1998, S. 166; siehe exemplarisch Bürgerschaft der Freien und Hansestadt Hamburg Drucksache 17/926 vom 07. Juni 2002.
[163] Schleswig-Holsteinischer Landtag Drucksache 15/231 vom 04. Juli 2000, S. 25.
[164] Vgl. Fischer 1999, S. 137; Baum 2003; abweichend Scharpf 2003, S. 9.
[165] Vgl. Backhausen 2001.

> Das ist Ausdruck lebhaften Wettbewerbs. Aber bisweilen könnte auch ein wenig Koordination nicht schaden – jedenfalls nicht bei der staatlichen Förderung. Sonst kommt es zu unproduktiven Parallelaktionen[166].

Bei den Bundesländern handelt es sich nicht um Regionen im Sinne homogener Wirtschaftszonen. Vielmehr verlaufen ihre Grenzen häufig aus ökonomischer Sicht zufällig und zerteilen wirtschaftsgeographisch zusammengehörende Siedlungs- und Wirtschaftsregionen.[167] So konstatiert beispielsweise der schleswig-holsteinische Wirtschaftsbericht 2002: „Schleswig-Holstein und Hamburg sind ein gemeinsamer Wirtschaftsraum, den es gemeinsam zu stärken und darzustellen gilt."[168] Folgerichtig haben beide Länder ihre Kooperation im Bereich der Außenwirtschaftspolitik in den zurückliegenden Jahren verstärkt:

> Der norddeutschen Zusammenarbeit kommt in der Außenwirtschaft eine steigende Bedeutung zu. Die Verzahnung von Aktionen ist mit der Freien und Hansestadt Hamburg am weitesten gediehen. Auch die anderen norddeutschen Länder haben Interesse gezeigt, sich in diese Zusammenarbeit einzubringen[169].

Aufgrund der erheblichen wirtschaftlichen Verflechtungen mit seinen Nachbarländern hat Hamburg im Bereich der Außenwirtschaft auf politischer Ebene auch ein Kooperationsabkommen mit dem Land Niedersachsen abgeschlossen.[170] Auch andere Länder kooperieren bereits seit Jahren miteinander. So findet beispielsweise eine permanente Abstimmung der Außenwirtschaftspolitik der fünf neuen Bundesländer auf Referentenebene statt.[171]

Dass eine Reihe von Landespolitikern einer stärkeren horizontalen Kooperation der Länder persönlich hohes Gewicht beimisst, zeigt exemplarisch ein Redebeitrag des damaligen schleswig-holsteinischen Ministers für Wirtschaft, Technologie und Verkehr, Bernd Rohwer:

> Ich möchte noch einen Punkt ansprechen, der mir persönlich sehr wichtig ist. Wir sind gut beraten, in der Außenwirtschaftspolitik, in der Außenwirtschaftsförderung noch enger als bisher mit Hamburg zusammenzuarbeiten. [...] Ich

---

[166] Stuewe 1995, S. 11.
[167] Vgl. Ohmae 1996; Sturm 1991, S. 146; Scharpf; Benz 1991, S. 17.
[168] Schleswig-Holsteinischer Landtag Drucksache 15/1847 vom 30. April 2002, S. 4; ähnlich Schleswig-Holsteinischer Landtag Drucksache 15/3451 vom 18. Mai 2004, S. 68; ähnlich Scharpf; Benz 1991, S. 55.
[169] Schleswig-Holsteinischer Landtag Drucksache 15/1827 vom 30. April 2002, S. 5; ähnlich Schleswig-Holsteinischer Landtag Drucksache 15/3451 vom 18. Mai 2004, S. 68; Schleswig-Holsteinischer Landtag Drucksache 15/435 vom 15. September 2000, S. 16 f.
[170] Vgl. Gehrke; Legler 2000, S. 15 f.
[171] Vgl. Thüringer Landtag Drucksache 02/1532 vom 02. Dezember 1996, S. 3.

> hatte vor ein paar Tagen Gelegenheit, mit dem Kollegen Uldall in Riga einen gemeinsamen Hamburger/Schleswig-Holsteinischen Auftritt zu organisieren. Es ist von allen Gesprächspartnern dort, natürlich von dem Botschafter und den Wirtschaftsleuten, aber vor allem von den Unternehmen, mit hoher Aufmerksamkeit und Zustimmung registriert worden, dass zwei Länder nicht nacheinander kommen, wie das häufig geschieht, sondern gemeinsam auftreten und sich gemeinsam präsentieren. Das sollte der Weg für die Zukunft sein.[172]

In Anlehnung an die Untersuchungsergebnisse von Ehrenfeld kann zwar festgehalten werden, dass aus Sicht der Bundesländer die horizontale Kooperation zwischen den Ländern im Bereich der Außenwirtschaftsförderung mit einer Reihe von Vorteilen verbunden sein kann. Darunter fallen insbesondere mögliche Kosteneinsparungen etwa aufgrund geringerer Fixkosten und Arbeitsteilung.[173] Die Notwendigkeit einer verstärkten Kooperation der Bundesländer wird in der aktuellen Debatte jedoch häufig mit den finanziellen Engpässen der öffentlichen Hand begründet:

> Die finanzielle Lage der Haushalte in den ostdeutschen Bundesländern erfordert, zunehmend gemeinschaftliche Absatzstrategien zu erarbeiten und gemeinsame Außenhandelsaktivitäten anzustreben und zu betreiben.[174]

Eine weitergehende sachliche Begründung, dass die Zusammenarbeit effizienz- oder wohlfahrtssteigernde Effekte habe, findet in der Regel nicht statt. Wenn dies der Fall wäre, müsste die Kooperation aber auch dann erfolgen, wenn die öffentlichen Haushalte in einer guten Verfassung wären. Die auf diese Weise realisierten Kosteneinsparungen könnten dann in Form von Steuersenkungen an die privaten Wirtschaftssubjekte weitergegeben werden.
2003 gaben die Wirtschaftsministerien von elf Ländern an, dass sie im Bereich der Außenwirtschaftsförderung mit anderen Bundesländern kooperieren. Nach Auffassung der Mehrheit der Wirtschaftsministerien scheinen die bereits bestehenden Kooperationsbemühungen ausreichend zu sein, denn zehn Bundesländer vertreten die Meinung, dass die Länder ihre Kooperation in der Außenwirtschaftsförderung nicht verbessern müssen. Wie Graphik 5-45 deutlich macht, sehen dies die befragten Unternehmen und Verbände völlig anders. Sie konstatieren in diesem Bereich noch außerordentlichen Verbesserungsbedarf.

---

[172] Schleswig-Holsteinischer Landtag Plenarprotokoll 15/65 vom 21. Juni 2002, S. 4823.
[173] Vgl. Ehrenfeld 1998, S. 91 ff.; ähnlich Schleswig-Holsteinischer Landtag Drucksache 15/435 vom 15. September 2000, S. 4.
[174] Thüringer Landtag Drucksache 02/1532 vom 02. Dezember 1996, S. 1.

Graphik 5-45 Die Bundesländer müssen ihre Kooperation in der Außenwirtschaftsförderung verbessern

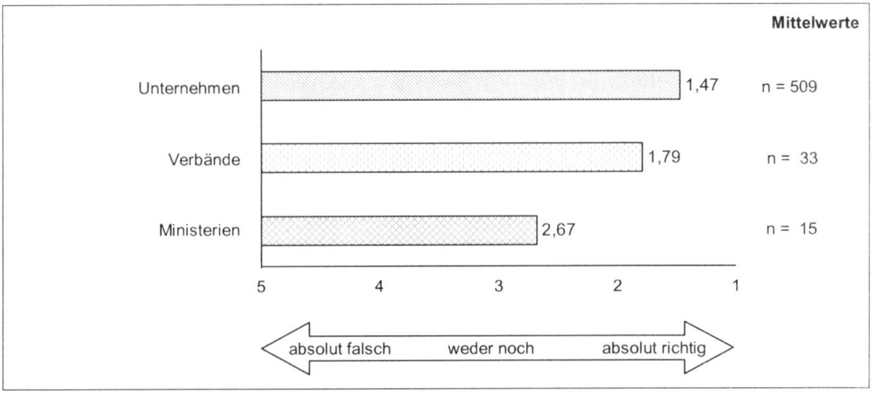

Eine detailliertere Analyse zeigt, dass kleine und mittlere Unternehmen noch signifikant häufiger diese Meinung teilen (Mittelwert: 1,39, bei Unternehmen mit weniger als zehn Mitarbeitern) als Großunternehmen mit 500 und mehr Mitarbeitern (Mittelwert: 1,61).

Graphik 5-46 Forderung nach verstärkter Kooperation nach Größenklassen

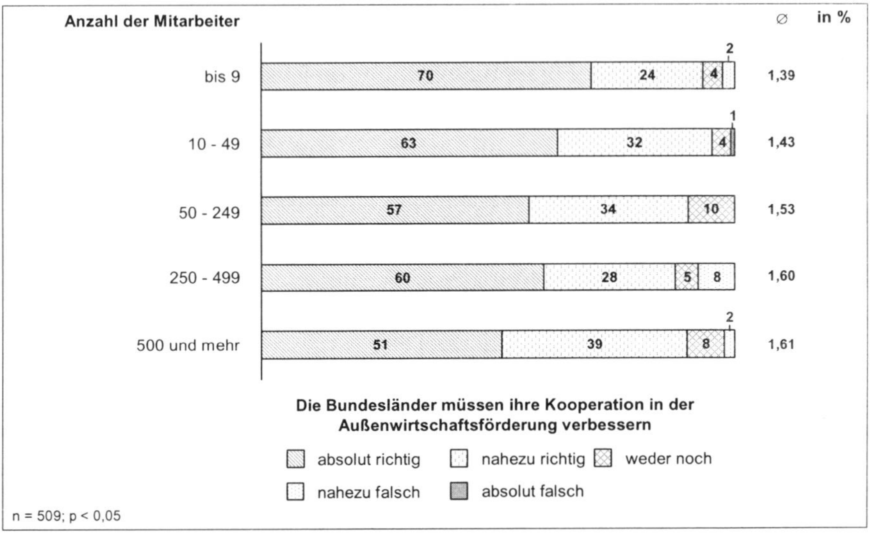

Dementsprechend teilt die Mehrheit der Wirtschaftsministerien – abweichend von den befragten Verbänden – auch nicht die Auffassung, dass für den weiteren Ausbau einer erfolgreichen Außenwirtschaftspolitik nicht unbedingt mehr

Geld, sondern vor allem eine gezielte Koordination und Kooperation zwischen den Ländern und dem Bund notwendig sei.[175]

5.6.2 Länderübergreifende Nutzung

Neben Kooperationen, bei denen mehrere Bundesländer eine Fördermaßnahme gemeinsam bereitstellen oder eine Institution gemeinsam mit deren Durchführung beauftragen, ist auch eine länderübergreifende Nutzung der außenwirtschaftsfördernden Instrumente der Länder möglich. Hierbei erhält ein Unternehmen aus einem Bundesland die Möglichkeit, an einer außenwirtschaftsfördernden Maßnahme eines anderen Landes teilzunehmen. Dieses Vorgehen begrüßt auch die Bundesregierung ausdrücklich, wenn sie deutlich macht, dass Ihre Bemühungen im Bund-Länder-Ausschuss *Außenwirtschaft* darauf abzielen, dass beispielsweise „die von Bundesländern geförderten Firmenpools auch Unternehmen offenstehen, die ihren Sitz in einem anderen Bundesland haben“[176].

2003 erklärten die Wirtschaftsministerien aller 16 Länder, dass Unternehmen aus anderen Bundesländern an außenwirtschaftsfördernden Maßnahmen des Landes teilnehmen können. Da das Unternehmen jedoch nicht in dem Bundesland ansässig ist, dessen Förderinstrumente es in Anspruch nimmt, kann es seitens dieses Landes keine finanzielle Förderung erwarten. Vielmehr hat es die Kosten für die Teilnahme selbst zu tragen.

Graphik 5-47 Konkrete Kostenregelungen würden die länderübergreifende Nutzung der Fördermaßnahmen vereinfachen

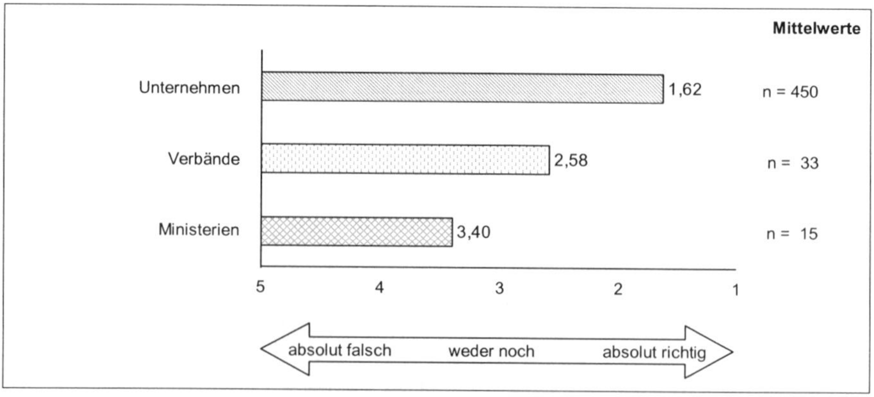

[175] Siehe hierzu Graphik 5-50 auf S. 269.
[176] Deutscher Bundestag Plenarprotokoll 13/168 vom 16. April 1997, S. 15212.

In elf Bundesländern können die Unternehmen jedoch finanzielle Fördermittel des eigenen Landes in Anspruch nehmen, wenn sie eine außenwirtschaftsfördernde Maßnahme eines anderen Bundeslandes nutzen. Dabei kann das Unternehmen jedoch auch dann keine über die seitens seines Landes übliche Förderung hinaus erwarten, wenn die Unternehmen des anderen Landes eine höhere Förderung erhalten. Auch wenn die Förderrichtlinien im Bezug auf die antragsberechtigten Unternehmen in den letzten Jahren stark vereinheitlicht wurden, erweisen sich die Unterschiede hinsichtlich der jeweiligen Förderbeträge zwischen den einzelnen Bundesländern zum Teil noch als beträchtlich. So gewährt das Land Schleswig-Holstein für die Teilnahme an ausländischen Messen bis zu einer Höhe von 4.000 Euro einen Zuschuss von maximal 40% der förderfähigen Kosten. Mitbewerber etwa aus Brandenburg oder Mecklenburg-Vorpommern können hingegen bei einer Zuschusshöhe von maximal 50% mit bis zu 15.000 Euro rechnen.[177] Nach Einschätzung von Beobachtern dürfte diese Situation auf Dauer eine Debatte über homogenere Förderrichtlinien hervorrufen.[178]

Unabhängig von der Unternehmensgröße ist die große Mehrheit der befragten Unternehmen der Meinung, dass konkrete Kostenregelungen die länderübergreifende Nutzung der Fördermaßnahmen vereinfachten. Abweichend davon sehen die befragten Verbände und noch deutlicher die Wirtschaftsministerien in diesem Bereich jedoch keinen Handlungsbedarf.

Graphik 5-48 Teilnahme an Aktivitäten anderer Länder

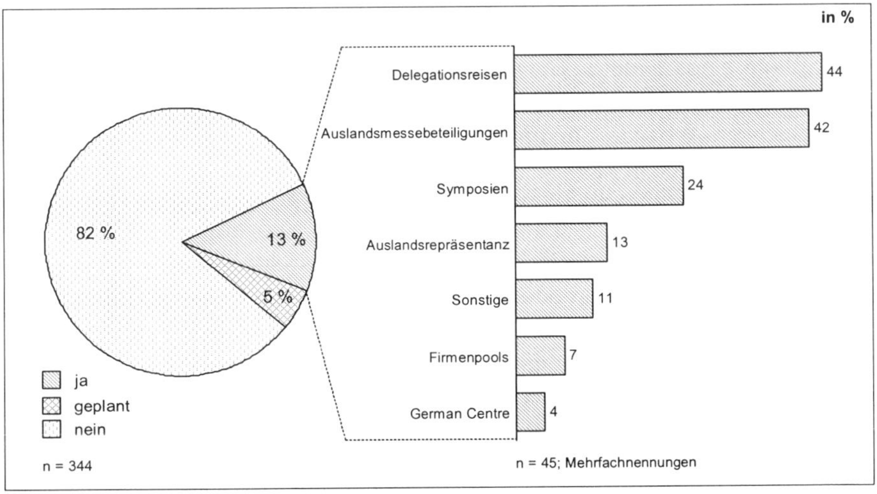

[177] Siehe Tabelle 3-1 auf S. 136.
[178] Vgl. Ehrenfeld 1998, S. 30.

Lediglich 13% der befragten Unternehmen, die bisher Maßnahmen der Außenwirtschaftsförderung in Anspruch genommen haben oder planen, dies in den nächsten beiden Jahren zu tun, haben an Aktivitäten von Bundesländern teilgenommen, in denen sie nicht ihren Sitz bzw. keine Produktionsstätte haben. Weitere 5% geben an, in den kommenden zwei Jahren Instrumente anderer Bundesländer nutzen zu wollen. Eine genauere Analyse zeigt, dass von den befragten Unternehmen vor allem die Beteiligung an Delegationsreisen und die Teilnahme an ausländischen Messen in Anspruch genommen werden. Dieses Ergebnis bestätigt eine Untersuchung der Delegationsreisen des niedersächsischen Wirtschaftsministeriums, die auch Unternehmen aus anderen Ländern offen stehen. Von den 170 Unternehmen, die im Zeitraum von 1994 bis 1999 an den Reisen teilnahmen, hatten lediglich 4% ihren Sitz nicht in Niedersachsen.[179] Knapp 25% der Unternehmen wurden im Zuge ihrer Beteiligung an einer außenwirtschaftsfördernden Maßnahme eines anderen Landes von ihrem Bundesland finanziell unterstützt.

Als Grund für die Teilnahme verweisen die Unternehmen häufig darauf, dass es gleichwertige Angebote im eigenen Bundesland nicht gab. So schreibt ein befragtes Unternehmen exemplarisch:

> Die Messe stand im Messeprogramm von NRW, nicht aber von Bayern, und wir wollten daran teilnehmen. Die Teilnahme war kein Problem, da es nicht genug Teilnehmer aus NRW gab.

Allerdings werden nicht alle Unternehmen, die sich darum bemühen, an einer Maßnahme eines anderen Bundeslandes teilzunehmen, auch zugelassen. So schreibt ein Unternehmen, das sich an der Umfrage beteiligte: „Wir hätten gerne in Sachsen-Anhalt teilgenommen, durften aber nicht".

Nicht alle Maßnahmen und Instrumente zur Außenwirtschaftsförderung eignen sich von ihrer Struktur her gleichermaßen für eine Kooperation oder eine länderübergreifende Nutzung. Bei einigen scheint es jedoch insbesondere aus betriebswirtschaftlichen Gründen geboten, sie über den Bedarf eines Bundeslandes hinaus auszubauen, um Kosteneinsparungen realisieren zu können. In diesen Fällen erscheint es sinnvoll, dass nur einzelne Länder bestimmte Förderleistungen anbieten. Dies ist besonders bei Fördermaßnahmen der Fall, die Unteilbarkeiten aufweisen, oder bei deren Bereitstellung Skalenerträge oder Verbundvorteile realisiert werden können. So kann der Ausbau einer bestehenden Auslandsrepräsentanz eines Landes effizienter und kostengünstiger

[179] Vgl. Gehrke; Legler 2000, S. 15.

sein als die Einrichtung einer neuen Vertretung durch ein anderes Bundesland.[180]

Aus ökonomischer Sicht sollte daher jedes Land seine Anstrengungen im Ausland so weit ausbauen, bis ein zusätzliches Angebot dieser Leistung zunehmende Durchschnittskosten verursacht. Damit ist zu rechnen, wenn Koordinationsprobleme oder allgemeine Nachteile auftreten, die durch eine zu große Bereitstellung an öffentlichen Förderleistungen entstehen können.[181]

Folgt man Ehrenfeld, eignen sich sechs außenwirtschaftsfördernde Instrumente und Maßnahmen besonders für eine Kooperation zwischen den Ländern oder eine länderübergreifende Nutzung: Firmenpools, Auslandsmesseauftritte, Symposien, Delegationsreisen, *German Centres* und die Auslandsrepräsentanzen der Bundesländer.[182]

5.6.3 Grenzen der Kooperation

Trotz aller Argumente, die für eine horizontale Kooperation in der Außenwirtschaftsförderung sprechen, darf nicht übersehen werden, dass – wie in Abschnitt 4.4.3 dargestellt – der Wettbewerb zwischen den Bundesländern auch im Bereich der Außenwirtschaftsförderung für den Mittelstand vorteilhaft sein kann, insbesondere dann, wenn er zur Herausbildung neuer, innovativer und effizienter Instrumente und Maßnahmen führt.[183]

Außerdem wird teilweise auch die Tatsache kritisch gesehen, dass die Instrumente und Maßnahmen der Länder auch Unternehmen aus anderen Bundesländern offen stehen. So führte ein Artikel der Berliner Zeitung, in dem darüber berichtet wurde, dass die brandenburgische Vertretung in Dubai sich zum damaligen Zeitpunkt hauptsächlich um Interessen von Unternehmen aus Berlin kümmerte,[184] zu einer Reihe kritischer Anfragen im Landtag Brandenburg:

> Ich frage daher die Landesregierung: Warum kümmert sich der Leiter der brandenburgischen Auslandsplattform in Dubai, der vom Land Brandenburg luxuriös honoriert wird, vornehmlich um Berliner und nicht um Brandenburger Wirtschaftsinteressen?[185]

Ferner ist zu berücksichtigen, dass ein Bundesland, das eine *Corporate-Identity* im Ausland aufbauen oder vermarkten will, darauf angewiesen ist, sich

---

[180] Siehe hierzu etwa die Partnerschaft zwischen Baden-Württemberg und Sachsen im Bereich der Außenwirtschaftsbüros. Vgl. Landtag von Baden-Württemberg Drucksache 11/2175 vom 05. Juli 1993, S. 3.

[181] Vgl. Frey 1977, S. 33.

[182] Vgl. Ehrenfeld 1998, S. 35-38.

[183] Vgl. Zimmermann; Henke 2001, S. 185.

[184] Klesmann 2002a, S. 26.

[185] Landtag Brandenburg Plenarprotokoll 03/66 vom 14. November 2002, S. 4412.

von den anderen Ländern abzugrenzen. Die Teilnahme von Unternehmen aus anderen Bundesländern etwa an Delegationsreisen oder Firmengemeinschaftsständen kann die Schaffung einer solchen Länderidentität erschweren.[186] Das Außenwirtschaftskonzept des sächsischen Staatsministeriums für Wirtschaft und Arbeit zeigt daher exemplarisch die Grenzen der Kooperationsbereitschaft:

> In allen Fällen der Zusammenarbeit ist jedoch darauf zu achten, dass die sächsische Präsentation nicht beeinträchtigt wird oder ins Hintertreffen gerät.[187]

Die eigene Datenerhebung ergab, dass 2003 neun Länder ein spezielles *Corporate-Identity-Konzept* entwickelt hatten, mit dem sie sich im Ausland, beispielsweise mit landeseigenen Firmengemeinschaftsständen auf Auslandsmessen, präsentieren. Weitere sechs Länder planten oder erarbeiteten zum damaligen Zeitpunkt eine solche Konzeption. Als Grund für solche Pläne nannte der CDU-Landtagsabgeordnete Andreas Petters vor dem mecklenburg-vorpommerischen Landtag:

> Wir bitten die Landesregierung, ein Leitbild für die Außendarstellung des Landes zu entwickeln, damit zukünftig alle Stellen des öffentlichen Dienstes in eine gemeinsame Richtung marschieren können. [...] Ziel dieser Maßnahme ist es, eine effizienzsteigernde Bündelung der Ressourcen zu erreichen.[188]

Nach Einschätzung der Mehrheit der Bundesländer kommt es aufgrund von Kooperationen jedoch nicht zum Verlust des Wettbewerbs der Länder in der Außenwirtschaftsförderung. Ebenso wenig wird befürchtet, dass eine länderübergreifende Nutzung der Förderinstrumente eine Verwischung der Länderidentitäten nach sich zieht.[189] So führte Georg Milbradt in seiner Funktion als sächsischer Staatsminister der Finanzen aus:

> Der Freistaat betreibt [...] eine aktive Außenwirtschaftspolitik, auch um ein sächsisches Image entstehen zu lassen. Wir haben aber immer betont, dass diese Eigenständigkeit eine Abstimmung bzw. ein gemeinsames Vorgehen mit dem Bund und den anderen Ländern nicht ausschließt. Eine solche Zusammenarbeit im Rahmen der Kooperationsräte des Bundes oder durch gemeinsames Auftreten mit

---

[186] Vgl. Ehrenfeld 2000, S. 10.
[187] Sächsisches Staatsministerium für Wirtschaft und Arbeit 2002, S. 14.
[188] Landtag Mecklenburg-Vorpommern Plenarprotokoll 04/11 vom 13. März 2003, S. 450.
[189] Vgl. Ehrenfeld 1998, S. 19 f.; S. 92 f.

> unserem Partnerland Bayern auf Auslandsmessen kann durchaus im Interesse einer wirkungsvollen Flankierung der sächsischen Industrie liegen.[190]

Und in einer Beschlussempfehlung des Ausschusses für Wirtschaft, Mittelstand und Technologie des Landtages Nordrhein-Westfalen heißt es: „die Bundesländer müssen ihre Kooperation in der Außenwirtschaftsförderung weiter verbessern [...].“[191] Auch die Landesregierung von Baden-Württemberg betont:

> [E]in weiterer wichtiger Grundsatz der Außenwirtschaftsförderung des Landes ist die enge Zusammenarbeit bei der Konzipierung aller Maßnahmen und Programme mit [...] der Bundesregierung und den anderen Bundesländern.[192]

Graphik 5-49 Ein wichtiger Grundsatz der Außenwirtschaftsförderung unseres Landes ist die enge Zusammenarbeit bei der Konzipierung aller Maßnahmen und Programme mit der Bundesregierung und den anderen Bundesländern[193]

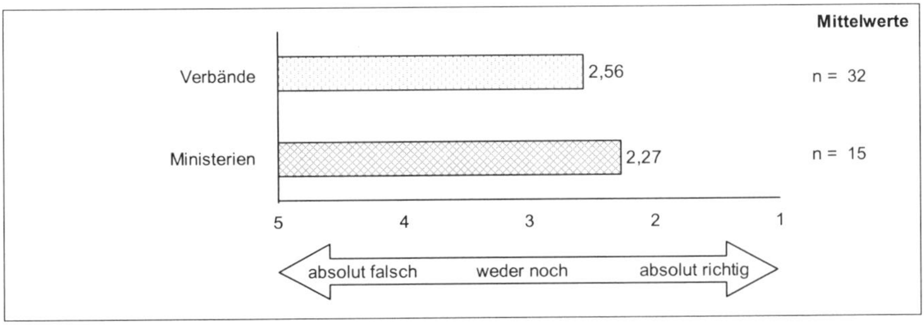

Auf die Frage, ob diese Aussage auch für die Außenwirtschaftsförderung des eigenen Landes gelte, gaben lediglich sieben weitere Wirtschaftsministerien an, dass dies der Fall sei. Wie Graphik 5-49 deutlich macht, zeigen sich die befragten Verbände sogar noch etwas skeptischer, was die Einhaltung dieses Grundsatzes seitens der Länder betrifft. Daher erscheint es wenig verwunderlich, wenn der damalige nordrhein-westfälische Staatssekretär im Wirtschafts-

[190] Sächsischer Landtag Plenarprotokoll 02/26 vom 15. Dezember 1995, S. 1883; ähnlich Sächsischer Landtag Drucksache 02/1913 vom 03. November 1995, S. 3.
[191] Landtag Nordrhein-Westfalen Drucksache 11/7886 vom 20. Oktober 1994, S. 3.
[192] Landtag von Baden-Württemberg Drucksache 12/1405 vom 23. April 1997, S. 4; identisch auch Landtag von Baden-Württemberg Drucksache 13/3070 vom 29. März 2004, S. 3.
[193] Wortlaut in der Verbandsbefragung: „Ein wichtiger Grundsatz der Außenwirtschaftsförderung von Bund und Ländern ist die enge Zusammenarbeit bei der Konzipierung aller Maßnahmen und Programme“.

ministerium Jörg Bickenbach erklärt:

> Das Land Nordrhein-Westfalen pflegt mit dem Bund eine sehr intensive Zusammenarbeit und stimmt beispielsweise das Messeprogramm bereits ein Jahr im Voraus ab. Die Bundesländer untereinander verstehen sich hingegen als Wettbewerber.[194]

Trotz dieser prinzipiellen Konkurrenzsituation zwischen den Ländern arbeiten diese jedoch punktuell zusammen. Daher führt Bickenbach weiter aus:

> Trotzdem hat Nordrhein-Westfalen drei Jahre lang mit Bayern für die heimische und die bayerische Möbelindustrie auf der Mailänder Messe eine Halle gemietet und dort einen Gemeinschaftsstand unter dem Label ‚Quality in Germany' betrieben.[195]

Auch im Bereich des Standortmarketings und der Ansiedlung von Unternehmen arbeiten die Länder teilweise zusammen, wenn dadurch Synergieeffekte realisiert werden können. So erläutert die sachsen-anhaltinische Landesregierung:

> Die Interessen der Länder weisen bei Wahrung wettbewerblicher Grundpositionen immer dort gemeinsame Schnittmengen auf, wo die Entwicklungsziele weitestgehend übereinstimmen. [...] Die besonderen Chancen des Wirtschaftsraumes Dessau Halle Leipzig Jena/Gera lassen sich im globalen Standortwettbewerb um Investitionen und Ressourcenkonzentration in dem Maße steigern, wie es gelingt bei den Akquisitionsbemühungen Kräfte zu bündeln und vorhandene Standortsynergien zu erhöhen. Hier wollen Sachsen, Thüringen und Sachsen-Anhalt künftig nicht nebeneinander sondern miteinander agieren.[196]

Insgesamt kann festgestellt werden, dass die Länder die horizontale Kooperation in der Außenwirtschaftsförderung als ein wichtiges Thema einstufen, und dass nach Ansicht der Unternehmen Vereinbarungen der Bundesländer untereinander über die gegenseitige Akzeptanz von Unternehmen und konkrete Kostenregelungen die länderübergreifende Nutzung der Fördermaßnahmen vereinfachen und den bürokratischen Aufwand verringern würden.[197]

Dass die Kooperation zwischen den Ländern aber bei weitem nicht auf allen Gebieten funktioniert und zum Teil ganz erheblich landsmannschaftliche Eitel-

---

[194] Landtag Nordrhein-Westfalen Ausschussprotokoll 13/608 vom 13. Juni 2002, S. 9.
[195] Landtag Nordrhein-Westfalen Ausschussprotokoll 13/608 vom 13. Juni 2002, S. 9.
[196] Landtag von Sachsen-Anhalt Drucksache 04/837 vom 16. Juni 2003, S. 26.
[197] Vgl. Ehrenfeld 1998, S. 31; S. 93.

keiten bei den wirtschaftspolitischen Entscheidungen eine gewichtige Rolle spielen, wird exemplarisch bei der Errichtung der so genannten *German Centres* deutlich. Auf der Arbeitsebene hatte Sachsen wiederholt sowohl gegenüber Baden-Württemberg als auch gegenüber Bayern eine mögliche Beteiligung am Aufbau der Einrichtungen sondiert.[198] Nachdem beide Länder ein Engagement Sachsens abgelehnt hatten, führte der damalige sächsische Staatsminister für Wirtschaft und Arbeit, Kajo Schommer, vor dem Landtag aus:

> Wir haben beiden angeboten: Wir sind bereit, uns am Bau zu beteiligen. Sie haben gesagt: Nein, danke! [...] Wir haben gesagt, wir haben es doch gar nicht nötig, als Mieter oder Untermieter anderswo zu arbeiten, sondern wir treten mit eigenen Einrichtungen im Ausland auf[199].

Und obwohl in den Bundesländern die Einsicht groß ist, dass *Germany* als Qualitätsbegriff weltweit eingeführt sei und besser transportiert werden kann als das Image einzelner Länder, ist es – unabhängig von der parteipolitischen Zugehörigkeit der jeweiligen Landesregierungen – in den zurückliegenden Jahren nicht gelungen, unter dem geplanten Leitsatz *Quality in Germany* einen gemeinsamen Auslandsauftritt der Länder zu etablieren.[200] So könnte sich trotz der grundsätzlichen Kooperationsbereitschaft der Bundesländer am Ende doch die Einschätzung eines Unternehmers aus der Umfrage bewahrheiten, der feststellt: „Dass die Bundesländer ihre Kooperation in der Außenwirtschaftsförderung verbessern ist ein Wunschtraum!"

5.7 Analyse einer vertikalen Kooperation

5.7.1 Kooperationsnotwendigkeit

Eine Analyse des Selbstverständnisses der Programmträger auf Länderebene zeigt, dass nicht ganz eindeutig geklärt ist, ob die Maßnahmen der Länder die Außenwirtschaftsförderung des Bundes ergänzen, oder ob es unabhängige und eigenständige Maßnahmen sind, die losgelöst von den Angeboten des Bundes betrachtet werden müssen. So heißt es in einer Stellungnahme der Berliner Senatsverwaltung für Wirtschaft und Betriebe:

> Das Außenwirtschaftsprogramm ist ein eigenständiges auf Berliner KMU zugeschnittenes Programm, das nicht als Ergänzung zu Außenwirtschaftsförderungsmaßnahmen des Bundes konzipiert ist.[201]

---

[198] Vgl. Sächsischer Landtag Drucksache 02/3934 vom 16. September 1996, S. 3.
[199] Sächsischer Landtag Plenarprotokoll 02/54 vom 17. April 1997, S. 3919.
[200] Vgl. Landtag Nordrhein-Westfalen Ausschussprotokoll 13/608 vom 13. Juni 2002, S. 9.
[201] Abgeordnetenhaus von Berlin Drucksache 13/469 vom 17. Mai 1996, S. 47.

Abweichend davon schreibt die Landesregierung von Sachsen-Anhalt: „Die Maßnahmen des Landes müssen dabei als Ergänzung der Bundesmaßnahmen verstanden werden.“[202] Und die baden-württembergische Landesregierung konkretisiert aus ihrer Sicht das Zusammenwirken der Instrumente und Maßnahmen von Bundes- und Landesebene, wenn sie schreibt:

> Der Bund bietet bei den Auslandsmessen bundesweit eine ‚Grundversorgung' in Form eines Programms mit Breitenwirkung an, bei dem die Wirtschaftsstruktur des gesamten Bundes berücksichtigt wird. Das Land dagegen bietet ‚Spezialitäten' an, die genau auf die Bedürfnisse der baden-württembergischen Wirtschaft zugeschnitten sind.[203]

Auch wenn somit in dieser Frage auf Seiten der Länder keine komplett deckungsgleiche Einschätzung konstatiert werden kann, zeigt sich, dass bereits seit den Anfängen der Außenwirtschaftsförderung auf Länderebene der Gedanke überwiegt, dass es sich bei den Aktivitäten von Bund und Ländern um komplementäre Maßnahmen handelt. So schreibt etwa die Sachverständigenkommission *Exportförderung Baden-Württemberg* in ihrem Schlussbericht: „Grundsätzlich soll jedoch die Landeskreditbank dort nicht tätig werden, wo der Bund Hermes-Deckung zur Verfügung stellt.“[204]

Auch Kritiker der föderalen Aufgabenwahrnehmung sprechen sich nicht für eine vollständige Zusammenfassung der Förderaktivitäten auf Bundesebene aus. So resümiert ein Artikel in der Frankfurter Allgemeinen Zeitung:

> Sinnvolle Initiativen der Länder sollte sie [die Bundesregierung] nicht abwürgen. Weniger Fördertöpfe als bisher, beispielsweise für die Beteiligung an Auslandsmessen, wären aber ein Fortschritt. Das Hauptziel muss es sein, die Koordination der außenwirtschaftlichen Akteure vor Ort zu verbessern.[205]

Auch von Seiten des DIHK wird das föderale Fördersystem prinzipiell positiv bewertet:

> Heute haben wir eine dezentrale Vielfalt der Außenwirtschaftsförderung, die unserem föderalen Staatswesen entspricht. Das deutsche System hat sich bewährt: Es ist fle-

---

[202] Landtag von Sachsen-Anhalt Drucksache 02/936 vom 11. Mai 1995, S. 1.
[203] Landtag von Baden-Württemberg Drucksache 12/1405 vom 23. April 1997, S. 13; ähnlich Bürgerschaft der Freien und Hansestadt Hamburg Drucksache 18/480 vom 15. Juni 2004, S. 1.
[204] Sachverständigenkommission 1982, S. 15.
[205] Stuewe 1995, S. 11.

> xibel, effizient und auf die Bedürfnisse der Wirtschaft zugeschnitten.[206]

Trotz dieser prinzipiell positiven Beurteilung spricht sich die Dachorganisation der Industrie- und Handelskammern für eine bessere Koordination der Außenwirtschaftsförderung aus.[207]
Um mittelständischen Unternehmen bei ihrer Internationalisierung effektiv unterstützen zu können, müssen diejenigen Probleme besser gelöst werden, die dadurch entstehen, dass mehrere staatliche Ebenen Außenwirtschaftsförderung betreiben. Die Vielfalt und mangelnde Koordinierung der Förderprogramme, die von der Europäischen Union, dem Bund, den Ländern und teilweise den Kommunen angeboten werden, machen die Angebote insbesondere für kleine und mittlere Unternehmen schwer durchschaubar. Die Hauptadressaten der Programme kapitulieren daher häufig schon aus Zeitgründen vor dem Förderdschungel. Dies wird von den Ministerien zwar durchaus erkannt, auf Seiten der Unternehmer und Verbände wird die Notwendigkeit, das System zu verbessern aber noch viel deutlicher gesehen.
Bei den Ländern der Bundesrepublik Deutschland handelt es sich um Gliedstaaten und nicht um nachgeordnete Verwaltungsregionen ohne nennenswerten eigenen Entscheidungsspielraum. Dies ist auch im Selbstverständnis der Länder stark verankert.[208] So verleiht beispielsweise Edmund Stoiber seiner Forderung nach einer größeren Eigenverantwortung der Bundesländer auf dem internationalen Parkett dadurch Nachdruck, indem er unterstreicht, dass „sich Bayern bis heute seine Staatsqualität bewahrt hat“ und „auch als Land der Bundesrepublik Deutschland Völkerrechtssubjektivität besitzt“[209]. Das Land Nordrhein-Westfalen betont seine wirtschaftliche Stärke im internationalen Kontext:

> Bezogen auf das Bruttosozialprodukt zählt NRW – für sich betrachtet – im internationalen Vergleich zu den 15 weltweit führenden Wirtschaftsnationen und rangiert damit vor den meisten europäischen Staaten, wie z.B. Niederlande, Belgien, Schweiz oder Schweden.[210]

---

[206] Deutscher Industrie- und Handelskammertag 2005d. Wenige Monate später findet sich die ausdrückliche positive Einschätzung der „dezentralen Vielfalt“ nicht mehr in dem Text. Die geänderte Fassung lautet: „[...] Und das deutsche System hat sich bewährt: Es ist flexibel, effizient und auf die Bedürfnisse der Wirtschaft zugeschnitten.“ Deutscher Industrie- und Handelskammertag 2006b.
[207] o.V. 1996h, S. 17.
[208] Vgl. Ehrenfeld 2003, S. 13.
[209] Stoiber 1998.
[210] Landespresse- und Informationsamt Nordrhein-Westfalen 2006. Ähnlich für den Freistaat Bayern: „Nach neuesten Zahlen der OECD ist der Freistaat Exportnation Nr. 19 in der Welt, noch vor Ländern wie Schweden, Brasilien oder Australien.“ Bayerisches Staatsministerium für Wirtschaft, Infrastruktur, Verkehr und Technologie 2005, S. 3.

Aber nicht nur die großen und vergleichsweise finanzstarken Länder betonen ihr Gewicht. Auch andere Bundesländer scheuen den Vergleich mit anderen Nationalstaaten nicht. So führte der damalige Parlamentarische Geschäftsführer der CDU-Fraktion, Dierk Homeyer, im brandenburgischen Landtag aus:

> Brandenburg geht mit der Etablierung der Auslandsplattformen keinen exotischen Weg [...]. Irland zum Beispiel, ein Land mit kaum 4 Millionen Einwohnern, hat über 30 solcher Auslandsrepräsentanzen erfolgreich aufgebaut.[211]

Das Selbstverständnis und die Haltung der Länder, die in diesen Ausführungen deutlich werden, lassen erahnen, dass eine Koordinierung der Maßnahmen im Bereich der Außenwirtschaftsförderung nur im Rahmen einer vertikalen Kooperation zwischen Bund und Ländern unter prinzipiell gleichberechtigten Partnern Erfolg versprechend erscheint. Hierfür ist auf allen Seiten die Einsicht in die Kooperationsnotwendigkeit erforderlich. Bei den Ländern scheint diese zumindest prinzipiell gegeben. So schreibt die baden-württembergische Landesregierung in einer Stellungnahme:

> Die Landesregierung teilt die Auffassung, daß die Förderung des Mittelstandes durch Bund und Länder im Bereich der Außenwirtschaft besonders dann wirksam ist, wenn der Einsatz von finanziellen Mittel [sic!] aufeinander abgestimmt und künftig wegen der wachsenden Anforderungen im internationalen Wettbewerb noch gesteigert und politisch flankiert wird.[212]

Eine Beschlussempfehlung des Ausschusses für Wirtschaft, Mittelstand und Technologie des Landtages Nordrhein-Westfalen geht noch einen Schritt weiter, indem sie feststellt:

> Grundsätzlich erscheint zum weiteren Ausbau einer erfolgreichen Außenwirtschaftspolitik nicht unbedingt immer mehr Geld, sondern vor allem mehr gezielte Koordination und Kooperation zwischen den Ländern und dem Bund [...] notwendig.[213]

Wie Graphik 5-50 verdeutlicht, teilen die Wirtschaftsministerien der Länder – abweichend von den befragten Verbänden – diese Auffassung jedoch mehrheitlich nicht.

---

[211] Landtag Brandenburg Plenarprotokoll 03/65 vom 13. November 2002, S. 4384.
[212] Landtag von Baden-Württemberg Drucksache 12/1405 vom 23. April 1997, S. 11.
[213] Landtag Nordrhein-Westfalen Drucksache 11/7886 vom 20. Oktober 1994, S. 4.

Graphik 5-50 Zum weiteren Ausbau einer erfolgreichen Außenwirtschaftspolitik ist nicht unbedingt mehr Geld, sondern vor allem eine gezielte Koordination und Kooperation zwischen den Ländern und dem Bund notwendig

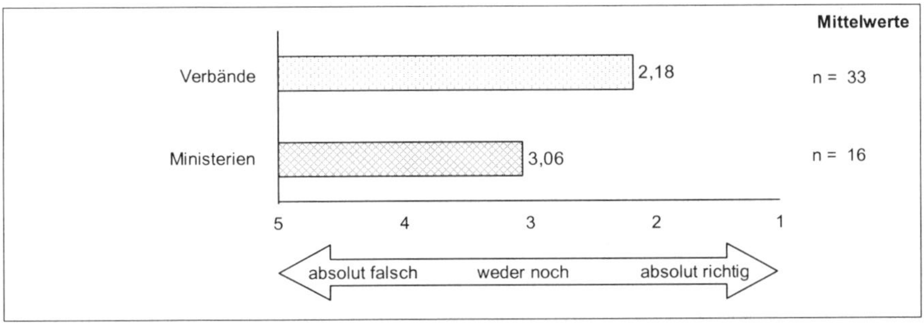

Nach Auffassung des Beratungsunternehmens Prognos ist die Aufgabenteilung zwischen Bund und Ländern im Bereich der Außenwirtschaftsförderung neu zu konzipieren. Dabei sollten sich die Maßnahmen der Länder stärker auf die Förderung und Unterstützung der Unternehmen in Deutschland konzentrieren, wohingegen die Maßnahmen auf den ausländischen Zielmärkten in erster Linie vom Bund bereitgestellt werden sollten:

> Gerade weil die Bundesländer eine größere Nähe zu ihrer landesspezifischen Unternehmensklientel haben, sie damit sowohl deren Probleme und Bedürfnisse besser kennen, als auch eher den direkten Zugang herstellen können [...]. Eine besonders wichtige Aufgabe läge darin, die Bedürfnisse ihrer landesspezifischen Unternehmensklientel zu erfassen und in bundeslandübergreifende Förderaktivitäten/ -konzepte zu transportieren. Weiterhin könnte es Aufgabe der Länder sein, stetig die Förderkonzepte und deren Ausgestaltung auf die Stimmigkeit mit den Bedürfnissen ihrer landesspezifischen Unternehmensklientel hin zu überprüfen und ggf. Änderungen einzubringen.[214]

Die Verfasser der Prognos-Studie schlagen hierfür „eine Konstruktion im Sinne einer neuen Gemeinschaftsaufgabe“[215] vor. Auch das im Auftrag des Bundeswirtschaftsministeriums erarbeitete Gutachten des ifo-Instituts spricht sich für eine stärkere Koordinierung und Bündelung der Instrumente und Maßnahmen im Ausland sowie auf Bund-Länder-Ebene aus.[216] Die Ergebnisse der Unter-

[214] Weidig; Ruprecht 1996, S. 118.
[215] Weidig; Ruprecht 1996, S. 118.
[216] Vgl. Habuda et al. 1998, S. 34 f.; Schleswig-Holsteinischer Landtag Drucksache 15/1827 vom 30. April 2002, S. 20.

nehmensbefragung zeigen, dass auch rund zehn Jahre nachdem diese Empfehlungen ausgesprochen wurden, Handlungsbedarf in diese Richtung besteht: Zentralisierung bei Lokalisierung der Ansprechpartner. Das bedeutet, dass zentral die Leitlinien der Außenwirtschaftsförderung abgestimmt und koordiniert würden, die dann unter Berücksichtigung regionaler Besonderheiten von den dezentralen Gebietskörperschaften inhaltlich ausgefüllt und eigenverantwortlich umgesetzt würden. Dabei müsste die Kooperation der Bundesländer in der Außenwirtschaftsförderung durch den Bund effektiv gefördert werden.

5.7.2 Bund-Länder-Ausschüsse

Die Abstimmung und Koordinierung zwischen Bund und Ländern im Bereich Außenwirtschaft findet durch die in der Regel zweimal jährlich tagenden Bund-Länder-Ausschüsse *Außenwirtschaft* und *Inlands- und Auslandsmessen* statt. Darüber hinaus wurde im September 1995 der Koordinierungsausschuss *Deutsche Industrie- und Handelszentren* eingerichtet, der eine vergleichbare Ausrichtung und ein einheitliches Erscheinungsbild der *German Centres* gewährleisten soll.[217] Da die Ausschüsse keine Gremien der Wirtschaftsministerkonferenz sind, gibt es normalerweise keine Drucksachen, Protokolle oder Pressemitteilungen der Sitzungen, die der Öffentlichkeit zugänglich sind. Es ist jedoch möglich, dass die Ausschüsse im Auftrag der Wirtschaftsministerkonferenz Themen aufgreifen und Empfehlungen erarbeiten. Diese sind – sofern sie von der Wirtschaftsministerkonferenz freigegeben werden – öffentlich. Im Mittelpunkt der Arbeit des Bund-Länder-Ausschusses *Außenwirtschaft* stehen aktuelle Entwicklungen in der Außenwirtschaftsförderung der Europäischen Union, des Bundes und der Länder sowie der Erfahrungsaustausch. Nach Auskunft des Bundeswirtschaftsministeriums beschäftigten sich die Ausschusssitzungen der vergangenen Jahre insbesondere mit folgenden Themen:

- Abstimmung und Koordinierung von Maßnahmen, Programmen und Projekten zwischen Bund und Ländern sowie der Länder untereinander
- EU-beihilfekonforme Ausgestaltung der Förderprogrammen von Bund und Ländern
- Unterrichtung über die Ausfuhrgewährleistungspolitik des Bundes als Ansatzpunkt für ergänzende Instrumente der Länder
- Abstimmung der Internetangebote des Bundes, der Länder und der Verbände für die Wirtschaft im Serviceverbund Außenwirtschaft (u.a. Außenwirtschaftsplattform iXPOS, E-Trade-Center)

[217] Vgl. Deutscher Bundestag Drucksache 08/3525 vom 20. Dezember 1979, S. 7; Landtag von Baden-Württemberg Drucksache 11/7011 vom 12. Januar 1996, S. 18; Landtag von Baden-Württemberg Drucksache 12/1405 vom 23. April 1997, S. 10; sowie exemplarisch Bundesministerium für Wirtschaft 1999.

- Abstimmung von Instrumenten zur Werbung für den Wirtschaftsstandort Deutschland durch Bund und Länder

Da die Aufsicht über die Aktivitäten der Kommunen in der Zuständigkeit der Länder liegt, findet auf Bundesebene mit den Kommunen kein Dialog zu Fragen der Außenwirtschaftsförderung statt. Auch mit der Europäischen Union besteht kein institutionalisiertes Instrumentarium zur Koordination der Förderung der Außenwirtschaft. Für den im Rahmen der Beihilfenkontrolle notwendigen Abstimmungsprozess mit der Europäischen Kommission bei der Einführung neuer Förderinstrumente ist das Bundesfinanzministerium zuständig.
Die Arbeit der Gremien wird von den beteiligten staatlichen Stellen positiv beurteilt. So konstatiert die baden-württembergische Landesregierung in einer Stellungnahme:

> Diese Koordinierung insbesondere zwischen Bund und Ländern in den zuständigen Gremien hat bereits in der Vergangenheit dazu geführt, daß Effizienzpotentiale erschlossen und genutzt werden konnten.[218]

Trotz der in den vergangenen Jahren erzielten Fortschritte sind eine Reihe von Beobachtern der Auffassung: „Es besteht aber weiterhin Verbesserungsbedarf hinsichtlich der Koordinierung der staatlichen Stellen.“[219] Angesichts der Konkurrenzsituation, in der sich die Bundesländer untereinander befinden, ist nach Ansicht einiger Autoren jedoch fraglich, ob die bisherigen Gremien über die Funktion des Informationsaustausches hinaus in der Lage sind, koordinierend zu wirken.[220] Dies gilt umso mehr als „die zentralen Instanzen und Gremien [...] im deutschen Föderalismus auf den Konsens der Länder angewiesen und nicht auf die Regelung von Konflikten zwischen diesen eingerichtet“[221] sind.
Dieser Befürchtung tritt die baden-württembergische Landesregierung in einer Stellungnahme entgegen, indem sie die Bedürfnisse der mittelständischen Unternehmen in den Mittelpunkt der staatlichen Bemühungen stellt:

> Zweck der Messeaktivitäten des Landes im Ausland ist, den Unternehmen den Zugang zum betreffenden Markt zu erleichtern. Daher kommt es im Interesse der Firmen entscheidend darauf an, dass bei gleichzeitigem Auftreten des Bundes oder anderer Bundesländer keine Konkurrenzsituation entsteht, sondern dass eine möglichst homogene gemeinsame Präsentation geboten wird. Die Landesregie-

---

[218] Landtag von Baden-Württemberg Drucksache 12/1405 vom 23. April 1997, S. 10.
[219] Deutscher Bundestag Plenarprotokoll 15/157 vom 17. Februar 2005, S. 14742.
[220] Vgl. Ehrenfeld 2000, S. 10.
[221] Scharpf; Benz 1991, S. 138.

> rung ist daher seit jeher bemüht, die eigenen Messeaktivitäten im Ausland rechtzeitig mit den anderen Bundesländern und dem Bund abzustimmen. [...] Bei einer Bundesbeteiligung ist das Land bemüht, die eigene Präsentation in Abstimmung mit dem Bund in die Bundesbeteiligung zu integrieren.[222]

Diese allgemeine Einsicht konnte in der Vergangenheit jedoch nicht verhindern, dass neben dem Gemeinschaftsstand, der im Rahmen des offiziellen Auslandsmesseprogramms des Bund gefördert wurde, auch mehrere deutsche Bundesländer mit eigenen Ständen an einer Messe teilgenommen haben.[223]

In Anlehnung an Ehrenfeld wäre denkbar, dass die Ministerpräsidenten im Rahmen der Ministerpräsidentenkonferenzen eine fortlaufende Planung der Auslandsaktivitäten auf Länderebene vornähmen und koordinierten. Mit Hilfe einer solchen Planung, in die auch die Bundesregierung und Vertreter der Wirtschaft einbezogen werden sollten, ließen sich „einerseits ‚Überbelegungen' einiger Auslandsregionen und andererseits ‚schwarze Löcher' vermeiden"[224]. Es muss jedoch ernsthaft bezweifelt werden, dass der Außenwirtschaft und deren Förderung von Seiten der wirtschaftspolitischen Entscheidungsträger eine so hohe politische Relevanz beigemessen wird, dass eine kontinuierliche Koordinierung der Aktivitäten auf höchster politisch-administrativer Ebene als notwendig erachtet wird.

5.7.3 Internetplattform iXPOS und Förderdatenbank des Bundes

Bei allen Überlegungen hinsichtlich der optimalen Aufgabenverteilung im Bereich der Außenwirtschaftsförderung darf die für das deutsche Fördersystem charakteristische Arbeitsteilung zwischen Staat und Wirtschaft nicht außer Acht gelassen werden. Diese führt dazu, dass neben den Akteuren der verschiedenen staatlichen Ebenen auch weitere selbstständig und unabhängig arbeitende öffentlich-rechtliche und private Akteure die Förderlandschaft prägen. So erwies es sich beispielsweise Mitte der neunziger Jahre zunächst als nicht möglich, den Konflikt zwischen den Spitzenorganisationen der deutschen Wirtschaft, der sich an der nahezu zeitgleichen Errichtung eines *German Centres* und eines Delegiertenbüros in Shanghai entzündet hatte, im Rahmen des Asien-Pazifik-Ausschusses (APA) gütlich zu klären.[225] Daher ist es wenig verwunderlich, dass nach Ansicht von Beobachtern neben den staatlichen

---

[222] Landtag von Baden-Württemberg Drucksache 08/2482 vom 16. März 1982, S. 6.
[223] Siehe exemplarisch o.V. 1996h, S. 17.
[224] Ehrenfeld 2000, S. 10.
[225] Vgl. o.V. 1995g, S. 13.

Stellen auch die Wirtschaftsverbände mit ihren jeweiligen Einzelinteressen einen erheblichen Anteil zur Unübersichtlichkeit und Ineffizienz des bestehenden Fördersystems beitragen:

> [N]ach einem umfassenden Außenwirtschaftskonzept zu rufen ist wenig originell; vor allem nicht, wenn diese Forderung, wie in jüngster Zeit häufig, vom Deutschen Industrie- und Handelstag (DIHT) und vom Bundesverband der Deutschen Industrie (BDI) kommt, die selbst Teil des Problems sind. Der Begriff ,Gesamtkonzept' weckt Hoffnungen, die nicht erfüllbar sind. Mit einem Federstrich lassen sich die Mängel nicht beseitigen. Richtig ist, dass mehr Koordination not tut. Hier helfen neue papierene Konzepte nur begrenzt. Denn es geht vor allem darum, Verbands- und Ressortegoismen im Denken zu überwinden. Dafür muss man nicht das gewachsene System der Außenwirtschaftsförderung umkrempeln.[226]

Um die Transparenz hinsichtlich der Fördermöglichkeiten sowie der im Außenwirtschaftsbereich tätigen Programmträger zu erhöhen, entstand 2001 im Rahmen des Serviceverbunds Außenwirtschaft, in dem die größten staatlichen und privatwirtschaftlichen Institutionen zusammengeschlossen sind, unter Federführung des Bundeswirtschaftsministeriums die zentrale Internetplattform *iXPOS*. Diese wird von der Bundesagentur für Außenwirtschaft (bfai) betrieben.[227]

Graphik 5-51 Bekanntheitsgrad von www.iXPOS.de nach Größenklassen

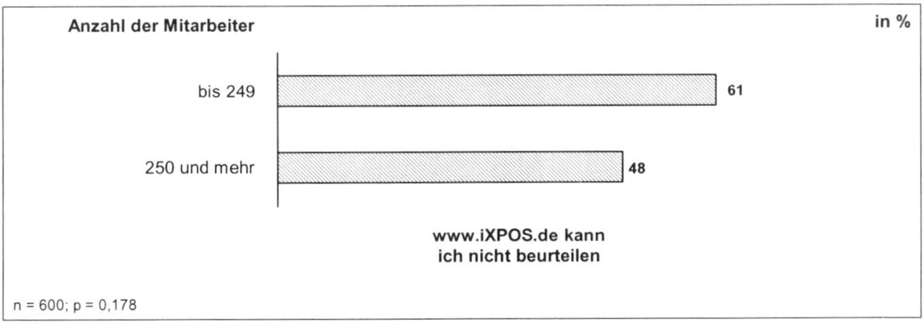

Die Ergebnisse der Umfrage ergaben, dass *iXPOS* 59% der befragten Unternehmen nicht bekannt ist oder dass sie die Plattform zumindest bisher nicht genutzt haben. Eine Differenzierung nach Größenklassen zeigt, dass dieser Wert in der Gruppe der Unternehmen mit 250 und mehr Mitarbeitern bei 48%

[226] Stuewe 1995, S. 11.
[227] Vgl. Krause 2000, S. 1; sowie http://www.ixpos.de.

liegt, bei den Unternehmen mit weniger als 250 Mitarbeitern aber sogar bei 61%. In der Gruppe der Unternehmen, die nach eigenen Angaben gezielt und systematisch nach Möglichkeiten sucht, Maßnahmen der Außenwirtschaftsförderung in Anspruch zu nehmen und hierfür das Internet nutzt, sinkt der Anteil, liegt aber noch immer bei knapp einem Drittel (30%).
Die befragten Unternehmen, die die Internetplattform benoten, geben ihr auf die Frage, ob *iXPOS* übersichtlich das gesamte Angebot der Außenwirtschaftsförderung biete, insgesamt die Note 2,5. Auch hier wird bei einer genaueren Analyse deutlich, dass die Großunternehmen mit 500 und mehr Mitarbeitern mit 2,2 eine etwas bessere Beurteilung vornehmen als die kleinen und mittleren Unternehmen. Trotz der Existenz von *iXPOS* kommt ein befragtes Unternehmen abschließend zu der Feststellung:

> Es gibt zu viele Internetseiten, wo man sich informieren muss. Es wäre schön, wenn es eine Internetadresse gäbe, auf der man alles finden könnte.

Dass sich *iXPOS* vier Jahre nach seiner Gründung bei den Unternehmen noch nicht als zentrale Anlaufstelle im Internet für Fragen zum Thema Außenwirtschaftsförderung etablieren konnte, machen auch die weiteren Ergebnisse der Unternehmensbefragung deutlich. 37% der befragten Unternehmen, die nach eigenem Bekunden das Internet nutzen, um sich über Fragen der Förderung im Bereich der Außenwirtschaft zu informieren, nennen keine konkrete Internetseite, die sie hierfür konsultieren. Dies ist die mit weitem Abstand größte Gruppe.

Graphik 5-52 Von den Unternehmen genutzte Internetseiten

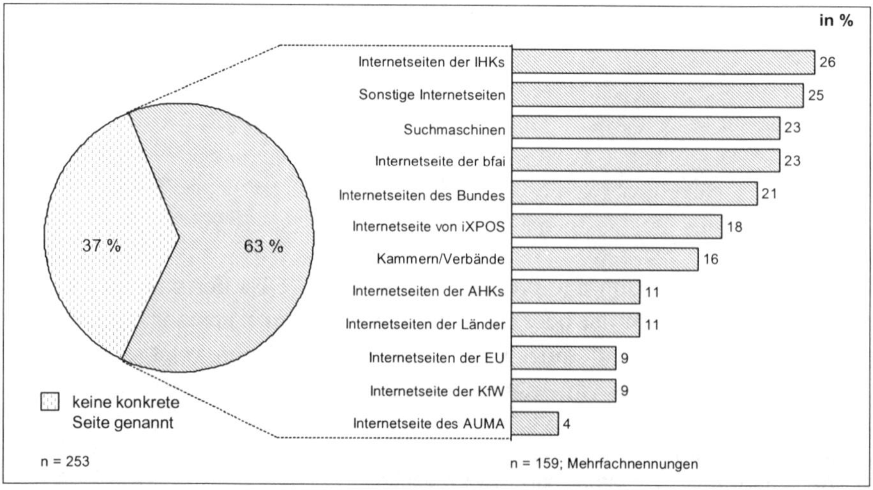

Rund ein Viertel der Unternehmen (23%), die eine konkrete Seite angeben, greift für seine Recherche zum Thema Außenwirtschaftsförderung auf allgemeine Suchmaschinen zurück, aber lediglich 18% der befragten Unternehmen nennen *iXPOS*, das damit auf dem sechsten Platz der Nennungen rangiert. Wie bereits bei der Frage nach den wichtigsten Institutionen im Bereich der Außenwirtschaftsförderung erfahren auch hinsichtlich der Informationssuche via Internet die IHKs mit 26% der Nennungen unter den befragten Unternehmen den größten Zuspruch. Die vielfältigen Internetangebote der Länder werden hingegen nur von 11% der Unternehmen in Anspruch genommen. Diesen Befund bestätigen auch die Ausführungen von Bodo Risch vor dem Wirtschaftsausschuss des nordrhein-westfälischen Landtags vom März 2004:

> Die IHK Nord Westfalen z.B. verzeichnet pro Monat 30.000 echte Sichtkontakte auf ihren International-Seiten sowie monatlich mehr als 5.000 Downloads. Das ist doppelt so viel wie das Internet-Portal des Landes www.nrw-export.de und genau so viel wie das Bundesportal www.ixpos.de. Alle IHKs in NRW zusammen haben vorsichtig geschätzt auf ihren International-Seiten pro Monat etwa 200.000 Nutzerzugriffe.[228]

Um den mittelständischen Unternehmen einen vollständigen und aktuellen Überblick über die Förderprogramme der Europäischen Union, des Bundes und der Länder zu ermöglichen, wurde die im Internet abrufbare *Förderdatenbank des Bundesministeriums für Wirtschaft und Technologie* geschaffen. Als Teilbereich der allgemeinen Wirtschaftsförderung sind dort auch die Instrumente und Maßnahmen zur Außenwirtschaftsförderung verzeichnet. Auch wenn in der Datenbank die meisten Förderprogramme eingetragen sind, macht eine Recherche deutlich, dass es sich empfiehlt immer auch auf der Seite des jeweiligen Wirtschaftsministeriums des Landes und auf der Seite der Wirtschaftsförderungsgesellschaft zu recherchieren, da manche Richtlinien und Informationen nur auf einer dieser Seiten zu finden sind.

Das Ergebnis der Unternehmensbefragung zeigt, dass 54% der befragten Unternehmen angaben, die Förderdatenbank des Bundes nicht beurteilen zu können. Daraus lässt sich schließen, dass mehr als die Hälfte der befragten Unternehmen die Datenbank nicht kennt, beziehungsweise sie zumindest bisher nicht genutzt hat. Diese Zahl liegt in der Gruppe der Unternehmen mit weniger als 250 Mitarbeitern mit 55% noch etwas höher als in der Gruppe der Unternehmen mit 250 und mehr Mitarbeitern (52%). Unter den Unternehmen, die angeben, gezielt und systematisch nach Möglichkeiten zu suchen, Maßnah-

[228] Landtag Nordrhein-Westfalen Vorlage 13/2756 vom 26. März 2004, Anlage 1, S. 3.

men der Außenwirtschaftsförderung in Anspruch zu nehmen und hierfür das Internet nutzen, sinkt der Anteil zwar, liegt aber noch immer bei einem Viertel (24%).

Darüber hinaus wurde deutlich, dass die befragten Nutzer der Datenbank auf die Frage, ob diese so einfach und übersichtlich konzipiert sei, dass es leicht möglich ist, das richtige Förderprogramm zu finden, durchschnittlich die Note befriedigend (2,9) geben. Eine detaillierte Analyse zeigt, dass lediglich die befragten Unternehmen mit mehr als 500 Mitarbeitern der Datenbank mit durchschnittlich 2,5 eine leicht bessere Beurteilung vornehmen.

Abschließend kann festgehalten werden, dass das Internet für die Unternehmen einen der wichtigsten Informationskanäle zum Thema Außenwirtschaftsförderung darstellt und seine Bedeutung in den kommenden Jahren noch steigen wird. Dies wird unter anderem daran deutlich, dass das Internet bei den Unternehmen, die gezielt und systematisch nach Möglichkeiten suchen, Maßnahmen der Außenwirtschaftsförderung in Anspruch zu nehmen, mit 59% den höchsten Nutzerzuspruch unter den Kommunikationswegen erhält.

Dennoch war 2005 jeweils deutlich über die Hälfte der befragten Unternehmen nicht in der Lage, die Internetplattform *iXPOS* und die Förderdatenbank des Bundes zu bewerten. Dessen ungeachtet kann das Internet ein sehr hilfreiches Instrument darstellen, um zukünftig die Unübersichtlichkeit und Intransparenz des Fördersystems weiter zu reduzieren. Ein übergroßes Angebot an Internetseiten der unterschiedlichen Förderträger, das den Dschungel der Förderlandschaft ins Internet überträgt, bringt den kleinen und mittleren Unternehmen allerdings keine Erleichterung.

Deutlich wird aber auch, dass Internetangebote einen besseren Überblick nicht alleine herbeiführen können, da die Unternehmen sich ebenso häufig auch über andere Kommunikationswege wie beispielsweise Rundschreiben, Informationsveranstaltungen oder Publikationen der Förderinstitutionen über das Förderangebot informieren.

5.8 Formulierung konkreter Handlungsoptionen

Die wirtschaftspolitischen Entscheidungsträger aller staatlichen Ebenen betonen, dass der Mittelstand die Hauptzielgruppe der jeweiligen Förderaktivitäten sei. Erklärtes Ziel der staatlichen Maßnahmen ist hierbei, die größenspezifischen Nachteile der mittelständischen Unternehmen bei der Erschließung internationaler Märkte konsequent zu reduzieren. Die Ergebnisse der empirischen Untersuchung der vorangegangenen Abschnitte zeigen jedoch, dass genau aufgrund dieser strukturellen Probleme, die es eigentlich auszugleichen gilt, das aktuelle Förderangebot für kleine und mittlere Unternehmen kaum zu überblicken ist. Vielmehr setzt die derzeitige Ausgestaltung des Fördersystems

unternehmensinterne Kapazitäten, Ressourcen und Know-how voraus, über die mittelständische Unternehmen typischerweise nicht verfügen. Daher empfinden viele kleine und mittlere Unternehmen die Fördermöglichkeiten für sich als nur schwer nutzbar und zeigen sich mit den erhaltenen Förderleistungen signifikant weniger häufig zufrieden als Großunternehmen.
Um dieses fundamentale Defizit des aktuellen Förderangebots zu verringern und die mittelständischen Unternehmen stärker zu erreichen, die nicht über eigene unternehmensinterne Kapazitäten verfügen, müsste das Fördersystem einer umfassenden Reform unterzogen werden. Auf der Grundlage der fundierten empirischen Datenbasis und der systematischen Analyse des derzeitigen Fördersystems werden im Folgenden konkrete Handlungsoptionen für die föderale Aufgabenzuteilung herausgearbeitet und zur Diskussion gestellt, die zu einer Verbesserung der staatlichen Außenwirtschaftsförderung für den Mittelstand beitragen könnten.

Eine Besonderheit des deutschen Föderalismus besteht darin, dass die Aufgaben der einzelnen staatlichen Ebenen in erster Linie funktional nach Kompetenzarten (Gesetzgebung, Verwaltung) und nicht materiell nach Politikfeldern aufgeteilt sind. Um die allgemein konstatierten negativen Auswirkungen der dadurch entstandenen Politikverflechtung zu beseitigen, wurde in der Föderalismusdiskussion der vergangenen Jahre vielfach eine klare Zuordnung ganzer Politikfelder zu den einzelnen staatlichen Ebenen gefordert. Fritz W. Scharpf weist jedoch darauf hin, dass sich aufgrund der ganz unterschiedlichen Materien, die unter ein Sachgebiet fallen, eine vollständige Übertragung kompletter Politikfelder als nicht unbedingt adäquat erweist:

> Bei einer strikten Trennung gibt es [...] nur zwei Möglichkeiten: Entweder verhindern zu weit definierte Bundeskompetenzen wünschenswerte regionale Differenzierung oder zu weit definierte Landeskompetenzen verletzen gesamtstaatlicher Erfordernisse [sic!].[229]

Die empirische Analyse der vorangegangenen Abschnitte hat diese Einschätzung auch für den spezifischen Fall der Außenwirtschaftsförderung bestätigt. Das Förderangebot im Bereich der Außenwirtschaft besteht aus einer Reihe von Leistungen, die sich hinsichtlich der im Zuge der Aufgabenzuordnung zu prüfenden Charaktereigenschaften unterscheiden. Daher muss für jede einzelne Fördermaßnahme die Ebene bestimmt werden, von der sie angeboten werden soll. Dabei gilt: je homogener die Präferenzen der privaten Wirtschaftssubjekte im Bezug auf eine spezifische staatliche Leistung sind und je

[229] Scharpf 2004a, S. 1.

größer deren Wirkungskreis ist, desto zentraler soll die Bereitstellung der staatlichen Fördermaßnahme erfolgen.

Als besondere Herausforderung für eine klare Aufgabenaufteilung zwischen den staatlichen Ebenen erweist sich, dass sich die verschiedenen Gebietskörperschaften einer staatlichen Ebene in ihrer Größe und Leistungskraft zum Teil ganz erheblich unterscheiden. Während beispielsweise große Nationalstaaten wie Deutschland, Frankreich oder Großbritannien eigene weltweite Auslandshandelskammernetze unterhalten, sind kleinere EU-Mitgliedstaaten hierzu nicht in der Lage und plädieren daher für den Aufbau eines europäischen Kammersystems. Dies gilt auch für die Aufgabenzuordnung innerhalb Deutschlands. Fördermaßnahmen, die etwa von Bayern, Baden-Württemberg oder Nordrhein-Westfalen bereitgestellt werden könnten, überfordern gegebenenfalls weniger leistungsfähige Länder wie das Saarland, Bremen oder Mecklenburg-Vorpommern. Aufgrund dieser Unterschiede sind flexible und differenzierte Lösungen erforderlich, die die unterschiedlichen Präferenzen und verfügbaren Ressourcen der einzelnen Gebietskörperschaften berücksichtigen.

Für eine zentralisierte Aufgabenwahrnehmung spricht, dass die mittelständischen Unternehmen in diesem Fall von den ökonomischen Vorteilen der Standardisierung und Normierung des Fördersystems profitierten. Alle Förderinstitutionen würden deutschlandweit nach denselben Regeln arbeiten und bundesweit einheitliche Förderleistungen anbieten. Für eine föderale Aufgabenwahrnehmung sprechen die Vorzüge, die sich aus der Spezialisierung und größeren Innovationskraft ergeben, da es die föderale Zuständigkeit den Förderträgern erlaubt, ihre Leistungen rascher und exakter an den ökonomischen Chancen und Problemen der jeweiligen Region auszurichten.

In Graphik 5-53 werden, unter Berücksichtigung der Anforderungen, die die ökonomische Theorie des Föderalismus an die Aufgabenzuordnung stellt, die verschiedenen Fördermaßnahmen den vier staatlichen Ebenen zugeordnet. Das Ergebnis der Überlegungen zeigt, dass bei einem Großteil der Instrumente und Maßnahmen aus föderalismustheoretischer Sicht eine Arbeitsteilung zwischen den verschiedenen Ebenen, insbesondere dem Bund und den Ländern angezeigt ist. Demnach sollte der Teil der Förderprogramme des Bundes der Wirtschaftsstruktur des gesamten Bundesgebietes Rechnung tragen und eine möglichst große Breitenwirkung entfalten. Ergänzend hierzu sollten die einzelnen Bundesländer komplementäre Fördermaßnahmen anbieten, die speziell auf die besonderen Bedürfnisse der jeweiligen regionalen Wirtschaft zugeschnitten sind.

Graphik 5-53 Mögliche Aufgabenzuordnung zu den staatlichen Ebenen

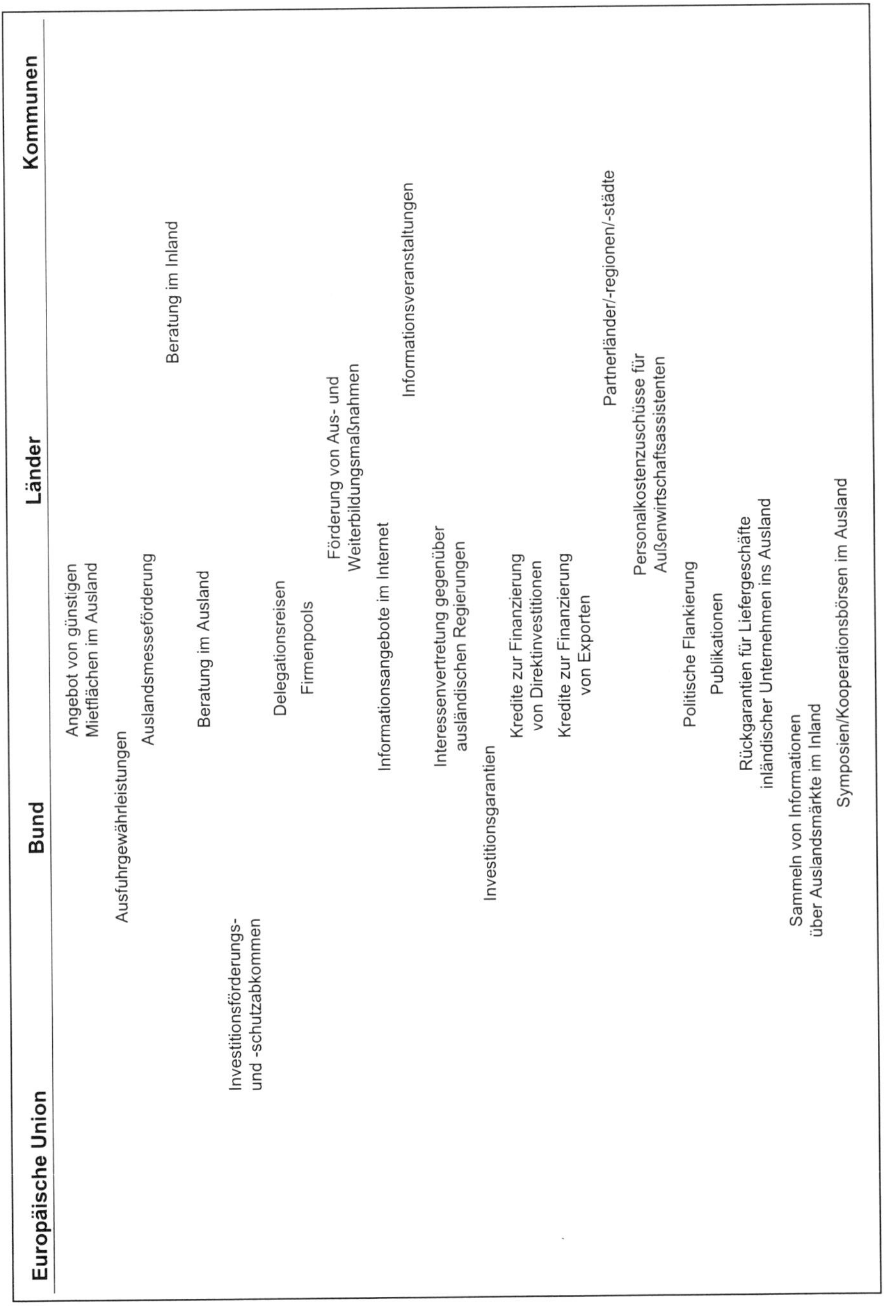

Konzeption und Ausführung der einzelnen Förderprogramme sollten auf der Grundlage wissenschaftlicher Untersuchungen basieren und in enger Abstimmung mit der regionalen Wirtschaft erfolgen. An den Stellen, an denen der Bund aus finanziellen oder sonstigen Gründen eine allgemeine, bundesweite Förderung nicht bereitstellen kann oder will, legen die Befunde nahe, dass die Länder durch eine klar geregelte horizontale Kooperation auch die allgemeinen Leistungen anbieten sollten. Somit erweist sich ein föderales Fördersystem nicht grundsätzlich als ungeeignet, mittelständische Unternehmen adäquat zu unterstützen. Vielmehr deuten die Untersuchungsbefunde darauf hin, dass gerade kleine und mittlere Unternehmen von dezentralen Förderstrukturen mit Entscheidungskompetenz vor Ort profitieren.

Als ein weiteres zentrales Ergebnis der Untersuchungen muss jedoch festgehalten werden, dass die bisherige Ausgestaltung des Förderangebots das beschränkte Organisationspotenzial der mittelständischen Unternehmen nur unzureichend berücksichtigt. Dies hat zur Folge, dass die Förderung die Zielgruppe nicht im gewünschten Maße erreicht und die Hauptzielgruppe mit der erhaltenen Außenwirtschaftsförderung weniger zufrieden ist als die Großunternehmen, die nicht zur primären Zielgruppe gehören.

a.) Gründung eines Dachverbands Außenwirtschaftsförderung

Damit die mittelständischen Unternehmen nicht auch in Zukunft bei der Inanspruchnahme der Fördermaßnahmen im Vergleich zu Großunternehmen unterliegen, sondern von den Vorteilen eines föderalen Fördersystems profitieren, ist die Ausgestaltung des Fördersystems in stärkerem Maße an den konkreten Gegebenheiten der kleinen und mittleren Unternehmen zu orientieren. Hierfür müssen die gefundenen Lösungen so konsistent, transparent und unbürokratisch gestaltet sein, dass es den mittelständischen Unternehmen als Zielgruppe der Fördermaßnahmen leicht fällt, diese zu nutzen. Gleichzeitig muss das Fördersystem so flexibel sein, dass regionale Differenzierungen möglich sind.

In den vergangenen Jahren wurden bereits Maßnahmen ergriffen, die die diagnostizierten Probleme des Fördersystems beheben sollen. So wurde im Rahmen des Serviceverbunds Außenwirtschaft unter Federführung des Bundeswirtschaftsministeriums das Internetportal *iXPOS* ins Leben gerufen, auf dem die größten Akteure der Außenwirtschaftsförderung ihr Förderangebot präsentieren. Dies war ein Schritt in die richtige Richtung. Wie die Untersuchungsergebnisse gezeigt haben, reichen die bisherigen Anstrengungen jedoch nicht aus, um die kleinen und mittleren Unternehmen adäquat zu erreichen. Vielmehr müssen die Bemühungen um eine Optimierung des Fördersystems in den kommenden Jahren konsequent weiterverfolgt und auf weitere

Bereiche ausgedehnt werden. Hierfür müssen sämtliche Akteure die mittelständischen Unternehmen als Kunden und ihre Förderangebote als komplementär begreifen. Dies erfordert eine ebenen- und institutionenübergreifende förderpolitische Abstimmung und Strategie. Die inhaltsanalytische Datenauswertung hat ergeben, dass zahlreiche Akteure diese Auffassung teilen, die konkrete Umsetzung jedoch bisher gescheitert ist.
Aufgrund der Vielzahl unabhängiger Akteure, die an der Planung und Durchführung der öffentlichen Außenwirtschaftsförderung beteiligt sind, erweist sich das aktuelle System der Außenwirtschaftsförderung jedoch als anfällig für institutionelle Eigeninteressen der unterschiedlichen Akteure aus Staat und Wirtschaft. Nur wenn alle Akteure ihr Handeln ausschließlich an den Bedürfnissen der zu fördernden mittelständischen Unternehmen ausrichteten, wäre die Vielfalt der Förderinstitutionen unbedenklich. Wie die Forschungsergebnisse der Neuen Politischen Ökonomie gezeigt haben, ist dies jedoch nicht zu erwarten. So wurden in der Vergangenheit beispielsweise die effiziente Funktionsweise und Weiterentwicklung von *iXPOS* durch Interessenkonflikte zwischen den unterschiedlichen Akteuren erschwert.
Um das Fördersystem für kleine und mittlere Unternehmen besser zugänglich zu machen, müssen daher konkrete Schnittstellen und Verantwortlichkeiten etabliert werden, die die Kommunikation und Abstimmung sowie das Zusammenwirken zwischen den verschiedenen staatlichen Ebenen und Förderinstitutionen eindeutig definieren. Die bisherigen Gremien haben sich hierfür als nicht ausreichend erwiesen.
Die Ergebnisse der Untersuchung haben darüber hinaus ergeben, dass eine Schwäche des derzeitigen Fördersystems darin besteht, dass das Förderangebot durch die Zielgruppe nicht im erforderlichen Maße wahrgenommen wird. So sind insbesondere den mittelständischen Unternehmen nur wenige Institutionen im Bereich der Außenwirtschaftsförderung bekannt. Noch am ehesten fallen den befragten Unternehmen die dezentral arbeitenden Industrie- und Handelskammern sowie die Auslandshandelskammern ein. Um den mittelständischen Unternehmen das breite Spektrum der Förderleistungen besser bekannt und zugänglich zu machen, besteht auch an dieser Stelle akuter Handlungsbedarf.

Somit wurde insgesamt deutlich, dass die Koordinierung der außenwirtschaftsfördernden Programme sowie die entsprechenden Informationsstrukturen noch verbessert werden müssen. Um diese Probleme zu beheben, muss eine Lösung gefunden werden, die es ermöglicht, die Vorteile eines einheitlichen Auftritts zu nutzen ohne die positiven Wirkungen der dezentralen Förderstruktur einzubüßen. Hierfür scheint die Schaffung eines Dachverbands der Träger der staatlichen Außenwirtschaftsförderung nach dem Vorbild des Deutschen Sparkassen- und Giroverbands oder des Deutschen Industrie- und Handelskammertags (DIHK) e.V. geeignet zu sein. In beiden Dachorganisationen sind dezentral organisierte, rechtlich und wirtschaftlich selbständige Institutionen des öffentlich-rechtlichen Sektors zusammengeschlossen. Die jeweiligen Verbandsmitglieder gestalten ihre Geschäftspolitik im Rahmen der jeweils geltenden gesetzlichen Regelungen und Satzungen eigenverantwortlich. Trotz der dezentral organisierten, eigenständigen Institutionen mit Vorstandsverantwortung vor Ort, obliegt der jeweiligen Dachorganisation neben der Interessenbündelung vor allem die Koordinierung und Entwicklung von gemeinsamen Strategien. Mit Hilfe einer solchen Verbandslösung, die die Eigenständigkeit der beteiligten Ebenen und Institutionen wahrt, würde es möglich, ein umfangreiches Förderangebot anzubieten, das regionale Differenzierungen zulässt und sich gleichzeitig an den Bedürfnissen und Gegebenheiten der mittelständischen Unternehmen orientiert, indem es aufgrund des starken Verbundcharakters den Förderinstitutionen eine ausdrückliche Zusammenarbeitspflicht auferlegt. Nur so ist es möglich, das gesamte Förderspektrum voll zur Geltung zu bringen und die kleinen und mittleren Unternehmen von den Vorteilen einer föderal organisierten Außenwirtschaftsförderung profitieren zu lassen. Eine solche Lösung würde ferner der Erkenntnis Rechnung tragen, dass keine Institution alleine in der Lage ist, die mittelständischen Unternehmen umfassend und adäquat bei Ihrer Internationalisierung zu unterstützen. Gleichzeitig würde die Verbandslösung die Komplexität des Fördersystems reduzieren und die Konsistenz und Transparenz erhöhen. Somit würde es ein solches Vorgehen ermöglichen, die Vorteile eines einheitlichen Auftritts zu nutzen ohne die positiven Effekte einer dezentralen Förderstruktur zu verlieren.

Mitglieder des Verbands sollten nur Förderinstitutionen werden können, an denen Gebietskörperschaften beteiligt sind oder auf die die Erbringung von Förderleistungen durch staatliche Ebenen übertragen wurde, wobei sich die Mitglieder zur Einhaltung der Satzungsbestimmungen verpflichten. Innerhalb des Verbandes sollte ein regelmäßig tagender Koordinierungsausschuss, in dem die Vertreter der Mitgliedsinstitutionen vertreten sind, das arbeitsteilige Zusammenwirken der Förderaktivitäten der verschieden Ebenen koordinieren und mögliche Interessensunterschiede schlichten. Um die Bedürfnisse der mittelständischen Unternehmen in den förderpolitischen Strategien der Verbandsmitglieder ausreichend zu berücksichtigen, sollten zudem Arbeitskreise aus Vertretern von Wirtschaftsverbänden und weiteren relevanten Institutionen, aber vor allem auch unter Beteiligung von interessierten kleinen und mittleren Unternehmen ins Leben gerufen werden. In diesen strategischen Arbeitsrunden sollen spezifische aktuelle Probleme des Mittelstands im Zuge der Internationalisierung erörtert und Lösungsansätze entwickelt werden. Durch die Einbindung in die Struktur eines solchen Dachverbandes büßen die Gebietskörperschaften und Institutionen zwar einerseits einen Teil ihres autonomen Handlungsspielraums ein, andererseits ergeben sich durch die Kooperation mit den anderen Akteuren aber auch neue Gestaltungsspielräume von denen die mittelständischen Unternehmen profitieren. Hierbei gilt es zu bedenken, dass die Vorzüge wie zum Beispiel die Innovationskraft des föderalen Fördersystems nicht in unterschiedlich hohen Förderkonditionen zum Ausdruck kommen oder darin, unterschiedliche Namen für prinzipiell gleiche Fördertatbestände zu entwickeln. Vielmehr besteht die Stärke der föderalen Aufgabenwahrnehmung in der Verankerung der jeweiligen Förderinstitution in der Region und damit in der Nähe zu den mittelständischen Unternehmen. Diese Vorzüge dürfen jedoch nicht durch eine zu große Komplexität des Fördersystems konterkariert werden.

Um eine solche Verbandslösung zu etablieren, bedarf es eines klaren politischen Gestaltungswillens, der erkennt, dass die mittelständischen Unternehmen nur dann adäquat gefördert werden können, wenn zuvor die Strukturen des Fördersystems optimiert wurden. Eine solche Verbandslösung kann nur gelingen, wenn die Strategien der am Verband teilnehmenden Institutionen zueinander passen. Diese werden ganz wesentlich durch Strukturen bestimmt, die in der Hand der Gesetzgeber der verschiedenen staatlichen Ebenen liegen. Folglich ist es wichtig, dass die gesetzlichen Regelungen über die jeweilige Region hinaus eine Einheit der Außenwirtschaftsförderung und eine Verbandszusammenarbeit mit anderen Institutionen ermöglichen. Daher müssen die regionalen Strategien zur Außenwirtschaftsförderung – nicht zuletzt im eigenen Interesse – die Bedeutung der bundesweiten Kooperation berücksichtigen. Darüber hinaus ist es dringend erforderlich, dass sich die einzelnen Institutionen als Teil einer umfassenden Förderstruktur begreifen und präsentieren. Staatsrechtlich betrachtet sind die Kommunen den Ländern zugeordnet. Daher treten die Kommunen weder mit der europäischen Ebene noch mit dem Bund offiziell in Verbindung. Durch die Schaffung eines hier skizzierten Dachverbands Außenwirtschaftsförderung wäre es möglich, einen sämtliche staatliche Ebenen und Institutionen umfassenden Verbund zu bilden, durch den umfangreiche Synergien erschlossen werden könnten.

b.) Implementierung eines Corporate Design

Ein ähnlicher politischer Wille bestand im Bezug auf die Erhöhung der Effizienz und Transparenz der Industrie- und Handelskammern. Somit eignet sich die Entwicklung der vergangenen Jahre innerhalb der beiden exemplarisch

herangezogenen Dachorganisationen als Beispiel für ein mögliches Vorgehen im Bereich der Außenwirtschaftsförderung.
In den neunziger Jahren hatte die öffentliche Diskussion über die Industrie- und Handelskammern gezeigt, dass aufgrund der dezentralen und uneinheitlichen Struktur ein Großteil der Unternehmen nur unzureichend oder gar nicht über das Aufgaben- und Leistungsspektrum der Kammern informiert war. Zum damaligen Zeitpunkt traten die IHKs nicht unter einer gemeinsamen Marke auf. Abgesehen von den drei Buchstaben „IHK“ war die Außendarstellung der Kammern sehr heterogen. Dabei basieren die Kammern – durchaus vergleichbar mit den Förderinstitutionen im Bereich der Außenwirtschaft – auf ähnlichen rechtlichen Grundlagen, wenden sich an die gleiche Zielgruppe und bieten dieser ein gleichartiges Leistungsspektrum an. Die kritische Debatte gipfelte in einer Entschließung des Deutschen Bundestages, in der die IHKs aufgefordert wurden, die „Effizienz und Transparenz ihrer Tätigkeit zu steigern“[230]. Diese Kritik beantworteten die Kammern mit der Entwicklung eines Marketingkonzepts, das einen kongruenten Auftritt der Gesamtorganisation sicherstellen sollte. Seit 2001 treten die IHKs bundesweit einheitlich auf und haben hierfür u.a. eine deutschlandweit kongruente Struktur und Nomenklatur für ihr Leistungsangebot geschaffen. Im Zuge dieses Reformprozesses wurde auch die Dachorganisation der Kammern von Deutscher Industrie- und Handelstag (DIHT) in Deutscher Industrie- und Handelskammertag (DIHK) umbenannt, um so in der Öffentlichkeit auch optisch die Verbindung zwischen dem Dachverband und den Kammern deutlicher herauszustellen.[231]
Einen ähnlichen Weg beschritt auch der Dachverband der dezentral organisierten Sparkassen, nachdem deutlich geworden war, dass das Leistungsspektrum der Sparkassen bei den potenziellen Kunden nur ungenügend bekannt war. Nachdem 2002 die Kollektivmarke „Sparkasse“ durch den Deutschen Sparkassen- und Giroverband geschützt worden war, wurde ein neues, bundesweit einheitliches Erscheinungsbild der Sparkassen erarbeitet, das seit 2004 von allen Instituten schrittweise und in finanziell tragbaren Investitionsschritten umgesetzt wird.[232]

Da auch im Bereich der Außenwirtschaftsförderung eine Vielzahl von eigenständigen Institutionen aktiv ist, kommt einer einheitlichen Dachmarke, die ein geschlossenes visuelles Erscheinungsbild sämtlicher Förderangebote ermöglicht, eine besondere Bedeutung für die Transparenz und Zugänglichkeit des Fördersystems zu. Dabei würde eine solche Kollektivmarke nicht nur eine in-

---
[230] Deutscher Bundestag Drucksache 13/10297 vom 01. April 1998, S. 1.
[231] Vgl. Deutscher Bundestag Drucksache 14/9175 vom 29. Mai 2002, S. 12.
[232] Vgl. Haasis 2006, S. 454-456.

tegrierende Wirkung nach außen sondern auch nach innen entfalten. Daher sollte der zu gründende Dachverband u.a. mit der Entwicklung einer Wort- und Bildmarke beauftragt werden, an der der Verband die Rechte halten würde und treuhänderisch ermächtigt wäre, Lizenz- und Zeichennutzungsrechte zu vergeben. Ähnlich der Bildmarke der IHKs bietet es sich an, dass das Markenzeichen der Außenwirtschaftsförderung aus zwei Teilen besteht: einem bundesweit einheitlichen, allgemeinen Logoteil, der jeweils mit einem regionalen Motiv ergänzt wird. Damit würden die Vorgaben einerseits für einen einheitlichen Auftritt mit einem hohen Wiedererkennungswert bei den mittelständischen Unternehmen sorgen und andererseits gleichzeitig einen angemessenen Freiraum für die individuelle regionale Differenzierung gewährleisten.
Neben graphischen Vorgaben kann das Corporate Design auch inhaltliche Vorgaben umfassen, wie z.B. die Etablierung einer einheitlichen Nomenklatur für die Förderinstrumente und -maßnahmen oder die inhaltliche Gliederung und Gestaltung von Informationsmaterialien, wobei auch hier eine Erweiterung um regionale Besonderheiten möglich bleiben sollte. Auf diese Weise werden durch die Verbandslösung gemeinsame Kompetenzen und Strukturen sichtbar, obwohl jede Förderinstitution ihr eigenes, auf die Bedürfnisse und Besonderheiten der jeweiligen Region zugeschnittenes Angebot beibehält. Gleichzeitig wird trotz des bundeseinheitlichen Auftritts die regionale Zuständigkeit der jeweiligen Förderinstitution deutlich. Somit würde durch diese Konstruktion das Förderangebot transparenter und die mittelständischen Unternehmen würden als Zielgruppe der Maßnahmen stärker in den Vordergrund rücken, da die spezifischen Bedürfnisse und Besonderheiten der kleinen und mittleren Unternehmen bessere Berücksichtigung finden.

Im Ausland würde die Etablierung einer Dachmarke die Einheitlichkeit des deutschen Auftritts gewährleisten und dennoch ein eigenständiges internationales Engagement der verschiedenen staatlichen Ebenen nicht unterbinden, da sich alle deutschen Ebenen und Akteure mit ihren individuellen *Corporate Identities* im Rahmen der Kollektivmarke präsentieren könnten. Darüber hinaus könnte sich Deutschland damit auch in eine europäische Präsentation einbringen.

Als weitere Maßnahme zur Stärkung der Einheitlichkeit des deutschen Auftritts im Ausland sollten in Anlehnung an die *German Centres* die Büros der deutschen Einrichtungen aller Ebenen soweit wie möglich unter einem Dach zusammengefasst werden.[233] In einigen Ländern ist dies bereits teilweise gege-

[233] Im Gegensatz zu den *German Centres* wären diese jedoch nicht mit dem Angebot von Räumlichkeiten für deutsche Unternehmen verbunden.

ben, sollte aber systematisch in sämtlichen Ländern erfolgen. Auch wenn die einzelnen Institutionen, die unterschiedliche Aufgaben erfüllen, weiterhin institutionell getrennt bleiben, würde durch die räumliche Zusammenfassung in diesen „Deutschen Häusern" ein klareres Bild nach außen vermittelt. Die Verwendung einer einheitlichen Dachmarke würde den Wiedererkennungswert Deutschlands, seiner Regionen und Unternehmen weltweit stärken. Ferner verkürzt eine derartige Zusammenlegung der Institutionen sowohl für die deutschen kleinen und mittleren Unternehmen als auch die ausländischen Geschäftspartner die notwendigen Wege. Darüber hinaus würde die räumliche Nähe eine enge Abstimmung zwischen den verschiedenen Akteuren der Außenwirtschaftsförderung und die Hebung von Synergien erleichtern.

c.) Arbeitsteilung innerhalb des Verbands

Die Ergebnisse der Untersuchung haben gezeigt, dass innerhalb Deutschlands für die erfolgreiche Umsetzung staatlicher Fördermaßnahmen zugunsten des Mittelstands leistungsfähige dezentrale Strukturen notwendig sind. Nur diese können ein umfassendes und flächendeckendes, regional ausgerichtetes Förderangebot für mittelständische Unternehmen auch jenseits der wirtschaftlichen Zentren gewährleisten. Hierbei muss sichergestellt werden, dass auf der dezentralen Ebene hochwertige Informationen vorhanden sind, und die Mitarbeiter über ein Höchstmaß an Qualifikation und Kompetenz verfügen. Bei einer Aufgabenverteilung auf eine Vielzahl kleiner Institutionen besteht jedoch die Gefahr, dass diese aufgrund knapper personeller und finanzieller Ressourcen die unterschiedlichen Aspekte der Außenwirtschaftsförderung nicht abdecken können. Um dennoch eine leistungsfähige dezentrale Förderung zu gewährleisten, wäre innerhalb des Verbands eine Aufgabenteilung nach dem Vorbild der Schwerpunktkammern der IHKs denkbar.[234] Hierbei könnte regional sowohl nach Branchen als auch Zielmärkten differenziert werden. Die Informationen und Leistungen sollten jedoch Unternehmen aus dem gesamten Bundesgebiet zur Verfügung stehen. Ein solches Vorgehen würde einer zusätzlichen Herausforderung für eine klare Zuordnung der Fördermaßnahmen zu den staatlichen Ebenen Rechnung tragen: die Differenzierungsnotwendigkeit des Förderangebots ergibt sich primär aufgrund der unterschiedlichen Branchenzugehörigkeit der mittelständischen Unternehmen. Mit Ausnahme von regionalen Branchenkonzentrationen sind Unternehmen eines bestimmten Wirtschaftszweiges jedoch häufig in unterschiedlichen Regionen ansässig. Daher ist es notwendig, dass Unternehmen einer Branche auch dann von branchenspezifischen Förderangeboten anderer Regionen profitieren können,

[234] Siehe zur Konzeption und Praxis der Schwerpunktkammern Vereinigung der Industrie- und Handelskammern in Nordrhein-Westfalen 2003, S. 16.

wenn sie dort nicht ihren Sitz haben oder keine Betriebsstätte besitzen. Um dies zu gewährleisten müssten die Förderkonditionen stärker angeglichen oder gar vereinheitlicht werden. Nur dann ist es möglich, die Förderprogramme der verschiedenen staatlichen Ebenen besser zu vernetzen und eine Nutzung über die Landesgrenzen hinweg zu erleichtern. Während das Sammeln von Informationen über Auslandsmärkte möglichst zentral erfolgen sollte, muss die Wissensvermittlung möglichst dezentral bzw. lokal stattfinden. Hierfür ist die Nutzung einer gemeinsamen Informations- und Wissensdatenbank innerhalb des Verbands notwendig.

d.) Nutzung von Privatisierungspotenzialen

Um die im Zuge der Analyse identifizierten Defizite des Fördersystems zu beseitigen, ist es nach Ansicht einiger Autoren erforderlich, dass die unterschiedlichen Förderträger die förderungswürdigen Unternehmen aktiver ansprechen und unterstützen.[235] Ein solches Vorgehen ist ordnungspolitisch jedoch außerordentlich bedenklich. Grundsätzlich muss sichergestellt werden, dass ausschließlich Unternehmen gefördert werden, die staatliche Beihilfen tatsächlich benötigen. Zahlreiche Untersuchungen kommen jedoch zu dem übereinstimmenden Ergebnis, dass dies im Rahmen des aktuellen Fördersystems nicht gewährleistet ist. Im Gegenteil, die Anfälligkeit des Systems gegenüber Mitnahmeeffekten erweist sich als relativ hoch.

Zwar haben die Erörterungen gezeigt, dass mittelständische Unternehmen bei ihrer Internationalisierung aufgrund ihrer größenspezifischen Besonderheiten häufig umfangreicher externer Hilfestellung bedürfen. Dass diese Unterstützung notwendigerweise durch staatlich finanzierte Fördermaßnahmen erfolgen muss, konnte jedoch nicht zwingend bestätigt werden. Vielmehr könnten die notwendigen Dienstleistungen vielfach auch durch privatwirtschaftliche Anbieter abgedeckt werden.[236] Daher ist eine möglichst enge Eingrenzung der förderbedürftigen Unternehmen notwendig, die sich stark an den realen Gegebenheiten und der Leistungsfähigkeit der mittelständischen Unternehmen orientiert. Vor allem die Europäische Kommission hat hier in den vergangenen Jahren Schritte unternommen, die wissenschaftlich fundiert weiterzuentwickeln sind.

Zudem ist zu beobachten, dass das für die deutsche Wirtschaft charakteristische korporatistische Arrangement von staatlichen und zwangsverbandlichen Strukturen im Bereich der Außenwirtschaftsförderung privatwirtschaftliche Initiativen behindert und damit das Entstehen von privatwirtschaftlichen Arbeitsplätzen in einem zukunfts- und wachstumsträchtigen Dienstleistungsbereich im

---

[235] Vgl. o.V. 1997a, S. 13; Boston Consulting Group 2004, S. 6 f.

[236] Vgl. exemplarisch für den Bereich der Beratung Haunschild; Clemens 2006, S. 4 ff.

Umfeld der Internationalisierung verhindert. Um diesen *crowding out*-Effekt zu vermeiden, ist es notwendig, dass die ergriffenen Maßnahmen das Kriterium der Marktkonformität im Sinne von Alfred Müller Armack sowie der Additionalität erfüllen, das heißt, sie dürfen nicht störend in die Marktapparatur eingreifen und die private Initiative nur in den Bereichen ergänzen, wo diese nicht oder noch nicht tätig ist. Die Schwelle, an der die Störung des Marktes beginnt, ist jedoch nur schwer zu definieren. Darüber hinaus muss aufgrund der historischen Erfahrung bezweifelt werden, dass die wirtschaftspolitischen Entscheidungsträger der Versuchung widerstehen können, ein einmal geschaffenes System staatlicher Förderung immer stärker auszubauen und damit die private Initiative zurückzudrängen.[237] Daher dürfen auch im Rahmen der Diskussion um die optimale Aufgabenzuordnung zu den einzelnen staatlichen Ebenen die mahnenden Worte von Thomas Apolte nicht vergessen werden:

> [O]bwohl sich die Privatisierung einer marktfähigen Leistungserbringung unter Ökonomen im allgemeinen breiter Zustimmung erfreut, gerät sie im Zuge der Diskussion um den institutionellen Wettbewerb oftmals in Vergessenheit.[238]

Erst die Vorgaben der Europäischen Kommission und die prekäre Situation der öffentlichen Haushalte haben in den vergangenen Jahren teilweise eine Zurückhaltung des Staates erzwungen. Gleichwohl plädieren Interessenvertreter wie der DIHK für einen weiteren Erhalt der Fördergelder:

> Trotz aller Sparzwänge muss auch in Zukunft die Leistungsfähigkeit der deutschen Außenwirtschaftsförderung durch eine langfristig gesicherte finanzielle Ausstattung gewährleistet sein. Dabei geht es vor allem darum, die Funktionsfähigkeit der bewährten Instrumente wie AHKs, bfai (Bundesagentur für Außenwirtschaft) und Auslandsmesseförderung durch eine Verstetigung der finanziellen Aufwendungen langfristig zu sichern.[239]

Andererseits wird auch von Seiten der Politik und der Verbände zugestanden, dass der Bereich der Außenwirtschaftsförderung noch erhebliches Privatisierungspotenzial aufweist. Dies würde einerseits zur Schaffung neuer zukunftsträchtiger Arbeitsplätze in der privaten Wirtschaft beitragen und andererseits die Effizienz des Dienstleistungsangebotes erhöhen.[240] Als Problem erweist

---

[237] Vgl. Müller Armack 1976, S. 246.
[238] Apolte 1999, S. 91.
[239] Deutscher Industrie- und Handelskammertag 2004a, S. 11.
[240] Vgl. o.V. 1997d, S. 11.

sich jedoch, dass der deutsche Mittelstand zwar einen enormen Beratungsbedarf im Bereich der Außenwirtschaft aufweist, häufig aber nicht bereit ist, dafür zu bezahlen. Dies könnte auf „verzerrte“ Präferenzen und eine hohe Qualitätsunsicherheit auf Seiten der mittelständischen Unternehmen hindeuten. Exemplarisch zeigt sich dies an den Erfahrungen der bfai. In einer sechswöchigen Testphase, in der das Informationsangebot der bfai kostenlos im Internet abrufbar war, verdoppelte sich die Zahl der heruntergeladenen Informationen im Vergleich zu den Zeiten, in denen die Informationen kostenpflichtig angeboten wurden. Die hohe Preiselastizität der Nachfrage nach Auslandsinformationen wird auch daran deutlich, dass die bfai durch eine Anhebung der Preise für einzelne Publikationen und Periodika um fünf bis 15% Einnahmerückgänge in Höhe von 20% verzeichnen musste.[241]

In diesem Zusammenhang darf jedoch nicht verkannt werden, dass die Unternehmen durch die staatlichen Fördermaßnahmen zu einer geringen Zahlungsbereitschaft geradezu angehalten werden, da sie wissen, dass der Staat die Leistungen kostenlos zur Verfügung stellen wird, wenn ein politisch für notwendig erachteter Umfang an Leistungen nicht in Anspruch genommen wird, und gleichzeitig die Interessengruppen genügend politischen Druck aufbauen. Im Falle der bfai scheint dieses Verhalten Erfolg gehabt zu haben. Seit Dezember 2005 werden zahlreiche bis dato kostenpflichtige Außenwirtschaftsinformationen, wie etwa allgemeine Wirtschaftsdaten und -trends, rechtliche Basisinformationen sowie ausgesuchte Branchenüberblicke im Internet kostenlos angeboten.[242]

e.) Maßnahmen zur Sensibilisierung mittelständischer Unternehmen

Um die Auslandsaktivitäten mittelständischer Unternehmen zu fördern, kommt dem Staat eine wichtige Aufgabe auch im Bereich der Bildung und Sensibilisierung zu. Diese Ansätze gehen über die hier analysierte direkte staatliche Außenwirtschaftsförderung hinaus. In Verbindung mit Schritten, die eine Erhöhung der Umsatzrendite und damit die Eigenkapitalbildung mittelständischer Unternehmen unterstützen und zur Entlastung von Bürokratie beitragen, wären diese Maßnahmen jedoch dazu geeignet, den kleinen und mittleren Unternehmen zu ermöglichen, ihre Internationalisierung ohne Beihilfen voranzutreiben.

f.) Einführung einer regelmäßigen externen Evaluierung

Die Ergebnisse der Studie haben darüber hinaus deutlich gemacht, dass der Beschluss, eine Fördermaßnahme zugunsten des Mittelstands einzurichten,

---

[241] Vgl. Deutscher Bundestag Drucksache 14/9842 vom 02. August 2003, S. 4.

[242] Vgl. Bundesagentur für Außenwirtschaft 2005; Bundesagentur für Außenwirtschaft 2006.

immer auch mit dem Auftrag einer unabhängigen externen Begutachtung der Folgen des jeweiligen Programms insbesondere auf der Ebene der mittelständischen Unternehmen einhergehen muss. Die von den einzelnen Förderträgern erstellten Jahresberichte stellen die Leistungen der Fördermaßnahmen erwartungsgemäß in der Regel zu positiv dar. So werden beispielsweise im Bericht über die Vergabe der Investitionsgarantien der Bundesrepublik Deutschland Unternehmen mit bis zu 2.000 Mitarbeitern zu den kleinen und mittleren Unternehmen gezählt, um im Zeitraum von 1996 bis 2005 wenigstens einen KMU-Anteil an den geförderten Unternehmen von 39% ausweisen zu können.[243] Daher muss die wissenschaftliche Evaluierung extern erfolgen, da nur so die notwendige Unabhängigkeit gewährleistet werden kann.

[243] Vgl. PricewaterhouseCoopers 2006, S. 44.

6. Fazit – Implikationen für Politik und Forschung

Die tief greifenden Veränderungen der Weltwirtschaft, die allgemein mit dem Begriff *Globalisierung* umschrieben werden, stellen sowohl die kleinen und mittleren Unternehmen als auch die wirtschaftspolitischen Entscheidungsträger vor neue Herausforderungen. Durch die zunehmende weltweite Integration der Märkte büßt die Wirtschaftspolitik auf der Ebene der Nationalstaaten zunehmend Gestaltungsspielraum ein, wohingegen der Ebene der subnationalen Gebietskörperschaften eine stärkere wirtschaftspolitische Rolle zukommt. Gleichzeitig nimmt im Zuge der Globalisierung der Anpassungsdruck auch auf mittelständische Unternehmen, die bisher kaum von der Internationalisierung der Wirtschaft betroffen waren, permanent zu. Dies erhöht die Notwendigkeit, dass auch der Mittelstand seine internationalen Aktivitäten offensiv ausbaut. Hierbei weisen kleine und mittlere Unternehmen gegenüber Großunternehmen jedoch erhebliche strukturelle Nachteile auf. Da von Seiten der wirtschaftspolitischen Entscheidungsträger mittelständischen Unternehmen große Bedeutung für die Beschäftigung und die gesamte Volkswirtschaft zugesprochen wird, haben seit Mitte der siebziger Jahre zunächst die Bundesländer und später auch die Europäische Union und zum Teil die Kommunen, ergänzend zu den bestehenden Fördermaßnahmen des Bundes, ein vielschichtiges Förderinstrumentarium im Bereich der Außenwirtschaftsförderung aufgebaut. Das so gewachsene Fördersystem wurde in den vergangenen Jahren, insbesondere wegen seiner fehlenden Konsistenz und Transparenz wiederholt scharf kritisiert.

Ziel dieser Arbeit war es daher, mit Hilfe des Analyseinstrumentariums der ökonomischen Theorie des Föderalismus und auf der Basis umfangreicher empirischer Analysen zu untersuchen, inwieweit die föderale Struktur der Außenwirtschaftsförderung dafür verantwortlich ist, dass das Fördersystem in seiner bisherigen Ausgestaltung seine Hauptzielgruppe, die kleinen und mittleren Unternehmen, nicht adäquat erreicht. Mittelständische Unternehmen nehmen die Angebote der Außenwirtschaftsförderung signifikant seltener in Anspruch als Großunternehmen, wobei gilt: je kleiner das Unternehmen, desto seltener wird die Förderung genutzt. Ferner beurteilen in der Gruppe der Unternehmen, die bereits gefördert wurden, die kleinen und mittleren Unternehmen die Fördermaßnahmen signifikant schlechter als die Großunternehmen.

Insgesamt kann als Konsequenz des aktuellen föderalen Fördersystems, das aus einer Vielzahl von Institutionen und Programmen besteht, festgehalten werden, dass es sowohl bei den kleinen und mittleren deutschen Unternehmen als auch bei den ausländischen Partnern ein diffuses Bild hinterlässt. Da Großunternehmen signifikant häufiger über unternehmensinterne Kapazitäten und Ressourcen verfügen, die sich für die Nutzung der Förderung als notwendig erwiesen haben, fällt es ihnen bedeutend leichter, die Instrumente und Maßnahmen der Außenwirtschaftsförderung in Anspruch zu nehmen. Die Hauptzielgruppe der Fördermaßnahmen, die kleinen und mittleren Unternehmen, wird hingegen nicht im gewünschten Maße erreicht, da sie typischerweise eben nicht über derartige Kapazitäten, wie beispielsweise eine spezielle Auslandsabteilung, verfügt. Den Mangel der kleinen und mittleren Unternehmen an diesen Kapazitäten auszugleichen ist ein zentraler Punkt für die Begründung staatlicher Aktivitäten im Bereich der Außenwirtschaft. Die empirischen Ergebnisse machen jedoch deutlich, dass diese Zielsetzung der Förderaktivitäten bisher nicht ausreichend verwirklicht wird. Die Aufgabe von Optimierungsbemühungen muss es daher sein, das Fördersystem besser auf die Besonderheiten der mittelständischen Unternehmen, die zu Beginn der Arbeit ausführlich dargestellt und diskutiert wurden, zuzuschneiden. Insbesondere gilt es, den bestehenden Mangel an Transparenz und somit Zugänglichkeit zu überwinden. Darüber hinaus bestätigte das Ergebnis der Unternehmensbefragung die Befunde anderer Untersuchungen, indem es auf eine hohe Anfälligkeit der Außenwirtschaftsförderung für Mitnahmeeffekte hindeutet und somit die Effektivität des aktuellen Förderinstrumentariums erheblich in Frage stellt.

Vor dem Hintergrund dieses Befunds galt es im Rahmen der theoriegeleiteten Untersuchungen darüber hinaus zu klären, inwieweit eine föderale Aufgabenwahrnehmung im Bereich der Außenwirtschaftsförderung dazu beitragen kann, dass die mittelständischen Unternehmen besser erreicht und im Zuge ihrer Internationalisierung adäquat unterstützt werden können. Die Untersuchungsergebnisse der ökonomischen Theorie des Föderalismus haben gezeigt, dass eine föderale Aufgabenwahrnehmung sowohl Wohlfahrtsgewinne als auch Wohlfahrtsverluste nach sich ziehen kann. Entscheidend ist daher, dass für jede staatlich bereitgestellte Leistung der optimale Dezentralisierungsgrad ermittelt wird, bei dem die Gewinne durch eine föderale Aufgabenwahrnehmung maximal und die sich daraus ergebenden Verluste minimal sind.
Für den spezifischen Fall der Außenwirtschaftsförderung hat die empirische Analyse im Rahmen der Arbeit ergeben, dass eine Zentralisierung aller Fördermaßnahmen etwa auf europäischer Ebene die derzeitigen Mängel des Fördersystems nicht in adäquater Weise beheben würden, da u.a. die Präferenzen der Zielgruppe, die kleinen und mittleren Unternehmen, auf dieser Ebene nur unzureichend Berücksichtigung finden. Ferner würde eine zentrale Förderinstitution sehr schnell an Kapazitätsgrenzen stoßen. Die unmittelbare Förde-

rung der mittelständischen Unternehmen durch die europäische Ebene erweist sich somit als nicht praktikabel. Ähnliches gilt für eine ausschließliche Förderung durch den Bund. Dies gilt umso mehr, da aus den betriebswirtschaftlichen Internationalisierungstheorien weder für die jeweilige Unternehmensleitung mittelständischer Unternehmen noch für die staatlichen Förderinstanzen allgemeingültige normative Handlungsempfehlungen abgeleitet werden konnten. Vielmehr machte die ausführliche Diskussion der theoretischen Ansätze deutlich, dass das staatliche Förderangebot so flexibel gestaltet sein muss, dass es den heterogenen Bedürfnissen der kleinen und mittleren Unternehmen Rechnung tragen kann, indem es den individuellen Bedarf an Unterstützung abdeckt. Daher haben die Befunde gezeigt, dass zur Förderung mittelständischer Unternehmen dezentrale Strukturen mit Entscheidungskompetenz vor Ort gegenüber einer rein zentralistischen Lösung mit erheblichen Vorteilen verbunden sind. Es wurde jedoch auch deutlich, dass für den effizienten Einsatz einzelner außenwirtschaftsfördernder Instrumente Kooperationen mehrerer föderaler Gebietskörperschaften oder eine gebietskörperschaftenübergreifende Nutzungsmöglichkeit angezeigt sind. Bei anderen Maßnahmen legten die Ergebnisse eine Kooperation zwischen dem Bund und den Ländern oder eine ausschließliche zentrale Bereitstellung nahe.

Auf der Grundlage dieser differenzierten Ergebnisse wurden im Rahmen der Arbeit konkrete Handlungsoptionen erarbeitet, die zur Verbesserung der Konsistenz und Transparenz des Fördersystems beitragen könnten. Hierzu legen die Befunde die Schaffung eines Dachverbands Außenwirtschaftsförderung nahe. Dieser würde eine effiziente, arbeitsteilige Zusammenarbeit der dezentral organisierten, rechtlich und wirtschaftlich selbständigen Förderinstitutionen sowie die Etablierung eines Corporate Design ermöglichen und damit die Transparenz und Zugänglichkeit des Fördersystems für kleine und mittlere Unternehmen erheblich erhöhen.

Im Zuge der Untersuchungen wurde jedoch auch deutlich, dass zur konkreten Ausgestaltung des arbeitsteiligen Fördersystems weitere Anschlussuntersuchungen notwendig sein werden. So hat die eingehende Literaturrecherche ergeben, dass bisher keine umfassende Analyse der regionalen Präferenzen der Unternehmen im Bezug auf staatliche Fördermaßnahmen vorliegt. Um die ökonomische Effizienz des bestehenden Fördersystems zu erhöhen, sind daher gezielte empirische Untersuchungen erforderlich, die die regionalen Bedürfnisse hinsichtlich der einzelnen außenwirtschaftsfördernden Maßnahmen möglichst exakt herausarbeiten. Mit den Ergebnissen dieser Untersuchungen würde es möglich, die Bereitstellung von staatlichen Förderleistungen durch eine föderale Ebene sachlich begründet vorzunehmen und – im Gegensatz zur vielfachen bisherigen Entwicklung – nicht etwa unter dem Druck finanzieller Engpässe erfolgen zu lassen.

Darüber hinaus hat sich gezeigt, dass die außenwirtschaftlichen Aktivitäten der kommunalen Ebene, die in den letzten Jahren erheblich zugenommen haben und sich zukünftig weiter verstärken dürften, bisher kaum wissenschaftlich erforscht oder begleitet werden. Hier offenbarte sich im Zuge der Untersuchungen sowohl aus ökonomischer Perspektive aber auch von Seiten anderer staatswissenschaftlicher Disziplinen noch erheblicher Forschungsbedarf.

Bislang werden in der wirtschaftswissenschaftlichen Forschung mit Hilfe der ökonomischen Theorie des Föderalismus vorwiegend finanzwissenschaftliche Fragestellungen erörtert. Die Untersuchungen haben jedoch gezeigt, dass sich das theoretische Analyseinstrumentarium auch sehr gut zur Erforschung weiterer ökonomischer Problemstellungen eignet. Die Ergebnisse liefern insoweit Evidenzen dafür, dass sich die ökonomische Theorie des Föderalismus in Verbindung etwa mit verwaltungswissenschaftlichen und betriebswirtschaftlichen Ansätzen als Ausgangspunkt zur Entwicklung einer der betriebswirtschaftlichen Organisationslehre für Unternehmen vergleichbaren umfassenden Organisationstheorie des Bundesstaates eignen könnte. Vor dem Hintergrund der anhaltenden Föderalismusdiskussion in Deutschland und in anderen Staaten wären tief greifende interdisziplinäre Forschungsbemühungen in diese Richtung sicherlich lohnenswert.

Eine Reihe von Prämissen der ökonomischen Theorie des Föderalismus wird in der Literatur übernommen, ohne dass sie zuvor empirisch eingehend geprüft wurden. Mit Hilfe der Unternehmerbefragung konnten einige dieser Annahmen, wie etwa die starke Nutzendiffusion vieler staatlich bereitgestellter Leistungen, auch für den Bereich der Unternehmen, empirisch belegt und quantifiziert werden. Andererseits haben die Ergebnisse gezeigt, dass der institutionelle Wettbewerb nach den Erfahrungen und Einschätzungen der privaten Wirtschaftssubjekte – zumindest im Bereich Außenwirtschaftsförderung – nicht unbedingt die positiven Wirkungen entfaltet, die ihm in der theoretischen Diskussion zugeschrieben werden. Dieses Ergebnis erweist sich als bemerkenswert, da in den zurückliegenden Jahren die wirtschaftswissenschaftliche Föderalismusdebatte von zahlreichen Autoren stark auf das Wettbewerbsargument reduziert wurde. Diese Verkürzung hat sich als nicht haltbar erwiesen. Vielmehr müssen für eine differenzierte Analyse und Bewertung föderaler Systeme sämtliche Variablen Berücksichtigung finden, die das Analyseinstrumentarium der ökonomischen Theorie des Föderalismus zur Verfügung stellt.

In der theoriegeleiteten ökonomischen Auseinandersetzung mit dem Thema Außenwirtschaftsförderung wurden die bundesstaatlichen Aspekte der Förderung und die sich hieraus ergebenden Besonderheiten bisher weitgehend vernachlässigt. Die vorliegende Arbeit lieferte somit eine Ergänzung zur wirtschaftswissenschaftlichen Diskussion, da sie Fragestellungen und Probleme detailliert beleuchtete, die in den bisherigen Untersuchungen nur unzureichend berücksichtigt wurden. Für das Verständnis der Schwierigkeiten und Potenziale des Fördersystems hat sich jedoch dessen föderale Ausgestaltung als eine entscheidende Determinante erwiesen, die daher in der wissenschaftlichen Betrachtung keinesfalls vernachlässigt werden darf.

Eine der wichtigsten Aufgaben aller Förderträger in den nächsten Jahren wird es sein, endlich die notwendige Transparenz im gesamten System der Außenwirtschaftsförderung herzustellen und über eine größere Verzahnung der Maßnahmen eine verbesserte Koordination der Förderung zu bewirken, wobei das Ziel einer stärkeren Orientierung an den Bedürfnissen der kleinen und mittleren Unternehmen immer im Vordergrund stehen muss. Die wirtschaftspolitischen Entscheidungsträger müssen hierfür die notwendigen und zum Teil in dieser Arbeit skizzierten Maßnahmen auch dann konsequent umsetzen, wenn dies im einen oder anderen Fall die Übertragung von Kompetenzen an andere Ebenen oder Institutionen zur Folge haben wird. Um die ökonomische Effizienz und Leistungsfähigkeit des föderalen Fördersystems im Bereich der Außenwirtschaft zu erhöhen, wird dies unumgänglich sein. Dieser Prozess erfordert den klaren politischen Willen aller beteiligten Ebenen und Akteure, das Fördersystem für mittelständische Unternehmen besser zugänglich zu machen. Hierbei sollte die Federführung dem Bundeswirtschaftsministerium zugeordnet werden, das im Sinne eines *Primus inter Pares* innerhalb des bisherigen Netzwerks eine aktive Moderatoren- und Vermittlerrolle mit eigenen Ordnungsvorstellungen übernehmen sollte. Arthur Benz weist auf die besonderen Herausforderungen hin, die im Zuge eines solchen organisatorischen Reformprozesses zu bewältigen sind:

> Veränderungen im interorganisatorischen politisch-administrativen System sind [...] politische Prozesse, in denen Eigeninteressen der beteiligten Organisationseinheiten zur Disposition stehen, und in denen es um die Verteilung oder Durchsetzung von Machtanteilen und Einflußmöglichkeiten geht. [...] Dabei ist zu berücksichtigen, daß sich im Verlaufe der institutionellen Festlegung eines neuen organisatorischen Paradigmas [...] die Widerstände gegen die Reformen konkretisieren, daß also mit zunehmend fortgeschrittener Reform die Durchsetzung der strukturellen Änderungen schwieriger wird.[1]

---

[1] Benz 1984, S. 70.

Daher bleibt festzuhalten, dass auch auf dem Politikfeld der Außenwirtschaftsförderung die Feststellung Helmut Klages gilt, der konstatiert:

> [E]ine Organisationsänderung in der öffentlichen Verwaltung [ist] ungeachtet eines vielleicht alle Beteiligten überzeugenden Änderungskonzepts eigentlich immer ein Experiment mit ungewissem Ausgang[2].

Sollte es trotz dieser zu erwartenden Schwierigkeiten gelingen die vorhandenen Mängel des aktuellen Fördersystems zu beseitigen, kann auf der Grundlage der Untersuchungen konstatiert werden, dass arbeitsteilige, föderale Strukturen prinzipiell gute Voraussetzung bieten, um die mittelständischen Unternehmen bei der Bewältigung der globalen Herausforderungen wirkungsvoll zu unterstützen.

[2] Klages 1977, S. 49.

7. Literaturverzeichnis

Abgeordnetenhaus von Berlin (Hrsg.): Antwort auf die Kleine Frage Nr. 506; Berlin, Drucksache 13/469 vom 17. Mai 1996.

Ackermann, Karl-Friedrich; Blumenstock, Horst (Hrsg.): Personalmanagement in mittelständischen Unternehmen; Stuttgart 1993.

ADM Arbeitskreis Deutscher Markt- und Sozialforschungsinstitute; ASI Arbeitsgemeinschaft Sozialwissenschaftlicher Institute; BVM Berufsverband Deutscher Markt- und Sozialforscher; D.G.O.F. Deutsche Gesellschaft für Online-Forschung: Richtlinie für Online-Befragungen; Frankfurt am Main 2000.

Albach, Horst: Aktuelle Tendenzen der Mittelstandsförderung; in: Ridinger, Rudolf; Steinröx, Manfred (Hrsg.): Mittelstandsförderung in der Praxis; Köln 1996, S. 5-22.

Albach, Horst: Die Bedeutung mittelständischer Unternehmen für die Marktwirtschaft; in: ZfB. Zeitschrift für Betriebswirtschaft 1983, S. 870-888.

Albach, Horst; Dahremöller, Axel: Der Beitrag des Mittelstandes bei der Lösung von Beschäftigungsproblemen in der Bundesrepublik Deutschland; Bonn 1986.

Altmann, Georg: Unternehmensführung und Innovationserfolg. Eine empirische Untersuchung im Maschinenbau; Wiesbaden 2003, Zugl.: München, Univ., Diss., 2002 u.d.T.: Der innovative Unternehmer.

Amtsblatt der Europäischen Gemeinschaften: 2000/819/EG. Entscheidung des Rates vom 20. Dezember 2000 über ein Mehrjahresprogramm für Unternehmen und unternehmerische Initiative, insbesondere für die kleinen und mittleren Unternehmen (KMU) (2001-2005) Amtsblatt Nr. L 333 vom 29. Dezember 2000 S. 84-91.

Amtsblatt der Europäischen Gemeinschaften: 2003/226/EG. Entscheidung der Kommission vom 24. September 2002 über eine beabsichtigte Beihilferegelung Deutschlands „Richtlinien zur Mittelstandsförderung – Verbesserung der unternehmerischen Leistungsfähigkeit in Sachsen“ – Teilprogramme 1 (Coaching), 4 (Teilnahme an Messen), 5 (Kooperation) und 7 (Produktdesignförderung) (Bekannt gegeben unter Aktenzeichen K(2002) 2606) (Text von Bedeutung für den EWR); Amtsblatt Nr. L 091 vom 08. April 2003, S. 13-22.

Amtsblatt der Europäischen Gemeinschaften: 2003/595/EG. Entscheidung der Kommission vom 5. März 2003 über eine in Deutschland angewendete Beihilferegelung betreffend die Gewährung von Zuwendungen zur Unterstützung des Absatzes und Exportes von Produkten aus Mecklenburg-Vorpommern (Text von Bedeutung für den EWR) (Bekannt gegeben unter Aktenzeichen K(2003) 519); Amtsblatt Nr. L 202 vom 09. August 2003, S. 15-23.

Amtsblatt der Europäischen Gemeinschaften: Die multilaterale Verhandlungen der Uruguay-Runde (1986-1994) – Anhang 1 – Anhang 1A – Übereinkommen über Subventionen und Ausgleichsmaßnahmen (WTO-GATT 1994); Amtsblatt Nr. L 336 vom 23. Dezember 1994, S. 156-183.

Amtsblatt der Europäischen Gemeinschaften: Empfehlung der Kommission vom 3. April 1996 betreffend die Definition der kleinen und mittleren Unternehmen (Text von Bedeutung für den EWR); Amtsblatt Nr. L 107 vom 30. April 1996, S. 4-9.

Amtsblatt der Europäischen Gemeinschaften: Verordnung (EG) Nr. 70/2001 der Kommission vom 12. Januar 2001 über die Anwendung der Artikel 87 und 88 EG-

Vertrag auf staatliche Beihilfen an kleine und mittlere Unternehmen; Amtsblatt Nr. L 010 vom 13. Januar 2001 S. 33-42.

Amtsblatt der Europäischen Union: Empfehlung der Kommission vom 6. Mai 2003 betreffend die Definition der Kleinstunternehmen sowie der kleinen und mittleren Unternehmen (Text von Bedeutung für den EWR) (Bekannt gegeben unter Aktenzeichen K(2003) 1422); Amtsblatt Nr. L 124 vom 20. Mai 2003, S. 36-41.

Amtsblatt des Saarlandes (Hrsg.): Außenwirtschaftsförderungsprogramm für kleine und mittlere Unternehmen (AWF); Saarbrücken vom 29. Dezember 2000.

Apolte, Thomas: Die ökonomische Konstitution eines föderalen Systems. Dezentrale Wirtschaftspolitik zwischen Kooperation und institutionellem Wettbewerb; Tübingen 1999, Zugl.: Duisburg, Univ., Habil.-Schr., 1998.

Audretsch, David B.: Knowledge, Globalization, and Regions. An Economist's Perspective; in: Dunning, John H. (Hrsg.): Regions, Globalization, and the Knowledge-Based Economy; Oxford [u.a.] 2000, S. 63-81.

Außenwirtschaftsportal Bayern: Online-Befragung zu Bedürfnissen der Unternehmen; Nürnberg 2005; (Online; Stand: 19. Februar 2005) http://www.auwi-bayern.de/awp/base/inhalte/index.html?reloadFrame&http://www.auwi-bayern.de/awp/base/inhalte/Aktuelle_Meldungen/Online_Befragung_zu_Bed_rfnissen_der_Unternehmen.html& http://www.auwi-bayern.de/awp/base/inhalte/Aktuelle_Meldungen/navigation.html.

Außenwirtschaftsportal Nordrhein-Westfalen: Groß angelegte Online-Befragung der Universität zu Köln unter mittelständischen Exportunternehmen; Düsseldorf 2005; (Online; Stand: 19. Februar 2005) http://www.nrw-export.de/export/2646.asp.

Ausstellungs- und Messe-Ausschuss der Deutschen Wirtschaft: Auslandsmesseprogramm der Bundesrepublik Deutschland und der Bundesländer 2006; Berlin November 2005a.

Ausstellungs- und Messe-Ausschuss der Deutschen Wirtschaft: German Pavilion. Ausstellerbefragung 2004; Berlin 2005b.

Austin, James E.: Management in Entwicklungsländern. Ein Handbuch; Frankfurt [u.a.] 1991.

Auswärtiges Amt: Außenpolitik und Außenwirtschaftsförderung; Berlin 2004; (Online; Stand: 25. Januar 2006) http://www.auswaertiges-amt.de/www/de/aussenpolitik/aus senwirtschaft/foerderung/wirtschpol_html.

Auswärtiges Amt: Deutsche Außenpolitik 2003/2004; Paderborn 2004a.

Auswärtiges Amt; Bundesministerium für Wirtschaft und Technologie (Hrsg.): Außenwirtschaftsförderung der Bundesregierung; Berlin 2000.

Backes-Gellner, Uschi; Wallau, Frank; Kayser, Gunter: Das industrielle Familienunternehmen – Kontinuität und Wandel. Untersuchung im Auftrag des Bundesverbandes der Deutschen Industrie e.V. (BDI) und der Ernst & Young AG Wirtschaftsprüfungsgesellschaft; Berlin 2001.

Backhausen, Norbert; Abteilung V, Europa- und Internationale Angelegenheiten, Staatskanzlei des Landes Nordrhein-Westfalen; Gespräch am 12. September 2001 in Düsseldorf.

Baden-Württemberg International: Erfolgreich durch das Jahr. Maßnahmen, Förderprogramme und Dienstleistungen für baden-württembergische Unternehmen zur Erschließung ausländischer Märkte. Jahresprogramm 2006; Dettingen/Erms 2006.

Bamberger, Ingolf; Evers, Michael: Ursachen und Verläufe von Internationalisierungsentscheidungen mittelständischer Unternehmen, in: Macharzina, Klaus; Oesterle, Michael-Jörg (Hrsg.): Handbuch Internationales Management, Grundlagen, Instrumente, Perspektiven; Wiesbaden 1997, S. 103-137.

Baršauskas, Petras; Schafir, Schlomo: Internationales Management; München [u.a.] 2003.

Bartlett, Christopher A.; Ghoshal, Sumantra; Birkinshaw, Julian: Transnational management. Text, cases, and readings in cross-border management; 4. ed., Boston [u.a.] 2004.

Bassen, Alexander; Behnam, Michael; Gilbert, Dirk Ulrich: Internationalisierung des Mittelstands. Ergebnisse einer empirischen Studie zum Internationalisierungsverhalten deutscher mittelständischer Unternehmen; in: ZfB. Zeitschrift für Betriebswirtschaft; Wiesbaden 2001, S. 413-432.

Bauer, Hans H.; Hardock, Petra: Hemmnisse der Produktionsverlagerung von Industrieunternehmen ins Ausland; in: Peske, Thorsten; Schrank, Randolf (Hrsg.): Strategie, Innovation und Internationalisierung. Für Prof. Dr. Manfred Perlitz anlässlich seines 60. Geburtstages; Lohmar [u.a.] 2003, S. 261-286.

Baum, Karl-Heinz: Wie ist die Demokratie zu organisieren?; in: Das Parlament Nr. 51 vom 15. Dezember 2003; (Online; Stand: 25. Januar 2006) http://www.das-parlament.de/2003/51/Bundesrat/001.html.

Bayerische Staatskanzlei: Gemeinsame Erklärung über die Partnerschaft Kalifornien-Bayern auf dem Gebiet der Forschung. und Technologie vom 23. Januar 1998.

Bayerischer Landtag (Hrsg.): Änderungsantrag Haushaltsplan 1999/2000. Keine Erhöhung der Mittel zur Förderung der Außenwirtschaft; München, Drucksache 14/359 vom 11. Februar 1999.

Bayerischer Landtag (Hrsg.): Auslandsreisen von Mitgliedern der Staatsregierung auf Einladung von Unternehmen, Wirtschaftsverbänden und Wirtschaftslobbyisten; München, Drucksache 14/10069 vom 26. Juli 2002.

Bayerischer Landtag (Hrsg.): Bayerns Haus der Wirtschaft in Shanghai; München, Drucksache 13/1497 vom 03. Mai 1995.

Bayerischer Landtag (Hrsg.): Bayerns Haus der Wirtschaft in Shanghai; München, Drucksache 13/2480 vom 19. Juli 1995.

Bayerischer Landtag (Hrsg.): Eine-Welt-Politik in Bayern. Hermesbürgschaften; München, Drucksache 14/8451 vom 05. April 2001.

Bayerischer Landtag (Hrsg.): Erfolg der aus Privatisierungserlösen gegründeten Gesellschaften; München, Drucksache 13/5697 vom 01. Oktober 1996.

Bayerischer Landtag (Hrsg.): German Centre Shanghai; München, Drucksache 14/2455 vom 30. September 1999.

Bayerischer Landtag (Hrsg.): Haus der Deutschen Wirtschaft in Shanghai; München, Drucksache 13/6944 vom 17. Dezember 1996.

Bayerischer Landtag (Hrsg.): Haushaltsplan 1997/1998; Kürzung der Ausgaben zur Förderung der Außenwirtschaft; München, Drucksache 13/6311 vom 14. November 1996.

Bayerischer Landtag (Hrsg.): Nachtragshaushaltsplan für das Haushaltsjahr 2004. Förderung der Außenwirtschaft; München, Drucksache 15/470 vom 25. Februar 2004.

Bayerisches Staatsministerium für Wirtschaft, Infrastruktur, Verkehr und Technologie: Das Außenwirtschaftsangebot des Freistaates Bayern; München 2005.

Bayern Handwerk International: Neue Märkte für das Handwerk. Ein Wegweiser für Auslandsgeschäfte; Nürnberg, München 2004.

Bayern International (Hrsg.): Außenwirtschaftliche Hilfen für bayerische Unternehmen; München 1998.

Bayern International (Hrsg.): Bayerisches Messebeteiligungsprogramm 2002; München 2001.

Bayern International: Kompetenz für Auslandsmärkte; München o.J.

Beer, Samuel H.: A Political Scientist's View of Fiscal Federalism; in: Oates, Wallace E.: The Political Economy of Fiscal Federalism; Lexington 1977, S. 21-46.

Behr, Marhild von: Im Sog der Internationalisierung. Startpunkte, Wege und Ziele kleiner und mittlerer Unternehmen; in: Behr, Marhild von; Semlinger, Klaus (Hrsg.): Internationalisierung kleiner und mittlerer Unternehmen. Neue Entwicklungen bei Arbeitsorganisation und Wissensmanagement; Frankfurt [u.a.] 2004, S. 45-98.

Behr, Marhild von: Internationalisierungsstrategien kleiner und mittlerer Unternehmen; Arbeitspapier des Lehrstuhls Technik und Gesellschaft Nr. 9, Universität Dortmund, Dortmund 2001.

Behr, Marhild von: Länder übergreifender Wissenstransfer und die Rolle der internationalen Grenzgänger; in: Behr, Marhild von; Semlinger, Klaus (Hrsg.): Internationalisierung kleiner und mittlerer Unternehmen. Neue Entwicklungen bei Arbeitsorganisation und Wissensmanagement; Frankfurt [u.a.] 2004b, S. 185-223.

Behr, Marhild von: Was heißt Globalisierungsfähigkeit?; in: Behr, Marhild von (Hrsg.): Erhöhung der Globalisierungsfähigkeit kleiner und mittlerer Unternehmen; Reihe: ISF München aktuell, München 2002a, S. 23-32.

Behr, Marhild von; Schultz-Wild, Rainer: Herausforderung Internationalisierung. Informationsbedarf der mittelständischen Industrie. Expertise im Auftrag des RKW; München 1997.

Behrends, Thomas: Fokus Mittelstand. Personalmanagement; in: Fischer, Christine; Nissen, Dirk; Ott, Ingrid; Schöning, Stephan (Hrsg.): Fokus Mittelstand; Frankfurt am Main [u.a.] 2003, S. 37-48.

Behrendt, Ingo: Internationalisierung. Herausforderung an Kommunikationsformen und -infrastruktur in der Unternehmung; in: Krystek, Ulrich; Zur, Eberhard (Hrsg.): Handbuch Internationalisierung. Globalisierung - eine Herausforderung für die Unternehmensführung; 2., völlig neu bearb. und erw. Aufl. Berlin [u.a.] 2002, S. 683-700.

Behringer, Stefan: Unternehmensbewertung der Mittel- und Kleinbetriebe. Betriebswirtschaftliche Verfahrensweisen; 2., neubearb. und erw. Aufl., Berlin 2002.

Benz, Arthur: Der moderne Staat. Grundlagen der politologischen Analyse; München [u.a.] 2001.

Benz, Arthur: Föderalismus als dynamisches System. Zentralisierung und Dezentralisierung im föderativen Staat; Opladen 1985.

Benz, Arthur: Politiknetzwerke in der horizontalen Politikverflechtung; in: Jansen, Dorothea; Schubert, Klaus (Hrsg.): Netzwerke und Politikproduktion. Konzepte, Methoden, Perspektiven; Marburg 1995, S. 185-204.

Benz, Arthur: Zur Dynamik der föderativen Staatsorganisation; in: Politische Vierteljahresschrift; 25, 1984, S. 53-73.

Bernard, Andrew B.; Jensen, J. Bradford: Why some Firms export; NBER Working Paper Series 8349; Cambridge 2001.

Berschens, Ruth: Mit dem Kanzler im Wirtschaftswunderland. Zwischen glitzernden Fassaden und Wellblechbaracken – Gerhard Schröder bereitet den Boden für deutsche Investitionen in Indien; in: Handelsblatt vom 08. Oktober 2004, S. 10.

Bickel, Walter: Die Unternehmensberatung mittelständischer Unternehmen durch Kreditinstitute; Bergisch Gladbach, Köln 1988.

Birch, David L.: Job creation in America. How our smallest companies put the most people to work; New York 1987.

Birch, David L.: The job generation process. MIT Program on Neighborhood and Regional Change; Cambridge 1979.

Blank, Michael: Deutsche Auslandshandelskammern. Mit neuem Marktauftritt noch näher am Kunden; in: Deutscher Industrie- und Handelskammertag (Hrsg.): Artikeldienst. Fachbeiträge für IHK-Zeitschriften; Berlin 4. November 2005.

Blankart, Charles B.: Öffentliche Finanzen in der Demokratie. Eine Einführung in die Finanzwissenschaft; 5., völlig überarb. Aufl. München 2003.

Blankart, Charles B.: Reform des föderalen Systems; Freiburger Diskussionspapier zur Ordnungsökonomik 04/14, Freiburg 2004.

Blumenstock, Horst: Personalmarketing in kleinen und mittleren Unternehmen. Anforderungsanalyse und Gestaltungsmöglichkeiten; Wiesbaden 1994, Zugl.: Stuttgart, Univ., Diss., 1993.

Blumenwitz, Dieter: Kompetenzen im Bereich der Außenpolitik; in: Benda, Ernst; Hansmeyer, Karl-Heinrich (Hrsg.): Probleme des Föderalismus. Referate auf dem Symposium Föderalismus in der SFR Jugoslawien und in der Bundesrepublik Deutschland – ein Vergleich; Tübingen 1985, S. 175-190.

Bogumil, Jörg: Modernisierung des Staates durch Public Management. Stand der aktuellen Diskussion; Beitrag für den Tagungsband der Herbsttagung „Modernisierung des Staates?“ der DPWV-Sektion „Staatslehre und politische Verwaltung“; Hagen 1997.

Borchert, Manfred: Außenwirtschaftslehre. Theorie und Politik; 7., überarb. Aufl., Wiesbaden 2001.

Bös, Dieter; Kayser, Gunter: Entwicklungsstand und -perspektiven des industriellen Mittelstands in Deutschland. Ergebnisse einer Untersuchung des Instituts für Mittelstandsforschung Bonn; in: Institut für Mittelstandsforschung Bonn (Hrsg.): Jahresschrift 1998 des Instituts für Mittelstandsforschung Bonn; Bonn 1999, S. 1-18.

Boss, Alfred; Rosenschon, Astrid: Finanzhilfen des Bundes; Kieler Arbeitspapier Nr. 1188; Kiel 2003.

Boss, Alfred; Rosenschon, Astrid: Subventionen in Deutschland. Quantifizierung und finanzpolitische Bewertung; Kiel Discussion Paper, 392/393. Kiel 2002.

Boston Consulting Group: Evaluierung und Neuordnung der Wirtschaftsförderung in Berlin. Endfassung des Gutachtens vorgelegt am 9. Juli 2004; Berlin 2004.

Bovermann, Rainer: Regionen; in: Andersen, Uwe; Woyke, Wichard (Hrsg.): Handwörterbuch des politischen Systems der Bundesrepublik Deutschland; Bonn 2000.

Bremen, Der Senator für Häfen, Überregionalen Verkehr und Außenhandel der Freien Hansestadt: Außenwirtschaftskonzept. Zielsetzungen und Wirkungszusammenhänge der Außenwirtschaftsförderung; Bremen 1998.

Bremische Bürgerschaft (Hrsg.): Außenwirtschaftsförderung im Lande Bremen; Bremen, Drucksache 15/1143 vom 07. Mai 2002.

Bremische Bürgerschaft (Hrsg.): Mitteilungen des Senats. Außenwirtschaftskonzept; Drucksache 13/970 vom 15. August 1994.

Brenken, Anke: KfW Studie. Die Globalisierung des Mittelstandes. Chancen und Risiken; Frankfurt am Main 2006.

Brenner, Thomas: Local industrial cluster. Existence, emergence and evolution; London [u.a.] 2004.

Breton, Albert: A Theory of Government Grants; in: Canadian Journal of Economics and Political Science; Vol. 31, No. 2, 1965, S. 175-187.

Brinkmann, Manuela: Strategieentwicklung für kleine und mittlere Unternehmen. Tools, Konzepte, Praxisbeispiele; Zürich 2002.

Brown, Ross; Raines, Philip: The Changing Nature of Foreign Investment Policy in Europe. From Promotion to Management; in: Dunning, John H. (Hrsg.): Regions, Globalization, and the Knowledge-Based Economy; Oxford [u.a.] 2000, S. 435-458.

Bruch-Krumbein, Waltraud; Hochmuth, Elke: Cluster und Clusterpolitik. Begriffliche Grundlagen und empirische Fallbeispiele aus Ostdeutschland; Marburg 2000.

Brüser, Marc: Die Neukonzeption der Hamburger Außenwirtschaftsförderung; Hamburg 2005; unveröffentlichte Quelle.

Buchinger, Gerhard (Hrsg.): Umfeldanalysen für das strategische Management. Konzeptionen, Praxis, Entwicklungstendenzen; Wien 1983.

Buckley, Peter J.; Casson, Mark: The Future of the Multinational Enterprise; London [u.a.] 1976.

Bühner; Rolf: Betriebswirtschaftliche Organisationslehre; 10., bearb. Aufl., München [u.a.] 2004.

Bundesagentur für Außenwirtschaft (Hrsg.): Informationsservice für Ihren Erfolg im Ausland; Bornheim-Sechtem 2005a.

Bundesagentur für Außenwirtschaft: Bundesagentur für Außenwirtschaft erweitert ihr kostenloses Internetangebot; Köln, Pressemitteilung vom 09. Dezember 2005.

Bundesagentur für Außenwirtschaft: Informationsservice für Ihren Erfolg im Ausland; Köln August 2001.

Bundesagentur für Außenwirtschaft: iXPOS – Das Außenwirtschaftsportal. Ihr Wegweiser zum Erfolg im Auslandsgeschäft; Köln 2004.

Bundesagentur für Außenwirtschaft: Kostenlose Brancheninfos auf einen Blick. ‚Branche kompakt' analysiert Schlüsselbranchen im Ausland; Köln, Pressemitteilung vom 13. März 2006

Bundesministerium für Finanzen: Bundeshaushaltsplan 2004. Internet-Version; Berlin 2004; (Online; Stand 25. Januar 2006)
http://www.bundesfinanzministerium.de/bundeshaushalt2004/index.html.

Bundesministerium für Finanzen: Bundeshaushaltsplan 2005. Internet-Version; Berlin 2005; (Online; Stand 25. Januar 2006) http://www.bundesfinanzministerium.de/bundeshaushalt2005/index.html.

Bundesministerium für Finanzen: Bundeshaushaltsplan 2006. Internet-Version; Berlin 2006; (Online; Stand 25. August 2006) http://www.bundesfinanzministerium.de/bundeshaushalt2006/index.html.

Bundesministerium für Wirtschaft (Hrsg.): 191. Tagung des Bund-Länder-Ausschusses Außenwirtschaft; BMWi-Tagesnachricht Nr. 10875 vom 15. April 1999.

Bundesministerium für Wirtschaft und Arbeit: Übersicht über die bilateralen Investitionsförderungs- und -schutzverträge (IFV) der Bundesrepublik Deutschland; Berlin 7. Oktober 2005.

Bundesministerium für Wirtschaft und Arbeit: Weltweit Aktiv. Außenwirtschaftsoffensive der Bundesregierung für mehr Wachstum und Beschäftigung; Berlin 2005a; (Online; Stand: 01. August 2005) http://www.bmwa.bund.de/Navigation/Aussenwirtschaft-und-Europa/Aussenwirtschaftsfoerderung/aussenwirtschaftsoffensive.html.

Bundesministerium für Wirtschaft und Technologie: Außenwirtschaftsoffensive. Die deutsche Wirtschaft ist ‚Weltweit aktiv'; Berlin 2006a; (Online; Stand 25. Januar 2006) http://www.bmwi.de/Navigation/Wirtschaft/Mittelstandspolitik/aussenwirtschafts offensive.html.

Bundesministerium für Wirtschaft und Technologie: Politische Flankierung von Projekten; Berlin 2006; (Online; Stand 25. Januar 2006) http://www.bmwi.de/Navigation/aussenwirtschaft-und-europa,did=18564.html.

Bundesrechnungshof: Ergebnisbericht 2002. Folgerungen aus den Bemerkungen des Bundesrechnungshofes 2000; Bonn 2002.

Bundesverband der Deutschen Industrie (BDI); Deutscher Industrie- und Handelskammertag (DIHK); Bundesverband des Deutschen Groß- und Außenhandels (BGA); Bundesverband deutscher Banken (BdB); Arbeitsgemeinschaft der Ländervereine: Außenwirtschaft stärken – Arbeitsplätze und Wohlstand sichern! Die außenwirtschaftspolitischen Erwartungen der deutschen Wirtschaft zur 16. Legislaturperiode; Berlin 2005.

Bürgerschaft der Freien und Hansestadt Hamburg (Hrsg.): Außenhandelsbeziehungen mit Wachstumsregionen; Hamburg, Drucksache 17/926 vom 07. Juni 2002.

Bürgerschaft der Freien und Hansestadt Hamburg (Hrsg.): Exportförderung; Hamburg, Drucksache 18/480 vom 15. Juni 2004.

Büschgen, Hans E.: Internationales Finanzmanagement; 3., völlig neu bearb. und erw. Aufl., Frankfurt am Main 1997.

Bussiek, Jürgen: Anwendungsorientierte Betriebswirtschaftslehre für Klein- und Mittelunternehmen; 2., durchges. Aufl., München [u.a.] 1996.

Bussiek, Jürgen: Anwendungsorientierte Betriebswirtschaftslehre für Klein- und Mittelunternehmen; München, Wien 1994.

Bussiek, Jürgen: Information als Erfolgsfaktor; in: Pleitner, Hans Jobst: Die veränderte Welt – Einwirkungen auf die Klein- und Mittelbetriebe. Beiträge zu den Rencontres de St. Gall 1992; St. Gallen 1992, S. 94-106.

BVerfG, 2 BvF 1/03 vom 26. Januar 2005, Absatz-Nr. (1-94), http://www.bverfg.de/entscheidungen/frames/fs20050126_2bvf000103.html.

BVerfG, 2 BvF 2/02 vom 27. Juli 2004, Absatz-Nr. (1-184), http://www.bverfg.de/entscheidungen/fs20040727_2bvf000202.html.

BVerfG, 2 BvR 890/00 vom 10. Dezember 2004, Absatz-Nr. (1-43), http://www.bverfg.de/entscheidungen/rk20041210_2bvr089000.html.

Caspers, Rolf; Kreis-Hoyer, Petra: Internationale Finanzmärkte als Sanktionsmechanismen nationaler Wirtschaftspolitik; in: Apolte, Thomas (Hrsg.): Ordnungsökonomische Grundlagen nationaler und internationaler Wirtschaftspolitik; Stuttgart 2004, S. 55-75.

CDU; CSU; SPD: Gemeinsam für Deutschland. Mit Mut und Menschlichkeit. Koalitionsvertrag zwischen CDU, CSU und SPD für die 16. Wahlperiode des Deutschen Bundestages; Berlin 2005.

Cichy, E. Ulrich: Mittelstand und Globalisierung. KMU, Internationalisierung und Außenwirtschaftsförderung; [Electronic ed.], Bonn 1996; (Online) Electronic ed. Bonn FES Library 1999, http://www.fes.de/fulltext/stabsabteilung/00404toc.htm.

Clasen, Jan P.: Kleine und mittlere Unternehmen (KMU) im Krisenfall. Ein unternehmerorientiertes Konzept des Turnaround-Managements als Option der Krisenbewältigung; 1992. Zugl.: St. Gallen, Hochschule für Wirtschafts-, Rechts- u. Sozialwiss., Diss., 1992.

Coase, Ronald: The Nature of the Firm; in: Economica; 1937, S. 386-405.

Coase, Ronald: The new Institutional Economics; in: American Economic Review; May 1998, Vol. 88 Issue 2, S. 72-74.

Colucci, Alessandro: Interlokale Kooperation am Beispiel des Engagements der Stadt Köln in Corinto; Köln 2002.

Czempiel, Ernst-Otto: Weltpolitik im Umbruch. Das internationale System nach dem Ende des Ost-West-Konflikts; München 1991.

Daminger, Dieter; Geschäftsführer der RBD Regensburg Business Development GmbH; Telefoninterview am 30. Juni 2005.

Deutscher Bundestag (Hrsg.): Antrag der Abgeordneten. Beschäftigung und Innovation für den Mittelstand; Bonn, Drucksache 13/10696 vom 11. Mai 1998.

Deutscher Bundestag (Hrsg.): Antrag der Abgeordneten. Deutsche Exportinitiative – Erneuerbare Energien; Berlin, Drucksache 14/8278 vom 20. Februar 2002.

Deutscher Bundestag (Hrsg.): Antrag der Abgeordneten. Die Qualitätsoffensive für gutes Planen und Bauen voranbringen; Berlin, Drucksache 15/1092 vom 03. Juni 2003.

Deutscher Bundestag (Hrsg.): Antrag der Abgeordneten. Entwicklungspartnerschaften mit der Wirtschaft weiterentwickeln – gemeinsam Armut bekämpfen; Berlin, Drucksache 15/3327 vom 16. Juni 2004.

Deutscher Bundestag (Hrsg.): Antrag der Abgeordneten. Exportinitiative Erneuerbare Energien vorantreiben; Berlin, Drucksache 15/4715 vom 25. Januar 2005.

Deutscher Bundestag (Hrsg.): Antrag der Abgeordneten. Exportinitiative für Erneuerbare Energien verantwortlich und sachgerecht gestalten, Berlin, Drucksache 15/4845 vom 16. Februar 2005.

Deutscher Bundestag (Hrsg.): Antrag der Abgeordneten. Neustrukturierung der Außenwirtschaftsförderung als Beitrag zur Schaffung von Wachstum und Beschäftigung; Berlin, Drucksache 15/746 vom 01. April 2003.

Deutscher Bundestag (Hrsg.): Antrag der Abgeordneten. Reform der Entwicklungszusammenarbeit; Bonn, Drucksache 13/10965 vom 16. Juni 1998.

Deutscher Bundestag (Hrsg.): Antwort der Bundesregierung auf die Große Anfrage der Abgeordneten; Berlin, Drucksache 13/10300 vom 01. April 1998.

Deutscher Bundestag (Hrsg.): Antwort der Bundesregierung auf die Große Anfrage der Abgeordneten. Chancen der Globalisierung nutzen; Bonn, Drucksache 13/10996 vom 17. Juni 1998.

Deutscher Bundestag (Hrsg.): Antwort der Bundesregierung auf die Große Anfrage der Abgeordneten. Unterstützung deutscher Unternehmen auf den Weltmärkten und Sicherung von Arbeitsplätzen durch eine umfassende Außenwirtschaftskonzeption; Bonn, Drucksache 13/2236 vom 01. September 1995.

Deutscher Bundestag (Hrsg.): Antwort der Bundesregierung auf die Kleine Anfrage der Abgeordneten. Die Bedeutung Neuer Medien für das Auslandsgeschäft von kleinen und mittleren Unternehmen und die praktizierte Außenwirtschaftsförderung in Deutschland, Berlin, Drucksache 14/3174 vom 11. April 2000.

Deutscher Bundestag (Hrsg.): Antwort der Bundesregierung auf die Kleine Anfrage der Abgeordneten. Reform der Hermes-Bürgschaften; Bonn, Drucksache 13/5508 vom 10. September 1996.

Deutscher Bundestag (Hrsg.): Antwort der Bundesregierung auf die Kleine Anfrage der Abgeordneten. Zukunft der Pflichtgemeinschaft in Industrie- und Handelskammern, den Handwerkskammern, den Landwirtschaftskammern und den Kammern der Freien Berufe; Berlin, Drucksache 15/3265 vom 28. Mai 2004.

Deutscher Bundestag (Hrsg.): Antwort der Bundesregierung auf die Große Anfrage der Abgeordneten. Auswirkungen der EU-Osterweiterung auf die mittelständische Wirtschaft und insbesondere auf das Handwerk; Berlin, Drucksache 15/3900 vom 14. Oktober 2004.

Deutscher Bundestag (Hrsg.): Antwort der Bundesregierung. Chancen des Mittelstandes in der globalisierten Wirtschaft; Berlin, Drucksache 14/4603 vom 15. November 2000.

Deutscher Bundestag (Hrsg.): Antwort der Bundesregierung. Entscheidungsverfahren bei Hermes-Bürgschaften; Berlin, Drucksache 15/417 vom 11. Februar 2003.

Deutscher Bundestag (Hrsg.): Antwort der Bundesregierung. Entwicklung der Bundesagentur für Außenwirtschaft (bfai); Berlin, Drucksache 14/9842 vom 02. August 2002.

Deutscher Bundestag (Hrsg.): Antwort der Bundesregierung. Förderung von Auslandshandelskammern und von Auslandsmessen; Bonn, Drucksache 08/3525 vom 20. Dezember 1979.

Deutscher Bundestag (Hrsg.): Antwort der Bundesregierung. Internationale Wettbewerbsfähigkeit der deutschen Wirtschaft; Bonn, Drucksache 09/1133 vom 03. Dezember 1981.

Deutscher Bundestag (Hrsg.): Antwort der Bundesregierung. Maßnahmen und Hilfen des Bundes zur Erleichterung des Marktzugangs für die deutsche Exportwirtschaft; Bonn, Drucksache 08/3847 vom 24. März 1980.

Deutscher Bundestag (Hrsg.): Antwort der Bundesregierung. Möglichkeiten der Unterstützung mittelständischer Betriebe bei Exportgeschäften; Bonn, Drucksache 8/578 vom 15. Juni 1977.

Deutscher Bundestag (Hrsg.): Antwort der Bundesregierung. Zukunft des Hermes-Förderinstrumentariums; Berlin, Drucksache 15/4021 vom 05. November 2004.

Deutscher Bundestag (Hrsg.): Außenwirtschaftliche Stärkung des Mittelstandes; Bonn, Drucksache 13/5754 vom 10. Oktober 1996.

Deutscher Bundestag (Hrsg.): Beschlussempfehlung und Bericht des Ausschusses für Wirtschaft und Arbeit. Bericht über die Bestandsaufnahme durch die Deutsche Energie-Agentur (dena) über den Handlungsbedarf bei der Förderung des Exportes erneuerbarer Energie-Technologien; Berlin, Drucksache 15/4868 vom 16. Februar 2005.

Deutscher Bundestag (Hrsg.): Beschlussempfehlung und Bericht zu dem Antrag der Abgeordneten. Neustrukturierung der Außenwirtschaftsförderung als Beitrag zur Schaffung von Wachstum und Beschäftigung; Berlin, Drucksache 15/3269 vom 04. Juni 2004.

Deutscher Bundestag (Hrsg.): Entschließungsantrag der Fraktionen [...] zu dem Gesetzentwurf der Fraktionen [...] Entwurf eines Gesetzes zur Änderung des Gesetzes zur vorläufigen Regelung des Rechts der Industrie- und Handelskammern (IHKÄndG); Bonn, Drucksache 13/10297 vom 01. April 1998.

Deutscher Bundestag (Hrsg.): Gesetzentwurf der Fraktionen der CDU/CSU und SPD. Entwurf eines Gesetzes zur Änderung des Grundgesetzes (Artikel 22, 23, 33, 52, 72, 73, 74, 74a, 75, 84, 85, 87c, 91a, 91b, 93, 98, 104a, 104b, 105, 107, 109, 125a, 125b, 125c, 143c); Berlin, Drucksache 16/813 vom 07. März 2006.

Deutscher Bundestag (Hrsg.): Große Anfrage der Abgeordneten. Unterstützung deutscher Unternehmen auf den Weltmärkten und Sicherung von Arbeitsplätzen durch eine umfassende Außenwirtschaftskonzeption; Bonn, Drucksache 13/1332 vom 10. Mai 1995.

Deutscher Bundestag (Hrsg.): Plenarprotokoll 13/127 vom 09. Oktober 1996.

Deutscher Bundestag (Hrsg.): Plenarprotokoll 13/156 vom 19. Februar 1997.

Deutscher Bundestag (Hrsg.): Plenarprotokoll 13/168 vom 16. April 1997.

Deutscher Bundestag (Hrsg.): Plenarprotokoll 13/174 vom 14. Mai 1997.

Deutscher Bundestag (Hrsg.): Plenarprotokoll 13/178 vom 05. Juni 1997.

Deutscher Bundestag (Hrsg.): Plenarprotokoll 13/37 vom 17. Mai 1995.

Deutscher Bundestag (Hrsg.): Plenarprotokoll 15/130 vom 01. Oktober 2004.

Deutscher Bundestag (Hrsg.): Plenarprotokoll 15/157 vom 17. Februar 2005.

Deutscher Bundestag (Hrsg.): Plenarprotokoll 15/47 vom 04. Juni 2003.

Deutscher Bundestag (Hrsg.): Plenarprotokoll 8/122 vom 06. Dezember 1978.

Deutscher Bundestag (Hrsg.): Schriftliche Fragen mit Antworten der Bundesregierung; Berlin, Drucksache 15/1040 vom 23. Mai 2003.

Deutscher Bundestag (Hrsg.): Schriftliche Fragen und Antworten der Bundesregierung; Berlin, Drucksache 15/2728 vom 19. März 2004.

Deutscher Bundestag (Hrsg.): Schriftliche Fragen und Antworten der Bundesregierung; Berlin, Drucksache 15/2923 vom 16. April 2004.

Deutscher Bundestag (Hrsg.): Unterrichtung durch die Bundesregierung. Bericht der Bundesregierung über Beiträge, Aufgaben und Effizienz der Industrie- und Handelskammern; Berlin, Drucksache 14/9175 vom 29. Mai 2002.

Deutscher Bundestag (Hrsg.): Unterrichtung durch die Bundesregierung. Bericht der Deutschen Energie-Agentur GmbH (dena) über die Bestandsaufnahme und den Handlungsbedarf bei der Förderung des Exportes Erneuerbare-Energien-Technologien 2003/2004; Berlin, Drucksache 15/5938 vom 22. Juli 2005.

Deutscher Bundestag (Hrsg.): Unterrichtung durch die Bundesregierung. Vierunddreißigster Rahmenplan der Gemeinschaftsaufgabe Verbesserung der regionalen Wirtschaftsstruktur (GA) für den Zeitraum 2005 bis 2008; Berlin, Drucksache 15/5141 vom 14. März 2005.

Deutscher Bundestag (Hrsg.): Unterrichtung durch die Bundesregierung. Bericht über die Bestandsaufnahme durch die Deutsche Energie-Agentur (dena) über den Handlungsbedarf bei der Förderung des Exports erneuerbarer Energie-Technologien; Berlin, Drucksache 15/1862 vom 31. Oktober 2003.

Deutscher Bundestag (Hrsg.): Unterrichtung durch die Bundesregierung. Jahreswirtschaftsbericht 2004 der Bundesregierung. Leistung, Innovation, Wachstum; Berlin, Drucksache 15/2405 vom 28. Januar 2004.

Deutscher Industrie- und Handelskammertag: AHK – Die erste Adresse auf den Weltmärkten; Berlin 2003.

Deutscher Industrie- und Handelskammertag: Außenwirtschaftsoffensive der Bundesregierung für mehr Wachstum und Beschäftigung. Stellungnahme des Deutschen Industrie- und Handelskammertages (DIHK) zum Entwurf; Berlin 2003a.

Deutscher Industrie- und Handelskammertag: DIHK-Bewertung zum Koalitionsvertrag; Berlin [u.a.] 2005a.

Deutscher Industrie- und Handelskammertag: Grundlagen der Außenwirtschaft. Serviceverbund Außenwirtschaft; Berlin 2005d; (Online; Stand: 01. November 2005) http://www.dihk.de/index.html?/inhalt/themen/international_neu/aussenwirtschaft/drei saeulen.html.

Deutscher Industrie- und Handelskammertag: Grundlagen der Außenwirtschaft. Serviceverbund Außenwirtschaft; Berlin 2006b; (Online; Stand: 25. Januar 2006) http://www.dihk.de/index.html?/inhalt/themen/international_neu/aussenwirtschaft/drei saeulen.html.

Deutscher Industrie- und Handelskammertag: Investitionen im Ausland. Ergebnisse einer DIHK-Umfrage bei den Industrie- und Handelskammern Frühjahr 2005; Berlin 2005b.

Deutscher Industrie- und Handelskammertag: Positionspapier Europäische Kammern im Ausland; Berlin 2005c.

Deutscher Industrie- und Handelskammertag: Übersicht IHK-Firmenpools; Stand: 6. Dezember 2004.

Deutscher Industrie- und Handelskammertag: Wer wir sind; Berlin 2006; (Online; Stand: 25. Januar 2006) http://www.dihk.de/inhalt/dihk/index.html.

Deutscher Industrie- und Handelskammertag: Wirtschaftspolitische Positionen 2004 der IHK-Organisation. Wege aus der Wachstumskrise – Leitlinien für die Wirtschaftspolitik; Berlin 2004a.

DIHK; DHKT: Positionspapier zur Föderalismusreform. Hier: Art. 74 Abs. 1 Nr. 11 GG (Recht der Wirtschaft) und Art. 84 Abs. 1 GG (Einrichtung der Behörden); Berlin 2004.

Dirschka, Joachim: Globalisierung – mit oder ohne Mittelstand?; in: Franz, Otmar (Hrsg.): Globalisierung – Herausforderung und Chance für den deutschen Mittelstand; Eschborn 1999, S. 119-124.

Donges, Juergen B. (Hrsg.): Die Rolle des Staates in der globalisierten Wirtschaft; Köln 1997.

Donges, Juergen B.; Freytag, Andreas: Allgemeine Wirtschaftspolitik; Stuttgart 2001.

Dörrenbächer, Christoph: Vom Hoflieferanten zum Global Player. Unternehmensreorganisation und nationale Politik in der Welttelekommunikationsindustrie; Berlin 1999, Zugl.: Berlin, Freie Univ., Diss., 1998.

Duchacek, Ivo D.: Perforated Sovereignties. Towards a Typology of New Actors in International Relations; in: Michelmann, Hans J.; Soldatos, Panayotis (Hrsg.): Federalism and International Relations. The Role of Subnational Units; Oxford 1990, S. 1-33.

Dülfer, Eberhard: Internationales Management in unterschiedlichen Kulturbereichen; 6., erg. Aufl. München [u.a.] 2001.

Dunning, John H.: Regions, Globalization, and the Knowledge Economy. The Issues Stated; in: Dunning, John H (Hrsg.): Regions, Globalization, and the Knowledge based Economy; Oxford [u.a.] 2000a, S. 7-41.

Dunning, John H.: The Eclectic (OLI) Paradigm of International Production. Past, Present and Future; in: International Journal of the Economics of Business; Jul. 2001, Vol. 8 Issue 2, S 173-190.

Dunning, John H.: The eclectic paradigm as an envelope for economic and business theories of international business activity; in: International Business Review; 2000, S. 163-90.

Dunning, John H.: The Eclectic Paradigm of International Production. A Restatement and Some Possible Extensions; in: Journal of International Business Studies; 1988 Vol. 19 Issue Spring, S. 1-31.

Dunning, John H.: Toward an eclectic theory of international production: Some empirical tests; in: Journal of International Business Studies; 1980, S. 9-31.

Eckardstein, Dudo von: Neue Akzente in der künftigen Personalpolitik mittelständischer Unternehmen?; in: Berthel, Jürgen (Hrsg.): Mittelständische Unternehmen – Herausforderungen und Chancen für die 90er Jahre; Berlin [u.a.] 1988, S. 58-67.

Economic and Employment Promotion Dortmund; Pittsburgh Regional Alliance: Joint Evaluation of the first 3 years of the Cooperation Pittsburgh – Dortmund 2001–2010 (PiDo 2010) an International Cooperation Project between the Regions of Pittsburgh and Dortmund; Dortmund 2004.

Eden, Haro: Kleine und mittlere Unternehmen im Prozess der Internationalisierung; in: Krystek, Ulrich; Zur, Eberhard: Handbuch Internationalisierung. Globalisierung – Eine Herausforderung für die Unternehmensführung; 2., völlig neu bearb. und erw. Aufl., Berlin [u.a.] 2002, S. 35-80.

Ehrenfeld, Hildebert: Außenwirtschaftsfördernde Infrastruktur der Länder der Bundesrepublik Deutschland; Hildesheim 1997.

Ehrenfeld, Hildebert: Außenwirtschaftsförderung der Länder der Bundesrepublik Deutschland. Länderübergreifende Nutzungsmöglichkeiten für Unternehmen und Kooperationen der Länder; Hildesheim 1998.

Ehrenfeld, Hildebert: Außenwirtschaftsförderung für KMU durch Bund und Länder, in: Bernert, Andrea; Brenner, Hatto; Würth, Reinhold (Hrsg.): Erfolgreiche Geschäfte in Europa. Verkaufen, Einkaufen, Kooperieren, Niederlassen im europäischen Binnenmarkt; Köln 2002b, S. 385-409.

Ehrenfeld, Hildebert: Konsistenzprobleme der Außenwirtschaftsförderung in einem föderativen Staat? Das Beispiel Bundesrepublik Deutschland; Hildesheim 2003.

Ehrenfeld, Hildebert: Messeförderung. Analyse der Förderungen der Beteiligungen an Messen im Inland und Ausland unter besonderer Berücksichtigung der Mittelstandorientierung. Förderung der neuen Medien im Rahmen der Außenwirtschaftsförderung; Hildesheim 2002.

Ehrenfeld, Hildebert: Perspektiven und Ansätze der Koordination von Außenwirtschaftsaktivitäten der Länder; in: Verein zur Förderung des Internationalen Transfers von Umwelttechnologie (Hrsg.): umWELTschutz; Dezember 2000.

Engel, Dirk; Metzger, Georg; Niefert, Michaela; Skambracks, Daniel: Der Beschäftigungsbeitrag kleiner und mittlerer Unternehmen; RWI Materialien Heft 11, Essen 2004.

Epp, Wolfgang: Tradition und Wandel in der Exportförderung Deutschlands. Mit einer Fallstudie aus Bayerisch-Schwaben; Konstanz, Univ., Diss., 1992.

Eucken, Walter: Grundsätze der Wirtschaftspolitik; 6., durchges. Aufl., Tübingen 1990.

Euler Hermes: Exportkreditgarantien der Bundesrepublik Deutschland. Hermesdeckungen. Jahresbericht 2005; Hamburg 2006.

Europäische Kommission (Hrsg.): Internationalisierung von KMU. Beobachtungsnetz der europäischen KMU 2003, Nr. 4; Luxemburg 2003a.

Europäische Kommission, Generaldirektion Unternehmen (Hrsg.): KMU in Europa 2003. Beobachtungsnetz der europäischen KMU 2003, Nr. 7; Luxemburg 2004.

Europäische Kommission: Abänderung der KMU-Definition. Resultate der ersten externen Konsultation und in Betracht gezogene Folgerungen; Brüssel 2002.

Europäische Kommission: Regionen. Systematik der Gebietseinheiten für die Statistik. NUTS 2003; Luxemburg 2003.

Europäische Kommission: Unternehmen in Europa. Sechster Bericht; Luxemburg 2001.

Europäische Union: Konsolidierte Fassungen des Vertrags über die Europäische Union und des Vertrags zur Gründung der Europäischen Gemeinschaft (2002); Amtsblatt Nr. C 325 vom 24. Dezember 2002.

Europäisches Beratungs-Zentrum der Deutschen Wirtschaft (EBZ): Förderprogramme von EU, Bund und Ländern im Bereich Außenwirtschaft. Ein Leitfaden für Verbände und Unternehmen. Berlin 2003.

Europäisches Parlament (Hrsg.): Leitfaden der Europäischen Union 1999-2002. Elektronische Ausgabe der Kurzdarstellungen der Generaldirektion Wissenschaft des Europäischen Parlaments; Luxemburg 2001; (Online; Stand: 25. Januar 2006) http://www.europarl.eu.int/factsheets/default_de.htm.

European Commission: Enterprise Policy. Creating the right climate for entrepreneurs; Brussels 2006a; (Online; Stand: 25. Januar 2006) http://europa.eu.int/comm/enterprise/enterprise_policy/index_en.htm.

European Commission: EuropeAid. Procedures and Standard documents; Brussels 2006b; (Online; Stand: 25. Januar 2006) http://europa.eu.int/comm/europeaid/tender/gestion/index_en.htm.

European Commission: Practical Guide to contract procedures financed from the General Budget of the European Communities in the context of external actions; Brussels 2003.

European Commission: The new SME definition. User guide and model declaration; Luxembourg 2005.

factx Gesellschaft für Marktforschung und Sozialforschung mbh: Besucherbefragung export21. Tabellenband; Köln Dezember 2004.

Faix, Werner G.; Zywietz, Tassilo; Schulten, Annette: Going International. Erfolgsfaktoren im Auslandsgeschäft. Erfahrungen, Lösungen und Perspektiven; Berlin 2003.

Fels, Gerhard: Globalisierung – Herausforderung und Chance für den deutschen Mittelstand aus Sicht der Wissenschaft; in: Franz, Otmar (Hrsg.): Globalisierung – Herausforderung und Chance für den deutschen Mittelstand; Eschborn 1999, S. 19-25.

Fieten, Robert; Friedrich, Werner; Lageman; Bernhard: Globalisierung der Märkte. Herausforderung und Optionen für kleine und mittlere Unternehmen, insbesondere für Zulieferer ; Gutachten im Auftrag des Bundesministeriums für Wirtschaft; Stuttgart 1997.

Fischer, Thomas: Die Außenpolitik der deutschen Länder. Transföderale Beziehungen zwischen Kooperation und Konkurrenz; in: Der Bürger im Staat; Heft 1/2 1999, S. 133-139.

Fischer, Thomas: Die Außenpolitik der deutschen Länder. Transföderale Beziehungen zwischen Kooperation und Konkurrenz; in: Der Bürger im Staat; 49. Jahrgang Heft 1/2 1999, S. 133-139.

Fischer, Thomas: Die Europapolitik der deutschen Länder; in: Fischer, Thomas; Frech, Siegfried (Hrsg.): Baden-Württemberg und seine Partnerregionen; Stuttgart 2001, S. 16-34.

Fischer, Thomas; Frech Siegfried (Hrsg.): Baden-Württemberg und seine Partnerregionen; Stuttgart 2001.

Förderdatenbank des Bundesministeriums für Wirtschaft und Technologie: Richtlinie. Gateway to Japan – Unternehmensförderung der Europäischen Kommission zur Einführung in den japanischen Markt; 2006; (Online; Stand: 25. Januar 2006) http://db.bmwi.de/_DE_de/WZL_16c7412901de7a6b00eb00bf261a052b_WZL/app.wiz?WDC=index__documents__open&DOC=2001&LEN=1

Frank, Christian: Strategische Partnerschaften in mittelständischen Unternehmen. Option zur Sicherung der Eigenständigkeit; Wiesbaden 1994, Zugl.: Stuttgart, Univ., Diss., 1993.

Frey, Bruno S.: A Utopia? Government without Territorial Monopoly; in: The Independent Review; Vol. VI, Nr. 1, Summer 2001, S. 99-112.

Frey, Bruno S.: Ein neuer Föderalismus für Europa. Die Idee des FOCJ; Tübingen 1997.

Frey, René L.: Zwischen Föderalismus und Zentralismus. Ein volkswirtschaftliches Konzept des schweizerischen Bundesstaates; Bern [u.a.] 1977.

Fueglistaller, Urs; Frey, Urs; Halter, Frank: Strategisches Management für KMU. Eine praxisorientierte Anleitung; St. Gallen 2003.

Gantzel, Klaus-Jürgen: Wesen und Begriff der mittelständischen Unternehmung; Köln [u.a.] 1962, S. 12.

Gärtner, Markus; Goffart, Daniel: Schröder will in China Türen öffnen; in: Handelsblatt vom 28. November 2003, S. 7.

Gehrke, Birgit; Krawczyk, Olaf; Legler, Harald: Regionale und branchenspezifische Schwerpunkte der Außenwirtschaft des Landes Niedersachsen. Identifizierung von Exportdiversifizierungspotenzialen. Gutachten im Auftrag des Niedersächsischen Ministeriums für Wirtschaft, Arbeit und Verkehr; Hannover 2003.

Gehrke, Birgit; Legler, Harald: Ansatzpunkte zur Optimierung der Effizienz von Wirtschaftsdelegationsreisen. Gutachten im Auftrag des Niedersächsischen Ministeriums für Wirtschaft, Technologie und Verkehr; Hannover 2000.

Gerlach, Lutz; Brussig, Martin: Wenn der Kunde ins Ausland geht – Option einer Globalisierungsstrategie für Zulieferer; in: Behr, Marhild von; Semlinger, Klaus (Hrsg.): Internationalisierung kleiner und mittlerer Unternehmen. Neue Entwicklungen bei Arbeitsorganisation und Wissensmanagement; München 2004, S. 99-138.

Gesellschaft für Wirtschaftsförderung Nordrhein-Westfalen: Scouts. Die neuen Märkte fest im Blick; in: Welcome Special. Ein Magazin der Gesellschaft für Wirtschaftsförderung Nordrhein-Westfalen; Nr. 02/2001.

Gesetz über die Industrie- und Handelskammer zu Berlin (IHKG) vom 17. Oktober 1957 (GVBl. S. 1636) in der Fassung vom 21. März 1967 (GVBl. S. 511).

Gesetz zur vorläufigen Regelung des Rechts der Industrie- und Handelskammern vom 18. Dezember 1956 (BGBl. I S. 920), zuletzt geändert durch das Dritte Gesetz zur Änderung der Handwerksordnung und anderer handwerksrechtlicher Vorschriften vom 24. Dezember 2003 (BGBl. I S. 2934).

Girma, Sourafel; Greenaway, David; Kneller, Richard: Does exporting lead to better performance? A microeconometric analysis of matched firms; Research paper 2002/09; Nottingham 2002.

Glania, Guido: Außenwirtschaftsförderung. Beratungs- und Finanzierungshilfen für das erfolgreiche Auslandsgeschäft; Köln 2002.

Gläser, Joachim: Staatliche Gründungsförderung. Erkenntnisse aus der neuen Institutionenökonomie; Münster [u.a.] 2002. Zugl.: Trier, Univ., Diss., 2000.

Glastetter, Werner: Außenwirtschaftspolitik. Eine problemorientierte Einführung; 3., völlig überarb. und erw. Aufl.; München [u.a.] 1998.

Glaum, Martin: Internationalisierung und Unternehmenserfolg; Wiesbaden 1996, Zugl.: Giessen, Univ., Habil.-Schr., 1995.

Goffart, Daniel: Schröder will in Afrika Reformstaaten stärken. Manager begleiten Kanzler bei der ersten Afrikareise; in: Handelsblatt vom 16. Januar 2004, S. 7.

Göritz, Anja S.: Online-Panels; in: Theobald, Alex; Dreyer, Marcus; Starsetzki Thomas (Hrsg.): Online-Marktforschung. Theoretische Grundlagen und praktische Erfahrungen; Wiesbaden, 2001, S. 67-78.

Gray, Peter H.; Dunning, John H.: Towards a Theory of Regional Policy; in: Dunning, John H (Hrsg.): Regions, Globalization, and the Knowledge based Economy; Oxford [u.a.] 2000, S. 409-434.

Greuter, Thomas: Die staatliche Exportkreditversicherung; 5., aktualisierte Aufl. Köln 1996.

Großmann, Annett: Flexibles Qualitätsmanagementsystem für kleine und mittlere Unternehmen; Kassel 1998, Zugl.: Kassel, Univ. Gesamthochsch., Diss., 1998.

Gruber, Marc: Erfolgsfaktoren des Wirtschaftens von KMU im Zeitablauf dargestellt an Beispielen aus der deutschen Nahrungs- und Genussmittelindustrie; Wiesbaden 2000, Zugl.: St. Gallen, Univ., Diss., 2000.

Gruhler, Wolfram: Wirtschaftsfaktor Mittelstand. Wesenselement der Marktwirtschaft in West und Ost; 2., überarb., erg. und aktualisierte Aufl.; Köln 1994.

Gruner + Jahr AG & Co KG (Hrsg.): MIND 03 – Mittelstand in Deutschland; Köln 2004.

Gruner + Jahr AG & Co; Dresdner Bank AG (Hrsg.) MIND 02 – Mittelstand in Deutschland; Köln 2001.

Gruner + Jahr AG & Co; Dresdner Bank AG (Hrsg.) MIND 02 – Mittelstand in Deutschland. Tabellenband; Köln 2001a.

Günterberg, Brigitte; Kayser Gunter: SMEs in Germany. Facts and Figures 2004; IfM Materialien Nr. 161; Bonn 2004.

Günterberg, Brigitte; Wolter, Hans-Jürgen: Mittelstand in der Gesamtwirtschaft. Anstelle einer Definition; in: Institut für Mittelstandsforschung Bonn (Hrsg.): Unternehmensgrößenstatistik 2001/2002. Daten und Fakten; Bonn 2003, S. 1-14.

Gutersohn, Alfred: Zu einer Managementlehre für das Gewerbe aus der Sicht eines Volkswirtschaftlers; in: Internationales Gewerbearchiv. Sonderheft 1; 1986, S. 32-51.

Haake, Klaus: Strategisches Verhalten in europäischen Klein- und Mittelunternehmen; Berlin [u.a.] 1987, Zugl.: St. Gallen, Univ., Diss., 1987.

Haar, Jerry; Ortiz-Buonafina, Marta: The Internationalization Process and Marketing Activities. The Case of Brazilian Export Firms; in: Journal of Business Research, 1995, Vol. 32 Issue 2, S. 175-181.

Haasis, Heinrich: Zukunft gemeinsam gestalten. Standortbestimmung und Herausforderungen der Sparkassen-Finanzgruppe; in: Zeitschrift für das gesamte Kreditwesen; 2006, S. 454-456.

Häberle, Siegfried Georg (Hrsg.): Handbuch für Kaufrecht, Rechtsdurchsetzung und Zahlungssicherung im Außenhandel. Internationale Kaufverträge, internationale Produkthaftung, Eigentumsvorbehalt, Schiedsgerichtsbarkeit, gerichtliche Durchsetzung und Vollstreckung, internationale Zahlungs- und Sicherungsinstrumente, Incoterms; München [u.a.] 2002.

Habermann, Gerd (Red.): Chancengleichheit für den Mittelstand! Gegen die politische Diskriminierung kleiner und mittlerer Unternehmen; Bonn 1999.

Habuda, Judit; Hilpert, Hanns-Günther; Martsch, Silvia; Ochel, Wolfgang: Neue Ansätze und Instrumente der Außenwirtschaftsförderung in ausgewählten Industrieländern; München 1998.

Hach, Katharina: Personalpolitik im Mittelstand. Ein Vergleich zwischen Japan und Mitteleuropa; Wiesbaden 2000, Zugl.: St. Gallen, Univ., Diss., 1999 u.d.T.: Ein Vergleich der japanischen und mitteleuropäischen Personalpolitik.

Hamburgerische Landesbank (Hrsg.): Der Hamburger Mittelstand – Jobmotor der Wirtschaft. Wirtschaftsanalysen 3/2002; Hamburg 2002.

Hanns-Seidel-Stiftung (Hrsg.): Politische Studien; Zweimonatszeitschrift für Politik und Zeitgeschehen; Heft 378 Juli/August 2001.

Hansmeyer, Karl-Heinrich: Ökonomische Aspekte des Föderalismus; in: Benda, Ernst; Hansmeyer, Karl-Heinrich (Hrsg.): Probleme des Föderalismus. Referate auf dem Symposium Föderalismus in der SFR Jugoslawien und in der Bundesrepublik Deutschland – ein Vergleich; Tübingen 1985, S. 107-118.

Hansmeyer, Karl-Heinrich; Kops, Manfred: Die Kompetenzarten der Aufgabenzuständigkeit und deren Verteilung im föderativen Staat; in: Hamburger Jahrbuch für Wirtschafts- und Gesellschaftspolitik; Jg. 29, Hamburg 1984, S. 127-140.

Härtel, Hans-Hagen; Jungnickel, Rolf et al.: Grenzüberschreitende Produktion und Strukturwandel. Globalisierung der deutschen Wirtschaft; Baden-Baden 1996.

Härtel, Hans-Hagen; Jungnickel, Rolf et al.: Strukturprobleme einer reifen Volkswirtschaft in der Globalisierung. Analyse des sektoralen Strukturwandels in Deutschland; Baden-Baden 1998.

Haselberger, Stephan: ... und schockt die Grünen. Kanzlerzusagen sorgen beim Koalitionspartner für Empörung; in: Die Welt vom 03. Dezember 2003.

Haunschild, Ljuba; Clemens, Reinhard: Konsistenz und Transparenz in der Beratungsförderung des Bundes und der Bundesländer. Empirische Analyse und Handlungsoptionen; Bonn 2006.

Hauptverband der Deutschen Holz und Kunststoffe verarbeitenden Industrie und verwandter Industriezweige; Verband der Deutschen Möbelindustrie: Jahrbuch 2005-2006. Annual Report 2005-2006; Bad Honnef 2005.

Hayek, Friedrich A. von: Die Anmaßung von Wissen. Neue Freiburger Studien; Tübingen 1996.

Heckel, Christiane: Online gewonnene Stichproben – Möglichkeiten und Grenzen; in: ADM Arbeitskreis Deutscher Markt- und Sozialforschungsinstitute; ASI Arbeitsgemeinschaft Sozialwissenschaftlicher Institute; Statistisches Bundesamt (Hrsg.): Online-Erhebungen. Sozialwissenschaftliche Tagungsberichte, Band 7; Bonn 2003, S. 83-94.

Heilmann, Dirk H.: Attraktivität Chinas nimmt weiter zu. Interview mit Siemens-Chef Heinrich von Pierer, der den Bundeskanzler auf seiner China-Reise begleitet; in: Handelsblatt vom 01. Dezember 2003, S. 6.

Heim, Wilma: Wissensmanagement in kleinen und mittleren Unternehmen; in: Bouncken, Ricarda Barbara (Hrsg.): Management von KMU und Gründungsunternehmen. Festschrift für Egbert Kahle zum 60. Geburtstag; Wiesbaden 2003, S. 141-156.

Held, Holger: Außenwirtschaftsförderung für mittelständische Unternehmen in Deutschland. Eine ordnungspolitische Analyse auf der Grundlage einer evolutorischen Referenzbasis; Bayreuth 2000, Zugl.: Bayreuth, Univ., Diss., 1999.

Hemmersbach, Andreas: Wirkungen von Instrumenten der Technologie- und Exportförderungspolitik für kleine und mittlere Unternehmen; Eine empirische Analyse für Rheinland-Pfalz; Frankfurt am Main [u.a.] 1993.

Hennicke, Martin; Pay, Diana de: Zum Förderungssystem für kleine und mittlere Unternehmen. Analyse des Koordinations- u. Harmonisierungsbedarfs der Förderprogramme des Bundes und der Bundesländer; Stuttgart 1986.

Hennings, Rüdiger: Entwicklung und Deckung des Kapitalbedarfs kleiner und mittlerer Unternehmen im Innovationsprozeß; Frankfurt am Main 1983.

Herx, Gerd: Editorial; in: bfai-News. Jubiläumsausgabe 2001; Köln 2001.

Herzog, Roman: Deutsch-Russische Beziehungen als politische und gesellschaftliche Herausforderung; in: Deutsch-Russisches Forum (Hrsg.): Deutsch-russische Beziehungen als aktuelle Herausforderung – Festveranstaltung anlässlich des 5jährigen Bestehens des Deutsch-Russischen Forums – Die russischen Regionen und deutschen Bundesländer (Protokolle), 1999, S. 11-17.

Hessischer Landtag (Hrsg): Plenarprotokoll 14/51 vom 07. November 1996.

Heuermann, Caroline: Internationalisierung und Logistikstrategie. Wettbewerbsstrategische Implikationen für die Gestaltung internationaler Logistiksysteme; Arbeitsbericht Nr. 104 des Seminars für Allgemeine Betriebswirtschaftslehre, Betriebswirtschaftliche Planung und Logistik der Universität zu Köln; Köln 2002.

Hill, Charles W.: Global business today; 3. ed., internat. ed., Boston, Mass. [u.a.] 2004.

Hinderer, Michael: Die mittelständische Unternehmung. Selbstverständnis in der Marktwirtschaft. Analyse und Strategie; München 1984, Zugl.: Innsbruck, Univ., Diss., 1984.

Hirsch-Kreinsen, Hartmut: Internationale Netzwerke kleiner und mittlerer Unternehmen; in: Hirsch-Kreinsen, Hartmut; Wannöffel, Manfred (Hrsg.): Netzwerke kleiner Unternehmen. Praktiken und Besonderheiten internationaler Zusammenarbeit; Berlin 2003, S. 9-34.

Hoffmann, Wolfgang: Hermes auf Abwegen. Die umstrittene staatliche Exportförderung wird 50; in: Die Zeit vom 09. Dezember 1999, S. 32.

Hoffmann; Lars: Kommission fördert Aufbau von EU-Kammern im Ausland. DIHK und Eurochambres kritisieren Vorgehensweise; in: Nachrichten für Außenhandel vom 1. Juli 2005.

Howaldt, Stephan D.: Sanierungsakquisitionen bei Klein- und Mittelunternehmen (KMU); Hallstadt 1994, Zugl.: St. Gallen, Hochschule für Wirtschafts-, Rechts- und Sozialwiss., Diss., 1994.

Hubert, Franz; Tomann, Horst: Leistungsanreize und Risikoteilung in der Wohnungsbauförderung; in: Zeitschrift für Wirtschafts- und Sozialwissenschaften. ZWS. Vierteljahresschrift der Gesellschaft für Wirtschafts- und Sozialwissenschaften – Verein für Socialpolitik; 110/1990, S. 239-259.

Hufen, Friedhelm: Kulturstaatlichkeit und Bundesstaat; in: Benda, Ernst; Hansmeyer, Karl-Heinrich (Hrsg.): Probleme des Föderalismus. Referate auf dem Symposium Föderalismus in der SFR Jugoslawien und in der Bundesrepublik Deutschland – ein Vergleich; Tübingen 1985, S. 199-219.

Icks, Annette (Hrsg.): Unternehmen Mittelstand. Chancen im globalen Strukturwandel; München 1997.

Institut der deutschen Wirtschaft: Außenhandel. Vom Basar noch weit entfernt; in: Informationsdienst des Instituts der deutschen Wirtschaft Köln; Nr. 27 vom 6. Juli 2006, S. 6-7.

International Monetary Fund: World Economic Outlook April 2006. Globalization and Inflation; Washington D.C. 2006.

International Monetary Fund: World Economic Outlook October 2001. The Information Technology Revolution; Washington D.C. 2001.

iXPOS: Aufgaben und Ziele. Ihr Wegweiser zum Erfolg im Auslandsgeschäft; Köln 2006; (Online; Stand: 25. Januar 2006) http://www.ixpos.de/cln_039/nn_12696/Content/de/05__UeberiXPOS/Aufgaben_20Ziele/AufgabenZiele__node.html__nnn=true.

iXPOS: Online-Befragung zur Außenwirtschaftsförderung. Bedürfnisse der Unternehmen werden ermittelt; Köln 2005; (Online; Stand: 19. Februar 2005) http://www.ixpos.de/cln_007/nn_7652/Content/de/01__Aktuelles/News/2005/I/iXPOS__050127.html.

Jaschensky, Wolfgang: Kleinlauter Abgang. Der US-Moderiese Gap zieht sich aus Deutschland zurück. Auch andere Ketten sind bereits auf dem umkämpften Markt gescheitert; in: Berliner Zeitung vom 24. Juli 2004, S. 9.

Jaschensky, Wolfgang: Kleinlauter Abgang. Der US-Moderiese Gap zieht sich aus Deutschland zurück. Auch andere Ketten sind bereits auf dem umkämpften Markt gescheitert; in: Berliner Zeitung vom 24. Juli 2004, S. 9.

Jochimsen, Reimunt: Globalisierung und Währungsintegration als Katalysator des Strukturwandels im Mittelstand; in: Franz, Otmar (Hrsg.): Globalisierung – Herausforderung und Chance für den deutschen Mittelstand; Eschborn 1999, S. 27-42.

Johanson, Jan Mattsson, Lars-Gunnar: Marketing Investments and Market Investments in Industrial Networks; in: International Journal of Research in Marketing 1985, S. 185-195.

Johanson, Jan; Vahlne, Jan-Erik: Building a Model of Firm Internationalisation; in: Blomstermo, Anders; Sharma, Deo D.: Lernig in the Internationalisation Process of Firms; Chelternham [u.a.] 2003, S. 3-15.

Johanson, Jan; Vahlne, Jan-Erik: The Internationalization Process of the Firm – A Model of Knowledge Development and Increasing Foreign Market Commitments; in: JIBS. Journal of International Business Studies 2002, S. 1-44.

Johanson, Jan; Vahlne, Jan-Erik: The Mechanism of Internationalisation; in: International Marketing Review 1990, Vol. 7 Issue 4, S. 11-24.

Johanson, Jan; Wiedersheim-Paul, Finn: The Internationalization of the Firm. Four Swedish Cases; in: Journal of Management Studies, Oct. 1975, Vol. 12 Issue 3, S. 305-322.

Jutzi, Katrin; Delbrouck, Ines; Müller, Holger: Lernen kleine Unternehmen anders?; Berlin 2000.

Kaiser, Robert: Die Internationalisierung subnationaler Politik. Gliedstaatliche Interessenwahrnehmung unter den Bedingungen von Globalisierung und regionaler Integration; Arbeitspapier Nr. 3/2000, Lehrstuhl für Politische Wissenschaft, Technische Universität München, November 2000.

Kay, Rosemarie: Die Entwicklung junger Unternehmen in Nordrhein-Westfalen; in: Institut für Mittelstandsforschung (Hrsg.): Jahrbuch zur Mittelstandsforschung 2/2002; Wiesbaden 2003, S. 1-38.

Kay, Rosemarie; Kranzusch, Peter: Determinanten internationaler Wirtschaftsaktivitäten mittelständischer Unternehmen; Bonn 2004 (unveröffentlichtes Manuskript).

Kayser, Gunter; Wallau, Frank: Der industrielle Mittelstand – ein Erfolgsmodell. Untersuchung im Auftrag des Bundesverbandes der Deutschen Industrie e.V. (BDI) und der Ernst & Young AG Wirtschaftsprüfungsgesellschaft; Berlin 2003.

Kayser, Gunter; Wallau, Frank; Adenäuer, Claus: BDI-Mittelstandspanel. Ergebnisse der Online Mittelstandsbefragung Frühjahr 2005 – Langfassung. Untersuchung im Auftrag des Bundesverbandes der Deutschen Industrie (BDI) e.V., der Ernst & Young AG, und der IKB Deutsche Industriebank AG; Berlin 2005.

KfW Bankengruppe (Hrsg.): Gemeinsame Unternehmensbefragung von KfW und IKB. Studie zu den Auslandsaktivitäten deutscher Unternehmen. Beschäftigungseffekte und Folgen für den Standort Deutschland. Vorläufige Version; Frankfurt am Main 2004.

KfW Bankengruppe: Förderung deutscher Auslandsinvestitionen durch das KfW-Mittelstandsprogramm Ausland 1992 bis 1999. Volkswirtschaftliche Analyse; Frankfurt am Main 2000.

KfW Bankengruppe: Geschäftsbericht 2004; Frankfurt am Main 2005.

KfW Bankengruppe: Gesetz über die KfW vom 5. November 1948 (WiGBl. S. 123) in der Fassung vom 23. Juni 1969 (BGBl. I S. 573), zuletzt geändert durch Gesetz zur Umsetzung aufsichtsrechtlicher Bestimmungen zur Sanierung und Liquidation von Versicherungsunternehmen und Kreditinstituten vom 10. Dezember 2003 (BGBl. I S. 2478); Frankfurt am Main 2004a.

KfW Bankengruppe: MittelstandsMonitor 2005. Den Aufschwung schaffen, Binnenkonjunktur und Wettbewerbsfähigkeit stärken. Jährlicher Bericht zu Konjunktur- und Strukturfragen kleiner und mittlerer Unternehmen; Frankfurt am Main 2005a.

KfW IPEX-Bank: KfW/ERP-Exportfinanzierungsprogramm. Kredite zur Finanzierung von Investitionsgüterexporten und damit verbundenen Leistungen nach Entwicklungsländern; Frankfurt am Main 2004.

KfW Mittelstandsbank: Unternehmerkredit Ausland. Programm-Nr. 039. Investitionskredite für kleine und mittlere Unternehmen der gewerblichen Wirtschaft im Ausland; Frankfurt am Main 2005.

Kinkel, Klaus: Die Außenwirtschaftsförderung des Auswärtigen Dienstes; in: Europäische Sicherheit; 47. Jahrgang, Nr. 9, Hamburg 1998, S. 6-8.

Kirchhoff, Arndt G.: Europäischen Mittelstandsbegriff der Realität anpassen!; in: Bundesverband der Deutschen Industrie e.V.: BDI-Mittelstandsinformationen; Mai-Juni 2006, S. 15.

Kirsch, Guy: Einleitung; in: Kirsch, Guy (Hrsg.): Föderalismus; Stuttgart [u.a.] 1977, S. 1-14.

Kirsch, Guy: E-Mail <guy.kirsch@unifr.ch> vom 18. November 2001.

Kirsch, Guy: Neue politische Ökonomie; 5., überarb. und erw. Aufl., Stuttgart 2004.

Kisker, Gunter: Ideologische und theoretische Grundlagen der bundesstaatlichen Ordnung in der Bundesrepublik Deutschland. Zur Rechtfertigung des Föderalismus;

in: Benda, Ernst; Hansmeyer, Karl-Heinrich (Hrsg.): Probleme des Föderalismus. Referate auf dem Symposium Föderalismus in der SFR Jugoslawien und in der Bundesrepublik Deutschland – ein Vergleich; Tübingen 1985, S. 23-37.

Klages, Helmut: Grenzen der Organisierbarkeit von Verwaltungsorganisationen; in: Die Verwaltung. Zeitschrift für Verwaltungsrecht und Verwaltungswissenschaften, 10; Berlin 1977, S. 31-49.

Klein, Ralf: Die räumliche Branchenkonzentration im verarbeitenden Gewerbe; in: Leibniz-Institut für Länderkunde et al. (Hrsg.): Nationalatlas Bundesrepublik Deutschland. Unternehmen und Märkte; Heidelberg [u.a.] 2004.

Klein, Ralf: Standortstruktur und Umweltwirkung des Zulieferverkehrs; in: Institut für Länderkunde Leipzig (Hrsg.): Nationalatlas Bundesrepublik Deutschland. Verkehr und Kommunikation; Heidelberg [u.a.] 2000.

Klein, Sabine: Familienunternehmen. Theoretische und empirische Grundlagen; Wiesbaden 2000a.

Klemmer, Paul; Friedrich, Werner; Lageman, Bernhard [u.a.]: Mittelstandsförderung in Deutschland. Konsistenz, Transparenz und Ansatzpunkte für Verbesserungen; Essen 1996.

Klesmann, Martin: Auslandsbüro hilft Müll entsorgen. Leiter sucht Kontakte; in: Berliner Zeitung vom 23. Oktober 2002a, S.26.

Klesmann, Martin: Im Wüstenemirat für Brandenburg werben. Die Bundesländer machen zunehmend ihre eigene Außenwirtschaftspolitik; in: Berliner Zeitung 22. Oktober 2002, S. 1.

Knodt, Michele: Auswärtiges Handeln der deutschen Länder; in: Deutschlands neue Außenpolitik, Band 4: Institutionen und Ressourcen; 1998, S. 153-166.

Kokalj, Ljuba; Wolff, Karin: Die internationale Wirtschaftstätigkeit kleiner und mittlerer Unternehmen im Lichte der amtlichen und nicht-amtlichen Statistik; Bonn 2001.

Koller, Hans; Raithel, Ulla; Wagner, Eckhard: Internationalisierungsstrategien mittlerer Industrieunternehmen am Standort Deutschland. Ergebnisse einer empirischen Untersuchung; in: ZfB. Zeitschrift für Betriebswirtschaft 1998, S. 175-203.

Kommission der Europäischen Gemeinschaften: Die Aktivitäten der Europäischen Union im Bereich kleiner und mittlerer Unternehmen (KMU). Bericht des KMU-Beauftragten; Brüssel 2005.

Kommission der Europäischen Gemeinschaften: Entwurf. Verordnung (EG) Nr. .../.. der Kommission vom [...] über die Anwendung der Artikel 87 und 88 EG-Vertrag auf ‚De-minimis'-Beihilfen; Brüssel 2006.

Kommission für die Reform des Auswärtigen Dienstes: Bericht der Kommission für die Reform des Auswärtigen Dienstes. Vorgelegt dem Herrn Bundesminister des Auswärtigen; Bonn 1971.

Kommission von Bundestag und Bundesrat zur Modernisierung der bundesstaatlichen Ordnung (Hrsg.): Kommissionsprotokoll 1. Stenografischer Bericht der 1. Sitzung; Berlin vom 07. November 2003.

Kranzusch, Peter; Kay, Rosemarie: Rekrutierungschancen und -probleme kleiner und mittlerer Unternehmen mit Auslandsengagement; in: Behr, Marhild von; Semlinger, Klaus (Hrsg.): Internationalisierung kleiner und mittlerer Unternehmen. Neue Entwicklungen bei Arbeitsorganisation und Wissensmanagement; Frankfurt [u.a.] 2004, S. 249-272.

Kranzusch, Peter; Wallau, Frank: Auslandsinvestitionen sächsischer Unternehmen, insbesondere kleiner und mittlerer Unternehmen. Gutachten des IfM Bonn für das Sächsische Ministerium für Wirtschaft und Arbeit; Dresden 2001.

Krätke, Stefan: Globalisierung und Regionalisierung; in: Geographische Zeitschrift; H. 3-4 1995, S. 207-221.

Krause, Reinhard: Serviceverbund Außenwirtschaft für mehr Transparenz in der Außenwirtschaftsförderung; in: Verein zur Förderung des Internationalen Transfers von Umwelttechnologie (Hrsg.): umWELTschutz; Dezember 2000, S. 1.

Kreienkamp-Rabe, Rüdiger: Warum Auslandsmesseförderung?; in: Eichhorn, Peter; Goehrmann, Klaus E. (Hrgs.): Aufgaben und Ziele der Messen in Deutschland; Zeitschrift für öffentliche und gemeinwirtschaftliche Unternehmen; Beiheft 30; Baden-Baden 2003, S. 84-87.

Krimphove, Dieter; Tytko, Dagmar: Der Begriff ‚mittelständische Unternehmen' in betriebswirtschaftlicher und juristischer Diskussion; in: Krimphove, Dieter; Tytko, Dagmar (Hrsg.): Praktiker-Handbuch Unternehmensfinanzierung. Kapitalbeschaffung und Rating für mittelständische Unternehmen; Stuttgart 2002, S. 3-13.

Krips, Rolf; Thöne, Michael: Die Auslandsmesseförderung des Bundes. Ordnungspolitische Aspekte und gesamtwirtschaftliche Wirkungen. Gutachten für den AUMA e.V.; aktualisierte u. erw. Neuaufl. Köln 2001.

Kröter, Thomas: Leises Murren über den Sündenfall. Nach Hermes-Bürgschaften für drei Atomkraftwerke im Ausland hält sich die Empörung bei den Grünen in Grenzen; in: Der Tagesspiegel vom 15. März 2000.

Krystek, Ulrich; Zur, Eberhard: Internationalisierung als Herausforderung für die Unternehmensführung. Eine Einführung; in: Krystek, Ulrich; Zur, Eberhard (Hrsg.): Handbuch Internationalisierung. Globalisierung – eine Herausforderung für die Unternehmensführung; 2., völlig neu bearb. und erw. Aufl., Berlin [u.a.] 2002, S. 3-20.

Kukawka, Pierre: Der institutionelle Rahmen der ‚Vier Motoren'; in: Fischer, Thomas; Frech, Siegfried (Hrsg.): Baden-Württemberg und seine Partnerregionen; Stuttgart 2001, S. 62-73.

Küsters, Elmar: Entschlüsselung wirksamer Führung in Familienunternehmen. Skizzen für die Managementforschung und -praxis; in: Bouncken, Ricarda Barbara (Hrsg.): Management von KMU und Gründungsunternehmen. Festschrift für Egbert Kahle zum 60. Geburtstag; Wiesbaden 2003, S. 93-113.

Kutschker, Michael: Evolution, Episoden und Epochen. Die Führung von Internationalisierungsprozessen; in: Engelhard, Johann (Hrsg.): Strategische Führung internationaler Unternehmen. Paradoxien, Strategien und Erfahrungen; Wiesbaden 1996, S. 1-37.

Kutschker, Michael: Gestalten oder nicht gestalten? Eine feldtheoretische Ergänzung des Gestaltansatzes; in: Engelhardt, Johann; Oechsler, Walter A. (Hrsg.): Internationales Management. Auswirkungen globaler Veränderungen auf Wettbewerb, Unternehmensstrategie und Märkte. Klaus Macharzina zum 60. Geburtstag; Wiesbaden 1999, S. 279-316.

Kutschker, Michael; Schmid, Stefan: Internationales Management; 4., bearb. Aufl., München [u.a.] 2005.

Lammers, Konrad: Europäische Integration und räumliche Entwicklungsprozesse. Wo bleibt die nationale Ebene?; HWWA-Diskussionspapier 75; Hamburg 1999.

Lamprecht, Peter: Die GfW bleibt ein Sorgenkind; in: Welt am Sonntag vom 23. März 2003.

Lamprecht, Peter: NRW-Scouts erkunden den Markt USA. Die Landesgesellschaft für Wirtschaftsförderung ordnet ihre Aktivitäten neu, vor allem im Ausland; in: Welt am Sonntag vom 01. September 2002.

Landesinitiative Zukunftsenergien NRW: Reisebericht. NRW Unternehmerreise nach Fortaleza, Ceará (Brasilien) vom 25. September bis 4. Oktober 1999; o.O. o.J.

Landespresse- und Informationsamt Nordrhein-Westfalen (Hrsg.): NRW in der Welt; Düsseldorf 2006; (Online; Stand: 25. Januar 2006) http://www.europa.nrw.de/index.php?mapid=2.

Landtag Brandenburg (Hrsg.): Aufstellung der Aktivitäten der WFB zur Außenwirtschaft 1997; Potsdam, Anlage zur Drucksache 02/5339 vom 10. Juni 1998.

Landtag Brandenburg (Hrsg.): Auslandsplattformen des Landes Brandenburg; Potsdam, Drucksache 03/3715 vom 17. Dezember 2001.

Landtag Brandenburg (Hrsg.): Effizienz der Brandenburger Auslandsplattformen; Potsdam, Plenarprotokoll 03/65 vom 13. November 2002.

Landtag Brandenburg (Hrsg.): Internationale Markterschließung; Potsdam, Drucksache 03/4289 vom 13. Mai 2002.

Landtag Brandenburg (Hrsg.): Plenarprotokoll 03/66 vom 14. November 2002.

Landtag Brandenburg (Hrsg.): Situation des Außenhandels der brandenburgischen Wirtschaft; Potsdam, Drucksache 03/513 vom 01. Dezember 1999.

Landtag Mecklenburg-Vorpommern (Hrsg.): Antrag der Fraktion Linke Liste/PDS zur Förderung des Handels mit einheimischen Erzeugnissen; Schwerin, Drucksache 01/74 vom 07. Dezember 1990.

Landtag Mecklenburg-Vorpommern (Hrsg.): Außenhandelsagentur Mecklenburg-Vorpommern; Schwerin, Drucksache 01/3265 vom 15. Juni 1993.

Landtag Mecklenburg-Vorpommern (Hrsg.): Jahreswirtschaftsbericht 1994 Mecklenburg-Vorpommern; Schwerin, Drucksache 01/4692 vom 21. Juli 1994.

Landtag Mecklenburg-Vorpommern (Hrsg.): Jahreswirtschaftsbericht 1998 Mecklenburg-Vorpommern; Schwerin, Drucksache 02/3922 vom 01. Juli 1998.

Landtag Mecklenburg-Vorpommern (Hrsg.): Plenarprotokoll 01/10 vom 30. Januar 1991.

Landtag Mecklenburg-Vorpommern (Hrsg.): Plenarprotokoll 01/7 vom 13. Dezember 1990.

Landtag Mecklenburg-Vorpommern (Hrsg.): Plenarprotokoll 04/11 vom 13. März 2003.

Landtag Nordrhein-Westfalen (Hrsg.): Anlage 1 zum Ausschussprotokoll 13/608 vom 13. Juni 2002.

Landtag Nordrhein-Westfalen (Hrsg.): Antrag der Fraktion der CDU. Einsetzung eines Untersuchungsausschusses I gemäß Artikel 41 der Landesverfassung, Düsseldorf, Drucksache 13/4062 vom 24. Juni 2003.

Landtag Nordrhein-Westfalen (Hrsg.): Antrag der Fraktionen. Internationalisierung des nordrhein-westfälischen Mittelstandes stärken; Düsseldorf, Drucksache 13/1602 vom 24. September 2001.

Landtag Nordrhein-Westfalen (Hrsg.): Antrag der Fraktionen. Umwelttechnologien und umweltfreundliche Produkte – NRW als Innovationsland weiter ausbauen; Drucksache 13/6891 vom 12. April 2005.

Landtag Nordrhein-Westfalen (Hrsg.): Ausschussprotokoll 13/717 vom 18. November 2002.

Landtag Nordrhein-Westfalen (Hrsg.): China Reise von Umweltministerin Bärbel Höhn (GRÜNE), Teure Fortbildung für Mitarbeiter oder vom Steuerzahler finanziertes Reisevergnügen; Düsseldorf, Drucksache 13/5024 vom 04. Februar 2004.

Landtag Nordrhein-Westfalen (Hrsg.): Deutsche Unternehmen müssen sich stär-ker auf den asiatischen Wachstumsmärkten engagieren; Düsseldorf, Drucksache 11/7886 vom 20. Oktober 1994.

Landtag Nordrhein-Westfalen (Hrsg.): Exportland Nordrhein-Westfalen – Mit Unternehmen und Beschäftigten Chancen der Globalisierung nutzen!; Düsseldorf, Drucksache 13/6036 vom 28. September 2004.

Landtag Nordrhein-Westfalen (Hrsg.): Förderung des internationalen Geschäfts durch die Industrie- und Handelskammern in NRW. Zusammenfassung des Statements vor dem Wirtschaftsausschuss des Landtages NRW am 03. März 2004; Vorlage 13/2756 vom 26. März 2004, Anlage 1.

Landtag Nordrhein-Westfalen (Hrsg.): IHK- und AHK-Partner der Außenwirtschaft; Düsseldorf, Ausschussprotokoll 13/1148 vom 03. April 2004.

Landtag Nordrhein-Westfalen (Hrsg.): Nordrhein-westfälische Außenwirtschaftsoffensive Mittel- und Osteuropa; Düsseldorf, Vorlage 13/676 vom 25. April 2001.

Landtag Nordrhein-Westfalen (Hrsg.): NRW-Präsentation in Moskau; Ausschussprotokoll 13/907 vom 18. Juni 2003.

Landtag Nordrhein-Westfalen (Hrsg.): Plenarprotokoll 13/38 vom 04. Oktober 2001.

Landtag Nordrhein-Westfalen (Hrsg.): Unterrichtung durch den Landesrechnungshof. Jahresbericht 2003 über das Ergebnis der Prüfung im Geschäftsjahr 2002; Düsseldorf, Drucksache 13/4035 vom 18. Juni 2003.

Landtag Nordrhein-Westfalen (Hrsg.): Wie sieht das Konzept der neuen Landesregierung zur Außenwirtschaftskampagne aus?; Düsseldorf, Drucksache 14/692 vom 18. November 2005.

Landtag Nordrhein-Westfalen (Hrsg.): Zukunft des Steinkohlebergbaus in NRW. Ausschussprotokoll 13/356 vom 19. September 2001.

Landtag Rheinland-Pfalz (Hrsg.): Auslandsreisen von Mitgliedern der Landesregierung bzw. deren Vertretung in den Jahren 2001 bis 2004; Mainz, Drucksache 14/4006 vom 01. April 2005.

Landtag Rheinland-Pfalz (Hrsg.): Auslandsreisen von Mitgliedern der Landesregierung in den Jahren 1996 bis 2000; Mainz, Drucksache 14/172 vom 14. August 2001.

Landtag von Baden-Württemberg (Hrsg.): Außenwirtschaftliche Rahmenbedingungen für die baden-württembergische Wirtschaft; Stuttgart, Drucksache 9/2912 vom 03. April 1986.

Landtag von Baden-Württemberg (Hrsg.): Außenwirtschaftsförderung in Baden-Württemberg; Stuttgart, Drucksache 12/1405 vom 23. April 1997.

Landtag von Baden-Württemberg (Hrsg.): Außenwirtschaftsförderung; Stuttgart, Drucksache 13/3070 vom 29. März 2004.

Landtag von Baden-Württemberg (Hrsg.): Außenwirtschaftspolitik des Landes. Unser Beitrag für eine zukunftsfähige Weltwirtschaft; Stuttgart, Drucksache 11/7011 vom 12. Januar 1996.

Landtag von Baden-Württemberg (Hrsg.): Bedarfsorientierte Außenhandelsinformation für die mittelständische baden-württembergische Exportwirtschaft; Stuttgart, Drucksache 9/2033 vom 21. August 1985.

Landtag von Baden-Württemberg (Hrsg.): Bericht und Empfehlungen der Enquetekommission. Situation und Chancen der mittelständischen Unternehmen, insbesondere der Familienunternehmen, in Baden-Württemberg; Stuttgart, Drucksache 12/5800 vom 13. Dezember 2000.

Landtag von Baden-Württemberg (Hrsg.): Beschlussempfehlungen und Berichte der Fachausschüsse zu Anträgen von Fraktionen und von Abgeordneten; Stuttgart, Drucksache 13/3652 vom 05. November 2004.

Landtag von Baden-Württemberg (Hrsg.): Beteiligung umwelttechnischer Unternehmen an Auslandsreisen von Regierungsmitgliedern mit Vertretern der Wirtschaft; Stuttgart, Drucksache 12/1824 vom 28. Juli 1997.

Landtag von Baden-Württemberg (Hrsg.): Entwurf des Staatshaushaltsplans für 2005/06. Einzelplan 02 Staatsministerium; Stuttgart, Drucksache 13/4002 vom 16. Februar 2005.

Landtag von Baden-Württemberg (Hrsg.): Exportförderung mittelständischer Unternehmen; Stuttgart, Drucksache 08/2482 vom 16. März 1982.

Landtag von Baden-Württemberg (Hrsg.): Exportförderung mittelständischer Unternehmen; Stuttgart, Drucksache 08/3090 vom 28. Oktober 1982.

Landtag von Baden-Württemberg (Hrsg.): Förderung des baden-württembergischen Agrarexports; Stuttgart, Drucksache 08/2837 vom 05. Juli 1982.

Landtag von Baden-Württemberg (Hrsg.): Gesetz zur Neuordnung der Wirtschaftsförderung; Stuttgart, Drucksache 13/3672 vom 20. Oktober 2004.

Landtag von Baden-Württemberg (Hrsg.): Imagekampagne; Stuttgart, Drucksache 13/1852 vom 28. Februar 2003.

Landtag von Baden-Württemberg (Hrsg.): Innovationsstandort Baden-Württemberg; Stuttgart, Drucksache 13/4212 vom 05. April 2005.

Landtag von Baden-Württemberg (Hrsg.): Partnerschaft mit Sachsen bei Außenwirtschaftsbüros; Stuttgart, Drucksache 11/2175 vom 05. Juli 1993.

Landtag von Baden-Württemberg (Hrsg.): Stiftung Außenwirtschaft; Stuttgart, Drucksache 10/2525 vom 21. November 1989.

Landtag von Baden-Württemberg (Hrsg.): Stiftung Außenwirtschaft; Stuttgart, Drucksache 10/2930 vom 26. Januar 1990.

Landtag von Baden-Württemberg (Hrsg.): Wirtschaftliche Zukunftsperspektiven im Stadt- und Landkreis Heilbronn; Stuttgart, Drucksache 13/4152 vom 16. März 2005.

Landtag von Baden-Württemberg (Hrsg.): Zugehörigkeit von Mitgliedern der Landesregierung zu Organen wirtschaftlicher Unternehmen; Stuttgart, Drucksache 13/4320 vom 11. Mai 2005.

Landtag von Sachsen-Anhalt (Hrsg.): Plenarprotokoll 02/21 vom 18. Mai 1995.

Landtag von Sachsen-Anhalt (Hrsg.): Plenarprotokoll 02/936 vom 11. Mai 1995.

Landtag von Sachsen-Anhalt (Hrsg.): Wirtschaftliche Entwicklung Sachsen-Anhalts; Magdeburg, Drucksache 04/837 vom 16. Juni 2003.

Lang, Volker: Die Regulierung der deutschen Stromwirtschaft. Eine föderalismustheoretische Analyse; Frankfurt am Main [u.a.] 1999, Zugl.: Marburg, Univ., Diss., 1998.

Lange, Kai: ‚Asien ist der Schlüssel zum Erfolg'; in: manager-magazin.de vom 21. Oktober 2005.

Lau, Alexander; Zywietz, Tassilo; Faix, Werner G.: Going International. Erfolgsfaktoren im Auslandsgeschäft. Erfahrungen, Lösungen und Perspektiven; Berlin 2005.

Laufer, Heinz; Münch, Ursula: Das föderative System der Bundesrepublik Deutschland; Opladen 1998.

Laux, Susanne: Außenpolitik auf kommunaler Ebene. Interview mit dem Münchener Oberbürgermeister und Präsident des Deutschen Städtetages Christian Ude; in: Goethe-Institut – Online-Redaktion Juli 2005; (Online; Stand 25. Januar 2006) http://www.goethe.de/kug/ges/eur/thm/de824563.htm.

Leicht, René; Strohmeyer, Robert: Der Beschäftigungsbeitrag des Aggregats kleiner Betriebe. Beitrag zur ifm-Strukturberichterstattung; Veröffentlichungen des Instituts für Mittelstandsforschung, Universität Mannheim Nr. 24, 1995.

Lemcke, Uwe: Beitrag zur Unternehmensanalyse hinsichtlich einer Produktionsinternationalisierung für kleine und mittlere Unternehmen; Düsseldorf 1998.

Leonidou, Leonidas C.; Katsikeas, Constantine S.: The export development process. An integrative review of empirical models; Journal of International Business Studies; 1996, Vol. 27 Issue 3, S. 517-551.

LfA Förderbank Bayern: Chancen auch im Ausland nutzen! Finanzierungsangebote für bayerische Unternehmer; München 2005.

Lorenzen, Kevin; Meyer, Jörn-Axel; Boyd, Britta: Hemmnisse der Internetnutzung in KMU; Flensburg 2001.

Maaß, Frank; Clemens, Reinhard: Corporate Citizenship. Das Unternehmen als ‚guter Bürger'; Wiesbaden 2002.

Macharzina, Klaus: Innovationsdynamik der Globalisierung; in: Peske, Thorsten; Schrank, Randolf (Hrsg.): Strategie, Innovation und Internationalisierung. Für Prof. Dr. Manfred Perlitz anlässlich seines 60. Geburtstages; Lohmar [u.a.] 2003b, S. 305-311.

Macharzina, Klaus: Neue Theorie der Multinationalen Unternehmung; in: Holtbrügge, Dirk (Hrsg.): Die Internationalisierung von kleinen und mittleren Unternehmungen. Festschrift zum 60. Geburtstag von Honorarprofessor Dr. Helmut Haussmann; Stuttgart 2003a, S. 25-38.

Macharzina, Klaus: Unternehmensführung. Das internationale Managementwissen. Konzepte, Methoden, Praxis; 4., grundlegend überarb. Aufl., Wiesbaden 2003.

Macharzina, Klaus; Engelhard, Johann: Paradigm Shift in International Business Research. From Partist and Eclectic Approaches to the GAINS Paradigm; in: Management International Review, 31. Jg., 1991, Special Issue, Frontiers of International Business Research, S. 23-43.

Mager, Udo; Geschäftsführer der Wirtschaftsförderung Dortmund; Telefoninterview am 13. Januar 2006.

Mähr, Philipp: Intelligente Klein- und Mittelunternehmen; o.O. 2003, Zugl.: St. Gallen, Univ., Diss., 2002.

Maier, Hans E.: Das Modell Baden-Württemberg. Über institutionelle Voraussetzungen differenzierter Qualitätsproduktion; WZB, Wissenschaftszentrum Berlin für Sozialforschung Discussion paper, Berlin 1987.

Mank, Peter: Personalpolitik in mittelständischen Unternehmen. Eigenarten, Versäumnisse, Chancen; Frankfurt am Main 1991, Zugl.: Trier, Univ., Diss., 1990.

Martin, Albert: Arbeitsbelastung des Alleinunternehmers in der Europäischen Union; in: Internationales Gewerbearchiv 2003, S. 145-164.

Martin, Hans-Peter; Schumann, Harald: Die Globalisierungsfalle. Der Angriff auf Demokratie und Wohlstand; 12. Aufl.; Reinbek bei Hamburg 1997.

Massmann, Andre: Der erste Schritt ist der schwerste. Export. Für kleine Firmen liegen jenseits der Grenzen große Chancen. Die meisten aber wissen zu wenig über den Weg in die Welt; in: Neue Rhein-Zeitung vom 11. September 2001.

Masson, Paul R.: Globalization. Facts and Figures; IMF Policy Discussion Paper No. 01/4, Washington D.C. October 2001.

May, Peter; Rieder, Gerold (Hrsg.): Familienunternehmen heute. Jahrbuch 2003; INTES Akademie für Familienunternehmen; Bonn 2002.

Meissner, Hans Günther; Gerber, Stephan: Die Auslandsinvestition als Entscheidungsproblem; in: Betriebswirtschaftliche Forschung und Praxis, Vol. 32, No. 3, 1980, S. 217-228.

Merker, Richard: Organisatorische Erscheinungsformen von Klein- und Mittelunternehmen. Ansätze für eine Organisationstypologie von KMU; Bochum 1997.

Millington, Andrew I.; Bayliss, Brian T.: The Strategy of Internationalization and the Success of UK Transnational Manufacturing Operations in the European Union; in: Management International Review (MIR); 1997 3rd Quarter, Vol. 37 Issue 3, S. 199-221.

Ministerium für Wirtschaft und Arbeit des Landes Nordrhein-Westfalen: Außenwirtschaft NRW. Bericht über die Projekte des Jahres 2003; Düsseldorf 2004a.

Ministerium für Wirtschaft und Arbeit des Landes Nordrhein-Westfalen: Außenwirtschaftskonzeption und -förderung in Nordrhein-Westfalen; Düsseldorf 2004b.

Ministerium für Wirtschaft und Mittelstand, Energie und Verkehr des Landes Nordrhein-Westfalen: Außenwirtschaftskonzeption; Düsseldorf 2002.

Ministerium für Wirtschaft und Mittelstand, Energie und Verkehr des Landes Nordrhein-Westfalen: Förderung der Außenwirtschaft. Messebeteiligungen im Ausland 2001; Düsseldorf 2000.

Ministerium für Wirtschaft und Mittelstand, Energie und Verkehr des Landes Nordrhein-Westfalen: Energieland NRW. Zukunftsenergien aus Nordrhein-Westfalen; Düsseldorf 1999.

Ministerium für Wirtschaft, Mittelstand und Energie des Landes Nordrhein-Westfalen: Außenwirtschaft NRW. Bericht über die Projekte des Jahres 2004; Düsseldorf 2005.

Ministerium für Wirtschaft, Mittelstand und Energie des Landes Nordrhein-Westfalen: Wirtschaft in NRW 2006. Konjunktur, Prognosen, Perspektiven; Düsseldorf 2006.

Ministerium für Wirtschaft, Technologie und Verkehr des Landes Schleswig-Holstein (Hrsg.): Regionale und nationale Handlungsmöglichkeiten der Wirtschaftspolitik bei fortschreitender Globalisierung; Kiel 1998.

Molitor, Bernhard: Die Wirtschaftspolitik der Bundesländer. Auf dem Weg zum Neomerkantilismus? Statement aus bundespolitischer Sicht; in: List-Gesellschaft (Hrsg.): List-Forum für Wirtschafts- und Finanzpolitik; Baden-Baden 1987/88, S. 83-90.

Möllering, Jürgen: Die Auslandshandelskammern (AHKn), Delegiertenbüros und Repräsentanzen der deutschen Wirtschaft als Instrumente der Außenwirtschaftsförderung; in: Wirtschaft und Verwaltung; Vierteljahresbeilage zum Gewerbearchiv, 1998, N. 3, S. 214-224.

Mrosek, Thorsten; Kies, Uwe; Schulte, Andreas: Clusterstudie Forst und Holz Deutschland 2005. Forst- und Holzwirtschaft hat sehr große volkswirtschaftliche Bedeutung; in: Holz-Zentralblatt. Sonderdruck; Nr. 84 vom 4. November 2005.

Mugler, Josef: Betriebswirtschaftslehre der Klein- und Mittelbetriebe; 3., neubearbeitete Aufl. Wien, New York 1998.

Mugler, Josef: Die Qualität der Arbeit in Klein- und Mittelbetrieben; in: Internationales Gewerbearchiv 45; 1997, S. 217-235.

Mühlenkamp, Holger: Zur Förderung der mittelständischen Wirtschaft durch Privatisierungsmaßnahmen und öffentliche Aufträge; in: Bouncken, Ricarda Barbara (Hrsg.): Management von KMU und Gründungsunternehmen. Festschrift für Egbert Kahle zum 60. Geburtstag; Wiesbaden 2003, S. 237-263.

Müller Armack, Alfred: Wirtschaftsordnung und Wirtschaftspolitik. Studien und Konzepte zur Sozialen Marktwirtschaft und zur Europäischen Integration; 2., unveränd. Aufl. Bern [u.a.] 1976.

Müller, Christoph A.: Stand und Perspektiven der Entrepreneurshipforschung; in: Pleitner, Hans-Jobst; Weber, Walter (Hrsg.): Die KMU im 21. Jahrhundert. Impulse, Aussichten, Konzepte; St. Gallen 2000, S. 17-28.

Müller, Christoph A.: Strategische Führung europäischer mittelständischer Unternehmen. Am Beispiel der Werkzeugmaschinenbranche; Bern [u.a.] 1995, Zugl.: St. Gallen, Hochsch. für Wirtschafts-, Rechts- und Sozialwiss., Diss., 1995.

Müller, Herbert: Für dauerhaftes Wachstum. Attraktive Auslandsmärkte erschließen; in: Franz, Otmar (Hrsg.): Globalisierung – Herausforderung und Chance für den deutschen Mittelstand; Eschborn 1999, S. 159-168.

Müller, Klaus: Außenwirtschaftsförderung im Handwerk; Duderstadt 2004.

Müller, Oliver: Peking sichert deutsche Investitionen besser ab. Fortschritte bei der Tagung des deutsch-chinesischen Ausschusses in Peking; in: Handelsblatt vom 02. Juli 2002.

Müller, Stefan; Kornmeier, Martin: Abhängigkeit internationaler Markteintrittsstrategien von Merkmalen des Auslandsmarktes. Der in der deutschsprachigen Literatur dokumentierte Erkenntnisstand; Dresden 1995.

Müller, Stefan; Kornmeier, Martin: Strategisches internationales Management; München 2002.

Münch, Ingo von: Staatsrecht I; 6., neu bearb. Aufl. Stuttgart [u.a.] 2000.

Munzert, Rüdiger: Exportförderung im Vergleich. Deutschland – Frankreich; Bielefeld 1997.

Näther, Christian: Erfolgsmaßstäbe der strategischen Unternehmensführung; Herrsching 1993, Zugl.: München, Univ., Diss., 1993.

Netzwerk von Wirtschaftsförderungsgesellschaften in der Bundesrepublik Deutschland: Unser Service für Sie; (Online; Stand: 25. Januar 2006) http://www.investment-in-germany.de/deutsch/service.htm.

Neuberger, Doris: Regionalökonomik und Finanzierung kleiner und mittlerer Unternehmen. Erklärungen für ein Ost-West-Gefälle in Deutschland?; in: Konjunkturpolitik. Zeitschrift für angewandte Wirtschaftsforschung. Applied Economics Quarterly Vol. 46; 2000, S. 33-61.

Neukirch, Ralf: Müller setzt sich bei Hermes durch. Weiter Einzelfallprüfung. Kein Mitentscheidungsrecht für Trittin; in: Handelsblatt vom 06. April 2001.

Niedersächsischer Landtag (Hrsg.): Bericht über die Lage der kleinen und mittleren Unternehmen; Hannover, Drucksache 14/3550 vom 03. Juli 2002.

Niedersächsischer Landtag (Hrsg.): Bericht über die mittelstandsorientierte Exportstrategie des Landes; Hannover, Drucksache 10/3996 vom 25. Februar 1985.

Niedersächsischer Landtag (Hrsg.): Niedersachsen auf dem Weg zu mehr Wachstum, Beschäftigung und Gerechtigkeit; Hannover, Drucksache 14/4058 vom 14. Januar 2003.

Niedersächsisches Ministerium für Wirtschaft, Technologie und Verkehr: Reise einer niedersächsischen Wirtschaftsdelegation nach Brasilien und Argentinien unter Leitung von Herrn Minister Dr. Peter Fischer 11.-17. November 1995; o.O. o.J.

Nienaber, Knut B.: Internationalisierung mittelständischer Unternehmen. Theoretische Grundlagen und empirische Befunde zur Strategiewahl und umsetzung; Hamburg 2003, Zugl.: Hamburg, Univ. der Bundeswehr, Diss., 2002.

Noelle-Neumann, Elisabeth; Petersen, Thomas: Alle, nicht jeder. Einführung in die Methoden der Demoskopie; 4. Aufl., Berlin [u.a.] 2005.

Nuhn, Helmut: Globalisierung und Regionalisierung im Weltwirtschaftsraum; in: Geographische Rundschau; 1997, S. 136-143.

Nuscheler, Franz: Vieldimensionalität und Widersprüchlichkeit der Globalisierung. Chancen und Risiken, Gewinner und Verlierer; in: Deutscher Bundestag. Enquete-Kommission Globalisierung der Weltwirtschaft. Herausforderungen und Antworten; Berlin 2000, S. 1ff.; (Online; Stand: 06. Dezember 2001) http://www.bundestag.de/ftp/pdf_arch/au_14_8.pdf.

o.V.: Berichte von der FEBRAL 95. Eingesperrt zum Spinnen; in: Frankfurter Allgemeine Zeitung vom 01. Dezember 1995d, S. 31.

o.V.: Bundesregierung sieht Nachteile für kleine Unternehmen; in: Associated Press Worldstream vom 25. September 1995f.

o.V.: Das Ende der Planwirtschaft; in: Rheinische Post vom 30. Juni 2005a, S. A4.

o.V.: Der Streit über Deutsche Häuser im Ausland soll ein Ende haben; in: Frankfurter Allgemeine Zeitung vom 28. August 1995g, S. 13.

o.V.: Deutsche Umwelttechnik weniger gefragt; in: Frankfurter Allgemeine Zeitung vom 08. April 1997a, S.13.

o.V.: Deutschland will die Wirtschaftsbeziehungen zu Peru verstärken; in: Frankfurter Allgemeine Zeitung vom 06. Mai 1996c, S. 15.

o.V.: DIHT und SPD fordern ein umfassendes Außenwirtschaftskonzept; in Frankfurter Allgemeine Zeitung vom 11. Mai 1995h, S. 17.

o.V.: DIHT warnt die EU; in: Frankfurter Allgemeine Zeitung vom 10. Juni 1996g, S. 13.

o.V.: DIHT: Die Doppelförderung bei Messen im Ausland ist unsinnig; in: Frankfurter Allgemeine Zeitung vom 14. Juni 1996h, S. 17.

o.V.: Dissonanzen; in: Frankfurter Allgemeine Zeitung vom 04. September 1995i, S. 11.

o.V.: Heftiger Zusammenstoß zwischen Rexrodt und Kinkel. Abendmeldung Konflikt um Kompetenzen für Außenwirtschaftspolitik; in: Associated Press Worldstream vom 01. September 1995l.

o.V.: IHK bietet Pool für im Irak tätige Unternehmen an; in: Handelsblatt vom 11. August 2004s, S. 35.

o.V.: Initiative des Auswärtigen Amtes. Diplomaten sollen deutschen Firmen helfen. Botschaften und Konsulate erhalten neue Richtlinien zur Förderung der Außenwirtschaft; in: Süddeutsche Zeitung vom 14. Dezember 1993.

o.V.: Öffentliche Dienstleistungen privatisieren; in: Frankfurter Allgemeine Zeitung vom 14. August 1997d, S. 11.

o.V.: Schröder reist heute mit 31 Managern nach China; in: Handelsblatt vom 01.12.2003s.

o.V.: Wer zahlt für das Wissen über die Wirtschaft im Ausland?; in: Frankfurter Allgemeine Zeitung vom 06. Dezember 2000m, S. 52.

Oates, Wallace E.: Ein ökonomischer Ansatz zum Föderalismusproblem; in: Kirsch, Guy (Hrsg.): Föderalismus; Stuttgart [u.a.] 1977, S. 15-26.

Oates, Wallace E.: Fiscal Federalism; New York [u.a.] 1972.

Obermann, Dirk:Eine Analyse der Beschäftigungsprobleme kleiner Unternehmen; Frankfurt am Main [u.a.] 1996, Zugl.: Berlin, Techn. Univ., Diss., 1995.

Oesterle, Michael-Jörg: Fiktionen der Internationalisierungsforschung. Stand und Perspektiven einer realitätsorientierten Theoriebildung; in: Engelhardt, Johann; Oechsler, Walter A. (Hrsg.): Internationales Management. Auswirkungen globaler Veränderungen auf Wettbewerb, Unternehmensstrategie und Märkte. Klaus Macharzina zum 60. Geburtstag; Wiesbaden 1999, S. 219-245.

Ohmae, Kenichi (Hrsg.): Der neue Weltmarkt. Das Ende des Nationalstaates und der Aufstieg der regionalen Wirtschaftszonen; Hamburg 1996.

Ohr, Renate: BfAI – Bundesstelle für Außenhandelsinformationen; in: Das Wirtschaftsstudium, 17. Jg., Heft 3/1988, S. 134-[...].

Olson, Mancur: Das Prinzip ‚fiskalischer Gleichheit': Die Aufteilung der Verantwortung zwischen verschiedenen Regierungsebenen; in: Kirsch, Guy (Hrsg.): Föderalismus; Stuttgart [u.a.] 1977, S. 66-76.

Olson, Mancur: The Principle of 'Fiscal Equivalence'. The Division of Responsibility Among Different Levels of Government; in: American Economic Review; Vol. 59, 1969, S. 479-487.

Øresund Network AB: Welcome to the Øresund Region; Malmö 2006; (Online; Stand: 25. Januar 2006) http://www.oresundsregionen.org.

Organisation for Economic Co-operation and Development: Arrangement on Officially Supported Export Credits. TD/PG(2005)22/FINAL; Paris 2005.

Organisation for Economic Co-operation and Development: Globalization and Small and Medium Enterprises; Vol. 1, Synthesis Report; Paris 1997.

Organisation for Economic Co-operation and Development: Structural adjustment and economic performance; Paris 1987.

Othegraven, Rainer von: Joint Ventures als Internationalisierungsstrategie; in: Oetker, Arend (Hrsg.): Mittelstand in Zeiten struktureller Umbrüche; München 1997, S. 217-238.

Patalong, Frank: Zwei gegen Microsoft. Der aktuelle Browsermarkt; in: Spiegel Online 03. Mai 2005; (Online; Stand: 03. Mai 2005) http://www.spiegel.de/netzwelt/technologie/0,1518,354368,00.html.

Pausenberger, Ehrenfried: Globalisierung der Wirtschaft und die Machteinbußen des Nationalstaats; in: Engelhardt, Johann; Oechsler, Walter A. (Hrsg.): Internationales Management. Auswirkungen globaler Veränderungen auf Wettbewerb, Unternehmensstrategie und Märkte. Klaus Macharzina zum 60. Geburtstag; Wiesbaden 1999, S. 75-91.

Pedersen, Torben; Petersen, Bent; Sharma, Deo: The Role of Knowledge in Firms' Internationalisation Process: Wherefrom and Whereto?; Working Paper Series, Department of International Economics and Management, Copenhagen Business School, No 17-2001.

Pennock, J. Roland: Federal and Unitary Government. Disharmony and Frustration; in: Behavioral Science; Vol. 4, 1959, S. 147-157.

Perlitz, Manfred: Internationales Management; 4., bearb. Aufl., Stuttgart 2000.

Perschel, Marco: Krisenmanagement in kleinen und mittleren Unternehmen; Renningen 2003.

Petram, Hans-Dieter: Redebeitrag im Rahmen der Podiumsdiskussion ‚Perspektiven bieten Perspektiven. Globaler Wirtschaftsdialog für regionales Wachstum'; in Bonn am 27. Oktober 2005.

Pfohl, Hans-Christian (Hrsg.): Betriebswirtschaftslehre der Mittel- und Kleinbetriebe. Größenspezifische Probleme und Möglichkeiten zu ihrer Lösung; 2., neubearbeitete Aufl., Berlin 1990.

Pfohl, Hans-Christian (Hrsg.): Betriebswirtschaftslehre der Mittel- und Kleinbetriebe. Größenspezifische Probleme und Möglichkeiten zu ihrer Lösung; 3., neubearbeitete Aufl., Berlin 1997a.

Pfohl, Hans-Christian: Abgrenzung der Klein- und Mittelbetriebe von den Großbetrieben; in: Pfohl, Hans-Christian (Hrsg.): Betriebswirtschaftslehre der Klein- und Mittelbetriebe. Größenspezifische Probleme und Möglichkeiten zu ihrer Lösung; 3., neubearbeitete Aufl., Berlin 1997b, S. 1-26.

Pichler, Johann Hanns; Pleitner, Jobst H.; Schmidt, Heinz K. (Hrsg.): Management in KMU. Die Führung von Klein- und Mittelunternehmen; 3., überarb. und erw. Aufl., Bern [u.a.] 2000.

Pitlik, Hans: E-Mail <pitlikha@uni-hohenheim.de> vom 19. November 2001.

Pitlik, Hans: Politische Ökonomie des Föderalismus. Föderative Kompetenzverteilung im Lichte der konstitutionellen Ökonomik; Frankfurt am Main [u.a.] 1997, Zugl.: Hohenheim, Univ., Diss., 1996.

Plate, Klaus; Geschäftsführer der Technologiepark Heidelberg GmbH und der HWE Heidelberger Wirtschaftsentwicklungsgesellschaft mbH; Telefoninterview am 09. November 2005.

Pleitner, Hans Jobst: Die Arbeitszufriedenheit von Unternehmern und Mitarbeitern in gewerblichen Betrieben; Berlin 1981.

Portisch, Wolfgang: Sanierung von mittelständischen Unternehmen aus Sicht der Banken; in: Bouncken, Ricarda Barbara (Hrsg.): Management von KMU und Gründungsunternehmen. Festschrift für Egbert Kahle zum 60. Geburtstag; Wiesbaden 2003, S. 319-334.

Postlep, Rolf-Dieter: Anforderungen an eine innovative Politik der Regionen in globalisierten Arenen; in: Grimmer, Klaus; Kuhlmann, Stefan; Meyer-Krahmer, Frieder (Hrsg.): Innovationspolitik in globalisierten Arenen; Opladen 1999, S. 75-86.

Postlep, Rolf-Dieter: Gesamtwirtschaftliche Analyse kommunaler Finanzpolitik. Ein Beitrag zur ökonomischen Föderalismustheorie; Baden-Baden 1993, Zugl.: Marburg, Univ., Habil.-Schr., 1990.

Presse- und Informationsamt der Stadt Frankfurt: Frankfurt schließt Freundschaftsvertrag mit Dubai. Delegation aus Golfemirat kommt zur Unterzeichnung in den Kaisersaal; Frankfurt am Main 09. Juni 2005.

PricewaterhouseCoopers: Investitionsgarantien der Bundesrepublik Deutschland. Direktinvestitionen im Ausland. Jahresbericht 2005; Hamburg 2006.

Przyklenk, Andrea: Zehn Erfolgspunkte für Mittelständler. Konkurrenzfähig werden und bleiben; Heidelberg 2000.

Rat der Gemeinden und Regionen Europas, Deutsche Sektion: Datenbank der kommunalen Partnerschaften; Köln 2006; (Online; Stand: 25. Januar 2006) http://www.rgre.de/rgre-partnerschaften.

Rehfeld, Dieter: Produktionscluster. Konzeption, Analysen und Strategien für eine Neuorientierung der regionalen Strukturpolitik; München [u.a.] 1999. Zugl.: Braunschweig, Techn. Univ., Habil.-Schr. 1999.

Reichardt, Wolfgang: Föderalismus; in: Nohlen, Dieter (Hrsg.): Lexikon der Politik. Band 1. Politische Theorie; München 1995, S. 102-110.

Reiniger, Anne Maja: E-Mail vom Montag, den 02. Mai 2005.

Reips, Ulf-Dietrich: Online-Erhebung in der wissenschaftlichen Sozialforschung; ADM Arbeitskreis Deutscher Markt- und Sozialforschungsinstitute; ASI Arbeitsgemeinschaft Sozialwissenschaftlicher Institute; Statistisches Bundesamt (Hrsg.): Online-Erhebungen. Sozialwissenschaftliche Tagungsberichte, Band 7; Bonn 2003, S. 21-29.

Reiss, Michael: Der neue Mittelstand. Vernetzte KMU als Resultat der strukturellen Erosion von Konzernen; in: Internationales Gewerbearchiv 1999, S. 103-114.

Reize, Frank: KfW-Mittelstandspanel 2004. Repräsentative Analyse zu Investitionen und Beschäftigungseffekten kleiner und mittlerer Unternehmen; Frankfurt am Main 2004.

Reuter, Konrad: Föderalismus. Grundlagen und Wirkungen in der Bundesrepublik Deutschland; 2., überarb. Aufl. Heidelberg 1985.

Rhein-Kreis Neuss: Außenwirtschaftsförderung; 2006; (Online; Stand: 25. Januar 2006) http://www.kreis-neuss.de/C1256C5900499130/webservices/C1256C5900499130C1256A320032DBCD?OpenDocument&mnn=wirtschaft#jb_top.

Rinke, Andreas: Berlin will Russland-Geschäft wieder absichern. Hoffnung auf neue Hermes-Bürgschaften. Forderung nach einem Moskau-Beauftragten der Bundesregierung; in: Handelsblatt vom 20. April 2000b.

Rinke, Andreas: Müller muss Hilfe für Firmen im Ausland überdenken. Der Kanzler will seinen Einsatz für Auslandsaufträge deutscher Firmen nicht an Schwellenwerte binden. Konzept zurückgewiesen; in: Handelsblatt vom 28. Juni 2001b.

Rinke, Andreas: Schröders Wandel zum Außenkanzler. Energisch wie nie zuvor vertritt der Kanzler im Ausland nationale deutsche Interessen, im Notfall auch gegen Frankreich; in: Handelsblatt vom 13. Oktober 2004c, S. 6.

Röller, Lars-Hendrik: Der ökonomische Ansatz in der europäischen Wettbewerbspolitik; in: Monopolkommission (Hrsg.): Zukunftsperspektiven der Wettbewerbspolitik; Baden-Baden 2005; Onlineversion vom 01. August 2005; (Online; Stand: 25. Januar 2006) http://europa.eu.int/comm/competition/speeches/text/sp2005_009_de.pdf.

Ronzheimer, Manfred: Global anwerben – lokal ansiedeln. 1. Jahreskongress Deutscher Wirtschaftsförderer in Berlin; in: BerliNews vom 22. November 2002; (Online; Stand: 06. Dezember 2001) http://www.berlinews.de/archiv-2002/1843.shtml.

Rose, Klaus; Sauernheimer, Karlhans: Theorie der Außenwirtschaft; 13., überarb. Aufl., München 1999.

Rosenschon, Astrid: Finanzhilfen der Bundesländer in den Jahren 2000-2004. Eine empirische Analyse; Kieler Diskussionsbeiträge 422; Kiel 2005.

Rosenschon, Astrid: Finanzhilfen der Bundesländer. Eine Aktualisierung; Kieler Arbeitspapier Nr. 1127; Kiel 2002.

Rößl, Dietmar: Beziehungsmanagement im Klein- und Mittelbetrieb. Gestaltung dauerhafter Kundenbeziehungen; Wien 2000.

Rothberger, Phillip: ‚Wer nicht in Asien ist, erhält in Europa keine Aufträge'; in: Handelsblatt vom 15. September 2003.

Rudolf, Walter: Aktuelle Probleme und Entwicklungstendenzen in der Bundesrepublik Deutschland; in: Benda, Ernst; Hansmeyer, Karl-Heinrich (Hrsg.): Probleme des Föderalismus. Referate auf dem Symposium Föderalismus in der SFR Jugoslawien und in der Bundesrepublik Deutschland – ein Vergleich; Tübingen 1985, S. 227-244.

Rudolph, Klaus; Hartleib, Hildmut; Neef, Günther; Dudek, Heino: Arbeitsinstrumente zur Stärkung der Exportfähigkeit von Schwellenbetrieben. Das Beispiel Sitec; in: Behr, Marhild von (Hrsg.): Erhöhung der Globalisierungsfähigkeit kleiner und mittlerer Unternehmen; Reihe: ISF München aktuell, München 2002, S. 112-124.

Sächsische Staatskanzlei (Hrsg.): Auslandsreisen von Mitgliedern der Staatsregierung nach Mittelost- und Osteuropa; Dresden, Drucksache 03/9852 vom 19. Januar 2004.

Sächsischer Landtag (Hrsg.): Antrag der CDU-Fraktion. Absatz- und Exportförderung; Dresden, Drucksache 02/5316 vom 12. März 1997.

Sächsischer Landtag (Hrsg.): Antrag der CDU-Fraktion. Außenwirtschaftsstrategie für Sachsen; Dresden, Drucksache 02/1913 vom 03. November 1995.

Sächsischer Landtag (Hrsg.): Antrag der CDU-Fraktion. Exportförderung; Dresden, Drucksache 02/11241 vom 16. März 1999.

Sächsischer Landtag (Hrsg.): Antrag der Fraktion der CDU. Auslandsinvestition sächsischer Unternehmen; Dresden, Drucksache 03/3843 vom 02. April 2001.

Sächsischer Landtag (Hrsg.): Antrag der PDS-Fraktion. Befördern von Auslandsinvestitionen sächsischer Unternehmen; Dresden, Drucksache 03/5306 vom 05. Dezember 2001.

Sächsischer Landtag (Hrsg.): Antrag der SPD-Fraktion. Außenwirtschaft; Dresden, Drucksache 02/1644 vom 01. September 1995.

Sächsischer Landtag (Hrsg.): Antrag der SPD-Fraktion. Außenwirtschafts- und Messeförderung; Dresden, Drucksache 03/8573 vom 24. Juni 2003.

Sächsischer Landtag (Hrsg.): Antrag der SPD-Fraktion. Deutsche Häuser der Wirtschaft; Dresden, Drucksache 02/3934 vom 16. September 1996.

Sächsischer Landtag (Hrsg.): Antrag der SPD-Fraktion. Sofortprogramm zur Stabilisierung der Ostmärkte und Exportaufträge sächsischer Industrie; Dresden, Drucksache 01/34 vom 15. November 1990.

Sächsischer Landtag (Hrsg.): Berichte und Zwischenberichte der Staatsregierung. Außenwirtschaftsförderung; Dresden, Drucksache 02/10455 vom 21. Dezember 1998.

Sächsischer Landtag (Hrsg.): Plenarprotokoll 01/6 vom 13. Dezember 1990.

Sächsischer Landtag (Hrsg.): Plenarprotokoll 02/26 vom 15.Dezember 1995.

Sächsischer Landtag (Hrsg.): Plenarprotokoll 02/54 vom 17.April 1997.

Sächsisches Staatsministerium für Wirtschaft und Arbeit (Hrsg.): Außenwirtschaftsförderung 2005 für Unternehmen mit Sitz im Freistaat Sachsen. Landesmesseprogramm Leitfaden; Dresden 2004.

Sächsisches Staatsministerium für Wirtschaft und Arbeit (Hrsg.): Sächsischer Mittelstandsbericht 2003; Dresden 2003.

Sächsisches Staatsministerium für Wirtschaft und Arbeit: Grundzüge der Sächsischen Außenwirtschaftspolitik; 3. Auflage, Dresden 2002.

Sachverständigenkommission Exportförderung Baden-Württemberg: Schlussbericht der Sachverständigenkommission Exportförderung Baden-Württemberg; Stuttgart 1982.

Sachverständigenrat zur Begutachtung der gesamtwirtschaftlichen Entwicklung: Jahresgutachten 2004/05. Erfolge im Ausland – Herausforderungen im Inland; Wiesbaden 2004.

Sachverständigenrat zur Begutachtung der gesamtwirtschaftlichen Entwicklung: Zwanzig Punkte für Beschäftigung und Wachstum. Jahresgutachten 2002/03; Berlin 2002.

Sanders, Heiko Mathias: Mittelstandsförderung und Beschäftigung. Zur Wirkung von Finanzierungs- und Investitionshilfen auf die Beschäftigung in Kleinunternehmen des Handwerks, Frankfurt am Main [u.a.] 2003, Zugl.: Lüneburg, Univ., Diss., 2001.

Schaeper, Björn; Rünker, Thomas ; Schulz, Anja: Außenwirtschaftsförderung für den Mittelstand. Angebote in Nordrhein-Westfalen; Dortmunder Beiträge zur Unternehmensführung; Working Paper No. 42, Dortmund 2004.

Schäfer, Waldemar: Die Kennzeichen des Mittelstands; in: Handelsblatt vom 04. Februar 2004, S. R3.

Scharpf, Fritz W.: Anhörung am 12.Dezember 2003. Stellungnahme; in: Kommission von Bundestag und Bundesrat zur Modernisierung der bundesstaatlichen Ordnung Kommissionsdrucksache 7; Berlin 2003.

Scharpf, Fritz W.: Autonomieschonend und gemeinschaftsverträglich. Zur Logik der europäischen Mehrebenenpolitik; MPIfG Discussion Paper 93/9; Köln 1993.

Scharpf, Fritz W.: Für eine flexible und differenzierte Kompetenzverteilung; in: Kommission von Bundestag und Bundesrat zur Modernisierung der bundesstaatlichen Ordnung Kommissionsdrucksache 62; Berlin 2004a.

Scharpf, Fritz W.; Benz, Arthur: Kooperation als Alternative zur Neugliederung? Zusammenarbeit zwischen den norddeutschen Ländern; Baden-Baden 1991.

Scharpf, Fritz W.; Reissert, Bernd; Schnabel, Fritz: Politikverflechtung. Theorie und Empirie des kooperativen Föderalismus in der Bundesrepublik; Kronberg/Ts. 1976.

Scherm, Ewald; Süß, Stefan: Internationales Management. Eine funktionale Perspektive; München 2001.

Schintke, Joachim; Stäglin, Rainer: Export stützt Beschäftigung. Jeder fünfte Arbeitsplatz in Deutschland von der Ausfuhr abhängig; in: Wochenbericht des DIW Berlin 9/2003, S. 139-146.

Schleicher, Karl-Hans: Internationalisierung – Darstellung eines theoretischen Bezugsrahmens und empirische Überprüfung im deutschen Maschinenbau; Kassel 1991. Zugl.: Kassel, Univ., Diss., 1992.

Schleswig-Holsteinischer Landtag (Hrsg.): Bericht der Landesregierung. Außenwirtschaftspolitik; Kiel, Drucksache 15/1827 vom 30. April 2002.

Schleswig-Holsteinischer Landtag (Hrsg.): Bericht der Landesregierung. Reform des Föderalismus; Kiel, Drucksache 15/231 vom 04. Juli 2000.

Schleswig-Holsteinischer Landtag (Hrsg.): Bericht der Landesregierung. Zusammenarbeit zwischen den norddeutschen Ländern; Kiel, Drucksache 15/435 vom 15. September 2000.

Schleswig-Holsteinischer Landtag (Hrsg.): Bericht der Landesregierung. Exportwirtschaft in Schleswig-Holstein, Kiel, Drucksache 10/691 vom 19. Oktober 1984.

Schleswig-Holsteinischer Landtag (Hrsg.): Plenarprotokoll 15/17 vom 17. November 2000.

Schleswig-Holsteinischer Landtag (Hrsg.): Plenarprotokoll 15/30 vom 10. Mai 2001.

Schleswig-Holsteinischer Landtag (Hrsg.): Plenarprotokoll 15/65 vom 21. Juni 2002.

Schleswig-Holsteinischer Landtag (Hrsg.): Situation der Außenhandelswirtschaft; Kiel, Drucksache 15/812 vom 15. März 2001.

Schleswig-Holsteinischer Landtag (Hrsg.): Wirtschaftsbericht 2002 mit Special Wirtschaftsförderung; Kiel, Drucksache 15/1847 vom 30. April 2002.

Schleswig-Holsteinischer Landtag (Hrsg.): Wirtschaftsbericht 2004; Kiel, Drucksache 15/3451 vom 18. Mai 2004.

Schmid, Stefan: Die Internationalisierung von Unternehmungen aus der Perspektive der Uppsala-Schule; in: WiSt – Wirtschaftswissenschaftliches Studium; 31. Jg., Nr. 7, 2002, S. 387-392.

Schmidt, Axel G.: Der überproportionale Beitrag kleiner und mittlerer Unternehmen zur Beschäftigungsdynamik. Realität oder Fehlinterpretation von Statistiken?; in: ZfB. Zeitschrift für Betriebswirtschaft 1996, S. 537-557.

Schmidt, Axel G.: Die neue Mittelstandsdefinition der Europäischen Kommission. Implikationen für den deutschen Mittelstand; Trier 1998.

Schmidt, Axel; Freund, Werner: Strategien zur Sicherung der Existenz kleiner und mittlerer Unternehmen; Stuttgart 1989.

Schmierl, Klaus: Mitbestimmungsdilemmata in internationalisierenden kleinen und mittleren Unternehmen; in: Behr, Marhild von; Semlinger, Klaus (Hrsg.): Internationalisierung kleiner und mittlerer Unternehmen. Neue Entwicklungen bei Arbeitsorganisation und Wissensmanagement; Frankfurt [u.a.] 2004, S. 273-307.

Schmiese, Wulf: Dann sputen die sich. Der Bundespräsident als Zahlungseintreiber und Türöffner in Afrika; in: Frankfurter Allgemeine Zeitung vom 24. März 2004.

Schnellenbach, Jan: Dezentrale Finanzpolitik und Modellunsicherheit. Eine theoretische Untersuchung zur Rolle des fiskalischen Wettbewerbs als Wissen generierender Prozess; Tübingen 2003, Zugl.: St. Gallen, Univ., Diss., 2002.

Schönfelder, Wilhelm: Föderalismus: Stärke oder Handicap deutscher Interessenvertretung in der EU? (II); in: Hrbek, Rudolf (Hrsg.): Europapolitik und Bundesstaatsprinzip. Die ‚Europafähigkeit' Deutschlands und seiner Länder im Vergleich mit anderen Föderalstaaten; Baden-Baden 2000, S. 75-80.

Schott, Hartmut: Export und Unternehmensgröße. Eine theoretische Analyse; Frankfurt am Main [u.a.] 2001; Zugl.: Köln, Univ., Diss., 2000.

Schrage, Horst; Asemissen, Hans-Jochen: Außenwirtschaftspolitische Instrumente von Bund und Ländern - Außenwirtschaftsförderkonzepte in Niedersachsen; in: Niedersächsisches Institut für Wirtschaftsforschung (Hrsg.): Außenwirtschaft Niedersachsen. Makro- und mikroökonomische Diagnosen, Länderperspektiven, Außenwirtschaftsförderung; Hannover 1996, S. 173- 177.

Schrumpf, Heinz: Die neuen Ansätze in der Theorie der wirtschaftlichen Entwicklungsweiche. Welche Erkenntnisse lassen sich für Nishnij Nowgorod ableiten?; Rheinisch-Westfälisches Institut für Wirtschaftsforschung Essen; Vortrag im Rahmen der Weiterbildungskonferenz Wirtschaftsförderung und Weiterbildung. Erfahrungen aus Deutschland, den Niederlanden und Russland; o.J.

Schultes, Norbert: Deutsche Außenwirtschaftsförderung. Ökonomische Analyse unter Berücksichtigung der Aktivitäten und Programme in Japan; München 2003, Zugl.: München, Univ., Diss., 2002 u.d.T.: Ökonomische Analyse der deutschen Außenwirtschaftsförderung.

Schultheis, Jürgen: Zwischen Heimatgefühl und Weltstadtanspruch. Die Region Frankfurt/Rhein-Main; in: DISP Nr. 152, Heft 1/2003, S. 80-86.

Schultz, Siegfried; Volz, Joachim; Weisen, Christian: Die Außenwirtschaftsförderung der wichtigsten Konkurrenzländer Deutschlands. Frankreich, Großbritannien, Japan und USA im Vergleich. Berlin 1991.

Schulz, Anja; Welge, Martin K.: Internationalisierung von kleinen und mittleren Unternehmen (KMU). Unterstützungsangebote auf dem Weg ins Ausland; Eschborn 2006.

Schwager, Robert: The theory of administrative federalism. An alternative to fiscal centralization and decentralization; in: Public Finance Review 27, 1999, S. 282-309.

Schwarting, Uwe; Wittstock, Matthias: Exportreserven mittelständischer Unternehmen. Eine empirische Untersuchung in Zusammenarbeit mit der Industrie- und Handelskammer zu Koblenz; Göttingen 1981.

Schwiering, Dieter; Fischer Hajo: Mittelstand und Mittelstandsbezug in Wissenschaft und Praxis; in: Internationales Gewerbearchiv 1999, S. 182-199.

Sell, Saskia: Förderung. Versprochen gebrochen; in: impulse; Juli 2006, S. 29-32.

Semlinger, Klaus; Behr, Marhild von: Die Internationalisierung kleiner und mittlerer Unternehmen als Wissensproblem; in: Behr, Marhild von; Semlinger, Klaus (Hrsg.): Internationalisierung kleiner und mittlerer Unternehmen. Neue Entwicklungen bei Arbeitsorganisation und Wissensmanagement; München 2004, S. 15-42.

Senatskanzlei der Freien Hansestadt Bremen: Bremens internationale Beziehungen. Ein Überblick; Bremen 2003.

Setzer, Marcel: Institutionelle Marktanpassung deutscher KMU an veränderte Rahmenbedingungen in der EU. Eine empirische Analyse; Hamburg 2001; Zugl.: Chemnitz, Zwickau, Techn. Univ., Diss., 2001.

Simon, Hermann: Hidden champions. Lessons from 500 of the world's best unknown companies; Boston 1996.

Sinn, Hans-Werner: Ist Deutschland noch zu retten?; ungekürzte Ausg., 3. Aufl., Berlin 2005.

Smith, John Grieve: Business Strategy. An Introduction; 2. ed., Oxford 1990.

Soldatos, Panayotis: An Explanatory Framework for the Study of Federated States as Foreign-policy Actors; in: Michelmann, Hans J.; Soldatos, Panayotis (Hrsg.): Federalism and International Relations. The Role of Subnational Units; Oxford 1990, S. 34-53.

SPD Bundestagsfraktion (Hrsg.): Bewährte Säule der Außenwirtschaftsförderung; in: Newsletter der SPD Bundestagsfraktion 12/2003 vom 28. März 2003, S. 3.

Spur, Günter: Globalisierung im Maschinenbau; in: Franz, Otmar (Hrsg.): Globalisierung – Herausforderung und Chance für den deutschen Mittelstand; Eschborn 1999, S. 79-84.

Staatsministerium Baden-Württemberg: Außenwirtschaftliches Konzept; Stuttgart o.J.

Staatsministerium Baden-Württemberg: Regionale Verbindungen des Landes Baden-Württemberg; Aktenzeichen: V-0147 Allg.; Stuttgart 22. Mai 2001.

Stadelmann, Martin: Informationstechnologie als Hilfsmittel der Führung in KMU. Ansätze für die informationstechnologisch unterstützte organisatorische Gestaltung der

Führungstätigkeit; Bern [u.a.] 1996, Zugl.: St. Gallen, Hochschule für Wirtschafts-, Rechts- und Sozialwiss., Diss., 1996.

Stadt Dortmund: Kooperation Pittsburgh – Dortmund 2001-2010. Cooperation Pittsburgh – Dortmund 2001-2010; Dortmund 2002.

Stadt Frankfurt am Main: Städtefreundschaft Toronto und Frankfurt erhält neues Fundament. Unterzeichnung eines ‚Letter of Intent' zwischen Oberbürgermeisterin Petra Roth und Mayor Miller; in: Newsletter der Stadt Frankfurt am Main; Ausgabe März 2005.

Stahl, Dieter: Aufgabenverteilung zwischen Bund und Ländern. Ökonomische Kriterien und Bewertung ausgewählter Reformvorschläge; Marburg 2000, Zugl.: Marburg, Univ., Diss., 2000.

Stahn, Gudrun; Lilie, Oliver: Strategie- und Zielfindungsworkshops. Die Bespiele Lernstatt und Rottluff; in: Behr, Marhild von (Hrsg.): Erhöhung der Globalisierungsfähigkeit kleiner und mittlerer Unternehmen; Reihe: ISF München aktuell, München 2002, S. 95-111.

Statistisches Bundesamt: 2005 – Außenhandel mit Nicht-EU-Ländern wächst kräftig. Pressemitteilung vom 8. März 2006; Wiesbaden 2006b.

Statistisches Bundesamt: Volkswirtschaftliche Gesamtrechnungen. Inlandsproduktsberechnung, Vierteljahresergebnisse 4. Vierteljahr 2005; Wiesbaden 2006a.

Steeg, Helga: Auswirkungen der Globalisierung der Energiewirtschaft auf den deutschen Mittelstand; in: Franz, Otmar (Hrsg.): Globalisierung – Herausforderung und Chance für den deutschen Mittelstand; Eschborn 1999, S. 143-150.

Stein, Ekkehart; Frank, Götz: Staatsrecht; 17., neu bearb. Aufl. Tübingen 2000.

Steinberg, Elisabeth: Innovation durch Kooperation. Der Wirtschaftsraum Südbayern, MAI; in: DISP Nr. 152, Heft 1/2003, S. 102-107.

Steiner, Clemens C.: SMEs go Global! Global Expansion: Strategic Necessity for Small and Medium Enterprises (SMEs); Wien 2003.

Steiner, Joachim; Börstler, Burkhard; Reske, Winfried: Die Entwicklung von Unternehmen und Umsätzen in der Bundesrepublik Deutschland von 1970-1976 auf der Basis nominaler und realer Daten. Mittelstandsstatistik; Göttingen 1979.

Steinkühler, Karl-Heinz: Rüttgers' Ausputzer. Europa- und Bundesratsminister Michael Breuer (CDU) vertritt den Ministerpräsidenten in Japan und löst in Düsseldorf heikle Fälle; in: Focus; Nr. 47, 21. November 2005, S. A-B.

Stoiber, Edmund: Einheit in Vielfalt. Bayerns Verantwortung für die Gestaltung Europas; Rede vom 20. Februar 1998; (Online; Stand: 28. Juli 2000) http://www.hss.de.

Strittmatter, Kai: Der Kanzler als Krämer. Gerhard Schröder sieht in China vor allem einen großen Markt und übersieht die Menschenrechte; in: Süddeutsche Zeitung vom 09. Mai 2004, S. 4.

Stuewe, Heinz: Botschafter der Wirtschaft; in: Frankfurter Allgemeine Zeitung vom 13. Juli 1995, S. 11.

Sturm, Roland: Die Industriepolitik der Bundesländer und die europäische Integration. Unternehmen und Verwaltungen im erweiterten Binnenmarkt; Baden-Baden 1991.

Swoboda, Bernhard: Dynamische Prozesse der Internationalisierung. Managementtheoretische und empirische Perspektiven des unternehmerischen Wandels; Wiesbaden 2002; Zugl.: Saarbrücken, Univ., Habil.-Schr., 2000.

Szyzka, Uwe: Spezielle Probleme des Controlling bei international tätigen kleinen und mittleren Unternehmen; in: Bouncken, Ricarda Barbara (Hrsg.): Management von KMU und Gründungsunternehmen. Festschrift für Egbert Kahle zum 60. Geburtstag; Wiesbaden 2003, S. 171-188.

The World Bank (Hrsg.): World Development Report 1999/2000. Globalization and localization; New York 2000.

Thöni, Erich: Das Verhältnis von Wettbewerb und Kooperation in föderativen Staaten vor dem Hintergrund unterschiedlicher Konzepte der Bestimmung eines regionalen und lokalen öffentlichen Güter- und Leistungsangebots; in: Färber, Gisela (Hrsg.): Das föderative System in Deutschland. Bestandsaufnahme, Reformbedarf und Handlungsempfehlungen aus raumwissenschaftlicher Sicht; Hannover 2005, S. 10-41.

Thöni, Erich: Föderalismus aus finanzwissenschaftlicher Sicht; in: Esterbauer, Fried; Thöni, Erich (Hrsg.): Föderalismus und Regionalismus in Theorie und Pra-xis. Grundlegende Erwägungen zur österreichischen Föderalismusdiskussion aus politik- und finanzwissenschaftlicher Sicht; Wien 1981, S. 67-107.

Thöni, Erich: Politökonomische Theorie des Föderalismus. Eine kritische Bestandsaufnahme; Baden-Baden 1986.

Thürbach, Ralf-Peter; Geiser Josef: Exportprobleme mittelständischer Betriebe. Eine empirische Analyse in ausgewählten Industriebereichen; Göttingen 1981.

Thürbach, Ralf-Peter; Menzenwerth, Heinz-Hermann: Die Entwicklung der Unternehmensgrößen in der Bundesrepublik Deutschland von 1962 bis 1972. Mittelstandsstatistik; Göttingen 1975.

Thüringer Landtag (Hrsg.): Kleine Anfrage eines Abgeordneten und Antwort des Thüringer Ministeriums für Wirtschaft und Infrastruktur. Absatzförderung; Erfurt, Drucksache 02/1532 vom 02. Dezember 1996.

Thüringer VerfGH, 28/03, Entscheidung vom 21. Juni 2005, http://www.thverfgh.thueringen.de.

Tscheulin, Dieter; Römer, Sylvie: Die Methodik des Turnaround-Management und deren Umsetzungsprobleme in Mittelständischen Unternehmen; in: Bouncken, Ricarda Barbara (Hrsg.): Management von KMU und Gründungsunternehmen. Festschrift für Egbert Kahle zum 60. Geburtstag; Wiesbaden 2003, S. 69-92.

Tuchtfeldt, Egon: Exportförderung in der Marktwirtschaft; in: Jahrbuch für Sozialwissenschaft; 35. Bd. 1984, S. 198-212.

Tullock, Gordon: Federalism. Problems of Scale; in: Public Choice, Volume VI, Spring 1969, S. 19-29.

Tullock, Gordon: Zum Problem der optimalen Kollektivgröße; in: Kirsch, Guy (Hrsg.): Föderalismus; Stuttgart [u.a.] 1977, S. 27-35.

Turk, Florian: Mittelstand als Hoffnungsträger der Arbeitsmarktpolitik? Eine Analyse der Beschäftigungsdynamik von mittelständischen Betrieben und Betriebsgründungen in Rheinland-Pfalz; in: Konjunkturpolitik. Zeitschrift für angewandte Wirtschaftsforschung. Applied Economics Quarterly, 47. Jg.; 2001, S. 362-386.

Vereinigung der Industrie- und Handelskammern in Nordrhein-Westfalen (Hrsg.): Aktive Unterstützung bei Auslandsgeschäften. Active Support in Foreign Business; Münster 2003.

Wagner, Joachim: Firm Size and Job Creation in Germany; in: Small Business Economics 7; 1995, S. 469-474.

Wallau, Frank: Mittelstandsfinanzierung im Umbruch; in: Obermeier, Thomas; Schäfer, Hubert (Hrsg.): Basel II. Herausforderung für den Mittelstand; Aachen 2002, S. 17-44.

Wank, Leonhard: Zur Implementation betriebswirtschaftlicher Technologien in kleinen und mittleren Unternehmen. Barrieren, Hemmnisse, Strategien; München 1994.

Warscheid, Lothar: Modernste Technik für die Arbeit unter Tage. Grubenausrüstung als internationaler Exportschlager; in: Handelsblatt vom 30. Juni 2004, S. C2.

Warscheid, Lothar: Modernste Technik für die Arbeit unter Tage. Grubenausrüstung als internationaler Exportschlager; in: Handelsblatt vom 30. Juni 2004, S. C2.

Weber, Manfred: Föderalismusreform Die verkannten Chancen des Wettbewerbs; in: Bundesverband deutscher Banken (Hrsg.): Infodienst Inter/esse 03/2006; S. 1-3, hier: S. 2.

Weber, Petra: Internationalisierungsstrategien mittelständischer Unternehmen; Wiesbaden 1997, Zugl.: Bayreuth, Univ., Diss., 1996.

Weber, Thomas: Wettbewerbsvorteil durch Personalcomputer. Ein Konzept für den strategischen PC-Einsatz in Kleinbetrieben; Frankfurt am Main 1989. Zugl.: St. Gallen, Hochschule für Wirtschafts-, Rechts- u. Sozialwiss., Diss., 1989.

Weber, Wolfgang; Kabst, Rüdiger: Internationalisierung mittelständischer Unternehmen; in: Gutmann, Joachim; Kabst, Rüdiger (Hrsg.): Internationalisierung im Mittelstand. Chancen, Risiken, Erfolgsfaktoren; Wiesbaden 2000, S.3-89.

Weidig, Inge; Ruprecht, Wilhelm: Kooperationschancen mittelständischer Unternehmen im Auslandsgeschäft. Untersuchung staatlicher Förderinstrumente im Hinblick auf die für mittelständische Unternehmen entscheidungsrelevanten Faktoren; Basel 1996.

Weiler, Frank: Das ‚Infant-Industry'-Argument für protektionistische Maßnahmen. Theoretische Einordnung und wirtschaftspolitische Relevanz; Marburg 1996, Zugl.: Darmstadt, Techn. Hochsch., Diss., 1996.

Weingast, Barry R.: Constitutions as Governance Structures: The Political Foundations of Secure Markets; in: Journal of institutional and theoretical economics (JITE); Band 149, Heft 1, 1993, S. 286-311.

Weinland, Lothar: Wirkung der Exportförderung in Deutschland; in: Niedersächsisches Institut für Wirtschaftsforschung (Hrsg.): Außenwirtschaft Niedersachsen. Makro- und mikroökonomische Diagnosen, Länderperspektiven und Außenwirtschaftsförderung; Hannover 1996, S. 137-171.

Welge, Martin K.; Holtbrügge, Dirk: Internationales Management. Theorien, Funktionen, Fallstudien; 3., überarb. und erw. Aufl., Stuttgart 2003.

Welter, Friederike: Internationalisierung im Mittelstand; in: Rheinisch-Westfälisches Institut für Wirtschaftsforschung (Hrsg.): Schriften und Materialien zu Handwerk und Mittelstand, H. 14; Essen 2002.

Welter, Friederike: Strategien und strategisches Verhalten von KMU; in: Bouncken, Ricarda Barbara (Hrsg.): Management von KMU und Gründungsunternehmen. Festschrift für Egbert Kahle zum 60. Geburtstag; Wiesbaden 2003, S. 27-48.

Wiedersheim-Paul, Finn; Olson, Hans C.; Welch, Lawrence S. Pre-Export Activity. The first Step in Internationalization; in: Journal of International Business Studies; 1978, Vol. 9 Issue 1, S. 47-58.

Wiegand, Erich: Qualitätsstandards und Standesregeln web-basierter Datenerhebungen; in: ADM Arbeitskreis Deutscher Markt- und Sozialforschungsinstitute; ASI Arbeitsgemeinschaft Sozialwissenschaftlicher Institute; Statistisches Bundesamt (Hrsg.): Online-Erhebungen. Sozialwissenschaftliche Tagungsberichte, Band 7; Bonn 2003, S. 61-70.

Winterhalder, Lutz: Unternehmensinterne Erfolgsfaktoren der Globalisierung. Ergebnisse einer Befragung in Klein- und Mittelbetrieben; in: Behr, Marhild von (Hrsg.): Erhöhung der Globalisierungsfähigkeit kleiner und mittlerer Unternehmen; Reihe: ISF München aktuell, München 2002, S. 33-48.

Wirtschaftsförderung Dortmund: Leeds Dortmund Manufacturing Initiative 2004; in: Wirtschaftsförderung Dortmund-ONLINE 2006a; (Online; Stand: 25. Januar 2006) http://www.wirtschaftsfoerderung-dortmund.de/service/unternehmen/internationalisierung/leeds/index_x4.jsp.

Wirtschaftsförderung Dortmund: Veranstaltungsreihe ‚International Business' – die Dortmunder Internationalisierungs-Werkstatt; in: Wirtschaftsförderung Dortmund-ONLINE 2006b; (Online; Stand: 25. Januar 2006) http://www.wirtschaftsfoerderung-dortmund.de/service/unternehmen/internationalisierung/int_werkstatt/index_x4.jsp.

Wirtschaftsförderungsgesellschaft Rhein-Kreis Neuss: Internationalisierung; 2006; (Online; Stand: 25. Januar 2006) http://www.wfgrkn.de/de/projekte/internationalisierung.

Wolf, Joachim: Der Gestaltansatz in der Management- und Organisationslehre; Wiesbaden 2000.

Wolter, Hans-Jürgen; Hauser, Hans-Eduard: Die Bedeutung des Eigentümerunternehmens in Deutschland. Eine Auseinandersetzung mit der qualitativen und quantitativen Definition des Mittelstands; in: Jahrbuch zur Mittelstandsforschung Band 1/2001; Wiesbaden 2001, S. 25-77.

Wordelmann, Peter: Qualifikationsanforderungen und Kompetenzentwicklung im Prozess der Internationalisierung; in: Behr, Marhild von; Semlinger, Klaus (Hrsg.): Internationalisierung kleiner und mittlerer Unternehmen. Neue Entwicklungen bei Arbeitsorganisation und Wissensmanagement; Frankfurt [u.a.] 2004, S. 227-247.

World Trade Organization: Understanding the WTO; 3rd revised edition, Genève 2005; (Online; Stand: 25. Januar 2006) http://www.wto.org/english/thewto_e/whatis_e/tif_e/understanding_e.pdf.

Zander, Ernst: Führung in Klein- und Mittelbetrieben; 8., überarb. und erw. Aufl. Freiburg im Breisgau 1994.

Zeh, Heinz: Modernes Management für mittelständische Unternehmer und Führungskräfte; Egelsbach [u.a.] 2001.

Zimmermann, Horst; Henke, Klaus-Dirk: Finanzwissenschaft. Eine Einführung in die Lehre von der öffentlichen Finanzwirtschaft; 8., völlig überarb. Aufl., München 2001.

8. Anhang

a.) Fragebogen für die Wirtschaftsministerien der Länder

UNIVERSITÄT ZU KÖLN
Staatswissenschaftliches Seminar
Univ.-Prof. Dr. M. Feldsieper

Albertus-Magnus-Platz · 50923 Köln
Ansprechpartner: Dipl. Reg.-Wiss.
Christian Hauser · c.hauser@uni-koeln.de
Tel. 0221-2778035 · Fax 0221-2778037

Außenwirtschaftsförderung in Deutschland

1. **Name des Landes:** ______________________________

2. **Seit wann betreibt Ihr Bundesland Außenwirtschafts- bzw. Exportförderung?**

____

3. **Verfügt Ihr Bundesland über ein (von Landesregierung und/oder Landtag beschlossenes) Konzept zur Außenwirtschaftsförderung?**

☐ nein
☐ derzeit nein, ist aber geplant/wird derzeit erarbeitet
☐ ja (bitte beifügen)

4. **Welche Zielvorstellungen/Zielsetzungen liegen der von Ihrem Land betriebenen Außenwirtschaftsförderung zu Grunde?**

____

____

5. **Welche Art von Aktivitäten unterstützt Ihr Bundesland?**

☐ ‚Incoming'-Aktivitäten (Standortwerbung: Informationen über Ihr Bundesland als Standort für ausländische Investitionen, Informationen über Förderhilfen etc.)
☐ ‚Outgoing'-Aktivitäten (Export- und Investitionsförderung für heimische Unternehmen im Ausland)

Worauf liegt der Schwerpunkt der Aktivitäten?

____

6. **Welche Instrumente und Maßnahmen setzt Ihr Bundesland zur Umsetzung der außenwirtschaftlichen Zielsetzungen ein?**

☐ Ausfuhrbürgschaften
☐ Auslandsmesseförderung
☐ Auslandsrepräsentanzen des Landes
☐ Außenwirtschaftsberatung
☐ Beratungsgremien
☐ Delegationsreisen
☐ Deutsche Häuser
☐ Firmenpools
☐ Förderung von Direktinvestitionen, Kooperationen, Joint-ventures etc. im Ausland
☐ Informationsbroschüren und Publikationen
☐ Informationsveranstaltungen
☐ Kapitalanlagegarantien
☐ Markterkundungsreisen
☐ Partnerschaftsländer und -regionen
☐ Rückgarantien für Liefergeschäfte inländischer Unternehmen ins Ausland
☐ Standortmarketing (Ansiedlung ausländischer Unternehmen)
☐ Symposien
☐ Sonstige: ______________________________

7. **Welche Institutionen sind in die außenwirtschaftsfördernden Maßnahmen des Landes eingebunden**

☐ Handwerkskammern
☐ Industrie- und Handelskammern
☐ Landesbank; Abteilungen: ______________
☐ Staatskanzlei; Abteilungen: ______________
☐ Verbände; Namen: ______________
☐ Weitere Landesbehörden; Namen: ______________
☐ Wirtschaftsfördergesellschaft; Namen: ______________
☐ Wirtschaftsministerium; Abteilungen: ______________
☐ Sonstige: ______________

8. **Nimmt Ihr Bundesland bei den Förderaktivitäten eine Fokussierung auf Staaten, Märkte und Regionen vor, die nach Ihrer Einschätzung die größten Wachstumspotentiale bieten?**

☐ nein
☐ derzeit nein, ist aber geplant/wird derzeit erarbeitet
☐ ja

Welche Bedeutung wird danach den folgenden Ländern bzw. Regionen beigemessen?
Rangskala: von 1 (sehr hohe Priorität) bis 5 (keine Priorität)
__ Europäische Union
__ Mittel- und Osteuropa
__ Afrika (__ Nordafrika __ Südafrika)
__ Naher und Mittlerer Osten
__ Asien (__ VR. China, __ Japan, __ „Tigerstaaten")
__ Australien/Neuseeland
__ USA/Kanada
__ Lateinamerika (__ Argentinien, __ Brasilien, __ Chile, __ Mexiko)

Auf welcher Grundlage wurde die Fokussierung vorgenommen?

____

9. **Nimmt Ihr Bundesland bei den Förderaktivitäten eine Fokussierung auf Wirtschaftszweige oder Branchen vor, in denen ein hohes Maß an regionaler Kompetenz und/oder Zukunftsfähigkeit diagnostiziert wird?**

☐ nein
☐ derzeit nein, ist aber geplant/wird derzeit erarbeitet
☐ ja

Welche Branchen werden besonders gefördert?
Rangskala: von 1 (sehr hohe Priorität) bis 5 (keine Priorität)

☐ Bau und Infrastruktur __
☐ Biotech __
☐ Chemie __
☐ Elektro __
☐ Energie __
☐ Fahrzeugbau/Zulieferer __
☐ Sonstige: ______________
☐ Gesundheit __
☐ Maschinenbau __
☐ Nahrungs- und Genussmittel __
☐ Pharma __
☐ Telekommunikation __
☐ Umwelttechnik __

Auf welcher Grundlage wurde die Fokussierung vorgenommen?

____

10. Hat ihr Land ein spezielles Corporate-Identity-Konzept entwickelt, mit dem es sich im Ausland z.B. mit landeseigenen Firmengemeinschaftsständen auf Auslandsmessen präsentiert?

☐ nein
☐ derzeit nein, ist aber geplant/wird derzeit erarbeitet
☐ ja
Welches? (Bitte Infomaterial beilegen)

____

11. Einer Prognos-Studie aus dem Jahre 1996 zufolge wurden die Fördermaßnahmen der Länder zum damaligen Zeitpunkt „extrem schwach in Anspruch genommen". Dies wurde u.a. auf Informationsdefizite zurückgeführt. Welche Maßnahmen hat Ihr Bundesland ergriffen, um diese Situation zu verbessern?

____

12. Über welche Kommunikationswege machen Sie auf Ihr Förderangebot aufmerksam?

☐ Fernsehen
☐ Informationsveranstaltungen
☐ Internet
☐ Publikationen
☐ Sonstige: ______________
☐ Radio
☐ Rundschreiben
☐ Zeitschriften
☐ Zeitungen

13. Haben Sie ein gezieltes Controlling-System für Ihre Maßnahmen entwickelt?

☐ nein
☐ bisher nicht, ist aber geplant/wird derzeit erarbeitet
☐ ja

14. Betreiben Sie eine gezielte Presseauslese zum Thema Außenwirtschaftsförderung und den Aktivitäten Ihres Bundeslandes in diesem Bereich?

☐ nein
☐ derzeit nein, ist aber geplant
☐ ja

15. Wie hoch war das Gesamtbudget Ihres Landes für den Bereich Außenwirtschaftsförderung in den vergangenen Jahren (in Mio. Euro)?

2001 ________ 2002 ________ 2003 ________

16. Wie viele Mitarbeiterinnen und Mitarbeiter sind ungefähr im Bereich Außenwirtschaftsförderung beschäftigt?
(Wenn möglich einschließlich aller Ressorts der Landesregierung, der landeseigenen Wirtschaftsfördergesellschaften, der Auslandsmitarbeiter etc.)

Vollzeitkräfte: ________ Teilzeitkräfte: ________

Anmerkungen: ______________________________

17. Bestehen Beschränkungen bei der Inanspruchnahme der Förderinstrumentarien?

☐ nein
☐ derzeit nein, ist aber geplant
☐ ja, und zwar:
- Umsatz des Unternehmens (bitte Umsatzgröße angeben): ________
- Mitarbeiterzahl (bitte Zahl angeben): ________
- Häufigkeit der Inanspruchnahme (bitte Anzahl/Zeitraum angeben): ________
- Sonstige:

____

18. Gelten für alle Maßnahmen und Instrumentarien die gleichen Beschränkungen?

☐ ja
☐ derzeit nein, ist aber geplant
☐ nein
Unterschiede:

____

19. Können Unternehmen, die diese Grenzen übersteigen, unter gewissen Voraussetzungen dennoch an den Fördermaßnahmen teilnehmen?

☐ nein
☐ derzeit nein, ist aber geplant
☐ ja, und zwar, falls:

____

20. Können Unternehmen <u>aus anderen Bundesländern</u> gegen Kostenübernahme an außenwirtschaftsfördernden Maßnahmen Ihres Landes teilnehmen?

☐ nein
☐ derzeit nein, ist aber geplant
☐ ja, und zwar:
☐ Auslandsmessebeteiligungen
☐ Auslandsrepräsentanzen des Landes
☐ Delegationsreisen
☐ Sonstige:
☐ Deutsche Häuser
☐ Firmenpools
☐ Symposien

____

21. Fördern Sie Unternehmen <u>mit Sitz in Ihrem Bundesland</u> finanziell, wenn sie außenwirtschaftsfördernde Instrumente <u>anderer Bundesländer</u> in Anspruch nehmen?

☐ nein
☐ derzeit nein, ist aber geplant
☐ ja, und zwar:
- ☐ Auslandsmessebeteiligungen
- ☐ Auslandsrepräsentanzen des Landes
- ☐ Delegationsreisen
- ☐ Sonstige:
- ☐ Deutsche Häuser
- ☐ Firmenpools
- ☐ Symposien

____

22. Kooperieren Sie mit anderen Bundesländern im Bereich der Außenwirtschaftsförderung?

☐ nein
☐ derzeit nein, ist aber geplant
☐ ja, und zwar:
- ☐ Auslandsmessebeteiligungen
- ☐ Auslandsrepräsentanzen des Landes
- ☐ Delegationsreisen
- ☐ Sonstige:
- ☐ Deutsche Häuser
- ☐ Firmenpools
- ☐ Symposien

____

Mit welchen Bundesländern:

____

23. Unterhält Ihr Bundesland Büros oder Repräsentanzen in anderen Staaten zur Interessensvertretung, Standortwerbung, Tourismusförderung, Förderung der Wirtschaftsbeziehungen etc.?
(Vertretung des Landes bei der Europäischen Union in Brüssel <u>nicht</u> inbegriffen)

☐ nein
☐ derzeit nein, ist aber geplant
☐ ja

Anzahl: ___________

In welchen Ländern?

____

24. In einem Beschluss des Bund Länder Ausschusses Außenwirtschaft vom 18.09.1986 heißt es: „Im Aufbau <u>ländereigener Infrastrukturen im Ausland</u> sieht der BLA <u>keinen Lösungsansatz</u>, das Dienstleistungsangebot für die mittelständische Wirtschaft zu verbessern.“
Welche Umstände veranlassten Ihr Bundesland, dennoch eine landeseigene Infrastruktur im Ausland aufzubauen?

____
____

25. Hat Ihre Landesregierung außenwirtschaftliche Beratungsgremien berufen oder eingerichtet?

☐ nein
☐ derzeit nein, ist aber geplant
☐ ja

Anzahl: ___________

(Name, Aufgaben, Zusammensetzung des Gremiums, Häufigkeit der Tagung/Jahr)

____

26. Welche Publikationen wurden in den vergangenen Jahren zum Thema Außenwirtschaft(sförderung) veröffentlicht bzw. waren erhältlich? (Bitte je ein Exemplar beilegen.)

Titel:	Themenschwerpunkte:	Erscheinungsjahr:	Auflage:

27. Anmerkungen bzw. Ergänzungen zu den Fragen bzw. zur Thematik:

____
____
____

Wie beurteilen Sie folgende Aussagen? (Auswertung erfolgt in anonymisierter Form.)

Zutreffendes bitte jeweils ankreuzen	absolut richtig	nahezu richtig	weder noch	nahezu falsch	absolut falsch
Die föderale Struktur in der Außenwirtschaftsförderung...					
• führt zu Unübersichtlichkeit und Intransparenz des Förderinstrumentariums	☐	☐	☐	☐	☐
• erhöht die Gefahr von Zieldivergenzen, Überschneidungen, Doppel- und Parallelförderungen	☐	☐	☐	☐	☐
• lässt Wettbewerbsverzerrungen entstehen	☐	☐	☐	☐	☐
• ist mit einem erheblichen finanziellen Mehraufwand gegenüber einer zentralen Lösung verbunden	☐	☐	☐	☐	☐
Die regionale Ausgestaltung des Förderinstrumentariums spiegelt die unterschiedliche Wirtschaftsstruktur der einzelnen Bundesländer wider	☐	☐	☐	☐	☐
Aufgrund der räumlichen Nähe verfügen regionale Förderträger über bessere Kenntnisse hinsichtlich des Adressatenkreises, des Transferniveaus sowie der konkreten Ausgestaltung von Förderleistungen	☐	☐	☐	☐	☐
Die Informationsvorteile eines föderalen Systems führen zu einer Verringerung der Informations-, Verwaltungs- und Kontrollkosten	☐	☐	☐	☐	☐
Es ist ein Verdienst der Bundesländer, in den letzten Jahren neue Instrumente der Außenwirtschaftspolitik erfolgreich eingeführt zu haben	☐	☐	☐	☐	☐
Der Wettbewerb zwischen den Bundesländern in der Außenwirtschaftsförderung ist für den Mittelstand vorteilhaft weil er zur Herausbildung effizienter Instrumente und Maßnahmen beiträgt	☐	☐	☐	☐	☐
Ein wichtiger Grundsatz der Außenwirtschaftsförderung unseres Landes ist die enge Zusammenarbeit bei der Konzipierung aller Maßnahmen und Programme mit der Bundesregierung und den anderen Bundesländern	☐	☐	☐	☐	☐
Die Bundesländer müssen ihre Kooperation in der Außenwirtschaftsförderung weiter verbessern	☐	☐	☐	☐	☐
Konkrete Kostenregelungen würden die länderübergreifende Nutzung der Fördermaßnahmen vereinfachen und den bürokratischen Aufwand verringern	☐	☐	☐	☐	☐
Zum weiteren Ausbau einer erfolgreichen Außenwirtschaftspolitik ist nicht unbedingt mehr Geld, sondern vor allem eine gezielte Koordination und Kooperation zwischen den Ländern und dem Bund notwendig	☐	☐	☐	☐	☐

	absolut richtig	nahezu richtig	weder noch	nahezu falsch	absolut falsch
Sollen von der Programmstruktur und den Einzelmaßnahmen keine wettbewerbsverzerrenden Wirkungen ausgehen, so muss das gesamte Fördersystem möglichst einheitlich gestaltet werden	☐	☐	☐	☐	☐
Hinter der Entscheidung, eine Fördermaßnahme durch das Land anzubieten stehen stichhaltige ökonomische Begründungen	☐	☐	☐	☐	☐

Worin liegen Ihrer Meinung nach die größten Vorteile und Nachteile einer föderalen Struktur der Außenwirtschaftsförderung?

____

____

____

Wo sehen Sie für die Zukunft Optimierungspotential?

____

____

____

Vielen Dank für Ihre Mitarbeit!

b.) Fragebogen für die Verbände, Kammern und staatlichen Institutionen

UNIVERSITÄT ZU KÖLN
Staatswissenschaftliches Seminar
Univ.-Prof. Dr. M. Feldsieper

Albertus-Magnus-Platz · 50923 Köln
Ansprechpartner: Dipl. Reg.-Wiss.
Christian Hauser · c.hauser@uni-koeln.de
Tel. 0221-2778035 · Fax 0221-2778037

Außenwirtschaftsförderung in Deutschland

Wie beurteilen Sie folgende Aussagen? (Auswertung erfolgt in anonymisierter Form.)

Zutreffendes bitte jeweils ankreuzen	absolut richtig	nahezu richtig	weder noch	nahezu falsch	absolut falsch
Die föderale Struktur in der Außenwirtschaftsförderung...					
• führt zu Unübersichtlichkeit und Intransparenz des Förderinstrumentariums	☐	☐	☐	☐	☐
• erhöht die Gefahr von Zieldivergenzen, Überschneidungen, Doppel- und Parallelförderungen	☐	☐	☐	☐	☐
• lässt Wettbewerbsverzerrungen entstehen	☐	☐	☐	☐	☐
• ist mit einem erheblichen finanziellen Mehraufwand gegenüber einer zentralen Lösung verbunden	☐	☐	☐	☐	☐
Die regionale Ausgestaltung des Förderinstrumentariums spiegelt die unterschiedliche Wirtschaftsstruktur der einzelnen Bundesländer wider	☐	☐	☐	☐	☐
Aufgrund der räumlichen Nähe verfügen regionale Förderträger über bessere Kenntnisse hinsichtlich des Adressatenkreises, des Transferniveaus sowie der konkreten Ausgestaltung von Förderleistungen	☐	☐	☐	☐	☐
Die Informationsvorteile eines föderalen Systems führen zu einer Verringerung der Informations-, Verwaltungs- und Kontrollkosten	☐	☐	☐	☐	☐
Es ist ein Verdienst der Bundesländer, in den letzten Jahren neue Instrumente der Außenwirtschaftspolitik erfolgreich eingeführt zu haben	☐	☐	☐	☐	☐
Der Wettbewerb zwischen den Bundesländern in der Außenwirtschaftsförderung ist für den Mittelstand vorteilhaft weil er zur Herausbildung effizienter Instrumente und Maßnahmen beiträgt	☐	☐	☐	☐	☐
Ein wichtiger Grundsatz der Außenwirtschaftsförderung von Bund und Ländern ist die enge Zusammenarbeit bei der Konzipierung aller Maßnahmen und Programme	☐	☐	☐	☐	☐
Die Bundesländer müssen ihre Kooperation in der Außenwirtschaftsförderung weiter verbessern	☐	☐	☐	☐	☐
Konkrete Kostenregelungen würden die länderübergreifende Nutzung der Fördermaßnahmen vereinfachen und den bürokratischen Aufwand verringern	☐	☐	☐	☐	☐
Zum weiteren Ausbau einer erfolgreichen Außenwirtschaftspolitik ist nicht unbedingt mehr Geld, sondern vor allem eine gezielte Koordination und Kooperation zwischen den Ländern und dem Bund notwendig	☐	☐	☐	☐	☐
Sollen von der Programmstruktur und den Einzelmaßnahmen keine wettbewerbsverzerrenden Wirkungen ausgehen, so muss das gesamte Fördersystem möglichst einheitlich gestaltet werden	☐	☐	☐	☐	☐
Hinter der Entscheidung, eine Fördermaßnahme anzubieten stehen stichhaltige ökonomische Begründungen	☐	☐	☐	☐	☐

Worin liegen Ihrer Meinung nach die größten Vorteile und Nachteile einer föderalen Struktur der Außenwirtschaftsförderung?

____
____
____
____
____

Wo sehen Sie für die Zukunft Optimierungspotential?

____
____
____
____
____

Anmerkungen bzw. Ergänzungen zum Fragebogen bzw. zur Thematik:

____
____
____
____
____

Vielen Dank für Ihre Mitarbeit!

c.) Fragebogen für die Unternehmen

UNIVERSITÄT ZU KÖLN
Staatswissenschaftliches Seminar
Univ.-Prof. Dr. M. Feldsieper

Albertus-Magnus-Platz · 50923 Köln
Ansprechpartner: Dipl. Reg.-Wiss.
Christian Hauser · c.hauser@uni-koeln.de
Tel. 0221-2778035 · Fax 0221-2778037

Außenwirtschaftsförderung in Deutschland

1. In welchem Bundesland ist der (Haupt-) Sitz Ihres Unternehmens? ____________

2. Wie viele Mitarbeiter sind in Ihrem Unternehmen beschäftigt?

< 10	10-49	50-249	250-499	≥ 500
☐	☐	☐	☐	☐

Wie hat sich der Personalbestand in den letzen zwei Jahren verändert?
Rangskala: von 1 (stark gestiegen) bis 5 (stark gesunken)

1	2	3	4	5
☐	☐	☐	☐	☐

3. Unterhält Ihr Unternehmen geschäftliche Beziehungen mit dem Ausland?
☐ Nein ☐ Bisher nicht, ist aber innerhalb der nächsten zwei Jahre geplant
☐ Ja

Falls ja, in welchen Bereichen?
(Bitte alle Merkmale eintragen)
☐ Export
☐ Import
☐ Lohnfertigung/-veredelung
☐ Lizenzvergabe
☐ Management- und Beratungsverträge
☐ Kapitalbeteiligung an ausländischen Unternehmen
☐ Joint Venture
☐ Eigene 100%ige Vertriebs-/Servicestätte im Ausland
☐ Eigene 100%ige Produktionsstätte im Ausland

4. Wie hoch war der Anteil des Auslandsumsatzes am Gesamtumsatz Ihres Unternehmens?
2002 ca. ____ % 2003 ca. ____ % 2004 ca. ____ %

5. Welcher Branche gehört Ihr Unternehmen schwerpunktmäßig an?
☐ Land-/Forstwirtschaft, Fischerei
☐ Bergbau
☐ Verarbeitendes Gewerbe
☐ Energie- und Wasserversorgung
☐ Sonstige, und zwar: ____________
☐ Baugewerbe
☐ Handel
☐ Gastgewerbe und Verkehr
☐ Private Dienstleister

6. Ist die Branche, in der Sie tätig sind, in Ihrer Region besonders stark konzentriert, oder im gesamten Bundesgebiet gleichmäßig verteilt?
Rangskala: von 1 (sehr starke regionale Konzentration) bis 5 (keine regionale Konzentration)

1	2	3	4	5
☐	☐	☐	☐	☐

7. Wie beurteilen Sie Ihren Internationalisierungsgrad innerhalb Ihrer Branche?
Rangskala: von 1 (deutlich über dem Branchendurchschnitt) bis 5 (deutlich unter dem Branchendurchschnitt)

1	2	3	4	5
☐	☐	☐	☐	☐

8. Welches sind für Sie die wichtigsten Institutionen im Bereich der öffentlichen/staatlichen Außenwirtschaftförderung?
(Bitte beginnen Sie mit der für Sie wichtigsten)
1. ____________
2. ____________
3. ____________
4. ____________
5. ____________

2

9. Hat Ihr Unternehmen bereits Maßnahmen der öffentlichen/staatlichen Außenwirtschaftsförderung genutzt?
☐ Ja ☐ Bisher nicht, ist aber innerhalb der nächsten zwei Jahre geplant
☐ Nein

Falls nein, warum nicht? (Danach bitte weiter mit Frage 14 ff. auf S. 3)
☐ Förderangebote sind nicht bekannt
☐ Maßnahmen werden nicht benötigt
☐ Sonstige, und zwar: ____________
☐ Maßnahmen entsprechen nicht unseren Bedürfnissen
☐ Informationsbeschaffung über Angebote ist zu aufwendig
☐ Förderantrag wurde abgelehnt

10. Wie zufrieden waren Sie mit den Dienstleistungen der Außenwirtschaftsförderung?
Rangskala: von 1 (sehr zufrieden) bis 5 (sehr unzufrieden)

1	2	3	4	5
☐	☐	☐	☐	☐

11. Welche Instrumente und Maßnahmen der Außenwirtschaftsförderung der (1) Europäischen Union, des (2) Bundes, der (3) Bundesländer oder der (4) Kommunen hat Ihr Unternehmen bereits in Anspruch genommen?
(Bitte alle eintragen)
(Bitte vermerken Sie, von welcher staatlichen Ebene die jeweiligen Maßnahmen genutzt wurden)

Beispiel: Auslandmesseförderung des Bundes und des Bundeslandes wurden genutzt:
☒ Auslandsmesseförderung 2 / 3

☐ Ausfuhrbürgschaften ____
☐ Auslandsmesseförderung ____
☐ Außenwirtschaftsberatung ____
☐ Broschüren/Publikationen ____
☐ ERP-Exportfinanzierungsprogramm
☐ Firmenpools ____
☐ Förderung der Weiterbildung ausländischer Fach- und Führungskräfte ____
☐ Förderung von Direktinvestitionen/ Kooperationen/Joint Ventures im Ausland ____
☐ Förderung von Firmengemeinschaftsbüros außerhalb der EU ____
☐ Förderung zur Erschließung von Projekten Internationaler Organisationen ____
☐ German Centre (Deutsche Häuser)
☐ Hermes-Bürgschaften
☐ Informationsveranstaltungen
☐ Kapitalanlage- Beteiligungsgarantien ____
☐ Kontakt- Kooperationsbörsen im Ausland ____
☐ Markterkundungs- Delegationsreisen ____
☐ „Politische Flankierung" ____
☐ Repräsentanzen der Bundesländer
☐ Sonstige: ____

12. Hat Ihr Unternehmen bereits eine außenwirtschaftsfördernde Maßnahme eines Bundeslandes genutzt, in dem es nicht seinen Sitz/keine Produktionsstätte hat?
☐ Nein ☐ Bisher nicht, ist aber innerhalb der nächsten zwei Jahre geplant
☐ Ja, und zwar:
☐ Auslandsmessebeteiligungen
☐ Auslandsrepräsentanz des Bundeslandes
☐ Delegationsreisen
☐ Sonstige: ____________
☐ German Centre (Deutsche Häuser)
☐ Firmenpools
☐ Symposien

Warum haben Sie diese genutzt?
____

Wurde Ihr Unternehmen für die Teilnahme an der Maßnahme von „Ihrem" Bundesland finanziell unterstützt?
☐ Ja ☐ Nein

13. Ist ein messbarer wirtschaftlicher Erfolg durch die Inanspruchnahme der Außenwirtschaftsförderung eingetreten?
Die Auslandsaktivitäten unseres Unternehmens …
☐ … wurden überhaupt erst ermöglicht
☐ … konnten schneller realisiert werden
☐ … wurden in größerem Umfang ermöglicht
☐ … konnten günstiger finanziert werden
☐ Keine dieser Wirkungen
☐ Sonstige, und zwar: ____________

14. Wie wichtig ist/wäre Ihnen die räumliche Nähe der Förderinstitution zu Ihrem Firmensitz?
Rangskala: von 1 (sehr wichtig) bis 5 (unwichtig)

1 ☐ 2 ☐ 3 ☐ 4 ☐ 5 ☐

15. Wie wichtig ist/wäre Ihnen der persönliche Kontakt zu Mitarbeitern der Förderinstitution?
Rangskala: von 1 (sehr wichtig) bis 5 (unwichtig)

1 ☐ 2 ☐ 3 ☐ 4 ☐ 5 ☐

16. Wie weit würden Sie maximal für eine Veranstaltung zum Thema Außenwirtschaftsförderung fahren, die Sie für Ihren Geschäftserfolg als besonders relevant erachten?

ca. _____ km

17. Hat Ihr Unternehmen eine Abteilung/Stabstelle, die sich speziell mit Fragen der Außenwirtschaft beschäftigt? (z.B. Exportabteilung)

☐ Nein ☐ Bisher nicht, ist aber innerhalb der nächsten zwei Jahre geplant
☐ Ja

Falls ja, wie viele Mitarbeiter sind (ungefähr) in diesem Bereich beschäftigt?

Vollzeitkräfte: _____ Teilzeitkräfte: _____

18. Sucht Ihr Unternehmen gezielt und systematisch nach Möglichkeiten, Maßnahmen der Außenwirtschaftsförderung in Anspruch zu nehmen?

☐ Nein ☐ Bisher nicht, ist aber geplant ☐ Ja

19. Über welche Kommunikationswege informieren Sie sich über Förderangebote?

☐ Überhaupt nicht
☐ Direkter persönlicher Kontakt
☐ Kollegen/Freunde/Mitarbeiter
☐ Messen/Informationsveranstaltungen
☐ Rundschreiben/Newsletter
☐ Hausbank/Sparkasse
☐ E-Mail
☐ Fernsehen/Radio
☐ Publikationen der Förderinstitutionen
☐ Zeitungen/Zeitschriften
☐ Steuer-/Unternehmensberater
☐ Internet: **Welche Internetseiten nutzen Sie?**

____

____

20. Welche staatliche Ebene kann/könnte Ihrem Unternehmen im Bereich Außenwirtschaftsförderung die beste Hilfestellung bieten?
Rangskala: von 1 (sehr große Hilfestellung) bis 5 (keine Hilfestellung)

	1	2	3	4	5
Europäische Union	☐	☐	☐	☐	☐
Bund	☐	☐	☐	☐	☐
Bundesländer	☐	☐	☐	☐	☐
Kommunen	☐	☐	☐	☐	☐

21. Wie beurteilen Sie folgende Aussagen?

Zutreffendes bitte jeweils ankreuzen	absolut richtig	nahezu richtig	weder noch	nahezu falsch	absolut falsch	Kann ich nicht beurteilen
Aufgrund der räumlichen Nähe kennen regionale Förderträger die Probleme und Bedürfnisse der regional ansässigen Unternehmen besser als zentrale Institutionen	☐	☐	☐	☐	☐	☐
Die föderale Struktur in der Außenwirtschaftsförderung führt zu Unübersichtlichkeit und Intransparenz	☐	☐	☐	☐	☐	☐
Der Wettbewerb zwischen Bundesländern in der Außenwirtschaftsförderung ist positiv für den Mittelstand, da er die Effizienz der Instrumente und Maßnahmen erhöht	☐	☐	☐	☐	☐	☐
Die Bundesländer müssen ihre Kooperation in der Außenwirtschaftsförderung verbessern	☐	☐	☐	☐	☐	☐
Konkrete Kostenregelungen würden die länderübergreifende Nutzung der Fördermaßnahmen vereinfachen	☐	☐	☐	☐	☐	☐
Eine zentrale staatliche Außenwirtschaftsförderung könnte die Unternehmen im Ausland besser unterstützen	☐	☐	☐	☐	☐	☐
Die Förderdatenbank des Bundes[1] im Internet ist so einfach und übersichtlich konzipiert, dass es leicht möglich ist, das richtige Förderprogramm zu finden	☐	☐	☐	☐	☐	☐
Die Internetplattform www.iXPOS.de bietet übersichtlich das gesamte Angebot der Außenwirtschaftsförderung	☐	☐	☐	☐	☐	☐
Das derzeitige Fördersystem ist so gestaltet, dass es Großunternehmen im Vergleich zum Mittelstand leichter fällt, die Förderung in Anspruch zu nehmen	☐	☐	☐	☐	☐	☐

22. Haben Sie Anmerkungen bzw. Ergänzungen zu den Fragen bzw. zur Thematik?

____

____

____

____

____

Vielen Dank für Ihre Mitarbeit!

Falls Sie an den Ergebnissen der Studie interessiert sind, schicken wir sie Ihnen – voraussichtlich im Sommer 2005 – gerne per E-Mail zu:

Ansprechpartner:
Herr/Frau: ______________
Tel.: ______________
E-Mail: ______________

Anschrift/Firmenstempel/Visitenkarte

____

____

____

1 Förderdatenbank des Bundesministeriums für Wirtschaft und Arbeit: www.bmwa.bund.de Navigation Unternehmer foerderdatenbank.html

Schriften zur Mittelstandsforschung Neue Folge (NF)

Lieferbar beim Deutschen Universitäts-Verlag:

NR. 93 NF
UNTERNEHMENSÜBERNAHMEN DURCH FRAUEN
Zur Sicherung des familieninternen Generationenwechsels
von K. Isfan unter Mitarbeit von S. Schröter
2002. XI, 107 Seiten
ISBN 978-3-8244-7666-4 39,90 €

NR. 97 NF
JAHRBUCH ZUR MITTELSTANDSFORSCHUNG 2/2002
2003. VII, 97 Seiten
ISBN 978-3-8244-7868-2 39,90 €

NR. 98 NF
EINZELUNTERNEHMEN IN DER KRISE
Neustart nach einer Insolvenz oder Unternehmenssanierung aus eigener Kraft
von P. Kranzusch und E. May-Strobl
2002. XIV, 130 Seiten
ISBN 978-3-8244-7761-6 42,90 €

NR. 99 NF
NEUE TENDENZEN IN DER MITTELSTANDSFINANZIERUNG
von L. Kokalj, G. Paffenholz und P. Moog
2003. XV, 179 Seiten
ISBN 978-3-8244-7904-7 45,90 €

NR. 100 NF
DEUTSCHE HOCHSCHULEN ALS GRÜNDUNGSINKUBATOREN
von K. Isfan und P. Moog
unter Mitarbeit von K. Wolff und K. Grzeskowiak
2003. XV, 185 Seiten
ISBN 978-3-8244-7905-4 45,90 €

NR. 101 NF
JAHRBUCH ZUR MITTELSTANDSFORSCHUNG 1/2003
2003. VII, 123 Seiten
ISBN 978-3-8244-7975-7 39,90 €

NR. 102 NF
STANDORTVERLAGERUNGEN VON UNTERNEHMEN
Verbreitung, Hintergründe und wirtschaftliche Auswirkungen am Beispiel Nordrhein-Westfalens
von F. Maaß unter Mitarbeit von C. Demgenski
2004. XVII, 150 Seiten
ISBN 978-3-8244-8101-9 42,90 €

NR. 103 NF
RESTART: EINE ZWEITE CHANCE FÜR GESCHEITERTE UNTERNEHMER?
von R. Kay, P. Kranzusch, O. Suprinovič und A. Werner
2004. XV, 186 Seiten
ISBN 978-3-8244-8139-2 45,90 €

NR. 104 NF
JAHRBUCH ZUR MITTELSTANDSFORSCHUNG 2/2003
2004. VII, 117 Seiten
ISBN 978-3-8244-8152-1 39,90 €

NR. 105 NF
BÜROKRATIEKOSTEN KLEINER UND MITTLERER UNTERNEHMEN
Gutachten im Auftrag des Bundesministeriums für Wirtschaft und Arbeit
Wissenschaftliche Leitung: Gunter Kayser
Bearbeitung: Reinhard Clemens, Michael Schorn und Hans-Jürgen Walter
2004. XIII, 170 Seiten
ISBN 978-3-8244-8194-1 42,90 €

NR. 106 NF
JAHRBUCH ZUR MITTELSTANDSFORSCHUNG 1/2004
2004. VII, 125 Seiten
ISBN 978-3-8244-8267-2 39,90 €

NR. 107 NF
JAHRBUCH ZUR MITTELSTANDSFORSCHUNG 2/2004
2005. VII, 109 Seiten
ISBN 978-3-8244-8360-0 39,90 €

NR. 108 NF
JAHRBUCH ZUR MITTELSTANDSFORSCHUNG 1/2005
2005. VII, 134 Seiten
ISBN 978-3-8350-0149-7 39,90 €

NR. 109 NF
UNTERNEHMERBILD UND GRÜNDUNGSENTSCHEIDUNG
von A. Werner, P. Kranzusch und R. Kay
2005. XII, 115 Seiten
ISBN 978-3-8350-0150-3 39,90 €

NR. 110 NF
JAHRBUCH ZUR MITTELSTANDSFORSCHUNG 2/2005
2005. VII, 126 Seiten
ISBN 978-3-8350-0321-7 39,90 €

NR. 111 NF
FuE-KOOPERATIONEN VON KMU
Interne und externe Erfolgsfaktoren aus organisations-ökonomischer Sicht
von F. Maaß, O. Suprinovič und A. Werner
2006. XII, 115 Seiten
ISBN 978-3-8350-0480-1 39,90 €

NR. 112 NF
JAHRBUCH ZUR MITTELSTANDSFORSCHUNG 1/2006
2006. VII, 116 Seiten
ISBN 978-3-8350-0557-0 39,90 €

NR. 113 NF
AUSSENWIRTSCHAFTSFÖRDERUNG
FÜR KLEINE UND MITTLERE UNTERNEHMEN
IN DER BUNDESREPUBLIK DEUTSCHLAND
Eine empirische Analyse auf der Basis der ökonomischen Theorie des Föderalismus
von C. Hauser
2006. XIX, 344 Seiten
ISBN 978-3-8350-0634-8 55,90 €

Weitere Bände aus dieser Reihe finden Sie unter www.ifm-bonn.org

Bitte wenden Sie sich bei Interesse an

Institut für Mittelstandsforschung Bonn
Maximilianstr. 20
53111 Bonn
Telefon (0228) 72997-0
Telefax (0228) 72997-34
E-Mail: post@ifm-bonn.org